Otto Opitz

Wolfgang Gaul · Martin Schader
Herausgeber

# Mathematische Methoden der Wirtschaftswissenschaften

Festschrift für OTTO OPITZ

Springer-Verlag Berlin Heidelberg GmbH

Prof. Dr. Wolfgang Gaul
Institut für Entscheidungstheorie
und Unternehmensforschung
Universität Karlsruhe
Kollegium am Schloß
D-76131 Karlsruhe

Prof. Dr. Martin Schader
Lehrstuhl für Wirtschaftsinformatik III
Universität Mannheim
Schloß
D-68131 Mannheim

Mit 73 Abbildungen
und 40 Tabellen

ISBN 978-3-662-12434-5

Die Deutsche Bibliothek – CIP-Einheitsaufnahme
Mathematische Methoden der Wirtschaftswissenschaften: Festschrift für Otto Opitz/Hrsg.: Wolfgang Gaul; Martin Schader.
ISBN 978-3-662-12434-5 ISBN 978-3-662-12433-8 (eBook)
DOI 10.1007/978-3-662-12433-8


Ursprünglich erschienen bei Physica-Verlag Heidelberg 1999
Softcover reprint of the hardcover 1st edition 1999



Einbandgestaltung: Erich Kirchner, Heidelberg

SPIN 10724745 88/2202-5 4 3 2 1 0 – Gedruckt auf säurefreiem Papier

# Vorwort

Otto Opitz feiert im Juni 1999 seinen sechzigsten Geburtstag. Aus diesem Anlaß haben sich Schüler, ihm nahestehende Kollegen und Freunde entschlossen, die nachfolgende Festschrift zu erstellen. Daß sich dabei eine hohe Korrelation zwischen den wissenschaftlichen Interessensgebieten von Otto Opitz und den Themen der eingegangenen Beiträge gezeigt hat, ist nicht erstaunlich und hat die Strukturierung dieses Bandes erleichtert. Ein Auszug seiner wissenschaftlichen Tätigkeiten findet sich am Ende des Bandes.

Eines der wichtigsten Betätigungsfelder von Otto Opitz kann mit Datenanalyse und Klassifikation umschrieben werden. Und so, wie sich diese Forschungsrichtung aus der Statistik entwickelt hat, ist in jüngster Zeit eine Diskussion zu beobachten, die Data Mining als neues Forschungsgebiet zu etablieren sucht. Zu bevorzugten Anwendungsbereichen von Aktivitäten aus den zuvor genannten Gebieten haben für Otto Opitz stets Marktforschung und Marketing gehört, und nicht nur seine Beschäftigung mit Methoden der Bankmarktforschung belegt, daß auch die mit Kapital und Risiko umschreibbare Forschungsrichtung sein Interesse gefunden hat. Schon in frühen Arbeiten von Otto Opitz finden sich spieltheoretische Überlegungen, die Ausgangspunkt für Forschungsaktivitäten in den Gebieten Operations Research und Unternehmensplanung sowie Volkswirtschaftslehre waren. Natürlich haben Entwicklungen in der Informatik seine wissenschaftlichen Arbeiten beeinflußt, wobei die Bereitstellung von PC-gestützter Software zur Datenanalyse den Methodeneinsatz in der Lehre unterstützt hat.

Die soeben skizzierten Forschungsinteressen von Otto Opitz haben zur Einteilung der eingegangenen Beiträge in folgende Abschnitte geführt:

- Data Mining,
- Datenanalyse und Klassifikation,
- Statistik,
- Marktforschung und Marketing,
- Kapital und Risiko,
- Operations Research und Unternehmensplanung,
- Volkswirtschaftslehre,
- Informatik,
- Methodeneinsatz in der Lehre.

Innerhalb der einzelnen Abschnitte sind die Beiträge alphabetisch nach Autorennamen aufgelistet.

Im Abschnitt "Data Mining" stellen *Gaul/Schader* verschiedene Blickwinkel vor, von denen aus man die Diskussion führen kann, ob sich hinter diesem Begriff eine neue Disziplin zur Behandlung von Fragestellungen der Datenanalyse etabliert hat. *Niedereichholz/Schwarz* erläutern den Apriori-Algorithmus und demonstrieren eine Anwendungsmöglichkeit auf Warenkorbdaten zur Analyse von Verbundkäufen.

Da sich viele Beiträge mit "Datenanalyse und Klassifikation" beschäftigen, ist in diesem Abschnitt das Spektrum eher theoretischer bzw. eher anwendungsorientierter Arbeiten breiter, ein Eindruck, der durch die alphabetische Anordnung der Autoren noch verstärkt wird. *Bankhofer* beschreibt den Einsatz multivariater Datenanalysemethoden für die multikriterielle Materialklassifikation. *Bock* benutzt den k-means Ansatz und stochastische Approximation, um Kohonen maps mit Modellen der Clusteranalyse in Beziehung zu setzen. In der Arbeit von *Esswein* werden bei der Beschreibung der Systematik zur Erstellung betrieblicher Analysemodelle Analogien zur Theorie der Klassifikation herausgearbeitet. Sowohl *Hansohm* als auch *Hauke/Paul* benutzen Evolutionsstrategien und genetische Algorithmen, um damit Probleme der Clusteranalyse aufzugreifen und die erzielten Ergebnisse denen konventioneller Austauschverfahren gegenüberzustellen. *Hruschka/Natter* vergleichen die Leistungsfähigheit speziell designter neuronaler Netze mit dem k-means Ansatz. Im Beitrag von *Schwaiger* werden Pro- und Kontra-Argumente für den Einsatz zweimodaler Klassifikationsverfahren gegenübergestellt.

Wie im vorigen Abschnitt decken auch die Beiträge zur "Statistik" ein breites Spektrum ab. *Baur* beschreibt Anpassungsgütemaße, die – anders als der Determinationskoeffizient – invariant gegenüber abstandserhaltenden affinen Datentransformationen sind. *Egle/Jinlong* betrachten Effizienzmaße für Least Squares Schätzer in linearen Modellen. *Fahrmeir* berichtet über Fortschritte im Zusammenhang mit Anwendungsmöglichkeiten semiparametrischer Bayes'scher Schätzungen für unbekannte Regressionsfunktionen. In der Arbeit von *Hartung/Voet* werden Aussagen zum Testen allgemeiner linearer Hypothesen über Varianzkomponenten formuliert. *Hilbert* beschreibt verschiedene Konzepte, auf deren Basis die Korrelation zweier nominaler Merkmale quantifiziert werden kann. In *Kischka* wird die Verwendung von Graphen als Instrument zur Bestimmung kausaler Abhängigkeiten im Rubin-Modell erläutert. Von *Koshevoy/Mosler* werden eine neue Definition zur Tiefe von Hyperebenen angegeben und Eigenschaften von auf dem MHD (mean hyperplane depth)-Konzept basierenden affin invarianten Statistiken beschrieben. *Krumbholz/Lassahn/Ševčiková* diskutieren die Vor- und Nachteile von Prüfplänen zur Wareneingangs- und Ausgangskontrolle und berichten über einen Algorithmus, mit dem wahlweise eine Binomial- oder Poissonapproximation von ASN (average sample number) Flächenplänen berechnet werden kann. *Pokropp* zeigt mittels Simulation, wie gut sich zuvor erläuterte GLS-Schätzer im Vergleich zu anderen Schätzern mit Vorkenntnis bewähren.

Im Abschnitt "Marktforschung und Marketing" stellt *Baier* die wichtigsten Varianten der Conjointanalyse vor und berichtet vor dem Hintergrund einer aktuellen Umfrage bei den bekanntesten Anbietern von Conjointstudien in Deutschland über Einsatzmöglichkeiten in der Unternehmenspraxis. *Bornemeyer/Temme/Decker* diskutieren Eignung und Einsetzbarkeit von multivariaten Datenanalysemethoden bei der Erfolgsfaktorenforschung für Fragestellungen des Stadtmarketing. Im Beitrag von *Lasch* steht Kundenorientierung im Mittelpunkt eines Ansatzes zur Verbesserung logistischer Prozesse.

Im mit "Kapital und Risiko" überschriebenen Abschnitt werden von *Göppl/Burdelski* spezielle Methoden der Numerischen Taxonomie eingesetzt, um Ähnlichkeiten und Unterschiede für ausgewählte Teilmengen von Werten des deutschen Aktienmarktes transparent zu machen. *Hellwig* betrachtet Modelle zur Kapitalbudgetierung und analysiert Bedingungen, mit denen die Menge der zulässigen Budgets geeignet reduziert werden kann. *Locarek-Junge* beschreibt Meßmodelle zur Bewertung des Marktrisikos von Handelspositionen, die die Banken seit Ende 1998 verstärkt einsetzen können. Zur Untersuchung des deutschen Aktienmarktes benutzen *Schmid/Stich* endliche Mischungen von Normalverteilungen und den EM-Algorithmus und liefern bei bis zu 5-komponentigen Mischungen empirische Aussagen für die wichtigsten 30 DAX-Werte. *Spremann* befaßt sich mit Kriterien zur Gestaltung und mit Anforderungen bei der Kalibrierung von sogenannten Risk-Ruler-Verfahren, die zur Anlageberatung im Bankenbereich benötigt werden.

Im Abschnitt über "Operations Research und Unternehmensplanung" spannt *Domschke* einen Bogen von Wegproblemen zur Standorttheorie, bevor er Hub-Location-Probleme als neues Betätigungsfeld vorstellt. *Klose/Stähly* berichten, wie die Anwendung von Location-Problemen in der Schweizerischen Industrie für Molkereiprodukte trotz Schwierigkeiten bei Kostenschätzungen und bei der Beschaffung benötigter Daten gelungen ist. In der Arbeit von *Mißler-Behr* werden Verfahren der Szenarioanalyse und ein wissensbasierter Ansatz zur Szenarienbewertung angesprochen. *Neumann* stellt einen Algorithmus zur Konstruktion von AoA (activity on arc) Netzen für die Projektplanung vor. Im spieltheoretischen Beitrag von *Rosenmüller* wird über "incentive"-kompatible Mechanismen bei sogenannten Fee Games berichtet. *Schneeweiß* entwickelt und implementiert einen Algorithmus zur Lösung hierarchischer Planungsprobleme unter Unsicherheit.

Fragen der "Volkswirtschaftslehre" ist ein Abschnitt mit vier Beiträgen gewidmet. Modifikationen und Verallgemeinerungen, die im Zusammenhang mit der Verwendung von homogenen Produktionsfunktionen von Interesse sind, werden in der Arbeit von *Aczél/Eichhorn* behandelt. *Buhl* beschäftigt sich mit der Situation, daß ein Teil der Arbeitsplätze mit ungeeigneten Stelleninhabern besetzt ist, und beschreibt ein einfaches stochastisches Modell für dieses Fehlbesetzungsproblem. Ausgehend vom Mundell-Fleming-Modell untersuchen *Kähler/Karmann* dynamische Aspekte und Beziehungen zwischen Einkommen und Austauschrate. *Kogelschatz* betrachtet Einkommensmultiplikatoren in verschiedenen Input-Output Modellen im Zusammenhang mit sektorialer Produktion.

Der "Informatik"-Abschnitt beginnt mit der Arbeit von *Althoff/Richter*, die die steigende Bedeutung von CBR (cased based reasoning) als Problemlösungstechnik herausstellen sowie die Wichtigkeit von Begriffen wie Ähnlichkeit und Nutzen in diesem Zusammenhang diskutieren und an einem Beispiel zur Softwareentwicklung verdeutlichen. *Janko/Mitlöhner* benutzen spieltheoretische Überlegungen, um bei IT-Projekten Berater-Kunden-Interaktionen unter Einbeziehung von Simulationsergebnissen zu beschreiben. Im Beitrag von *Kämpke/Radermacher* werden Präferenzfunktionen um situative Variablen erweitert, womit zusätzliche Bedingungen formuliert werden können, die z.B. bei der Modellierung des Verhaltens technischer, sensorisch-motorischer Systeme von Interesse sind. *Kiel* beschreibt ein System zum Aufspüren von Fehlern in Prolog-Programmen und berichtet über seine Arbeitsweise.

Im letzten Abschnitt zum "Methodeneinsatz in der Lehre" stellen *Wagner/ Reisinger* ein Lehrveranstaltungskonzept für modellgestützte Unternehmensführung vor, das sie im Lehrangebot für Betriebswirtschaftslehre an der Universität Wien verwirklicht haben.

Otto Opitz hat in seinen oben geschilderten Betätigungsfeldern die Forschung mitgestaltet, er hat darüber hinaus in der wissenschaftlichen Selbstverwaltung und Interessensvertretung Verantwortung übernommen. Zum Beispiel ist er augenblicklich Präsident der GfKl (Gesellschaft für Klassifikation e.V.), deren interdisziplinäre Ausrichtung in großem Maße mit seinen Forschungsaktivitäten korrespondiert. Alle Autoren dieses Bandes wünschen sich, daß er dieses Engagement auch in Zukunft so erfolgreich wie bisher fortführen wird.

Wir wollen Otto Opitz an dieser Stelle nicht nur wegen seiner innovativen und viele wissenschaftliche Disziplinen befruchtenden Arbeit würdigen, sondern ihm auch für seine nun schon über mehrere Jahrzehnte andauernde Freundschaft danken. Er hat uns jederzeit als wissenschaftlicher Mentor und später als Kollege in unserer Arbeit unterstützt und inspiriert und darüber hinaus auch die Zeit für gemeinsame außeruniversitäre Aktivitäten gefunden – sei es beim Fußballspielen, Skifahren, Segeln oder auch beim persönlichen Gespräch, oft in bayerischer Gemütlichkeit.

Aus diesem Grunde war es uns eine Freude, diesen Band zusammenzustellen, den wir ihm – verbunden mit den besten Wünschen aller Autoren – widmen.

Abschließend wollen wir Frau Juliane Bayer und Frau Marianne Reblin in den Sekretariaten in Karlsruhe und Mannheim, sowie Herrn Gerd-Jan Los und insbesondere Herrn Dr. Michael Löffler für ihre sorgfältige und geduldige Mitarbeit beim Anfertigen der Buchvorlage danken. Frau Dr. Martina Bihn und Frau Gabriele Keidel vom Physica-Verlag gilt unser Dank für die verständnisvolle Zusammenarbeit und gründliche Durchsicht bei der Drucklegung.

Karlsruhe und Mannheim, im Februar 1999

Wolfgang Gaul
Martin Schader

# Inhalt

## Teil 4: Marktforschung und Marketing



## Teil 5: Kapital und Risiko



## Teil 6: Operations Research und Unternehmensplanung

## Teil 7: Volkswirtschaftslehre



## Teil 8: Informatik

## Teil 9: Methodeneinsatz in der Lehre

# Teil 1

# Data Mining

# Data Mining: A New Label for an Old Problem?*

W. Gaul[1], M. Schader[2]

[1] Institut für Entscheidungstheorie und Unternehmensforschung, Universität Karlsruhe, 76128 Karlsruhe, Germany

[2] Lehrstuhl für Wirtschaftsinformatik III, Universität Mannheim, 68131 Mannheim, Germany

**Abstract:** Based on an overview on recent contributions with respect to data mining applications terms like "data mining", "data warehousing" and "knowledge discovery in databases" are related to the well-known discussion where "data analysis" and "decision support" are combined with "expert knowledge research". Next, commercial data mining tools are compared with the help of positioning and segmentation procedures to get a feeling for the support provided by software tailored for performing tasks concerning knowledge discovery in databases. Finally, an own modification of an association rule algorithm is used to handle buying histories in the area of consumer behavior interpretation.

## 1 Introduction via Recent Data Mining Applications

Instead of what is normally done in the introductory part of scientific papers (where the existing theory-oriented literature is used to structure the area under consideration), here, the starting point is a table in which recently published data mining applications are depicted. The collection in Table 1 is, of course, only a sample from the set of applications in this field, not all boxes in this table could be filled, and some entries have still question marks (?) but this listing can already make clear what kind of messages can be extracted for a discussion of data mining topics:

1. Quite a number of application areas belong to economics (e.g., finance, insurance) and many problem descriptions stress economic objectives (e.g., cost controlling, cross sales, reduction of downtimes of plants or equipments).
2. Data sets are generally large.
3. The data mining techniques used are not of central interest to authors from the application side. They often only give hints concerning some methodological aspects (e.g., application of decision trees, neural nets, association rules) and not in all cases mention the software used.

*This paper is partly based on an invited talk presented at the workshop "Data Mining and Knowledge Discovery in Business Applications", Osaka, Japan, September 1998, by the first author.

4. Authors from the research side are to some extend reluctant to relate merits of the methodology they propose to the efforts known from corresponding areas in data analysis and statistics in which similar problems are tackled.

| References | Application areas | Problem descriptions | Data sets | Data Mining techniques used | Accuracy measures/ assessments | Software used |
|---|---|---|---|---|---|---|
| Anand et al. (1997) | Financial sector | Cross-sales problem | More than 100.000 records, more than 80 attributes | Deviation Detection Association Rules: EAR Algorithm | Support, Interest | |
| Borok (1997) | Health Care | Resource utilization for prospective patient populations | 75.805 claims for patients | Rule Induction | | Vantage Point, Inc. Software |
| Donato et al. (1997) | Financial sector (Credit cards) | Prediction of personal bankruptcy | 9.521 accounts | Decision Trees Neural Networks | Decision Trees: Classification error rate Neural Networks: MSE | SNNS (Stuttgart Neural Network Simulator) |
| Evans (1997) | Printing industry | Reduction of downtime because of „ink cylinder bands" | 177 records (?) | Decision Trees: ID3 (?) | Reduction of „ink cylinder bands" (1989: 538, 1995: 21) | |
| Fayyad et al. (1996 a) | Astronomy | Cataloging sky surveys | 3.000 records, 40 attributes | Decision Trees: generalized ID3 | Accuracy 94.2 % | SKICAT (Sky Image Cataloging and Analysis Tool) |
| Fürnkranz et al. (1997) | Politics | Prevention and termination of conflicts and wars | (1) 547 records, 70 attributes (2) 921 records, 33 attributes | K Nearest Neighbour Decision Trees: C4.5 | (2) Decision Trees: Accuracy 67% | |
| Gaul, Säuberlich (1998) | Consumer Behaviour | Description of conditional switching by higher order associations | 1.254 records, up to 41 purchases, 7 brands | Association Rules: Modified Apriori Algorithm | Generalized Confidence, Generalized Support | |
| Hätönen et al. (1996) | Telecommunication sector | Analysis of alarm sequences | Sequence of 73.679 alarms | Sequential association rules | Confidence, Support, Significance | TASA (Telec. Network Alarm Seq. Analyzer) |
| Hoffman et al. (1997) | Human Genome Project | Classification of DNA sequences | (1) 200 records (training), 800 records (test) (2) 6000 records (train.), 41.000 records (test) | Neural Networks: MLP, Kohonen Decision Trees: C4.5 | (1) Neural Networks: Accuracy 79.5%, Decision Trees: Accuracy 71.5% (2) Neural Networks: Accuracy 83% | Clementine SNNS (?) Tooldiag Visualization procedures |
| Matheus et al. (1996) | Health Care | Cost controlling | | Deviation Detection | Interestingness of a deviation | KEFIR (Key Findings Reporter) |
| Mertens et al. (1997) | Pharmaceutical industry | Deviation detection for controlling issues | 10.000 records | Cluster Analysis Deviation Detection | | BETREX II |
| Sasisekharan et al. (1996) | Telecommunication sector | Description and prediction of faults in telecommunication networks | Tens of thousands of circuits | Rule Induction | | |
| Williams, Huang (1996) | Insurance sector | Risk analysis | 75.000 records, 23 attributes | Decision Trees: CART | Entropy, Gini, and Error as tree selection measures | Darwin (StarTree) |

Table 1: Sample of data mining applications (1996 - 1998)

Together with other references from the data analysis area one can recognize that there is a difference between the terms KDD (knowledge discovery in databases) and data mining. KDD denotes the non-trivial process of identifying valid, novel, potentially useful, and ultimately understandable patterns in the data whereas data mining is just a step in the KDD process consisting of the application of particular data mining algorithms that, under some acceptable computational efficiency limitations, produces a particular enumeration of patterns (Fayyad et al. (1996 b)). Data warehousing is just a trendy label for all the issues raised in connection with data storage.

# 2 Process Descriptions for Data Problem Solving Tasks

Given a specific process definition for KDD one can expect that different descriptions exist in the literature and Table 2 shows four possibilities which reveal a similar structure but offer different activities and numbers of steps.

| | Task Analysis | Preprocessing | Data Mining | Postprocessing | Deployment |
|---|---|---|---|---|---|
| Brachman, Anand (1996) | Task Discovery | Data Discovery; Data Cleaning | Model Development | Data Analysis | Output Generation |
| Fayyad et al. (1996 b) | Selection | Pre-processing; Transformation | Data Mining | Interpretation/ Evaluation | |
| Mannila (1997) | Understanding the Domain | Preparing the Dataset | Discovering Patterns | Post-processing | Putting Results into Use |
| Wirth, Reinartz (1996) | Requirement Analysis | Knowledge Acquisition; Pre-processing | Pattern Extraction | Post-processing | Deployment |

Table 2: Main stages of the KDD process (Gaul, Säuberlich (1998))

Brachman, Anand (1996) start with task discovery as a step, in which requirements with respect to tasks and resulting applications must be engineered. Data discovery and data cleaning activities follow before in model development and data analysis steps certain data mining techniques have to be selected and applied to the data. Finally, an output generation step is mentioned. We skip the process models of Fayyad et al. (1996 b) and Mannila (1997) and end with Wirth, Reinartz (1996) who formulate a requirement analysis step in the beginning, in which characteristics, needs, and goals of the application are considered. In a knowledge acquisition step, availability and relevance of different types of knowledge are determined before preprocessing, actual pattern extraction, and postprocessing are performed. The label "deployment" for their last step stresses the point that more than just output generation is needed to turn scientific activities to successful applications.

Whenever various descriptions of an underlying phenomenon have to be taken into consideration attempts to unify the different perspectives are a must. Such a straight-forward unification is already depicted in Table 2 and consists of the following five main steps: Task analysis, preprocessing, data mining, postprocessing, and deployment.

However, the idea to use process descriptions for data problem solving tasks and to explain single process steps that should be performed has already some tradition. For activities where areas as AI (artificial intelligence), especially expert knowledge research, data analysis, and decision support intersect corresponding process definitions are given in e.g., Gaul et al. (1995) and Gaul, Schader (1989) and are combined in Table 3.

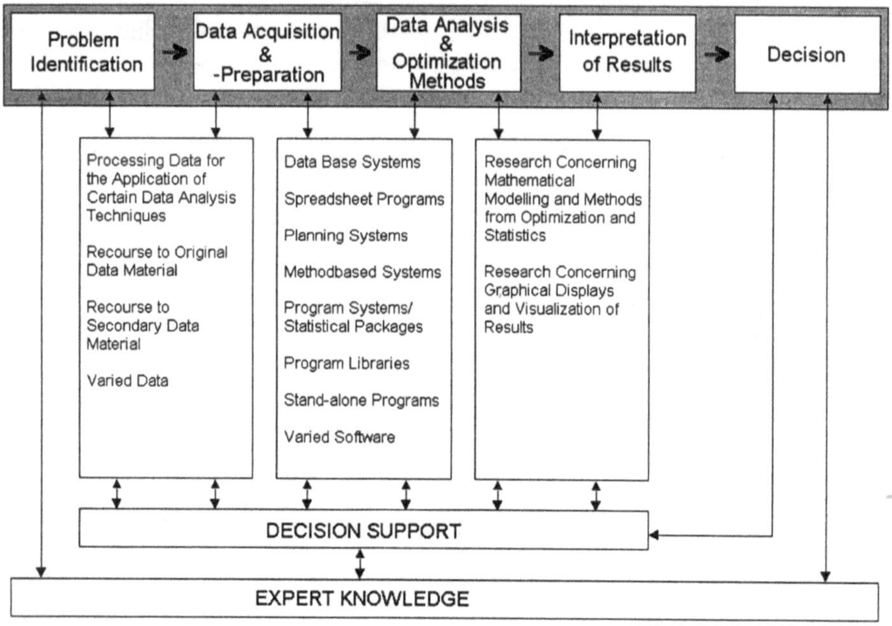


Table 3: Interdisciplinary research concerning data, expert knowledge, and decisions (Gaul, Schader (1989), Gaul et al. (1995))

Depending on the points of view one would like to stress, emphasis could be laid on discussions with respect to expert systems or decision support tools as well as data analysis techniques or even research concerning mathematical modeling of underlying situations or recent trends in the visualization of information.

Contributions concerning interdisciplinary research efforts from what could be labeled as DATA, EXPERT KNOWLEDGE, AND DECISIONS can be found in Gaul et al. (1995), Gaul, Schader (Eds.) (1988), Schader, Gaul (Eds.) (1990) or Gaul, Pfeifer (Eds.) (1996) and other issues of Studies in Classification, Data Analysis, and Knowledge Organization.

Thus, given the authors' own experience with data handling activities a distinguished positioning of data mining that is well separated from already known data analysis methods needs further clarification. Of course, for large data sets there are computation time restrictions for some data analysis methods (e.g., with respect to the objects to be clustered by pyramidal clustering as described in Gaul, Schader (1994)) while for other techniques such a problem is of minor relevance (e.g., with respect to the number of consumers in the target segments for optimal product positioning as described in Baier, Gaul (1999)). Sometimes, problem sizes are restricted for demonstration purposes (as, e.g., in the MARK2MAN software of Gaul, Baier (1994)). Naturally, for "mountains" of data one would have to start with simple screening techniques. But is this reason enough to establish data mining as a new research direction?

Given the list of data mining applications of Table 1 and the background concerning interdisciplinary research efforts presented so far, KDD or data mining seems to be just an additional variant in the spectrum of data analysis possibilities.

An overview concerning commercially offered data mining software tools may help to further clarify the situation.

# 3 Comparison of Commercial Data Mining Software

In Table 4 a sample of data mining software tools is depicted. The name of the tool and the software company are mentioned together with the data mining techniques supported. Additional information is given concerning the platforms on which the software could be operated, price and year of the release of the first version (F.V.) as well as whether the software can be used on parallel environments (P.E.) and whether there are restrictions with respect to the size of the data sets.

Ranked according to importance the techniques supported most often are decision trees, neural networks, cluster analysis, and association rules. Bayes classifier, correspondence analysis, k-nearest neighbour, principal component analysis and regression (in alphabetical order) have also been mentioned.

Information as provided by Table 4 can be aggregated in such a way that appropriate (dis)similarities between the listed data mining tools can be used as starting point for the application of positioning and segmentation techniques to try to dig out structures and discover knowledge that is hidden in the data.

For a subset of 12 data mining tools (selection criterion was comprehensiveness of the information provided) characteristics concerning the three main steps of the KDD process description of Table 2, i.e., preprocessing, data mining and postprocessing, as well as additional features concerning visual programming, parallel environments and platforms were combined to get the display shown in Figure 1. See Gaul, Baier (1994) for details with respect to the application of standard positioning and segmentation procedures.

Interpretations based on these straightforward clustering and scaling results could be the following:

| Name | Company | Techniques | Platforms | Price | F. V. | P. E. | Restrictions |
|---|---|---|---|---|---|---|---|
| **Clemen-tine** | Integral Solutions Ltd., GB | *Decision Trees*: ID3, C4.5<br>*Neural Networks*: MLP, Kohonen<br>*Association Rules*: Apriori-Alg.<br>*Regression* | Unix: Sun SPARC, HP, Digital Alpha Unix<br>Windows NT | 15.000 £ | 1994 | No | n.a. |
| **Darwin** | Thinking Machines Corp., USA | *Decision Trees*: CART<br>*Neural Networks*: MLP<br>*k Nearest Neighbour* | Unix: Solaris 2.5.1, IBM AIX 4.1.4 and others | from 30.000 US$ | 1996 | SMP<br>MPP | n.a. |
| **Data Engine** | MIT – Management Intelligenter Technologien GmbH, Aachen | *Decision Trees*: C4.5 (PlugIn)<br>*Neural Networks*: MLP, Kohonen, Fuzzy Kohonen<br>*Cluster Analysis*: Fuzzy C-Means<br>*k Nearest Neighbour* (PlugIn)<br>*Regression* | Unix<br>Windows 95, NT | Windows: 5.990 DM<br>Unix: 11.990 DM | 1995 | No | n.a. |
| **Data Mining Tool** | Syllogic, Netherlands | *Decision Trees*: C4.5<br>*Association Rules*<br>*Cluster Analysis*: K-means<br>*K Nearest Neighbour* | Unix: Silic. Graph, IBM AIX<br>Windows NT | Unix/NT 30.000 US$ | 1996 | SMP<br>MPP | 50.000 rows |
| **Enterprise Miner** | SAS Institute, USA | *Decision Trees*: CART, CHAID<br>*Neural Networks*: MLP, RBF<br>*Association Rules*<br>*Cluster Analysis*<br>*Regression* | Server: Windows NT, all important Unix platforms<br>Clients: Windows 95, NT | from 45.000 US$ (uncon-firmed) | 1998 | No | n.a. |
| **Inspect** | H. Lohninger, Vienna University of Technology | *Neural Networks*: RBF<br>*Cluster Analysis*: K-means<br>*K Nearest Neighbour*<br>*Principal Component Analysis* | PC (DOS) | 598 DM | 1994 | No | #variables × #rows < 8100 |
| **Intelligent Miner** | IBM, USA | *Decision Trees*: Based on ID3<br>*Neural Networks*: MLP, RBF, Kohonen<br>*Association Rules*<br>*Cluster Analysis*: Propr. algorithm based on distance measure | Server: IBM AIX, OS/400, OS/390, MVS/ESA<br>Clients: IBM AIX, Windows 95, NT, OS/2 | from 42.000 US$ | 1995 | SMP<br>MPP | n.a. |
| **KDD Explorer** | SRA International Inc., USA | *Decision Trees*: C4.5<br>*Association Rules*<br>*Cluster Analysis*: K-means | Unix<br>PC | from 39.500 US$ | 1998 | SMP | n.a. |
| **Knowl. Seeker** | Angoss Softw. Corp., Canada | *Decision Trees*: CART, CHAID | Unix<br>Windows 95, NT | PC: 4.625 US$ | 1991 | No | n.a. |
| **MineSet** | Silicon Graphics, USA | *Decision Trees*: C4.5<br>*Association Rules*<br>*Simple Bayes Classifier* | Unix: Silic. Graph. Challenge & Origin | from 20.000 US$ | 1996 | No | n.a. |
| **Neov. Decision Series** | NeoVista, USA | *Neural Networks*: MLP<br>*Association Rules*<br>*Cluster Analysis*: Propr. algorithm based on distance measure | Unix: HP, Sun, DEC, Oracle, Informix, Sybase | from 45.000 US$ | 1996 | SMP | n.a. |
| **Orches-trate** | Torrent Systems Inc., USA | *Neural Networks*: MLP, RBF, Kohonen<br>*Association Rules*: Apriori-Alg. | Unix: Sun, IBM | from 12.500 US$ | 1996 | SMP<br>MPP | n.a. |
| **Partek** | Partek Inc., USA | *Neural Networks*: MLP<br>*Cluster Analysis*: K-means<br>*Regression*<br>*Correspondence Analysis*<br>*Principal Component Analysis* | Unix: HP 900, IBM RS/6000, Silicon Graphics, Sun Microsystems | 11.955 US$ | 1994 | SMP | n.a. |
| **Pattern Recogn. Work-bench** | Unica Tech-nologies, Inc., USA | *Neural Networks*: MLP, RBF<br>*Cluster Analysis*: K-means<br>*K Nearest Neighbour*<br>*Regression* | Windows 95, NT | from 995 US$ | 1993 | No | n.a. |
| **SIPINA** | Lab. ERIC, Uni Lyon, France | *Decision Trees*: CART, Elisee, ID3, C4.5, CHAID, SIPINA | Windows 95 | 1.000 US$ | 1997 | No | 16.384 attr.<br>$2^{32}$ - 1 rows |
| **Xpert Rule Profiler** | Attar Software, GB | *Decision Trees*: C4.5<br>*Association Rules*<br>*Cluster Analysis* | Windows 95, NT | from 995 to 9.995 £ | 1996 | No | Option 1 (995,- £): 2.000 rows |

(F. V. = First Version; P. E. = Parallel Environment; Apriori-Alg. = Apriori-Algorithm; Propr. = Proprietary; MPP = massively parallel processing; SMP = symmetric multi processing; n.a = no answer)

Table 4: Sample of data mining software tools (Gaul, Säuberlich (1998))

Tools such as KnowledgeSeeker and SIPINA which only provide decision trees as data mining techniques and don't offer comparably many pre- and postprocessing capabilities as other software suppliers are separated from the rest of the subsample.

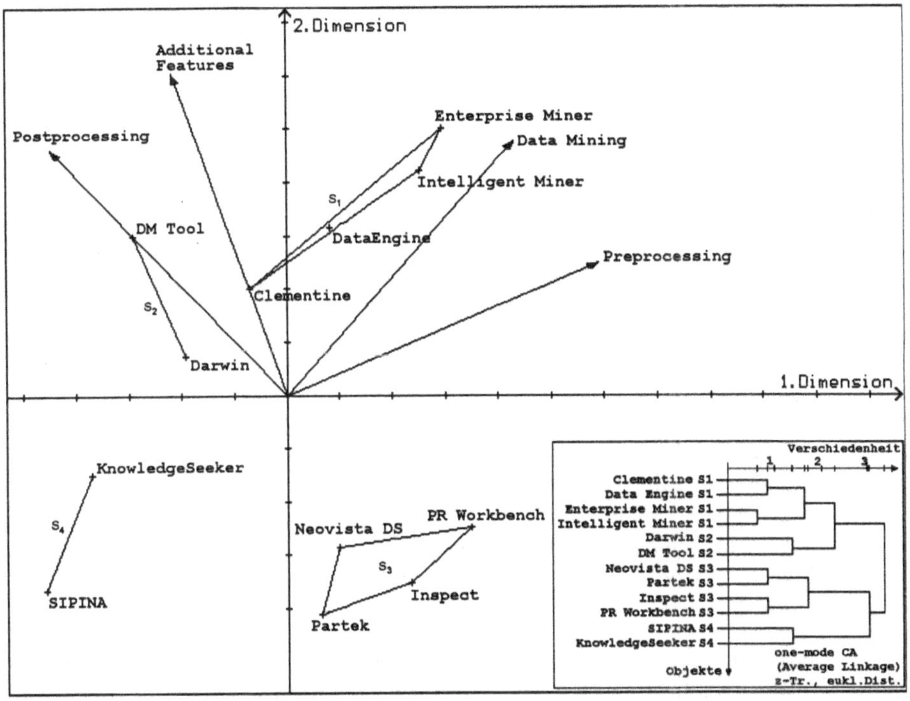


Figure 1: Positioning of data mining tools (Gaul, Säuberlich (1998)) ($S_k$, $k = 1, ..., 4$, is the abbreviation for segment $k$)

Darwin and Data Mining Tool are examples where postprocessing characteristics and additional features influence their positioning in the map of Figure 1.

Clementine, Data Engine, Intelligent Miner and Enterprise Miner build a segment that more than others tries to support all main stages of the KDD process and offers more different data mining techniques than most of the competitors from the other segments under consideration.

The visualization presented with the help of clustering and positioning methods shows a trend from single-technique software products as KnowledgeSeeker to multi-task tools that try to support as many main stages of the KDD process as possible.

However, some of the data mining techniques mentioned in Table 4 have been used in the data analysis area for quite some time (see, e.g. Gaul et al. (1994) for the application of neural nets to panel and POS-scanner data) while other new research directions are not considered (see, e.g., m-mode n-way data handling as described for two-mode clustering in Gaul, Schader (1996)). And even with respect to association rules—a methodology that is closer related to the data mining discussion than others—a user has to be familiar with the basics when a non-standard situation has to be tackled as will be shown in the next section.

# 4 Analysis of Buying Histories by a Modification of Association Rules

## Notation

In standard applications of association rules, subsets $X$ and $Y$ of an interesting set are checked with the help of certain measures, e.g., "confidence" and "support", whether "rules that associate $X$ with $Y$" are of importance.

The task of an association rule algorithm is to find all association rules which fulfil prescribed bounds for support and confidence values. Since the number of sets which satisfy given bounds can be very large, corresponding algorithms use special techniques to reduce the search space. Association rule algorithms are a class of data mining techniques which can cope with large data sets in a reasonable runtime. An example of such an association rule algorithm is the Apriori Algorithm by Agrawal et al. (1996). The following modifications for the analysis of brand switching behavior are used:

For modeling buying histories with respect to a given set of brands $\mathcal{B} = \{p, q, ...\}$ let $T = (t_1 \rightarrow ... \rightarrow t_j \rightarrow ... \rightarrow t_{n(T)})$ denote an indexed individual buying history, i.e., a sequence of subsequently bought brands $t_j \in \mathcal{B}$ where $n(T)$ counts the number of purchases described by $T$. Note that the same brand can be bought at different purchase occasions.

We call a subhistory $X$ of $T$ a *connected subhistory* if there exists an index $j(X) \in \mathbb{N}_0$ so that $X$ can be written in the form $X = (t_{j(X)+1} \rightarrow t_{j(X)+2} \rightarrow ... \rightarrow t_{j(X)+n(X)})$ with $j(X) + n(X) \leq n(T)$ and use the symbol $\vec{\subset}$ to denote such a connected subhistory. For $X \vec{\subset} T$ the first and last brand of $X$ is described by $b(X)$ (beginning of $X$) and $e(X)$ (end of $X$), respectively.
If for connected subhistories $X, Y \vec{\subset} T$ there exist $j(X), j(Y) \in \mathbb{N}_0$ such that $j(X) \leq j(Y)$ and $j(X) + n(X) = j(Y) + k$ with $k = k(X,Y) \in \{1, ..., n(Y)\}$ we use the symbol $X \vec{\cup}_k Y = (t_{j(X)+1} \rightarrow ... \rightarrow t_{j(X)+n(X)} \rightarrow t_{j(Y)+k+1} \rightarrow ... \rightarrow t_{j(Y)+n(Y)})$ to denote the so-called *k-overlapping composition* of $X$ and $Y$. Note that $(X \vec{\cup}_k Y) \vec{\subset} T$.

Some obvious properties are:

$$(X \vec{\cup}_k Y) \vec{\subset} T \Rightarrow b(X \vec{\cup}_k Y) = b(X),\ e(X \vec{\cup}_k Y) = e(Y),$$
$$n(X \vec{\cup}_k Y) = n(X) + n(Y) - k.$$

Additionally, for $X\vec{\subset}T$, let $m(X,T,l)$ be the number of times that $X$ appears as connected subhistory of $Z\vec{\subset}T$ with $j(Z)=0$ and $n(T)-n(Z)=l$.

Up to now the buying history of just one individual was used. Now, assume that $I$ is a (large) set of individuals. Then

$$\vec{s}_l(X) := \sum_{i\in I} m(X,T_i,l)$$

counts the occurrence of $X$ in the set

$$D_l := \{Z_i \mid Z_i\vec{\subset}T_i, n(T_i)-n(Z_i)=l, j(Z_i)=0, i\in I\}$$

where $D_0 := \{T_i \mid i \in I\}$ is a given set of individual buying histories. The value $\vec{s}_l(X)$ is called *l-generalized support* of $X$. For $X,Y\vec{\subset}T$ with $k(X,Y)=1$

$$\vec{c}(X,Y) := \frac{\vec{s}_0(X\vec{\cup}_1 Y)}{\vec{s}_{n(Y)-1}(X)},$$

which gives the percentage of individuals of $I$ that have switched from $X$ to $Y$, can be labeled as *generalized confidence* of $X$ and $Y$ (Note, that $k>1$ is needed for a generalized version of the Apriori Algorithm). This notation contains normal conditional switching (see, e.g., Carpenter, Lehmann (1985)) from a brand $p$ to a brand $q$ as special case in the following way: Set $X=(p)$ and $Y=(p\rightarrow q)$, then

$$c_{pq} = \vec{c}((p),(p\rightarrow q)) = \frac{\text{number of occurences of } (p\rightarrow q) \text{ in } D_0}{\text{number of occurences of } (p) \text{ in } D_1}$$

describes the entries of the well known conditional switching matrix.

## Empirical Example

Consider an empirical example where the switching behavior of 1254 households with respect to a product category of 7 brands {A,B,C,D,E,F,G} was recorded for a certain time period. The conditional switching matrix as depicted in Table 5 can be computed by "traditional counting" but if one is interested in what can be called "higher order associations" then the number of compositions of subhistories is rapidly increasing.

| to brand / from brand | A | B | C | D | E | F | G |
|---|---|---|---|---|---|---|---|
| A | 0,72784 | 0,05282 | 0,02596 | 0,02417 | 0,02865 | 0,02507 | 0,11549 |
| B | 0,05244 | 0,53165 | 0,07776 | 0,06148 | 0,09132 | 0,03617 | 0,14919 |
| C | 0,04192 | 0,14770 | 0,43114 | 0,08583 | 0,08982 | 0,04790 | 0,15569 |
| D | 0,04560 | 0,12541 | 0,07329 | 0,43811 | 0,09609 | 0,07492 | 0,14658 |
| E | 0,03625 | 0,12875 | 0,06250 | 0,08500 | 0,52375 | 0,03250 | 0,13125 |
| F | 0,05523 | 0,10848 | 0,05128 | 0,06706 | 0,05720 | 0,42998 | 0,23077 |
| G | 0,07503 | 0,09672 | 0,05041 | 0,05862 | 0,05920 | 0,06155 | 0,59848 |

Table 5: Conditional switching matrix (Gaul, Säuberlich (1998))

Using the just explained methodology "modified" association rules can be formulated with the help of subhistories $X$, $Y$, $\vec{s}_0(X\vec{\cup}_1 Y)$, and $c(X,Y)$ to get deeper insights into the buying behavior of individuals based on a sample of buying histories. Table 6 shows selected results that enrich the information obtainable by traditional conditional switching considerations, e.g., the first column of Table 6 coincides with the first row of Table 5.

| Rule (X, Y) | $\vec{c}(X, Y)$ | $\vec{s}_0(X\breve{\cup}_1, Y)$ | Rule (X, Y) | $\vec{c}(X, Y)$ | $\vec{s}_0(X\breve{\cup}_1, Y)$ | Rule (X, Y) | $\vec{c}(X, Y)$ | $\vec{s}_0(X\breve{\cup}_1, Y)$ |
|---|---|---|---|---|---|---|---|---|
| (A), (A→A) | 0,72784 | 813 | (A→A), (A→A→A) | 0,71215 | 381 | (B), (B→E→B) | 0,03812 | 34 |
| (A), (A→B) | 0,05282 | 59 | (A→A→A), (A→A) | 0,86788 | 381 | (B→E), (E→B) | 0,41975 | 34 |
| (A), (A→C) | 0,02596 | 29 | (E), (E→E→E) | 0,36926 | 233 | (B), (B→E→E) | 0,03027 | 27 |
| (A), (A→D) | 0,02417 | 27 | (E→E), (E→E) | 0,70606 | 233 | (B→E), (E→E) | 0,33333 | 27 |
| (A), (A→E) | 0,02865 | 32 | (B→B), (B→B→B) | 0,59726 | 218 | (B), (B→G→B→B) | 0,01685 | 12 |
| (A), (A→F) | 0,02507 | 28 | (B→B→B), (B→B) | 0,83846 | 218 | (B), (B→E→G) | 0,00897 | 8 |
| (A), (A→G) | 0,11549 | 129 | (D→D), (D→D) | 0,62326 | 134 | (B→E), (E→G) | 0,09877 | 8 |

Table 6: Part of the results of the modified Apriori algorithm (Gaul, Säuberlich (1998))

# 5 Conclusion

Three points of view—the application side, the side of commercial software suppliers, and the research side—were taken to approach what nowadays is labeled as data mining. Using samples from the literature concerning data mining applications and from the software market concerning data mining tools as well as a modification of association rules it was tried to find out whether data mining has emerged as a new discipline from the data analysis area that deserves special attention.

In research—as in other areas— the cycle

EXPECTATIONS → ENTHUSIASM →
DISILLUSIONMENT → EXPECTATIONS

can be observed (see, e.g., the treatment of expert systems in theory and practice). The paper tries to help the reader to find out where the recent discussion concerning data mining has to be positioned.

## References

AGRAWAL, R., MANNILA, H., SRIKANT, R., TOIVONEN, H., VERKAMO, A.I. (1996): Fast Discovery of Association Rules. In: FAYYAD, U.M., PIATETSKY-SHAPIRO, G., SMYTH, P., UTHURUSAMY, R. (Eds.): Advances in Knowledge Discovery and Data Mining. AAAI/MIT Press, 277-296.

ANAND, S.S., HUGHES, J.G., BELL, D.A., PATRICK, A.R. (1997): Tackling the Cross-Sales Problem using Data Mining. Proceedings of the 1st International Conference on Knowledge Discovery in Databases and Data Mining, 1997.

BAIER, D., GAUL, W. (1999): Optimal Product Positioning Based on Paired Comparisons Data. To appear in: *Journal of Econometrics*.

BOROK, L.S. (1997): Data Mining: Sophisticated Forms of Managed Care Modeling through Artificial Intelligence. *Journal of Health Care Finance, Vol. 23, Iss. 3, 20-36.*

BRACHMAN, R.J., ANANAD, T. (1996): The Process of Knowledge Discovery in Databases: A Human-Centered Approach. In: FAYYAD, U.M., PIATETSKY-SHAPIRO, G., SMYTH, P., UTHURUSAMY, R. (Eds.): Advances in Knowledge Discovery and Data Mining. AAAI/MIT Press, 33-51.

CARPENTER, G.S., LEHMANN, D.R. (1985): A Model of Marketing Mix, Brand Switching, and Competition. *Journal of Marketing Research, Vol. 22, 318-329.*

DONATO, J.M., SCHRYVER, J.C., GRADY, N.W., HINKEL, G.C., SCHMMOYER, R.L., LEUZE, M.R. (1997): Mining Credit Card Data for Decision Support. AFCEA, First Federal Data Mining Symposium, 1997.

EVANS, R.B. (1997): A Case Study in Data Mining. *Database Programming and Design, April 1997, 42-49.*

FAYYAD, U.M., DJORGOVSKI, S.G., WEIR, N. (1996 a): Automating the Analysis and Cataloging of Sky Surveys. In: FAYYAD U.M., PIATETSKY-SHAPIRO, G., SMYTH, P., UTHURUSAMY, R. (Eds.): Advances in Knowledge Discovery and Data Mining. AAAI/MIT Press, 425-444.

FAYYAD, U.M., PIATETSKY-SHAPIRO, G., SMYTH, P., (1996 b): From Data Mining to Knowledge Discovery: An Overview. In: FAYYAD U.M., PIATETSKY-SHAPIRO, G., SMYTH, P., UTHURUSAMY, R. (Eds.): Advances in Knowledge Discovery and Data Mining. AAAI/MIT Press, 1-29.

FÜRNKRANZ, J. PETRAK, J., TRAPPL, R. (1997): Knowledge Discovery in International Conflict Databases. *Applied Artificial Intelligence, Vol. 11, 91-118.*

GAUL, W., BAIER, D. (1994): Marktforschung und Marketing Management. Oldenbourg, München, 2nd Edition.

GAUL, W., DECKER, R., WARTENBERG, F. (1994): Analyse von Panel- und POS-Scanner-Daten mit Neuronalen Netzen. Jahrbuch der Absatz- und Verbrauchsforschung, 40. Jahrgang, Heft 3, 281-306.

GAUL, W., PFEIFFER, D. (Eds.) (1996): From Data to Knowledge. Studies in Classification, Data Analysis, and Knowledge Organization, Springer.

GAUL, W., RADERMACHER, F.J., SCHADER, M., SOLTE, D. (1995): Data, Expert Knowledge and Decisions: An Introduction to the Volume. Special Issue (Edited by GAUL, W., RADERMACHER, F.J., SCHADER, M., SOLTE, D.), *Annals of Operations Research, Vol. 55, 1-7.*

GAUL, W., SÄUBERLICH, F. (1998): Classification and Positioning of Data Mining Tools. Working Paper 216, Institut für Entscheidungstheorie und Unternehmensforschung, Universität Karlsruhe, to appear in: Studies in Classification, Data Analysis, and Knowledge Organization.

GAUL, W., SCHADER, M. (Eds.) (1988): Data, Expert Knowledge and Decisions. Springer.

GAUL, W., SCHADER, M. (1989): Data Analysis and Decision Support. *Applied Stochastic Models and Data Analysis, Vol. 5, 341-356.*

GAUL, W., SCHADER, M. (1994): Pyramidal Classification Based on Incomplete Dissimilarity Data. *Journal of Classification , 11, 171-193.*

GAUL, W., SCHADER, M. (1996): A New Algorithm for Two-Mode Clustering. In: BOCK, H.-H., POLASEK, W.: Data Analysis and Information Systems. *Studies in Classification, Data Analysis, and Knowledge Organization, 15-23.*

HÄTÖNEN, K., KLEMETTINEN, M., MANNILA, H., RONKAINEN, P., TOIVONEN, H. (1996): Knowledge Discovery from Telecommunication Network Alarm Databases. Proceedings of the 12th International Conference on Data Engineering (ICDE'96), New Orleans, Louisiana, February/March 1996.

HOFFMAN, P., GRINSTEIN, G., MARX, K., GROSSE, I., STANLEY, E. (1997): DNA Visual and Analytic Data Mining. Visualization 1997.

MANNILA, H. (1997): Methods and Problems in Data Mining. In: AFRATI, F., KOLAITIS, P. (Eds.): Proceedings of the International Conference on Database Theory. Delphi, Greece, January 1997, Springer-Verlag.

MATHEUS, C.J., PIATETSKY-SHAPIRO, G., MCNEILL, D. (1996): Selecting and Reporting What is Interesting: The KEFIR Application to Healthcare Data. In: FAYYAD, U.M., PIATETSKY-SHAPIRO, G., SMYTH, P., UTHURUSAMY, R. (Eds.): Advances in Knowledge Discovery and Data Mining. AAAI/MIT Press, 445-463.

MERTENS, P., BISSANTZ, N., HAGEDORN, J. (1997): Data Mining im Controlling. *Zeitschrift für Betriebswirtschaft, Vol. 67, Iss. 2, 179-201.*

SASISEKHARAN, R., SESHADRI, V., WEISS, S.M. (1996): Data Mining and Forecasting in Large-Scale Telecommunication Networks. *IEEE Expert - Intelligent Systems and their Applications, Vol. 11, Iss. 1, 37-43.*

SCHADER, M., GAUL, W. (Eds.) (1990): Knowledge, Data and Computer-Assisted Decisions. *NATO ASI Series F: Computer and Systems Sciences, Vol. 61, Springer.*

WILLIAMS, G.J., HUANG, Z. (1996): A Case Study in Knowledge Acquisition for Insurance Risk Assessment using a KDD Methodology. Pacific Rim Knowledge Acquisition Workshop, Sydney, Australia, October 1996.

WIRTH, R., REINARTZ, T.P. (1996): Towards a Task Model for KDD-Processes. In: KODRATOFF, Y., NAKHAEIZADEH, G. (Eds.): Workshop Notes; Statistics, Machine Learning, and Knowledge Discovery in Databases. MLNet Familiarisation Workshop.

# Verbundkäufe in Warenkorbdaten

J. Niedereichholz, P. Schwarz

Lehrstuhl für Wirtschaftsinformatik II,
Universität Mannheim, 68131 Mannheim, Germany

**Zusammenfassung:** Der Begriff Knowledge Discovery in Databases (KDD) umfaßt den vollständigen Prozeß des Entdeckens interessanter Zusammenhänge in Form von Mustern in großen Datenbeständen. Ein bekanntes Anwendungsgebiet von KDD sind Warenkorbanalysen zur Untersuchung von Bondaten in Supermärkten mit Hilfe der Musterart Assoziationsregel. In diesem Artikel wird der Apriori-Algorithmus vorgestellt sowie wichtige Aspekte, die bei der Umsetzung des abstrakten Algorithmus in eine konkrete Implementierung von Bedeutung sind.

# 1 Problemstellung

Der Begriff Knowledge Discovery in Databases (KDD) umfaßt den vollständigen Prozeß des Entdeckens interessanter Zusammenhänge in Form von Mustern in großen Datenbeständen. Dieser Prozeß ist typischerweise iterativer und interaktiver Natur und beinhaltet – neben der Datenaufbereitung und der Interpretation der gefundenen Muster – das wiederholte Anwenden unterschiedlicher Data-Mining-Methoden. Dabei bestimmt die zugrundeliegende Aufgabenstellung die Wahl der anzuwendenden Methode.

Im Zuge der Warenkorbanalyse spielen Algorithmen zur Generierung von Assoziationsregeln (AR) als Methode des KDD bereits seit 1993 eine bedeutsame Rolle. Der Bedarf für AR–Algorithmen resultiert aus der Einführung der Scanner-Technologie an den Kassen der Supermarktfilialen. Dadurch wurde es möglich, anhand der Bondaten täglich Millionen von Einkaufsvorgängen artikelgenau festzuhalten. Die Analyse dieser Daten kann Rückschlüsse auf das Kaufverhalten und die Präferenzen der Kunden liefern. Daraus lassen sich z.B. Konsequenzen für die Ladengestaltung (Anordnung von Waren in einer Filiale), den Personaleinsatz oder die Sortimentspolitik einer Handelskette ableiten. Die aus den Scannerdaten abgeleiteten Kundenprofile können darüber hinaus aber auch für zielgerichtete Marketingaktionen genutzt werden.

Zielsetzung der vorliegenden Arbeit ist die Vorstellung einer Methode bzw. eines Algorithmus zum Auffinden von Assoziationsregeln innerhalb artikelgenauer Kassendaten. Die gefundenen Regeln können als Verbundeffekte oder Käufe von Artikeln interpretiert werden, die eine Aussage darüber zulassen, welche Waren bei einem Einkaufsvorgang signifikant gemeinsam (im Verbund) von Kunden erworben werden. Hierzu wurde ein Prototyp auf Basis des Apriori–Algorithmus (siehe 2.3) entworfen, der in der Lage ist, in einem Datenbestand von mehreren Millionen Datensätzen entsprechende Muster zu erkennnen. Im Mittelpunkt der hier vorgestellten Entwicklung stehen

Hinweise und wichtige Aspekte, die bei der Umsetzung des abstrakten Algorithmus in eine konkrete, lauffähige Implementierung zu berücksichtigen sind.

# 2 Beschreibung des verwendeten Algorithmus

## 2.1 Formale Beschreibung des Problems

Um den verwendeten Algorithmus vorzustellen, werden zunächst einige Begriffe definiert und die Problemstellung als formales Modell dargestellt.

Sei $I = \{I_1, .., I_m\}$ eine Menge von binären Attributen, die als *Artikel* (Item) bezeichnet werden. Weiterhin sei $T$ eine Datenbanktabelle mit Transaktionen, wobei jede Transaktion $t \in T$ als binärer Vektor repräsentiert wird. Hierbei ist $t[k] = 1$, falls der Artikel $I_k$ bei der Transaktion $t$ gekauft wurde und $t[k] = 0$, falls der Artikel nicht gekauft wurde.[1] Die Datenbanktabelle $D$ enthält für jede Transaktion einen solchen Vektor. $X$ sei eine Menge von Artikeln aus $I$. Eine Transaktion $t$ *erfüllt* $X$, wenn für alle Artikel $I_k$ aus $X$ gilt: $t[k] = 1$.

Eine *Assoziationsregel* ist eine Implikation der Form $X \Longrightarrow I_j$, wobei $I_j$ ein Artikel aus $I$ ist, der nicht in $X$ enthalten ist. $I_j$ bezeichnet man als *Konsequenz* der Assoziationsregel. Eine Artikelmenge $X$ hat den *Support* (Unterstützung) $s$, wenn $s\%$ aller Transaktionen die Artikelmenge $X$ erfüllen. Einer Assoziationsregel $X \Longrightarrow I_j$ wird der Support $s$ zugeordnet, wenn die Menge $X \cup I_j$ den *Support* $s$ hat. Als Kurzschreibweise für diese *Supportfunktionen* wählt man $s(X)$ bzw. $s(X \Longrightarrow I_j)$. Ein weiteres Maß für eine Assoziationsregel ist die *Konfidenz* $c$. Eine Regel $X \Longrightarrow I_j$ besitzt die *Konfidenz* $c$, wenn $c\%$ aller Transaktionen in $T$, die $X$ erfüllen, ebenso $I_j$ erfüllen.

Ausgehend von dem Begriff *Support* werden die Begriffe *Large-Itemset* und Kandidatenmenge definiert. Ein Large-Itemset der Ordnung $k$ (kurz:$L_k$) zu einem vorgegebenen *Support* $s_{min}$ ist eine Menge, die wiederum Mengen von Artikeln $X_i$ mit der Kardinalität $k$ enthält, für die gilt: $s(X_i) \geq s_{min}$. Die exakte Schreibweise ist: $L_k = \{X_i \subseteq I; |X_i| = k \wedge s(X_i) \geq s_{min}\}$. Als Kandidatenmenge (*Candidate-Itemset*) der Ordnung $k$ (kurz: $C_k$) bezeichnet man eine Obermenge von $L_k$, für die keine Einschränkung bezüglich des *Supports* besteht. Sie dient als Grundlage für die Bildung der dazugehörigen Large-Itemset $L_k$. Die Bedeutung eines Large-Itemset und einer Kandidatenmenge wird anhand der Beschreibung des Algorithmus deutlich.

## 2.2 Aufbau des Algorithmus

Der verwendete Algorithmus wurde 1994 von Agrawal und Srikant veröffentlicht und stellt eine Weiterentwicklung vorhergehender Algorithmen dar, die

[1] Der Begriff Transaktion wird hier als Kundentransaktion (Erwerb von Ware) verstanden und ist nicht mit dem Begriff aus der Datenbanktheorie zu verwechseln.

sich bei der Bearbeitung sehr großer Datenbestände als zu langsam erwiesen. Der Algorithmus ist in zwei grundlegende Schritte aufgeteilt. Im ersten Schritt werden alle Large-Itemsets beliebiger Ordnung $k$ zu vorgegebenem *Support* $s_{min}$ ermittelt. Ausgehend von diesen Large-Itemsets werden im zweiten Schritt unter Vorgabe der *Konfidenz* $c_{min}$ die gültigen Assoziationsregeln gefunden. Die Suche nach den Large-Itemsets $L_k$ übernimmt der sogenannte *Apriori-Algorithmus*. Der darauffolgende Schritt zur Bestimmung der Assoziationsregeln wird im folgenden als *Assoziationsregelfindung* bezeichnet.

1. Apriori Algorithmus: Vorgabe des minimalen Support $s_{min}$. Bestimmung der Large-Itemsets $L_k$ für $k = 1..n$. Für alle $X \in L_k$ gilt $s(X) \geq s_{min}$.
2. Assoziationsregelfindung: Vorgabe der minimalen *Konfidenz* $s_{min}$. Bestimmung aller Assoziationsregeln $X \Longrightarrow I_j$ innerhalb aller Large-Itemsets $L_k$ , für die gilt $c(X \Longrightarrow I_j) \geq c_{min}$.

Die Funktionsweise der beiden Schritte wird in den folgenden Abschnitten detailliert beschrieben.

## 2.3 Der Apriori Algorithmus

In der folgenden Ablaufvorschrift wird die Bildung der Large-Itemsets durch den Algorithmus Apriori beschrieben.

1. $L_j = \{\{I_j\} | s(\{I_j\} \geq s_{min}\}$
   /*{ Menge aller Artikel, die mindestens $s_{min}$ in $T$ vorkommen } */
2. $k := 2$
3. **Solange gilt:**$L_{k-1} \neq \emptyset$ **tue** {
4. $\quad C_k := apriori\_gen(L_{k-1})$
5. $\quad$ **für alle** Transaktionen $t \in T$ **tue**
6. $\quad\quad$ **für alle** Artikelmengen $c \in C_k$ die in $t$ enthalten sind **tue**
7. $\quad\quad\quad c.count = c.count + 1$
8. $\quad L_k := \{c \in C_k | c.count \geq s_{min}\}$
9. $\quad k := k + 1$
10. } /* Ende Solange */

Im ersten Schritt werden zunächst alle Artikel bestimmt, die den minimalen *Support* $s_{min}$ erfüllen. Hierzu ist ein Lauf über alle Transaktionen notwendig, in dem für jeden Artikel die Häufigkeit bestimmt wird. Anschließend streicht man alle Artikel $I_j$, für die gilt: $s(\{I_j\}) \leq s_{min}$. Daraufhin wird eine Schleife (Zeile 3–10) durchlaufen, die für alle $k = 2..n$ die Large-Itemsets solange bestimmt, bis keine weiteren mehr gefunden werden können. Zu Anfang der Schleife wird die sogenannte Kandidatenmenge $C_k$ mit Hilfe der Funktion **apriori_gen** gebildet. Diese Funktion bildet auf Grundlage des im vorherigen Lauf ermittelten Large-Itemsets $L_{k-1}$ eine Kandidatenmenge, die aus Artikelmengen mit potentiell hohem *Support* besteht. In welcher Weise die Funktion **apriori_gen** die Kandidatenmenge bildet, wird weiter unten erläutert. Um den *Support* der Artikelmengen innerhalb einer Kandidatenmenge $C_k$ bestimmen zu können, ist ein weiterer kompletter Lauf über alle Transaktionen notwendig. Für jede Transaktion werden die Artikelmengen von $C_k$ überprüft. Hier muß möglichst effektiv für alle Artikelmengen aus $C_k$ getestet werden, ob sie als Teilmenge der momentanen Transaktion $t$ auftreten (Zeile 6). Falls eine Artikelmenge in $t$ auftritt, so wird deren Zähler zur Bestimmung des *Supports* inkrementiert (Zeile 7). Wenn der Lauf über alle Transaktionen abgeschlossen ist, wird die Large-Itemset $L_k$ aus allen Artikelmengen der $C_k$ gebildet, die den minimalen Support $s_{min}$ erfüllen (Zeile 8). Falls $L_k$ nicht leer ist, startet die Schleife mit erhöhtem $k$ erneut. Für jedes $k$ ist ein kompletter sequentieller Lauf über alle Transaktionen der zugrundeliegende Datenbanktabelle $D$ notwendig.

Die Funktion **apriori_gen** besitzt als Argument die Menge aller $(k-1)$–elementigen Artikelmengen ($L_k$) mit großem *Support* und generiert die Menge $C_k$ von $k$–elementigen Kandidaten. Dabei nutzt sie die Eigenschaft $X \subset Y \Longrightarrow s(X) \geq s(Y)$ der *Supportfunktion*, um $C_k$ möglichst klein zu halten. Diese Eigenschaft besagt lediglich, daß der *Support* einer Teilmenge $X$ nicht kleiner sein kann, als der *Support* ihrer Obermenge $Y$. Die Funktion **apriori_gen** bildet $C_k$ zunächst als *Natural-Join* von $L_{k-1}$ mit sich selbst über die ersten $k-2$ Elemente. Danach werden diejenigen Kandidaten aus $C_k$ in einem sogenannten *Prune-Step* entfernt, die $(k-1)$–elementige Teilmengen enthalten, die nicht in $L_{k-1}$ liegen. Es wird davon ausgegangen, daß die Artikel in den Artikelmengen sortiert angeordnet sind, obwohl eine Anordnung im strengen mathematischen Sinne innerhalb einer Menge nicht definiert ist. Durch die Beschreibung der Mengen $X \subseteq I$ als Vektoren $t \in T$ einer Transaktionstabelle kann dies jedoch formal erreicht werden. Die Beschreibung der Erzeugung der Menge $C_k$ erfolgt über die Angabe von Tabellenoperationen in SQL–Syntax:

Funktion **apriori_gen:**

1. /* Füllen der Kandidatenmenge mit **insert** aus **select**–Ergebnis */
2. **insert into**
3. **select** $p.i_1, p.i_2, .., p.i_{k-1} \leq q.i_{k-1}$

4. **from** $p, q$

5. **where** $p.i1 = q.i_1, ..., p.i_{k-2} = q.i_{k-2}, p.i_{k-1} < q.i_{k-1}$

6. /* Prune-Step */

7. **für alle** $c \in C_k$ **tue**

8. für alle $(k-1)$–Teilmengen $d \subset c$ **tue**

9. **wenn** $d \notin L_{k-1}$ gilt, **dann** lösche $c$ aus $C_k$

In Zeile 4 werden die Variablen $p$ und $q$ für die Benennung der linken und rechten Seite des Natural-Join eingeführt, um die Where–Klausel beschreiben zu können. Ein kleines Beispiel in Abbildung 1 soll an dieser Stelle die Funktion **apriori_gen** veranschaulichen. Im ersten Schritt werden die bei-

$k = 4$, Eingabe $L_3$

| $L_{k-1} = L_3$ : | $L_{k-1} = L_3$ : |
|---|---|
| **{1,2,3}** | {1,2,3} |
| {1,2,4} | **{1,2,4}** |
| *{1,3,4}* | {1,3,4} |
| {1,3,5} | *{1,3,5}* |
| {2,3,4} | {2,3,4} |

Zwischenergebnis nach Natural–Join:

$C_4 = \{\{1,2,3,4\}, \{1,3,4,5\}\}$

Prune–Step:

da $\{1,4,5\} \notin L_3$, streichen von $\{1,3,4,5\}$

$C_4 = \{\{1,2,3,4\}\}$

Abbildung 1: Funktionsweise der Funktion **apriori_gen**

den Mengen **{1,2,3,4}** und *{1,3,4,5}* in $C_4$ geschrieben. Da {1,4,5} nicht in $L_3$ vorkommt, wird die Menge {1,3,4,5} im Prune-Step gestrichen. Diese Menge wird nicht zugelassen, weil die Teilmenge {1,4,5} keinen großen *Support* besitzt und folglich jede Obermenge ebenso keinen großen *Support* besitzen kann. Im Prune-Step werden somit einige Kandidaten aus $C_k$ aus der Erkenntnis des vorherigen Schritts ($C_k$) eliminiert.[2]

## 2.4 Assoziationsregelfindung

Der im Folgenden vorgestellte Algorithmus findet für jede Artikelmenge $l$ aus den Large-Itemsets $L_k$ die zugehörigen Assoziationsregeln mit der *Konfidenz*

[2]Hieraus resultiert auch der Name des Algorithmus: **a priori** [*lat.: „vom Früheren her“*]: von der Erfahrung abhängig; durch logisches Schließen gewonnene Erkenntnis.

$c$, für die gilt: $c \geq c_{min}$. Der von Agrawal und Srikant beschriebene Algorithmus ist konzipiert, um Assoziationsregeln der allgemeinen Form $X \Longrightarrow Y$ zu bestimmen, wobei $Y$ eine Artikelmenge ist, die aus mehr als einem Artikel bestehen kann. Hier wird lediglich eine Vereinfachung des Algorithmus vorgestellt, bei der Assoziationsregeln der Form $X \Longrightarrow I_j$ bestimmt werden, wobei $I_j$ einen einzelnen Artikel bezeichnet.

Zunächst wird zu jeder Artikelmenge $l \in L_k(k = 1..n)$ eine Zerlegung in ein–elementige Mengen gebildet. Jede dieser Mengen $I_j = \{j\}$ wird als Konsequenz der Regel $(l - \{j\}) \Longrightarrow \{j\}$ angenommen. Anschließend wird die *Konfidenz* $c$ der Regel überprüft und ausgegeben, sofern sie größer oder gleich der minimalen *Konfidenz* $c_{min}$ ist. Der Algorithmus wird mit der folgenden Ablaufvorschrift beschrieben:

1. **für alle** $l \in L_k, k = 1..n$ **tue** {
2. **für alle** $I_j = \{j\} \in l$ **tue**
3. $c = \frac{s(l)}{s(l-\{i\})}$
4. **falls** $c \geq c_{min}$, dann gebe die Regel $(l - \{j\}) \Longrightarrow \{j\}$ mit *Konfidenz* $c$ und *Support* $s(l)$ aus
5. } Ende

Die Berechnung der *Konfidenz* der Mengen $l$ und $(l - \{j\})$ greift auf den *Support* $s$ der Mengen aus $L_k$ bzw. $L_{k-1}$ zurück. Die *Konfidenz* einer Assoziationsregel wird mit Hilfe der folgenden Eigenschaft berechnet: Sei $X \Longrightarrow Y$ eine Assoziationsregel, dann gilt für die *Konfidenz* dieser Assoziationsregel: $c(X \Longrightarrow Y) = \frac{s(X \cup Y)}{s(X)}$. Bei der Bildung der Regeln ist somit kein Zugriff auf die Datenbanktabelle $D$ notwendig, da lediglich die Large-Itemsets $L_k$ verarbeitet werden müssen.

## 2.5 Laufzeitbetrachtung und Ressourcennutzung

In der Beschreibung des Algorithmus Apriori wurde darauf hingewiesen, daß für das Auffinden der Large-Itemsets $L_k$ für jedes $k$ ein kompletter Lauf über alle Transaktionen und somit über die gesamte Datenbanktabelle $D$ notwendig ist. Der Algorithmus ist aus diesem Grund auf einen schnellen Datenbankzugriff angewiesen. Bei jedem Lauf über die Datenbank muß eine Transaktion erneut bearbeitet werden, wobei jede $k$–elementige Teilmenge der Transaktion dahingehend überprüft wird, ob sie in der Kandidatenmenge $C_k$ enthalten ist. Der schnelle Zugriff auf Artikelmengen innerhalb der Kandidatenmenge ist neben dem Datenbankzugriff von zentraler Bedeutung. Im formalen Konzept des Algorithmus wird davon ausgegangen, daß die Kandidatenmengen in sogenannten Hash-Tabellen gespeichert werden, damit der Zugriff unabhängig von der Größe der Kandidatenmenge in konstanter Zeit erfolgen kann. Ein weiteres Problemfeld stellt die Größe der Kandidatenmengen $C_k$ dar. Während eines Laufs über die Datenbanktabelle, bei dem der *Support* der Artikelmengen in der momentanen Kandidatenmenge berechnet wird, muß sich die gesamte Kandidatenmenge im Hauptspeicher befinden. Falls dies nicht realisierbar ist, kann eine Aufspaltung der Kandidatenmenge in große Teilmengen erfolgen, für die jeweils ein kompletter Lauf über die Datenbank notwendig ist.

Eine Variante, bei der die Anzahl erforderlicher Datenbankzugriffe verringert wird, stellt der Algortihmus *AprioriTid* dar. Dieser durchsucht nicht bei jedem Schleifendurchlauf die gesamte Datenbank, sondern führt relevante Teilmengen der Transaktionen in einer Menge $\bar{C}_k$ mit. Ein Element dieser Menge hat die Gestalt $[TID, \{X_k\}]$, wobei jedes $X_k$ eine in der Transaktion *TID* vorkommende $k$-elementige Artikelmenge mit potentiell großem *Support* ist. $\bar{C}_1$ stellt die gesamte Datenbank dar, während zunächst bei größer werdendem $k$ die Menge $\bar{C}_k$ größer ist, als die ursprüngliche Datenbank, da alle $k$-elementigen Teilmengen einer Transaktion separat abgespeichert werden. Mit weiter ansteigendem $k$ verringert sich die Größe von $\bar{C}_k$, da nur noch die Transaktionen betrachtet werden, die $k$-elementige Teilmengen mit großen *Support* enthalten. Problematisch gestalten sich aus diesem Grund die ersten Schleifendurchläufe von AprioriTid, die einen enormen Speicheraufwand benötigen. Apriori und AprioriTid sind insgesamt etwa gleich schnell. Ein aus beiden zusammengesetzter Hybridalgorithmus *AprioriHybrid*, der die jeweiligen Zeitvorteile ausnutzt und zu einem bestimmten Zeitpunkt von Apriori auf AprioriTid wechselt, besitzt eine bessere Laufzeit.

# 3 Wichtige Aspekte bei der Implementierung

## 3.1 Entwicklung eines Prototyps

Wie eingangs schon erwähnt, wurde ein Prototyp entwickelt, der auf Basis einer Datenbanktabelle, in der artikelgenaue Kassendaten abgespeichert sind, Artikelmengen und daraus Assoziationsregeln generiert. Dabei werden aus Praxisgründen lediglich Atikelmengen bis zur Kardinalität $k = 3$ bestimmt, um die Laufzeit einer Analyse gering zu halten. Außerdem wird die betriebswirtschaftliche Aussagekraft von 3er–Kombinationen als ausreichend betrachtet, so daß ein weiterer kompletter Lauf über die zugrundeliegenden Daten nicht gerechtfertigt wäre.

Die zu analysierende Datenbasis stellt eine Datenbanktabelle dar, wobei jede Zeile der Tabelle die für den Prototyp relevanten Felder *Bonnummer* und *Artikelnummer* enthält. Dadurch ist die eindeutige Zuordnung eines Artikels zu einer eindeutigen Bonnummer gewährleistet.

Die folgenden Abschnitte beschreiben wichtige Aspekte der Implementierung des Prototyps, wobei bewußt nicht auf die verwendete Programmiersprache oder das Entwicklungssystem eingegangen wird.

## 3.2 Bildung der Large–Itemset

Die Bildung der Large–Itemset bildet den Kern des Prototyps. Hier wird für jedes $k = 1..3$ die zugrundeliegende Datenbasis sequentiell gelesen und jede Transaktion bearbeitet, so daß die jeweilige Large-Itemset $L_k$ sukzessive aufgebaut werden kann. Das Flußdiagramm in Abbildung 2 zeigt den Ablauf für die Bildung der Large-Itemset für $k = 1..3$.

Nach der Initialisierung (1.) startet die äußere Schleife, die insgesamt drei-

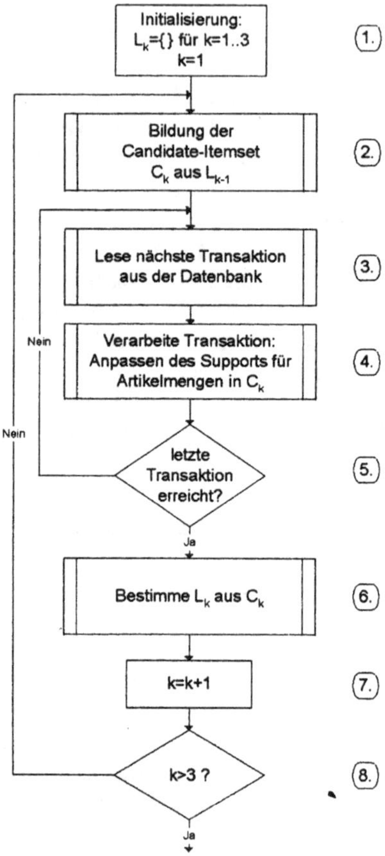


Abbildung 2: Aufbau der Large–Itemsets

mal durchlaufen wird. Zu Anfang jedes Schleifendurchlaufs wird die Kandidatenmenge $C_k$ auf Grundlage der im $(k-1)$–ten Durchlauf aufgebauten Large-Itemset $L_{k-1}$ gebildet (2.). Dieser Schritt beinhaltet die Umsetzung der Funktion **apriori_gen**, die zuvor eingehend beschrieben wurde. Im ersten Schritt $(k = 1)$ besteht die Kandidatenmenge $C_1$ aus allen vorhandenen

Artikeln, so daß ihre Bildung während der Verarbeitung der Transaktionen erfolgen kann. Enthält eine Transaktion einen Artikel, der bisher noch nicht aufgetreten ist, so wird er in die Kandidatenmenge aufgenommen.

Um sukzessive Transaktionen aus der zugrundeliegenden Datenbanktabelle zu lesen (3.), wird sortiert auf die Felder Bonnummer und Artikelnummer zugegriffen. Ausgehend vom ersten Datensatz werden die folgenden Datensätze so lange gelesen, bis sich die Bonnummer ändert. Die bis dahin gelesenen Datensätze bilden eine Transaktion, in der die Artikel sortiert angeordnet sind. Anschließend wird diese Transaktion verarbeitet (4.), d.h. der *Support* der Artikelmengen in $C_k$ wird entsprechend angepaßt. Hierzu wird geprüft, ob bestimmte Artikelmengen aus der Kandidatenmenge als Teilmenge in der momentan bearbeiteten Transaktion vorkommen. Wenn dies der Fall ist, wird der *Support* der betreffenden Artikelmenge erhöht. Dies muß für jede Transaktion geschehen. Nachdem die letzte Transaktion der Datenbasis abgearbeitet wurde (5.), kann die Large-Itemset $L_k$ bestimmt werden (6.). Sie entsteht aus $C_k$, nachdem alle Mengen gelöscht wurden, die einen zu geringen Support besitzen.

Anhand dieser Beschreibung sowie der Abhandlungen im vorherigen Abschnitt wird deutlich, daß effiziente Mengenoperationen und ein schneller Zugriff auf die Kandidatenmenge $C_k$ von zentraler Bedeutung sind. Die Realisierung von Mengen sowie die Implementierung der Teilmengenprüfung werden in den folgenden Abschnitten vorgestellt.

## 3.3 Darstellung von Mengen

Die Kandidatenmengen und die Large-Itemsets sind Mengen, deren Elemente selbst Mengen (Artikelmengen) darstellen. Da im voraus nicht bekannt ist, wie viele Artikelmengen zur Laufzeit gebildet werden, ist zu ihrer Darstellung eine dynamische Datenstruktur erforderlich. Dies wird mit Hilfe eines selbstdefinierten Datentyps erreicht, der dem Aufbau einer relationalen Datenbanktabelle ähnelt, wobei jede Zeile dieser Tabelle einen bestimmten Datensatz aufnehmen kann. Zur Laufzeit kann eine solche Tabelle mit einer unbestimmten Anzahl von Zeilen bzw. Datensätzen gefüllt werden. Da nur Artikelmengen der Kardinalität $k = 3$ untersucht werden, definiert man für jede Kardinalität einen eigenen Tabellentyp. Dieser ist für Artikelmengen der Kardinalität $k = 3$ in Tabelle 1 dargestellt. Jede Zeile repräsentiert eine

| **Item1** | **Item2** | **Item3** | **sup_a** | **sup_r** |
|---|---|---|---|---|
| Chips | Weizenbier | Cola | 580 | 0,024 |
| Windeln | Zahnpasta | Klopapier | 240 | 0,012 |
| ... | ... | ... | ... | ... |

Tabelle 1: Tabelle zu Artikelmengen der Kardinalität (`tab_l3`)

Artikelmenge, die zusätzlich mit den Werten des relativen und absoluten *Supports* (`sup_r` bzw. `sup_a`) versehen ist. Eine Tabelle zur Kardinalität $k$ steht sowohl für die Kandidatenmenge $C_k$, als auch für die Large-Itemset $L_k$. Für die Large-Itemsets sind keine eigenen Tabellen notwendig, da sie durch das Streichen von Zeilen mit geringem Support aus den Kandidatenmengen gebildet werden. Die Verwendung des absoluten Supports ist notwendig, um das Vorkommen einer Artikelmenge während des Laufs über die Datenbasis sukzessive zu inkrementieren. Sobald die Datenbasis durchlaufen ist, wird der relative Support berechnet, indem der absolute Support durch die Anzahl der untersuchten Kassenbons dividiert wird.

Alternativ wäre bei der Umsetzung einer Menge mit Hilfe einer Tabelle eine allgemeinere Lösung möglich gewesen, bei der Artikelmengen beliebiger Kardinalität realisiert werden können. Hierzu würde jedes Element einer Artikelmenge in einer separaten Zeile gespeichert, wobei eine Zuordnung eines Elements zu einer Artikelmenge mittels einer Mengen–ID vorgenommen wird. Erfolgt ein Zugriff auf eine Menge, so müssen die einzelnen Elemente erst aus mehreren Zeilen gelesen werden und sind im Gegensatz zur oben vorgestellten Lösung nicht direkt aus einer Zeile ableitbar. Diese Vorgehensweise ist für einen sehr schnellen Zugriff auf viele Mengen nicht geeignet und würde zu einer sehr schlechten Laufzeit führen. Außerdem könnte man den *Support* einer Menge in dieser Tabelle nicht abspeichern, sondern müßte eine zweite Tabelle einführen, die einer Mengen–ID den passenden Support zuordnet.

Die Speicherung der momentan gelesenen Transaktion wird in einer tabellenähnlichen Datenstruktur gespeichert (Name: `tab_t`). Die Tabelle `tab_t` besteht lediglich aus einer Spalte, in der alle Artikel zeilenweise gespeichert sind, so daß die Kardinalität einer Transaktion beliebig groß werden kann. Diese Struktur muß gewählt werden, da im voraus nicht bekannt ist, wie viele Artikel eine Transaktion enthält.

## 3.4 Überprüfung der Teilmengeneigenschaft

Bei der Bearbeitung einer Transaktion im $k$–ten Schritt geht es darum, $k$–elementige Teilmengen zu bilden und zu prüfen, ob sie in der Kandidatenmenge $C_k$ vorkommen. Besitzt eine Transaktion $n$ Artikel, so existieren $\binom{n}{k} = \frac{n!}{(n-k)!k!}$ Teilmengen der Kardinalität $k$. Die Anzahl der Teilmengen steigt bei größer werdenden Transaktionen mehr als exponentiell an. Bei einer Transaktion, die aus 20 (40) Artikeln besteht, existieren demnach 1.140 (9.880) verschiedene Artikelmengen der Kardinalität drei.

Um eine Bildung aller Teilmengen zu vermeiden, werden nicht alle möglichen Teilmengen der Transaktion auf ihr Vorkommen in der Kandidatenmenge geprüft. Stattdessen werden mögliche Artikelmengen aus der Kandidatenmenge dahingehend überprüft, ob sie Teilmengen der Transaktion bilden. Für jeden Artikel innerhalb der Transaktion erfolgt ein Zugriff auf die erste

Artikelmenge der Kandidatenmenge, deren erstes Element mit dem ersten Artikel der Transaktion übereinstimmt. Falls die selektierte Artikelmenge eine Teilmenge der Transaktion darstellt, wird ihr *Support* erhöht. An diesem Punkt findet die konkrete Prüfung der Teilmengeneigenschaft statt. Damit diese effektiv durchgeführt werden kann, müssen die Artikel einer Transaktion (`tab_t`) sortiert angeordnet sein. Diese Überprüfung findet anschließend auch für alle nachfolgenden Artikelmengen statt, deren erstes Element mit dem ersten Artikel in tab_t übereinstimmt. Daraufhin wird dieser Vorgang für jeden weiteren Artikel aus `tab_t` durchgeführt.

Diese Vorgehensweise gestaltet sich als sehr ineffizient, falls nahezu alle Teilmengen einer Transaktion in der Kandidatenmenge enthalten sind. In diesem Fall erfolgen mehr Zugriffe auf die Kandidatenmenge als Teilmengen existieren, da sehr viele Artikelmengen gelesen werden, die keine Teilmenge der Transaktion darstellen. Hier wäre es sinnvoller, jede mögliche Teilmenge gegen die Kandidatenmenge zu prüfen. In zahlreichen Tests mit realen und künstlich erzeugten Daten hat sich jedoch gezeigt, daß die angewandte Methode effektiver ist, als die Bildung aller Teilmengen. Dies ist damit zu begründen, daß Kandidatenmengen ab einer Kardinalität von drei im Vergleich zur Anzahl aller möglichen Artikelkombinationen sehr klein sind, und somit eine Reihe möglicher Artikelkombinationen nicht berücksichtigt werden muß.

# 4 Ausblick

In der vorliegenden Arbeit wurden Verbundkäufe als Anwendung des Musters Assoziationsregel betrachtet. Im Bereich der Warenkorbanalyse sind jedoch auch andere Fragestellungen denkbar, die mit Hilfe der vorgestellten Methode beantwortet werden können. Während einer Aktionswoche eines Supermarktes können beispielsweise durch die Datenanreicherung jedes Kassenbons um einen sogenannten *virtuellen Artikel* „Aktion“Abhängigkeiten zwischen Verkaufsvorgängen während und außerhalb der entsprechenden Aktionswoche gefunden werden. Für den Algorithmus ist die Bedeutung eines virtuellen Artikels irrelevant, so daß Assoziationsregeln identifiziert werden, die eine zusätzliche Informationen liefern: Wenn *Weihnachtsaktion* läuft und Gebäck gekauft wird, dann werden zu 60% auch Kerzen eingekauft. Ähnlich kann verfahren werden, wenn nicht alle Artikel bis ins Detail betrachtet werden sollen, sondern lediglich die Warengruppenzugehörigkeit bei bestimmten Waren von Interesse ist. Die entsprechend detaillierten Artikelinformationen auf den Kassenbons werden durch ihre Warengruppenzugehörigkeit ersetzt, wodurch aggregierte Muster entstehen können: 30% aller Kunden die Tiernahrung erwerben, kaufen auch in der Feinkostabteilung. Durch diese Technik der Datenanreicherung mit virtuellen Artikeln werden variantenreiche Analysetechniken ermöglicht, die sogar Muster mit Kundenmerkmalen berücksichtigen können, sofern einfache Informationen der Kunden an der Kasse vorhanden sind und diese in Form von virtuellen Artikeln mit in die zugrundeliegende Datenbasis aufgenommen werden: Männliche Kunden, die Windeln kaufen, erwerben in 30% aller Fälle auch Bier.

Weitere Anwendungsgebiete liegen im Bereich Banken, Versicherungen sowie der Qualitätssicherung im Produktionswesen. Hierbei versucht man, besonders häufig auftretende Kombinationen aus bestimmten konstruktiven Merkmalen und daraus resultierenden Schäden bzw. Produktionsfehlern zu entdecken.

Die aufgeführten Fragestellungen deuten an, daß in großen Datenbeständen der unterschiedlichsten Anwendungsgebiete vergleichbare Zusammenhänge existieren, die mit klassischen Analysemethoden nicht entdeckt werden können. Mit dem gezeigtem Verfahren können in diesen Bereichen häufig auftretende Item–Mengen effizient aufgefunden werden.

## Literatur

AGRAWAL, R., IMIELINSKI, T. (1993): Mining Association Rules between Sets of Items in Large Databases; in: BUNEMAN, P. / JAJODIA, S. (Hrsg.): *Proceedings of the ACM SIGMOD Conference on Management of Data*, Washington D.C., S.207-216.

AGRAWAL, R., SRIKANT, R. (1994): Fast Algorithm for Mining Association Rules; in: *Proceedings of the 20th International Conference on Very Large Databases (VLDB)*, Santiago de Chile, S. 487-499.

AGRAWAL, R., SRIKANT, R. (1995): Mining Generalized Association Rules; in: *Proceedings of the 21st International Conference on Very Large Databases (VLDB)*, Zrich (Schweiz), S. 451-481.

AGRAWAL, R., SRIKANT, R. (1996): Mining Quantitative Association Rules in Large Relational Tables; in: *Proceedings of the ACM SIGMOD Conference on Management of Data*, Montreal (Kanada).

MANNILA, H., TOIVONEN H., VERKAMO, A.I. (1994): Efficient Algorithms for discovering Association Rules; in: *KDD-94: AAAI Workshop on Knowledge Discovery in Databases.*

# Teil 2

# Datenanalyse und Klassifikation

# Materialklassifikation mit Hilfe von Methoden der Multivariaten Datenanalyse

U. Bankhofer

Institut für Statistik und Mathematische Wirtschaftstheorie,
Universität Augsburg, 86135 Augsburg, Germany

**Zusammenfassung:** Mit einer Klassifikation des Materialsortiments eines Unternehmens wird das Ziel verfolgt, einheitliche Bedarfsermittlungs- und Bereitstellungsstrategien im Rahmen der Materialbedarfsplanung für die resultierenden Gruppen von Verbrauchsfaktoren abzuleiten. Die ABC- und die XYZ-Analyse zählen zu den klassischen Verfahren der Materialklassifikation. Dabei wird jeweils nur ein Klassifikationskriterium in Form des Verbrauchswerts bzw. des Verbrauchsverlaufs herangezogen. In der Literatur werden einige Erweiterungen dieser Verfahren propagiert, bei denen mehrere Kriterien zur Bildung der Klassen verwendet werden. Diese Ansätze setzen jedoch entweder quantifizierbare Entscheidungskriterien voraus oder sind nur bei zwei, nicht notwendigerweise quantitativen Klassifizierungsvariablen sinnvoll anwendbar. Mit dem vorliegenden Beitrag werden durch die Anwendung von multivariaten Analysemethoden problemadäquate multikriterielle Klassifikationsansätze erarbeitet und vorgestellt. Diese Ansätze können quantitative und qualitative Entscheidungsvariablen gleichzeitig berücksichtigen und auch bei mehr als zwei Kriterien zu praktikablen Ergebnissen führen.

# 1 Problemstellung

Die Aufgabe der Materialbedarfsplanung besteht darin, die Mengen und die Bereitstellungszeitpunkte für die im Rahmen der Produktion benötigten Verbrauchsfaktoren festzulegen. Den Ausgangspunkt der Materialbedarfsplanung stellt im allgemeinen der bereits ermittelte Bedarf an Endprodukten und Ersatzteilen (Primärbedarf) dar, aus dem der Bedarf an Einzelteilen und Baugruppen (Sekundärbedarf) abgeleitet werden kann (vgl. z.B. Günther, Tempelmeier (1997), S. 165). Diese programmorientierte Art der Bedarfsauflösung ist jedoch bei einer Reihe von Verbrauchsfaktoren des Sekundärbedarfs und bei nahezu allen Verbrauchsfaktoren des Tertiärbedarfs (Bedarf an Hilfs- und Betriebsstoffen) unwirtschaftlich, so daß in diesen Fällen ungenauere Verfahren der Bedarfsplanung gegebenenfalls vorzuziehen sind (vgl. Tempelmeier (1995), S. 10). Zur Auswahl eines für die jeweilige Materialart geeigneten Verfahrens der Bedarfsermittlung und der damit verbundenen Lagerdisposition bietet sich eine vorherige Klassifikation aller Verbrauchsfaktoren an. Auf der Basis dieser Klassifikation können dann für die Verbrauchsfaktoren der einzelnen Klassen einheitliche Bedarfsermittlungs- und Bereitstellungsprinzipien abgeleitet werden.

# 2 Ansätze zur Materialklassifikation

## 2.1 Klassische Verfahren

Zu den klassischen Verfahren der Materialklassifikation zählen die ABC– und die XYZ–Analyse. Die ABC–Analyse geht von der Erkenntnis in der Praxis aus, daß in vielen Industriebetrieben eine vergleichsweise kleine Anzahl von Materialarten einen großen Anteil des gesamten Verbrauchswerts und einen damit verbundenen Hauptteil der lagerbestandsbedingten Kapitalbindung ausmachen. Folglich bietet sich eine Klassifikation der Materialien auf der Basis des Wertanteils am Gesamtverbrauchswert und des Mengenanteils an der Gesamtmenge innerhalb einer Periode an. Gemäß der relativen Bedeutung der Materialien wird eine Einteilung in drei Gruppen vorgenommen (vgl. z.B. Schulte (1996), S. 55, Hartmann (1988), S. 127):

- A–Materialien: hoher Wertanteil (in etwa 60–85 % des Gesamtverbrauchswerts), niedriger Mengenanteil (in etwa 5–20 % der Gesamtmenge)
- B–Materialien: mittlerer Wertanteil (in etwa 10–25 % des Gesamtverbrauchswerts), mittlerer Mengenanteil (in etwa 10–40 % der Gesamtmenge)
- C–Materialien: niedriger Wertanteil (in etwa 5–15 % des Gesamtverbrauchswerts), hoher Mengenanteil (in etwa 40–70 % der Gesamtmenge)

Die Klassifikation der Materialien im Rahmen einer ABC–Analyse läuft in den folgenden Schritten ab (vgl. z.B. Planer (1995), S. 382–383):

(1) Ermittlung des Periodenverbrauchswerts für jede Materialposition durch Multiplikation des mengenmäßigen Periodenverbrauch mit dem Preis je Mengeneinheit
(2) Berechnung des prozentualen Anteils jeder Position am Gesamtperiodenverbrauchswert
(3) Berechnung des prozentualen Anteils jeder Position an der Gesamtperiodenverbrauchsmenge oder an der Gesamtzahl der Positionen
(4) Sortierung der Materialien anhand des prozentualen Periodenverbrauchswerts in absteigender Reihenfolge
(5) Kumulation der prozentualen Periodenverbrauchswerte und der prozentualen Anteile an der Gesamtperiodenverbrauchsmenge oder an der Gesamtzahl der Positionen entsprechend der ermittelten Reihenfolge
(6) Definition der Klassengrenzen unter Berücksichtigung von Wert- und Mengenanteilen
(7) Zuordnung der Materialien zu den Gruppen

Abhängig davon, ob in den Schritten (3) und (5) die prozentualen Anteile jeder Materialposition an der Gesamtperiodenverbrauchsmenge oder an der Gesamtzahl der Positionen ermittelt werden, wird zwischen einer "mengenbezogenen" und einer "positionsbezogenen" ABC–Analyse unterschieden.

Die in Schritt (6) durchzuführende Definition der Klassengrenzen unterliegt zwangsläufig einer gewissen Willkür, da eine Entscheidung, die im Hinblick auf sämtliche Auswirkungen der getroffenen Abgrenzung optimal ist, nicht getroffen werden kann (vgl. Tempelmeier (1995), S. 13).

Für die Verbrauchsfaktoren der drei ermittelten Klassen werden in der Literatur spezifische Prinzipien zur Bedarfsermittlung empfohlen. Bei den A–Materialien bietet sich eine programmorientierte Materialbedarfsplanung auf der Basis von Stücklisten an. Der Bedarf an B–Materialien kann mittels verbrauchsorientierter Verfahren prognostiziert werden, während für die C–Materialien systematische Ansätze der Bedarfsermittlung im allgemeinen nicht notwendig sind und grobe (subjektive) Schätzungen ausreichen.

Um für die Verbrauchsfaktoren geeignete Bereitstellungsmaßnahmen festlegen zu können, ist der Verbrauchsverlauf der Materialien zu berücksichtigen. In der betrieblichen Praxis zeigt sich, daß ein Teil der Materialien in vergleichsweise konstanten Mengen über die Zeit verbraucht wird, während der Verbrauch bei anderen Materialien gewissen Schwankungen unterliegt oder sogar völlig unregelmäßig ist. Mit Hilfe der sogenannten XYZ–Analyse wird eine entsprechende Klassifikation der Verbrauchsfaktoren vorgenommen (vgl. z.B. Hartmann (1988), S. 131–132). Die Klassifizierung ergibt sich wie folgt:

- X–Materialien: regelmäßiger Verbrauch bei nur gelegentlichen Schwankungen
- Y–Materialien: Verbrauch unterliegt stärkeren (saisonalen oder trendförmigen) Schwankungen
- Z–Materialien: völlig unregelmäßiger Verbrauch

Die Genauigkeit der auf der Basis von Vergangenheitswerten durchgeführten Bedarfsprognosen nimmt von den X–Materialien bis hin zu den Z–Materialien immer weiter ab. Folglich bieten sich als Bereitstellungsstrategien die Einzelbeschaffung im Bedarfsfall für die Z–Materialien, die Vorratshaltung für die Y–Materialien und die einsatzsynchrone Anlieferung für die X–Materialien an. Zur Einordnung der einzelnen Verbrauchsfaktoren in die drei Klassen können statistische Kenngrößen (z.B. Variationskoeffizient, Autokorrelationskoeffizient) herangezogen werden, die sich zur Analyse entsprechender Zeitreihen eignen. Eine Darstellung dieser Ansätze im Rahmen der XYZ–Analyse kann beispielsweise Tempelmeier (1995, S. 26–31) entnommen werden.

## 2.2 Weiterführende Ansätze

In der Literatur (vgl. z.B. Tempelmeier (1995), S. 13 und 25) werden im wesentlichen drei Ansatzpunkte für eine Erweiterung der klassischen Verfahren zur Materialklassifikation genannt. Diese betreffen die folgenden Bereiche:

- Anzahl der Klassen: Abhängig von der gegebenen Problemstellung kann die Bildung von nur zwei, aber auch mehr als drei Klassen zweckmäßig sein.

- Anzahl der zu berücksichtigenden Klassifikationsvariablen: Neben dem Verbrauchswert und dem Verbrauchsverlauf existieren weitere Kriterien, die zur Ableitung spezifischer Bedarfsermittlungs- und Bereitstellungsstrategie für die Verbrauchsfaktoren herangezogen werden können. In Anlehnung an Schulte (1996, S. 60–62), Silver und Peterson (1985, S. 65) sowie Flores und Whybark (1986, S. 40–41) sind in diesem Zusamenhang vor allem Lager- und Bestellkosten, die Wiederbeschaffungszeit, Qualitäts- und Preisänderungen, die Bedeutung für die Produktion sowie die Substituierbarkeit der Verbrauchsfaktoren als weitere Klassifikationskriterien zu nennen. Wie Grochla (1979, S. 32) anmerkt, bieten Systeme mit mehreren Kriterien eine bessere Entscheidungsunterstützung als die eindimensionalen Systeme.
- Art der Analyse: Bei einer qualitativ orientierten Analyse unterliegt die Festlegung der Klassenanzahl und der Klassengrenzen einer gewissen Willkür, während bei einer rein quantitativen Analyse die Klassenzuordnung und gegebenenfalls auch die Klassenanzahl durch die Optimierung ökonomischer Zielgrößen ermittelt werden.

Den ersten unmittelbar ableitbaren Ansatz einer Erweiterung der klassischen Verfahren stellt die Kombination der ABC– mit der XYZ–Analyse dar (vgl. z.B. Grochla (1979), S. 31–32). Ausgehend von den neun resultierenden Materialgruppen sind gemäß Wildemann (1990, S. 193–194) die Materialien mit den Kombinationen AX, AY, BX, BY und CX besonders geeignet für eine produktionssynchrone Beschaffung. Für die Kombination CX (Material mit niedrigem Verbrauchswert bei regelmäßigem Bedarf) setzt diese Aussage jedoch angemessene Lieferintervalle voraus.

Neben Verbrauchswert und -verlauf können analog weitere Klassifikationskriterien in die Betrachtung einbezogen werden. So sind beispielsweise als zusätzliche Klassifikationsvariablen die Wiederbeschaffungszeit mit den drei Kategorien "‘lang"’, "‘mittel"’ und "‘kurz"’ sowie die Bedeutung für den Produktionsprozeß mit den Kategorien "‘Material verursacht schwere Störungen"’ und "‘Material verursacht leichte Störungen"’ denkbar. Auf diese Art könnten dann z.B. Materialien identifiziert werden, die zwar einen geringen Verbrauchswert (C–Teile) und einen unregelmäßigen Verbrauchsverlauf (Z–Teile) besitzen, aber aufgrund einer längeren Wiederbeschaffungszeit und einer hohen Bedeutung für den Produktionsprozeß einer eingehenderen Betrachtung bedürfen (vgl. Schulte (1996), S. 60–61). Allerdings ergibt sich bei dieser Vorgehensweise das Problem, daß sich in dem betrachteten Beispiel bereits $3^3 \cdot 2 = 54$ Klassen ergeben, so daß die Ableitung klassenspezifischer Handlungsempfehlungen nicht mehr praktikabel erscheint. Flores und Whybark (1986) schlagen deshalb in ihrer Arbeit vor, die resultierenden Klassen durch Plausibilitätsüberlegungen soweit wie möglich zusammenzufassen, so daß für die sich ergebenden Materialgruppen sinnvolle Handlungsempfehlungen ableitbar sind. Diese Vorgehensweise mag bei zwei Klassifikationsvariablen, auf die sich Flores und Whybark (1986) in ihren Beispielen beschränken, noch durchführbar sein, erscheint aber bei drei und mehr Variablen als aussichtsloses Unterfangen.

Die quantitativen Ansätze zur Materialklassifikation zeichnen sich dadurch aus, daß die Verbrauchsfaktoren so zu Klassen zusammengefaßt werden, daß bestimmte ökonomische Zielgrößen ein Optimum erreichen. Die subjektiven Einflüsse bei der Klassenbildung, die im Rahmen der qualitativen Ansätze durch die notwendige Festlegung der Klassengrenzen für die einzelnen Klassifikationsvariablen gegeben sind, entfallen somit bei den quantitativen Ansätzen. Allerdings setzen diese Verfahren ausschließlich quantifizierbare Kriterien voraus.

Eine Reihe von Arbeiten (vgl. z.B. Chakravarty (1981)) ziehen als ökonomische Zielgröße die Lager- und Bestellkosten heran, die in Abhängigkeit von einheitlichen Bestellmengen oder Bestellzyklen für alle Materialien der zu bestimmenden Klassen zu minimieren sind. Die Bestimmung einer optimalen Klassifikation umfaßt dabei die Ermittlung einer optimalen Klasseanzahl und die Einteilung der Materialien in die Klassen. Einen ähnlichen Ansatz verfolgen Eilon und Mallya (1985). Als ökonomische Zielgröße verwenden sie das durch alle Positionen gebundene Kapital, das in Abhängigkeit von der Bestellpolitik minimiert werden soll. Eine ausführliche Darstellung dieser und einiger weiterer quantitativer Materialklassifikationsansätze kann Tempelmeier (1995, S. 14–25) entnommen werden.

# 3 Materialklassifikation mit Hilfe multivariater Analysemethoden

## 3.1 Nicht vorgegebene Klassenanzahl

Den Ausgangspunkt der Betrachtung stellen die Daten der zu klassifizierenden Verbrauchsfaktoren dar, die sich auf der Basis der zugrundegelegten Entscheidungskriterien ergeben. Zur Illustration des Klassifikationsansatzes werden die in der Tabelle 1 angegebenen Beispieldaten verwendet.

| Material-position | Verbrauchs-wert | Verbrauchs-verlauf | Wiederbe-schaffungszeit | Bedeutung für die Produktion |
|---|---|---|---|---|
| 1 | 500 | regelmäßig | 28 | hoch |
| 2 | 30 | regelmäßig | 14 | mittel |
| 3 | 20 | schwankend | 7 | niedrig |
| 4 | 220 | schwankend | 16 | mittel |
| 5 | 110 | regelmäßig | 9 | mittel |
| 6 | 40 | regelmäßig | 29 | hoch |
| 7 | 15 | schwankend | 2 | mittel |
| 8 | 5 | unregelmäßig | 10 | niedrig |
| 9 | 50 | schwankend | 6 | niedrig |
| 10 | 10 | unregelmäßig | 1 | niedrig |

Tabelle 1: Beispieldaten zur Materialklassifikation

Als Entscheidungsvariablen werden dabei neben dem Verbrauchswert pro Periode und dem Verbrauchsverlauf die Wiederbeschaffungszeit in Tagen und die Bedeutung für die Produktion herangezogen. Damit liegen dem Beispiel zwei kardinal und zwei ordinal skalierte Merkmale zugrunde. Die Daten für den Periodenverbrauchswert sind der Arbeit von Planer (1995, S. 383) entnommen.

Auf Basis der gegebenen Daten wird eine Klassifikation mittels hierarchischer Clusteranalyseverfahren und anschließender Verbesserung mittels partitionierender Verfahren durchgeführt. Diese Vorgehensweise hat den Vorteil, daß durch die Anwendung hierarchischer Klassifikationsverfahren eine sinnvolle Klassenanzahl mit Hilfe des Ellenbogenkriteriums bestimmt werden kann (vgl. Bausch, Opitz (1993), S. 56). Da neben kardinalen auch ordinale Merkmale zur Klassifikation verwendet werden sollen, muß zunächst eine Distanzmatrix bestimmt werden. Als Distanzmaße werden für die kardinalen Merkmale die City–Block–Metrik und für die ordinalen Merkmale die Rangdifferenz verwendet (vgl. Bausch, Opitz (1993), S. 43–44). Bei der Aggregation der merkmalsweisen Distanzen kann eine Gewichtung vorgenommen werden, um dadurch eine unterschiedliche Bedeutung der Entscheidungskriterien zu berücksichtigen. In diesem Beispiel sollen alle Merkmale als gleich bedeutend betrachtet werden, so daß es zweckmäßig ist, die merkmalsweisen Gewichte jeweils mit 1/Spannweite festzulegen.

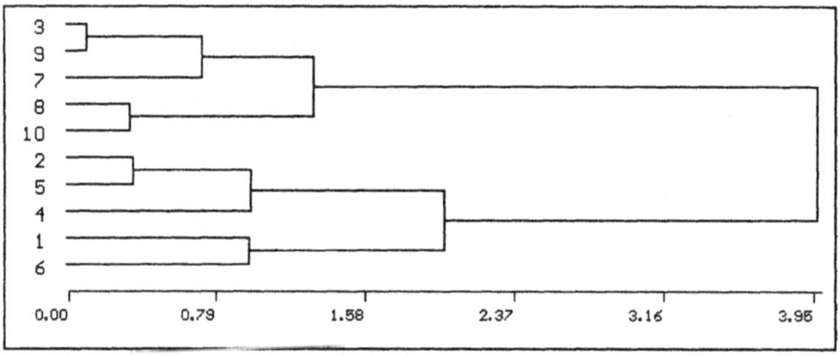


Abbildung 1: Dendrogramm der Complete Linkage Lösung für die Beispieldaten

Die Durchführung des Complete Linkage Verfahrens auf Basis der resultierenden Distanzmatrix führt zu dem in der Abbildung 1 dargestellten Dendrogramm. Daraus kann die folgende Lösung mit vier Klassen, die sich bei der anschließenden Anwendung des CLUDIA–Verfahrens als austauschinvariant erweist, abgeleitet werden:

- Klasse 1: Materialpositionen 3, 7 und 9
- Klasse 2: Materialpositionen 8 und 10
- Klasse 3: Materialpositionen 2, 4 und 5
- Klasse 4: Materialpositionen 1 und 6

Um die Unterschiede zwischen den Gruppen zu interpretieren, werden deskriptive Klassenstatistiken herangezogen, wobei im einzelnen für die kardinalen

Merkmale das arithmetische Mittel sowie die Spannweite und für die ordinalen Merkmale der Median, das in diesem Fall mit Vorsicht zu interpretierende arithmetische Mittel sowie der Quartilsabstand bestimmt werden. In diesem Beispiel können für die vier Klassen im Vergleich die folgenden Eigenschaften und die daraus ableitbaren Handlungsempfehlungen angegeben werden:

- Klasse 1: mittlerer Verbrauchswert, schwankender Verbrauchsverlauf, kurze Wiederbeschaffungszeit, eher geringe Bedeutung für die Produktion ⇒ verbrauchsorientierte Bedarfsermittlung, Beschaffung im Bedarfsfall
- Klasse 2: niedriger Verbrauchswert, unregelmäßiger Verbrauchsverlauf, kurze bis mittlere Wiederbeschaffungszeit, geringe Bedeutung für die Produktion ⇒ keine systematische Bedarfsermittlung, Vorratshaltung
- Klasse 3: mittlerer bis hoher Verbrauchswert, tendenziell regelmäßiger Verbrauchsverlauf, mittlere Wiederbeschaffungszeit, mittlere Bedeutung für die Produktion ⇒ programmorientierte Bedarfsermittlung, einsatzsynchrone Bereitstellung
- Klasse 4: mittlerer bis hoher Verbrauchswert, regelmäßiger Verbrauchsverlauf, lange Wiederbeschaffungszeit, hohe Bedeutung für die Produktion ⇒ programmorientierte Bedarfsplanung, einsatzsynchrone Bereitstellung, sorgfältige Planung von Sicherheitsbeständen und anderer Maßnahmen (Kontrollen etc.)

Um einen Vergleich mit den klassischen Verfahren der Materialklassifikation durchzuführen, kann das in Planer (1995, S. 383) angegebene Ergebnis einer positionsbezogenen ABC-Analyse für dieses Beispiel herangezogen werden. Das Ergebnis einer XYZ-Analyse ist unmittelbar aus der Datenmatrix der Tabelle 1 ersichtlich. Die Kombination dieser beiden Analysen führt zu dem in Tabelle 2 dargestellten Resultat.

| | A-Materialien | B-Materialien | C-Materialien |
|---|---|---|---|
| X-Materialien | 1 | 5, 6 | 2 |
| Y-Materialien | 4 | 9 | 3, 7 |
| Z-Materialien | | | 8, 10 |

Tabelle 2: Kombination der ABC- mit der XYZ-Analyse für die Beispieldaten

Durch die Verwendung der beiden zusätzlichen Kriterien im Rahmen des oben dargestellten Klassifikationsansatzes ergeben sich im Vergleich zu den klassischen Verfahren abweichende Handlungsempfehlungen. Beispielsweise ist aufgrund der kurzen Wiederbeschaffungszeit für die Materialpositionen 3, 7 und 9 eine Beschaffung im Bedarfsfall zweckmäßiger als eine Vorratshaltung, und für die Materialposition 6 ist aufgrund der hohen Bedeutung für den Produktionsprozeß eine programmorientierte, genaue Bedarfsermittlung sinnvoll.

## 3.2 Vorgegebene Klassenanzahl

Falls eine konkrete Anzahl von Materialgruppen vorgegeben ist, für die spezifische Bedarfsermittlungs- und Bereitstellungsstrategien abgeleitet werden sollen, bietet sich im Fall mehrerer Klassifikationskriterien die folgende Vorgehensweise an: Gemäß der vorgegebenen Anzahl von Materialgruppen werden entsprechende Materialtypen definiert, die eine spezifische Bearbeitung im Rahmen der Materialbedarfsplanung erfordern. In der Tabelle 3 ist dies exemplarisch mit den in der Tabelle 1 bereits verwendeten Entscheidungsvariablen und einer vorgegebenen Anzahl von drei Klassen illustriert.

| Materialtyp | Eigenschaften | Bedarfsplanungsprinzipien |
|---|---|---|
| I | hoher Verbrauchswert, regelmäßiger Verbrauchsverlauf, lange Wiederbeschaffungszeit, hohe Bedeutung für die Produktion | programmorientierte Bedarfsermittlung, einsatzsynchrone Bereitstellung |
| II | mittlerer Verbrauchswert, schwankender Verbrauchsverlauf, mittlere Wiederbeschaffungszeit, mittlere Bedeutung für die Produktion | verbrauchsorientierte Bedarfsermittlung, Vorratshaltung |
| III | niedriger Verbrauchswert, unregelmäßiger Verbrauchsverlauf, kurze Wiederbeschaffungszeit, niedrige Bedeutung für die Produktion | keine systematische Bedarfsermittlung, Beschaffung im Bedarfsfall |

Tabelle 3: Materialtypen mit abgeleiteten Bedarfsplanungsprinzipien

Die Materialtypen stellen im Prinzip Klassenzentren dar, denen die zu klassifizierenden Verbrauchsfaktoren zuzuordnen sind. Auf Basis der gegebenen Daten für die zu klassifizierenden Materialien werden im nächsten Schritt die Distanzen zu den festgelegten Materialtypen bestimmt. Die Zuordnung der Materialien zu den Klassen erfolgt dann gemäß der kleinsten Distanz.

Ausgehend von den Beispieldaten der Tabelle 1 und den festgelegten Materialtypen der Tabelle 3 ergeben sich die in Tabelle 4 dargestellten Distanzen. Dabei ist noch anzumerken, daß für einen hohen Verbrauchswert bei den Materialtypen der Wert 300, für einen mittleren der Wert 50 und für einen niedrigen der Wert 10 exemplarisch festgelegt wurden. Analog wurde eine lange Wiederbeschaffungszeit mit 28 Tagen, eine mittlere mit 14 und eine kurze mit zwei Tagen angenommen. Die Distanzbildung erfolgte wie im vorhergehenden Abschnitt bereits dargestellt.

| Material-typ | Materialposition | | | | | | | | | |
|---|---|---|---|---|---|---|---|---|---|---|
| | 1 | 2 | 3 | 4 | 5 | 6 | 7 | 8 | 9 | 10 |
| I | **0,40** | 1,55 | 2,82 | 1,59 | 1,56 | **0,56** | 2,50 | 3,24 | 2,79 | 3,55 |
| II | 2,41 | **0,54** | 0,81 | **0,41** | **0,80** | 1,56 | **0,50** | 1,23 | 0,79 | 1,55 |
| III | 3,92 | 1,97 | **0,70** | 1,92 | 1,95 | 3,02 | 1,01 | **0,30** | **0,72** | **0,04** |

Tabelle 4: Distanzen zwischen Materialtypen und -positionen

Die jeweils kleinste Distanz ist in der Tabelle 4 hervorgehoben. Damit ergibt sich die folgende Zuordnung der Materialpositionen zu den drei Typen, die sich bei Anwendung des CLUDIA–Verfahrens als austauschinvariant erweist:

- Materialtyp I: Materialpositionen 1 und 6
- Materialtyp II: Materialpositionen 2, 4, 5 und 7
- Materialtyp III: Materialpositionen 3, 8, 9 und 10

Ein Vergleich der Klassenzentroide der gebildeten Klassen mit den vorgegebenen Eigenschaften der Materialtypen verdeutlicht die Güte der gefundenen Klassifikation.

## 3.3 Klassifikation neuer Verbrauchsfaktoren

Um im Fall neu hinzugekommener Materialien in ein bestehendes Sortiment eine erneute Klassifikation aller Verbrauchsfaktoren zu vermeiden, kann eine Zuordnungsvorschrift entwickelt werden, mit der die neuen Materialien in die bereits bestehenden Klassen eingeteilt werden können. Ein dazu geeigneter multivariater Analyseansatz ist die Diskriminanzanalyse. Als abhängige Variable wird die durch die bestehende Klassifikation gegebene Zerlegung der Verbrauchsfaktoren verwendet. Die unabhängigen Variablen stellen die zur Klassifikation herangezogenen Kriterien dar. Diese müssen zwar streng genommen quantitatives Skalenniveau besitzen, jedoch werden in praktischen Anwendungen häufig auch ordinale oder nominal binäre Merkmale verwendet (vgl. Bausch, Opitz (1993), S. 100).

Anhand der Beispieldaten der Tabelle 1 soll dieser Ansatz kurz illustriert werden. Aus Gründen der Vereinfachung soll die 2–Klassen–Lösung des Complete Linkage Verfahrens (vgl. Abbildung 1) als Ausgangspunkt verwendet werden. Diese ergibt sich mit den Materialpositionen 3, 7, 8, 9 und 10 in der ersten und den Materialpositionen 1, 2, 4, 5, 6 in der zweiten Klasse. Die Ausprägungen der Merkmale "‘Verbrauchsverlauf"’ und "‘Bedeutung für die Produktion"’ werden wie folgt kodiert: "‘regelmäßig"’ = 1, "‘schwankend"’ = 2, "‘unregelmäßig"’ = 3 bzw. "‘hoch"’ = 1, "‘mittel"’ = 2, "‘niedrig"’ = 3. Die Durchführung einer Diskriminanzanalyse mit dem Quotienten aus Zwischenklassen- und Innerklassenvarianzsumme als Diskriminanzkriterium führt zu der folgenden Diskriminanzfunktion:

$$d_i = -0,001 \cdot a_{i1} + 0,941 \cdot a_{i2} - 0,044 \cdot a_{i3} + 0,366 \cdot a_{i4}$$

Dabei bezeichnet $a_{ij}$ die Ausprägung des Materials $i$ beim Merkmal $j$ und $d_i$ den Diskriminanzwert des Materials $i$. Als Diskriminanzwert auf Basis der Klassenmittelwerte der ersten bzw. der zweiten Klasse ergibt sich 2,95 bzw. 0,65. Der Diskriminanzwert auf Basis der Gesamtmittelwerte beträgt 1,8. Die Zuordnungsvorschrift lautet damit wie folgt: Ist der Diskriminanzwert eines Materials kleiner als 1,8, dann wird das Material der zweiten Klasse zugeordnet, sonst der ersten. Mit dieser Zuordnungsvorschrift werden alle zur Berechnung herangezogenen Materialien richtig klassifiziert. Falls beispielsweise ein neu zu klassifizierendes Material einen Verbrauchswert von 70, einen schwankenden Verbrauchsverlauf, 5 Tage Wiederbeschaffungszeit und eine mittlere Bedeutung für die Produktion aufweist, dann erfolgt aufgrund des Diskriminanzwerts von 2,26 eine Zuordnung zur ersten Klasse.

# 4 Schlußbetrachtung

Es ist unbestritten, daß zur Ermittlung einer für ein Material geeigneten Bedarfsermittlungs- und Bereitstellungsstrategie zahlreiche quantitative und qualitative Gesichtspunkte zu berücksichtigen sind. Da bereits bei kleinen und mittleren Unternehmen mehr als tausend unterschiedliche Materialarten keine Seltenheit sind, stellt eine Klassifikation auf der Basis dieser Kriterien und die damit mögliche Ableitung klassenspezifischer Handlungsstrategien einen zweckmäßigen ersten Schritt im Rahmen der Materialbedarfsplanung dar. Durch die Anwendung multivariater Analysemethoden konnten im Rahmen dieser Arbeit Lösungsansätze erarbeitet und vorgestellt werden, mit denen eine problemadäquate multikriterielle Klassifikation der Verbrauchsfaktoren möglich ist.

## Literatur


BAUSCH, T; OPITZ, O. (1993): PC–gestützte Datenanalyse mit Fallstudien aus der Marktforschung. Vahlen, München.

CHAKRAVARTY, A.K. (1981): Multi–Item Inventory Aggregation into Groups. *Journal of the Operational Research Society, 32, 19–26.*

EILON, S., MALLYA, R.V. (1985): An Extension of the Classical ABC Inventory Control System. *OMEGA International Journal of Management Science, 13/5, 429–433.*

FLORES, B.E., WHYBARK, D.C. (1986): Multiple Criteria ABC Analysis. *International Journal of Operations & Production Management, 6/3, 38–46.*

GROCHLA, E. (1979): Grundlagen der Materialwirtschaft: Das materialwirtschaftliche Optimum im Betrieb. 3. Auflage, Gabler, Wiesbaden.

GÜNTHER, H.-O., TEMPELMEIER, H. (1997): Produktion und Logistik. 3. Auflage, Springer, Berlin.

HARTMANN, H. (1988): Materialwirtschaft: Organisation, Planung, Durchführung, Kontrolle. 4. Auflage, Deutscher Betriebswirte–Verlag, Gernsbach.

PLANER, D. (1995): ABC–Analyse. *Wirtschaftswissenschaftliches Studium, 7, 382–385.*

SCHULTE, G. (1996): Material- und Logistikmanagement. Oldenbourg, München.

SILVER, E.A., PETERSON, R. (1985): Decision Systems for Inventory Management and Production Planning. 2. Auflage, Wiley, New York.

TEMPELMEIER, H. (1995): Material–Logistik: Grundlagen der Bedarfs- und Lösgrößenplanung in PPS–Systemen. 3. Auflage, Springer, Berlin.

WILDEMANN, H. (1990): Das Just–In–Time–Konzept: Produktion und Zulieferung auf Abruf. 2. Auflage, gfmt, München.

# Clustering and Self-Organizing Networks: Regression-Type Models and Optimization Algorithms

Hans-Hermann Bock

Institut für Statistik, RWTH Aachen, D-52056 Aachen, Germany
*bock@stochastik.rwth-aachen.de*

**Abstract:** The present contribution is motivated by O. Opitz's early investigations in cluster analysis. It presents clustering methods for quantitative data vectors, either by the classical $k$-means approach or by stochastic approximation. Its novelty resides in the fact that (a) we consider clustering criteria incorporating *local regression models* in various forms, (b) we introduce such models into the framework of Kohonen maps, thus obtaining *regression-type self-organizing networks* (SOMs) where neighbouring lattice points represent clusters with similar regression hyperplanes, and (c) we base our generalized SOM algorithms on discrete and continuous optimization criteria (e.g., the $K$-criterion). This will reveal the theoretical properties of the methods (performance, convergence etc.).

## 1 Classical and Regression-Type Clustering

We begin with some classical problems of cluster analysis: Consider a set $\mathcal{O} = \{1, ..., n\}$ of $n$ objects (individuals, products,...) where each object $k \in \mathcal{O}$ is described by a $p$-dimensional data vector $x_k \in R^p$ which characterizes the properties of this object $k$ in terms of $p$ quantitative variables. We consider partitions $\mathcal{C} = (C_1, ..., C_m)$ of $\mathcal{O}$ into a fixed number $m$ of nonempty classes $C_i$ ($2 \leq m < n$). *Clustering* is interpreted here as the problem of determining an optimum $m$-partition $\mathcal{C}^*$ which minimizes a given *clustering criterion.* A typical case is provided by the *SSQ* or *variance criterion*:

$$g_n(\mathcal{C}) \quad := \quad \frac{1}{n}\sum_{i=1}^{m}\sum_{k\in C_i} ||x_k - \overline{x}_{C_i}||^2 \to \min_{\mathcal{C}} \tag{1}$$

where clusters are represented by their class centroids $\overline{x}_{C_i}$. More general clustering criteria are given by:

$$g_n(\mathcal{C}, \mathcal{Z}) \quad := \quad \frac{1}{n}\sum_{i=1}^{m}\sum_{k\in C_i} ||x_k - z_i||^2 \to \min_{\mathcal{C},\mathcal{Z}} \tag{2}$$

where minimization is also over the system $\mathcal{Z} = (z_1, ..., z_m)$ of 'class centers' $z_i \in R^p$ (note that partial minimization with respect to $\mathcal{Z}$ yields the centroids $z_i^* = \overline{x}_{C_i}$ as optimum centers and therefore leads to (1) again) or by:

$$g_n(\mathcal{C}, \mathcal{Z}) \quad := \quad \frac{1}{n}\sum_{i=1}^{m}\sum_{k\in C_i} \phi_i(x_k; \mathcal{Z}) \to \min_{\mathcal{C},\mathcal{Z}} \tag{3}$$

where the dissimilarity $\phi_i(x; \mathcal{Z})$ between a data point $x$ and the $i$-th class $C_i$ is class-specific and depends eventually on all $m$ class centers $z_1, ..., z_m$ (and not only on $z_i$). Such measures have been considered by Braverman (1966), Tsypkin/Kelmans (1967) (see Bock (1974) §29) and will be applied in the SOM framework below (see also Bock 1998, 1999).

Various generalizations of the variance criterion (2) were proposed in order to allow for *non-spherical clusters* $C_i$ which are concentrated along unknown class-specific *hyperplanes* $H_i$ in $R^p$ (instead of: in the neighbourhood of a single point $z_i \in R^p$):

**1.1 Principal component clustering**
assumes hyperplanes $H_i$ with a fixed dimension $1 \leq s < p$ and measures the dissimilarity of a data point $x \in R^p$ to $C_i$ by the minimum distance $d(x, H_i) := ||x - \pi_{H_i}(x)||^2$ from the $i$-th hyperplane $H_i$ (with $\pi_{H_i}(x)$ the orthogonal projection of $x$ onto $H_i$). This yields the clustering criterion:

$$\begin{aligned} g_n(\mathcal{C}, \mathcal{H}) &:= \tfrac{1}{n} \textstyle\sum_{i=1}^m \sum_{k \in C_i} d(x_k, H_i) \\ &= \tfrac{1}{n} \textstyle\sum_{i=1}^m \sum_{k \in C_i} ||x_k - \pi_{H_i}(x_k)||^2 \to \min_{\mathcal{C},\mathcal{H}} . \end{aligned} \quad (4)$$

For a fixed partition $\mathcal{C}$, the optimum $H_i$ is the principal component hyperplane for the data points $x_k$ from the class $C_i$ (Bock 1974, 1996b).

**1.2 Regression clustering**
An alternative approach is appropriate in a regression framework where each data point has the form $u_k = (x_k, y_k) \in R^{p+q}$, thus is split into a vector $x_k \in R^p$ with $p$ *explanatory* variables (input) and a vector $y_k \in R^q$ with $q$ *target* variables (output). Typical examples are provided by a marketing study for consumers $k = 1, ..., n$ where $x_k \mathrel{\hat{=}}$ *life-style data* and $y_k \mathrel{\hat{=}}$ *consumption behaviour* of $k$; or in robot control where $x_k \mathrel{\hat{=}}$ *the initial position, speed etc.* of a robot arm and $y_k \mathrel{\hat{=}}$ *the final position of the arm* in order to fulfil a task, for repeated experiments $k = 1, ..., n$.

A clustering problem results if we cannot assume an *overall* regression model $y = \eta(x) + \mathit{error}$ with one single linear function $\eta(x) = a + Gx$ , say, for all $k$ or for all $x$, but where we conjecture the existence of an $m$-partition $\mathcal{C} = (C_1, ..., C_m)$ of $\mathcal{O}$ such each class $C_i$ has its own *class-specific* regression function $\eta_i(x) := a_i + G_i x$ with an intercept vector $a_i \in R^q$ and a matrix $G_i \in R^{q \times p}$ of regression coefficients. Then $\mathcal{C}$ and the parameters $a = (a_1, ..., a_m)$, $G = (G_1, ..., G_m)$ should be chosen optimally in the sense:

$$g_n(\mathcal{C}, a, G) \quad := \quad \tfrac{1}{n} \textstyle\sum_{i=1}^m \sum_{k \in C_i} ||y_k - a_i - G_i x_k||^2 \to \min_{\mathcal{C},a,G} \quad (5)$$

(Bock 1974 §17.c, 1996a,b). In this approach, the class membership of an object $k$ depends on *both* data vectors $x_k$ and $y_k$.

### 1.3 A piece-wise regression model

A different approach is needed if the class membership of an object $k$ must be decided from the explanatory data vector $x_k$ alone, as it is typical for prediction or approximation problems. In this case we have to look for an $m$-partition $\mathcal{D} = (D_1, ..., D_m)$ of the $x$-space $R^p$ and for $m$ corresponding class-specific *local* regression functions $\eta_i(x) := a_i + G_i x$ defined for $x \in D_i$, and will construct an overall regression function by a piecewise combination in the form $\eta(x) := \eta_i(x)$ for $x \in D_i$. Again, we will optimize $\mathcal{D}$, $a$ and $G$ by minimizing a criterion of the type:

$$g_n(\mathcal{D}, a, G) \quad := \quad \tfrac{1}{n} \textstyle\sum_{i=1}^{m} \sum_{x_k \in D_i} ||y_k - a_i - G_i x_k||^2 \rightarrow \min_{\mathcal{D},a,G}. \quad (6)$$

The formal distinction between (5) and (6) appears to be negligible at first glance: in fact, the clustering results can differ only if identical data vectors $x_k = x_{k'}$ show up for distinct objects $k \neq k'$, then $k$ and $k'$ are always assigned to the same class in (6), but not necessarily with (5). However, this distinction is essential in applications and will also be evident from the asymptotic criteria of the next section which result if the number $n$ of data points approaches infinity.

## 2 Continuous Criteria and Stochastic Approximation

It is known from classical cluster analysis that the optimum constellations of *discrete* (i.e., finite-sample) criteria such as (2)-(6) are related to, and approximate, the solutions of corresponding *continuous* clustering problems which involve a partition $\mathcal{B} = (B_1, ..., B_m)$ of the sample space $R^p$ (or $R^{p+q}$) and integrals over classes (instead of finite sums; see Pollard 1981, Pärna 1986, Bock 1985, 1996a). Considering, for example, the criteria (2) and (3) under the assumption that the data $x_1, x_2, ...$ are independent random samples from a distribution density $f(x)$ over $R^p$, we are led to the continuous analogues of (2) and (3):

$$g(\mathcal{B}, \mathcal{Z}) \quad := \quad \sum_{i=1}^{m} \int_{B_i} ||x - z_i||^2 f(x) dx \rightarrow \min_{\mathcal{B},\mathcal{Z}} \quad (7)$$

$$g(\mathcal{B}, \mathcal{Z}) \quad := \quad \sum_{i=1}^{m} \int_{B_i} \phi_i(x; \mathcal{Z}) f(x) dx \rightarrow \min_{\mathcal{B},\mathcal{Z}} \quad (8)$$

where minimization is over all center systems $\mathcal{Z}$ and all $m$-partitions $\mathcal{B} = (B_1, ..., B_m)$ of the $x$-space $R^p$. Similarly, in the regression setup, if the data $u_k = (x_k, y_k)$ are independent random samples from a distribution density $f(x,y)$ on the $x$-$y$-space $R^{p+q}$ then, for $n \to \infty$, the discrete criteria (5) and (6) and their solutions are asymptotically those of the continuous counterparts:

$$g(\mathcal{B},a,G) := \sum_{i=1}^{m} \int_{B_i} ||y - a_i - G_i x||^2 \; f(x,y) \; dydx \to \min_{\mathcal{B},a,G} \qquad (9)$$

$$g(\mathcal{D},a,G) := \sum_{i=1}^{m} \int_{D_i} \int_{R^q} ||y - a_i - G_i x_k||^2 f(x,y) dydx \to \min_{\mathcal{D},a,G}, \qquad (10)$$

respectively, where in (9) $\mathcal{B} = (B_1, ..., B_m)$ is an $m$-partition of the $x$-$y$space $R^{p+q}$, whereas in (10) the $m$-partition $\mathcal{D} = (D_1, ..., D_m)$ partitions the $x$-space $R^p$ only.

**Minimization algorithms:**
For minimizing the previous (discrete or continuous) clustering criteria we consider two strategies here:

(a) The first one is the generalized *k-means* (or: *alternating minimization*) *algorithm*: The criterion $g_n$ or $G$ is partially minimized with respect to the parameters and the partition, in turn (starting, e.g., with a random partition). This yields, in each step, a class-specific 'least-squares' estimate for the parameters (centers, hyperplanes) and a *minimum-distance partition* of the data or of the sample space.

(b) For the continuous clustering problems (7)-(10) we can also design a sequential *stochastic approximation scheme*: The data points are sequentially observed and from the first $n$ data points a parameter estimate $\vartheta^{(n)}$ and an $m$-partition $\mathcal{B}^{(n)}$ are obtained. Then, after observing the $(n+1)$-th data point, these results are suitably updated in order to obtain $\vartheta^{(n+1)}$ and $\mathcal{B}^{(n+1)}$. In particular, in the case of the generalized variance criterion (8), Tsypkin & Kelmans (1967) have derived the following updating formula for the center systems $\vartheta^{(n)} = \mathcal{Z}^{(n)} = (z_1^{(n)}, ..., z_m^{(n)})$ (for $n = 0, 1, 2, ...$):

$$z_i^{(n+1)} = z_i^{(n)} - \alpha_{in} \cdot \nabla_{z_i} \phi_{i^*}(x_{n+1}; z_1^{(n)}, ..., z_m^{(n)}) \qquad i = 1, ..., m \quad (11)$$

where $\nabla$ denotes the gradient vector and $(\alpha_{in})_{n \in N}$ are $m$ class-specific learning sequences (with $\sum_{n=1}^{\infty} \alpha_{in} = \infty$, $\sum_{n=1}^{\infty} \alpha_{in} < \infty$). Thereby the index $i^*$ denotes the class with minimum distance $\phi_i(x_{n+1}; z_1^{(n)}, \ldots, z_m^{(n)})$. The new partition $\mathcal{B}^{(n+1)}$ is defined as the minimum-distance partition corresponding to the new center system $\mathcal{Z}^{(n+1)}$.

If we apply the formula (11) to the variance criterion (7) with $\phi_i(x, \mathcal{Z}) := ||x - z_i||^2$, we obtain the recurrence formula:

$$z_i^{(n+1)} = \begin{cases} z_i^{(n)} + \alpha_{in} \cdot (x_{n+1} - z_i^{(n)}) & \text{for} \quad i = i^* \\ z_i^{(n)} & \text{for} \quad i \neq i^*, \end{cases} \qquad (12)$$

where $i^*$ is the index of the center $z_i^{(n)}$ with minimum distance from $x_{n+1}$, i.e. with $||x_{n+1} - z_{i^*}^{(n)}|| = \min_{1 \le j \le m}\{||x_{n+1} - z_j^{(n)}||\}$ (*competitive learning*).

On the other hand, if (11) is applied to our first regression criterion (9) with $z_i := (a_i, G_i)$ and $\phi_i(x, y; a, G) := ||y - a_i - G_i y||^2$ (depending only on the parameters of the $i$-th class), we obtain the following *stochastic approximation algorithm*:

$$a_i^{(n+1)} = \begin{cases} a_i^{(n)} + \alpha_{in} \cdot (y_{n+1} - a_i^{(n)} - G_i^{(n)} x_{n+1}) & \text{for} \quad i = i^* \\ a_i^{(n)} & \text{for} \quad i \neq i^*, \end{cases} \tag{13}$$

$$G_i^{(n+1)} = \begin{cases} G_i^{(n)} + \alpha_{in} \cdot (y_{n+1} - a_i^{(n)} - G_i^{(n)} x_{n+1}) x'_{n+1} & \text{for} \quad i = i^* \\ G_i^{(n)} & \text{for} \quad i \neq i^*. \end{cases} \tag{14}$$

where $i^*$ is the index with minimum prediction error $\phi_i(x_{n+1}, y_{n+1}; a_i^{(n)}, G_i^{(n)})$, i.e., with $||y_{n+1} - a_i^{(n)} - G_i^{(n)} x_{n+1}||^2 = \min_{1 \le j \le m}\{||y_{n+1} - a_j^{(n)} - G_j^{(n)} x_{n+1}||^2\}$.

Essentially the same approach is possible for the second regression criterion (10) by using the dissimilarity measure $\phi_i(x; a, G) := \int_{R^q} ||y - a_i - G_i x||^2 f(y|x) dy$ (with the conditional density $f(y|x) := f(x, y) / \int_{R^q} f(\tau, x) d\tau$). Unfortunately, the resulting updating formula is useless since it involves the (unknown) regression $E[Y|X = x]$ and neglects the information on $y_{n+1}$. Therefore, Ritter et al. (1992), Ritter (1997) have proposed (in a SOM framework: *local linear map network*) the following recursion scheme for the parameters $c_i, b_i, G_i$ of the slightly reparametrized regression function $\eta_i(x) = c_i + G_i(x - b_i)$ (with a 'class center' $b_i \in R^p$, thus $a_i = c_i - G_i b_i$): After observing $(x_{n+1}, y_{n+1})$, determine the class $i = i^*$ with minimum $x$-distance $||x_{n+1} - b_i^{(n)}||$ in $R^p$ and update for $i = i^*$ as follows:

$$b_i^{(n+1)} = b_i^{(n)} + \alpha_{in} \cdot (x_{n+1} - b_i^{(n)}) \tag{15}$$

$$c_i^{(n+1)} = c_i^{(n)} + \alpha_{in} \cdot [y_{n+1} - \eta_i^{(n)}(x_{n+1}) + G_i^{(n)}(x_{n+1} - b_i^{(n)})] \tag{16}$$

$$G_i^{(n+1)} = G_i^{(n)} + \alpha_{in} \cdot (y_{n+1} - \eta_i^{(n)}) \cdot \frac{x'_{n+1}}{||x_{n+1}||^2} \tag{17}$$

Here $\eta_i^{(n)}(x) := c_i^{(n)} + G_i^{(n)}(x - b_i^{(n)}))$ is the $n$-th iteration for the regression function $\eta_i(x)$, and $\mathcal{D}^{(n+1)}$ is defined to be the minimum-distance partition of the $x$-space $R^p$ generated by the new 'class centers' $b_1^{(n+1)}, ..., b_m^{(n+1)}$. – Unfortunately, Ritter has not specified any corresponding clustering criterion.

# 3 Regression-Type Models in the SOM Framework

The previous sections described a series of clustering approaches where classes are characterized either by 'class centers' $z_i$ or by regression hyperplanes $H_i$. We show now how this approach can be extended to the construction of *thematic maps* or *self-organizing maps (SOMs)* in the neural network context which visualize the (topological and neighbourhood) structure of a set of high-dimensional data points $x_1, x_2, ... \in R^p$. Thereby we generalize the classical sequential algorithm of Kohonen (1982, 1997) which was based on *center*-oriented clusters to situations where classes are characterized by (principal component or regression) *hyperplanes* and obtain, additionally, a non-sequential, $k$-means version of the SOM approach.

Kohonen's basic problem is to visualize the 'topological' structure of a data set $\{x_1, x_2, ...\} \in R^p$ in two dimensions, say. In contrast to principal component analysis (PCA) which projects onto a two-dimensional *linear* subspace of $R^p$, the SOM approach proceeds essentially as follows:

(i) It selects, for the graphical display, a two-dimensional rectangular lattice (graph) $\mathcal{G}$ of size $a \times b$ with a (large) number $m = ab$ of lattice points $P_1, ... P_m$ (vertices) and horizontal and vertical edges between neighbouring vertices ($10 \times 10$ or $20 \times 20$ might be typical sizes);

(ii) It determines the same number $m$ of spherical clusters $C_1, ..., C_m$ of data points with corresponding class centers $z_1, ..., z_m \in R^p$ (called 'weight vectors' in the NN context);

(iii) It establishes a correspondence $i \to P_{\nu_i}$ among the classes $C_i$ (or their centers $z_i$) and the vertices $P_i \in \mathcal{G}$ such that highly similar classes $C_i, C_j$, i.e., with a small distance $||z_i - z_j||$ in $R^p$), are assigned to neighbouring vertices $P_{\nu_i}, P_{\nu_j}$ in $\mathcal{G}$ which means that the *path distance* $\delta(P_{\nu_i}, P_{\nu_j})$ between $P_{\nu_i}, P_{\nu_j}$ in $\mathcal{G}$ should be small. The corresponding labeling of the vertices of $\mathcal{G}$ yields the thematic map where similarities among the data points can be visually recognized.

The SOM algorithm starts with a fixed initial assignment of classes and vertices (e.g., $\nu_i = i$ for all $i$). It proceeds in a 'self-organizing' way insofar as the data points are sequentially observed, and after observing $x_{n+1}$ the previously constructed centers $z_i^{(n)}$ are updated with the recursion formula (12) which is not only applied to the class $i = i^*$ with minimum distance $||x_{n+1} - z_i^{(n)}||$, but also to all classes $j$ with neighbouring vertices in $\mathcal{G}$, i.e. with a path distance $\delta(P_{i^*}, P_j)$ smaller than a threshold $\epsilon > 0$. This classical and various other, more recent proposals are included in the general recursion formula:

$$z_j^{(n+1)} = z_j^{(n)} + \alpha_{jn} \cdot K(\delta(P_{i^*}, P_j)) \cdot (x_{n+1} - z_j^{(n)}) \qquad j = 1, ..., m \tag{18}$$

where the weights $K_{ij} := K(\delta(P_i, P_j))$ are obtained from a (typically decreasing) weighting function $K(\delta)$, characterize the degree of neigbourhood between two vertices $P_i$ and $P_j$ in $\mathcal{G}$, and determine the amount by which the center $z_j^{(n)}$ is modified in (18). For example, the original SOM algorithm results for the binary treshold function $K(\delta) = 1$ for $\delta \leq \epsilon$ and $K(\delta) = 0$ else.

It appears that the previous algorithm is the *stochastic approximation device* which belongs to the continuous clustering criterion:

$$\tilde{g}(\mathcal{B}, \mathcal{Z}) := \frac{1}{2} \sum_{i=1}^{m} \int_{B_i} \left[ \sum_{j=1}^{m} K_{ij} \cdot ||x - z_j||^2 \right] f(x)\, dx \to \min_{\mathcal{B}, \mathcal{Z}} \tag{19}$$

which is called a *K-criterion.* The following finite-sample version of this criterion has been proposed by Anouar, Badran & Thiria (1997):

$$\tilde{g}_n(\mathcal{C}, \mathcal{Z}) := \frac{1}{2n} \sum_{i=1}^{m} \sum_{k \in C_i} \left[ \sum_{j=1}^{m} K_{ij} \cdot ||x_k - z_j||^2 \right] \to \min_{\mathcal{C}, \mathcal{Z}}. \tag{20}$$

Both criteria use the dissimilarity measure

$$\phi(x; \mathcal{Z}) := [\sum_{j=1}^{m} K_{ij} \cdot ||x - z_j||^2] \tag{21}$$

and were investigated in previous papers (Bock 1998, 1999) which present also a $k$-means algorithm for resolving (20) (which works with a fixed data set $\{x_1, ..., x_n\}$ and therefore needs no sequential 'learning' interpretation). It appears that centers (18) and the solutions of (20) converge typically to the solutions of (19) for $n \to \infty$. Moreover, we have proposed various generalizations of the previous criteria and derived generalized SOM algorithms ($k$-means and stochastic approximation) along the lines of classical or probability-based cluster analysis.

In the following we will describe two special cases: a *principal-component-based* and two *regression-type SOM approaches.* In *analogy* to Kohonen's approach, the basic idea is to map the data (more specifically: the constructed clusters $C_i$) in the two-dimensional lattice $\mathcal{G}$ such that 'similar' clusters $C_i, C_j$ (in Euclidean space) are mapped onto neighbouring vertices $P_i, P_j$ in $\mathcal{G}$. However, in *contrast* to Kohonen's approach, we interpret 'similar' in the way that

(i) the clusters $C_1, ..., C_m$ are characterized by hyperplanes (which replace

the former 'centers' $z_1, ..., z_m$), and
(ii) two classes are called 'similar' if their representative hyperplanes are similar, in a sense to be specified.

### 3.1 Principal-component-based SOM

Here we assume, as in Section 1.1, a principal component hyperplane $H_i$ for each class $i$ and formulate the following discrete and continuous SOM-analogues to the clustering criterion (4):

$$\tilde{g}_n(\mathcal{C}, \mathcal{H}) := \frac{1}{n} \sum_{i=1}^{m} \sum_{k \in C_i} \left[ \sum_{j=1}^{m} K_{ij} \cdot d(x_k, H_j) \right] \rightarrow \min_{\mathcal{C}, \mathcal{H}} \quad (22)$$

$$\tilde{g}(\mathcal{B}, \mathcal{H}) := \sum_{i=1}^{m} \int_{B_i} \left[ \sum_{j=1}^{m} K_{ij} \cdot d(x, H_j) \right] f(x) dx \rightarrow \min_{\mathcal{B}, \mathcal{H}} \quad (23)$$

where again $d(x, H_i) := \min_{y \in H_i} ||x - y||^2$ is the squared distance between $x \in R^p$ and the hyperplane $H_i$.

### 3.2 A regression-type SOM

Here we assume the same type of bi-partitioned data points $u_k = (x_k, y_k)$ as in the regression paragraph 1.2, with class-specific regression hyperplanes of the type $y = \eta_i(x) = a_i + G_i x$, and generalize the regression clustering criterion (9) in the following way:

$$\tilde{g}_n(\mathcal{C}, a, G) := \frac{1}{n} \sum_{i=1}^{m} \sum_{k \in C_i} \left[ \sum_{j=1}^{m} K_{ij} ||y_k - a_i - G_i x_k||^2 \right] \rightarrow \min_{\mathcal{C}, a, G} \quad (24)$$

with the corresponding $K$-criterion:

$$\tilde{g}(\mathcal{B}, a, G) := \sum_{i=1}^{m} \int_{B_i} \left[ \sum_{j=1}^{m} K_{ij} ||y - a_i - G_i x||^2 \right] f(x, y) dy dx \rightarrow \min_{\mathcal{B}, a, G} . \quad (25)$$

### 3.3 Piecewise-regression-type SOM

Finally, if the data $u_k = (x_k, y_k) \in R^{p+q}$ are in the previous form and the overall regression of $y$ with respect to $x$ is combined from piecewise regression hyperplanes defined on the sets $D_i \subset R^p$ as in section 1.3, see (6) and (10) (such that the 'class membership' depends on $x$ only) then the former criterion (10) has the natural SOM extension:

$$\tilde{g}_n(\mathcal{D}, a, G) := \frac{1}{n} \sum_{i=1}^{m} \sum_{k: x_k \in D_i} \left[ \sum_{j=1}^{m} K_{ij} ||y_k - a_i - G_i x_k||^2 \right] \rightarrow \min_{\mathcal{C}, a, G} \quad (26)$$

with the $K$-criterion:

$$\tilde{g}(\mathcal{D}, a, G) := \sum_{i=1}^{m} \int_{D_i} \left[ \sum_{j=1}^{m} K_{ij} ||y - a_i - G_i x||^2 \right] f(x, y) dy dx \rightarrow \min_{\mathcal{D}, a, G} . \quad (27)$$

In the cases 3.1 and 3.2 we can derive a suitable $k$-means algorithm in the classical way, and the formula (11) leads to a stochastic approximation algorithm in order to determine or approximate the optimum constellation. Problems are met with the case 3.3 (see section 2) where stochastic approximation must be replaced by Ritter's sequential algorithm (16)-(18).

# 4 Final Remarks

We have generalized the classical clustering criterion framework to the case of Kohonen's semantic maps, either by a $k$-means approach or by stochastic approximation. In particular, we have considered cases where a low-dimensional representation of the data in the lattice $\mathcal{G}$ uses *regression-type* clusters instead of the classical *center-oriented spherical* clusters. By this way, we can analyze (high-dimensional) data sets which are located near an (essentially low-dimensional) manifold which can be approximated by clusterwise or piecewise linear regression functions. – The use of linear subspaces for SOM's has also been discussed by Ritter (1997), Moshou & Ramon (1997), Kohonen et al. (1997) and Badran et al. (1997), but typically without using an optimality criterion such that the performance and behaviour of the resulting learning process remain an open problem.

## References

ANOUAR, F., BADRAN, F., THIRIA, S. (1996): Topological maps for mixture density. Intern. Conf. on Artificial Neural Networks, ICANN'96, Bochum, Germany.

ANOUAR, F., BADRAN, F., THIRIA, S. (1997): Cartes topologiques et nuées dynamiques. In: S. Thiria et al. (eds.) (1997), 190-206.

BADRAN, F., DAIGREMONT, Ph., THIRIA, S. (1997): Régression par carte topologique. In: Thiria, S., et al. (eds.) (1997), 207-222.

BOCK, H.H (1974): Automatische Klassifikation. Vandenhoeck & Ruprecht, Göttingen, 1974.

BOCK, H.H. (1985): On some significance tests in cluster analysis. *J. of Classification 2, 77-108.*

BOCK, H.H. (1996a): Probability models and hypotheses testing in partitioning cluster analysis. In: Ph. Arabie, L. Hubert, G. De Soete (eds.): Clustering and classification. World Scientific, River Edge, NJ, 1996, 377-453.

BOCK, H.H. (1996b): Probabilistic models in partitional cluster analysis. In: A. Ferligoj, A. Kramberger (eds.): Developments in data analysis. FDV, Metodoloski zvezki, 12, Ljubljana, 1996, 3-25.

BOCK, H.H. (1996c): Probabilistic models in cluster analysis. *Computational Statistics and Data Analysis 23, 5-28.*

BOCK, H.H. (1997): Simultaneous visualization and clustering methods as an alternative to Kohonen maps. In: G. Della Riccia et al. (eds.), 1997, 67-85.

BOCK, H.H. (1998): Clustering and neural networks. In: A. Rizzi, M. Vichi, H.H. Bock (eds.): Advances in data science and classification. Springer Verlag, Heidelberg, 1998, 265-278.

BOCK, H.H. (1998): Clustering and neural network approaches. In: W. Gaul, H. Locarek-Junge (eds.): Classification in the information age. Springer Verlag, Heidelberg, 1999 (in press).

BRAVERMAN, E.M. (1966): The method of potential functions in the problem of training machines to recognize patterns without a teacher. *Automation and Remote Control 27, 1748-1771.*

Della RICCIA, G., KRUSE, R., LENZ, H.-J. (eds.) (1997): Learning, networks and statistics. CISM Courses and Lectures no. 382. Springer, Wien - New York, 1997.

HAYASHI, Ch., OHSUMI, N., YAJIMA, K., TANAKA, Y., BOCK, H.-H., and Y. BABA (eds.) (1998): Data science, classification and related methods. Proc. IFCS-96. Springer-Verlag, Tokyo, 1998.

KOHONEN, T. (1982): Self-organized formation of topologically correct feature maps. *Biological Cybernetics 43, 59-69.*

KOHONEN, T. (1997): Self-organizing maps. Springer, New York.

KOHONEN, T., S. KASKI, H. LAPPALAINEN, J. SALOJÄRVI (1997): The adaptive-subspace self-organizing map (ASSOM). Workshop on Neural Networks, Helsinki, Website.

MOSHOU, D., RAMON, H. (1997): Extended self-organizing maps with local linear mappings for function approximation and system identification. Workshop on Neural Networks, Helsinki, Website.

PÄRNA, K. (1986): Strong consistency of $k$-means clustering in separable metric spaces. *Acta et Commentationes Universitatis Tartuensis, Tartu Riikliku Ülikooli, TOIMEISED, 733, 86-96.*

POLLARD, D. (1981): Strong consistency of $k$-means clustering. *Annals of Probability 10, 919-926.*

RITTER, H., Martinetz, Th., Schulten, K. (1992): Neural computation and self-organizing maps. Addison Wesley.

RITTER, H. (1997): Neural networks for rapid learning in computer vision and robotics. In: G. Della Riccia et al. (eds.), 1997, 25-39.

THIRIA, S., LECHEVALLIER, Y., GASCUEL, O., CANU, S. (1997): Statistique et méthodes neuronales. Dunod, Paris, 311 pp.

TSYPKIN, Y.Z., KELMANS, G.K. (1967): Recursive self-training algorithms. *Engineering Cybernetics USSR, 1967, V, 70-79.*

# Klassifikation und Typisierung in betrieblichen Analysemodellen

Werner Esswein

Technische Universität Dresden, Fakultät Wirtschaftswissenschaften
Lehrstuhl Wirtschaftsinformatik, insbes. Systementwicklung
Münchner Platz, 01062 Dresden, Germany
esswein@wise.wiwi.tu-dresden.de

## 1 Einleitung

In der folgenden Arbeit wird die These aufgestellt, daß Techniken der Klassifikationstheorie auf die Modellierung übertragbar sind. Ausgangspunkt der Untersuchungen bildet der Prozeß der Erstellung betrieblicher Analysemodelle. Im folgenden soll gezeigt werden, welche Auswirkungen die Existenz verschiedener Perspektiven auf die Erstellung der Modelle und deren Verwendung hat. Dazu werden die bei der Modellierung zu findenden Elemente und Abläufe beschrieben und ihre Beziehung zueinander dargestellt. Für die Kernprobleme der Modellierung werden ein Meta-Meta-Modell sowie Referenzmodelle als unterstützende Hilfsmittel vorgeschlagen.

### 1.1 Betriebliche Analysemodelle

Unter **Modellierung** wird allgemein die methodisch geleitete Erstellung von Modellen verstanden. Betriebliche Analysemodelle im Besonderen verfolgen das Ziel, wesentliche Zusammenhänge und Abläufe in Unternehmen zu beschreiben (vgl. Ferstl et al. (1998), S. 117ff.).

Unter einem **Modell** wird die formale Abbildung eines realen Sachverhalts bzw. Problembereichs verstanden. In diesem Verständnis wird der Modell-Begriff synonym zu dem des *Schemas* nach Ferstl/Sinz (vgl. Ferstl et al. (1998), S. 18 f.) verwendet.

**Betriebliche Analysemodelle** stellen dementsprechend das Ergebnis der Analyse der betrieblichen Realität und der entsprechenden Darstellung mit Hilfe einer formalen Sprache dar. Sie bilden damit ein wichtiges Hilfsmittel bei der Analyse und Gestaltung von Informationssystemen. Entstandene Modelle dienen der Kommunikation unterschiedlicher Teilnehmer (Modellersteller und -nutzer) mit unterschiedlichen Sichten. An vorgegebenen Schnittstellen werden im Analyseprozeß und bei der anschließenden Verwendung verschiedene Resultate erzeugt und verwendet.

Der Begriff *Meta* beschreibt eine Abstraktionsstufe über der jeweils betrachteten. **Meta-Modelle** sind somit als formale Sprache zur Realisierung von Modellen zu verstehen. Sie beschreiben deren Bestandteile (Objekte), Eigenschaften (Attribute) und Beziehungen (Relationen) zueinander (vgl. Ferstl et al. (1998), S. 119f.). Umfaßt ein Meta-Modell sowohl ein Vorgehensmodell als auch Darstellungstechniken, so handelt es sich um eine **Methode**.

Die **Typisierung** ist einer der Kernprozesse der Modellbildung und kann sowohl auf der Grundlage theoretischer Überlegungen zu einem Problembereich als auch allein auf der Grundlage der Analyse von Objekten der betrieblichen Realität erfolgen. Ausgangspunkt der Typisierung ist das mit dem Analysemodell verfolgte Ziel des Modellierenden.

Aufgabe der Typisierung ist die Beschreibung von Ähnlichkeiten zwischen Elementen, z. B. durch die Bildung von Klassen mit entsprechenden Eigenschaften. Als Ergebnis entsteht eine Abbildung von Elementen einer niedrigeren Abstraktionsebene durch Elemente einer höheren Abstraktionsebene. Erfolgt diese Abbildung formal, d. h. wird bei der Typisierung ein geeignetes Meta-Modell genutzt, entsteht ein Modell im oben beschriebenen Sinn. Die bei der Typisierung gebildeten Klassen von Elementen mit (tatsächlichen oder erwarteten) gemeinsamen Eigenschaften werden im Prozeß der Klassifikation genutzt.

Die Klassifikation von Objekten erfolgt durch die Zuordnung dieser zu Klassen auf Basis von Ähnlichkeiten, wie es z. B. in der Theorie der numerischen Taxonomie beschrieben wird. Eine Repräsentation dieser Objekte entsteht durch deren Darstellung als Punkte innerhalb eines euklidischen Raumes. Die Lage der Punkte zueinander gibt dabei den Grad der Ähnlichkeit an (vgl. Opitz (1980), S. 1).

Die Zuordnung von Objekten der betrieblichen Realität zu Elementen eines Modells wird im folgenden als **Klassifikation** beschrieben. Bestehende betriebliche (Analyse)Modelle bzw. Modellteile stellen somit das Zielsystem der Klassifikation von Objekten der betrieblichen Realität dar.

## 1.2 Erstellung betrieblicher Analysemodelle

Die **Modellierung** (Modellbildung) ist die Darstellung der Beschreibung einer betrieblicher Realität in einem entsprechenden betrieblichen Analysemodell unter Verwendung der in diesem Abschnitt definierten Elemente und Abläufe/Prozesse.

Klassische Methoden zur Erstellung betrieblicher Analysemodelle sind beispielsweise die Objektorierntierte Analyse (OOA) nach Coad et al. (1991) oder auch die Object Modeling Technique nach Rumbaugh (1991). Die innerhalb der Methoden verwendeten allgemeinen Techniken des modellorientierten Problemlösens sind Abstraktion und Transformation. Die Abstraktion erfolgt mittels multidimensionaler Betrachtung und Verfeinerung und dient der Beschränkung auf problemrelevante Teile der Realwelt. Die Transformation definiert Regeln, mit deren Hilfe eine formale Problembeschreibung in eine Lösung überführt wird.

Meta-Modelle und der allgemeine Hinweis auf die menschliche Eigenschaft objektorientiert zu denken, bilden in der klassischen Modellierung die einzigen Hilfsmittel der Klassifikation bzw. Typisierung. Es existieren keine verbindlichen Regeln für die Gruppierung von Objekten, da diese in der Realität nicht formalisiert vorliegen.

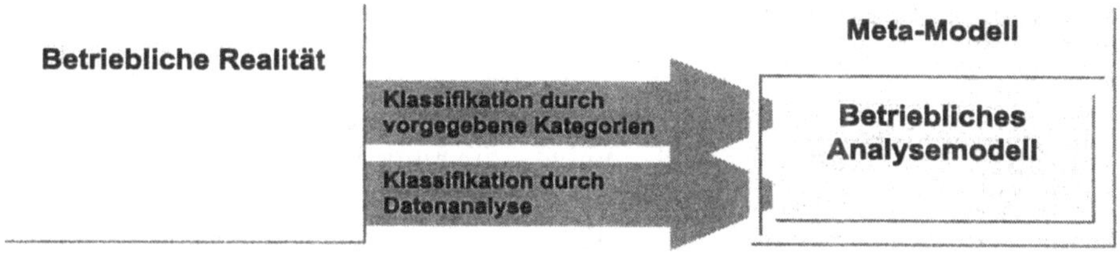


*Abbildung 1: Erstellung Betrieblicher Analysemodelle*

Zusammenfassend erfolgt die klassische Modellierung in zwei Phasen. Zuerst werden die Objekte der betrieblichen Realität analysiert und Klassen aufgrund von Gemeinsamkeiten unter Verwendung eines Meta-Modells definiert. Im zweiten Schritt werden konkreter Objekte den Klassen des Modells zugeordnet.

# 2 Probleme bei der Modellierung

Die Modellierung nicht formaler Systeme ist ein Prozeß, der subjektiven Einflüssen unterliegt.

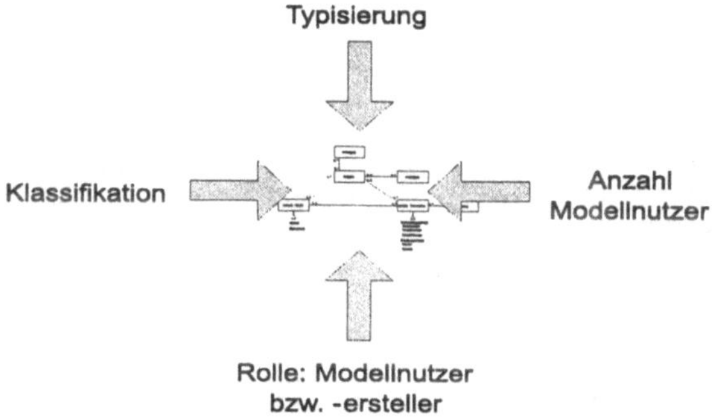


*Abbildung 2: Einflußfaktoren bei der Modellierung*

Vier wesentliche Einflußfaktoren beim Erstellen betrieblicher Analysemodelle werden im folgenden näher untersucht - die subjektiven Einflüsse bei Klassifikation und Typisierung, die Anzahl der Modellnutzer sowie deren mögliche Rollen (siehe dazu Abbildung 2).

## 2.1 Typisierung

Das Gruppieren von Elementen der betrieblichen Realität unter dem Aspekt gemeinsamer Eigenschaften ist Kern der Typisierung. Diese Betrachtung ist idealtypisch, da davon ausgegangen wird, daß bei Analyse der Realität keine Vorstellungen über die zu bildenden Klassen existieren. Erkenntnisse der kognitiven Psychologie widerlegen jedoch diese Aussage. Das menschliche Individuum erkennt, oft ohne sich dessen bewußt zu sein, systematische, invariante Zusammenhänge oder auch gemeinsame Funktionen und repräsentiert diese mental (vgl. Schnotz (1994), S. 24f.).

Für die Typisierung bedeutet dies, daß bereits von existierenden Idealklassen ausgegangen werden muß, gegen die die analysierten betrieblichen Objekte geprüft und entsprechend ihrer Distanz zur Idealklasse eingeordnet werden. Ist die Distanz zu groß, bietet unter anderem die Spezialisierung von Klassen ein geeignetes Hilfsmittel für die richtigeÄbbildung. Grundsätzlich sind jedoch während dieses Prozesses keine neuen Klassen zu erwarten, da bereits während der Auseinandersetzung mit dem Problembereich für den Modellierer eine mentale Repräsentation vor einer expliziten Darstellung mittels einer formalen Sprache existiert. Der Vergleich der betrieblichen Objekte mit den „internen“ Klassen kann als eine Form der Typisierung verstanden werden.

## 2.2 Klassifikation

Im Gegensatz zu den im Abschnitt 2.1 beschriebenen Ausgangspunkt, existieren in der Realität keine scharf umrissenen Grenzen für natürliche Kategorien, da diese zum einen kontextabhängig für jedes Objekt neu definiert und zum anderen vom Blickwinkel des Analysten abhängig sind (vgl. Schnotz (1994), S. 25). Feststellen lassen sich aber Grade einer Kategoriezugehörigkeit. Innerhalb einer kognitiven Wahrnehmung spricht man von typischen oder untypischen Vertretern einer Kategorie, je nachdem wieweit diese von einem idealtypischen Mittelpunkt entfernt liegen.

SCHNOTZ stellt weiterhin fest, daß die Bildung von Begriffen (im Kontext dieser Arbeit vergleichbar mit der Beschreibung von Klassen) stets durch Unschärfe gekennzeichnet ist, die mit wachsender Komplexität des zu erfassenden Systems zunimmt. In diesem Zusammenhang wurde festgestellt, daß für viele Alltagsbegriffe keine Definitionen in Form fester Merkmalssätze angegeben werden können. Vielmehr ist die Klassifikation Kontext abhängig, in dem sie betrachtet muß werden (vgl. Anderson (1996), S. 153ff.).

## 2.3 Rolle des Modellnutzers

Ein wesentliches Problem bei der Modellierung betrieblicher Systeme stellt die Perspektive in Abhängigkeit der durch den Betrachter des Modells eingenommenen Rolle dar. Dabei ist eine Unterscheidung in Ersteller und Nutzer des Modells möglich. Aus den unterschiedlichen Zielstellungen beider Rollen kann gefolgert werden, daß die Informationsinteressen des Modellnutzers durch den Modellersteller nicht zwangsläufig, wie z. B. durch Rosemann (1996) auf S. 229 angenommen, hinreichend antizipiert werden.

So besteht das Ziel des Modellnutzers darin, ein für seine Zwecke (z. B. Reorgani- sationsmaßnahmen) geeignetes Modell zu erhalten. Problematisch dabei ist, daß dem Modellnutzer seine eigenen Informationsinteressen detailliert bewußt sein müssen, um sie dem Modellersteller kommunizieren zu können.

Bereiche, in denen dies nicht der Fall ist, bieten dem Modellersteller Freiheiten, die zu nicht zweckmäßigen Modellen bzw. Modellteilen führen können, da das Ziel des Modellerstellers im Erstellen eines, durch den Nutzer als zweckmäßig empfundenen, Modells besteht. Die adäquate Beschreibung des Diskursbereichs ist somit lediglich sekundäres Ziel.

## 2.4 Anzahl der Modellnutzer

Vor dem Hintergrund einer steigenden Anzahl sowohl von Modellnutzern als auch Modellerstellern und der entsprechenden Zunahme der Zahl möglicher Perspektiven beschreibt ROSEMANN die folgenden Möglichkeiten der Ausgestaltung einer multi- perspektivischen Modellierung:

- Nutzung unterschiedlicher Informationsobjekte
- Nutzung unterschiedlicher Informationsobjekttypen
- Verwendung unterschiedlicher Meta-Modelle
- Unterschiedliche Methodennutzung

Diese Möglichkeiten der Modellierung verschiedener Perspektiven stellen jedoch gleichzeitig Probleme bei der Erstellung betrieblicher Analysemodelle dar.

Die Modellierung unterschiedlicher Informationsobjekte, insbesondere der Objekte der betrieblichen Realität, kann u. a. aus den verschiedenen Rollen beim Modellieren resultieren (vgl. Abschnitt 2.3). Um diesem Problem zu begegnen, enthalten z. B. die *Grundsätze ordnungsmäßiger Modellierung* von Becker et al. (1995) den Grundsatz der Relevanz des Objektsystems. Verzichtet wird jedoch auf dessen Operationalisierung, womit das Problem des Auffindens des relevanten Objektsystems bestehen bleibt.

Die Nutzung verschiedener Informationsobjekttypen entspricht dem bei der Typi- sierung beschriebenen Problem „intern“ bereits vorhandener Klassen. Dadurch ist es möglich, daß die selben betrieblichen Objekte durch unterschiedliche Modellierer voneinander abweichenden Klassen zugeordnet werden. Es wurde deutlich, daß dieses Problem durch methodische Unterstützung nur abgeschwächt, nicht jedoch beseitigt werden kann.

Die unterschiedliche Nutzung von Methoden ist als entscheidendes Problem bei der Erstellung und Verwendung betrieblicher Analysemodelle zu betrachten. Dies resultiert aus dem Umstand, daß die Zahl sowohl der Modellnutzer als auch -ersteller steigt, bei denen es sich um Fach- jedoch nicht um Methodenexperten handelt (vgl. Rosemann (1996), S. 229).

Geht man davon aus, daß die Modellierung auf der Grundlage eines den Meta- Modellen gemeinsamen Meta-Meta-Modells erfolgt, stellen verschiedene Klassifikations- bzw. Typisierungsprozesse die Ursache dieses Problems dar. Es bleibt zu untersuchen, inwieweit eine Standardisierung auf diesem Gebiete möglich ist.

# 3 Lösungsmöglichkeiten

Im folgenden werden zwei Möglichkeiten aufgezeigt, den im vorangegangenen Abschnitt beschriebenen Problemen der Nutzung unterschiedlicher Informations- objekttypen (bzw. Klassen) und Meta-Modelle bei der Erstellung betrieblicher Analysemodelle zu begegnen. Als Hilfsmittel werden ein Meta-Meta-Modell und Referenzmodelle vorgeschlagen.

## 3.1 Meta-Meta-Modell

Ein Ansatz zur Beschreibung von Meta-Modellen mittels eines Meta-Meta-Modells wird in Esswein et al. (1998) mit dem **E³-Modell** beschrieben. Ziel ist hier die Beschreibung der Modelle der Systementwicklung für deren Nutzung in einem generischen Modellierungswerkzeug. Anders als in den Beschreibungsrahmen der EIA/CDIF Technical Committee (Hrsg.) (1994) oder von Scheer (1998), befinden sich auf der höchsten Abstraktionsebene des Modells 3 verschiedene Gruppen von Klassen. Mit deren Hilfe werden Kontext, Sichtenbildung und grafische Darstellung der Meta- Modelle getrennt beschrieben.

| **Kontext** | **Sichtenbildung** | **Präsentation** |
|---|---|---|
| Modelle<br>ObjektTypen<br>PropertyTypen | ViewTypen<br>ViewObjektTypen<br>ViewPropertyTypen | PräsentationsTypen<br>Präs.-ObjektTypen<br>Präs.-PropertyTypen |

*Abbildung 3: Aufbau des $E^3$-Modells*

Erreicht wird damit eine einheitliche Beschreibung der Begriffsbasis für die Typisierung und Klassifikation. Vermieden werden soll die unterschiedliche Nutzung von Methoden bei der Erstellung und Verwendung betrieblicher Analysemodelle, wie in Esswein et al. (1998) nachgewiesen wird.

## 3.2 Referenzmodelle

Referenzmodelle verfolgen das Ziel der Allgemeingültigkeit und Übertragbarkeit der Lösungsbeschreibung, um eine Ausgangsbasis für die Erstellung von individuellen Analysemodellen (vgl. Becker et al. (1996), S. 25) zu liefern. Des weiteren müssen sie dem Anspruch genügen, einen möglichst konkreten Bezug zu Problemen einer Branche (vgl. Reiter (1998), S. 14) oder der Konfiguration eines Softwaresystems (vgl. Scheer (1998), S. 41f.) herzustellen.

Mit Hilfe von Referenzmodellen ist es möglich, den Klassifikations- bzw. Typisierungsaufwand zu verringern, da der in Kapitel 1.2 aufgeführte idealtypische Mittelpunkt nicht nur beschrieben, sondern auch mit einer umliegenden Gruppe von Objekten angegeben wird. Durch die einfache Zuordnung von Objekten der betrieblichen Realität zu Klassen, die so (oder zumindest so ähnlich) im Referenzmodell vorhanden sind, wird eine wesentliche Hilfestellung für den Modellierer angeboten. Außerdem wird Sach- oder Fachexperten der Einstieg in die Modellierung erleichtert.

Einen weiteren wesentlichen Aspekt des Einsatzes von Referenzmodellen stellt die Möglichkeit zur qualitativen Verbesserung der Ergebnisse einzelner Entwicklungsphasen durch die Verfügbarkeit formalisierten, problemspezifischen Wissens dar.

Eine Integration des $E^3$-Modells und der Referenzmodelle in den Prozeß der Erstellung betrieblicher Analysemodelle wird in Abbildung 4 dargestellt.

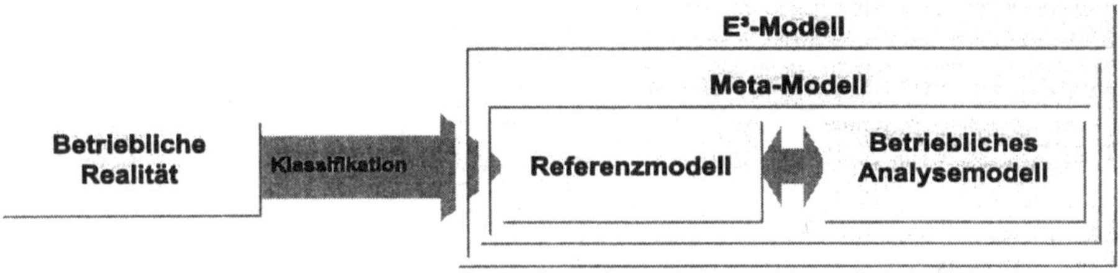


*Abbildung 4: Idealtypische Erstellung Betrieblicher Analysemodelle*

Ausgangspunkt bildet der einheitliche Beschreibungsrahmen mittels des $E^3$-Modells. Unterstützend wird der Einsatz von Referenzmodellen vorgeschlagen.

# 4 Zusammenfassung

In der vorliegenden Arbeit wurden die Systematik der Erstellung betrieblicher Analysemodelle diskutiert und dabei Analogien zur Theorie der Klassifikation herausgearbeitet. Unter dem zusätzlichen Gesichtspunkt multiperspektivischer Modellierung wurden die Lösungsansätze $E^3$-Modell und Referenzmodelle identifiziert und vorgestellt.

Die aufgezeigten Analogien bieten einen Ansatzpunkt, das umfangreiche theoretische Wissen in der Klassifikationstheorie für die Theorie des Modellierung zu erschließen. Die Schaffung geeigneter Hilfsmittel für den Prozeß der Modellbildung bestimmt maßgeblich die Qualität der erzielten Ergebnisse und somit deren Akzeptanz durch den Nutzer der Abbildungen.

## Literatur


BECKER J., ROSEMANN M., SCHÜTTE R. (1995): Grundsätze ordnungsgemäßer Modellierung. Wirtschaftsinformatik 37, 435-445.

BECKER J., SCHÜTTE R. (1996): Handelsinformationssysteme. verlag moderne industrie. Landsberg/Lech

EIA/CDIF Technical Committee (Hrsg.) (1994): CASE Data Interchange Format - Overview (Extract of Interim Standard). http://www.cdif.org

COAD P., YOURDON E. (1991): Object Oriented Analysis. Prentice Hall. New York et al.

ESSWEIN W., DIETZSCH A., GREIFFENBERG S. (1998): Ansatz zur Klassifikation von Modellierungstechniken. TU-Dresden, Fakultät Wirtschaftswissenschaften. Dresden

FERSTL O. K., SINZ E. J. (1998): Grundlagen der Wirtschaftsinformatik Band 1. 3. Auflage. Oldenbourg Verlag. München

OPITZ O. (1980): Numerische Taxonomie. Gustav Fischer Verlag. Stuttgart et al.

REITER C. (1998): Einsatz von Referenzmodellen. IDS Prof. Scheer Gesellschaft für integrierte Datenverarbeitungssystem mbH. Saarbrücken

ROSEMANN M. (1996): Multiperspektivische Informationsmodellierung auf der Basis der Grundsätze ordnungsgemäßer Modellierung. Management & Computer 4

RUMBAUGH J. (1991): Object-Oriented Modeling and Design. Prentice Hall. New York et al.

SCHEER A.-W. (1998): ARIS - Vom Geschäftsprozeß zum Anwendungssystem, Springer Verlag, Berlin et al.

SCHEER, A.-W. (1998): ARIS - Modellierungsmethoden, Metamodelle, Anwendungen. 3. Auflage. Springer Verlag. Berlin et al.

# Clusteranalyse mit Genetischen Algorithmen

J. Hansohm[1]

[1] Lehrstuhl für Methodengestützte Planung,
Universität der Bundeswehr München, 85577 Neubiberg, Germany
Juergen.Hansohm@UniBw-Muenchen.de
http://www.UniBw-Muenchen.de/Campus/WOW/Hansohm.html

**Zusammenfassung:** Evolutionsstrategien und Genetische Algorithmen werden zunehmend als Heuristiken eingesetzt, um ein globales Optimum eines Optimierungsproblems zu ermitteln. Im folgenden Beitrag wird untersucht, inwieweit die Methode der Genetischen Algorithmen Vorteile gegenüber dem bisher verwendeten Austauschverfahren beim Problem der Clusteranalyse besitzt. Es wird diese Frage für verschiedene Bewertungsfunktionen für Klassifikationen sowohl an Testdaten als auch an empirischen Daten untersucht.

# 1 Einleitung

Die ursprünglich von Holland eingeführten Genetischen Algorithmen bilden den Prozeß der natürlichen Evolution und Selektion nach. Sie können als stochastische Suchmethode aufgefaßt werden um bei einem Optimierungsproblem ein globales Optimum einer Zielfunktion trotz vorhandener lokaler Optima zu finden (Goldberg (1989), Michalewicz (1992)). Im Gegensatz zu konventionellen Suchmethoden arbeiten Genetische Algorithmen mit vielen Lösungen gleichzeitig und berechnen die Zielfunktion - auch Fitness im Sinne der evolutionsbedingten Auslese genannt - für alle diese Lösungen.

Genetische Algorithmen und die mit ihnen verwandten, von Rechenberg (1973) eingeführten Evolutionsstrategien finden in einer Vielzahl von praktischen wirtschaftlichen Problemen Anwendung. So insbesondere im Bereich des Operations Research (s. Belev, Booker (1991)), im Ingenieurwesen (Ankerbrandt et al.(1990), Bornholt, Graudenz (1992)), aber auch im Managementbereich (s. Übersicht: Hurley et al. (1995), S. 42). Es liegt nahe, Genetische Algorithmen auch auf das Problem der Clusteranalyse *(s.u.)* anzuwenden um eine optimale Klassifikation zu ermitteln.

# 2 Das Problem der Clusteranalyse

Die Aufgabe der hier behandelten Clusteranalyse kann kurz wie folgt beschrieben werden (vgl. Opitz (1980), S. 65 ff.):
Gegeben sei eine Menge von $n$ Objekten $N$, der Einfachheit halber durchnumeriert von 1 bis $n$; d.h. $N = \{1, \dots n\}$. Zu einer vorgegebenen natürlichen

Zahl $m \leq n$ sind nichtleere disjunkte Teilmengen $K_1, \ldots K_m \subseteq N$ mit $\cup K_i = N$ gesucht, so daß die vorgegebene Bewertungsfunktion $b : \mathcal{P}(\mathcal{P}(N)) \rightarrow \Re_{\geq 0}$ für dieses Teilmengensystem minimal wird. Jedes Teilmengensystem $\mathcal{K}$, das den obigen Bedingungen genügt, wird (disjunkte, exhaustive) Klassifikation oder auch Partition genannt. Gesucht ist demnach die optimale Partition bzgl. $b$.

Der Bewertungsfunktion $b$ liegt ein (Un-)ähnlichkeitsmaß bzgl. je zwei Objekten zugrunde. Dies wird i.a. durch ein sogenanntes Distanzmaß $d : N \times N \rightarrow \Re_{\geq 0}$ ausgedrückt, dessen Wert umso größer ist, je unähnlicher die beiden Objekte sind, wobei $d(i,i) = 0$ für alle $i \in N$ gilt.

Als Bewertungsfunktionen sind folgende Funktionen gebräuchlich (Opitz (1980), S. 82 ff.):

$$b(\mathcal{K}) = \sum_{K \in \mathcal{K}} h(K) \tag{1}$$

oder

$$b(\mathcal{K}) = \max_{K \in \mathcal{K}} h(K) \tag{2}$$

mit

$$h : \mathcal{P}(N) \rightarrow \Re_{\geq 0}, \quad h(K) = \frac{1}{c} \sum_{i,j \in K} d(i,j) \tag{3}$$

wobei $c = 1$ (3a), $c = |K|$ (3b) oder $c = |K|^2$ (3c) ist.
Alternativ können auch die folgenden Heterogenitätsindizes verwendet werden:

$$h(K) = \max_{i,j \in K} d(i,j), \tag{4}$$

$$h(K) = \max_{i \in K} \min_{j \in K, j \neq i} d(i,j) \tag{5}$$

oder

$$h(K) = \min_{i \in K} \max_{j \in K, j \neq i} d(i,j) \tag{6}$$

Ferner kann $b$ definiert werden durch:

$$b(\mathcal{K}) = \frac{1}{\sum_{K,L \in \mathcal{K}, K \neq L} v(K,L)} \tag{7}$$

mit

$$v : \mathcal{P}(N) \times \mathcal{P}(N) \rightarrow \Re_{\geq 0}, \quad v(K,L) = \frac{1}{c} \sum_{i \in K} \sum_{j \in L} d(i,j) \tag{8}$$

wobei $c = 1$ (8a) oder $c = |K| \cdot |L|$ (8b) gebräuchlich sind.
Vewendung finden auch:

$$v(K,L) = \max_{i \in K, j \in L} d(i,j), \tag{9}$$

$$v(K,L) = \min_{i \in K, j \in L} d(i,j) \tag{10}$$

bzw.

$$v(K,L) = \frac{1}{2}(\max_{i \in K} \min_{j \in L} d(i,j) + \max_{i \in L} \min_{j \in K} d(i,j)) \tag{11}$$

Denkbar ist auch eine Kombination von (1) und (7) dergestalt, daß

$$b(\mathcal{K}) = \frac{\sum_{K \in \mathcal{K}} h(K)}{\sum_{K,L \in \mathcal{K}, K \neq L} v(K,L)} \tag{12}$$

Für aus quantitativen Daten entstandene Distanzindizes $d$, beispielsweise der euklidische Abstand zweier Punkte im $\Re^k$, wird darüber hinaus häufig das Varianzkriterium verwendet (Opitz (1980), S.76); d.h.

$$h(K) = \frac{1}{|K|^2} \sum_{i,j \in K} d(i,j)^2 \tag{13}$$

in Verbindung mit der Bewertungsfunktion (1).

Das Problem der Clusteranalyse tritt in vielen ökonomischen Fragestellungen auf, so z. B. im Marketing (Opitz (1977), Opitz, Schwaiger (1998)), in der Produktion, in der Organisation (Goronzy (1969)) und in der Unternehmensführung (Opitz, Mißler-Behr (1993)) um nur einige Anwendungsgebiete zu nennen.

# 3 Genetische Algorithmen und Clusteranalyse

Murthy und Chowdhury (1996) beschreiben einen Ansatz zur Lösung des Clusteranalyseproblems mittels Genetischer Algorithmen wie folgt:

*Codierung:*
Jede Klassifikation $\mathcal{K} = \{K_1, \ldots K_m\}$ wird dargestellt durch eine Zeichenkette (String) $\alpha = (\alpha_1, \ldots \alpha_n)$ der Länge $n$, wobei $\alpha_i = j \iff i \in K_j$ gilt.

*Anfangspopulation:*
$r$ Zufallsklassifikationen mit ihren zugehörigen Strings $(\alpha_1^i, \ldots \alpha_n^i)$ $(i = 1, \ldots r)$, wobei $r$ durch 2 teilbar sei.

*Selektion in den Genpool:*
$r$ Ziehungen aus der Startpopulation mit Zurücklegen und der Wahrscheinlichkeit proportional $b^{-1}$.

*Rekombination (one-point-crossover):*
Sei $k$ eine natürliche Zufallszahl mit $1 \leq k \leq n$ und $\alpha = (\alpha_1, \ldots \alpha_n)$, $\beta = (\beta_1, \ldots \beta_n)$ zwei Strings aus dem Genpool, so werden hierdurch die 'Nachkommen' $\gamma = (\alpha_1, \ldots \alpha_k, \beta_{k+1}, \ldots \beta_n)$ und $\delta = (\beta_1, \ldots \beta_k, \alpha_{k+1}, \ldots \alpha_n)$ erzeugt.

*Mutation:*
Mit einer vorgegebenen Wahrscheinlichkeit verändert sich der Wert $\alpha_s$ im String $\alpha = (\alpha_1, \ldots \alpha_n)$ so, daß $1 \leq \alpha_s \leq m$ weiterhin gilt. Die Objektnummern $s$ werden hierbei ebenfalls zufällig bestimmt.

*Auswahlprozeß:*
Ziehe fortlaufend aus dem Genpool zwei Strings ohne Zurücklegen und erhalte so durch Rekombination und Mutation eine neue Population. Wähle die $r$ besten Klassifikationen aus der Vereinigungsmenge der alten mit der neuen Population und wiederhole den Auswahlprozeß bis der Wert für die beste Klassifikation in der Population sich stabilisiert hat.

Eine solche Vorgehensweise wirft im Rahmen der Clusteranalyse mehrere Fragen auf:

1. Die Darstellung einer Klassifikation durch einen String ist nicht eindeutig. So stellen beispielsweise (1213213133) und (3231232311) dieselbe Klassifikation von 10 Objekten in 3 Klassen dar. Eine Crossover-Operation führt daher je nach Codierung zu ganz unterschiedlichen Klassifikationen.

2. Die beim ganzen Verfahren unverändert bleibende willkürliche Numerierung, bzw. Reihenfolge der Objekte bewirkt , daß die Wahrscheinlichkeit, daß zwei Objekte bei einer Rekombination in derselben Klasse verharren, abhängig davon ist, ob diese Objekte in der Numerierung nah oder weiter getrennt sind.

3. Durch Rekombination und Mutation verändert sich u.U. die Klassenanzahl, so daß nicht gewährleistet ist, daß jedes Element der Population eine gültige Klassifikation darstellt.

Die bekannten Varianten Genetischer Algorithmen, wie z.B. two-point-, bzw. n-point-crossover oder ein anderer Auswahlprozeß als der hier verwendete Elitismus ändern an den oben genannten Problemen nichts.

Das unter 3. genannte Problem ist allerdings nur scheinbar ein Problem, da offensichtlich die Klassenanzahl durch die Operation nur sinken kann und eine kleinere Klassenanzahl bei gleicher Güte immer vorteilhafter ist.[1] Umfangreiche Aussonderungsmechanismen, wie bei Murthy, Chowdhury (1996) beschrieben, erscheinen daher unnötig.

Im Hinblick auf das Problem 1 wird folgende Variante vorgeschlagen:
Bei der Rekombination werden nicht die Klassen mit derselben (willkürlichen) Nummer zusammengefaßt, sondern so, daß die Bewertungsfunktion $b$

[1] Dies ist sicher der Fall, wenn die Gütefunktion mit der Klassenanzahl monoton fällt; d.h. $b$ monoton bzgl. der Heterogenitäten $h(K)$ für $K \in \mathcal{K}$ und $h(K) \geq min\{h(K - \{i\}) | i \in K\}$ für $K \neq \emptyset$. Von den oben genannten Bewertungsfunktionen haben alle außer denjenigen, die auf der Heterogenitätsfunktion (5) basieren, diese Eigenschaft.

durch die Zusammenfassung möglichst stark sinkt. Dies entspricht dann der Lösung eines Zuordnungsproblems von der maximalen Größenordnung $m$. Da dies aus rechentechnischen Gründen zu aufwendig erscheint, wird eine schnelle Greedy-Lösung vorgeschlagen:
Rekombination der Klassifikationen $\alpha = (\alpha_1, \ldots \alpha_n)$ und $\beta = (\beta_1, \ldots \beta_n)$ ab der Objektnummer $k$. Verschmelze $\{i \geq k | \beta_i = u\}$ mit der Klasse $\{i \leq k | \alpha_i = v\}$ für die $b$ im Vergleich zur Klassifikation $(\alpha_1, \ldots \alpha_k, \beta_{k+1}, \ldots \beta_n)$ maximal sinkt. Wiederhole dies sukzessive für alle $n = 1, \ldots m$.

Dies entspricht dem Rechenaufwand eines Austauschschrittes bei $m$ Objekten und sofortigem Austausch. Wegen der Bemerkung zu Problem 3 ist eine mögliche Reduktion der Klassenanzahl $m$ durch diese Methode unproblematisch.

Das Problem 2 ließe sich wie folgt umgehen:
Vor der Rekombination werden die Objekte zufällig permutiert. Mit der so gewonnenen zufälligen Reihenfolge wird eine Rekombination wie oben beschrieben vorgenommen und anschließend die Permutation wieder rückgängig gemacht.

# 4 Genetischer Algorithmus versus traditionelle Verfahren

Verschiedene Autoren vergleichen die Methode der Genetischen Algorithmen mit traditionellen Methoden der Clusteranalyse. So vergleicht Krovi (1992) einen Genetischen Algorithmus mit hierarchischen Verfahren zur Clusteranalyse (single-, complete-, average-linkage), allerdings nur im Zwei-Klassen-Fall. Murthy und Chowdhury (1996) stellen einen Vergleich zum K-Means Verfahren her. Das gleiche gilt für Tianzi und Song (1996), die darüber hinaus noch einen Vergleich mit den Verfahren TABU-Suche und Simulated Annealing durchführen, leider ohne hierfür Ergebnisse zu nennen. Während die bisher genannten Autoren nur Clusterprobleme mit euklidischen Distanzen betrachten, behandeln Tagami et al. (1993) ein Clusterproblem von Objekten im $\Re^2$ mit der City-Block-Metrik - allerdings ohne einen echten Vergleich mit traditionellen Verfahren anzustellen. Alle Autoren sprechen von einer Überlegenheit des Genetischen Algorithmus im Hinblick auf die Güte der durch $b$ bewerteten Klassifikation.

Nach Meinung des Autors kann aber wie bei Murthy und Chowdhury (1996) zum Vergleich nur ein Austauschverfahren mit Multistartmethode herangezogen werden, wobei allerdings beliebige Distanzen[2] zugelassen werden müssen und die oben genannten verschiedenen Bewertungsfunktionen bei einem solchen Vergleich zu berücksichtigen sind. Ferner sollten die Startklassifika-

[2] also nicht nur Distanzindizes, die die Dreiecksungleichung erfüllen. Hiermit scheidet K-Means als Vergleichsmethode aus (Bacher (1996), S. 149).

tionen für das Austauschverfahren die Anfangspopulation (von Klassifikationen) des Genetischen Algorithmus bilden.

Die folgenden drei Probleme wurden für den Vergleich herangezogen. Beim ersten Problem handelt es sich um ein anschauliches Testproblem mit einer kleinen übersichtlichen Objektmenge, das mit verschiedenen Bewertungsfunktionen getestet wurde. Bei den beiden weiteren Problemen handelt es sich um empirische Daten mit binären, bzw. ordinalen Merkmalen.

## 4.1 Testproblem

Gesucht wurde eine Klassifikation der folgenden Punktmenge mit drei Klassen, wobei die Distanzen zwischen den Punkten durch die City-Block-Metrik gemessen werden.

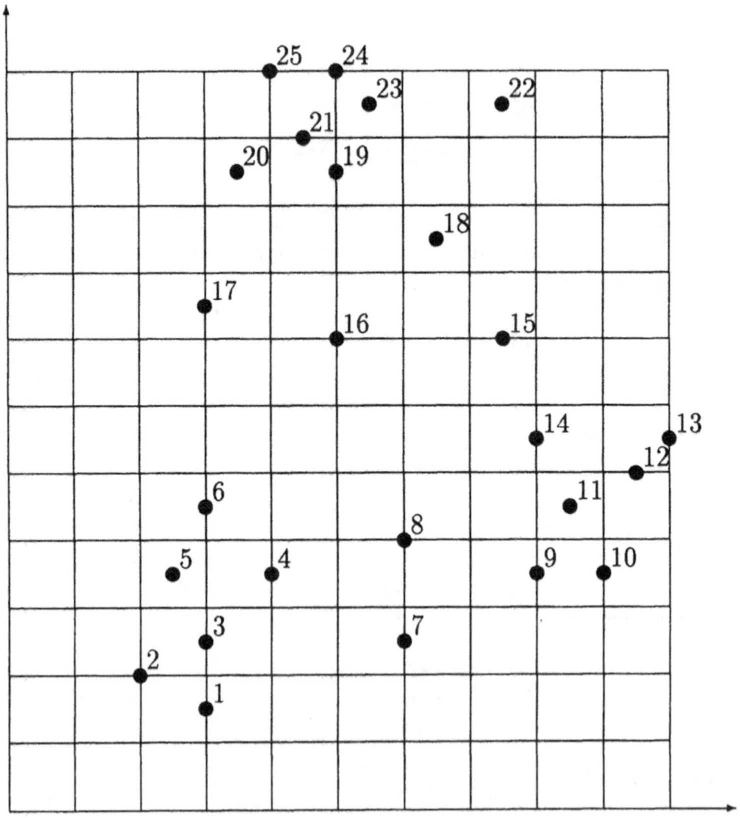


Abbildung 1: 25 Objekte mit City-Block-Metrik

Es wurde mit jeweils einer Populationsgröße beim Genetischen Algorithmus, bzw. einer Anzahl von Klassifikationen als Multistart beim Austauschverfahren von 150 zufälligen[3] Klassifikationen begonnen.

Beim Varianzkriterium (13) konnte im Gegensatz zu Murthy und Chowdhury (1996) kein Vorteil in der Lösungsgüte gegenüber dem Genetischen Algorithmus festgestellt werden. Auch bei einer Bewertung durch (1) mit (3a) oder (3b) ergaben sich bei beiden Verfahren dieselbe endgültige Klassifikation.

| *Bewertung* | *Austausch* | *Gen. Alg.* |
|---|---|---|
| (1) mit (3a) | 558.00 | 558.00 |
| (1) mit (3b) | 65.15 | 65.15 |
| (1) mit (3c) | 7.22 | 5.86 |
| (1) mit (13) | 27.05 | 27.05 |
| (1) mit (5) | 5.50 | 3.50 |
| (1) mit (6) | 9.00 | 7.50 |
| (1) mit (4) | 12.00 | 12.00 |
| (2) mit (3a) | 401.00 | 250.00 |
| (2) mit (3b) | 49.90 | 23.50 |
| (2) mit (3c) | 5.33 | 2.89 |
| (2) mit (13) | 39.38 | 11.23 |
| (2) mit (5) | 2.50 | 2.50 |
| (2) mit (6) | 6.00 | 4.00 |
| (2) mit (4) | 10.50 | 7.00 |

Tabelle 1: Vergleich Austauschverfahren - Genetische Algorithmen

Anders sah dies aber aus, wenn beispielsweise als Bewertungsfunktion (2) mit (4) vorgegeben wurde. Hier erreichte der Genetische Algorithmus nach 20 Generationen die Klassifikation $\{1, \ldots 6, 7\}, \{7, \ldots 15\}$ und $\{16, 18, \ldots 25\}$, die mit einer Bewertung von 7.0 optimal ist, da die Punkte 7, 13, 17 und 22 jeweils einen Abstand von 7 oder mehr voneinander haben.

Das Austauschverfahren kam hier nur auf eine Klassifikation mit der Bewertung 10.5 und selbst mit 500 (statt 150) Startklassifikationen nur auf einen Wert von 7.5. Auch bei einer Bewertungsfunktion (1) mit (6) ergaben sich unterschiedliche Werte. Bei keiner Bewertungsfunktion hingegen ergab der Genetische Algorithmus einen schlechteren Wert gegenüber dem Austauschverfahren.

[3] Es wurde nicht versucht, die Anfangspartitionen durch ein Verfahren zu optimieren.

## 4.2 Fallstudie 1 - Binäre Daten

Bei dem zweiten Clusterproblem handelt es sich um eine Fallstudie von Späth (1977) "Klassifizierung von Firmen nach Berufsgruppenbedarf". Hierbei sind 137 Objekte zu klassifizieren, die durch 25 Binärmerkmale beschrieben sind. Als Distanzmaß wurde für diese Merkmale der Tanimoto Abstand gewählt und mit einem Austauschverfahren eine optimale Klassifikation von 10, 15, 20 und 25 Klassen bei der Bewertungsfunktion (1) mit (3b) ermittelt.

In allen Fällen lieferte das Verfahren des Genetischen Algorithmus bessere, bzw. gleich gute Ergebnisse im Vergleich zum Austauschverfahren, wobei die von Späth ermittelten besten Klassifikationen *(s.u.)* (geringfügig) verbessert wurden.

| *Klassen* | *Austausch* | *Gen. Alg.* |
|---|---|---|
| 10 | 37.736 | 37.655 |
| 15 | 33.932 | 33.857 |
| 20 | 30.865 | 30.724 |
| 25 | 28.061 | 28.015 |

Tabelle 2: Vergleich Austauschverfahren - Genetische Algorithmen

## 4.3 Fallstudie 2 - Ordinale Profildaten

Das dritte Problem ist aus Forst (1977) entnommen und hat als Problemstellung die Typisierung des Freizeitverhaltens von Jugendlichen. Hier sind es 154 Objekte, die durch jeweils 21 ordinale Merkmale zum Freizeitverhalten in der Woche und am Wochenende beschrieben werden. Es wird eine Klassifikation mit 7 Klassen für das Freizeitverhalten innerhalb der Woche und mit 6 Klassen für das Freizeitverhalten am Wochenende gesucht.

Beim Genetischen Algorithmus wurde als Distanz zwischen zwei Objekten der Abstand ihrer ordinalen Profile gewählt und als Klassifikationsbewertungen die Funktion (2) mit (13).

Wie bei dieser Bewertungsfunktion zu erwarten, lieferte der Genetische Algorithmus eine deutlich bessere Klassifikation als das Austauschverfahren. Während das Austauschverfahren mit 20 Startkonfigurationen nur auf einen Wert von 245.932 kam (Freizeitverhalten in der Woche), ermittelte der Genetische Algorithmus mit diesen 20 Startkonfigurationen als Population eine Klassifikation mit der Bewertung von 176.182.

# 5 Fazit

Die Methode der Genetischen Algorithmen ist in allen Fällen mindestens so gut wie das Austauschverfahren und sie erweist sich besonders dann als überlegen, wenn die Bewertungsfunktion $b$ an vielen Stellen flach verläuft, also z.B. bei (2) und (9). Dies erscheint nachvollziehbar, da eine Methode des steilsten Abstieges, wie es das Austauschverfahren ist, dann u.U. zu schnell an einem lokalen Minimum hängenbleibt. So stoppt das Austauschverfahren bei einer Bewertung nach (2) generell, wenn drei verschiedene Klassen $K_a, K_b, K_c$ mit $h(K_a) = h(K_b) = h(K_c) = b(\mathcal{K})$ existieren. Darüberhinaus stoppt das Austauschverfahren bei (2) mit (4) schon dann, wenn für eine Klasse drei Objekte $i, j, k \in K$ mit $d(i,j) = d(j,k) = d(k,i) = h(K) = b(\mathcal{K})$ existieren.

Der Nachteil des i.a. höheren Rechenaufwands bei Genetischen Algorithmen wird dadurch relativiert, daß sich Genetische Algorithmen sehr gut parallelisieren lassen.

In diesem Beitrag wurde nur das Clusterproblem der Partition behandelt, der Einsatz von Genetischen Algorithmen läßt sich aber auch bei erweiterten Problemstellungen durchführen. So behandeln beispielsweise Nascimento et al. (1997) als auch Srikanth et al. (1995) das Problem des Fuzzy Clusterings mit Genetischen Algorithmen.

# Literatur


ANKERBRANDT, M. R., UNCKLES, B. P., PETRY, F. E. (1990): Scene Regcognition using Genetic Algorithms with Semantic Nets. *Pattern Regcognition Letters 11, 285-293.*

BACHER (1996): Clusteranalyse, 2. Auflage, Oldenbourg, München, Wien.

BELEV, R., BOOKER, L. (Eds.) (1991): Proceedings of the Fourth International Conference on Genetic Algorithms. Morgan Kaufmann, Los Altos, CA.

BORNHOLDT, S., GRAUDENZ, D. (1992): Genetic Asymtotic and Neural Networks and Structure Design by Genetic Algorithms. *Neural Networks 5, 327-334.*

FORST, H. T. (1977): Anwendung der Cluster-Analyse zur Typisierung der Freizeitverhaltens von Jugendlichen. *In SPÄTH, H.: Fallstudien Cluster-Analyse, S. 161-178, Oldenbourg, München, Wien.*

GOLDBERG, D. E. (1989): Genetic Algorithms in Search, Optimization and Machine Learning. Addison Wesley, Reading, MA.

GORONZY, F. (1969): A Numerical Taxonomy of Business Enterprises. *In COLE, A.J. (Ed.): Numerical Taxonomy, London, NY, 42-52.*

HOLLAND, J. H. (1975): Adaption in Natural and Artifical Systems. University of Michigan Press, Ann Arbor, USA.

HURLEY, S., MONTINHO, L., STEPHENS, N. M. (1995): Solving Marketing Optimization Problems using Genetic Algorithms. *European Journal of Marketing, 29, 4, 39-56.*

KROVI, R. (1992): Genetic Algorithms for Clustering: A Preliminary Investigation. *Proceedings of the twenty-fifth Hawaii International Conference on System Sciences, 4, Information Systems, 540-544.*

MICHALEWICZ, Z. (1992): Genetic Algorithms + Data Structures = Evolution Program. Springer, Berlin.

MURTHY, C. A., CHOWDHURY, N. (1996): In Search of Optimal Clusters using Genetic Algorithms. *Pattern Regcognition Letters 17, 825-832.*

NASCIMENTO, S., MOURA-PIRES, F. (1997): A Genetic Approach to Fuzzy Clustering with a Validity Measure Fitness Function. *In LIN, X., COHEN, P., BERTHOLD, M. (Eds.): Advances in Intelligent Data Analysis, Springer, 325-335.*

OPITZ, O. (1977): Numerische Taxonomie in der Marktforschung. Franz Vahlen, München.

OPITZ, O. (1980): Numerische Taxonomie. UTB 918, Gustav Fischer, Stuttgart, NY.

OPITZ, O., MISSLER-BEHR, M. (1993): Klassifikationsverfahren in der Szenarioanalyse. *in NIEDEREICHHOLZ, J., SCHUMANN, W. (Eds.) (1993): Beiträge zur modernen Unternehmensführung, Campus, Frankfurt, New-York.*

OPITZ, O., SCHWAIGER, M. (1998): Ananlyse der Werbewirkung mit Hilfe bimodaler Clusteranalysen. *In HIPPNER, J., MEYER, M., WILDE, K.D. (Eds.) (1998): Computer Based Marketing, Vieweg, Braunschweig, Wiesbaden.*

RECHENBERG, I. (1973): Evolutionsstrategie. Friedrich Frommann, Stuttgart.

SPÄTH, H. (1977): Partitionierende Cluster-Analyse für große Objektmengen mit binären Merkmalen am Beispiel von Firmen und deren Berufsgruppenbedarf. *In SPÄTH, H.: Fallstudien Cluster-Analyse, S. 63-80, Oldenbourg, München, Wien.*

SRIKANTH, R., GEORGE, R., WARSI, N., PRABHU, D., PETRY, F. E., BUCKLES, B. P. (1995): A Variable-length Genetic Algorithm for Clustering and Classification. *Pattern Recognition Letters 16, 789-800.*

TAGAMI, T., MIYAMOTO, S., MOGAMI, Y. (1993): Application of Genetic Algorithms to Cluster Analysis. *Proceedings of the 32nd SICE Annual Conference, International Session, Japan, 1115-1118.*

TIANZI, T., SONG DE MA (1996): Cluster Analysis using Genetic Algorithms. *3rd International Conference on Signal Processing Proceedings, 2, USA, 1277-1279.*

# Evolutionäre Algorithmen zur Clusteranalyse

W. Hauke[1], H. Paul[2]

[1] FERI GmbH, Financial & Economic Research International, Harald Quandt Haus, Am Pilgerrain 17, 61352 Bad Homburg, Germany

[2] Lehrstuhl für Mathematische Methoden der Wirtschaftswissenschaften, Universität Augsburg, 86135 Augsburg, Germany

**Zusammenfassung:** Nach einer kurzen Einführung in die Begriffswelt Evolutionärer Algorithmen wird ein derartiger Algorithmus in Verbindung mit Fragestellungen der Klassifikation detailiert beschrieben. Die mit diesem Verfahren für einen Datensatz erzielten Ergebnisse werden den Ergebnissen konventioneller Austauschverfahren gegenübergestellt.

## 1 Grundlegende Elemente Evolutionärer Algorithmen

Die Entwicklung der Leistungsfähigkeit im Hardwarebereich hat unter anderem dazu geführt, daß Optimierungsalgorithmen entwickelt wurden, die sich an den Mechanismen der biologischen Evolution orientieren. Dabei steht die algorithmische Übertragung der drei wichtigsten Faktoren der biologischen Evolutionstheorie im Mittelpunkt.

- Der Evolutionsfaktor Selektion bewirkt, daß gut angepaßte Individuen eine höhere Reproduktionswahrscheinlichkeit besitzen.
- Der Evolutionsfaktor Rekombination bewirkt Neukombinationen von Erbinformationen, die in Chromosomen gespeichert sind und aus Genen als Erbeinheiten bestehen.
- Der Evolutionsfaktor Mutation bewirkt spontane Veränderungen in den Erbinformationen.

Die Evolution kann damit als eine Art Suchprozeß in einem diskreten Raum aufgefaßt werden. Nach Rechenberg (1972) kann die Anzahl der möglichen Alternativen, die im Rahmen der Evolution des Menschen durchsucht werden muß, durch die Zahl $4^{3.000.000.000}$ abgeschätzt werden. Selbst wenn diese Schätzung noch um mehrere Milliarden zu hoch wäre, ist das Ergebnis immer noch beeindruckend. Dadurch entstand der Gedanke, daß ein Optimierungsverfahren, das auf den genannten Prinzipien beruht, effizient arbeiten könnte.

Die historische Entwicklung der aus dieser Idee entstandenen Evolutionären Algorithmen und die damit verbundenen Autoren sind in Figur 1 dargestellt.

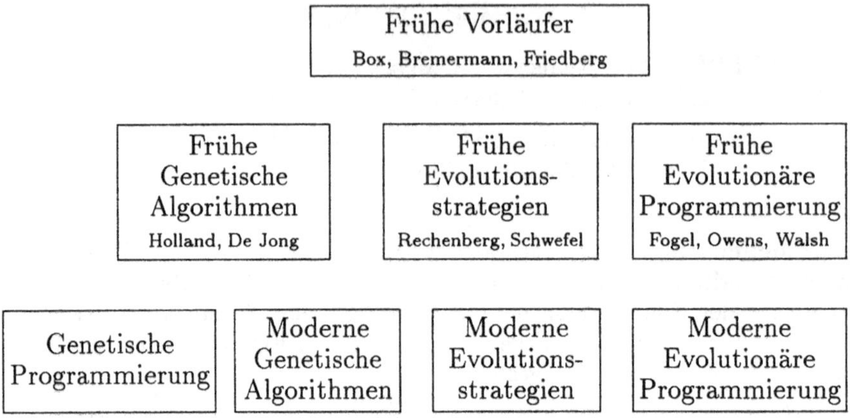


Abbildung 1: Historie Evolutionärer Algorithmen

Im weiteren werden die auf reale Problemstellungen am häufigsten angewandten Methoden aus dem Bereich der modernen Genetischen Algorithmen und der modernen Evolutionsstrategien dargestellt. Das 1996 gegründete EvoNet (= Network of Excellence in Evolutionary Computation) stellt einen Zusammenschluß von wissenschaftlichen Insitutionen und Unternehmen dar, deren Ziel es ist, als Interessenvertretung eine schnelle praktische Umsetzung der Entwicklungen in den beiden genannten Bereichen voranzutreiben (detailierte Informationen dazu erhält man im Internet unter http://www.dcs.napier.ac.uk/evonet).

Die bei evolutionären Algorithmen benutzten Bezeichnungen unterscheiden sich von denjenigen konventioneller Optimierungsverfahren. Eine Zuordnung und Erklärung kann der folgenden Tabelle entnommen werden.

| Ausdruck: | Bedeutung bei evolutionären Algorithmen: |
|---|---|
| Individuum, Chromosom | Repräsentation einer Problemlösung |
| Gen | Informationseinheit einer Problemlösung |
| Population | Menge von Problemlösungen (Individuen) |
| Generation | die in einer Verfahrensiteration erzeugte Menge von Individuen |
| Eltern | zur Reproduktion ausgewählte Problemlösungen |
| Kinder, Nachkommen | aus den Eltern erzeugte Problemlösungen |
| Crossover | Suchoperator, der Elemente verschiedener Problemlösungen vermischt |
| Mutation | Suchoperator, der jeweils eine Problemlösung modifiziert |
| Fitneß | Lösungsgüte in bezug auf die verfolgten Ziele |

Tabelle 1: Sprachgebrauch bei Evolutionären Algorithmen

# 2 Allgemeines Ablaufschema für Evolutionäre Algorithmen

Typisch für die Evolution ist eine relativ einfache Vorgehensweise und das Zusammenwirken der Evolutionsfaktoren. Dies drückt sich auch in folgendem sehr allgemein gehaltenen Ablaufschema für Evolutionäre Algorithmen aus:

Setze $t = 0$ und initialisiere eine Ausgangspopulation $P(0)$

Bewerte die Individuen von $P(0)$ mit Hilfe der Fitneß

Wiederhole (Generationenzyklus)
- $t = t + 1$
- Selektion (Auswahl der Eltern)
- Rekombination (Nachkommen
- Mutation generieren)
- Bewerte die Nachkommen
- Bilde neue Population $P(t)$

bis Abbruchbedingung erfüllt ist

STOP

Man bezweckt mit dieser Vorgehensweise, daß durch das Wechselspiel zwischen einer Veränderung von Problemlösungen durch die Variationsoperatoren (Rekombination und Mutation) und der Bevorzugung guter Lösungen bei der Selektion, im Verlauf vieler Generationen sukzessiv verbesserte Lösungsvorschläge generiert werden. Der Sinn der Mutation als ungerichtetem Suchprozeß liegt darin, daß durch die zufällige Erzeugung von Varianten versucht wird, lokale Optima zu überwinden. Die Selektion ist zielgerichtet, da durch sie festgelegt wird, welche Eltern sich stärker und welche sich weniger stark vermehren. Die Rekombination liegt zwischen diesen Extremen, da einerseits die Stellen, an denen rekombiniert wird, zufällig festgelegt werden und andererseits die eigentliche Rekombination nicht zufällig erfolgt. Die Genetischen Algorithmen und die Evolutionsstrategien als Hauptströmungen innerhalb der Evolutionären Algorithmen unterscheiden sich in der Ausgestaltung und Schwerpunktlegung bezüglich der drei Evolutionsfaktoren (Einzelheiten dazu siehe beispielsweise Nissen (1997)).

# 3 Ein Evolutionärer Algorithmus zur Clusteranalyse

Die Austauschverfahren (siehe Opitz (1980, S. 87 ff.)) stellen eine Klasse von Algorithmen innerhalb der clusteranalytischen Verfahren dar. In diesem Abschnitt wird ein Evolutionärer Algorithmus beschrieben, dem das z.B. in Bausch, Opitz (1993, S. 57 f.) beschriebene konventionelle Austauschverfahren CLUDIA mit entsprechender Zielfunktion zugrundeliegt.

Die Ausgangssituation kann wie folgt beschrieben werden. Sei $N=\{1,\ldots,n\}$ die zu analysierende Objektmenge und $M=\{k_1,\ldots,k_m\}$ die zur Beschreibung der Objekte dienende Menge von Merkmalen. In $\mathbf{A}=(a_{ij})_{n,m}$ werden diese Angaben zur Datenmatrix zusammengefaßt, d.h., $a_{ij}$ ist die Ausprägung des Merkmals $k_j$ bei Objekt $i$. Aufgabe eines Klassifikationsverfahrens ist dann die Zusammenfassung von Objekten zu Klassen $K_1,\ldots,K_s$, so daß innerhalb der Klassen möglichst große Ähnlichkeit und zwischen den Klassen möglichst große Unähnlichkeit besteht.

Austauschverfahren bestimmen dabei unter Vorgabe einer Klassenzahl $s$ eine Zerlegung der Objektmenge $\mathcal{K}=\{K_1,\ldots,K_s\}$ für die eine als Güteindex bezeichnete Zielfunktion $b(\mathcal{K})$ im Sinne der oben genannten Zielsetzung optimal ist. Ein enumeratives Vorgehen würde in jedem Fall zu einer optimalen Lösung bei gegebener Funktion $b$ führen, kann aber bei realistischen Problemgrößen nicht in angemessener Zeit durchgeführt werden. Auch beschränkte Enumerationsverfahren, wie beispielsweise Branch and Bound-Verfahren, können nur bei relativ kleiner Objektzahl sinnvoll eingesetzt werden. Deshalb werden Austauschverfahren als Heuristiken benutzt, die versuchen, eine gegebene Anfangszerlegung durch den Austausch von Objekten im Sinne des Güteindexes zu verbessern. Bei konventionellen Austauschverfahren „können sich bei verschiedenen Anfangszerlegungen unterschiedliche Ergebnisse einstellen“ (Opitz (1980, S. 87)), d.h. man erreicht meist nur ein lokales Optimum. Deshalb liegt es nahe Evolutionäre Algorithmen als Alternative einzusetzen. Diese zielen einerseits darauf ab, das Hängenblei-

ben in lokalen Optima zu vermeiden, andererseits über den Selektions- und Rekombinationsmechanismus doch zielgerichtet vorzugehen. Zudem können Klassenzuordnungen besonders einfach in Evolutionären Algorithmen formuliert werden.
Die einzelnen Bestandteile des allgemeinen Ablaufschemas aus Abschnitt 2 wurden für die Problemstellung der Klassifikation wie folgt implementiert.

**Population:**
Das $p$-te Individuum, $p = 1, \dots, r$, stellt eine Zerlegung der $n$ Objekte dar und kann durch einen Vektor $\mathbf{x}^p = (x_1^p, \dots, x_n^p)$ mit den Genen

$$x_i^p = \mu \Longleftrightarrow \text{Objekt } i \text{ wird Klasse } \mu \text{ zugeordnet}$$

mit $i \in \{1, \dots, n\}$ und $\mu \in \{1, \dots, s\}$ repräsentiert werden. Eine Population $\mathbf{P}$ besteht damit aus den $r$ Individuen $\mathbf{x}^1, \dots, \mathbf{x}^r$.

**Fitneß:**
Die Fitneß eines Individuums $\mathbf{x}^p$ dient als Grundlage für den Selektionsmechanismus innerhalb des Evolutionären Algorithmus. Basis für die Berechnung der Fitneß ist bei dem hier vorgestellten Verfahren der bei CLUDIA benutzte Güteindex

$$b(\mathbf{x}^p) = \sum_{\mu=1}^{s} \frac{1}{\|K_\mu\|} \sum_{i<j, i,j \in K_\mu} d(i,j)$$

mit $d(i,j)$ als Distanz[1] zwischen Objekt $i$ und $j$. Die daraus abgeleitete Fitneß $f(\mathbf{x}^p)$ berechnet sich gemäß

$$f(\mathbf{x}^p) = e^{-\gamma \frac{b(\mathbf{x}^p) - b^{\min}}{b^{\max} - b^{\min}}}$$

Diese Form der Fitneßberechnung soll der Tatsache Rechnung tragen, daß hier wegen der Minimierung der Zielfunktion kleinere Zielfunktionswerte größere Fitneßwerte ergeben müssen. Der Faktor $\gamma$ läßt eine Steuerung zu, wie stark gute Zielfunktionswerte dabei bevorzugt werden sollen. Der Wert $\gamma = 0$ z.B. führt zu einer Gleichgewichtung aller Individuen. Hier wurde $\gamma = \frac{3}{2}$ gewählt.
In einigen Beispielen hat es sich als nützlich erwiesen, $\gamma$ zu verkleinern, wenn längere Zeit keine Lösungsverbesserung gefunden wurde.

[1]Die Möglichkeiten zur Berechnung von Distanzen aus einer Datenmatrix mit beliebig skalierten Merkmalen ist ausführlich in Opitz, Schader (1984) dargestellt.

**Selektion:**

Das Erzeugen der Population der nächsten Generation erfolgt durch das Erzeugen von Kindern der Individuen der vorhergehenden Generation, ihre Eltern genannt. Dazu werden jeweils zwei Individuen als Eltern $\mathbf{x}^V$ und $\mathbf{x}^M$ ausgewählt, wobei diese auch identisch sein dürfen. Diese Selektion der Eltern erfolgt zufällig in der Weise, daß Eltern mit besserer Fitneß mit höherer Wahrscheinlichkeit ausgewählt werden.

Mit zwei $[0,1]$-gleichverteilten Zufallszahlen $z_1$ und $z_2$ und den kumulierten relativen Fitneßwerten

$$F_p = \sum_{j=0}^{p} \frac{f(\mathbf{x}^j)}{\sum_{i=0}^{r} f(\mathbf{x}^i)}$$

($\mathbf{x}^0$ = „goldener Käfig“ = beste bisher gefundene Lösung), erfolgt die Auswahl der Eltern durch Bestimmen ihrer Indizes $V$ und $M$ gemäß:

$$\begin{aligned} V: &\quad F_V \le z_1 < F_{V+1} \\ M: &\quad F_M \le z_2 < F_{M+1} \end{aligned}$$

**Rekombination:**

Beim 1-Punkt-Crossover wird mittels einer ganzzahligen, gleichverteilten Zufallszahl $z \in \{1,\ldots,n\}$ bestimmt, bis zu welchem Gen die Gene des zu erzeugenden Kindes mit denen des ersten Elternteils übereinstimmen und ab welchem Gen die Gene des zweiten Elternteils übernommen werden, d.h.

$$\mathbf{x}^{\text{Kind}} = (x_1^V, \ldots, x_z^V, x_{z+1}^M, \ldots, x_n^M)$$

Beim n-Punkt-Crossover wird für jedes Gen durch $n$ Zufallszahlen bestimmt, von welchem Elternteil es übernommen wird:

$$x_z^{\text{Kind}} = \begin{cases} x_z^V & \text{für } p_z \le \frac{1}{2} \\ x_z^M & \text{für } p_z > \frac{1}{2} \end{cases} \quad \text{für } 1 \le z \le n$$

Im folgenden Beispiel wurde diese Form des Crossovers gewählt.

**Mutation:**

Die Mutation bzw. die Mutationswahrscheinlichkeit beeinflußt ganz wesentlich die Lösungsgüte. Insbesondere mit ihrer Hilfe ist es möglich, lokale Optima zugunsten besserer Lösungen zu verlassen. Solange noch keine lokalen Optima erreicht wurden, sollte die Mutation nicht zu stark sein. Ihr Verhältnis zur Bevorzugung guter Lösungen durch die Fitneßfunktion bestimmt die Konvergenzgeschwindigkeit aller Individuen. Insofern ist ein Anwachsen der Mutationswahrscheinlichkeit immer dann günstig, wenn relativ viele Individuen gleich sind.

Daher wurde hier die Mutationswahrscheinlichkeit $q_t$ als Funktion der relativen Differenz zwischen mittlerer Lösungsgüte $\bar{b}$ und aktuell bester Lösung $b_{\text{opt}}$ gewählt, wobei ein Verzögerungsfaktor $\lambda$ benutzt wird, wie er vom exponentiellen Glätten bekannt ist:

$$q_t = \lambda \cdot q \cdot e^{-\delta \frac{\bar{b} - b_{\text{opt}}}{b_{\text{opt}}}} + (1 - \lambda) \cdot q_{t-1}$$

mit $t = 1, 2, \ldots$ = Index der erzeugten Generation,
$q$ = maximale Mutationswahrscheinlichkeit
(hier: $q = 0,02$ und $q_0 = 0$),
$\lambda \in [0, 1]$ (hier: $\lambda = 0,1$) und
$\delta > 0$ (hier: $\delta = 10$).

**Sortierung:**

Eine Besonderheit im Rahmen des hier vorgestellten Evolutionären Algorithmus zur Klassifikation ist das Sortieren der Klassen, die durch die Individuen dargestellt werden. Für die Fitneßberechnung ist es unerheblich, ob die „Bezeichnungen" der Klassen vertauscht werden. Damit kann der Fall eintreten, daß zwei bis auf die Bezeichnungen der Klassen identische Lösungen als unterschiedlich angesehen werden und insbesondere im Rahmen der Erzeugung der Kinder aus zwei derartigen eventuell guten Lösungen eine sehr schlechte Lösung gebildet werden kann. Durch Sortieren oder „Umbenennen" der Klassen sollen ähnliche Eltern auch als ähnlich erkannt werden.

Aus diesem Grund wird folgende Sortierung durchgeführt. In der Matrix $\mathbf{H} = (h_{ij})_{s,s}$ wird die gemeinsame Häufigkeit der Klasse $i$ des aktuell besten Individuums $\mathbf{x}^0$ und der Klasse $j$ des zu sortierenden Individuums $l$ angegeben:

$$h_{ij} = |\{(x_v^0, x_v^l) = (i, j) : v \in \{1, \ldots, n\}\}|$$

Im Individuum $l$ wird nun, beginnend mit $i = 1$, die Klasse $j$ in die Klasse $i$ umbenannt, wenn $h_{ij}$ möglichst groß ist und $j$ nicht schon vorher umbenannt wurde:

$$j \to i \iff h_{ij} = \max\{h_{ik} : k \in \{1, \ldots, s\} \text{ und } k \text{ wurde vorher nicht umbenannt}\}$$

# 4 Empirische Ergebnisse

Den in diesem Abschnitt dargestellten Ergebnissen liegen Daten einer Umfrage zum Kontakt- und Kommunikationsverhalten der Augsburger WISO-Studenten zugrunde.[2] Insgesamt nahmen 23 Studenten an der Befragung teil, deren Antworten in einer Datenmatrix mit 29 Merkmalen (11 kardinal-, 14 ordinal- und 4 nominalskalierte Merkmale) zusammengefaßt wurden. Zu

[2] Die Umfrage wurde von Prof. Dr. Manfred Schwaiger 1998 als Assistent am Lehrstuhl von Prof. Dr. Otto Opitz in der Vorlesung „Datenanalyse" durchgeführt.

dieser gemischt-skalierten Datenmatrix wurde eine Distanzmatrix gebildet, auf deren Basis die Klassifikationen gebildet wurden. Einen Eindruck zur Verteilung der Datenpunkte bzw. der Distanzen vermittelt das Ergebnis einer Multidimensionalen Skalierung, die in Figur 2 dargestellt ist.

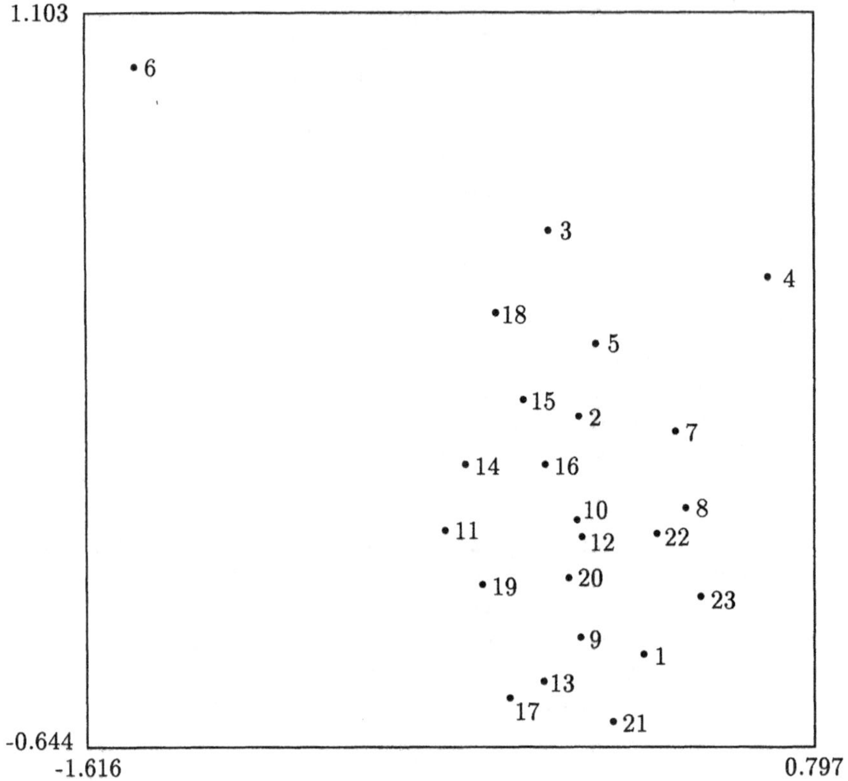


Abbildung 2: MDS-Darstellung für Beispieldaten

Da die Werte des Güteindexes auf Basis des konventionellen CLUDIA-Verfahrens und des im vorangegangenen Abschnittes vorgestellten Evolutionären Algorithmus im Mittelpunkt stehen, wird auf eine inhaltliche Interpretation der gebildeten Klassen verzichtet. Es wurden auf Basis des CLUDIA-Verfahrens und des Evolutionären Algorithmus 3-, 4- und 5-Klassenlösungen berechnet. Für jede Klassenzahl wurden ausgehend von zufälligen Startpartitionen jeweils 10 Klassifikationen mit MSTAT[3] auf Basis von CLUDIA und mit dem eigenprogrammierten Evolutionären Algorithmus erzeugt. Tabelle 2 beinhaltet eine Zusammenfassung der Ergebnisse. In allen 30 Fällen wurden durch den Evolutionären Algorithmus kleinere Güteindices erreicht. Diese Verbesserungen ergaben sich schon bei einer relativ kleinen Generationenzahl.

[3]MSTAT wurde am Lehrstuhl für Mathematische Methoden der Wirtschaftswissenschaften der Universität Augsburg entwickelt und ist detailliert in Bausch, Opitz (1993) beschrieben.

| **Anzahl Klassen** | 3 | 4 | 5 |
|---|---|---|---|
| **CLUDIA:** | | | |
| bester berechneter Wert | 97,99 | 89,92 | 81,58 |
| **Evolutionärer Algorithmus:** | | | |
| bester berechneter Wert | 97,33 | 89,23 | 81,33 |
| relativer Anteil der Rechnungen mit besserer Lösung als CLUDIA | 100% | 100% | 100% |
| mittlere Anzahl Generationen bis besser als CLUDIA | 110,2 | 109,7 | 317,8 |
| Standardabweichung der Anzahl Generationen bis besser als CLUDIA | 156,1 | 42,1 | 227,6 |
| relativer Anteil der Rechnungen mit Bestwert in weniger als 1000 Generationen | 80% | 40% | 80% |
| mittlere Anzahl Generationen bis Bestwert erreicht | 286,9 | 176,8 | 487,3 |
| Standardabweichung der Anzahl Generationen bis Bestwert erreicht | 207,2 | 73,6 | 278,3 |

Tabelle 2: Ergebnisse für Beispieldatensatz

Beispielsweise bei der 3-Klassenlösung unterscheiden sich die CLUDIA-Ergebnisse von denjenigen des Genetischen Algorithmus sehr deutlich:

| Beste CLUDIA-Lösung ($b(\mathcal{K}) = 97,99$): | | Beste Lösung bei Genetischem Algorithmus ($b(\mathcal{K}) = 97,33$): | |
|---|---|---|---|
| Klasse | Objekte | Klasse | Objekte |
| 1 | 1 2 4 5 7 8 22 23 | 1 | 6 |
| 2 | 9 10 12 13 17 19 20 21 | 2 | 2 3 4 5 7 14 15 16 18 |
| 3 | 3 6 11 14 15 16 18 | 3 | 1 8 9 10 11 12 13 17 19 20 21 22 23 |

## Literatur


BAUSCH, TH.; OPITZ, O. (1993): PC-gestützte Datenanalyse mit Fallstudien aus der Marktforschung, Vahlen, München.

NISSEN, V. (1997): Einführung in Evolutionäre Algorithmen - Optimierung nach dem Vorbild der Evolution, Vieweg, Braunschweig.

OPITZ, O. (1980): Numerische Taxonomie, Fischer, Stuttgart.

OPITZ, O., SCHADER, M. (1984): Analyse qualitativer Daten: Einführung und Übersicht, *ORSpektrum, 6, 67-83* und *133-140.*

RECHENBERG, I. (1992): Evolutionsstrategie, Friedrich Frommann Verlag, Stuttgart.

# A Multilayer Perceptron for Clustering

H. Hruschka[1], M. Natter[2]

[1] Department of Marketing,
University of Regensburg, Universitaetsstrasse 31, 93053 Regensburg, Germany

[2] Department of Industrial Information Processing,
University of Economics, A-1200 Vienna, Austria

**Abstract:** We compare the performance of a specifically designed feedforward artificial neural network with one layer of hidden units to the K-means clustering technique using marketing resarch data. This proposed multilayer perceptron results in a two cluster solution that is confirmed by appropriate tests. On the other hand, the K-means algorithm fails in discovering any somewhat stronger cluster structure.

## 1 Introduction

We develop a multilayer perceptron with one layer of hidden units capable to determine partitions (Opitz (1980)) of objects or subjects. This new approach is compared to K-means which is one of the most widespread partitioning methods, especially in marketing reseach (Green, Krieger (1995)).
Sketching the relevant literature shows that many artificial neural networks may be seen as alternatives or extensions of somewhat more traditional data-analytic methods for regression, discriminant analysis, clustering or data compression (e.g. Hertz et al. (1991), Hruschka (1991), Cheng, Titterington (1994), Bishop (1995), Haykin (1994), Ripley (1996), Hruschka (1998)).
There are a few publications which compare artificial neural networks to the K-means algorithm. Balakrishnan et al. (1994) study self organizing maps introduced by Kohonen (1984). Their main result is that self organizing maps perform significantly worse than K-means when applied to simulated data. In another paper Balakrishnan et al. (1996) deal with the frequency-sensitive competitive learning algorithm of Krishnamurthy et al. (1990). Though this artificial neural net did not perform better than K-means, the authors finally recommend to combine both approaches.
Although the main problem category of multilayer perceptrons is supervised learning (i.e. problems with dependent and independent variables), such networks can also be used for non-supervised learning (i.e. clustering and data reduction problems), if they are specified in an appropriate manner.

# 2 Clustering Methods Used

Both clustering methods used in our study try to minimize the square-error objective $E$ for a fixed number of clusters:

$$E = \sum_p \sum_o (\hat{y}_{op} - y_{op})^2 \tag{1}$$

This objective equals the sum of quadratic differences between the theoretical value $\hat{y}_{op}$ according to a cluster analysis model and the observed value $y_{op}$ of each clustering criterion o for each person p. For example, the theoretical value for K-means is the average value of the criterion in the cluster to which person $p$ is assigned.

## 2.1 Multilayer Perceptron

The artificial neural network model is a multilayer perceptron using clustering criteria both as input variables (units) and output variables (units). Between input and output we put a layer of hidden units whose values can be interpreted as membership values of a person for different clusters. The networks are fully connected, i.e. each input variable is linked to every hidden unit, each hidden unit to every output unit.
Using clustering criteria $y_{op}, o = 1, O$ of person $p$ as inputs the membership value $s_{jp}$ with regard to cluster $j$ is computed by means of a multinomial logit function which is usually called softmax in the artificial neural network literature (Bridle, 1990):

$$s_{jp} = \frac{\exp(\sum_o \alpha_{oj} y_{op})}{\sum_h \exp(\sum_o \alpha_{oh} y_{op})} \tag{2}$$

The multinomial logit formulation guarantees that membership values of any person lie between zero and one and sum to one:

$$0 < s_{hp} < 1 \qquad h = 1, H \quad p = 1, P$$
$$\sum_h s_{hp} = 1 \qquad p = 1, P$$

The weights $\alpha_{oh}$ measure the importance of a clustering criterion with regard to membership in cluster $h$. High positive (negative) values of these weights indicate that the o-th criterion is associated with high (low) probability of membership in cluster $h$.
In the output layer of the network model theoretical values of criterion $o$ for respondent $p$ are calculated in the following way:

$$\hat{y}_{op} = 1/(1 + \exp(-\sum_h \beta_{ho} s_{hp})) \tag{3}$$

Memberships $s_{hp}$ are weighted by criterion-specific weights $\beta_{ho}$. The sum of this weighted memberships over all clusters transformed by a binomial logit function gives the theoretical value of clustering criterion $o$ for respondent $p$. High positive (negative) values of the $\beta_{ho}$ show that membership to cluster $h$ goes with high (low) probability for criterion $o$.

We use a variant of backpropagation which is the most popular method to determine parameters (weights) in multilayer perceptrons (Rumelhart et al. (1986), Haykin (1994), Ripley (1996)). In each of several iterations adjustment of weights starts with the output units. Errors between actual and estimated output values are propagated layerwise backwards. Backpropagation tries to minimize the error measure $E$ of equation 1.

The backpropagation algorithm runs for a number of iterations $t = 1, 2, \cdots$ each with a forward and a backward pass. For a network with parameters $w_{ij}$ the first partial derivatives of the error measure $E$ can be written as:

$$\frac{\partial E}{\partial w_{ij}} = \frac{\partial E}{\partial x_j}\frac{\partial x_j}{\partial w_{ij}} = z_i \frac{\partial E}{\partial x_j} = z_i f_j'(x_j) \frac{\partial E}{\partial z_j} = z_i \delta_j \text{ where } \delta_j = f_j'(x_j)\frac{\partial E}{\partial z_j} \tag{4}$$

$x_j$ is the total input to unit j given by the weighted sum of individual inputs $\sum_i w_{ij} z_i$. $z_j$ denotes unit's $j$ output after transformation of $x_j$ by function $f_j$.

For output units $\partial E/\partial z_j$ can be calculated directly starting with equation 1. For network models with binomial logit functions to compute clustering criteria we arrive at the following expression for $\delta_j$ which we call $\delta_{y_{op}}$ for better identification:

$$\delta_{y_{op}} = \hat{y}_{op}(1 - \hat{y}_{op})(\hat{y}_{op} - y_{op}) \tag{5}$$

The following expressions for $\delta_j$ are valid for units in hidden layers (the summation runs over units $k$ that have unit $j$ as input):

$$f_j'(x_j)\frac{\partial E}{\partial z_j} = f_j'(x_j) \sum_{k:j \to k} w_{jk} \frac{\partial E}{\partial x_k} = f_j'(x_j) \sum_{k:j \to k} w_{jk} \delta_k \tag{6}$$

For network models with multinomial logistic functions of the membership values in the hidden layer this leads to:

$$\delta_{s_{hp}} = s_{hp}(1 - s_{hp}) \sum_o \beta_{ho} \delta_{y_{op}} \tag{7}$$

During the forward pass values of hidden units or output variables are determined layer after layer starting with the input units on the basis of the weighted summation and transforming functions (here: multinomial logit and binomial logit functions). During the backward pass the $\delta_j$ and the $\partial E/\partial w_{ij}$ are calculated beginning with the output units.

The different stages of the backpropagation algorithm are:

1. Initialize the iteration counter $t = 1$.
2. Initialize the learning constant $\eta = 0.1$ and the momentum parameter $\theta = 0.6$.
3. Initialize $E(0)$ to a very high value.
4. Initialize coefficients $\alpha_{oh}, \beta_{ho}$ $(o = 1, O \quad h = 1, H)$ randomly to values in the interval $[-0.1, +0.1]$.
5. Set the observation counter $p = 0$.
6. Increase the observation counter $p = p + 1$.
7. Compute membership values $s_{hp}$ $(h = 1, H)$ of observation $p$ by equation 2.
8. Compute theoretical values $\hat{y}_{op}$ $(o = 1, O)$ of the clustering criteria of observation $p$ by equation 3.
9. Compute $\delta_{y_{op}}$ $(o = 1, O)$ by equation 5.
10. Compute $\delta_{s_{hp}}$ $(h = 1, H)$ by equation 7.
11. Change coefficient values by subtracting from $\alpha_{oh}$ and $\beta_{ho}$ respectively:

$$\begin{aligned} \Delta\alpha_{oh}(t) &= \eta\delta_{s_{hp}}y_{op} + \theta\Delta\alpha_{oh}(t-1) \quad o = 1, O \quad h = 1, H \\ &\text{and} \\ \Delta\beta_{ho}(t) &= \eta\delta_{y_{op}}s_{hp} + \theta\Delta\beta_{ho}(t-1) \quad h = 1, H \quad o = 1, O \end{aligned}$$

12. If $p < P$, goto 6.
13. Compute the error measure $E(t)$ by equation 1.
14. If the error measure $E(t)$ has changed essentially compared to $E(t-1)$, increase the iteration counter $(t = t + 1)$ and goto 5.

In step 11 we enlarged the basic backpropagation algorithm by considering momentum terms $\theta\Delta\alpha_{oh}(t-1)$ or $\theta\Delta\beta_{ho}(t-1)$, which depend on the modification of a parameter in the previous iteration $t - 1$. This way the danger of oscillating parameters during estimation is reduced, as momentum terms prevent that changing directions of the gradient have a full effect on new parameter values.

Moreover we adaptively determine step size by varying the learning constant $\eta$. If during every 50 iterations $E$ does not decrease, $\eta$ is multiplied by 1.2, otherwise by 0.7.

After about 2000 iterations this extended backpropagation algorithm usually converges.

## 2.2 K-means

As K-means is well known we only give a short pseudo-algorithmic description of the implementation used (Jain, Dubes (1988)):

1. Set the iteration counter $t = 1$.
2. Generate randomly an initial partition with K clusters.
3. Compute cluster centers (i.e. vectors of average criterion values for each cluster).
4. Generate a new partition by assigning each pattern to its closest cluster center in terms of Euklidean distance.
5. Compute new cluster centers.
6. If cluster memberships change compared to the last iteration, increase the iteration counter ($t = t + 1$) and goto 4.
7. Stop.

# 3 Evaluation of Cluster Analysis Results

It might seem obvious to use the square-error objective in order to evaluate results obtained by the cluster analysis methods considered here. But $E$ (or similar fit indices) come with a serious disadvantage: in most cases they improve (i.e. decrease) with larger number of clusters. This behavior of fit indices makes the decision on the number of clusters hard, if not impossible. What is worse, this behavior could be caused by the lack of a cluster structure of the data studied. In this situation application of any cluster analysis algorithm clearly does not make sense.
We use a relative index of cluster validity, the Davies-Bouldin index $DB(H)$ which can be computed for $H > 1$ clusters (Davies,Bouldin (1979)):

$$DB(H) = 1/H \sum_{h=1}^{H} R_h \tag{8}$$

$R_h$ is defined as follows for any cluster $h$:

$$R_h = max_{j \neq h}(e_h + e_j)/d_{hj}$$

$e_h$ is the square root of the average square error of cluster h, $d_{hj}$ the Euklidian distance of the centers of clusters $h$ and $j$.
The smaller $DB(H)$ the better the clustering. Small values of $DB(H)$ occur for a solution with low variance within clusters and high variance between

clusters. Therefore one chooses the number of clusters at which this index attains its minimum value.

If one obtains the minimum value for a two cluster solution, this could also reflect the fact that there are not clusters in the data as $DB(H)$ is not defined for $H = 1$. In this situation a procedure to test against the hypothesis of no-clusters or randomness should be additionally used.

We follow recommendations of Jain and Dubes (1988) in developing the following procedure:

1. Generate $p$ random vectors of the clustering criteria having the same averages as the empirical data set.

2. Determine a two cluster solution by means of a cluster analysis algorithm and compute the corresponding $E$.

3. Repeat steps 1 and 2 m times (with $m = 100$).

The null hypothesis of randomness can be rejected with significance $r/m$, if the $E$ of the two cluster solution for the empirical data obtained by the same cluster analysis algorithm is lower equal than the $r$ smallest $E$ values of the $m$ simulated data sets. If rejection of the null hypotheses occurs at a low significance value (say $\leq 0.01$), this means strong evidence for a two-cluster structure.

# 4 Empirical Study

## 4.1 Data

Our data set is a representative random sample of 1007 housewives and consists of usages of brands (product category: household cleaners) in different usage situations:

- Synthetic surfaces,
- Lacquered surfaces,
- Tiles,
- Ceramics or enamel,
- Floors or stairs.

7 different brands $A, B, C, D, E, F, G$ of cleaners and the above mentioned 5 different usage situations $1, \cdots, 5$ are distinguished. This leads to 35 different usages $A1, A2, A3, A4, A5, B1, \cdots, G1, G2, G3, G4, G5$. $A1$ up to $G5$ are all binary variables, where e.g. $A1 = 1$ means that the respondent uses cleaner $A$ in situation 1, $A1 = 0$ that the housewife does not use cleaner $A$ in situation 1 etc.

Table 1: Clustering criteria used

| | Usage situation | | | | |
|---|---|---|---|---|---|
| Brand | 1 | 2 | 3 | 4 | 5 |
| A | A1 | A2 | A3 | | A5 |
| B | B1 | B2 | B3 | | B5 |
| C | C1 | | C3 | | C5 |
| D | D1 | D2 | | | |
| E | | | E3 | E4 | |
| F | | | | F4 | |
| G | G1 | G2 | G3 | G4 | |

We only consider as clustering criteria 20 of these 35 usages having a minimum frequency of 50 (see Table 1). After deletion of incorrect data 831 respondents remain for analysis.

## 4.2 Results

Both the K-means and the backpropagation algorithms start with 100 different initial random values for cluster memberships and parameter values, respectively. Table 2 contains results for the best (i.e. minimum square-error) solution of each algorithm among the 100 solutions for a varying number of clusters.

For the K-means algorithm the Davies-Bouldin index attains its minimum value for a number of 16 clusters. But it must be emphasized that for this solution within-cluster variation is high relative to between-cluster variation. Overall behavior of the index is typical for weak cluster structure or random data.

For the perceptron all square-error values are much lower than those for K-means for any number of clusters between 2 and 11. Similar to K-means $E$ decreases when the number of clusters increases, making decision on the number of clusters difficult. The Davies-Bouldin index becomes minimal for a two cluster solution.

Therefore it is not clear if there is any cluster structure in the data analyzed. To answer this question we use the test against randomness introduced in section 3. The computations show that square error-values for all 100 randomly generated data sets are higher than the $E$ for the two cluster solution obtained by the neural network. This result strongly confirms existence of two clusters among the respondents with regard to the criteria considered.

# 5 Conclusions

For a real life data set the proposed multilayer perceptron resulted in a two cluster solution that was confirmed by appropriate tests. On the other hand,

Table 2: Square-error and Davies-Bouldin index

| | K-means | | Perceptron | |
|---|---|---|---|---|
| $H$ | $E$ | $DB$ | $E$ | $DB$ |
| 2 | 1687.27 | 2.66 | 1581.06 | 0.51 |
| 3 | 1557.46 | 2.65 | 1347.72 | 1.02 |
| 4 | 1466.77 | 2.37 | 1069.65 | 1.22 |
| 5 | 1383.12 | 2.23 | 839.40 | 1.22 |
| 6 | 1320.05 | 2.21 | 615.20 | 1.14 |
| 7 | 1276.08 | 2.10 | 380.62 | 1.34 |
| 8 | 1226.85 | 1.99 | 283.48 | 1.38 |
| 9 | 1165.25 | 2.04 | 211.01 | 1.60 |
| 10 | 1144.66 | 2.25 | 132.98 | 1.66 |
| 11 | 1134.54 | 1.95 | 96.20 | 1.72 |
| 12 | 1100.99 | 1.92 | 49.80 | 2.07 |
| 13 | 1086.27 | 2.02 | 47.91 | 2.01 |
| 14 | 1060.24 | 1.97 | 38.99 | 2.37 |
| 15 | 1030.44 | 1.92 | 33.16 | 2.16 |
| 16 | 1010.45 | 1.89 | 26.24 | 2.31 |
| 17 | 998.98 | 2.03 | 30.44 | 2.05 |
| 18 | 989.55 | 1.94 | 35.86 | 1.99 |
| 19 | 962.57 | 1.97 | 25.74 | 2.08 |
| 20 | 951.37 | 1.95 | 29.09 | 1.85 |

the K-means algorithm failed in discovering any somewhat stronger cluster structure. This is in contrast to the studies mentioned in the introductory section in which artificial neural networks (self organizing maps, competitive learning) did not succeed in exceling K-means.

An obvious reason for this result could be the fact that the specified multilayer perceptron is more flexible than the methods considered in these studies with regard to the form of association between cluster memberships and clustering criteria. Perceptrons with one layer of hidden units with sigmoidal (e.g. multinomial logistic) functions are guaranteed to approximate any continuous multivariate function with any desired precision given a sufficient number of hidden units (Ripley (1993)). Such properties are not known to exist for neural networks of the unsupervised learning type. On the whole it therefore seems to be worthwile to consider multilayer perceptrons to solve cluster analysis problems if they possess an appropriate architecture.

# References

BALAKRISHNAN, P.V., COOPER, M.C., JACOB, V.S., LEWIS, P.A. (1994): A study of the classification capabilities of neural networks using unsupervised learning: a comparison with k-means clustering. *Psychometrika*, 59, 509–525.

BALAKRISHNAN, P.V., COOPER, M.C., JACOB, V.S., LEWIS, P.A. (1996): Comparative performance of the FSCL neural net and K-means algorithm for market segmentation. *European Journal of Operational Research*, 93, 346–357.

BISHOP, C.M. (1995): Neural Networks for Pattern Recognition. Oxford University Press, Oxford.

BRIDLE, J.S. (1990): Training stochastic model recognition algorithms as networks can lead to maximum mutual information estimation parameters, in: TOURETZKY, D.S. (Ed.): Advances in Neural Information Processing Systems, 2. Morgan Kaufmann, San Mateo, CA, 211–217.

CHENG, B., TITTERINGTON, D.M. (1994): Neural networks: A review from a statistical perspective. *Statistical Science*, 9, 2–54.

DAVIES, D.L., BOULDIN, D.W. (1979): A cluster separation measure. *IEEE Transactions on Pattern Analysis and Machine Intelligence*, 1, 224–227.

GREEN, P.E., KRIEGER, A.M. (1995): Alternative approaches to cluster-based market segmentation. *Journal of the Market Research Society*, 3, 221–239.

HAYKIN, S. (1994): Neural Networks. A Comprehensive Foundation. Mac Millan, New York, NY.

HERTZ, J., KROGH, A., and PALMER, R.G. (1991): Introduction to the Theory of Neural Computation. Addison-Wesley, Redwood City, CA.

HRUSCHKA, H. (1991): Einsatz kuenstlicher neuraler Netzwerke zur Datenanalyse im Marketing. *Marketing-ZFP*, 217–225.

HRUSCHKA, H. (1998): Neuronale Netze, forthcoming in: HERRMANN, A., HOMBURG, C. (Eds.): Marktforschung. Gabler, Wiesbaden.

JAIN, A.K., DUBES, R.C. (1988): Algorithms for Clustering Data. Prentice Hall, Englewood Cliffs, OH.

KOHONEN, T. (1984): Self-Organization and Associative Memory. Springer, Berlin.

KRISHNAMURTHI, A.K., AHALT, S.C., MELTON, D.E., CHEN, P. (1990): Neural networks for vector quantization of speech and images. *IEEE Journal on Selected Areas in Communications*, 8, 1449–1457.

OPITZ, O. (1980): Numerische Taxonomie. Fischer, Stuttgart.

RIPLEY, B.D. (1993): Statistical aspects of neural networks, in: BARNDORFF-NIELSEN, O.E., JENSEN, J.L., KENDALL, W.S. (Eds.): Networks and Chaos - Statistical and Probabilistic Aspects. Chapman & Hall, London, 40–123.

RIPLEY, B.D. (1996): Pattern Recognition and Neural Networks. Cambridge University Press, New York, NY.

RUMELHART, D.E., G.E. HINTON and R.J. WILLIAMS (1986), Learning internal representations by error propagation, in: RUMELHART, D.E., MCCLELLAND, J.L. (Eds.), Parallel Distributed Processing, Explorations in the Microstructure of Cognition, 1. MIT Press, Cambridge, MA, 318–362.

# Zweimodale Klassifikationsverfahren: Top oder Flop?

M. Schwaiger

Seminar für Empirische Forschung und Quantitative Unternehmensplanung, Universität München, 80539 München, Germany

**Zusammenfassung:** Zweimodale Clusteranalysen sind typische Verfahren der explorativen Datenanalyse und kamen in den Wirtschaftswissenschaften bisher insbesondere im quantitativen Marketing zum Einsatz. Die Algorithmen teilen Objekte **und** Merkmale einer Datenmatrix simultan so in Gruppen ein, daß innerhalb der Gruppen möglichst große Homogenität herrscht, zwischen den Gruppen jedoch deutliche Unterschiede bestehen. Obwohl die Interpretation bisher gängiger einmodaler Clusteranalyseergebnisse durch die Einbettung von Merkmalen in die Objektgruppen deutlich erleichtert wird und damit auch neue inhaltliche Aspekte in multivariaten Auswertungen erschlossen werden können, stellen Skeptiker die Quantifizierung der intermodalen Ähnlichkeiten in Frage und bemängeln die heuristischen Lösungsmethoden. Der vorliegende Beitrag will Argumente der Gegner entkräften und damit den Nutzen explorativer Analysen generell hervorheben.

# 1 Grundlagen zweimodaler Clusteranalyse

Aufgabe der Klassifikationsverfahren allgemein ist die Zusammenfassung von Elementen zu Klassen, so daß innerhalb der Klassen möglichst große Ähnlichkeit und zwischen den Klassen möglichst große Unähnlichkeit besteht (Opitz (1980), S. 65). Eine bestimmte Menge von Elementen wird dabei als Modus bezeichnet. Elemente eines speziellen Modus können Untersuchungsobjekte, Merkmale, Meßbedingungen oder Zeitpunkte sein. In der bisher geläufigen einmodalen Clusteranalyse wurden nur Elemente eines Modus, also z.B. nur Objekte oder nur Merkmale klassifiziert. Betrachtet man einmodale Klassifikationsergebnisse, so weiß man, daß in einem Cluster fusionierte Elemente zueinander ähnlich sind. Wie sich ein spezieller Cluster aber von anderen unterscheidet erfährt der Anwender erst, wenn er die Klassenzentroide, d.h. die Mittelwerte bzw. die Mediane der Eigenschaften analysiert, die die Klassenelemente charakterisieren. Diese Interpretationsschwierigkeiten entfallen bei zweimodalen Klassifikationsverfahren. Dadurch, daß hier Elemente verschiedener Modi, also beispielsweise Objekte und Merkmale in einem Cluster zusammengefaßt werden, erschließen sich dem Betrachter auf einen Blick nicht nur die Ähnlichkeitsbeziehungen, sondern auch die typischen Clustereigenschaften.

Zwar sind die Anfänge zweimodaler Klassifikation zu Beginn der 70er Jahre auszumachen, in den Wirtschafts- und Sozialwissenschaften konnte diese Verfahrensgruppe aber erst in den letzten 10 Jahren Fuß fassen. Datenlieferant für zweimodale Clusteranalysen sind Datenmatrizen der Form

$$\mathbf{X} = (x_{ij})_{(n \times m)} = \begin{pmatrix} x_{11} & \cdots & x_{1m} \\ \vdots & \ddots & \vdots \\ x_{n1} & \cdots & x_{nm} \end{pmatrix} , \tag{1}$$

die entweder

- **Assoziationsdaten** ($x_{ij}$ bezeichnet die Ausprägung, die Objekt $i$ bezüglich der Eigenschaft oder des Merkmals $j$ zugewiesen wurde) oder
- **Konfusionsdaten** ($x_{ij}$ entspricht der Anzahl oder dem Anteil an Zuordnungen von Objekt $i$ zu Begriff $j$) oder
- **Fluktuationsdaten** ($x_{ij}$ ist als Anzahl oder Anteil der Versuchspersonen aufzufassen, die in einer ersten Messung Objekt $i$ und in einer zweiten Messung Objekt $j$ präferiert haben)

enthalten. Für zweimodale Analysen ist nun charakteristisch, daß Zeilen- und Spaltenobjekte solcher Datenmatrizen simultan klassifiziert werden.

## 1.1 Verfahrensprinzipien

Eine formale Darstellung der Algorithmen zur zweimodalen Clusteranalyse würde den Rahmen dieser Arbeit sprengen[1], sie ist für die Zwecke dieser Arbeit auch nicht wichtig. Wir begnügen uns an dieser Stelle mit einer knappen verbalen Charakterisierung der verschiedenen zweimodalen Klassifikationsansätze.

**Reorganisationsverfahren** wie der von McCormick et al. (1972) entwickelte Bond-Energy-Algorithmus sind nicht-hierarchische, zweimodale Klassifikationsverfahren, die Zeilen und Spalten einer Datenmatrix $\mathbf{X}$ so permutieren, daß eine Matrix mit dichten Blöcken numerisch hoher Werte entsteht. Die zu den Blöcken gehörenden Objekte und Merkmale bilden jeweils einen zweimodalen Cluster.

**GENNCLUS** (DeSarbo (1982)) und seine Varianten (z.B. Both/Gaul (1985), Gaul/Schader (1996), Baier et al. (1996)) stellen eine Verallgemeinerung des einmodalen ADCLUS-Modells (Shepard/Arabie 1979) dar, mit der zweimodale, disjunkte oder nicht-disjunkte Klassifikationen erzeugt werden können. Im GENNCLUS-Modell wird unterstellt, daß die Ähnlichkeit zweier Elemente als additives Maß der Gewichte jener Cluster angesehen werden kann, denen beide Objekte angehören. Wie bei allen auf dem ADCLUS-Modell basierenden zweimodalen Verfahren wird auch hier versucht, die Datenmatrix $\mathbf{X}$ durch eine Matrix $\hat{\mathbf{X}}$ zu approximieren, die sich als Produkt der binären Clusterzugehörigkeiten der Zeilenobjekte (Matrix $\mathbf{P}$) und der Spaltenobjekte (Matrix $\mathbf{Q}$), multipliziert mit entsprechenden Clustergewichten (Matrix $\mathbf{W}$), darstellen läßt.

[1] Vgl. hierzu Schwaiger (1997a), S. 92ff.

Das GENNCLUS-Modell lautet also

$$\hat{\mathbf{X}} = \mathbf{PWQ}^T + \mathbf{C} \quad , \qquad \text{wobei} \tag{2}$$

**C** eine Matrix mit gleichen Elementen darstellt.

Den nicht-hierarchischen Verfahren haftet der Nachteil an, daß entweder keine Vorschrift zur Bildung der Klassen existiert (Reorganisationsverfahren) oder die Klassenstruktur von einer subjektiv vorzugebenden Startkonfiguration abhängt (GENNCLUS-Varianten).

Wenden wir uns deshalb den **hierarchischen Verfahren** zweimodaler Clusteranalyse zu, die diese Schwächen nicht zeigen und zudem – im Gegensatz zu den bisher genannten Methoden – Informationen über den Fusionsprozeß in Form eines Dendrogrammes liefern.

Bei der von Eckes und Orlik (Eckes/Orlik (1991), (1993)) entwickelten **Zentroid-Effekt-Methode** handelt es sich um ein agglomerativ hierarchisches Klassifikationsverfahren, das Objekte und Merkmale so fusioniert, daß ein varianzähnliches Heterogenitätsmaß möglichst wenig ansteigt. Als einziges Verfahren kann sie eine Hierarchie direkt aus den Daten konstruieren, während konkurrierende Verfahren dazu eine sog. **Grand-Matrix** benötigen, die nicht nur Distanzen zwischen Objekten untereinander enthält (also *intra*modale Distanzen, wie das in der einmodalen Clusteranalyse üblich ist), sondern zusätzlich intramodale Distanzen zwischen Merkmalen untereinander und Distanzen zwischen Objekten und Merkmalen, also *inter*modale Distanzen. Auf die Grand-Matrix werden dann die in der Literatur gut dokumentierten Verfahren der einmodalen Clusteranalyse (single linkage, complete linkage etc.) angewandt.

Die verfügbaren Konzepte zur **indirekten Konstruktion** zweimodaler Hierarchien unterscheiden sich in der Festlegung der inter- und intramodalen Distanzen:

- DeSoete et al. (1984, S. 293ff.) erzeugen über Minimum- und Maximumoperatoren eine der zweimodalen Ultrametrik gehorchende Grand-Matrix,
- Espejo/Gaul (1986) behandeln die intramodalen Distanzen als fehlende Werte, wenden einmodale Verfahren auf die intermodalen Distanzen an und erzielen damit – bei deutlich verringertem Rechenaufwand – annähernd identische Ergebnisse wie DeSoete et al.
- Schwaiger (1997a, S. 113 ff.) räumt in seinem ESOCLUS genannten Algorithmus den Ähnlichkeiten der Objekte und der Merkmale untereinander durch Berechnung paarweiser City-Block-Distanzen einen den intermodalen Distanzen gleichwertigen Einfluß bei der Klassenbildung ein.

Wir wollen uns hier nicht mit qualitativen oder quantitativen Unterschieden zwischen einzelnen zweimodalen Verfahren beschäftigen, sondern stattdessen anhand eines ausgewählten Beispieles zeigen, in welcher Form zweimodale Clusteranalysen Nutzen stiften.

## 1.2 Ein Anwendungsbeispiel

Stellvertretend für beliebige Auswertungen von Assoziationsdaten betrachten wir hier eine Fallstudie zur Kontrolle der Einstellungswirkung der Werbung. Die Bildung von Einstellungen ist ein langfristiger Prozeß, und so würde es wenig sinnvoll sein, etwa im Rahmen eines Werbemittel-Pretests Einstellungsänderungen nach einmaligem Werbemittelkontakt zu messen. Einige renommierte Werbeforschungsinstitute überprüfen daher ersatzweise den Brand Fit (vgl. Hermanns/Püttmann (1993), S. 29f.), d.h. sie stellen fest, wie gut ein Werbemittel bezüglich der ihm zugeordneten Eigenschaften zum jeweiligen Markenimage paßt. Als Erhebungsinstrument kommen dabei üblicherweise semantische Differentiale, also Assoziationsdaten, zum Einsatz. Tabelle 2 zeigt ausschnittsweise solche Daten, die in zwei voneinander unabhängigen Stichproben mit Hilfe einer siebenstufigen Ratingskala zu den Begriffspaaren der Tabelle 1 erhoben wurden.

| Merkmal | Eigenschaftspaar | | |
|---|---|---|---|
| $M_1$ | schnell | – | langsam |
| $M_2$ | sportlich | – | unsportlich |
| $M_3$ | zuverlässig | – | unzuverlässig |
| $M_4$ | sicher | – | unsicher |
| $M_5$ | exklusiv | – | gewöhnlich |
| $M_6$ | bequem | – | unbequem |
| $M_7$ | originell | – | konventionell |
| $M_8$ | weiblich | – | männlich |
| $M_9$ | sparsam | – | teuer |
| $M_{10}$ | hochwertig | – | minderwertig |

Tabelle 1: Eigenschaftspaare zur Beurteilung der PKW-Marken und -Anzeigen

In der ersten Stichprobe wurden ausschließlich PKW-Marken bewertet, in der zweiten Stichprobe mit denselben Items ausschließlich Print-Anzeigen für PKW. Marken sind in Tabelle 2 durch Großschreibung ohne Zusätze, Anzeigen durch Kleinschreibung mit der entsprechenden Typenbezeichnung gekennzeichnet. Hohe Ausprägungen kennzeichnen hohe Zustimmung zum erstgenannten Begriff des Eigenschaftspaares, niedrige Ausprägungen zeigen, daß die Testpersonen eher den letztgenannten Begriff des Eigenschaftspaares mit der Anzeige bzw. der Marke assoziieren.

| Merkmal | $M_1$ | $M_2$ | $M_3$ | $M_4$ | $M_5$ | $M_6$ | $M_7$ | $M_8$ | $M_9$ | $M_{10}$ | $M_{11}$ |
|---|---|---|---|---|---|---|---|---|---|---|---|
| AUDI | 4,60 | 4,50 | 5,30 | 5,40 | 4,40 | 5,10 | 4,10 | 3,10 | 2,70 | 5,30 | 4,20 |
| Audi A4 Avant | 4,10 | 3,50 | 4,70 | 4,50 | 3,20 | 4,30 | 2,80 | 2,70 | 3,60 | 4,40 | 3,50 |
| Audi A6 | 5,40 | 5,10 | 4,20 | 4,10 | 4,70 | 4,20 | 3,70 | 1,60 | 2,10 | 5,10 | 1,80 |
| BMW | 5,40 | 5,20 | 5,30 | 5,50 | 5,10 | 5,30 | 4,40 | 2,60 | 2,10 | 5,40 | 3,80 |
| BMW 528i | 4,90 | 4,80 | 5,10 | 5,20 | 4,90 | 5,10 | 3,30 | 1,60 | 1,80 | 5,20 | 2,70 |
| BMW 728i | 4,80 | 4,30 | 5,00 | 5,20 | 4,30 | 5,00 | 2,40 | 1,50 | 1,60 | 5,10 | 2,80 |
| LANCIA | 4,20 | 4,20 | 2,50 | 3,40 | 3,70 | 3,40 | 4,30 | 2,90 | 2,60 | 3,00 | 2,70 |
| Lancia k | 4,00 | 3,40 | 3,80 | 4,10 | 3,20 | 3,70 | 2,70 | 2,90 | 3,10 | 3,30 | 3,30 |
| Lancia Y10 | 3,00 | 3,60 | 3,40 | 3,40 | 2,90 | 3,20 | 3,60 | 3,40 | 3,50 | 2,90 | 3,60 |
| RENAULT | 3,10 | 2,60 | 3,00 | 3,50 | 2,40 | 3,50 | 3,20 | 3,70 | 3,80 | 3,10 | 3,40 |
| Renault Clio | 2,60 | 2,80 | 3,60 | 3,40 | 2,40 | 3,10 | 3,10 | 4,20 | 4,40 | 3,20 | 4,30 |
| Renault Twingo | 2,80 | 3,70 | 3,10 | 3,10 | 3,30 | 3,10 | 4,70 | 4,50 | 4,50 | 3,20 | 3,90 |

Tabelle 2: Daten zur Fallstudie 'PKW-Werbung'

Ziel der durchgeführten Auswertung war es, den Brand Fit bestimmter Werbemittel zu analysieren. Üblicherweise vergleicht man dazu die Eigenschaftsprofile oder die semantischen Differentiale der Marke mit den in identischer Weise ermittelten Profilen der Werbemittel. Diese Vorgehensweise läßt allerdings Spielraum bei der Interpretation der Profilabstände und erlaubt es zudem kaum, konkurrierende Werbemittel in die Analyse einzubeziehen, um Überschneidungen zu erkennen.

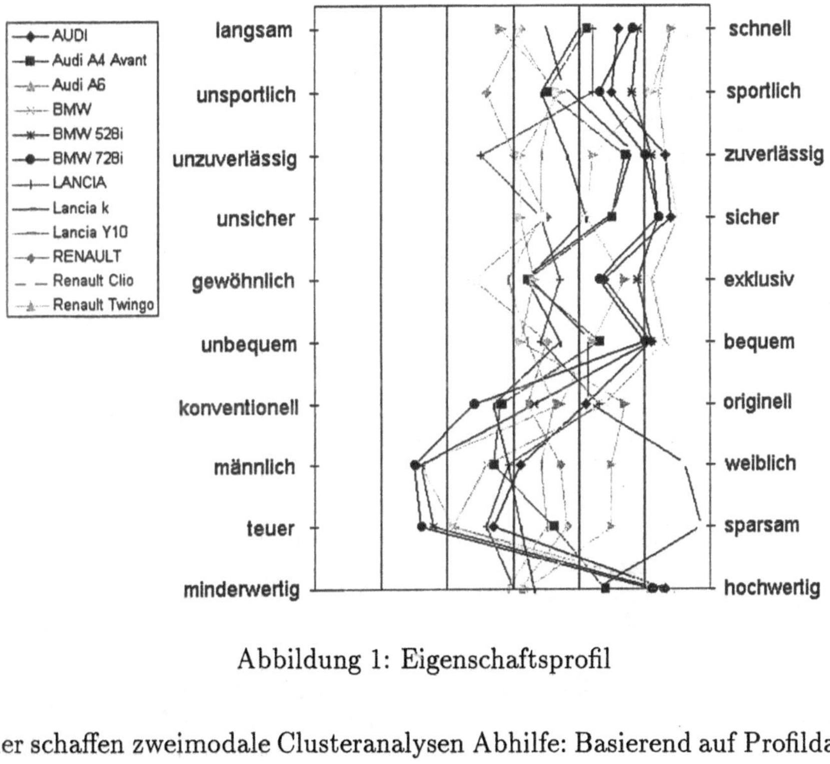


Abbildung 1: Eigenschaftsprofil

Hier schaffen zweimodale Clusteranalysen Abhilfe: Basierend auf Profildaten werden Klassen erzeugt, die Werbemittel, Marken und Eigenschaften enthalten und so eine Kontrolle der Markenadäquatheit im Umfeld konkurrierender Werbemittel ermöglichen.

Abbildung 1 zeigt das üblicherweise aus derartigen Datenbasen angefertigte, recht unübersichtliche Eigenschaftsprofil, dessen Erkennbarkeit auch dann nur unwesentlich zunimmt, wenn man die Marken LANCIA und RENAULT mit ihren Anzeigen entfernt und sich nur auf die fiktiven Konkurrenten AUDI und BMW beschränkt.

Wenden wir uns daher der zweimodalen Clusteranalyse zu, bei der eine Marke, eine Anzeige oder eine Eigenschaft jeweils (genau) einem Cluster zugeordnet wird. Abbildung 2 zeigt den aus der Anwendung von ESOCLUS resultierenden Fusionsprozeß und die zugehörigen zweimodalen Cluster.

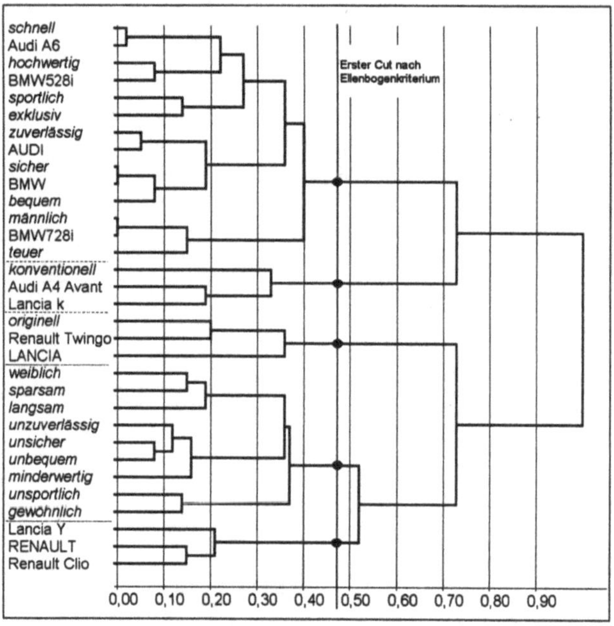


Abbildung 2: ESOCLUS-Dendrogramm

Die Korrelation zwischen den Ausgangsdaten und den Wegedistanzen im Dendrogramm erreicht hier mit 0,80 einen ansprechenden Wert, der Anteil der erklärten Varianz im Dendrogramm beträgt 94% der Varianz der Ausgangsdaten. Insofern kann behauptet werden, daß die graphische Darstellung die Ausgangsdaten angemessen wiedergibt. Bei Anwendung des Ellenbogenkriteriums zur Bestimmung einer geeigneten Klassenzahl entsteht eine 5-Klassen-Lösung, der entsprechende Schnitt ist im Dendrogramm eingezeichnet. In der ersten Klasse befinden sich die Marken BMW und AUDI, die beiden BMW-Anzeigen und die Werbung für den Audi A6. Die Interpretation einer bestimmten Klasse fällt leicht, weil die mit den Objekten vergleichsweise stark assoziierten Eigenschaften ebenfalls im Cluster enthalten sind. In der ersten Klasse sind dies die Eigenschaften schnell, hochwertig, sportlich, exklusiv, zuverlässig, sicher, bequem, männlich und teuer.

Die zweite Klasse enthält die Anzeigen für den Audi A4 Avant und den Lancia k, die am ehesten mit dem Begriff konventionell in Verbindung gebracht werden, Klasse 3 führt die Anzeige für den Renault Twingo mit der Marke LANCIA zusammen, die von den Probanden als sehr originell beurteilt wurde. Klasse 5 weist neben der Marke RENAULT die Anzeigen für den Renault Clio und den Lancia Y10 aus, wobei bemerkenswert ist, daß sich in dieser Klasse weder positive noch negative Eigenschaften befinden. Erfreulicherweise existiert mit Cluster 4 eine Klasse, die (bis auf die Eigenschaft weiblich) nur negativ besetzte Begriffe enthält, jedoch weder Marken noch Anzeigen.

Auf Basis dieses Dendrogramms kann den beiden BMW-Anzeigen, der Anzeige für den AUDI A6 und insbesondere der Print-Werbung für den Renault Clio ein guter Brand Fit bescheinigt werden. Bezüglich BMW und AUDI fällt auf, daß beide Marken in demselben Cluster enthalten sind und miteinander fusioniert werden, bevor eine Anzeige zugeordnet wird. Nun muß dies nicht unbedingt als negativ gewertet werden: das Ergebnis besagt lediglich, daß die Beurteilung der jeweiligen Konkurrenzmarke ähnlicher zur eigenen Marke verlaufen ist, als die Beurteilung der eigenen Anzeigen. Falls es die Absicht der Hersteller war, mit Hilfe der getesteten Anzeigen auch Image-Positionen des Konkurrenten zu besetzen und im "fremden Revier" auf Kundenfang zu gehen, so ist dieser Versuch als geglückt zu bezeichnen. Waren die Bestrebungen auf die Besetzung eigenständiger, abgetrennter Image-Dimensionen gerichtet, so ist das Resultat weniger positiv zu beurteilen.

# 2 Pro und Contra zweimodale Klassifikation

Die Fallstudie hat an einem Beispiel gezeigt, daß Anwendungspotential für zweimodale Clusteranalysen vorhanden ist. Damit ist natürlich nicht der vordergründige Aspekt erhöhter Übersichtlichkeit gemeint; der spezielle Nutzen einer Anwendung im Bereich der Werbewirkungskontrolle liegt vielmehr darin, daß eine augenfällige Schwäche gegenwärtiger Auswertungen, nämlich die Fokussierung auf die **absolut** zu messende Wirkung einer Kommunikationsmaßnahme, eliminiert werden kann. Die hier nur knapp interpretierte Auswertung erlaubt eine aussagekräftigere, weil relative Beurteilung der Werbewirkung durch die implizite Berücksichtigung und die Visualisierung von Ähnlichkeitsbeziehungen zwischen verschiedenen Werbemitteln. Unterstützend kommt hinzu, daß zahlreiche Werbemitteltests ohnedies im Konkurrenzumfeld, das heißt unter Einbeziehung konkurrierender Werbemittel, durchgeführt werden. Es ist demnach nicht einsehbar, warum diese Konkurrenzorientierung durch bloße Ermittlung absoluter Kennzahlen in der

Auswertung aufgegeben werden sollte.

Die Einsatzmöglichkeiten sind keineswegs auf vereinzelte Randthemen beschränkt; Weitere Anwendungen zweimodaler Klassifikation im Bereich der Werbewirkungskontrolle werden bei Gaul/Baier (1993) und Schwaiger (1997b und 1998) beschrieben, Anwendungen aus dem Marketingbereich zeigen De Soete et al. (1984, S. 305ff.), Anwendungen in der Psychologie beschreiben Eckes (1993, S. 169ff.) und Eckes/Orlik (1991, S. 5ff.). Dabei wird unter anderem deutlich, daß zweimodale Klassifikationsverfahren selbst dann die Ausgangsdaten noch angemessen repräsentieren können, wenn andere multivariate Verfahren wie Hauptkomponenten- oder Korrespondenzanalysen versagen. Da zudem in allen Fällen gezeigt wird, daß die Anwendung zweimodaler Klassifikationsverfahren für den Anwender nützlich ist, wäre zu erwarten, daß die genannten Algorithmen in Theorie und Praxis auf breiter Basis Anklang finden.

Im Bereich der Werbeforschung hat sich diese Erwartung bislang jedoch nicht vollständig erfüllt, und es steht zu befürchten, daß es um die Akzeptanz solcher explorativen Verfahren in anderen wirtschaftswissenschaftlichen Bereichen nicht besser bestellt ist.

Wegen der oben genannten Möglichkeit einer relativen Werbewirkungskontrolle, d.h. einer Beurteilung von Werbemitteln im relevanten Konkurrenzumfeld, haben Teile der Werbeforschungspraxis und der scientific community die zweimodalen Ansätze positiv aufgenommen. Es fehlt aber auch nicht an kritischen Stimmen. Und obwohl Deutschland eines der wenigen Länder ist, in denen man sein soziales Ansehen durch Bekundung mangelnder mathematischer Kenntnisse steigern kann, sind die Skeptiker überwiegend nicht in den Reihen der Praktiker zu suchen. Kritische Stimmen kommen vor allem aus dem wissenschaftlichen Bereich und beziehen sich im wesentlichen auf die (subjektiven Eingriffen unterworfene) Berechnung der Distanzen und die Verwendung von heuristischen Lösungsansätzen an Stelle exakter Optimierungsverfahren.

Betrachten wir zunächst den ersten Punkt: Ziel der Distanzberechnung ist es, Ähnlichkeiten (im Sinne der vorhandenen Assoziation bzw. der fehlenden Konfusion) innerhalb der Modi und zwischen den Modi zu quantifizieren. Nachdem bis dato aber nicht allgemeingültig definiert ist, was genau unter Ähnlichkeit bzw. Assoziation bzw. Konfusion zu verstehen ist und wie sie gemessen werden soll, sind subjektive Eingriffe bei der Konstruktion und bei der Anwendung der Verfahren nicht zu umgehen. Während in der einschlägigen Literatur die Ermittlung der intermodalen Distanzen, d.h. der Distanzen zwischen Objekten und Merkmalen, weitgehend unstrittig ist (hier können die Assoziations- bzw. Konfusionszahlen aus der Datenmatrix sehr einfach transformiert werden), teilen sich die Ansichten bei der Bestimmung der intramodalen Distanzen, wie den Ausführungen in Abschnitt 1.1 zu entnehmen ist. Die Vorgehensweise ist aber trotz aller Unterschiede bei allen dokumentierten Verfahren plausibel und wohl begründet. Parallelen zu den unterschiedlichen Meßkonzepten zur Erfassung von Einstellungen und Emotionen in diversen verhaltenswissenschaftlichen Ansätzen sind erkennbar (vgl. hierzu Kroeber-Riel/Weinberg (1996), S. 196ff.); hier hat man in Theorie und Praxis offenbar akzeptiert, daß es *den* Ansatz zur Messung eines Images nicht gibt.

Wenden wir uns nun dem zweiten Punkt zu: Im Zentrum der vorwiegend aus den Reihen formal arbeitender Wissenschaftler geäußerten Kritik an (hierarchischer) zweimodaler Klassifikation stehen die heuristischen Lösungsverfahren, an deren Stelle die Kritiker lieber exakte Optimierungsverfahren sähen. Dem ist entgegenzuhalten, daß Heuristiken und Simulationen – angesichts der rasant zunehmenden Leistungsfähigkeit von Personalcomputern – klassische fOptimierungsmodelle ohnehin zunehmend verdrängen werden. Ferner darf nicht vergessen werden, daß zweimodale Clusteranalysen, wie viele explorative Verfahren, gerade wegen der Verwendung von Heuristiken nur geringe Anforderungen an die Datenqualität stellen: Ordinales Skalenniveau und die in der Marktforschung so beliebte bewußte Stichprobenauswahl (z.B. im Quota-Verfahren) stellen für die in Abschnitt 1.1 beschriebenen Verfahren kein Problem dar, sie verhindern aber beispielsweise das Design einer Likelihood-Funktion (zur Bestimmung der Klassenzugehörigkeit), die dann mit Hilfe des Maximum-Likelihood-Prinzips parametrisiert werden könnte.

Aufgrund ihrer Robustheit und ihrer geringen Ansprüche an die Datenbasis erfreuen sich diese vergleichsweise neuen Algorithmen sowohl in der Psychologie als auch in der methodisch orientierten BWL großer Beliebtheit, wie eine Reihe von Veröffentlichungen zeigt[2], auch wenn sie einer induktiv-statistisch fundierten Grundlage entbehren. Die Antwort auf diese Kritik müßte also lauten, daß es freilich möglich wäre, ein auf diversen restriktiven Annahmen – gemeint sind z.B. die Forderung nach reinen Zufallsstichproben, Verteilungsannahmen, Unabhängigkeitsprämissen etc. – basierendes statistisches Modell zur zweimodalen Klassifikation zu formulieren. Tatsache ist aber, daß ein derartiges Modell nur von akademischem Interesse wäre, die Anwendbarkeit auf praktische Probleme der Ökonomie im weitesten Sinne wäre nicht gegeben.

Aus diesem Blickwinkel gesehen sind zweimodale Clusteranalyse-Konzepte zwar second-best-Lösungen, zeigen aber gegenüber den geforderten statistisch fundierten Lösungen den entscheidenden Vorteil der Verfügbarkeit und der Anwendbarkeit. Welche "Tools" (z.B. KQ-Schätzer, ML-Schätzer, Heuristiken) zur Realisierung der second best-Lösungen benutzt werden, ist letztlich unerheblich.

# 3 Fazit

Die Einordnung explorativer Verfahren generell und damit auch der hier diskutierten zweimodalen Clusteranalyse in den Forschungsprozeß fällt zahlreichen Kritikern schwer, weil sie das klassische Schema vor Augen haben, also ausgehend von einer Theorie durch Anwendung der induktiven Statistik

[2]z.B. Espejo/Gaul (1986), Eckes (1995), Eckes/Orlik (1993), De Soete et al. (1984), DeSarbo (1982), Gaul/Baier (1993).

auf repräsentative Daten zu einer wissenschaftlichen Erkenntnis zu kommen. Die explorative Datenanalyse ist jedoch der Theoriebildung vorgelagert. Sie bildet neben Intuition, Inspiration und Wissenstransfer eine Möglichkeit, zu Theorien zu gelangen, indem in nahezu beliebigen Datenbeständen nach Strukturen und Dependenzen gesucht wird. Der Wert explorativer Analysen ist demnach nicht in Frage zu stellen.

Es bleibt ferner festzuhalten, daß die angeführte Kritik destruktiver Art ist, weil von den Kritikern keine alternativen Konzepte zur Bestimmung der Ähnlichkeiten bzw. zur Lösung des Klassifikationsproblems vorgetragen wurden. In ihr spiegelt sich jene Akzeptanzbarriere wider, mit der Innovationen in allen Bereichen zu kämpfen haben (das Design der gebräuchlichen Diffusionsmodelle, die den kumulierten Absatz innovativer Produkte als $s$-förmig verlaufende Kurve modellieren und damit implizit eine langsame Verbreitung von Neuerungen zugrunde legen, mag ein ausreichender Beleg hierfür sein).

Über die Gründe für diese abwartende Haltung läßt sich vortrefflich spekulieren: Die Angst vor Unbekanntem und die Bequemlichkeit, die ein Festhalten an Bekanntem fördert, sind gewiß auch hier zu nennen. Gerade im wissenschaftlichen Bereich sollte die Aufgeschlossenheit gegenüber Innovationen aber höher sein, als dies gegenwärtig der Fall ist, zumal ein denkbar einfaches Entscheidungskriterium auf der Hand liegt: ein neues Verfahren ist dann zu akzeptieren, wenn es in der Lage ist, ein real existierendes Problem in Bezug auf brauchbare Gütekriterien besser zu lösen als bisher bekannte Verfahren.

Dieser Sachverhalt ist bei zweimodalen Clusteranalysen gegeben. Der Informationsgewinn durch Bildung abgeschlossener Cluster und die Übersichtlichkeit der graphischen Darstellung auch bei Vorliegen zahlreicher Objekte machen zweimodale Clusteranalysen zu wertvollen Hilfsmitteln bei der Auswertung beliebiger Assoziations-, Konfusions- und Fluktuationsdaten, und nicht etwa zu Flops, um Bezug auf den Titel dieser Arbeit zu nehmen.

Löst man sich von speziellen Aspekten zweimodaler Klassifikation und erweitert die Diskussion, so gelangt man unweigerlich zur Frage, ob die "Quantitative BWL" für ungelöste praktische Probleme nicht zumindest eine second-best-Lösung – z.B. im Sinne einer Heuristik, wenn exakte Verfahren nicht anwendbar sind – anbieten sollte. Die Antwort kann nur "ja" lauten, will man nicht der von vielen Praktikern konstatierten Praxisferne mathematischer bzw. statistischer Methoden weiter Vorschub leisten. Gerade das Bereitstellen von plausiblen pragmatischen Konzepten kann für eine steigende Akzeptanz respektive Verbreitung quantitativer Methoden in der Praxis[3] sorgen und damit dazu beitragen, die Qualität der Entscheidungsfindung in den Unternehmen erheblich zu verbessern.

[3]Untersuchungen von Bankhofer/Hilbert (1998a, 1998b) und Schwaiger (1993), S. 26ff.) zeigen, daß quantitative Methoden in der betriebswirtschaftlichen Praxis vergleichsweise selten in Anspruch genommen werden.

## Literatur


BAIER, D., GAUL, W., SCHADER, M. (1996): Two-Mode Overlapping Clustering With Applications to Simultaneous Benefit Segmentation and Market Structuring, in: Klar, F; Opitz, O. (Hrsg.): Classification and Knowledge Organisation, Proceedings of the 20th Annual Conference of the "Gesellschaft für Klassifikation e.V", Berlin et. al., 557-566

BANKHOFER, U., HILBERT, A. (1998a): Beurteilung von Finanzinvestitionen in der betrieblichen Praxis. *Zeitschrift für Betriebswirtschaft*, 68, 363-371

BANKHOFER, U., HILBERT, A. (1998b): OR-Verfahren in Produktion und Logistik: Eine empirische Untersuchung zur betrieblichen Anwendung. *OR-News*, März, 28-33

BOTH, M., GAUL, W. (1985): PENCLUS: Penalty Clustering for Marketing Applications, Discussion Paper Nr. 82, Institut für Entscheidungstheorie und Unternehmensforschung, Universität Karlsruhe

DE SOETE, G., DESARBO, W.S., FURNAS, G.W., CARROLL, J.D. (1984): The Estimation of Ultrametric and Path Length Trees from Rectangular Proximity Data. *Psychometrika*, 49, 289-310

DESARBO, W.S. (1982): GENNCLUS: New Models for General Nonhierarchical Clustering Analysis. *Psychometrika*, 47, 449-475

ECKES, T. (1993): Multimodale Clusteranalyse: Konzepte, Modelle, Anwendungen, in: Montada, L. (Hrsg.): Bericht über den 38. Kongreß der Deutschen Gesellschaft für Psychologie in Trier 1992, Vol. 2, Göttingen, S. 166-176

ECKES, T., ORLIK, P. (1991): An Agglomerative Method for Two-Mode Hierarchical Clustering, in: Bock, H.; Ihm, P. (Hrsg.): Classification, Data Analysis and Knowledge Organisation, Amsterdam, S. 3-8

ECKES, T.; ORLIK, P. (1993): An Error Variance Approach to Two-Mode Hierarchical Clustering. *Journal of Classification*, 10, 51-74

ESPEJO, E., GAUL, W. (1986): Two-Mode Hierarchical Clustering as an Instrument for Marketing Research, in: Gaul, W.; Schader, M. (Hrsg.): Classification as a Tool of Research, Amsterdam, S. 121-128

GAUL, W., BAIER, D. (1993): Marktforschung und Marketing Management: computerbasierte Entscheidungsunterstützung, Oldenbourg, München

GAUL, W., SCHADER, M. (1996): A New Algorithm for Two-Mode Clustering, in: Bock, H.; Polasek, W. (Hrsg.): Data Analysis and Information Systems, Statistical and Conceptual Approaches, Proceedings of the 19th Annual Conference of the Gesellschaft für Klassifikation, Berlin et al., S. 15-23

HERMANNS, A; PÜTTMANN, M. (1992): Grundlagen, Wirkung und Management des Sponsoring. *Die Betriebswirtschaft*, 52, 185-199

KROEBER-RIEL, W., WEINBERG, P. (1996): Konsumentenverhalten. 6., völlig überarbeitete Auflage, Vahlen, München

MCCORMICK, W.T., SCHWEITZER, P.J., WHITE, T.W. (1972): Problem Decomposition and Data Reorganization by a Clustering Technique. *Operations Research*, 20, 993-1009

OPITZ, O. (1980): Numerische Taxonomie, Fischer, Stuttgart, New York

SCHWAIGER, M. (1993): Hochrechnungsverfahren im Marketing. Vahlen, München

SCHWAIGER, M. (1997a): Multivariate Werbewirkungskontrolle, Konzepte zur Auswertung von Werbetests, Gabler, Wiesbaden

SCHWAIGER, M. (1997b): Ansätze zur Kontrolle des Brand Fit. *Werbeforschung & Praxis*, 42, Heft 6, 1-4

SCHWAIGER, M. (1998): Wirkungskontrolle kommunikationspolitischer Maßnahmen, in: Reinecke, S., Tomczak, T., Dittrich, S. (Hrsg.): Marketingcontrolling, St. Gallen, 200-213

SHEPARD, R.N., ARABIE, PH. (1979): Additive Clustering: Representation of Similarities as Combinations of Discrete Overlapping Properties. *Psychological Review*, 86, 87-123

Teil 3

# Statistik

# Zur Messung der Anpassungsgüte in der linearen Regression

F. Baur

Institut für Statistik und Mathematische Wirtschaftstheorie
Universität Augsburg, 86135 Augsburg, Germany

**Zusammenfassung:** Da der Determinationskoeffizient nicht invariant ist gegen abstanderhaltende affine Datentransformationen, werden alternative Anpassungsgütemaße angegeben, die diese Invarianzeigenschaft besitzen und somit vielleicht besser geeignet sind, den Grad der Nähe von Punkten zu einer Hyperebene zu quantifizieren.

# 1 Einleitung

Um einen gegebenen $k$–dimensionalen Datensatz mit kardinal gemessenen Daten möglichst gut durch eine Hyperebene zu approximieren, wird in der Regel eine der $k$ Größen als abhängige Variable ($= y$) angesetzt - die übrigen fungieren als unabhängige Variablen - und dann die zugehörige Regressionshyperebene gebildet mit der Eigenschaft, daß durch sie die Summe der quadrierten Abstände zwischen den gegebenen $y$–Werten ($= y_i$) und den auf der Regressionshyperebene (über den Werten der unabhängigen Variablen) liegenden $y$–Werten ($= \hat{y}_i$) minimiert wird. Als Maß für die Güte der Anpassung des Datensatzes durch die Regressionshyperebene - bzw. überhaupt durch eine Hyperebene - wird meist der **Determinationskoeffizient** $R^2$ verwendet, der definiert ist als der Quotient der beiden mittleren quadratischen Abweichungen der $\hat{y}_i$ ($\rightarrow$ Zähler) bzw. der $y_i$ ($\rightarrow$ Nenner) und der somit interpretiert werden kann als Anteil der durch die Regression erklärten $y$–Varianz. Im Fall $k = 2$ stimmt $R^2$ mit dem quadrierten Bravais–Pearson–Korrelationskoeffizienten zwischen den Werten der abhängigen und der unabhängigen Variablen überein. (Zu diesen und weiteren Eigenschaften von $R^2$ vgl. etwa Bamberg/Schittko (1979), S. 41, 42). Das Ergebnis von $R^2$ hängt im übrigen - außer im Fall $k = 2$ - durchaus davon ab, welche der $k$ Variablen als abhängige gewählt wird.

Inwieweit gibt nun $R^2$ tatsächlich den "optischen Eindruck" wieder, wie nah eine gegebene Punktewolke im $\mathbb{R}^k$ an einer $(k-1)$–dimensionalen Hyperebene liegt? Man betrachte dazu beispielsweise (im Fall $k = 2$) den in folgender Abbildung 1 skizzierten Datensatz:

| | | | | | | | | | | |
|---|---|---|---|---|---|---|---|---|---|---|
| $x_i$ | -1 | 1 | 1 | 3 | 3 | 5 | 5 | 7 | 7 | 9 |
| $y_i$ | 1 | -1 | 3 | 1 | 5 | 3 | 7 | 5 | 9 | 7 |

Daß die 10 Punkte relativ nahe an einer Geraden liegen, wird durch den Wert $R^2 = 0{,}605$ recht gut zum Ausdruck gebracht.

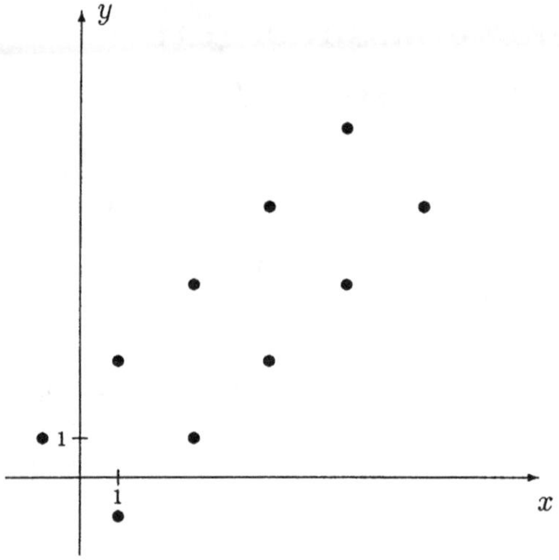


Abbildung 1: Streuungsdiagramm zu gegebenem Datensatz

Führt man jetzt bei einer oder bei beiden Variablen eine Nullpunktverschiebung durch oder dreht man die Punktewolke (bzw. das Koordinatensystem) um einen bestimmten Winkel, beispielsweise – wie in den Abbildungen 2 und 3 veranschaulicht – um $45^0$ nach links bzw. nach rechts, so wird dadurch der optische Eindruck bezüglich der Nähe der jeweiligen Punktewolke zu einer Geraden nicht verändert. Die meisten (statistisch nicht vorgebildeten) Betrachter würden wohl jeder der drei skizzierten Punktewolken – und auch jeder durch eine Nullpunktverschiebung daraus entstandenen – dieselbe Nähe zu einer Geraden attestieren.

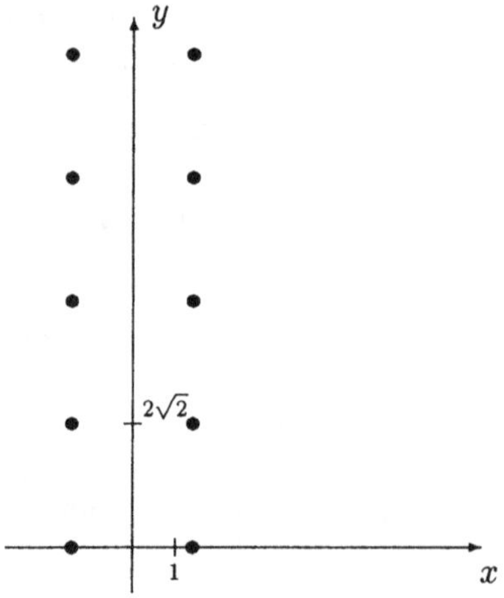


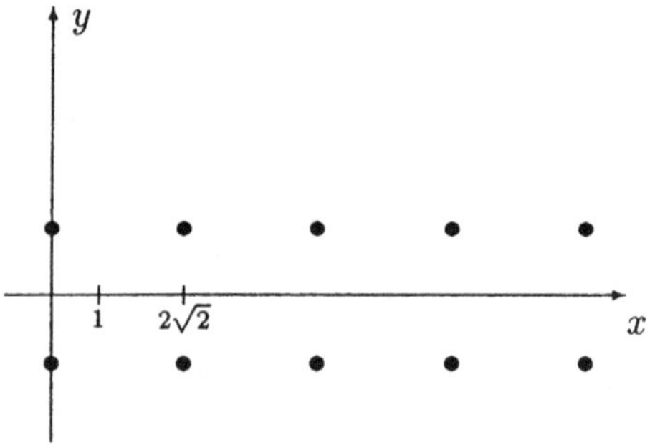


Abbildung 2: Abbildung 3:
Jeweils um $45^0$ gegenüber Abbildung 1 gedrehtes Streuungsdiagramm.

Der Determinationskoeffizient jedoch reagiert je nach Art der durchgeführten Transformation unterschiedlich. So bleibt $R^2$ bei Nullpunktverschiebungen unverändert, nicht dagegen bei Drehungen. In den Situationen von Abbildung 2 und 3 z.B. erhält man jeweils den Wert $R^2 = 0$. Dabei rührt der deutliche Unterschied zu dem bei Abbildung 1 erhaltenen Ergebnis nicht in erster Linie daher, daß die in den drei Fällen auftretenden Abstände $y_i - \hat{y}_i$ zur jeweiligen Regressionsgeraden (nämlich zu $y = \frac{8}{9} + \frac{7}{9} \cdot x$ in Abbildung 1, $y = 4\sqrt{2}$ in Abbildung 2 bzw. $y = 0$ in Abbildung 3) voneinander verschieden sind. Die Summe der Abstandsquadrate ist im Fall 3 sogar am geringsten, so daß man die dortige Regressionsgerade als die den Daten am besten angepaßte ansehen könnte. Der Wert 0 für $R^2$ in Abbildung 2 und 3 hat seinen Grund vielmehr in der Definition des Determinationskoeffizienten; denn da die mittlere quadratische Abweichung der $\hat{y}_i$ jeweils gleich 0 ist, leistet die (konstante) Regressionsgerade keinen Beitrag zur Erklärung der Varianz der $y_i$.

Festzuhalten bleibt somit: Soll ein Maß tatsächlich den optischen Eindruck der Nähe einer Punktewolke zu einer Hyperebene widerspiegeln, so ist von ihm Invarianz gegen alle Datentransformationen zu fordern, die den euklidischen Abstand je zweier Punkte des $\mathbb{R}^k$ nicht verändern. $R^2$ besitzt diese Eigenschaft nicht.

Trotzdem ist $R^2$ als Gütemaß natürlich immer dann sinnvoll, wenn - wie so oft in Anwendungen des Regressionsmodells - die abhängige Variable fest vorgegeben und der durch die Regression erklärte $y-$Varianzanteil primär Gegenstand des Interesses ist.

Ziel dieser Arbeit ist es, Maße mit der beschriebenen Invarianzeigenschaft vorzustellen; zuvor ist eine formale Darstellung der Daten sowie gewisser Datentransformationen erforderlich.

# 2 Daten und relevante Transformationen

Gegeben seien

$$y \in \mathbb{R}^n, \; X = (X_1, X_2) \in \mathbb{R}^{n \times k} \text{ mit } X_1 = \begin{pmatrix} 1 \\ \vdots \\ 1 \end{pmatrix} \text{ und } \operatorname{Rg} X \geq 2. \tag{1}$$

Die in der Matrix

$$Z := (X_2, y) \in \mathbb{R}^{n \times k} \tag{2}$$

zusammengefaßten Werte werden als **Ausgangsdaten** bezeichnet.

Jede Abbildung $f : \mathbb{R}^k \to \mathbb{R}^k$, die den euklidischen Abstand je zweier Punkte des $\mathbb{R}^k$ unverändert läßt, hat die Gestalt $f(z) = z_0 + A^T z$ mit $z_0 \in \mathbb{R}^k$ und orthogonaler Matrix $A$ (vgl. etwa Erwe (1964), S. 272) und wird als **abstanderhaltende affine Transformation (= AAT)** bezeichnet.
Wendet man eine AAT auf die transponierten Zeilen von $Z$ an, so erhält man die Matrix

$$\tilde{Z} := \begin{pmatrix} z_0^T \\ \vdots \\ z_0^T \end{pmatrix} + ZA. \tag{3}$$

Eine spezielle AAT (mit $z_0^T = -(\bar{x}_1, \ldots, \bar{x}_{k-1}, \bar{y})$ gleich dem (-1)-fachen des Vektors der arithmetischen Mittel der $k$ Spalten von $Z$ und mit $A$ gleich der $k \times k$-Einheitsmatrix $I_k$) stellt die **Datenzentrierung** dar; die zentrierten Daten können auch in der Form

$$M_1 Z \quad \text{mit} \quad M_1 := I_n - \frac{1}{n} \cdot \begin{pmatrix} 1 & \ldots & 1 \\ \vdots & & \vdots \\ 1 & \ldots & 1 \end{pmatrix} \tag{4}$$

geschrieben werden. Dabei ist $M_1$ idempotent, hat den Rang $k-1$, und wegen $M_1 X_1 = 0$ gilt für jedes $\tilde{Z}$ stets $M_1 \tilde{Z} = M_1 Z A$.
Dagegen ist die Standardisierung der Daten, also die zusätzliche Division der zentrierten Daten durch die jeweilige Standardabweichung, keine AAT; das Streuungsdiagramm der standardisierten Daten vermittelt, was die Nähe zu einer Hyperebene betrifft, in der Regel einen völlig anderen Eindruck als das der Ausgangsdaten. Auf (nachträgliche) Standardisierung ist daher im Rahmen dieser Arbeit zu verzichten.
Aus den zentrierten Daten ergibt sich die **Datenkovarianzmatrix**

$$Q := \frac{1}{n} \cdot Z^T M_1 Z = \frac{1}{n} \cdot \begin{pmatrix} X_2^T M_1 X_2, & X_2^T M_1 y \\ y^T M_1 X_2, & y^T M_1 y \end{pmatrix} =: \begin{pmatrix} S_{xx}, & s_{xy} \\ s_{xy}^T, & s_y^2 \end{pmatrix}. \tag{5}$$

Unter der Voraussetzung $\det S_{xx} > 0$ (was mit Rg $X = k$ äquivalent ist) und $s_y^2 > 0$ existiert der Determinationskoeffizient und er kann mit $\hat{y} = X(X^T X)^{-1} X^T y$ bzw. mit den Größen aus (5) wie folgt dargestellt werden:

$$R^2 = \frac{\hat{y}^T M_1 \hat{y}}{y^T M_1 y} = \frac{s_{xy}^T S_{xx}^{-1} s_{xy}}{s_y^2} = 1 - \frac{\det Q}{s_y^2 \cdot \det S_{xx}}. \tag{6}$$

Zum zweiten Gleichheitszeichen in (6) vgl. etwa Schönfeld (1969), S. 46; das dritte ergibt sich aus einer geeigneten Modifikation der ebenfalls in Schönfeld (1969), S. 248, angegebenen Formel für die Determinante einer in Blöcke aufgeteilten Matrix.

$Q$ ist stets durch eine orthogonale Matrix $A^*$ diagonalisierbar gemäß

$$A^{*T}QA^* =: \Lambda = \begin{pmatrix} \lambda_1 & & 0 \\ & \ddots & \\ 0 & & \lambda_k \end{pmatrix} \quad \text{mit} \quad \begin{matrix} \lambda_1 \geq \ldots \geq \lambda_k \geq 0 \quad \text{und} \\ \lambda_1 > 0. \end{matrix} \tag{7}$$

Der Fall $\lambda_1 = 0$ (d.h. $Q = 0$ bzw. $M_1 Z = 0$) ist dabei wegen (1) zurecht ausgeschlossen.

Der Übergang von $Z$ zur Matrix

$$Z^* := ZA^* \quad \text{mit} \quad \frac{1}{n} \cdot Z^{*T} M_1 Z^* = \Lambda \tag{8}$$

stellt wieder eine spezielle AAT dar. Die Nähe der Ausgangsdaten zu einer Hyperebene in dem in der Einleitung beschriebenen Sinn ist daher ebenso gut aus $Z^*$ bzw. aus den $\lambda_i$ ablesbar. Die $\lambda_i$ sind gerade die mittleren quadratischen Abweichungen der (paarweise unkorrelierten) Spalten von $Z^*$, also der **Hauptkomponenten** (vgl. Opitz (1980), S. 117). Die Bezeichnung ist in der Literatur nicht einheitlich; oft werden (vgl. etwa in Fahrmeir/Hamerle/Tutz (Hrsg.) (1996) das von H.W. Brachinger und F. Ost verfaßte Kap. 11, S. 663) die Spalten von $Z^*$ Hauptachsen genannt, der Begriff Hauptkomponenten ist dann für standardisierte Hauptachsen reserviert.

Insbesondere die Extremfälle der Anpassung der Daten an eine Hyperebene lassen sich unmittelbar mit den $\lambda_i$ beschreiben. So charakterisiert $\lambda_k = 0$ die bestmögliche und $\lambda_k = \lambda_1$ die schlechtestmögliche Anpassung. Denn $\lambda_k = 0$ ist äquivalent mit linearer Abhängigkeit der Spalten von $M_1 Z^*$ und damit auch von $M_1 Z$, und dies bedeutet, daß die transponierten Zeilen von $Z$ exakt auf einer Hyperebene liegen. Bei $\lambda_k = \lambda_1$ ist $Q$ Vielfaches der Einheitsmatrix, d.h. die Spalten von $Z$ (und von jedem $\tilde{Z}$ gemäß (3)) sind paarweise unkorreliert und haben alle dieselbe Streuung.

Von einem Maß $K$ zur Quantifizierung der Anpassungsgüte der Ausgangsdaten an eine Hyperebene wird nun ingesamt gefordert:

- $K$ nehme nur Werte im Intervall [0;1] an, $K$ wachse mit wachsendem $\lambda_1$ (bei festen $\lambda_2, \ldots, \lambda_k$) und ebenso mit fallendem $\lambda_k$ (bei festen $\lambda_1, \ldots, \lambda_{k-1}$), und es gelte $K = 1$ genau für $\lambda_k = 0$ und $K = 0$ genau für $\lambda_k = \lambda_1$.
- Der Wert von $K$ bleibe bei einem Übergang von $Z$ zu einem $\tilde{Z}$ der Form (3) (mit beliebigem $z_0$ und orthogonalem $A$) unverändert.

Bei Gültigkeit dieser beiden Eigenschaften wird $K$ im folgenden als ein **normiertes invariantes Anpassungsgütemaß** bezeichnet.

Ansätze zu solchen Maßen werden im Abschnitt 3 für beliebiges $k \geq 2$ vorgestellt und anschließend im Abschnitt 4 für den anschaulichen Fall $k = 2$ diskutiert.

# 3 Einige normierte invariante Anpassungsgütemaße

## 3.1 Der maximale Determinationskoeffizient

Der zu einer Matrix $\tilde{Z}$ der Form (3) gehörende Determinationskoeffizient $\tilde{R}^2$ läßt sich (falls er existiert) analog zu (6) berechnen, indem man die Aufteilung $\tilde{Z} = (\tilde{X}_2, \tilde{y})$ vornimmt und $\tilde{y}$ als Vektor der abhängigen Variablen ansetzt. Unter der Voraussetzung Rg $Q \geq k-1$, d.h. $\lambda_{k-1} > 0$, ist die Existenz des – bzgl. aller AAT gebildeten – Maximalwerts $R^2_{max}$ solcher $\tilde{R}^2$ gesichert. $R^2_{max}$ stellt ein aufgrund seiner Definition invariantes und, wie (9) zeigt, auch normiertes Anpassungsgütemaß $K_1$ dar. Es gilt

$$K_1 := R^2_{max} = \frac{(\lambda_1 - \lambda_k)^2}{(\lambda_1 + \lambda_k)^2} = 1 - \frac{4\lambda_1\lambda_k}{(\lambda_1 + \lambda_k)^2}. \tag{9}$$

Auf den Nachweis dieser Gleichung wird hier angesichts der gebotenen Kürze verzichtet. Wie man jedoch leicht verifiziert, hat beispielsweise die orthogonale Matrix $A$ mit $\frac{1}{2}\sqrt{2} \cdot (1, 0, \ldots, 0, -1)$ bzw. $\frac{1}{2}\sqrt{2} \cdot (1, 0, \ldots, 0, 1)$ als erster bzw. letzter Zeile sowie dem transponierten $i$-ten Einheitsvektor als $i$-ter Zeile ($i = 2, \ldots, k-1$) die Eigenschaft, daß der Determinationskoeffizient zu $Z^*A$ (mit $Z^*$ aus (8)) den in (9) angegebenen Wert besitzt. ($A$ ist durch diese Eigenschaft – selbst im Fall $\lambda_1 > \ldots > \lambda_k > 0$ – keineswegs eindeutig bestimmt).

Der Versuch, auf analoge Weise durch Minimierung von $\tilde{R}^2$ bzgl. aller AAT ein brauchbares Anpassungsgütemaß zu erzeugen, führt zu keinem Ergebnis; denn der erreichbare Minimalwert ist – abgesehen vom Fall $\lambda_k = 0$, in dem $\tilde{R}^2 = 1$ ist (oder nicht existiert) – stets gleich 0.

## 3.2 Maße aufgrund orthogonaler Abstände

Beim üblichen (und in dieser Arbeit bisher benutzten) Regressionsansatz werden die Abstände von den Punkten des Streuungsdiagramms zu einer Hyperebene parallel zur Achse der (jeweiligen) abhängigen Variablen angesetzt. Der Zielsetzung, den optischen Eindruck der Nähe von Punkten zu einer Hyperebene $H$ zu beschreiben, scheinen jedoch Abstände senkrecht zu $H$ adäquater zu sein.

Minimiert man (bezüglich aller Hyperebenen) die Summe der Quadrate der senkrechten Abstände $d_i(H)$ zwischen den transponierten Zeilen $i = 1, \ldots, n$ der Matrix $Z$ und einer Hyperebene $H$, so erhält man $n \cdot \lambda_k$ als Minimalwert dieser Summe; die (bzw. eine) Hyperebene $H_0$ mit $\sum d_i^2(H_0) = n \cdot \lambda_k$ heißt **Hyperebene der orthogonalen Regression**. Genau im Fall $\lambda_k < \lambda_{k-1}$ ist sie eindeutig bestimmt.

Bei orthogonaler Regression ist es – im Gegensatz zur üblichen Regression – für das Ergebnis unerheblich, ob man die Daten zuerst nach einer bestimmten AAT transformiert und daraus die Regressionshyperebene errechnet oder ob man die aus den Ausgangsdaten errechnete Regressionshyperebene anschließend dieser AAT unterzieht; mit anderen Worten: $H_0$ sowie die Abstände $d_i(H_0)$ sind gegen AAT invariant. Zur Herleitung von Ergebnissen kann somit insbesondere auf die Matrix $Z^*$ der Hauptkomponenten zurückgegriffen werden.

Mit Hilfe des Minimalwerts $n \cdot \lambda_k$ für die Summe $\sum d_i^2(H)$ der quadrierten orthogonalen Abstände lassen sich nun weitere normierte invariante Anpassungsgütemaße dadurch erzeugen, daß man $n \cdot \lambda_k$ zu anderen Größen in Bezug setzt.

Als Bezugsgröße bietet sich etwa der Maximalwert von $\sum d_i^2(H)$ an, wobei nicht über alle Hyperebenen $H$ maximiert wird, sondern nur über solche $H$, die den Vektor $(\bar{x}_1, \ldots, \bar{x}_{k-1}, \bar{y})^T$ der arithmetischen Mittel der Spalten von $Z$ enthalten. Dieser Maximalwert ist gleich $n \cdot \lambda_1$, und je mehr sich $\lambda_k$ und $\lambda_1$ voneinander unterscheiden, desto näher liegt die Hyperebene der orthogonalen Regression (im Vergleich zu anderen Hyperebenen) an den Daten. Durch Subtraktion des Quotienten $\lambda_k/\lambda_1$ vom Wert 1 erhält man ein normiertes invariantes Anpassungsgütemaß, nämlich

$$K_2 := 1 - \frac{\lambda_k}{\lambda_1} = \frac{\lambda_1 - \lambda_k}{\lambda_1}. \tag{10}$$

$K_2$ ist auch mit dem in der üblichen Regression benutzten Abstandsbegriff interpretierbar; denn als das bzgl. aller AAT gebildete Minimum bzw. Maximum der Summe der quadrierten, parallel zur Achse der jeweiligen abhängigen Variablen liegenden Abstände der (transformierten) Daten zur zugehörigen Regressionsgeraden erhält man ebenfalls $n \cdot \lambda_k$ bzw $n \cdot \lambda_1$. Ferner erinnert $K_2$ an die in der Ökonometrie zur Messung von Beinahe–Multikollinearität der Design–Matrix $X$ verwendete Konditionszahl (vgl. Hübler (1989), S. 98), welche als Wurzel aus dem Quotienten "größter durch kleinster Eigenwert von $X^T X$" definiert ist.

Eine andere sinnvolle Bezugsgröße zu $\lambda_k$ ist die Gesamtvarianz aller Daten, also der Wert Spur $Q = \lambda_1 + \ldots + \lambda_k$. Denn der Quotient $\lambda_k/\text{Spur}\, Q$, der in der Datenanalyse (vgl. Opitz (1980), S. 123) als der durch $(k-1)$ Hauptkomponenten erzielbare minimale Informationsverlust bezeichnet wird, kann als der nicht durch die orthogonale Regression erklärte Anteil an der Gesamtvarianz angesehen werden. Ein normiertes invariantes Anpassungsgütemaß erhält man hieraus durch den Ansatz

$$K_3 := 1 - \frac{k \cdot \lambda_k}{\lambda_1 + \ldots + \lambda_k}. \tag{11}$$

Im Unterschied zu $K_1, K_2$ hängt $K_3$ nicht nur von den beiden extremen $\lambda$–Werten $\lambda_1$ und $\lambda_k$ ab; auf das Ergebnis von $K_3$ wirkt sich beispielsweise aus, ob die zweitgrößte Hauptkomponentenvarianz $\lambda_2$ nahe bei $\lambda_1$ oder nahe bei $\lambda_k$ liegt.

Bezüglich eines Größenvergleichs der drei eingeführten Maße läßt sich im

Fall $\lambda_1 > \lambda_k > 0$ (d.h. bei Ausschluß der Extremwerte 0 und 1 für $K_i$) festhalten, daß stets $K_1 < \sqrt{K_1} < K_2$ und $K_3 < K_2$ gilt.

# 4 Ergebnisse im Fall zweier Variablen

Im Fall $k = 2$ sind aus

$$Q = \begin{pmatrix} s_x^2 & s_{xy} \\ s_{xy} & s_y^2 \end{pmatrix} \tag{12}$$

(vgl. (5)) wegen Spur $Q = \lambda_1 + \lambda_2$ und det $Q = \lambda_1 \cdot \lambda_2$ sofort die Eigenwerte angebbar, nämlich

$$\lambda_1 = \frac{1}{2}[s_x^2 + s_y^2 + D], \quad \lambda_2 = \frac{1}{2}[s_x^2 + s_y^2 - D] \tag{13}$$

mit der Abkürzung

$$D := \sqrt{(s_x^2 - s_y^2)^2 + 4s_{xy}^2}. \tag{14}$$

Damit erhält man

$$K_1 = \frac{D^2}{(s_x^2 + s_y^2)^2} = 1 - 4 \cdot \frac{s_x^2 s_y^2 - s_{xy}^2}{(s_x^2 + s_y^2)^2} = K_3^2, \tag{15}$$

$$K_2 = \frac{2D}{s_x^2 + s_y^2 + D} = \frac{2K_3}{1 + K_3}. \tag{16}$$

Da $K_1 = R^2_{max}$ gilt, kann man sich fragen, wie die – einer geeigneten AAT unterzogenen – Daten liegen müssen, damit der zugehörige Determinationskoeffizient $\tilde{R}^2$ den Wert $K_1$ besitzt. Um entsprechende Bedingungen formulieren zu können, werde zu einer Matrix $\tilde{Z} = (\tilde{x}, \tilde{y})$ (vgl. (3)) die Matrix $\tilde{Q}$ analog zu (12) gebildet mit den Elementen $s_{\tilde{x}}^2, s_{\tilde{y}}^2$ und $s_{\tilde{x}\tilde{y}}$ Ferner bezeichne $\tilde{\beta}_1 (= s_{\tilde{x}\tilde{y}}/s_{\tilde{x}}^2)$ bzw. $\tilde{\beta}_2 (= s_{\tilde{y}}^2/s_{\tilde{x}\tilde{y}})$ die Steigung der üblichen Regressionsgeraden für den Fall, daß $\tilde{y}$ bzw. daß $\tilde{x}$ als abhängige Variable gewählt wird, wobei beide Geraden in ein und dasselbe Koordinatensystem eingetragen werden; $\tilde{\gamma}$ sei der (spitze) Winkel zwischen den beiden Regressionsgeraden. Dann ist unter $\lambda_1 > \lambda_2 > 0$ (d.h. im Fall $0 < R^2_{max} < 1$) die Gleichung $\tilde{R}^2 = R^2_{max}$ äquivalent zu jeder einzelnen der folgenden Bedingungen (zu den Größen in (c) und (e) vgl. etwa v.d. Lippe (1993), S. 263, 267).

(a) $s_{\tilde{x}}^2 = s_{\tilde{y}}^2$

(b) $s_{\tilde{x}\tilde{y}}^2$ ist maximal bzgl. aller AAT

(c) der Tangens von $\tilde{\gamma}$ ist minimal bzgl. aller AAT

(d) $\tilde{\beta}_1 \cdot \tilde{\beta}_2 = 1$

(e) die Steigung der zu den $(\tilde{x}, \tilde{y})$–Daten gebildeten Geraden der orthogonalen Regression ist betragsmäßig gleich 1.

Bei Gültigkeit einer dieser Bedingungen stimmt ferner $R^2_{max}$ mit $\tilde{\beta}_1^2$ überein. Abschließend empfiehlt sich noch ein Rückblick auf den Datensatz aus der Einleitung. Für die in Abbildung 1 skizzierten Ausgangsdaten gilt $s_x^2 = s_y^2 = 9$, $s_{xy} = 7$ und somit $\lambda_1 = 16, \lambda_2 = 2$. Hieraus erhält man die Werte $K_1 = 7^2/9^2, K_2 = 7/8$ und $K_3 = 7/9$. $R^2_{max} = K_1$ ist also gleich dem Determinationskoeffizienten der Ausgangsdaten. In Abbildung 3 sind genau die zu diesem Datensatz gehörenden Hauptkomponenten skizziert.

## Literatur


BAMBERG, G., SCHITTKO, U. (1979): Einführung in die Ökonometrie, Gustav Fischer, Stuttgart–New York.

ERWE, F. (1964): Differential- und Integralrechnung I, Bibliographisches Institut, Mannheim.

FAHRMEIR, L., HAMERLE, A., TUTZ, G. (Hrsg.) (1996): Multivariate statistische Verfahren, 2. Auflage, Walter de Gruyter, Berlin–New York.

HÜBLER, O. (1989): Ökonometrie, Gustav Fischer, Stuttgart–New York.

von der LIPPE, P. (1993): Deskriptive Statistik, Gustav Fischer, Stuttgart–New York.

OPITZ, O. (1980): Numerische Taxonomie, Gustav Fischer, Stuttgart–New York.

SCHÖNFELD, P. (1969): Methoden der Ökonometrie I, Franz Vahlen, Berlin–Frankfurt a.M.

# Efficiencies of Least Squares in Linear Models

Kuno Egle[1], Zhan Jinlong[2]

[1] Institute of Statistics and Economical Theory,
University of Karlsruhe, 76128 Karlsruhe, Germany

[2] Department of Basic Sciences,
Kumming University of Science and Technology, P. R. China

**Abstract:** This paper deals with the efficiencies of the least square estimates in linear models. For the Gauss-Markov model, a new efficiency is proposed and its lower bounds are given. For the linear model with variance components, an efficiency is introduced and its lower bounds, which are independent of unknown parameters, are obtained.

# 1 Introduction

For the sake of convenience, the following notations will be used in this paper. For any Matrix $A$, $A^+$ and $\Re(A)$ denote the Moore-Penrose inverse of $A$ and the linear space spanned by the columns of $A$, respectively. For any square matrix $A$, $tr\{A\}$ denotes the trace of $A$ and $A \geq 0 (A > 0)$ means that $A$ is nonnegative (positive) definite.

Consider the Gauss-Markov model:

$$y = \mu + e, E(e) = 0, \text{cov}(e) = \sigma^2\Sigma \tag{1}$$

Here $y$ is an $n-$dimensional observable vector, $\mu = X\beta$ ($X$ is an $n \times p$ design matrix, $\beta$ is a p-dimensional parameter vector), $e$ is an n-dimensional unobservable random vector, $\sigma^2$ is a positive unknown parameter and $\Sigma \geq 0$. If $\Sigma$ is known and $\Sigma > 0$, then the best linear unbiased estimate (BLUE) for $\mu$ is $\tilde{\mu} = X(X'T^+X)^+X'T^+y$, where $T = \Sigma + X'X$. In general, $\Sigma$ is either unknown or not well known. Therefore, BLUE for $\mu$ is usually substituted by the least square estimate (LSE) $\hat{\mu}(= X(X'X)^+X'y)$, which will bring about some loss in the accuracy. Two methods are used to measure the loss. One is to observe the difference between $\hat{\mu}$ and $\tilde{\mu}$ (see Baksalary (1980), Baksalary et al. (1978), Haberman (1975) and Wang (1982)); the other is to study the difference between $\text{cov}(\hat{\mu})$ and $\text{cov}(\tilde{\mu})$. The reason for the latter is that both $\hat{\mu}$ and $\tilde{\mu}$ are unbiased estimates for $\mu$. There are many methods to measure the difference between $\text{cov}(\hat{\mu})$ and $\text{cov}(\tilde{\mu})$ (see Bloomfield et al. (1975), Chen et al. (1991), Gao et al. (1990), Knoff (1975), Rao (1975) and Wang et al. (1989)). The efficiency of LSE relative to BLUE is a kind of useful methods.

Denote the orthogonal projection matrix onto $\Re(X)$ by $P_x$. Then $\hat{\mu} = P_x y$. Since

$$\text{cov}(\hat{\mu}) = \sigma^2 \left[P_x T P_x - XX'\right] \tag{2}$$

and

$$\text{cov}(\tilde{\mu}) = \sigma^2 \left[X(X'T^+X)^+X' - XX'\right], \tag{3}$$

we have that

$$\text{cov}(\hat{\mu}) = \text{cov}(\tilde{\mu}) \Longleftrightarrow P_x T P_x = X(X'T^+X)^+X'. \tag{4}$$

Therefore, we can use

$$e(\tilde{\mu}/\hat{\mu}) = \frac{tr\left\{X(X'T^+X)^+X'\right\}}{tr\left\{P_x T P_x\right\}} \tag{5}$$

to measure the efficiency of LSE $\hat{\mu}$ relative to BLUE $\tilde{\mu}$. According to Gauss-Markov theorem, it is obvious that $0 \leq e(\tilde{\mu}/\hat{\mu}) \leq 1$. If $e(\tilde{\mu}/\hat{\mu})$ is near to 1, then we can substitute $\tilde{\mu}$ by $\hat{\mu}$ and the loss is small; if $e(\tilde{\mu}/\hat{\mu})$ is near to 0, then the loss is quite large by the substitute. For $e(\tilde{\mu}/\hat{\mu})$, what we are interested in is its bound. In section 2, its lower bounds are obtained.

Consider the linear model with variance components:

$$y = \mu + e, E(e) = 0, \text{cov}(e) = \Sigma(\theta). \tag{6}$$

Here $y$, $\mu$ and $e$ are defined as model (1), $\Sigma(\theta) = \sum_{i=1}^{t} \theta_i \Sigma_i$, $\theta_i$'s are positive unknown parameters and $\Sigma_i \geq 0$, $i = 1, \ldots, t$.

Under model (6), the efficiencies which are well known in the Gauss-Markov model are dependent on the unknown parameters. In general, it is not easy to propose an efficiency which is not only independent of the unknown parameters but also has some practical mean. Therefore, it is difficult to study the efficiency under model (6). In section 3 we introduce a relative efficiency of LSE for $\mu$ and give its lower bounds which are not dependent on the unknown parameters.

# 2 Efficiencies of LSE under Model (1)

First we introduce a useful lemma.

**Lemma 2.1** *Let $H$ be an $n \times r$ column-orthogonal matrix and $\Lambda = diag(\lambda_1, \ldots, \lambda_n)$. Then*

$$1 \leq \frac{tr\left\{H'\Lambda H\right\}}{tr\left\{(H'\Lambda^{-1}H)^{-1}\right\}} \leq \frac{\left[\sum\limits_{i=1}^{m}(\lambda_i + \lambda_{n-i+1})\right]^2}{\left[2\sum\limits_{i=1}^{m}\sqrt{\lambda_i \lambda_{n-i+1}}\right]^2}, \tag{7}$$

*where* $\lambda_1 \geq \ldots \geq \lambda_n > 0$ *and* $m = min\{r, n-r\}$.

The proof of the lemma can be found in Wang et al. (1989).

**Theorem 2.1** *Let* $rank(X) = r$ *and* $rank(T) = k$. *Then*

$$e(\tilde{\mu}/\hat{\mu}) \geq \frac{\left[2\sum_{i=1}^{m}\sqrt{\lambda_i\lambda_{k-i+1}}\right]^2}{\left[\sum_{i=1}^{m}(\lambda_i + \lambda_{k-i+1})\right]^2}, \tag{8}$$

*where* $\lambda_i$*'s are nonzero eigenvalues of* $T$, $\lambda_1 \geq \ldots \geq \lambda_k > 0$ *and* $m = min\{r, k-r\}$.

Proof: Take an orthogonal matrix $Q$ such that

$$QTQ' = diag\,(\Lambda, O)\,, \tag{9}$$

where $\Lambda = diag(\lambda_1, \ldots, \lambda_k)$, $\lambda_i$'s are nonzero eigenvalues of $T$ and $\lambda_1 \geq \ldots \geq \lambda_k > 0$. Since $\Re(X) \subseteq \Re(T)$, we have that

$$QX = \left(W' \vdots O'\right)', \tag{10}$$

where $W$ is a $k \times p$ matrix.
Take again a column-orthogonal matrix $H_{k\times r}$ and a column-full rank matrix $J_{p\times r}$ such that

$$W = HJ'. \tag{11}$$

Then

$$P_w = HH', \tag{12}$$

where $P_w$ is the orthogonal projection matrix onto $\Re(W)$. It follows from (9) - (12) that

$$\begin{aligned} tr\,\{P_xTP_x\} &= tr\,\{QP_xQ'QTQ'QP_xQ'\} \\ &= tr\left\{\begin{pmatrix} P_w & O \\ O & O \end{pmatrix}\begin{pmatrix} \Lambda & O \\ O & O \end{pmatrix}\begin{pmatrix} P_w & O \\ O & O \end{pmatrix}\right\} \\ &= tr\,\{P_w\Lambda P_w\} \\ &= tr\,\{HH'\Lambda HH'\} \\ &= tr\,\{H'\Lambda H\} \end{aligned} \tag{13}$$

and

$$
\begin{aligned}
tr\left\{X(X'T^{+}X)^{+}X'\right\} &= tr\left\{(QX)\left[(QX)'(QTQ')^{+}(QX)\right]^{+}(QX)'\right\} \\
&= tr\left\{\begin{pmatrix} W \\ O \end{pmatrix}\left(W'\Lambda^{+}W\right)^{+}\left(W' \vdots O'\right)\right\} \\
&= tr\left\{W\,(W'\Lambda W)^{+}\,W'\right\} \\
&= tr\left\{HJ'\left(JH'\Lambda^{-1}HJ'\right)^{+}JH'\right\} \\
&= tr\left\{J'\left(JH'\Lambda^{-1}HJ'\right)^{+}J\right\}. \qquad (14)
\end{aligned}
$$

Observing that if $(E'E)^{-1}$ and $(F'F)^{-1}$ exist,

$$
(EF)^{+} = F\,(F'F)^{-1}\,(E'E)^{-1}\,E', \qquad (15)
$$

we have that

$$
\begin{aligned}
\left(JH'\Lambda^{-1}HJ'\right)^{+} &= J\,(J'J)^{-1}\left(H'\Lambda^{-1}HJ'JH'\Lambda^{-1}H\right)^{-1}H'\Lambda^{-1}HJ' \\
&= J\,(J'J)^{-1}\left(H'\Lambda^{-1}H\right)^{-1}(J'J)^{-1}\,J' \qquad (16)
\end{aligned}
$$

Substituting (16) into (14) gives

$$
tr\left\{X\left(X'T^{+}X\right)^{+}X\right\} = tr\left\{\left(H'\Lambda^{-1}H\right)^{-1}\right\} \qquad (17)
$$

Using (13) and (17), we obtain that

$$
e(\tilde{\mu}/\hat{\mu}) = \frac{tr\left\{(H'\Lambda^{-1}H)^{-1}\right\}}{tr\left\{H'\Lambda H\right\}} \qquad (18)
$$

From Lemma 2.1, we can at once conclude the theorem. The proof is completed.

If, further, we suppose that $\Re(X) \subseteq \Re(\Sigma)$, then we can take an orthogonal matrix $Q$ such that

$$
Q\Sigma Q' = diag(\Lambda, O) \qquad \text{and} \qquad QX = (W' \vdots O')', \qquad (19)
$$

where $\Lambda = diag(\lambda_1, \ldots, \lambda_k)$, $\lambda_i$'s are nonzero eigenvalues of $\Sigma$ and $\lambda_1 \geq \ldots \geq \lambda_k > 0$, and $W$ is a $k \times p$ matrix.

Using (11), (12) and (19), we can easily obtain that

$$
\begin{aligned}
tr\left\{P_x T P_x\right\} &= tr\left\{H'\left(\Lambda + HJ'JH'\right)H\right\} \\
&= tr\left\{H'\Lambda H\right\} + tr\left\{J'J\right\}
\end{aligned} \tag{20}
$$

and

$$
tr\left\{X\left(X'T^{+}X\right)^{+}X'\right\} = tr\left\{\left[H'\left(\Lambda + HJ'JH'\right)^{-1}H\right]^{-1}\right\} \tag{21}
$$

Since $\Lambda > 0$, we have that

$$
\left(\Lambda + HJ'JH'\right)^{-1} = \Lambda^{-1} - \Lambda^{-1}H\left[\left(J'J\right)^{-1} + H'\Lambda^{-1}H\right]^{-1}H'\Lambda^{-1}. \tag{22}
$$

Therefore,

$$
H'\left(\Lambda + HJ'JH'\right)^{-1}H = H'\Lambda^{-1}H\left[\left(J'J\right)^{-1} + H'\Lambda^{-1}H\right]^{-1}\left(J'J\right)^{-1}. \tag{23}
$$

Substitute (23) into (21). Then

$$
tr\left\{X\left(X'T^{+}X\right)^{+}X'\right\} = tr\left\{\left(H'\Lambda^{-1}H\right)^{-1}\right\} + tr\left\{J'J\right\}. \tag{24}
$$

Using (20) and (24), we have that

$$
e(\tilde{\mu}/\hat{\mu}) = \frac{tr\left\{\left(H'\Lambda^{-1}H\right)^{-1}\right\} + tr\left\{J'J\right\}}{tr\left\{H'\Lambda H\right\} + tr\left\{J'J\right\}} \tag{25}
$$

By Lemma 2.1, it is obvious that $tr\{(H'\Lambda^{-1}H)^{-1}\} \leq tr\{H'\Lambda H\}$. Consequently, we derive easily that

$$
e(\tilde{\mu}/\hat{\mu}) = \frac{tr\left\{\left(H'\Lambda^{-1}H\right)^{-1}\right\}}{tr\left\{H'\Lambda H\right\}}. \tag{26}
$$

From Lemma 2.1 and (26), we obtain at once

**Theorem 2.2** *Let $\Re(X) \subseteq \Re(\Sigma)$, $rank(X) = r$ and $rank(\Sigma) = k$. Then*

$$
e(\tilde{\mu}/\hat{\mu}) \geq \frac{\left[2\sum_{i=1}^{m}\sqrt{\lambda_i\lambda_{k-i+1}}\right]^2}{\left[\sum_{i=1}^{m}\left(\lambda_i + \lambda_{k-i+1}\right)\right]^2}, \tag{27}
$$

*where $\lambda_i$'s are nonzero eigenvalues of $\Sigma$, $\lambda_1 \geq \ldots \geq \lambda_k > 0$ and $m = \min\{r, k-r\}$.*

# 3 Efficiencies of LSE under Model (2)

Under model (2), BLUE of $\mu$ may not exist. Firstly, we give some results about the existence of BLUE.

**Lemma 3.1** *Under model (2), the following conclusions hold:*

1. *BLUE of $\mu$ exists if the set of equations with respect to $G$*

$$\begin{cases} GX &= X \\ G\Sigma_i(I-P_x) &= 0, \quad i=1,\dots,t \end{cases} \tag{28}$$

*is compatible;*

2. *If the set of equations (28) is compatible, then it has the same set of solutions as (29):*

$$\begin{cases} GX &= X \\ G\Sigma(I-P_x) &= 0 \end{cases}, \tag{29}$$

*where $\Sigma = \sum_{i=1}^{t} \Sigma_i$;*

3. *If BLUE of $\mu$ exists, then BLUE of $\mu$ is*

$$\tilde{\mu} = X\left(X'T^{+}X\right)^{+}X'T^{+}y, \tag{30}$$

*where $T = \Sigma + X'X$.*

Proof: See Lemma 2.1 in Wang et al. (1994).

**Lemma 3.2** *Let BLUE of $\mu$ exist. Then*

$$X\left(X'T^{+}X\right)^{+}X'T^{+} = X\left(X'T_i^{+}X\right)^{+}X'T_i^{+} + M\left(I-P_i\right)\left(I-P_x\right), \tag{31}$$

*where $T_i = \Sigma_i + X'X$, $M$ is a $n\times n$ matrix and $P_i$ is the orthogonal projection matrix onto $\Re\left(\left(I-P_x\right)\Sigma_i^{\frac{1}{2}}\right), i=1,\dots,t$.*

Proof: Since BLUE of $\mu$ exists, (28) and (29) have the same set of solutions. Thus, a solution to (29) is also a solution to (32):

$$\begin{cases} GX &= X \\ G\Sigma_i(I-P_x) &= 0 \end{cases}, \tag{32}$$

Observing that $X(X'T^{+}X)^{+}X'T^{+}$ and $X(X'T_i^{+}X)^{+}X'T_i^{+}$, respectively, are a solution to (28) and to (32), we have that

$$\begin{cases} \left[X\left(X'T^{+}X\right)^{+}X'T^{+}-X\left(X'T_i^{+}X\right)^{+}X'T_i^{+}\right]P_x &= 0 \\ \left[X\left(X'T^{+}X\right)^{+}X'T^{+}-X\left(X'T_i^{+}X\right)^{+}X'T_i^{+}\right]\Sigma_i\left(I-P_x\right) &= 0 \end{cases} \tag{33}$$

The general solution to the first equation in (33) is

$$X\left(X'T^{+}X\right)^{+}X'T^{+}-X\left(X'T_i^{+}X\right)^{+}X'T_i^{+}=N\left(I-P_x\right), \tag{34}$$

where $N$ is an $n \times n$ matrix.
Substitute (34) into the second equation in (33). Then

$$N\left(I-P_x\right)\Sigma_i\left(I-P_x\right)=0, \tag{35}$$

equivalently

$$N\left(I-P_x\right)\Sigma_i^{\frac{1}{2}}=0. \tag{36}$$

The general solution to (36) is

$$N=M\left(I-P_i\right), \tag{37}$$

where $M$ is an $n \times n$ matrix and $P_i$ is the orthogonal projection matrix onto $\Re\left(\left(I-P_x\right)\Sigma_i^{\frac{1}{2}}\right)$, $i=1,\ldots,t$.
Substituting (37) into (34), we obtain (31). The proof is completed.
Using (31) and noting that

$$\left(I-P_i\right)\left(I-P_x\right)\Sigma_i=0, \tag{38}$$

we have that

$$X\left(X'T^{+}X\right)^{+}X'T^{+}\Sigma_iT^{+}X\left(X'T^{+}X\right)^{+}X' \tag{39}$$

$$=X\left(X'T_i^{+}X\right)^{+}X'T_i^{+}\Sigma_iT_i^{+}X\left(X'T_i^{+}X\right)^{+}X' \tag{40}$$

Thus,

$$\operatorname{cov}(\hat{\mu})=\sum_{i=1}^{t}\theta_iP_x\Sigma_iP_x=\sum_{i=1}^{t}\theta_iP_xT_iP_x-\left(\sum_{i=1}^{t}\theta_i\right)XX' \tag{41}$$

and

$$\begin{aligned}
\operatorname{cov}(\tilde{\mu}) &= \sum_{i=1}^{t} \theta_i X \left(X'T^+X\right)^+ X'T^+\Sigma_i T^+ X \left(X'T^+X\right)^+ X' \qquad (42) \\
&= \sum_{i=1}^{t} \theta_i X \left(X'T_i^+X\right)^+ X'T_i^+\Sigma_i T_i^+ X \left(X'T_i^+X\right)^+ X' \\
&= \sum_{i=1}^{t} \theta_i X \left(X'T_i^+X\right)^+ X' - \left(\sum_{i=1}^{t} \theta_i\right) XX'
\end{aligned}$$

From (41) and (42) it follows that

$$\operatorname{cov}(\hat{\mu}) = \operatorname{cov}(\tilde{\mu}) \tag{43}$$

if and only if

$$\sum_{i=1}^{t} \theta_i P_x T_i P_x = \sum_{i=1}^{t} \theta_i X \left(X'T_i^+X\right)^+ X'. \tag{44}$$

For this reason, it is reasonable that we use

$$\bar{e}(\tilde{\mu}/\hat{\mu}) = \frac{tr\left\{\sum_{i=1}^{t} \theta_i X \left(X'T_i^+X\right)^+ X'\right\}}{tr\left\{\sum_{i=1}^{t} \theta_i P_x T_i P_x\right\}} \tag{45}$$

as an efficiency of LSE $\hat{\mu}$ relative to BLUE $\tilde{\mu}$. In order to derive the lower bound of $\bar{e}(\tilde{\mu}/\hat{\mu})$, we need the following lemma.

**Lemma 3.3** *Let $a_i \geq 0$, $b_i > 0$ and $\theta_i > 0$, $i = 1, \ldots, t$. Then*

$$\frac{\sum_{i=1}^{t} \theta_i a_i}{\sum_{i=1}^{t} \theta_i b_i} \geq \min_{1 \leq i \leq t} \left\{\frac{a_i}{b_i}\right\}. \tag{46}$$

Proof: Without loss of generality, suppose that

$$\frac{a_1}{b_1} \geq \cdots \geq \frac{a_t}{b_t}. \tag{47}$$

We use the induction to prove the lemma.
If $t = 2$, then

$$\frac{\theta_1 a_1 + \theta_2 a_2}{\theta_1 b_1 + \theta_2 b_2} \geq \frac{a_2}{b_2} \tag{48}$$

if and only if

$$\frac{a_1}{b_1} \geq \frac{a_2}{b_2}. \tag{49}$$

This means that (46) holds when $t = 2$.
Let (46) hold for $t = m$:

$$\frac{\sum_{i=1}^{m} \theta_i a_i}{\sum_{i=1}^{m} \theta_i b_i} \geq \frac{a_m}{b_m}. \tag{50}$$

Then

$$\frac{\sum_{i=1}^{m} \theta_i a_i}{\sum_{i=1}^{m} \theta_i b_i} \geq \frac{a_{m+1}}{b_{m+1}}. \tag{51}$$

Thus

$$\frac{\sum_{i=1}^{m+1} \theta_i a_i}{\sum_{i=1}^{m+1} \theta_i b_i} = \frac{\sum_{i=1}^{m} \theta_i a_i + \theta_{m+1} a_{m+1}}{\sum_{i=1}^{m} \theta_i b_i + \theta_{m+1} b_{m+1}} \geq \frac{a_{m+1}}{b_{m+1}}. \tag{52}$$

This shows that (46) holds when $t = m + 1$, which completes the proof.
By Lemma 3.3, we have

$$\bar{e}(\tilde{\mu}/\hat{\mu}) \geq \min_{1 \leq i \leq t} \left\{ \frac{tr\left\{X\left(X'T_i^+X\right)^+ X'\right\}}{tr\left\{P_x T_i P_x\right\}} \right\} \tag{53}$$

Using (53) and Theorem 2.1, we can obtain at once

**Theorem 3.1** *Let $rank(X) = r$ and $rank(T_i) = k_i$, $i = 1, \ldots, t$. Then*

$$\bar{e}(\tilde{\mu}/\hat{\mu}) \geq \min_{1 \leq i \leq t} \left\{ \frac{\left[2 \sum_{j=1}^{m_i} \sqrt{\lambda_{j_i} \lambda_{k_i - j_i + 1}}\right]^2}{\left[\sum_{j=1}^{m_i} \left(\lambda_{j_i} + \lambda_{k_i - j_i + 1}\right)\right]^2} \right\}, \tag{54}$$

*where $\lambda_{j_i}$'s are nonzero eigenvalues of $T_i$, $\lambda_{1_i} \geq \cdots \geq \lambda_{k_i} > 0$ and $m_i = \min\{r, k_i - r\}$, $i = 1, \ldots, t$.*

Using (53) and Theorem 2.2, we can obtain immediately

**Theorem 3.2** *Let $rank(X) = r$, $\Re(X) \subseteq \Re(\Sigma_i)$ and $rank(\Sigma_i) = k_i$, $i = 1, \ldots, t$. Then*

$$\bar{e}(\tilde{\mu}/\hat{\mu}) \geq \min_{1 \leq i \leq t} \left\{ \frac{\left[ 2 \sum_{j=1}^{m_i} \sqrt{\lambda_{j_i} \lambda_{k_i - j_i + 1}} \right]^2}{\left[ \sum_{j=1}^{m_i} (\lambda_{j_i} + \lambda_{k_i - j_i + 1}) \right]^2} \right\}, \tag{55}$$

*where $\lambda_{j_i}$'s are nonzero eigenvalues of $\Sigma_i$, $\lambda_{1_i} \geq \ldots \geq \lambda_{k_i} > 0$ and $m_i = \min\{r, k_i - r\}$, $i = 1, \ldots, t$.*

## References


BAKSALARY, J. K. (1980), A new bound for the euclidian norm of the difference between the least squares and the best linear unbiased estimators, *Ann. Statist., 8:679–681.*

BAKSALARY, J. K., Kala, R. (1978), A bound for the euclidian norm of the difference between the least squares and the best linear unbiased estimates, *Ann. Statist., 6:1390–1393.*

BLOOMFIELD, P., WASTON, G. S. (1975), The inefficiency of least squares, *Biometrika, 62:121–128.*

CHEN, J. B., CHEN, T. (1991), The error ratio efficiency of the mean square in the general Gauss-Markov model, *The Fourth China-Japan Symposium on Statistics, 17–19.*

GAO, D. D., WANG, G. L. (1990), The efficiency of generalized least squares, *System Sciences and Mathematical science, 10:125–130.*

HABERMAN, S. J. (1975), How much do Gauss-Markov and the least square estimates differ? A coordinate free approach, *Ann. Statist., 3:982–990.*

KNOFF, M. (1975), On the minimum efficiency of the least squares, *Biometrika, 62:129–132.*

RAO, C. R. (1975), The inefficiency of least squares: extensions of the Kantorovich inequality, *Linear Algebra and its Applications, 70:249–255.*

WANG, S. G. (1982), The euclidian norm bound of difference between LSE and BLUE of mean vector in linear model, *Acta Math. Appl. Sinica, 5:190–192.*

WANG, S. G., YAN, H. (1989), Kantorovich type inequality and measures of inefficiency of the GLSE, *Acta Math. Appl. Sinica, 5:372–384.*

WANG, X. R., ZHANG, J. L., CHEN, J. B. (1994), All admissible linear estimators of regression coefficients and parameters in variance components models, *Acta Math. Sinica, 5:653–662.*

# Recent Advances in Semiparametric Bayesian Function Estimation

Ludwig Fahrmeir

Institut für Statistik, Universität München, Germany
Ludwigstr. 33
80539 München
e-mail: fahrmeir@stat.uni-muenchen.de

**Abstract:** Common nonparametric curve fitting methods such as spline smoothing, local polynomial regression and basis function approaches are now well developed and widely applied. More recently, Bayesian function estimation has become a useful supplementary or alternative tool for practical data analysis, mainly due to breakthroughs in computerintensive inference via Markov chain Monte Carlo simulation. This paper surveys recent developments in semiparametric Bayesian inference for generalized regression and outlines some directions in current research.

# 1 Introduction

Regression analysis is one of the most widely used methods in applied statistics. Often it is difficult to prespecify parametric models, and nonparametric fitting of unknown regression functions is needed. Common methods are kernel-based regression, spline smoothing, local polynomial regression and basis function approaches such as regression splines, Fourier expansions and wavelets. Very recently, semiparametric Bayesian methods have been developed and are a promising alternative tool for practical data analysis. They rely on Markov chain Monte Carlo (MCMC) simulation and provide rich output for inference. No approximate normality conjectures for estimators are required, so that the methods are also useful for moderate sample sizes and in complex, high-dimensional problems. This paper surveys recent advances in Bayesian function estimation, distinguishing smoothing priors and basis function approaches as two mainstream directions. We do not give details about MCMC algorithms here, but refer to general introductions to Bayesian data analysis, as well as to original work mentioned in later sections. Section 2 deals with models for Gaussian response variables and Section 3 with the non-Gaussian case. In particular for fundamentally non-Gaussian response such as binary or other discrete responses, there is clear need for additional research. Section 4 points out some extensions and ideas for future developments.

## 2 Gaussian nonparametric regression

For bivariate observations $(y_1, x_1), \ldots, (y_n, x_n)$ the classical nonparametric regression model on a response variable $Y$ and a dependent variable $X$ is

$$y_i = f(x_i) + \varepsilon_i, \qquad i = 1, \ldots, n, \tag{1}$$

with i.i.d Gaussian errors $\varepsilon_i \sim N(0, \sigma^2)$, and an unknown regression function $f$ that we want to estimate. In the following, $y = (y_1, \ldots, y_n)^T$ is the vector of observations on $Y$, and we will not distinguish notationally between the function $f$ and the vector $f = (f(x_1), \ldots, f(x_n))^T$ of function evaluations. This section describes and outlines some recent Bayesian approaches for estimating $f$ through posterior sampling by Markov chain Monte Carlo (MCMC) techniques. Roughly, we may distinguish between methods based on roughness penalties or smoothness priors and methods based on basis functions.

One of the attractive features of these methods is that they are tailor-made for extension to the case of multivariate regressors $X_1, \ldots, X_p$ by using additive models and, somewhat more generally, semiparametric additive or varying coefficient models.

### 2.1 The smoothness prior approach for univariate regression

For simplicity first consider the case of equidistant design points or observations $x_1, \ldots, x_n$. For nonparametric estimation based on smoothness priors, the observation model (1) is supplemented by assigning an appropriate prior to $f$. Common local smoothness priors are random walks of first (RW(1)) and second (RW(2)) order

$$f(x_i) - f(x_{i-1}) = u_i \quad \text{or} \quad f(x_i) - 2f(x_{i-1}) + f(x_{i-2}) = u_i\,, \tag{2}$$

with i.i.d. Gaussian errors $u_i \sim N(0, \tau^2)$. Initial values are specified by $f(x_1) \sim N(0, c)$ or $f(x_1), f(x_2) \sim N(0, cI)$, where we usually choose diffuse priors, corresponding to the limiting case $c \longrightarrow \infty$. The difference equations (2) penalize deviations from locally constant functions $f(x_i) = f(x_{i-1})$ or straight lines $f(x_i) = 2f(x_{i-1}) - 2f(x_{i-2})$. The penalty increases as the variance $\tau^2$ becomes smaller. The random walk models (2) define a multivariate Gaussian smoothness prior $p(f)$ for $f$. Also, the observation model (1) defines a multivariate Gaussian $p(y \mid f) \sim N(f, \sigma^2 I)$ for data $y$ given $f$. For the moment, the variances or hyperparameters $\sigma^2$ and $\tau^2$ are regarded as known or given constants. Thus, the posterior $p(f \mid y) \propto p(y \mid f)\, p(f)$ is also Gaussian and characterized by the posterior mean $\hat{f} = \mathrm{E}(f \mid y)$ and covariance $\mathrm{Var}(f \mid y)$. Due to normality, $\hat{f}$ is also the posterior mode. Assuming diffuse initial priors, $\hat{f}$ can therefore also be obtained as a minimizer of the penalized least squares criterion

$$\sum_{i=1}^{n}(y_i - f(x_i))^2 + \lambda \sum_{i=d+1}^{n} (\nabla^d f(x_i))^2 \longrightarrow \min_f \tag{3}$$

with $\nabla^d$, $d = 1, 2$, as the first or second order difference operator and smoothness parameter $\lambda = \sigma^2 / \tau^2$. Estimation of $f$ via (3) is the classical "method of graduation" of Whittaker (1923). Obviously, (3) has a non-Bayesian interpretation, with the first term as a measure of goodness of fit, the second as a roughness penalty and $\lambda$ controlling the bias - variance trade off. The penalty terms are discretized versions of corresponding penalty terms

$$\int [f'(x)]^2 \, dx \qquad \text{resp.} \qquad \int [f''(x)]^2 \, dx \, , \tag{4}$$

leading to quadratic resp. cubic spline smoothing. Already for a moderate number of observations, smoothing splines and discretized versions $\hat{f}$ are virtually indistinguishable. Therefore, solutions of (3) are sometimes called discrete splines. In matrix notation, (3) can be written as

$$(y - f)^T (y - f) + \lambda f^T K f \longrightarrow \min_f \tag{5}$$

with appropriately defined penalty matrix $K$. For example, one gets

$$K = \begin{pmatrix} 1 & -1 & & & \\ -1 & 2 & -1 & & 0 \\ & \ddots & \ddots & \ddots & \\ 0 & & -1 & 2 & -1 \\ & & & -1 & 1 \end{pmatrix}$$

for a first order random walk.
The solution of (5) and thus the posterior mean or mode estimate $\hat{f}$ is given by

$$\hat{f} = E(f|y) = Sy$$

with smoother matrix $S = (I + \lambda K)^{-1}$. Within the Bayesian framework, we are interested not only in the posterior mean but in the entire posterior distribution $p(f \mid y)$. The observation model (1) is $y \mid f \sim N(0, \sigma^2 I)$, from (2) one obtains the global smoothness prior

$$f \sim N(0, K^- \tau^2), \tag{6}$$

where $K^-$ is a generalized inverse of $K$, and the posterior is

$$f \mid y \sim N(S\, y, S\, \sigma^2). \tag{7}$$

Since (1) and (2) define a state space model with "states" $f(x_1), \ldots, f(x_n)$, the linear Kalman filter and smoother computes posterior means $f(x_i) \mid y$

and variances $\text{Var}(f(x_i)\,|\,y)$, i.e. the diagonal of $S\,\sigma^2$, in $O(n)$ operations. Moreover, and this seems to be far less known, the complete covariance matrix $S\,\sigma^2$ as well as a Cholesky square root $S^{1/2}\,\sigma^2$, can be computed easily from its output, see Fahrmeir and Kaufmann (1991, Prop. 1) for general state space models. For the special case considered here, this leads to the banded Cholesky factorization $(I+\lambda\,K)\,/\,\sigma^2 = L\,L^T$, so that $S^{1/2}\,\sigma = L^{-1}$ can be computed in $O(n)$ operations. Therefore, a posterior realization of $f$ can be obtained from

$$f = Sy + S^{1/2}\sigma z = \hat{f} + S^{1/2}\sigma z, \quad z \sim N(0, I).$$

Of course, the banded Cholesky decomposition of $(I + \lambda K)$ can also be efficiently computed without making direct use of the Kalman filter and smoother, as suggested by Hastie and Tibshirani (1998) for cubic smoothing splines. Other suggestions for efficient posterior samling of $f$ have been made by Fruewirth - Schnatter (1994), Carter and Kohn (1994) and de Jong and Shephard (1996) in thc context of linear state space models. It may appear that posterior sampling from Gaussian models is not very interesting, since the posterior is Gaussian and its first and second moments can be computed already with efficient algorithmus. The point is, however, that these methods are important building blocks for posterior sampling in more complex situations.

Up to now smoothing parameters or variances $\sigma^2$ and $\tau^2$ were considered fixed or known. In practice they have to be determined as well. In a full Bayesian approach priors are put on the variances and their posteriors are estimated along with the function $f$. The standard choice are independent highly dispersed inverse gamma priors $p(\sigma^2) \sim IG(a_0, b_0)$, $p(\tau^2) \sim IG(a_1, b_1)$. The posterior is then

$$p(f, \sigma^2, \tau^2\,|\,y) \propto p(y\,|\,f, \sigma^2)\,p(f\,|\,\tau^2)\,p(\sigma^2)\,p(\tau^2).$$

Posterior sampling can be carried out with the Gibbs sampler: Realizations are drawn sequentially from $p(f\,|\,y, \sigma^2, \tau^2)$, and from $p(\sigma^2\,|\,y, f, \tau^2) = p(\sigma^2\,|\,y, f)$, $p(\tau^2\,|\,y, f, \sigma^2) = p(\tau^2\,|\,f)$, which are inverse Gaussian with updated parameters, see e.g. Fruewirth - Schnatter (1994), Carter and Kohn (1994), Hastie and Tibshirani (1998). There is empirical evidence that these "multi-move" sampling schemes are superior in convergence and mixing behaviour to "single-move" samplers that update single components $f(x_i)$ of $f$, given the rest (Carlin, Polson and Stoffer, 1992).

For non-equally spaced observations, smoothness priors have to be modified appropriately to account for non-equal distances $\delta_i = x_i - x_{i-1}$ between observations. RW(1) models are now specified by

$$f(x_i) = f(x_{i-1}) + u_i, \qquad u_i \sim N(0; \delta_i\sigma^2),$$

i.e. by adjusting error variances from $\sigma^2$ to $\delta_i\sigma^2$. RW(2) models generalize to

$$f(x_i) = \left(1 + \frac{\delta_i}{\delta_{i-1}}\right) f(x_{i-1}) - \frac{\delta_i}{\delta_{i-1}} f(x_{i-2}) + u_i, \qquad u_i \sim N(0; g_i\sigma^2),$$

where $g_i$ is an appropriate weight. The simplest weight is again $g_i = \delta_i$, but more complicated weights can be derived from underlying continuous priors or with other arguments, see e.g. Knorr-Held (1997). A related, but different AR(2) model can be found in Berzuini and Larissa (1996). Another possibility is to work with stochastic differential smoothness priors for smoothing splines and state space models for non-equally spaced observations derived from them, see Carter and Kohn (1994), Wong and Kohn (1996). Hastie and Tibshirani (1998) directly start with smoothness priors as in (6), where $K$ is the penalty matrix corresponding to smoothing splines.

## 2.2 Unsmooth functions

So far the methods are useful for estimating and exploring smooth regression functions, that means functions with curvatures that do not exhibit too much spatial inhomogeneity. They have problems, however, with functions that are more wiggly or have edges and jumps. This is a consequence of the global variances or smoothing parameters, which are assumed constant over the design space, and the Gaussian prior assumptions, leading to quadratic roughness penalties.

One approach to handle this problem is therefore to replace to Gaussian priors in (2) or (6) by heavy tail priors as they are known in robust statistics. Prominent examples are finite mixtures of normals, Student priors with low degrees of freedom, Laplace, Huber or truncated Gaussian priors. A posterior mode or penalized likelihood approach is given in Fahrmeir and Künstler (1998), and posterior sampling approaches are described in Carter and Kohn (1996). An interesting family of distributions, that contains Gaussian and Laplace densities as special cases, is the exponential power family (Box and Tiao, pp. 156-243). Its potential for flexible modelling has still to be explored.

The second possibility to deal with unsmooth functions is to allow for variances that vary over the design space. This corresponds to locally varying smoothness parameters or bandwidths, which have gained considerable interest in kernel-based nonparametric regression. A Bayesian approach is proposed by Fronk and Fahrmeir (1998). They modify the local RW(1) and RW(2) priors (2) by assuming varying variances $\tau_i^2$ for the errors $u_i$. Reparameterizing by $h_i = \log(\tau_i^2)$ and adding random walk smoothness priors for the sequence $h = (h_1, \ldots, h_n)$ in a further layer of the hierarchy, leads to locally adaptive dynamic models with observation equation (1), random walk priors (2), but with errors

$$u_i \sim N(0; \exp(h_i)), \qquad i = 1, \ldots, n$$

and RW(1) or RW(2) priors

$$h_i = h_{i-1} + v_i, \qquad h_i = 2h_{i-1} - h_{i-2} + v_i, \qquad v_i \sim N(0; q)\,,$$

and an inverse Gamma prior for $q$.

Posterior sampling is carried out by a hybrid MCMC algorithm, combining

Gibbs and Metropolis-Hastings steps. The method works quite well with the "Blocks", "Bumps" and "Doppler" simulated examples, constructed by Donoho and Johnstone (1994) for wavelet shrinkage.

## 2.3 Basis function approach

Let $S = \{B_i(x); i \in I\}$ be a set of linearly independent univariate functions, which are called basis functions. This section outlines recent Bayesian methods for nonparametric estimation of $f$ by modeling it as a linear combination

$$f(x) = \sum_{i \in I} \beta_i B_i(x) \tag{8}$$

of these basis functions. Popular choices for the $B_i$ are various bases for spline functions, piecewise polynomials and wavelets. Generally, it is difficult to determine which basis functions should be included in (8). If the basis has too many functions, estimates for $\beta_i$ will have high variability or may even produce interpolation in the extreme case. Conversly, if too few functions are in the basis, the resulting estimator will be severely biased.

Smith and Kohn (1996) propose to approximate $f(x)$ by cubic regression splines using the truncated power series basis

$$f(x) = \alpha_0 + \alpha_1 x + \alpha_2 x + \alpha_3 x^3 + \sum_{k=1}^{m} \beta_k (x - \tau_k)_+^3,$$

where $\tau_1 < \ldots < \tau_m$ is a large number of potential "knots" placed along the domain of the independent variable $x$, and $(z)_+ = \max(0; z)$. A Bayesian variable selection approach is used to determine the significant knots and to estimate the parameters $\beta$. Denison et al. (1998) use a wider class of piecewise polynomials as basis functions that incorporates smoothing splines as a subclass. However, it is more flexible because also unsmooth functions with rapidly varying first and second derivatives or even discontinuities can be modelled adequately. They assume

$$f(x) = \sum_{j=0}^{l} \alpha_j (x - \tau_0)_+^j + \sum_{m=1}^{k} \sum_{j=l_0}^{l} \beta_{jk} (x - \tau_m)_+^j,$$

where $\tau_0$ is the left boundary knot, $l$ is the order of the piecewise polynomials and $l_0$ gives the degree of continuity at the knot points. Taking $l = l_0 = 3$ gives the cubic regression spline basis as a special case. The number and location of knots is considered as unknown, and sampling from posteriors for both the number and the location of knots is addressed using the reversible jump MCMC simulation technique of Green (1995). The method is some hybrid technique between an empirical and a full Bayesian approach in that the $\alpha$'s and $\beta$'s are estimated by least squares conditional upon number and location of knots as well as $\sigma^2 = var(\varepsilon_i)$. The novelty is that the resulting posterior mean estimate for $f$ corresponds to Bayesian model averaging.

The Bayesian basis function approach is surely rather promising and it seems worthwile to extend it to other function bases, in particular those with local support, like B-Splines, or orthogonal basis functions, like the Demmler-Reinsch basis, for smoothing splines, or to orthogonal wavelet bases.

## 2.4 Extensions to additive models

Without further structural assumptions, nonparametric regression with more than two regressors quickly becomes intractable due to the interactions which have to be included. Additive models for observations $(y_i, x_{i1}, \ldots, x_{ip})$, $i = 1, \ldots, n$, on a Gaussian response variable $Y$ and a vector $X = (X_1, \ldots, X_p)$ of metrical covariates assume

$$y_i = \alpha + \sum_{j=1}^{p} f_j(x_{ij}) + \varepsilon_i, \qquad \varepsilon_i \sim N(0; \sigma^2). \tag{9}$$

For identifiability, some constraint has to be imposed, for example assuming that the unknown functions are centered by

$$\sum_{i=1}^{n} f_j(x_{ij}) = 0.$$

The standard nonparametric approach for fitting the $f_j$ is to use univariate smoothers and the backfitting algorithm as described in Hastie and Tibshirani (1990). Extensions of additive models that can be treated with more or less the same techniques are semiparametric additive models

$$y_i = \alpha + \sum_{j=1}^{p} f_j(x_{ij}) + w_i'\beta + \varepsilon_i\,, \tag{10}$$

where $w_i$ is a vector of further covariates whose effect is assumed to be linear, and varying coefficient models

$$y_i = \alpha + \sum_{j=1}^{p} f_j(x_{ij}) z_{ij} + w_i'\beta + \varepsilon_i \tag{11}$$

with additional design variables or covariates $z_j$. The Gibbs sampler is tailor-made for drawing posteriors from additive models and can be interpreted as "Bayesian backfitting" (Hastie and Tibshirani, (1998)). Supressing dependence on hyperparameters like variances etc., the generic form of the Gibbs sampling algorithm is as follows:

| | |
|---|---|
| Step 1 | initialize - $f_0 = \alpha = \text{ave}(y_i)$, $f_j = f_j^0$, $j = 1, \ldots, n$ |
| Step 2 | cycle - $j = 0, \ldots, p, 0, \ldots, p, \ldots$ draw posterior samples from $p(f_j \mid f_1, \ldots, f_{j-1}, f_{j+1}, \ldots, f_p, y)$ |
| Step 3 | continue step 2 until the joint distribution of $(f_0, \ldots, f_p)$ doesn't change. |

In Step 2, one of the univariate function samplers can be used. For example, if $S_j$ is one of the smoothing matrices corresponding to random walk or smoothing spline models, then Step 2 becomes

Step 2 (Hastie and Tibshirani, (1998)).
iterate for $t = 1, 2, \ldots$
- do for $j = 0, 1, \ldots, p$: Define partial residual
$r_j^t = y - \sum_{k<j} f_k^t - \sum_{k>j} f_k^{t-1}$
Generate $z_j^t \sim N(0; I)$ and update
$f_j^t \leftarrow S_j r_j^t + \sigma S_j^{\frac{1}{2}} z_j^t$

The algorithm can easily be extended to the more general models (10) and (11).

# 3 Nonparametric regression for non-Gaussian responses

There are two mainstreams for regression analysis with non-Gaussian responses $Y$. In the first approach, one tries to find a suitable transformation $\tilde{Y} = T(Y)$ such that the transformed variable $\tilde{Y}$ is, at least approximately, Gaussian. A well known class of such transformations are Box-Cox-type transformations. Given the transformation, regression techniques for Gaussian responses are applied. A Bayesian approach for a data driven choice of transformations is suggested in Smith and Kohn (1996). This section deals with the second approach, where the distribution of $Y$ is directly modelled by a non-Gaussian distribution. We distinguish between so-called conditionally Gaussian models, where the density of $Y$ is Gaussian conditional upon a further variable, often a mixture variable, and fundamentally non-Gaussian models, e.g. for regression analysis with categorical responses.

## 3.1 Conditionally Gaussian models

Historically, conditionally Gaussian models were first used for additive outliers. Let $k_i \in \{1, 2\}$, $i = 1, \ldots, n$, denote an i.i.d. sequence of unobserved indicator variables, with $k_i = 1$ for an "usual" observation $y_i$ and $k_i = 2$ for an outlier $y_i$. Conditional upon $k_1, \ldots, k_n$ the observation model is Gaussian,

$$y_i = f(x_i) + \varepsilon_i, \qquad \varepsilon_i | k_i \sim N(0; \sigma_{k_i}^2). \tag{12}$$

For $k_i = 1$, the variance $\sigma_1^2$ corresponds to a usual observation, whereas $\sigma_2^2 \gg \sigma_1^2$ corresponds to an outlier. Obviously, (12) is equivalent to the non-Gaussian model

$$y_i = f(x_i) + \varepsilon_i, \qquad \varepsilon_i \sim \pi_1 N(0; \sigma_1^2) + \pi_2 N(0; \sigma_2^2), \tag{13}$$

where errors $\varepsilon_i$ come from a mixture of normals with $\pi_1 = \text{pr}(k_i = 1)$ and $\pi_2 = 1 - \pi_1 = \text{pr}(k_i = 2)$. The simple model (12) can be generalized and modified in various ways. For example, (13) can be extended to a finite or continuous mixture of normals. Taking $\chi^2$-distributed variables as mixture variables leads to observation models with heavy-tailed Student errors, thus making the observation model robust against additive outliers, see, for example, Carter and Kohn (1994), Fahrmeir and Künstler (1998). In principle, conditionally Gaussian observation models can be combined with any of the smoothness priors of Section 2, leading to robust nonparametric regression. Gibbs sampling is ideally suited for Bayesian inference in such models, with an efficient multi-move sampler for Gaussian models as a basic building block. Carter and Kohn (1996) generalize the finite mixture model to the case, where the sequence $(k_1, \ldots, k_n)$ is a discrete Markov chain with known transition probabilities. In analogy to the locally dynamic models in Subsection 2.2, Shepard (1994) proposes local scale models with error variables $\varepsilon_i \sim N(0; \sigma_i^2)$, where the variances, perhaps after an appropriate reparameterization, follow random walk models. A special version of such models is the stochastic volatility model $y_i = \varepsilon_i \exp(0.5\alpha_i)$, $\alpha_{i+1} = \phi\alpha_i + v_i$, where $y_i$ are log-returns of a financial assets, and $\alpha_i$ and $v_i$ are mutually independent Gaussian random variables. This non-Gaussian model has been used to generalize the Black-Scholes option pricing equation to allow the volatility change over time.

## 3.2 Fundamentally non-Gaussian responses

Although a more general formulation is possible, we restrict discussion to nonparametric extensions of generalized linear models. This class of models covers regression situations with responses that are binary, categorical, counts or nonnegative variables. The observation model (1) is replaced by the distributional assumption that, conditional upon covariates and unknowns, the distribution of the response $Y$ belongs to the exponential family. The structural assumption $E(Y_i) = \mu_i = f(x_i)$ in (1) is generalized to

$$\mu_i = h(f(x_i)), \qquad i = 1, \ldots, n \tag{14}$$

where $h$ is a known response (or link) function. A well known discrete response model is the logit model, where $Y$ is binary or binomial and $h$ is the logistic function $h() = \exp()/[1 + \exp()]$. For the case of several regressors, generalized additive and semiparametric additive models are defined by extending (14) to

$$\mu_i = h(\alpha + \sum_{j=1}^{p} f(x_{ij}) + w_i'\beta). \tag{15}$$

For semiparametric Bayesian inference, the two approaches in Section 2, smoothness priors and basis functions, are again suitable, in principle. However, compared to Gaussian and conditionally Gaussian models, much less has been done for regression with fundamentally non-Gaussian responses. A

main feature of Bayesian inference in this situation is that conditional distributions do not have a simple form in general. In particular the conditional distributions for unknown functions $f_j$ are no longer multivariate normal. Hence Gibbs sampling is no longer feasible, and more general Metropolis-Hastings algorithms are needed.
Hastie and Tibshirani (1998) make a corresponding suggestion for extending their smoothness priors approach and "Bayesian backfitting" algorithm to generalized additive models. Fahrmeir and Lang (1998) supplement the observation models (14) or (15) with the Gaussian random walk smoothness priors of Subsection 2.1. They base posterior sampling on an efficient Metropolis-Hastings algorithm recently developed by Knorr-Held (1998) in the context of dynamic generalized linear models. Compared to single move samplers described in Fahrmeir and Tutz (1997, ch. 8), this block move sampler considerably improves convergence and mixing behaviour of posterior samples. Based on the state space representation of stochastic differential priors for smoothing splines, Biller and Fahrmeir (1997) develop Bayesian spline-type smoothing. However, mixing behaviour for generalized additive models is less satisfactory. Surprisingly none of the basis function approaches described in Subsection 2.3 seems to have been extended to fundamentally non-Gaussian responses. The only development at the moment is found in Biller (1998). In an approach related to, yet different from Denison et al. (1998), he works with a B-spline basis, with location and number of knots unknown and estimated via a reversible jump M-H-algorithm, simultaneously with the coefficients of the basis functions.

# 4 Conclusions

Due to their modular structure, hierarchical Bayesian regression models provide a flexible framework for extensions to other settings. For longitudinal and spatial data, correlation can be accounted for by introducing additional exchangeable random effects or effects with Markov random field priors into the predictor. In particular combining fundamentally non-Gaussian observation models with locally adaptive priors for unsmooth functions as in 2.2, or with basis function priors as in 2.3, an incorporation of unsmooth dynamic and spatial effects offers many possibilities for modelling and analysing data with complex correlation structure in space and time.

## References

BERZUINI, C., LARIZZA, CH. (1996): A Unified Approach for Modeling Longitudinal and Failure Data, With Application in Medical Monitoring. *IEEE Trans. Pattern Analysis and Machine Int.* **18**, *109-123.*

BILLER, C. (1998): Adaptive Bayesian Regression Splines in Semiparametic Generalized Linear Models. *Univerität München, Institut für Statistik, SFB 386 Discussion paper 133.*

BILLER, C., FAHRMEIR, L. (1997): Bayesian Spline-type smoothing in generalized regression models. *Computational Statistics*, **12**, *135-151.*

BOX, G., TIAO, G. (1973): Bayesian Inference in Statistical Analysis. Addison-Wesley, reprinted by Wiley, N.Y., 1992.

CARLIN, B., POLSON, N. and STOFFER, D. (1992): A Monte Carlo approach to nonnormal and nonlinear state space modelling. *Journal of the American Statist. Ass.* **87**, *493-500.*

CARTER, C., KOHN, R. (1994): On Gibbs sampling for state space models.*Biometrika,* **81**, *541-553.*

CARTER, C., KOHN, R. (1996): Markov chain Monte Carlo in conditionally Gaussian state space models. *Biometrika,* **83**, *3, 589-601.*

DENISON, D., MALLICK, B. and SMITH, A. (1998): Automatic Bayesian curve fitting. *Journal of the Royal Stat. Society,* **B 60**, *333-350.*

DONOHO, D., JOHNSTONE, I. (1994): Ideal spatial adaption by wavelet shrinkage. *Biometrika,* **81**, *425-455.*

FAHRMEIR, L., KAUFMANN, H. (1991): On Kalman filtering, posterior mode estimation and Fisher scoring in dynamic exponential family regression. *Metrika* **38**, *37-60.*

FAHRMEIR, L., TUTZ, G. (1997, 2nd reprint): Multivariate Statistical Modelling based on Generalized Linear Models. Springer, New York.

FAHRMEIR, L., KÜNSTLER, R. (1998): Penalized Likelihood Smoothing in Robust State Space Models. To appear in Metrika.

FAHRMEIR, L., LANG, S. (1998): Bayesian inference for generalized regression based on dynamic models. *Universität München, Institut für Statistik, SFB 386 Discussion paper 134.*

FRONK, E.-M., FAHRMEIR, L. (1998): Function estimation with locally adaptive dynamic models. *Universität München, Institut für Statistik, SFB 386 Discussion paper 135.*

FRUEWIRTH-SCHNATTER, S. (1994): Data augmentation and dynamic linear models. *Journal of Time Series Analysis,* **15**, *2, 183-202.*

GREEN, P. (1995): Reversible jump Markov chain Monte Carlo computation and Bayesian model determination. *Biometrika,* **82**, *711-732.*

HASTIE, T., TIBSHIRANI, R. (1998): Bayesian Backfitting. Preprint, Department of Statistics, Stanford.

HASTIE, T., TIBSHIRANI, R. (1990): Generalized Additive Models. Chapman and Hall

DEJONG, P., SHEPARD, N. (1995): The simulation smoother for time series models. *Biometrika,* **82**, *339-350.*

KNORR-HELD, L. (1997): Hierarchical Modelling of Discrete Longitudinal Data. Herbert Utz Verlag.

KNORR-HELD, L. (1998): Conditional Prior Proposals in Dynamic Models. *Scandinavian Journal of Statistics*, to appear.

SHEPARD, N. (1994): Local scale models. *Journal of Econometrics* **60**, *181-202.*

SMITH, M., KOHN, R. (1996): Nonparametric Regression using Bayesian variable selection. *Journal of Econometrics 75, 317-343.*

WHITTAKER, E.T. (1923): On a New Method of Graduation. *Proc. Edinborough Math. Ass.* **78**, *81-89.*

WONG, C., KOHN, R. (1996): A Bayesian approach to estimating and forecasting additive nonparametric autoregressive models. *Journal of Time Series Analysis,* **17**, *203-220.*

# Some Variants for Testing Linear Hypotheses on Variance Components

Joachim Hartung[1], Bernard Voet[2]

[1] Fachbereich Statistik, SFB 475, Universität Dortmund, D–44221 Dortmund, Germany

[2] Takeda Euro R&D Center, D–60486 Frankfurt, Germany

**Abstract:** In balanced variance component models asymptotic $\chi^2$–tests are considered for general linear hypotheses on variance components. Further, using Scheffé's S–method, also asymptotic simultaneous confidence intervals can be stated. A Monte Carlo simulation is used to compare the fractiles of the test statistics for finite sample sizes and the fractiles of the $\chi^2$–distribution. As an example, the balanced two–way classification model with random effects is discussed in more detail and is applied numerically to a pilot study on video–tracking.

# 1 Introduction

The hypothesis usually tested in variance component models is that a variance component is equal to zero (see, e.g. Scheffé (1959, sec.7); Searle (1971, sec.9); Graybill (1976, sec.15)). As it is well known, the resulting F–tests are uniformly most powerful unbiased tests (Elbassiouni, Seely (1980, sec.5)). But this kind of hypothesis is a rather restrictive one.
In this paper we consider an easy technique for constructing asymptotic $\chi^2$–tests for a general linear hypothesis of variance components. These tests can be used in all balanced variance component models that fulfill some general assumptions. Using Scheffé's S–method (Scheffé (1959, p.69)) we also get asymptotic (simultaneous) confidence intervals for the variance components. Note that asymptotic in our context means 'large' degrees of freedom $f_i$, cf. also Anderson (1973), Brown (1976), Hartung, Knapp (1998); but the asymptotic works already for relatively small $f_i$, cf. section 3. As an example, the balanced two–way classification with random effects is discussed in more detail. Asymptotic $\chi^2$–tests for a general linear hypothesis and asymptotic simultaneous confidence intervals are given explicitly. A short Monte Carlo simulation is used to compare the $\kappa$–fractiles of the asymptotic and the finite distribution of the test statistic under the hypothesis.
The described statistical methods were used to evaluate a pilot study for a personal test method called video–tracking, which was performed to make inferences about the variance of the population of study days and the variance of the population of subjects, cf. section 4.
For a real matrix $A$ let $A'$ denote the transposed, $R(A)$ the range, and $rk(A)$ the rank of $A$.

In variance component models discussed for example by Scheffé (1959, sec.7), Searle (1971, sec.9), Seely (1971, 1977), Graybill (1976, sec.15), Hartung (1981, sec.5), Elpelt (1989), Hartung et al. (1997) one often has $m$ independent mean squares $M_1, \ldots, M_m$ with $f_1, \ldots, f_m$ degrees of freedom (df). The expected mean values are $\tau_i = \mathrm{E}(M_i) > 0$ $(i = 0, \ldots, m)$. Further, $\tau = (\tau_1, \ldots, \tau_m)' = L'\sigma$, where $L$ is a known nonsingular $m \times m$ matrix and $\sigma = (\sigma_1, \ldots, \sigma_m)'$ is a vector of unknown variance components. We assume that $f_i M_i/\tau_i$ has a central $\chi^2$– distribution with $f_i$ df, implying $\mathrm{Var}(M_i) = 2\tau_i^2/f_i, (i = 1, \ldots, m)$, cf. also Hartung, Voet (1986). Note that in the ANOVA tables, $f_1 M_1, \ldots, f_m M_m$ are the sum of squares.
It is the purpose of this paper to consider the problem of testing the general linear hypothesis $\mathrm{H}_0 : K\sigma = d$ against $\mathrm{H}_1 : K\sigma \neq d$, where $K \in \mathbb{R}^{q\times m}, rk(K) = q$ and $d \in \mathbb{R}^q$ a specified constant.
For example, let us consider the balanced two–way classification random model, discussed e. g. by Scheffé (1959, p.238), Searle (1971, p.394), and as model 45 by Hartung et al. (1997). Using the notation of Searle, the model is given by

$$Y_{ijk} = \mu + \alpha_i + \beta_j + \gamma_{ij} + e_{ijk}, \quad i = 1, \ldots, a; j = 1, \ldots, b; k = 1, \ldots, n, \quad (1.1)$$

where $\mu \in \mathbb{R}^1$ is a fixed effect and $\alpha_1, \ldots, \alpha_a, \beta_1, \ldots, \beta_b, \gamma_{11}, \ldots, \gamma_{ab}$, $e_{111}, \ldots, e_{abn}$ are independent normally distributed random effects with $\mathrm{E}(\alpha_i) = \mathrm{E}(\beta_j) = \mathrm{E}(\gamma_{ij}) = \mathrm{E}(e_{ijk}) = 0$ and $\mathrm{Var}(\alpha_i) = \sigma_\alpha^2, \mathrm{Var}(\beta_j) = \sigma_\beta^2$, $\mathrm{Var}(\gamma_{ij}) = \sigma_\gamma^2, \mathrm{Var}(e_{ijk}) = \sigma_e^2 > 0$ for all $i, j$ and $k$, so $\sigma = (\sigma_\alpha^2, \sigma_\beta^2, \sigma_\gamma^2, \sigma_e^2)'$. Letting $M_1, M_2, M_3$ and $M_4$ represent the A–factor, B–factor, AB–interaction and residual error mean squares, there holds

$$\mathrm{E}(M) = L'\sigma, \quad M = (M_1, M_2, M_3, M_4)', \quad (1.2)$$

and

$$L = \begin{bmatrix} bn & 0 & 0 & 0 \\ 0 & an & 0 & 0 \\ n & n & n & 0 \\ 1 & 1 & 1 & 1 \end{bmatrix}.$$

Here the F–test (e. g. Scheffé (1959, p.243)) rejects for instance the hypothesis $\mathrm{H}_0 : \sigma_\alpha^2 = 0$ at level $\kappa$ if $M_1/M_3 > F_{a-1,(a-1)(b-1);\kappa}$, where $F_{a-1,(a-1)(b-1);\kappa}$ denotes the $\kappa$-fractile of the central $F_{a-1,(a-1)(b-1)}$-distribution with $a-1$ and $(a-1)(b-1)$ df.
But for this model no exact tests are known for the following linear hypothesis $(d_i > 0, i = 1, 2, 3)$ $(\sigma_\alpha^2, \sigma_\beta^2, \sigma_\gamma^2)' = (d_1, d_2, d_3)', \sigma_\alpha^2 = d_1\sigma_\beta^2$ or $\sigma_\alpha^2 = d_2\sigma_\gamma^2$, which are all of the general form $\mathrm{H}_0 : K\sigma = d$ against $\mathrm{H}_1 : K\sigma \neq d$ with $K \in \mathbb{R}^{q\times 4}, q \leq 4$ and $d \in \mathbb{R}^q$.
In the following sections we consider an easy technique for constructing asymptotic $\chi^2$–tests for general linear hypothesis of variance components.

## 2 Wald–type tests and simultaneous confidence intervals

First, we consider the case $K = I_m$, that is $\mathrm{H}_0 : \sigma = \sigma_0$ against $\mathrm{H}_1 : \sigma \neq \sigma_0$, $\sigma_0 = (\sigma_{01}, \ldots, \sigma_{0m})'$ a specified constant. Define

$$Q(M) = (M - \tau_0)' D(\sigma_0)^{-1} (M - \tau_0) \tag{2.1}$$

with $D(\sigma_0) = 2 \cdot diag(\tau_{0i}^2 / f_i, i = 1, \ldots, m)$ and $\tau_0 = (\tau_{01}, \ldots, \tau_{0m})' = L'\sigma_0$. Then under general assumptions fulfilled in the balanced variance component models, $Q(M)$ is approximately central $\chi^2$–distributed with $m$ degrees of freedom. Hence, an approximate test of size $\kappa$ is to reject $\mathrm{H}_0$ if

$$Q(M) > \chi^2_{m,\kappa}, \tag{2.2}$$

where $\chi^2_{m,\kappa}$ is the $\kappa$–fractile of the central $\chi^2$– distribution with $m$ df, see below.
Further, for $Q(M)$ we have the representation, cf. (2.1),

$$Q(M) = \sum_{i=1}^{m} \frac{(f_i M_i / \tau_{0i} - f_i)^2}{2 f_i} \tag{2.3}$$

and $\mathrm{E}(Q(M)) = m, \mathrm{Var}(Q(M)) = 2m + 12 \sum_{i=1}^{m} \frac{1}{f_i}$ for $\sigma = \sigma_0$.
Then under the hypothesis $\mathrm{H}_0, Q(M)$ has the same distribution as

$$Q_0 = \sum_{i=1}^{m} \frac{(\delta_i - f_i)^2}{2 f_i}, \tag{2.4}$$

where $\delta_1, \ldots, \delta_m$ are independent $\chi^2_{f_1}, \ldots, \chi^2_{f_m}$ distributed random variables. So one can use the finite distribution of $Q(M)$ under $\mathrm{H}_0$ for testing the hypothesis $\mathrm{H}_0 : \sigma = \sigma_0$ using the corresponding $\kappa$–fractiles of $Q_0$, obtainable for instance by simulation.
Note that the same test statistic as (2.4) was derived by Rayner (1985), cf. (3.7) of his paper. But there he forgot the factor 2, that is he divided only by the degrees of freedom and not by twice the degrees of freedom which is equal to the variance of the $\chi^2$–distribution.
Now we consider the general linear hypothesis

$$\mathrm{H}_0 : K\sigma = d \quad \text{versus} \quad \mathrm{H}_1 : K\sigma \neq d, \quad rk(K) = q \leq m. \tag{2.5}$$

Under the hypothesis $\mathrm{H}_0$,

$$\begin{aligned} R(M) &= (KL'^{-1}M - d)'(K(LD(\sigma)^{-1}L')^{-1}K)^{-1}(KL'^{-1}M - d) \\ &\text{with } D(\sigma) := \mathrm{Cov}(M) = 2 \cdot diag(\tau_i^2 / f_i, i = 1, \ldots, m), \end{aligned} \tag{2.6}$$

has asymptotically (with respect to 'large' $f_i$) a central $\chi^2$–distribution with $q$ df and $\mathrm{E}(R(M)) = q$, cf. Hartung, Knapp (1998).

For an application we need an asymptotically equivalent representation of $R(M)$ not involving the unknown parameter $\sigma$. The best invariant unbiased estimator for $D(\sigma)$ is given by (Hartung, Voet (1986))

$$\hat{C} = 2 \cdot diag\left(\frac{M_i^2}{f_i + 2}, i = 1, \ldots, m\right), \tag{2.7}$$

and $R(M)$ is replaced by

$$\hat{R}(M) = (KL'^{-1}M - d)'(K(L\hat{C}^{-1}L')^{-1}K')^{-1}(KL'^{-1}M - d). \tag{2.8}$$

Hence, an asymptotic test of size $\kappa$ is to reject $H_0$ if

$$\hat{R}(M) > \chi^2_{q,\kappa}. \tag{2.9}$$

For example, we consider the model (1.1) and the hypothesis $H_0 : \sigma^2_\alpha = \sigma^2_\beta$ versus $H_1 : \sigma^2_\alpha \neq \sigma^2_\beta$. Putting $K = (1, -1, 0, 0)$ and $d = 0$ we have

$$\begin{aligned} \hat{R}(M_1, M_2, M_3) &= \frac{(aM_1 - aM_3 - bM_2 + bM_3)^2}{\frac{2a^2M_1^2}{a+1} + \frac{2b^2M_2^2}{b+1} + \frac{2(a-b)^2M_3^2}{(a-1)(b-1)+2}} \\ &= \frac{(\hat{\sigma}^2_\alpha - \hat{\sigma}^2_\beta)^2}{\widehat{\mathrm{Var}}(\hat{\sigma}^2_\alpha) + \widehat{\mathrm{Var}}(\hat{\sigma}^2_\beta) - 2\widehat{\mathrm{Cov}}(\hat{\sigma}^2_\alpha, \hat{\sigma}^2_\beta)}, \end{aligned} \tag{2.10}$$

where $\hat{\sigma} = (\hat{\sigma}^2_\alpha, \hat{\sigma}^2_\beta, \hat{\sigma}^2_\gamma, \hat{\sigma}^2_e)' = L'^{-1}M$ is the best unbiased estimator for $\sigma$, identical to the usual ANOVA–estimator. Further, $\widehat{\mathrm{Var}}(\hat{\sigma}^2_\alpha), \widehat{\mathrm{Var}}(\hat{\sigma}^2_\beta)$ and $\widehat{\mathrm{Cov}}(\hat{\sigma}^2_\alpha, \hat{\sigma}^2_\beta)$ are the best unbiased estimators for $\mathrm{Var}(\hat{\sigma}^2_\alpha), \mathrm{Var}(\hat{\sigma}^2_\beta)$ and Cov $(\hat{\sigma}^2_\alpha, \hat{\sigma}^2_\beta)$ (Hartung, Voet (1986)). Now the hypothesis $H_0 : \sigma^2_\alpha = \sigma^2_\beta$ is rejected if

$$\hat{R}(M_1, M_2, M_3) > \chi^2_{1,\kappa}.$$

In general, $\hat{R}(M)$ is asymptotically $\chi^2_q$ distributed and so we have

$$P(\hat{R}(M) \leq \chi^2_{q,\kappa}) \cong 1 - \kappa. \tag{2.11}$$

Then Scheffé's S–method (Scheffé (1959, p.69)) implies

$$\begin{aligned} 1 - \kappa &\cong P(|h'(KL'^{-1}M - K\sigma)| \\ &\qquad \leq \{\chi^2_{q,\kappa} h'K(L\hat{C}^{-1}L')^{-1}K'h\}^{1/2}, \text{ for all } h \neq 0) \\ &= P(|k'L'^{-1}M - k'\sigma| \leq \{\chi^2_{q,\kappa} k'L'^{-1}\hat{C}L^{-1}k\}^{1/2}, \text{ for all } k \in R(K')), \end{aligned} \tag{2.12}$$

and so we have the following result:

$$[k'\hat{\sigma} \pm \{\chi^2_{rk(K),\kappa} \widehat{\mathrm{Var}}(k'\hat{\sigma})\}^{1/2}] \tag{2.13}$$

are asymptotic simultaneous confidence intervals at level $1-\kappa$ for all $k'\sigma$, $k \in R(K'), K \in I\!R^{q\times m}$ where

$$\hat{\sigma} = L'^{-1}M \text{ and } \widehat{\text{Var}}(k'\hat{\sigma}) = k'L'^{-1}\hat{C}L^{-1}k.$$

Note that the lower limit of (2.13) may be negative. In this case we truncate the confidence interval by deleting the part to the left of the origin.
In the model (1.1),

$$\left.\begin{array}{l} \left(\dfrac{M_1 - M_3}{bn} \pm \left\{2\chi^2_{2,\kappa}\left(\dfrac{M_1^2}{a+1} + \dfrac{M_3^2}{(a-1)(b-1)+2}\right)\dfrac{1}{b^2n^2}\right\}^{\frac{1}{2}}\right) \\ \left(\dfrac{M_2 - M_3}{an} \pm \left\{2\chi^2_{2,\kappa}\left(\dfrac{M_2^2}{b+1} + \dfrac{M_3^2}{(a-1)(b-1)+2}\right)\dfrac{1}{a^2n^2}\right\}^{\frac{1}{2}}\right) \end{array}\right\} \qquad (2.14)$$

are asymptotic (simultaneous) confidence intervals at level $1-\kappa$ for $\sigma^2_\alpha$ and $\sigma^2_\beta$.

# 3 Neyman–Pearson–type tests

Since $M_1, \ldots, M_m$ are idependent mean squares and $f_iM_i/\tau_i$ has a central $\chi^2_{f_i}$ distribution ($i = 1, \ldots, m$), the ln–likelihood function of $M$ is

$$l(\sigma) = \sum_{i=1}^{m}\left[\ln c_i + \frac{f_i}{2}\ln\left(\frac{f_i}{\tau_i}\right) + \frac{(f_i-2)}{2}\ln M_i - \frac{f_iM_i}{2\tau_i}\right], \qquad (3.1)$$

where $1/c_i = 2^{f_i/2}\Gamma(\frac{f_i}{2})$ and $\Gamma$ denotes the gamma function, and the maximum likelihood estimator for $\sigma$ is given by

$$\hat{\sigma} = L'^{-1}M. \qquad (3.2)$$

Now let $\bar{\sigma}$ denote a solution of

$$\max_{\text{subject to } K\sigma = d} \; l(\sigma) \qquad (3.3)$$

resp. a solution of

$$\begin{array}{rcl} (M-\tau) + D(\sigma)L^{-1}K'\lambda & = & 0 \\ K\sigma & = & d \end{array}, \qquad (3.4)$$

where $\lambda \in I\!R^q$ is the Lagrange multiplier and

$$D(\sigma) = 2 \cdot diag(\tau_i^2/f_i, i = 1, \ldots, m).$$

Using (3.1) and (3.2) the likelihood ratio statistic

$$S(M) = 2[l(\hat{\sigma}) - l(\bar{\sigma})] \qquad (3.5)$$

may be written as

$$S(M) = \sum_{i=1}^{m} \left[ f_i \left( \frac{M_i}{\bar{\tau}_i} - \ln\left(\frac{M_i}{\bar{\tau}_i}\right) - 1 \right) \right], \tag{3.6}$$

where $\bar{\tau} = (\bar{\tau}_1, \ldots, \bar{\tau}_m) = L'\bar{\sigma}$,
and under the hypothesis $\text{H}_0 : K\sigma = d$, $S(M)$ is asymptotically central $\chi^2_{rk(K)}$ distributed, cf. Hartung, Knapp (1998).
Hence, an asymptotic $\chi^2$–test of size $\kappa$ is to reject $\text{H}_0$ if

$$S(M) > \chi^2_{rk(K),\kappa}. \tag{3.7}$$

We note that the tests given by (2.9) and (3.7) are asymptotically equivalent.
For the hypothesis $\text{H}_0 : \sigma = \sigma_0$, the test statistic (3.6) has the same distribution as

$$S_0 = \sum_{i=1}^{m} [\delta_i - f_i \ln(\delta_i) + f_i(\ln f_i - 1)], \tag{3.8}$$

where $\delta_1, \ldots, \delta_m$ are independent $\chi^2_{f_1}, \ldots, \chi^2_{f_m}$ distributed random variables, so, for testing, the fractiles of this finite distribution may be obtained by simulation.
Now for the asymptotic test there holds (Bartlett, Kendall (1946))

$$\text{E}(\ln \delta_i) = \ln 2 + \psi\left(\frac{f_i}{2}\right), \quad i = 1, \ldots, m, \tag{3.9}$$

where $\psi(x) = d \ln \Gamma(x)/dx$ is the psi function, and so, for large $f_i$, we get the following approximation (Abramowitz/ Stegun 1964, p.259)

$$\text{E}(\ln \delta_i) = \ln f_i - \frac{1}{f_i} - \frac{1}{3f_i^2} + \frac{2}{15f_i^4} - \ldots \tag{3.10}$$

and thus

$$\begin{aligned} \text{E}(S_0) &= \sum_{i=1}^{m} [\text{E}(\delta_i) - f_i + f_i \ln f_i - f_i \text{E}(\ln \delta_i)] \\ &= m + \sum_{i=1}^{m} \frac{1}{3f_i} + 2\sum_{i=1}^{m} \frac{1}{15f_i^3} - \ldots . \end{aligned} \tag{3.11}$$

Hence, for the hypothesis $\text{H}_0 : \sigma = \sigma_0$ we use the adjusted test statistic

$$S_0^*(M) = \frac{S_0(M)}{C}, \tag{3.12}$$

where $S_0(M) = S(M)$ is given by (3.6) with $\bar{\tau} = L'\sigma_0$ and $C = 1 + \sum_{i=1}^{m} \frac{1}{3mf_i}$, and $\text{H}_0$ is rejected if $S_0^*(M) > \chi^2_{m,\kappa}$.

For the general hypothesis $\mathrm{H}_0 : K\sigma = d$, we are not able to give a general explicit adjusting factor, but for several hypotheses we got a factor of the following form

$$C = 1 + \sum_{i=1}^{m} \frac{p_i}{f_i}, \tag{3.13}$$

where $p_i \in \mathbb{Q}_+$ or $p_i = 0, i = 1, \ldots, m$.
This is illustrated in the following example.
We consider the two–way classification (1.1) with the hypothesis
$\mathrm{H}_0 : \sigma_\alpha^2 = \sigma_\beta^2$ versus $\mathrm{H}_1 : \sigma_\alpha^2 \neq \sigma_\beta^2$.
Then K = (1,-1,0,0), and $\bar{\tau} = L'\bar{\sigma}$ has to solve, cf. (3.4),

$$(M - \tau) + 2\lambda \begin{bmatrix} \dfrac{\tau_1^2}{bn(a-1)} \\ -\dfrac{\tau_2^2}{an(b-1)} \\ (\dfrac{1}{an} - \dfrac{1}{bn})\dfrac{\tau_3^2}{(a-1)(b-1)} \\ 0 \end{bmatrix} = 0 \tag{3.14}$$

$$\text{and} \qquad \frac{\tau_1}{b} - \frac{\tau_2}{a} + \left(\frac{1}{a} - \frac{1}{b}\right)\tau_3 = 0$$

Hence, if $a = b$ we have the following solution of (3.14)

$$\bar{\tau}_4 = M_4, \quad \bar{\tau}_3 = M_3 \quad \text{and} \quad \bar{\tau}_2 = \bar{\tau}_1 = \frac{M_1 + M_2}{2}. \tag{3.15}$$

So

$$S(M) = (a-1)\left[\ln\left(\frac{M_1 + M_2}{2M_1}\right) + \ln\left(\frac{M_1 + M_2}{2M_2}\right)\right]$$

and under $\mathrm{H}_0$

$$\begin{aligned} \mathrm{E}(S(M)) &= 2(a-1)[\mathrm{E}(\ln(\chi^2_{2(a-1)})) - \mathrm{E}(\ln(\chi^2_{a-1})) - \ln 2] \\ &\cong 1 + \frac{1}{2(a-1)}. \end{aligned}$$

Therefore we reject the hypothesis $\sigma_\alpha^2 = \sigma_\beta^2$ if

$$\frac{S(M)}{1 + \dfrac{1}{2(a-1)}} > \chi^2_{1,\kappa}. \tag{3.16}$$

For $a \neq b$ we have

$$\bar{\tau}_4 = M_4, \quad \bar{\tau}_3 = \frac{b\bar{\tau}_2 - a\bar{\tau}_1}{b - a}$$

and $\bar{\tau}_1$ and $\bar{\tau}_2$ are the solutions of

$$\begin{array}{l}(M_1 - \tau_1)(b\tau_2 - a\tau_1)^2 + \tau_1^2(b\tau_2 - a\tau_1 - (b-a)M_3)a(b-1) = 0 \\ \text{and} \\ (M_2 - \tau_2)(b\tau_2 - a\tau_1)^2 + \tau_2^2(a\tau_1 - b\tau_2 - (a-b)M_3)b(a-1) = 0.\end{array} \tag{3.17}$$

Instead of using a numerical algorithm for computing a solution of (3.17) we use the following approximation.
We have

$$D(\sigma)L^{-1}K' = \begin{bmatrix} 2\sigma_\alpha^4 \dfrac{bn}{a-1} \\ -2\sigma_\beta^4 \dfrac{an}{b-1} \\ 0 \\ 0 \end{bmatrix} + 0(a,b), \tag{3.18}$$

where $0(a,b) \in I\!R^4$ and $\lim 0(a,b) = 0$ for $a \to \infty$ and $b \to \infty$.
Hence, we omit the factor $0(a,b)$ in (3.18) and get the following approximate solution of (3.14):

$$\begin{aligned} \bar{\tau}_4 &= M_4, \quad \bar{\tau}_3 = M_3, \\ \bar{\tau}_2 &= \frac{(b-1)M_2 + (a-1)(aM_1/b + (1-a/b)M_3)}{(a-1)+(b-1)}, \\ \bar{\tau}_1 &= \frac{(a-1)M_1 + (b-1)(bM_2/a + (1-b/a)M_3)}{(a-1)+(b-1)}. \end{aligned} \tag{3.19}$$

Note that for $a = b$ the approximate solution (3.19) and the exact solution (3.15) are identical.
Now the hypothesis $H_0 : \sigma_\alpha^2 = \sigma_\beta^2$ is rejected if

$$S^*(M) = \frac{S(M)}{C} > \chi^2_{1,\kappa}, \tag{3.20}$$

where S(M) is given by (3.6) with the solution (3.19) and the adjusting factor is derived as $C = 1 + \dfrac{1}{4(a-1)} + \dfrac{1}{4(b-1)}$.
In order to study the distributional properties of this likelihood ratio statistic, a short Monte Carlo simulation study was performed since it was not possible to obtain the distribution of $S(M)$ for finite sample sizes. In the study, data were generated for the combination $\sigma_\alpha^2 = \sigma_\beta^2 = 2, \sigma_\gamma^2 = 3$, and $\sigma_e^2 = 1$, and the sampling experiment was repeated five thousand times. The following tables present the empirical $\kappa$–fractile $Z_{abn,\kappa}$ of the distribution of $S^*(M)$ under $H_0 : \sigma_\alpha^2 = \sigma_\beta^2$, cf. (3.20), and the $\kappa$–fractile of the asymptotic distribution (here a $\chi_1^2$) for different values of a, b, and n.
The results of this short study show that, under the hypothesis, the $\kappa$–

Table 1: Empirical $\kappa$–fractiles $Z_{abn,\kappa}$ of the distribution of $S^*(M)$ under $H_0$, cf. (3.20), for $a = b$ and $\sigma_\alpha^2 = \sigma_\beta^2 = 2$, $\sigma_\gamma^2 = 3$ and $\sigma_e^2 = 1$

| $\kappa$ | $\chi^2_{1,\kappa}$ | $Z_{222,\kappa}$ | $Z_{443,\kappa}$ | $Z_{446,\kappa}$ | $Z_{775,\kappa}$ | $Z_{7710,\kappa}$ | $Z_{10106,\kappa}$ |
|---|---|---|---|---|---|---|---|
| 0.500 | 0.455 | 0.453 | 0.443 | 0.479 | 0.482 | 0.444 | 0.429 |
| 0.250 | 1.323 | 1.296 | 1.353 | 1.368 | 1.320 | 1.270 | 1.269 |
| 0.100 | 2.706 | 2.418 | 2.585 | 2.646 | 2.668 | 2.705 | 2.640 |
| 0.050 | 3.841 | 3.380 | 3.662 | 3.868 | 3.782 | 4.002 | 3.872 |
| 0.025 | 5.034 | 4.224 | 4.738 | 4.969 | 5.014 | 5.038 | 5.118 |
| 0.010 | 6.635 | 5.549 | 6.297 | 7.279 | 6.464 | 6.357 | 6.796 |

Table 2: Empirical $\kappa$–fractiles $Z_{abn,\kappa}$ of the distribution of $S^*(M)$ under $H_0$, cf. (3.20), for $a = b$ and $\sigma_\alpha^2 = \sigma_\beta^2 = 2$, $\sigma_\gamma^2 = 3$ and $\sigma_e^2 = 1$

| $\kappa$ | $\chi^2_{1,\kappa}$ | $Z_{343,\kappa}$ | $Z_{4310,\kappa}$ | $Z_{5810,\kappa}$ | $Z_{853,\kappa}$ | $Z_{974,\kappa}$ | $Z_{1057,\kappa}$ |
|---|---|---|---|---|---|---|---|
| 0.500 | 0.455 | 0.476 | 0.465 | 0.457 | 0.474 | 0.456 | 0.461 |
| 0.250 | 1.323 | 1.361 | 1.403 | 1.353 | 1.354 | 1.330 | 1.352 |
| 0.100 | 2.706 | 2.744 | 2.742 | 2.639 | 2.730 | 2.727 | 2.809 |
| 0.050 | 3.841 | 3.889 | 3.792 | 3.772 | 3.908 | 3.922 | 4.006 |
| 0.025 | 5.034 | 5.048 | 5.958 | 4.868 | 5.073 | 5.174 | 5.204 |
| 0.010 | 6.635 | 6.838 | 6.889 | 6.365 | 6.566 | 6.887 | 6.504 |

fractiles of the distribution of $S^*(M)$ under $H_0$ can be well approximated by $\chi^2_{1,\kappa}$ already for small values of $a, b$, and $n$. Further, our results show that the approximate solution (3.19) for $a \neq b$ works as well as the exact solution (3.15) for $a = b$. So for testing the hypothesis $\sigma_\alpha^2 = \sigma_\beta^2$, one can use the statistic $S(M)/C$ and the $\kappa$–fractiles of the $\chi_1^2$–distribution.
We note that a similar simulation study was performed also for the test statistic $\hat{R}(M)$, cf. (2.10), using the same values of $a, b$, and $n$. But a comparison between the empirical fractiles of $\hat{R}(M)$ and the fractiles of the asymptotic distribution (here a $\chi_1^2$) of $\hat{R}(M)$ under the hypothesis $\sigma_\alpha^2 = \sigma_\beta^2$ showed that the empirical fractiles of $\hat{R}(M)$ are generally too small. So for small sample sizes one should better use the likelihood ratio statistic $S^*(M)$, cf. (3.20), for testing the hypothesis $H_0 : \sigma_\alpha^2 = \sigma_\beta^2$.

# 4 A numerical example

An investigator wants to examine the effects of study days and subjects on a test method called video–tracking. This test method is based on a personal computer screen. A signal moves on the screen and should be followed by

the subjects with a second signal as close as possible. The difference between the two signals over 30 minutes was the observed variable.
The 36 subjects were selected at random from the city of Berlin and were asked to perform the video–tracking test for five study days. At each study day the test was carried out three times. On the first study day an adaption on the test method was performed. The results of this day were not used for an evaluation of this pilot study. It was assumed that the study days represent an observable random sample from the population of possible study days.
Let $Y_{ijk}$ be the difference between the two signals on the i$^{th}$ study day from the j$^{th}$ subject by the k$^{th}$ replication (on the i$^{th}$ day), then we have (cf. (1.1))

$$Y_{ijk} = \mu+\alpha_i+\beta_j+\gamma_{ij}+e_{ijk}, \quad i=1,\ldots,4; j=1,\ldots,36; k=1,\ldots,3, \quad (4.1)$$

where $\alpha_i$ is the random contribution of the i$^{th}$ study, $\beta_j$ is the random contribution of the j$^{th}$ subject, $\gamma_{ij}$ is the random contribution of the interaction between study day and subject, and $e_{ijk}$ is the contribution of all uncontrolled factors not accounted for in $\alpha_i, \beta_j$ and $\gamma_{ij}$. The corresponding ANOVA table for this random two–way classification model with interaction is

| Source | d.f. | MS | E(MS) |
|---|---|---|---|
| A (Study days) | 3 | $M_1 = 62838.5$ | $108\sigma_\alpha^2 + 3\sigma_\gamma^2 + \sigma_e^2$ |
| B (Subjects) | 35 | $M_2 = 13388.9$ | $12\sigma_\beta^2 + 3\sigma_\gamma^2 + \sigma_e^2$ |
| A × B (Interactions) | 105 | $M_3 = 1764.5$ | $3\sigma_\gamma^2 + \sigma_e^2$ |
| Error | 288 | $M_4 = 637.4$ | $\sigma_e^2$ |

The objective was to make inferences about the variance components $\sigma_\alpha^2$ and $\sigma_\beta^2$. If, for example, $\sigma_\beta^2$ is large, we know that the subjects differ widely with respect to the results of the video–tracking test, and this is important in designing further clinical studies.
First, the hypothesis of no differences between the variance components $\sigma_\alpha^2$ and $\sigma_\beta^2$ was tested. From the above ANOVA table, we get for the test statistic (3.20)

$$\begin{aligned} \bar{\tau}_4 &= M_4 = 637.4, \quad \bar{\tau}_3 = M_3 = 1764.5, \\ \bar{\tau}_2 &= 13006.9, \quad \bar{\tau}_1 = 102946.2 \quad \text{and} \quad S^*(M) = 0.3. \end{aligned}$$

Since $\chi^2_{1,0.05} = 3.84 > S^*(M)$, the hypothesis of no differences between the variance components $\sigma_\alpha^2$ and $\sigma_\beta^2$ is not rejected ($\alpha = 5\%$).
For this study, (asymptotic) simultaneous confidence intervals for $\sigma_\alpha^2$ and $\sigma_\beta^2$ are given by (cf. (2.14))

$$\begin{array}{ll} [0.0; 1492] & \text{for } \sigma_\alpha^2 \\ [331; 1605] & \text{for } \sigma_\beta^2 \end{array} \quad (4.2)$$

From this analysis we came to the conclusion that there are no differences between the variance of the population of study days and the variance of the population of subjects.

# References

ANDERSON, T. W. (1973): Asymptotically Efficient Estimation of Covariance Matrices with Linear Structure. *The Annals of Statistics, 1, 135–141.*

ABRAMOWITZ, M., STEGUN, I. A. (1964): Handbook of Mathematical Functions. Dover Publications, New York.

BARTLETT, M. S., KENDALL, D. G. (1946): The Statistical Analysis of Variance—Heterogeneity and the Logarithmic Transformation. *Journal of the Royal Statistical Society, B, 8, 128–138.*

BROWN, K. G. (1976): Asymptotic Behavior of MINQUE–Type Estimation of Variance Components. *The Annals of Statistics, 4, 746–754.*

ELPELT, B. (1989): On Linear Statistical Models of Commutative Quadratic Type. *Communications in Statistics – Theory and Methods, 18, 3407–3450.*

ELBASSIOUNI, M. Y., SEELY, J. (1980): Optimal Tests for Certain Functions of the Parameter in a Covariance Matrix with Linear Structure. *Sankhya, 42, 64–77.*

GRAYBILL, F. A. (1976): Theory and Application of the Linear Model. Duxbury Press, North Scituate.

HARTUNG, J. (1981): Nonnegative Minimum Biased Invariant Estimation in Variance Component Models. *The Annals of Statistics, 9, 278–292.*

HARTUNG, J., ELPELT, B., VOET, B. (1997): Modellkatalog Varianzanalyse. Buch mit CD–ROM. Oldenbourg, München, Wien.

HARTUNG, J., KNAPP, G. (1998): Asymptotic Tests for General Linear Hypotheses on Variance Components in Models of Commutative Quadratic Type. Technical Report, SFB 475, Department of Statisitcs, University of Dortmund.

HARTUNG, J., VOET, B. (1986): Best Invariant Unbiased Estimators for the Mean Squared Error of Variance Component Estimators. *Journal of the American Statistical Association, 81, 689–691.*

RAYNER, R. K. (1985): A Test for Variance–Covariance Parameters in Normal Linear Models. *Communications in Statistics – Theory and Methods, 14(10), 2379–2392.*

SCHEFFÉ, H. (1959): The Analysis of Variance. John Wiley, New York.

SEARLE, S. R. (1971): Linear Models. John Wiley, New York.

SEELY, J. (1971): Quadratic Subspaces and Completeness. *Annals of Mathematical Statistics, 42, 710–721.*

SEELY, J. (1977): Minimal Sufficient Statistics and Completeness for Multivariate Normal Families. *Sankhya, 39, 170–185.*

# Prinzipien zur Konstruktion nominaler Korrelationsmaße

A. Hilbert

Lehrstuhl für Mathematische Methoden der Wirtschaftswissenschaften, Universität Augsburg, 86135 Augsburg, Germany

**Zusammenfassung:** Immer dann, wenn Erscheinungen in den Wirtschafts- und Sozialwissenschaften auf kausale Abhängigkeiten hin untersucht werden, bedient man sich der Korrelationsrechnung, um mit ihrer Hilfe entsprechende Studien auch empirisch zu untermauern. Betrachtet man nun die Vielzahl der zur Korrelationsanalyse verfügbaren Zusammenhangsmaße, so stellt sich die Frage, welches Maß für die jeweilige Problemstellung adäquat ist. Die vorliegende Arbeit zeigt nun, daß verschiedene Konzepte existieren, auf deren Basis die Korrelation zweier nominaler Merkmale operationalisiert und damit letztlich auch quantifiziert werden kann. Diese Konzepte beruhen auf einer differenzierten Sichtweise der Korrelation und versuchen, genau diese mit Hilfe geeignet konstruierter Maße wiederzugeben. Jedes so entstandene Maß mißt seinen Zusammenhang und kann folglich kaum mit anderen Korrelationsmaßen verglichen werden.

# 1 Problemstellung

Während das Konzept der **Unabhängigkeit** zweier nominalskalierter Zufallsvariablen $X$ mit den Merkmalsausprägungen $a_i$ $(i = 1, 2, \ldots)$ und $Y$ mit den Ausprägungen $b_j$ $(j = 1, 2, \ldots)$ aus Sicht der Statistik eindeutig mit Hilfe der Bedingung

$$P_{(X,Y)}(a_i, b_j) = P_X(a_i) \cdot P_Y(b_j) \qquad \forall i, j \tag{1}$$

erklärt ist, fehlt ein entsprechender Ansatz zur Operationalisierung der Korrelation, d.h. zur Operationalisierung des **Zusammenhangs** oder der Beziehung zweier Zufallsvariablen.

Im folgenden sollen deshalb in Anlehnung an Weiss (1968, S. 161) verschiedene Konstruktionsprinzipien vorgestellt werden, die je nach Hervorhebung des einen oder anderen Aspektes der Korrelation unterschiedliche Zugänge zum statistisch fundierten Begriff des Zusammenhanges liefern. Des weiteren soll für jeden dieser Zugänge auch ein adäquates mathematisches **Basis-Korrelationsmaß** definiert werden, das den entsprechenden Aspekt der Korrelation geeignet wiedergibt und als Ausgangspunkt anderer, daraus ableitbarer Maße dienen kann. Diese Basismaße werden dabei auf der Basis der gemeinsamen Verteilung $P_{(X,Y)}$ des Merkmalsvektors $(X, Y)$ der Grundgesamtheit $\mathcal{G} = (O, (X, Y), P_{(X,Y)})$ über der Objektmenge $O$ selbst definiert. Die Herleitung entsprechender Basismaße für ordinalskalierte Merkmalsvektoren und die Übertragung dieser Konzepte auf Basismaße für Stichproben kann Hilbert (1998) entnommen werden.

| *Marktforschungsleiter* | | | |
|---|---|---|---|
| $X$ \ $Y$ | $b_1$ | $b_2$ | $P_X(\cdot)$ |
| $a_1$ | 0.30 | 0.10 | 0.40 |
| $a_2$ | 0.10 | 0.20 | 0.30 |
| $a_3$ | 0.20 | 0.10 | 0.30 |
| $P_Y(\cdot)$ | 0.60 | 0.40 | |

*bzw.*

| *Produktmanager* | | | |
|---|---|---|---|
| $X$ \ $Y$ | $b_1$ | $b_2$ | $P_X(\cdot)$ |
| $a_1$ | 0.24 | 0.16 | 0.40 |
| $a_2$ | 0.18 | 0.12 | 0.30 |
| $a_3$ | 0.18 | 0.12 | 0.30 |
| $P_Y(\cdot)$ | 0.60 | 0.40 | |

# 2 Die Abweichung von der stochastischen Unabhängigkeit

Zum Nachweis einer Beziehung zweier Zufallsvariablen bietet es sich zunächst an, die in Gleichung (1) genannte Bedingung der Unabhängigkeit zu falsifizieren. Dabei ist zu beachten, daß es sich hierbei um Größen der Grundgesamtheit handelt, die im Rahmen der Untersuchungen als bekannt vorausgesetzt werden müssen. Wie diese Überprüfung für diskrete Zufallsgrößen bei bekannter Verteilung mit Hilfe der zugrundeliegenden Kontingenztabelle erfolgen kann, erläutert das nachfolgende Beispiel.

**Beispiel 1**

*Für einen Produkttest sollen im Rahmen einer Neuprodukteinführung zwei Ausstattungsmerkmale eines bestimmten Erzeugnisses auf ihre Akzeptanz beim Kunden hin getestet werden. Das erste Merkmal $X$ liegt dabei in den Ausstattungsvarianten $a_1, a_2$ und $a_3$ vor, während das zweite Merkmal $Y$ nur die Ausprägungen $b_1$ und $b_2$ aufweist. Im Vorfeld der empirischen Untersuchung werden sowohl der Leiter der Marktforschungsabteilung als auch der Produktmanager nach ihrer persönlichen Einschätzung bezüglich der Testergebnisse befragt. Die von den beiden Personen zum Ausdruck gebrachten Wahrscheinlichkeiten für das Eintreten der verschiedenen Merkmalskombinationen sind in den beiden ersten Tabellen wiedergegeben:*

*Die Untersuchung der persönlichen Einschätzung bezüglich der Akzeptanz der Produktkombinationen $(X, Y)$ bei den Kunden ergibt für beide Manager zwar eine unterschiedliche Bewertung der verschiedenen Merkmalskombinationen, die Beurteilung der Ausprägungen der Merkmale $X$ und $Y$ selbst ist aber bei beiden identisch. Mit anderen Worten: Die Randverteilungen der beiden Zufallsvariablen $X$ und $Y$ unterscheiden sich nicht. Somit ergibt sich nach Gleichung (1) auch für beide Manager das gleiche, im Falle unabhängiger Merkmale zu beobachtende Bild, das in der dritten Tabelle dargestellt wird:*

*Jede Wahrscheinlichkeit $P_{(X,Y)}(a_i, b_j)$ innerhalb der Tabelle ergibt sich als Produkt der zugehörigen Randwahrscheinlichkeiten $P_X(a_i)$ und $P_Y(b_j)$. Ein Vergleich dieser Unabhängigkeitstabelle mit den beiden Originaltabellen zeigt, daß nach Einschätzung des Produktmanagers die beiden Merkmale $X$ und $Y$ unabhängig voneinander auf die Kundenakzeptanz einwirken, während der Marktforschungsleiter eine Abhängigkeit zwischen den beiden Merkmalen vermutet.*

| *Unabhängigkeitstabelle* | | | |
|---|---|---|---|
| X \ Y | $b_1$ | $b_2$ | $P_X(\cdot)$ |
| $a_1$ | 0.24 | 0.16 | 0.40 |
| $a_2$ | 0.18 | 0.12 | 0.30 |
| $a_3$ | 0.18 | 0.12 | 0.30 |
| $P_Y(\cdot)$ | 0.60 | 0.40 | |

Wie diese Unterschiede auch anschaulich zu interpretieren sind, zeigt die Weiterführung des Beispiels, bei dem anhand einer konkreten Merkmalsausprägung das Phänomen des Zusammenhangs bzw. das Phänomen der Unabhängigkeit verdeutlicht werden soll.

### Beispiel 2

*Beide Manager sagen voraus, daß 40% aller Kunden die Merkmalsausprägung $a_1$ bei Merkmal $X$ bevorzugen. Wenn nun 40% aller Kunden sich für Merkmalsausprägung $a_1$ entscheiden und die beiden Merkmale – wie dies der Produktmanager zum Ausdruck bringen möchte – unabhängig voneinander sind, dann müßten auch 40% aller Kunden, die sich vorab schon für die Merkmalsausprägung $b_1$ bei Merkmal $Y$ entscheiden, das Produkt mit der Ausprägung $a_1$ wählen. Die Merkmalsausprägung $b_1$ wiederum wird von 60% aller Kunden gewählt, womit sich insgesamt ein Anteil von 40% · 60% = 24% für die Kombination $(a_1, b_1)$ bei Unabhängigkeit ergeben müßte. Entscheiden sich aber aufgrund der Vorabwahl für Merkmalsausprägung $b_1$ bei $Y$ mehr (oder auch weniger) als 40% für $a_1$, so kann im Rahmen des Entscheidungsprozesses nicht davon ausgegangen werden, daß die beiden Merkmale $X$ und $Y$ unabhängig voneinander beurteilt werden – wie dies der Marktforschungsleiter durch seine Einschätzung wiedergibt.*

Das Beispiel vermittelt einen Eindruck davon, was im statistischen und im interpretatorischen Sinne mit Zusammenhang bzw. Unabhängigkeit gemeint sein könnte. Eine Operationalisierung für den Begriff des Zusammenhangs bzw. der **Korrelation** zwischen zwei Zufallsvariablen ist in folgender Definition 1 gegeben.

### Definition 1 [Korrelation Typ 1]

*Gegeben sei eine Grundgesamtheit $\mathcal{G} = (O, (X, Y), P_{(X,Y)})$, ein diskreter Zufallsvektor $(X, Y)$ und seine zugehörige Verteilung $P_{(X,Y)}$. Des weiteren seien $P_X$ und $P_Y$ die aufgrund der gemeinsamen Verteilung eindeutig bestimmten Randverteilungen von $X$ und $Y$. Man nennt die beiden Zufallsvariablen genau dann* **korreliert**, *wenn für mindestens eine Merkmalskombination $(a_i, b_j)$, $i, j = 1, 2, \ldots$, gilt:*

$$P_{(X,Y)}(a_i, b_j) \neq P_X(a_i) \cdot P_Y(b_j)$$

Zwei Zufallsvariablen sind miteinander korreliert, wenn sich die gemeinsame Verteilung nicht als Produkt der Randverteilungen beschreiben läßt. Oder umgekehrt: Zwei Zufallsvariablen sind **nicht** miteinander **korreliert**, wenn man die gemeinsame Verteilung als Produkt der Randverteilungen beschreiben kann. Möchte man nun ein handhabbares Instrumentarium zur Überprüfung der Korrelation zweier Zufallsvariablen in einer Grundgesamtheit entwickeln, so bietet es sich an, die in Definition 1 gestellte Forderung mit Hilfe einer Funktion $\bigtriangledown$ in folgende äquivalente Bedingung abzuwandeln:

$$P_{(X,Y)}(a_i, b_j) \neq P_X(a_i) \cdot P_Y(b_j)$$

$$\Leftrightarrow \quad \bigtriangledown \left( P_{(X,Y)}(a_i, b_j), P_X(a_i) \cdot P_Y(b_j) \right) \quad > \quad 0,$$

Die Funktion $\bigtriangledown : [0;1] \times [0;1] \rightarrow [0;\infty)$ selbst muß dabei folgende Eigenschaften aufweisen:

$$\begin{array}{lll} 1)\ \bigtriangledown(x,y) = 0 \quad \Leftrightarrow \quad x = y & & \text{für alle } x, y \in [0;1] \\ 2)\ \bigtriangledown(\kappa \cdot x, \kappa \cdot y) = \kappa \cdot \bigtriangledown(x,y) & & \text{für alle } \kappa \geq 0 \end{array}$$

Beispiele für eine solche Funktion $\bigtriangledown(x,y)$ sind die Abstandsfunktion $d(x,y) := |x-y|$, aber auch die sogenannte Chi-Quadrat-Abstandsfunktion

$$\chi^2(x,y) := \frac{(x-y)^2}{y}.$$

Da nun eine Korrelation in diesem Sinne genau dann vorliegt, wenn für mindestens ein Paar $(i,j)$ der zugehörige Funktionswert von Null verschieden ist, genügt es, zur Überprüfung des Zusammenhangs alle möglichen Ausdrücke zu addieren und diese Summe zu untersuchen. Damit ergibt sich das entsprechende Basis-Korrelationsmaß gemäß

$$\mathbf{KM}^{Typ1}_{(X,Y)} := \sum_{i,j} \bigtriangledown \left( P_{(X,Y)}(a_i, b_j), P_X(a_i) \cdot P_Y(b_j) \right), \tag{2}$$

das offenbar genau dann größer Null ist, wenn die Zufallsvariablen korreliert sind. Jedes Zusammenhangsmaß, das die Beziehung zweier Zufallsgrößen in einer Grundgesamtheit auf der Basis der **Abweichung von der stochastischen Unabhängigkeit** untersuchen möchte, muß somit algebraisch auf diesem Basismaß aufbauen.

# 3 Der Vergleich der bedingten Verteilungen

Bei genauer Betrachtung der Kontingenztabellen aus Beispiel 1 erkennt man eine weitere Möglichkeit, den Zusammenhang nominaler Zufallsvariablen zu operationalisieren. Eine äquivalente Bedingung für die Unabhängigkeit zweier Zufallsvariablen ergibt sich nämlich aus der Übereinstimmung der bedingten Verteilungen mit den jeweiligen Randverteilungen.

**Beispiel 3**

*Betrachtet man die Einschätzung der erwarteten Kundenakzeptanz bezüglich der verschiedenen Ausstattungsvarianten $a_i$ des Merkmals $X$ für jede Ausstattungsvariante $b_j$ des Merkmals $Y$ getrennt, so erkennt man zunächst anhand dieser Zahlen nicht sehr viel. Setzt man aber diese Zahlen zur entsprechenden Randhäufigkeit der Merkmalsausprägung $b_j$ in Relation, d.h., dividiert man die Zellhäufigkeiten durch die entsprechende Randhäufigkeit, so ergeben sich die für beide Manager in der vierten bzw. fünften Tabelle dargestellten bedingten Häufigkeiten:*

| *Marktforschungsleiter* | | | |
|---|---|---|---|
| | $P_{X\|Y=b_1}(\cdot)$ | $P_{X\|Y=b_2}(\cdot)$ | $P_X(\cdot)$ |
| $a_1$ | 0.50 | 0.25 | 0.40 |
| $a_2$ | 0.17 | 0.50 | 0.30 |
| $a_3$ | 0.33 | 0.25 | 0.30 |

| *Produktmanager* | | | |
|---|---|---|---|
| | $P_{X\|Y=b_1}(\cdot)$ | $P_{X\|Y=b_2}(\cdot)$ | $P_X(\cdot)$ |
| $a_1$ | 0.40 | 0.40 | 0.40 |
| $a_2$ | 0.30 | 0.30 | 0.30 |
| $a_3$ | 0.30 | 0.30 | 0.30 |

*Es ist offensichtlich, daß im Falle des Produktmanagers, der die beiden Merkmale als unabhängig voneinander betrachtet, die bedingten Verteilungen $P_{X|Y=b_1}$ und $P_{X|Y=b_2}$ mit der Randverteilung $P_X$ des Merkmals $X$ übereinstimmen. Beim Marktforschungsleiter hingegen, der eine Beziehung zwischen den Merkmalen $X$ und $Y$ erkennen möchte, resultieren bedingte Verteilungen, die sich von der jeweiligen Randverteilung zum Teil deutlich unterscheiden. Während im Falle des Marktforschungsleiters die Kenntnis der Merkmalsausprägung $b_j$ Rückschlüsse auf die Verteilung der Ausstattungsvarianten $a_i$ zuläßt, ist diese Vorabinformation im Falle des Produktmanagers ohne Zusatznutzen.*

Man erkennt, daß im Fall der Unabhängigkeit die bedingten Verteilungen $P_{X|Y=b_j}$ untereinander und zur Verteilung $P_X$ identisch sind. Diese wiederum ergibt sich als Randverteilung aus der gemeinsamen Verteilung $P_{(X,Y)}$. Eine grafische Gegenüberstellung dieser bedingten Verteilungen mit der Randverteilung führt zu einem sogenannten **Mosaic-Plot**, der entsprechend interpretiert kann. Mit Hilfe des folgenden Beispiels soll dies noch einmal verdeutlicht werden.

**Beispiel 4**

*Veranschaulicht man die Ergebnisse aus Beispiel 3 mit Hilfe von Balkendiagrammen, so ergibt sich der in Abbildung 1 dargestellte Mosaic-Plot. Man erkennt sofort, daß sich die bedingten Verteilungen, die sich aufgrund der Einschätzung des Marktforschungsleiters ergeben, deutlich voneinander unterscheiden, während diejenigen des Produktmanagers identisch sind. Die Merkmale $X$ und $Y$ stehen also nach Ansicht des ersten Managers in einem – wie auch immer gearteten – Zusammenhang, der vom zweiten leitenden Angestellten nicht gesehen wird. Er erwartet eine Unabhängigkeit der beiden Zufallsvariablen.*

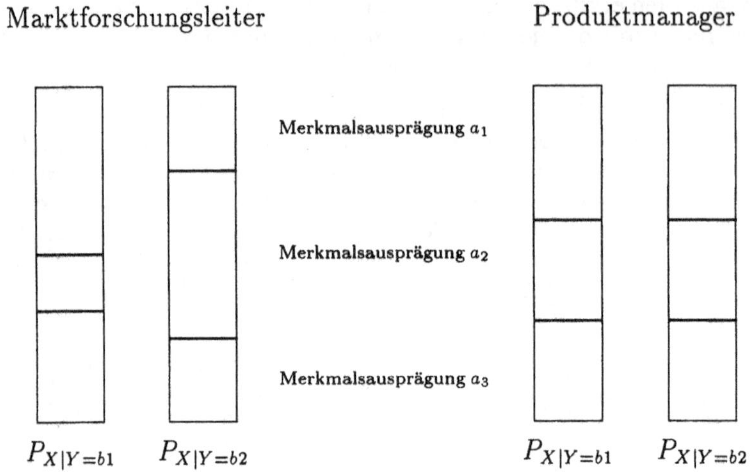


Abbildung 1: Mosaic-Plot der bedingten Verteilung der Zufallsvariablen $X$ unter der Voraussetzung $Y = b_j$ $(j = 1, 2)$

Wenn man nun in Anbetracht dieses Beispiels und der **asymmetrischen Behandlung** der beiden Zufallsvariablen als bedingte und als bedingende Größen eine zweite, statistisch-fundierte Definition der **Korrelation** geben möchte, so ergibt sich die folgende Definition.

**Definition 2 [Korrelation Typ 2]**
*Gegeben sei eine Grundgesamtheit $\mathcal{G} = (O, (X, Y), P_{(X,Y)})$, ein diskreter Zufallsvektor $(X, Y)$ und seine zugehörige Verteilung $P_{(X,Y)}$. Des weiteren sei $P_X$ die aufgrund der gemeinsamen Verteilung eindeutig bestimmte Randverteilung von $X$ sowie $P_{X|Y=b_j}$ die ebenfalls eindeutig bestimmte bedingte Verteilung von $X$ unter der Voraussetzung $Y = b_j$ (j=1,2,...). Man nennt die Zufallsvariable $X$ genau dann bezüglich $Y$* **korreliert**, *wenn für mindestens eine Merkmalsausprägung $b_j$ von $Y$ $(j = 1, 2, \ldots)$ und für mindestens ein $a_i$ von $X$ $(i = 1, 2, \ldots)$ gilt:*

$$P_{X|Y=b_j}(a_i) \neq P_X(a_i)$$

Zwei Zufallsvariablen sind miteinander korreliert, wenn die bedingten Verteilungen verschieden sind, oder umgekehrt: Zwei Zufallsvariablen sind **nicht** miteinander **korreliert**, wenn die bedingten Verteilungen identisch sind. Ein analoges Vorgehen führt dementsprechend zum Basismaß

$$\mathbf{KM}^{Typ2}_{(Y \to X)} := \sum_{i,j} \nabla \left( P_{X|Y=b_j}(a_i), P_X(a_i) \right), \tag{3}$$

das die beiden Zufallsvariablen **asymmetrisch** behandelt und genau dann größer Null ist, wenn eine *Korrelation im Sinne des hier vorgestellten Konzeptes* zwischen den Zufallsvariablen $X$ und $Y$ vorliegt. Alle Maße, die den Zusammenhang zweier Zufallsgrößen in einer Grundgesamtheit auf der Basis der **Abweichung zwischen den bedingten Verteilungen** [1] analysieren möchten, müssen somit algebraisch auf diesem Basis-Korrelationsmaß aufgebaut sein.

Besonders zu beachten ist bei diesem Basismaß, daß die beiden Zufallsvariablen $X$ und $Y$ nicht gleich behandelt werden. Während die Größe $Y$ als die bedingende Ursache der kausalen Beziehung zwischen $X$ und $Y$ anzusehen ist, wird das Merkmal $X$ als die bedingte Wirkung betrachtet. Somit ergeben sich bei der Analyse des Zusammenhangs zwischen $X$ und $Y$ zwei im allgemeinen verschiedene Korrelationsmaße - $\mathbf{KM}^{Typ2}_{(Y \to X)}$ und $\mathbf{KM}^{Typ2}_{(X \to Y)}$ - die nur im Fall der Unabhängigkeit der beiden Zufallsvariablen identisch Null sind. Mit Hilfe einfacher Umformungen kann man sogar zeigen, daß aus dem Verschwinden eines der Basismaße auch stets das Verschwinden des anderen folgt:

$$\begin{aligned} &\nabla \left(P_{(X,Y)}(a_i, b_j), P_X(a_i) \cdot P_Y(b_j)\right) \\ &\qquad = P_Y(b_j) \cdot \nabla \left(P_{X|Y=b_j}(a_i), P_X(a_i)\right) \\ \text{bzw. analog} &\qquad = P_X(a_i) \cdot \nabla \left(P_{Y|X=a_i}(b_j), P_Y(b_j)\right) \end{aligned}$$

Man erkennt, daß eine Überführung des Basis-Typ $\mathbf{KM}^{Typ2}_{(Y \to X)}$ bzw. $\mathbf{KM}^{Typ2}_{(X \to Y)}$ in den Typ $\mathbf{KM}^{Typ1}_{(X,Y)}$ durch Umformung der entsprechenden Summanden möglich ist. Während der Basis-Typ 2 eine ungewichtete Summe der Funktionswerte von $P_{X|Y=b_j}(a_i)$ und $P_X(a_i)$ bzw. $P_{Y|X=a_i}(b_j)$ und $P_Y(b_j)$ ist, handelt es sich bei Typ 1 um eine gewichtete Summe dieser Werte. Da das Basismaß $\mathbf{KM}^{Typ1}_{(X,Y)}$ genau dann Null ist, wenn die Zufallsvariablen unabhängig sind, folgt daraus unter Berücksichtigung der Nicht-Negativität der Gewichtungsfaktoren sofort auch die folgende Äquivalenz:

$$\mathbf{KM}^{Typ2}_{(Y \to X)} = 0 \quad \Leftrightarrow \quad \mathbf{KM}^{Typ2}_{(X \to Y)} = 0 \quad \Leftrightarrow \quad X \textit{ und } Y \textit{ sind unabhängig}$$

Die Unabhängigkeit der Zufallsvariablen liegt also genau dann vor, wenn mit Hilfe des Basismaßes vom Typ 1 oder mit Hilfe eines Basismaßes vom Typ 2 eine Korrelation von Null errechnet werden kann.

# 4 Die Reduzierung des Vorhersagefehlers

Eine weitere, vor allem in den angewandten Wirtschafts- und Sozialwissenschaften sehr aktuelle Betrachtungsweise des Konzeptes des Zusammenhanges bzw. der Korrelation ist die der **Reduzierung des Vorhersagefehlers**

[1] In der Literatur wird in diesem Zusammenhang auch häufig von Subgruppendifferenzen gesprochen (vgl. z.B. Benninghaus (1992, S. 83)).

der Zufallsvariablen $X$, wenn die Realisierung $y$ der Zufallsvariablen $Y$ bekannt ist. Man spricht in diesem Zusammenhang auch von der *proportional reduction in error*, oder kurz auch *PRE* genannt.
Die Idee, die sich hinter diesem Ansatz verbirgt, soll zunächst anhand des folgenden Beispiels verdeutlicht werden.

**Beispiel 5**
*Bei der Analyse der beiden bedingten Kontingenztabellen ergab sich in den vorangegangenen Ausführungen folgendes Bild: Während aufgrund der Einschätzung des Produktmanagers die beiden Ausstattungsmerkmale als unabhängig betrachtet werden können, gibt der Marktforschungsleiter zu verstehen, daß er einen Zusammenhang zwischen den beiden Merkmalen erkennen möchte. Diese Beziehung äußert sich beispielsweise derart, daß die bedingten Verteilungen des Merkmals $X$ sich untereinander und von der Randverteilung des Merkmals unterscheiden. Die Vorabinformation bezüglich der Ausstattungsvariante $b_j$ des Merkmals $Y$ versetzt den Marktforschungsleiter in die Lage, seine Einschätzung bezüglich der Wahl der Merkmalsausprägung $a_i$ (von $X$) neu zu beurteilen. Eine für nominale Zufallsvariablen sinnvolle Wahl fällt dabei auf die wahrscheinlichste Ausprägung $a_i$, d.h. auf den Modus von $X$. Die über alle Ausstattungsvarianten $b_j$ von $Y$ wahrscheinlichste Realisierung ist hier $a_1$ mit einem Wert von 40%. Müßte der Manager – ohne weitere Zusatzinformationen – eine Vorhersage für die Realisierung der Zufallsvariablen $X$ machen, so würde er sich für die Ausstattungsvariante $a_1$ entscheiden. Der maximale Fehler, den er hierbei begehen kann, beträgt also insgesamt 100% - 40% = 60%.*

*Wie verändert sich aber seine Entscheidung, wenn er vorab Informationen bezüglich der Wahl der Ausstattungsvariante $b_j$ von $Y$ erhält? Wird die Merkmalsausprägung $b_1$ vorab gewählt, so fällt seine Entscheidung wieder zugunsten der Ausprägung $a_1$, da hier mit 50% der Modus der bedingten Verteilung $P_{X|Y=b_1}$ zu finden ist. Der maximale Fehler, den er begehen kann, beläuft sich auf 100% - 50% = 50%. Die analoge Berechnung des maximalen Fehlers bei der Vorabentscheidung für $b_2$ ergibt ebenfalls den Wert 100% - 50% = 50%. Berücksichtigt man nun noch die Verteilung der Ausstattungsvarianten $b_j$ mittels ihrer unbedingten Verteilung $P_Y$, so ergibt sich insgesamt ein maximaler Fehler von*

$$60\% \cdot (100\% - 50\%) + 40\% \cdot (100\% - 50\%) = 50\%,$$

*der bei der Vorabinformation bezüglich der Entscheidung zugunsten einer Ausstattungsvariante $b_j$ zu erwarten ist. Ein Vergleich dieses Wertes mit dem maximalen Fehler von 60%, der sich bei alleiniger Betrachtung des Merkmals $X$ ergibt, zeigt, daß der Vorhersagefehler um 10% von 60% auf 50% reduziert werden konnte. Dies entspricht einer Verbesserung des Vorhersagefehlers von 16.67%.*

*Eine analoge Vorgehensweise für die Kontingenztabelle, die sich aufgrund der Einschätzungen des Produktmanagers ergibt, zeigt, daß sich der Vorhersagefehler bei Berücksichtigung des zweiten Merkmals nicht reduzieren läßt. Die Zufallsvariable $Y$ kann keine zusätzlichen Informationen bezüglich der Zufallsvariablen $X$ liefern.*

Man erkennt an diesem Beispiel sehr gut, daß im Fall der Unabhängigkeit die Berücksichtigung einer zweiten Zufallsvariablen keinerlei Zusatzinformationen bezüglich einer ersten Zufallsgröße – und somit bezüglich ihrer Verteilung – erbringt. Die bedingten Verteilungen $P_{X|Y=b_j}$ sind untereinander und zur Verteilung $P_X$ identisch. Eine Reduzierung des Vorhersagefehlers ist nicht möglich. Im Falle einer Beziehung zwischen den Zufallsvariablen existieren aber Unterschiede in den verschiedenen bedingten und unbedingten Verteilungen, so daß eine Reduzierung des Vorhersagefehlers möglich erscheint.

Möchte man in Anbetracht dieses Konzeptes eine weitere statistisch-fundierte Definition des Zusammenhangs geben, so muß man sich zunächst mit der Konzeption des Vorhersagefehlers **VF** selbst beschäftigen. In obengenanntem Beispiel wurden für das nominal-skalierte Merkmal $X$ die Gegenwahrscheinlichkeit des Modalwertes $1 - P_X(x_{mod})$, die sogenannte Modalabweichung, und der entsprechende Wert bei bedingter Vorhersage gegenübergestellt. Eine andere Möglichkeit, diesen Vorhersagefehler zu operationalisieren, ergibt sich mit Hilfe der für nominal-skalierte Merkmale definierten Entropie (vgl. z.B. Engel et al. (1995, S. 34)). Insgesamt lautet eine entsprechende Definition der Korrelation zweier Zufallsvariablen in einer Grundgesamtheit damit wie folgt:

**Definition 3 [Korrelation Typ 3]**

*Gegeben sei eine Grundgesamtheit $\mathcal{G} = (O, (X, Y), P_{(X,Y)})$, ein Zufallsvektor $(X, Y)$ und seine zugehörige Verteilung $P_{(X,Y)}$. $P_X$ sei die aufgrund der gemeinsamen Verteilung eindeutig bestimmte Randverteilung von $X$ sowie $P_{X|Y=b_j}$ die ebenfalls eindeutig bestimmte bedingte Verteilung von $X$ unter der Voraussetzung $Y = b_j$ $(j = 1, 2, \ldots)$. Des weiteren sei* **VF**$(\cdot)$ *der Vorhersagefehler, der bei der Vorhersage (oder Prognose) einer beliebigen Zufallsgröße $X$ bzw. $X|Y = b_j$ auftritt, wenn diese der Verteilung $P_X$ bzw. $P_{X|Y=b_j}$ folgt. Man nennt die Zufallsvariable $X$ genau dann bezüglich $Y$* **korreliert**, *wenn gilt:*

$$\mathbf{VF}(X) \neq \mathbf{VF}(X|Y)$$

*Im Fall diskreter Zufallsgrößen ist der bedingte Vorhersagefehler* **VF**$(X|Y)$ *der Größe $X$, wenn der Zufallsvariablen $Y$ zusätzliche Informationen entnommen werden können, dabei mittels*

$$\mathbf{VF}(X|Y) := \sum_j \mathbf{VF}(X|Y = b_j) \cdot P_Y(b_j)$$

*definiert. Die Definition des Funktionals* **VF**$(\cdot)$ *ist dabei beliebig und muß einzig dem Skalenniveau der Zufallsgrößen entsprechen.*

Man beachte, daß durch Verwendung des bedingten Vorhersagefehlers **VF**$(X|Y)$ auch hier eine im allgemeinen **asymmetrische Betrachtungsweise** der Zufallsvariablen vorliegt. Somit sind Situationen denkbar, die bei der Berechnung des Zusammenhangs auf Grundlage der Größen $X$ und $X|Y = b_j$ sowie auf Basis von $Y$ und $Y|X = a_i$ unterschiedliche Ergebnisse liefern.

Insgesamt läßt sich somit festhalten, daß zwei Zufallsvariablen genau dann korreliert sind, wenn eine Reduzierung des Vorhersagefehlers in der einen oder anderen Richtung möglich ist. Dies bedeutet jedoch auch, daß zwei Zufallsvariablen erst dann **nicht** miteinander **korreliert** sind, wenn eine Reduzierung des Vorhersagefehlers in beiden Richtungen unmöglich ist. [2] Allerdings folgt aus der Unkorreliertheit der beiden Zufallsvariablen im allgemeinen nicht deren stochastische Unabhängigkeit. Umgekehrt gilt aber, daß sich aufgrund der oben angestellten Überlegungen aus der Unabhängigkeit der Zufallsvariablen sofort auch ihre Unkorreliertheit ergibt.

Soll ein Instrumentarium zur Überprüfung der Korrelation zweier Zufallsvariablen in einer Grundgesamtheit entwickelt werden, so bietet es sich zunächst an, die Forderung aus Definition 3 wie folgt

$$\mathbf{VF}(X) \neq \mathbf{VF}(X|Y) \quad \Leftrightarrow \quad \mathbf{VF}(X) - \mathbf{VF}(X|Y) > 0$$

umzuformen, woraus sich letztlich ein den bisher entwickelten Korrelationsmaßen entsprechender Ansatz ergibt. Das Basismaß ist dabei gemäß

$$\mathbf{KM}^{Typ3}_{(Y \to X)} := \frac{\mathbf{VF}(X) - \mathbf{VF}(X|Y)}{\mathbf{VF}(X)} \tag{4}$$

definiert [3] und genau dann größer Null, wenn die beiden Zufallsvariablen *im Sinne dieses Konzeptes korreliert* sind.

# 5 Fazit

Betrachtet man zusammenfassend die vorgestellten Konstruktionsprinzipien und ihre entsprechenden Basis-Korrelationsmaße $\mathbf{KM}^{Typ1}_{(X,Y)}$ bis $\mathbf{KM}^{Typ3}_{(X,Y)}$, so erkennt man, daß jeder dieser Ansätze *"eine ganz eigene Vorstellung von dem hat, was man als* **Zusammenhang** *bezeichnen könnte"*.

Die Konzepte der *Abweichung von der stochastischen Unabhängigkeit* und des *Vergleichs der bedingten Verteilungen* verstehen beispielsweise aufgrund ihrer Anlehnung an entsprechende Definitionen der stochastischen Unabhängigkeit unter einem Zusammenhang zweier Zufallsvariablen das Nichtvorhandensein der Unabhängigkeit der Zufallsvariablen. Die Begriffe **Unkorreliertheit** und **Unabhängigkeit** sind im Sinne dieser Konzepte äquivalent. Somit gilt auch, daß aus der Unabhängigkeit zweier Merkmale das Verschwinden der entsprechenden Basismaße folgt, und daß bei Verschwinden der Korrelationsmaße die Zufallsvariablen auch unabhängig sind.

Anders verhält sich die Situation, wenn man das Konstruktionsprinzip des *proportional reduction in error* näher betrachtet. Dieser Ansatz versteht unter einem Zusammenhang nicht das, was man im allgemeinen aufgrund der

[2] Ist das Korrelationsmaß aufgrund der Definition des Vorhersagefehlers **VF** asymmetrisch, so muß entweder $\mathbf{KM}^{Typ3}_{(Y \to X)}$ oder $\mathbf{KM}^{Typ3}_{(X \to Y)}$ von Null verschieden sein.

[3] Die Definition des Funktionals **VF** entscheidet letztlich darüber, ob das resultierende Korrelationsmaß **symmetrisch** oder **asymmetrisch** ist.

stochastischen Unabhängigkeit darunter verstehen würde. Die PRE-Maße sprechen dann von einer Beziehung zwischen zwei Merkmalen, wenn mit Hilfe einer Variablen eine zweite Variable besser vorhergesagt werden kann. Erst dann, wenn diese verbesserte Prognose nicht möglich ist, liegt in diesem Verständnis kein Zusammenhang zwischen den Zufallsvariablen vor. Der Begriff der Unabhängigkeit spielt dabei keine Rolle, d.h., auch dann, wenn die Zufallsvariablen im Sinne dieser Konzepte unkorreliert sind, müssen sie nicht notwendig auch unabhängig sein. Dennoch gilt, daß im Fall der Unabhängigkeit der Zufallsvariablen das entsprechenden PRE-Maße den Wert Null annimmt.

*Die stochastische Unabhängigkeit kann also nur* **einen** *Teilaspekt der Unkorreliertheit zweier Zufallsvariablen beleuchten*, so daß letztlich die folgenden Implikationen bzw. Äquivalenzen gelten:

$$X \textit{ und } Y \textit{ sind unabhängig} \begin{cases} \Leftrightarrow & \mathbf{KM}^{Typ1}_{(X,Y)} = 0 \\ \Leftrightarrow & \mathbf{KM}^{Typ2}_{(Y \to X)} = 0 \;\wedge\; \mathbf{KM}^{Typ2}_{(X \to Y)} = 0 \\ \Rightarrow & \mathbf{KM}^{Typ3}_{(Y \to X)} = 0 \;\wedge\; \mathbf{KM}^{Typ3}_{(X \to Y)} = 0 \end{cases}$$

Alle Konzepte messen *ihren Zusammenhang* und "each leads to different measures of association and it can be shown, by suitably constructed cases, that one measure can be a very low value, or zero, when another measure suggests quite a reasonable amount of association" (Weiss (1968, S. 161)).

## Literatur


BENNINGHAUS, H. (1992): Statistik für Soziologen: Deskriptive Statistik, Teubner, Stuttgart.

ENGEL, A., MÖHRING M., TROITZSCH K.G. (1995): Sozialwissenschaftliche Datenanalyse, BI Wissenschaftsverlag, Mannheim.

HILBERT, A. (1998): Zur Theorie der Korrelationsmaße, Eul, Lohmar.

WEISS, R.S. (1968): Statistics in Social Research: An Introduction, Wiley & Sons, New York.

# Graphische Analyse kausaler Abhängigkeiten

Peter Kischka

Wirtschaftswissenschaftliche Fakultät
Lehrstuhl für Wirtschafts- und Sozialstatistik
Friedrich-Schiller-Universität Jena
07743 Jena, Germany

**Zusammenfassung:** Rubin's Modell zur Analyse kausaler Abhängigkeiten gewinnt in den vergangenen Jahren verstärkte Aufmerksamkeit in der Statistik. Dies ist nicht zuletzt auf die Verwendung von Graphen zur Beschreibung komplexer Abhängigkeitsstrukturen zurückzuführen. J. Pearl und P. Spirtes u. a. haben kausale Effekte durch Manipulationen in Graphen beschrieben. In dieser Arbeit wird gezeigt, daß die beiden Kausalitätsbegriffe i. a. nicht übereinstimmen und daß es - jedoch - Situationen gibt, in denen die Verwendung von Graphen die Bestimmung der Verteilung der potentiellen Variablen in Rubin's Modell ermöglicht.

## 1 Einleitung

Kausalität und damit verwandte Ausdrücke sind Begriffe, die in der statistischen Literatur kaum zu finden sind - mit Ausnahme der Bemerkung "Korrelation ist nicht Kausalität". Ein wesentlicher Grund hierfür ist sicher die aus der philosophischen Diskussion der vergangenen Jahrhunderte auch für den Laien erkennbare Tatsache, daß Kausalitätsdefinitionen sehr vielschichtig sind, teilweise äußerst komplex und auch widersprüchlich sind (vgl. z. B. Davis, (1988)).
Es ist nicht das Ziel des vorliegenden Aufsatzes, diese Diskussion wiederzugeben oder fortzuführen. Statt dessen wird ein pragmatischer Umgang mit dem Begriff Kausalität zugrundegelegt, wie er etwa auch von J. W. Pratt und R. Schlaifer angenommen wird: "In discussing a particular law with a specific realworld interpretation we may use the word "cause" or "because" if it seems to us that natural English usage permits us to do so; ... We decline to debate the "true" meaning of the word "cause" or any of its derivatives because what these words should convey about the relation of B to A over and above what is conveyed by the law or by laws that relate B to A seems to us to be a question of purely metaphysical or lexicographical interest, irrelevant to either scientific understanding or practicl control of the real world" (Pratt/Schlaifer (1988, p 24)).

Aber auch wenn man den philosophischen Hintergrund außer Acht läßt und sich auf einen pragmatischen Kausalitätsbegriff zurückzieht, bleibt die Schwierigkeit, daß das wahrscheinlichkeitstheoretische Instrumentarium zwar die Abhängigkeit zweier Zufallsgrößen definiert, die Definition einer einseitigen Abhängigkeit, die einem pragmatischen Kausalitätsbegriff entspricht,

jedoch ohne zusätzliche substanzwissenschaftliche Annahmen bzw. Kenntisse nicht enthält. Oft wird jedoch übersehen, daß auch das wahrscheinlichkeitstheoretishe Instrumentarium in bestimmten Fällen einseitige Abhängigkeiten festzustellen erlaubt, wenn weitere Zufallsgrößen in die Analyse mit einbezogen werden; dies ist Grundlage von Algorithmen der Abhängigkeitsanalyse (vgl. z. B. Spirtes et al., (1993)).
Die Zurückhaltung der Statistik bzw. der Statistiker, kausal interpretierbare Aussagen zu treffen, hat eine lange Tradition; K. Pearson überschreibt ein Kapitel seines Buches"The Grammar of Science": "Contingency and correlation - the insufficiency of causation" (Pearson (1911)) und lehnt die Notwendigkeit eines eigenen Kausalitätskonzepts strikt ab. Diese Einschätzung prägte wesentlich die Entwicklung dieses Jahrhunderts. Die heute vorherrschende Haltung zum Begriff Kausalität wird deutlich an der Behandlung des Begriffs in der Statistischen Enzyklopädie; G. A. Barnard schreibt dort: "The fact that a clear concept of causation requires widely applicable models of a class of phenomena implies that by far the surest if not the only way to establish causation is by a series of experiments in which situations to which the model is supposed to apply are set up, and the relevant input variables are deliberately modified by the experiments. If over long series of repetitions under widely different cirumstumes changes in the input variables are found to be associated with changes in the values or in the distribution of the output variables, then causal relations can be said to be established. In other cases we can speak of causal relations only insofar as we consider we have ecidence which in our view amounts to the same thing as such a series of repeated experiments" (Barnard (1982, p 388)). Außerhalb von idealen experimentellen Bedingungen sind nach dieser weitverbreiteten Ansicht, kausale Aussagen in der Regel nicht möglich; dabei ist der Kausalitätsbegriff nicht spezifiziert und im Sinne der eingangs erwähnten Abgrenzung von J. W. Pratt und R. Schlaifer zu verstehen.
Andererseits steht diese Zurückhaltung der Statistik im Widerspruch zu den Ansprüchen der Statistik-Nutzer. In den Wirtschaftswissenschaften werden ebenso wie in anderen Anwendungsgebieten der Statistik, Ergebnisse statistischer Untersuchungen als Entscheidungsgrundlage genutzt und ihnen damit eine kausale Implikation zugewiesen. Es ist zu fragen, ob die häufige mißbräuchliche Verwendung statistischer Untersuchungen nicht auch darin ihre Ursache hat, daß "die Statistik" es versäumt (hat), eine klare Konzeption für kausale Abhängigkeiten - außerhalb des idealen Experiments - zu definieren. Etwas überspitzt formulieren P. Spirtes und seine Koautoren, nachdem sie feststellen, daß in den Lehrbüchern der Zusammenhang zwischen probabilistischen Relationen und kausalen Abhängigkeiten nahezu vollständig ausgeklammert wird: "Even more curious to an outsider, many statistical textbooks claim that the methods they describe cannot be reliably used to infer causal dependencies from random uncontrolled samples, or to predict the effects of manipulations, and they say or suggest that all possible statistical methods are equally impotent for these purposes. If widely believed, these bold claims would remove much of the market of the books that advance them, and at least some of the interest in statistics as a subject" (Spirtes

et al. (1993, p 1)).
In den vergangenen Jahren läßt sich nun in der Tat ein etwas stärkeres Interesse an den Zusammenhängen zwischen Kausalität und Statistik erkennen; so schreibt D. R. Cox: "There are several morals for statistical analysis. First we should aim for models that are at least potentially causal" (Cox (1992, S. 294)).
Im Mittelpunkt der vorliegenden Arbeit steht das von P. Holland in einer viel zitierten Arbeit so bezeichnete Rubin-Modell (Holland (1986, S. 946)). D. Rubin hat beginnend 1974 in einer Reihe von Arbeiten einen Ansatz vorgestellt, der es unter Zusatzbedingungen erlaubt, kausale Aussagen auch aus nicht experimentell gewonnenen Daten abzuleiten, zugleich aber auch deutlich macht, daß randomisierte Experimente solche Aussagen zulassen (Rubin (1974)). Es muß betont werden, daß das Rubin-Modell in Holland's Artikel nur die rudimentäre Modellstruktur beschreibt, wesentliche Erweiterungen möglich sind.
Rubin's Ansatz findet zunehmend Verwendung in der Psychologie (vgl. z. B. R. Steyer et al. (1998)), in den Sozialwissenschaften (vgl. z. B. G. King et al. (1994)) oder in den Wirtschaftswissenschaften (vgl. z. B. M. Lechner (1998)) und ist Ausgangspunkt dieser Arbeit.

# 2 Das Rubin-Modell

Im folgenden wird die grundlegende Struktur des Rubin-Ansatzes für diskrete Variablen dargestellt (Rubin (1974), Holland (1988), Pratt/Schlaifer (1988)).
Gegeben sei eine Einflußvariable $X$ (treatment) und eine Zielgröße $Y$ (response). Für jeden Wert $x$ der Zufallsvariable $X$ sei $Y_x$ die Zufallsvariable, die die Zielgröße beschreibt, wenn $X$ auf den Wert $x$ fixiert wird. Ein kausaler Effekt von $x$ gegenüber $x'$ ist gekennzeichnet durch Unterschiede der Verteilungen von $Y_x$ und $Y_{x'}$ und im einfachsten Fall durch die Differenz der Erwartungswerte: $E(Y_x) - E(Y_{x'})$. Da bei jeder Beobachtung nur genau ein Wert von $X$ vorliegt, sind die Verteilungen von $Y_x, Y_{x'}$ i. a. nicht aus den Beobachtungen ableitbar; P. Holland bezeichnet dies als 'fundamental problem of causal inference' (vgl. Holland (1986, S. 947)).
Die Beziehung zwischen den kontrafaktischen Variablen $Y_x$ sowie den beobachteten Variablen $Y, X$ ist gegeben durch:

$$P(Y_x = y|X = x) = P(Y = y|X = x) \tag{1}$$

I. a. gilt jedoch

$$P(Y_x = y) \neq P(Y = y|X = x) \tag{2}$$

Rubin und in seiner Nachfolge z. B. Pratt und Schlaifer geben zwei Bedingungen an, die es ermöglichen, die Verteilung bzw. den Erwartungswert der Variable $Y_x$ zu berechnen (Pratt, Schlaifer (1988)). Diese Bedingungen werden in der Literatur häufig mit ignorability bzw. conditional ignorability bezeichnet.

Ignorability $\qquad X$ ist unabhängig von $Y_x$ für alle $x$ $\qquad (3)$

Conditional ignorability:

$$
\begin{array}{ll}
a) & X \text{ ist unabhängig von } Y_x \text{ gegeben } Z = z \qquad (4)\\
b) & P(X = x|Z = z) > 0 \qquad (5)\\
 & (\text{ für alle } x \text{ und } z)
\end{array}
$$

Unabhängigkeit von $X$ und $Y_x$ ist gewährleistet, wenn $X$ zufällig eingesetzt wird; $P(X = x', Y_x = y)$ ist die gemeinsame Wahrscheinlichkeit, daß $X$ den Wert $x'$ annimmt und $Y$ den Wert $y$ annimmt, falls $X$ auf den Wert $x$ fixiert wird. Bei nicht experimentell gewonnenen Daten kann von "ignorability" i. a. nicht ausgegangen werden (ein Arzt wird ein Medikament verstärkt den Patienten verschreiben, bei denen er der Ansicht ist, daß er damit die Krankheit beheben kann). Conditional ignorability fordert Unabhängigkeit von $X$ und $Y_x$ in allen durch eine covariate Variable $Z$ definierten Schichten $\{Z = z\}$. In Analogie zu (1) ist der Zusammenhang zwischen der Verteilung von $Y_x$ und der Verteilung der beobachtbaren Variablen gegeben durch:

$$P(Y_x = y|X = x, Z = z) = P(Y = y|X = x, Z = z) \qquad (6)$$

Es gilt dann:

$$
\begin{aligned}
P(Y_x = y) &= E(P(Y_x = y|Z)) \\
&= E(P(Y_x = y|X = x,\ Z)) \qquad (\text{ vgl.}(4)) \\
&= E(P(Y = y|X = x, Z)) \qquad (\text{vgl. } (6)
\end{aligned}
$$

Ein direkter Test von (3) bzw. (4) ist nicht möglich. Getestet werden können u. U. substanzwissenschaftliche Implikationen, wie das folgende einfache Beispiel zeigt.

Für ein $z$ sei aus substanzwissenschaftlichen Gründen bekannt, daß die bedingten Verteilungen von $Y_x$ und $Y_{x'}$ übereinstimmen. Gilt (4), so folgt

$$P(Y_x = y|Z = z) = P(Y = y|X = x, Z = z)$$

und

$$P(Y_{x'} = y|Z = z) = P(Y = y|X = x', Z = z)$$

Sind also die beobachtbaren Verteilungen von $Y$ gegeben $(X = x, Z = z)$ bzw. gegeben $(X = x', Z = z)$ signifikant verschieden, so ist (4) nicht erfüllt. Andere substanzwissenschaftliche Implikationen werden in (Kischka, (1999)) untersucht.

# 3 Graphen zur Beschreibung von Manipulationen

Gerichtete azyklische Graphen sind ein anschauliches Instrument zur Untersuchung von Abhängigkeiten. Zwei Konstruktionsprinzipien können unterschieden werden.
Gegeben seien $n$ Zufallsvariable $\{X_1, \cdots, X_n\}$ mit gemeinsamer Verteilung $P$. Für eine exogen gegebene Ordnung der $n$ Zufallsvariablen seien minimale Mengen $PA_i \subset \{X_1, \cdots, X_{i-1}\}$ $(2 \leq i \leq n, \quad PA_0 = \oslash))$ definiert durch

$$P(X_i = x_i | PA_i = pa_i) = P(X_i = x_i | X_1 = x_1, \cdots, X_{i-1} = x_{i-1})$$

Der durch $P$ und die gegebene Ordnung definierte azyklische Graph entsteht durch Verbindung von $X_i$ mit allen Variablen der Elternmenge $PA_i$ durch auf $X_i$ gerichtete Kanten (Pearl, (1988)).
Ein weiteres Konstruktionsprinzip beruht auf der Vorgabe der Mengen $PA_i \subseteq \{X_1, \cdots, X_n\}$ in einem System rekursiver Gleichungen mit unabhängigen "Restgrößen" $U_i$ :

$$X_i = f_i(PA_i, U_i) \qquad (1 \leq i \leq n) \tag{7}$$

Dabei stellen $f_i$ i. a. nichtlineare Funktionen dar. Der Graph wird wiederum durch gerichtete Kanten von $PA_i$ nach $X_i$ gebildet (Pearl, (1998)).
Bei beiden Konstruktionen gilt für die gemeinsame Verteilung

$$P(X_i = x_i, \cdots X_n = x_n) = \prod_{i=1}^{n} P(X_i = x_i | PA_i = pa_i) \tag{8}$$

Entscheidend für den Einsatz von Graphen ist die Möglichkeit, aus graphentheoretischen Eigenschaften auf stochastische Eigenschaften der Variablen $X_1, \cdots, X_n$ zu schließen. Eine Möglichkeit bietet die d-Separation (Pearl, (1988)):
In einem gerichteten azyklischen Graph wird eine Variable $X$ von einer Variable $Y$ durch eine Menge $Z$ $(X, Y \notin Z)$ d-separiert, wenn gilt: Auf jedem (ungerichteten) Pfad zwischen $X$ und $Y$ existiert eine Variable $W$ mit

a) $W$ besitzt aufeinander zulaufende Kanten und $W$ sowie seine Nachfolger gehören nicht zu $Z$
oder

b) $W$ besitzt nicht aufeinander zulaufende Kanten und $W$ gehört zu $Z$.

Ist $G$ ein nach einem der beiden dargestellten Konstruktionsprinzipien gebildeter gerichteter azyklischer Graph, so gilt (vgl. Geyer et al. (1990)): Wird $X$ von $Y$ durch die Menge $Z$ d-separiert, so sind $X$ und $Y$ bedingt unabhängig gegeben $Z$.

In diesem Fall spricht man auch von einer I-map (Independence map): $G$ ist eine I-map für $P$ (Pearl (1988)).
1993 haben J. Pearl und P. Spirtes u.a. unabhängig voneinander Manipulationen in Graphen untersucht zur Analyse kausaler Effekte (Pearl (1993), Spirtes et al. (1993)). Von den unterschiedlichen Darstellungsformen wird hier diejenige aus Pearl (1998) verwendet: Auswirkungen der Manipulation von $X_j$ - d. h. Fixierung der Variablen $X_j$ auf einen Wert $x_j$ - können aus dem Gleichungssystem (7) und dem zugehörigen Graphen abgelesen werden, wenn die j-te Gleichung gestrichen wird und die Variable $X_j$ in den restlichen Gleichungen durch $x_j$ ersetzt wird. Für die gemeinsame Verteilung $\tilde{P}_{x_j}$ der restlichen Variablen ergibt sich

$$\tilde{P}_{x_j}(X_1 = x_1, \cdots, X_{j-1} = x_{j-1}, X_{j+1} = x_{j+1}, \cdots, X_n = x_n) =$$

$$\prod_{\substack{i=1 \\ i \neq j}}^{n} P(X_i = x_i | PA_i = pa_i) \tag{9}$$

Hieraus ergeben sich die entsprechenden Randverteilungen. Der kausale Effekt von $X_j = x_j$ gegenüber $X_j = x'_j$ auf $X_i$ ergibt sich aus dem Vergleich der Randverteilungen $\tilde{P}_{x_j}(X_i = x_i)$ und $\tilde{P}_{xj'}(X_i = x_i)$.
Der aus (7) abgeleitete Graph kann genutzt werden, um die Verteilung (9) und insbesondere die interessierenden Randverteilungen zu berechnen (backdoor-Kriterium, Pearl (1993, 1998)).

# 4 Beziehungen zwischen Rubin's Modell und gerichteten Graphen

Die Berechnung der Verteilung (9) hängt von der Struktur des aus (7) abgeleiteten Graphen ab. Dagegen sind die Bedingungen (3) bzw. (4) unabhängig von solchen Strukturen.
Beispiel:

Gilt für 3 Variable $(X, Y, Z)$

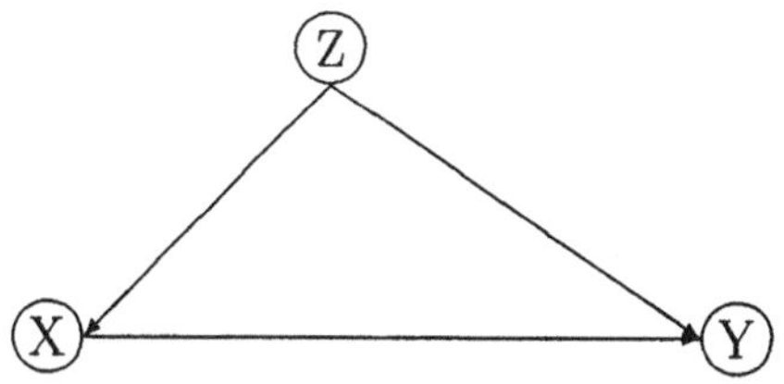


Figur 1

so folgt aus (9): $\tilde{P}_x(Y = y) = \sum_z P(Z = z)\ P(Y = y|X = x, Z = z)$
Gilt dagegen

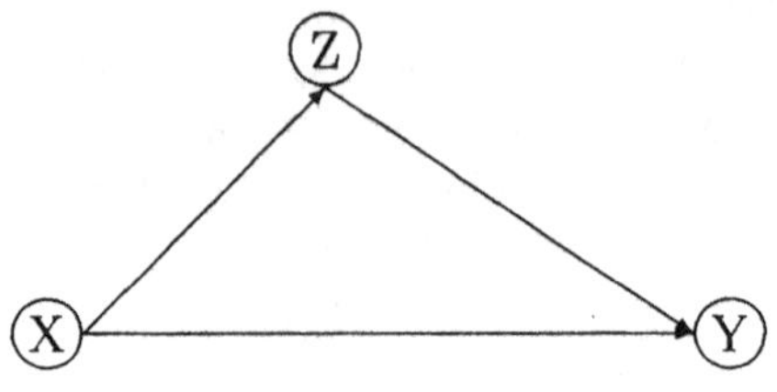


Figur 2

so folgt aus (9): $\tilde{P}_x(Y = y) = P(Y = y|X = x)$
Erfüllt $Z$ die Bedingungen (4), (5), so gilt im ersten Fall $P(Y_x = y) = \tilde{P}_x(Y = y)$, im zweiten nicht.
Die graphische Struktur kann in bestimmten Fällen erfolgreich genutzt werden, wenn die bedingende covariate Variable $Z$ in (4) nicht beobachtbar ist.
Es gelte die ignorability Bedingung (4) bzgl. einer Variablen $Z$:

$$P(Y_x = y) = \sum_z P(Y = y|X = x, Z = z)P(Z = z)$$

Ist die Variable $Z$ nicht beobachtbar, so ist die Verteilung von $Y_x$ nicht schätzbar, so daß die Bedingung (4) nicht direkt genutzt werden kann, um kausale Effekte im Sinn von Rubin zu berechnen. Das folgende Beispiel soll diese Situation verdeutlichen:
Betrachten wir den gerichteten Graphen

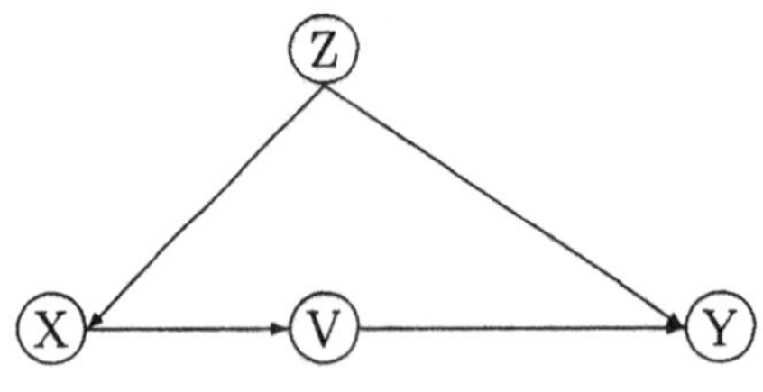


Figur 3

Es gilt: (unter Verwendung der abkürzenden Schreibweise $P(z)$ für $P(Z = z)$ etc. und der Annahme einer I-map (vgl. Abschnitt 3)):

$$
\begin{aligned}
\tilde{P}_x(y) &= \sum_{z,v} P(z)\, P(v|x)\, P(y|v,z) \\
&= \sum_{z} P(z) \sum_{v} P(v|x,z)\, P(y|z,v,x) \\
&= \sum_{z} P(z) \sum_{v} P(v,y|x,z) \\
&= \sum_{z} P(z) \cdot P(y|x,z) \\
&= P(Y_x = y)
\end{aligned}
$$

In diesem Fall stimmt also die Verteilung von $Y_x$ mit der Verteilung $\tilde{P}_x$ für für die Zielvariable $Y$ überein. $\tilde{P}_x$ läßt sich aber auch ohne Einbeziehung von $Z$ berechnen:

$$
\begin{aligned}
\tilde{P}_x(y) &= \sum_{v} P(v|x) \sum_{z} P(y|v,z) P(z) \\
&= \sum_{v} P(v|x) \sum_{x'} \sum_{z} P(y|v,z) P(z|x') P(x')
\end{aligned}
$$

Für die innere Doppelsumme erhält man

$$
\begin{aligned}
& \sum_{x'} \sum_{z} P(y|v,z)\, P(z|x')\, P(x') \\
=\ & \sum_{x'} \sum_{z} P(y|v,z,x')\, P(z|v,x')\, P(x') \\
=\ & \sum_{x'} \sum_{z} P(y,v,z,x') \cdot (P(v,x'))^{-1}\, P(x') \\
=\ & \sum_{x'} \sum_{z} P(y,z|v,x')\, P(x') \\
=\ & \sum_{x'} P(y|v,x')\, P(x')
\end{aligned}
$$

Insgesamt erhält man daher

$$
P(Y_x = y) = \tilde{P}_x(y) = \sum_{v} P(v|x) \sum_{x'} P(y|v,x') P(x')
$$

Dieser Ausdruck ist aus den beobachtbaren Variablen $X, Y, V$ berechenbar. Zu beachten ist, daß die Beziehung

$$
\tilde{P}_x(y) = P(Y_x = y)
$$

nicht hinreichend ist, um bei Vorliegen nicht beobachtbarer Variablen die Verteilung von $Y_x$ berechnen zu können.

Gilt statt des oben angebenen Graphs

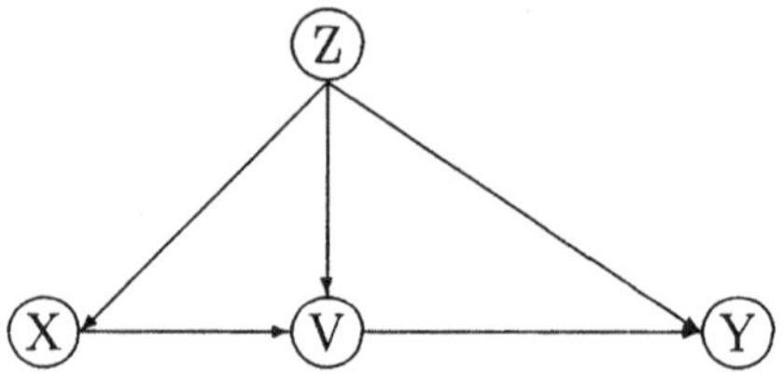


Figur 4

So gilt wiederum

$$\tilde{P}_x(y) = \sum_z P(Y = y | X = x, Z = z) P(Z = z),$$

jedoch läßt sich $\tilde{P}_x(y)$ nicht mehr ohne Verwendung der (annahmegemäß nicht beobachtbaren) Variablen $Z$ berechnen, da $Z$ und $V$ nicht mehr durch $X$ d-separiert sind.
Kriterien für die Möglichkeit, die Verteilung von $Y_x$ aus einem Graphen ableiten zu können, werden in (Kischka (1999)) zusammengestellt.

# Literatur


BARNARD, G. A. (1982): Causation. in: S. Kotz, N. L. Johnson (eds.): Encyclopaedia of Statistical Sciences, Vol. 1, New York.
CASTILLO, E., GUTIERREZ, J. M., HADI, A. S. (1997): Expert Systems and Probabilistic Network Models, New York.
COX, D. R. (1992): Some Statistical Aspects. *Journal of the Royal Statistical Society A*, 155.
DAVIS, W. A. (1988): Probabilistic Theories of Causation, in: J. H. Fetzer (ed.): Probability and Causation, Amsterdam.
GEIGER, D., VERMA, T. S., PEARL, J. (1990): Identifying independence in Bayesian networks. *Networks 20*, 507 - 534.
HOLLAND, P. W. (1988): Causal Inference, Path Analysis and Recursive Structural Equations Models, in: C. Clogg (ed.): *Sociological Methodology 18.*
HOLLAND, P: W. (1986): Statistics and Causal Inference. *Journal of the American Statistical Association 81.*
KING, G., KECHANE, R. O., VERBA, S. (1994): Designing Social Inquiry. New Jersey.
KISCHKA, P. (1998): Kausale Interpretation von Graphen, in: G. Nakhaeizadeh (eds.), Data Mining, Berlin/Heidelberg.

KISCHKA, P. (1999): Graphen als Instrumente zur Bestimmung kausaler Abhängigkeiten im Rubin-Modell, in Vorbereitung.
LECHNER, M., (1998): Microeconometric Evaluations of Continnous Vocational Training in East Germany after Unification, Berlin/Heidelberg.
PEARL, J. (1988): Probabilistic Reasoning in Intelligent Systems, San Mateo.
PEARL, J. (1993): Comment: Graphical Models, Causality and Intervention, *Statistical Science.*
PEARL, J. (1998): Graphs, causality and structural equation models. *Sociological Methods and Research 27.*
PEARSON, K. (1911): The Grammar of Science, London. (reprint: Gloucester, 1969)
PRATT, J. W., SCHLAIFER; R. (1988): On the Interpretation and Observation of Laws. *Journal of Econometrics 39.*
RUBIN, D. B. (1974): Estimating Causal Effects of Treatments in Randomized and Nonrandomized Studies. *Journal Educational Psychology.*
RUBIN, D. (1986): Comment (on Holland's article). *Journal of the American Statistical association 81.*
SPIRTES, P., GLYMOUR, C., SCHEINES, R.(1993): Causation, Prediction and Search, Lecture Notes in Statistics 81. New York.
STEYER, R., GABLER, S., RUCAI, A. A. (1998): Confounding in Regression Models: Individual Causal Effects, Average Causal Effects and Unconfoundedness to appear, in: Methods of Psychological Research Online.

# Depth of Hyperplanes and Related Statistics*

G. Koshevoy[1], K. Mosler[2]

[1] C.E.M.I., Russian Academy of Science,
Krasikova 32, Moscow 117418, Russia

[2] Seminar für Wirtschafts- und Sozialstatistik,
Universität zu Köln, 50923 Köln, Germany

**Summary:** We introduce a new notion of multivariate depth, the depth of a hyperplane in a sample. For two samples, the mean hyperplane depth (MHD) of one with respect to the other is calculated. We explore the combinatorial and other properties of these notions and, in particular, their relation to majority depth. Affine invariant statistics based on the MHD are introduced to test for homogeneity against dispersion and location alternatives.

## 1 Introduction

In the last years, various notions of data depth have been proposed in multivariate data analysis to measure how central or "deep" a point lies in a given cloud of data: halfspace depth, Oja depth, simplicial depth, majority depth, Mahalanobis depth and zonoid depth; see e.g. Liu, Parelius and Singh (1997) and Koshevoy and Mosler (1997). These data depths have proven useful for descriptive as well inferential statistics. Brown *et al.* (1992), Liu and Singh (1993), Dyckerhoff (1998) and others have used data depths for testing hypotheses.

In this paper we introduce a new notion of depth, the depth of a hyperplane. Given a hyperplane and a finite set of points in $\mathbb{R}^d$, the depth of the hyperplane is defined as the minimal portion of points which are in one of the two closed halfspaces supported by the hyperplane. This is called the sample version of depth; the notion extends to a population version.

The depth of a hyperplane can be easily calculated. It is invariant under affine transformations of $\mathbb{R}^d$ and gives rise to sample functions that are useful in multivariate data analysis. As a basic statistic we introduce the mean hyperplane depth (MHD) of a sample with respect to another sample (or with respect to a population). The MHD is defined as the mean depth of all hyperplanes that are generated by points of the first sample. Particularly, the two samples may be the same; in general they have an arbitrary intersection.

The MHD is related to the majority depth of points. We define the extended majority depth of a point in a sample with respect to a second sample and

*Research supported by a grant of the Deutsche Forschungsgemeinschaft. We thank Alexander Klassmann for computational assistance.

show that the MHD equals one minus the mean extended majority depth of points. If the two samples are the same, the extended majority depth reduces to the usual majority depth. By this, the MHD is an estimator of the expected majority depth of a sample.

Introducing a notion of combinatorial structure of data matrices we show that the majority depth depends on this structure only. The extended majority depth and the MHD are combinatorial invariant in pairs. In particular, the MHD is affine invariant.

In order to analyse whether the samples are homogeneous or not, we propose two statistics based on the MHD. One of them detects differences in the dispersion, the other one shifts in the location of the data.

Beyond their descriptive use, the MHD statistics may be considered in a probabilistic setting. We calculate their distributions as well as the power of the resulting tests of significance for several families of elliptical distributions.

Section 2 contains the definitions of the depth of a hyperplane and the MHD of a sample. The relation of the MHD to majority depth and its numerical calculation are discussed. Section 3 introduces combinatorial invariance, and Section 4 develops further properties of majority depth and of the MHD. In Section 5 we present our MHD statistics. Their distribution and the power of corresponding significance tests is given in Section 6.

# 2 Depth of a hyperplane and the MHD of a sample

For a hyperplane $H$ in $\mathbb{R}^d$ and a finite set of points $V$ in $\mathbb{R}^d$, define the *depth of $H$ in $V$* by

$$d_{Hyp}(H;V) = \frac{1}{|V|}\min\{|V \cap H_+|, |V \cap H_-|\}, \tag{1}$$

where $H_+$ and $H_-$ are the two closed halfspaces bounded by $H$ and $|S|$ is the number of elements in $S$. The depth amounts to the smaller portion of points in $V$ that lie on one side of the hyperplane.

The depth of a hyperplane extends the usual univariate mid-rank to the multivariate case: In dimension one, a hyperplane is a point, $z$, and $d_{Hyp}(z;V)$ is the smaller portion of $V$ lying above or below $z$. The maximum depth, equal to $1/2$, is attained at the median of $V$. Away from the median the depth decreases; it vanishes outside the convex hull of $V$. For $z \in V \subset \mathbb{R}$ the depth $d_{Hyp}(z;V)$ equals the *mid-rank* of $z$ in $V$.

For a hyperplane $H$ and a probability measure $\mu$ on $\mathbb{R}^d$ we similarly define the *depth of $H$ in $\mu$*,

$$d_{Hyp}(H;\mu) = \min\{\mu(H_+), \mu(H_-)\}. \tag{2}$$

The two definitions are related by

$$d_{Hyp}(H;V) = d_{Hyp}(H;\pi_V), \tag{3}$$

where $\pi_V$ denotes the empirical probability measure of the data $V$. Definition (1) is called the *sample version*, and definition (2) the *population version* of the depth of a hyperplane.

It follows immediately from the definitions that the depth of a hyperplane is affine invariant, i.e. if both $H$ and $V$ (or $\mu$) are subject to the same affine transformation the value of the depth does not change. Moreover, as we will see below, the depth of a hyperplane is combinatorial invariant.

An oriented hyperplane in $\mathbb{R}^d$ is described by a vector $p \in S^{d-1}$, its direction, and a real number $\alpha$, its distance from the origin. The set of hyperplanes can be seen as the set of oriented hyperplanes modulo the orientation and therefore be parameterized by elements of the factor space $(S^{d-1} \times \mathbb{R})/\{+1,-1\}$.

The numerical calculation of the depth is easy. If $H$ is generated by the points $u_1, \ldots u_d$, $H = \operatorname{aff}(u_1, \ldots u_d)$, then

$$d_{Hyp}(\operatorname{aff}(u_1, \ldots u_d); V) = \frac{1}{|V|} \cdot \min(N_+, N_-), \tag{4}$$

$$\begin{aligned} \text{where} \quad N_+ &= \left|\left\{v \in V : \det\begin{pmatrix} 1 & \cdots & 1 & 1 \\ u_1 & \cdots & u_d & v \end{pmatrix} \geq 0\right\}\right| \\ \text{and} \quad N_- &= \left|\left\{v \in V : \det\begin{pmatrix} 1 & \cdots & 1 & 1 \\ u_1 & \cdots & u_d & v \end{pmatrix} \leq 0\right\}\right|. \end{aligned}$$

Now let us consider a sample $X = \{x_1, \ldots, x_n\}$ in $\mathbb{R}^d$ and define the *mean hyperplane depth* (shortly, MHD) *of* $X$ *with respect to a sample* $V = \{v_1, \ldots, v_k\}$,

$$g(X|V) = \frac{1}{\binom{n}{d}} \sum_{H \in \mathcal{H}(X)} d_{Hyp}(H;V). \tag{5}$$

Here $\mathcal{H}(X)$ denotes the set of all hyperplanes which are spanned by points in $X$. Since the depth of a hyperplane is affine invariant, the MHD has the same property.

A geometrical illustration of $g(X|V)$ is as follows. Consider a hyperplane arrangement $\mathcal{A}(V)$ in $\mathbb{R}^{d+1}$, the collection of all hyperplanes $H^v = \{(x,\xi) \in \mathbb{R}^{d+1} : \langle x, v\rangle = \xi\}$, $v \in V$. These hyperplanes dissect $\mathbb{R}^{d+1}$ into cones. For any such cone and any two vectors $(b,\beta)$ and $(c,\gamma)$ in the interior of the cone, we have $d_{Hyp}(H_{b,\beta}; V) = d_{Hyp}(H_{c,\gamma}; V)$, where $H_{b,\beta} = \{x \in \mathbb{R}^d : \langle x, b\rangle = \beta\}$ and $H_{c,\gamma}$ is similarly defined. We say that $d_{Hyp}(H_{b,\beta}; V)$ is the depth of the cone, where $(b,\beta)$ is any vector in its interior. Now, the sample $X$ generates the set of hyperplanes $\mathcal{H}(X)$ in $\mathbb{R}^d$. Each of these hyperplanes is described by a direction and a distance from the origin. Direction and distance, as a vector in $\mathbb{R}^{d+1}$, mark a cone of the arrangement $\mathcal{A}(V)$, and $g(X|V)$ comes out as a mean rank of these marked cones.

The MHD is related to majority depth (Liu and Singh, 1993) in the following way. For a given point $z$ and two finite sets $X = \{x_1, \dots, x_n\}$ and $V\{v_1, \dots, v_k\}$ in $\mathbb{R}^d$ we define the *extended majority depth of $z$ in $V$ with respect to $X$*,

$$d_{eMaj}(z; X; V) = \frac{1}{\binom{n}{d}} |\{H \in \mathcal{H}(X) : z \in \mathrm{Maj}(H; V)\}|. \tag{6}$$

The *major side* $\mathrm{Maj}(H; V)$ *of $H$ in $V$* is that halfspace, $H_+$ or $H_-$, which contains more points of $V$; if both contain the same number of points of $V$, the major side is $\mathbb{R}^d$. Note that, for $X = V$,

$$d_{Maj}(z; X) = d_{eMaj}(z; X; X)$$

is the usual majority depth of $z$ in $X$. The population version, for two probability measures $\mu$ and $\nu$ on $\mathbb{R}^d$, is defined as follows:

$$d_{eMaj}(z; \mu; \nu) = \mathrm{Pr}_\mu[z \in \mathrm{Maj}(\mathrm{aff}(x_1, \dots, x_d); \nu)], \tag{7}$$

where

$$\mathrm{Maj}(H; \nu) = \begin{cases} H_+ & \text{if } \nu(H_+) > \nu(H_-) , \\ H_- & \text{if } \nu(H_+) < \nu(H_-) , \\ \mathbb{R}^d & \text{if } \nu(H_+) = \nu(H_-) , \end{cases} \tag{8}$$

and $x_1, \dots, x_d$ are i.i.d. random vectors distributed by $\mu$. Note that $\mathrm{Maj}(\mathrm{aff}(x_1, \dots, x_d); \nu)$ is a random halfspace. Definitions (7) and (6) are connected by $d_{eMaj}(z; X; V) = d_{eMaj}(z; \pi_X; \pi_V)$. The population version of majority depth is given by

$$d_{Maj}(z; \mu) = d_{eMaj}(z; \mu; \mu). \tag{9}$$

A subset of $\mathbb{R}^d$ is *in general position* if no more than $d$ of its points lie on a hyperplane.

**Proposition 2.1** *Let $\{x_1, \dots, x_n, v_1, \dots, v_k\}$ be in general position. Then*

$$g(X|V) = 1 - \frac{1}{k} \sum_{j=1}^{k} d_{eMaj}(v_j; X; V). \tag{10}$$

**Proof.** Since all points are in general position, $\mathcal{H}(X)$ possesses exactly $\binom{n}{d}$ elements and, for any $H \in \mathcal{H}(X)$ and $v_j \in V$, there holds $v_j \notin H$. Therefore

$$d_{eMaj}(v_j; X; V) = \frac{1}{\binom{n}{d}} \sum_{H \in \mathcal{H}(X)} \mathbf{1}_{\mathrm{Maj}(H;V)}(v_j)$$

and

$$\begin{aligned} d_{Hyp}(H;V) &= \frac{1}{k}\sum_{j=1}^{k}\left[1 - \mathbf{1}_{\mathrm{Maj}(H;V)}(v_j)\right] \\ &= 1 - \frac{1}{k}\sum_{j=1}^{k}\mathbf{1}_{\mathrm{Maj}(H;V)}(v_j). \end{aligned}$$

Inserting this into (5) yields

$$\begin{aligned} g(X|V) &= \frac{1}{\binom{n}{d}}\sum_{H\in\mathcal{H}(X)}\left[1 - \frac{1}{k}\sum_{j=1}^{k}\mathbf{1}_{\mathrm{Maj}(H;V)}(v_j)\right] \\ &= 1 - \frac{1}{k}\sum_{j=1}^{k}\frac{1}{\binom{n}{d}}\sum_{H\in\mathcal{H}(X)}\mathbf{1}_{\mathrm{Maj}(H;V)}(v_j) \\ &= 1 - \frac{1}{k}\sum_{j=1}^{k} d_{eMaj}(v_j;X;V). \end{aligned}$$

◇

**Corollary 2.1**

$$g(X|X) = 1 - \frac{1}{n}\sum_{i=1}^{n} d_{Maj}(x_i;X). \tag{11}$$

# 3 Combinatorial invariance

Next, we define the combinatorial structure of a data matrix and demonstrate that the above notions of depth and the MHD depend only on this structure. In the sequel, a data set $V = \{v_1, \ldots, v_k\}$ is regarded as a data matrix $V$ having columns $v_1, \ldots, v_k$. Let $V$ be a $d \times k$ data matrix whose columns $v_j$ are in general position. We define the combinatorial structure of $V$ by its minimal Radon partitions as follows.

A *Radon partition* of $V$ is a map $\tau : K \to \{-1, 0, +1\}$, $K = \{1, \ldots, k\}$, with $\mathrm{co}\{v_j : \tau(j) = -1\} \cap \mathrm{co}\{v_j : \tau(j) = +1\} \neq \emptyset$. Here $\mathrm{co}(S)$ denotes the convex hull of a set $S$. The set $\tau^{-1}(\{+1, -1\})$ is the *support* of $\tau$. A Radon partition is *minimal* if there is no Radon partition that has a smaller support. It is easy to check that any minimal Radon partition of $V$ is supported by at most $d+2$ columns. If the columns of $V$ are in general position the support contains exactly $d+2$ of them. The set of all minimal Radon partitions of $V$, denoted $\mathcal{C}(V)$, is called the *combinatorial structure* of $V$. Note that the pair $(K, \mathcal{C}(V))$ is an affine oriented matroid (e.g., Björner *et al.*, 1993).

Two $d \times k$ data matrices $V$ and $V'$ are *combinatorial equivalent* if there exists a permutation $\sigma : K \to K$ such that $\mathcal{C}(V) = \mathcal{C}(V'_\sigma)$. Here $V'_\sigma = (v'_{\sigma(j)})_{j=1,\ldots,k}$

is obtained from $V'$ by permuting the columns. In other words, $V$ and $V'$ are combinatorial equivalent if there exists a permutation of columns of $V'$, such that $V$ and the permuted $V'$ have the same combinatorial structure.
E.g., consider four points in general position in $\mathbb{R}^2$. There exist two classes of combinatorial equivalence: either all four are extreme points or one of them lies in the interior of the convex hull.
A real-valued statistic $t : (v_1, \ldots, v_k) \mapsto t(v_1, \ldots, v_k)$ is called *combinatorial invariant* if $t(v_1, \ldots, v_k) = t(x_1, \ldots, x_k)$ whenever the matrices $(v_1, \ldots, v_k)$ and $(x_1, \ldots, x_k)$ have the same combinatorial structure. Note that a combinatorial invariant statistic is symmetric in its vector arguments and affine invariant.
To state the invariance of $d_{eMaj}$ and of the MHD we need a notion of *combinatorial equivalence* of data matrices *in pairs*. Let $X$ and $X'$ be $d \times n$ matrices and $Y$ and $Y'$ be $d \times m$ matrices, and the columns of the joint matrix $(X, Y)$ be in general position. $X, Y$ and $X', Y'$ are said to be combinatorial equivalent in pairs if there exists a permutation $\sigma$ of $\{1, \ldots, n\}$ and a permutation $\rho$ of $\{1, \ldots, m\}$ such that $\mathcal{C}(X) = \mathcal{C}(X'_\sigma)$ and $\mathcal{C}((X, Y)) = \mathcal{C}((X'_\sigma, Y'_\rho))$ holds. Then obviously also $\mathcal{C}(Y) = \mathcal{C}(Y'_\rho)$ is true. We say that a statistic depending on $X$ and $Y$ is *combinatorial invariant in pairs* if it attains the same value for any two $X, Y$ and $X', Y'$ that are combinatorial equivalent in pairs and have their columns in general position. If $m = 0$ the notion reduces to combinatorial invariance as defined before.

**Proposition 3.1** *The extended majority depth $d_{eMaj}(x_i; X; (X, Y))$ depending on $X$ and $Y$ is combinatorial invariant in pairs, for any $i = 1, \ldots, n$.*

**Proof.** The proposition follows essentially from the fact that an affine oriented matroid is uniquely characterized by its maximal covectors (see Björner *et al.*, 1993). To be more explicit, let the columns of $(X, Y)$ be in general position and $X, Y$ and $X', Y'$ be combinatorial equivalent in pairs. Then there exist permutations $\sigma$ and $\rho$ with $\mathcal{C}((X, Y)) = \mathcal{C}((X'_\sigma, Y'_\rho))$. By $h(x_i) = x'_{\sigma(i)}$ and $h(y_j) = y'_{\rho(j)}$, the permutations induce a one-to-one mapping $h$ of the columns of $(X, Y)$ to the columns of $(X', Y')$. If $S$ is the support of a minimal Radon partition of $(X, Y)$ then $h(S)$ is the support of the same minimal Radon partition of $(X', Y')$. Recall that $S$ and $h(S)$ have exactly $d + 2$ elements. Consider a hyperplane $H \in \mathcal{H}(X)$, $H = \text{aff}(x_{i_1}, \ldots, x_{i_d})$ and let $H' = \text{aff}(h(x_{i_1}), \ldots, h(x_{i_d}))$. From the unique characterization of an affine oriented matroid by its maximal covectors follows that a column $x_i$ (or $v_j$) is on the major side of $H$ if and only if $h(x_i)$ (respectively $h(v_j)$) is on the major side of $H'$. We conclude the proposition. $\diamond$

**Corollary 3.1** (i) *The majority depth $d_{Maj}(x_i; X)$ depending on $X$ is combinatorial invariant for any $i = 1, \ldots, n$.*
(ii) *The mean hyperplane depth $g(X|(X, Y))$ depending on $X$ and $Y$ is combinatorial invariant in pairs.*

# 4 Properties of majority depth and of MHD

Liu and Singh (1993) have shown some properties of the majority depth in elliptical distributions. In this section, we present further results about majority depth and extended majority depth.

**Proposition 4.1** (i) $0 < d_{Maj}(z; X) \leq 1$, *and the upper bound is sharp.*
(ii) $0 \leq d_{eMaj}(z; X; V) \leq 1$, *and the bounds are sharp.*
(iii) *The function* $\delta : z \mapsto \binom{n}{d} d_{eMaj}(z; X; V), z \in \mathbb{R}^d$, *attains any integer value between its minimum and its maximum.*

**Proof.** (i) and (ii): $d_{Maj}(0; X) = 1$ if $X$ is a set of points that are rotation symmetric on the sphere. Simple examples show that the extended majority depth can be 0. The rest is obvious.
(iii): Consider the set of hyperplanes $\mathcal{H}(X)$. Connected components of the complement $\mathbb{R}^d \setminus \cup_{H \in \mathcal{H}(X)} H$ are called chambers. In each chamber, the function $\delta$ is constant. If $z$ crosses exactly one of the hyperplanes, $\delta(z)$ changes by either $+1$ or $-1$ or remains constant. We conclude that $\delta$ attains every integer value between its minimum and its maximum. $\diamond$
Next, let us discuss continuity properties of the extended majority depth. It is obvious from the definition (7) that, given a data matrix $X$, $d_{eMaj}(z; \pi_X; \nu)$ is continuous with respect to $\nu$ under weak convergence.
For continuity with respect to $\mu$, we have to investigate the dependence of $\Pr[z \in \text{Maj}(\text{aff}(x_1, \dots, x_d); \nu)]$ on the random hyperplane $H_X = \text{aff}(x_1, \dots, x_d)$, where $x_1, \dots, x_d$ are i.i.d. random vectors having distribution $\mu$. Let $\gamma_{H_X,\nu}(Z) = \Pr_\mu[Z \cap \text{Maj}(H_X; \nu) \neq \emptyset]$, $Z \subset \mathbb{R}^d$. $\gamma_{H_X,\nu}$ is a Choquet capacity and the extended majority depth equals its values at singletons, $d_{eMaj}(z; \mu; \nu) = \gamma_{H_X,\nu}(\{z\})$. We introduce the *hyperplane convergence* of measures as follows: A sequence of random closed sets is said to converge if the corresponding capacities converge at any closed set in $\mathbb{R}^d$ (Matheron, 1975). Define $\mu_n \to_{Hyp} \mu$ if the corresponding random hyperplanes $H_{X^{(n)}}$ converge to $H_X$, where $H_X$ is generated by an i.i.d. sample $X = (x_1, \dots, x_d)$ from $\mu$ and $H_{X^{(n)}}$ by a sample $X^{(n)}$ from $\mu_n$. We conclude:

**Proposition 4.2** *For any $z$ and $\nu$, the extended majority depth $d_{eMaj}(z; \mu; \nu)$ is continuous in $\mu$ under hyperplane convergence.*

# 5 MHD statistics

Given two data matrices, $X = (x_1, \dots, x_n)$ and $Y = (y_1, \dots, y_m)$, let us consider the MHD of $X$ in the pooled matrix $(X, Y)$.
If $d = 1$, the statistic $T_1 = g(X|(X, Y))$ is the mean mid-rank of the $x$'s in the pooled sample. If both data sets have the same location, as measured

by the median, a large value of $T_1$ means that the $y$'s are more dispersed than the $x$'s while a small value means the opposite. If the data sets are arbitrarily located, again, a large value says that the $y$'s are more dispersed than the $x$'s. A small value says that either the $x$'s are more dispersed than the $y$'s (in this case, $g(X|(X,Y))$ is large) or that the two sets differ in location (in this case, $g(X|(X,Y))$ is small). This carries over to dimension greater than one.

To compare two samples $X$ and $Y$ in $\mathbb{R}^d$ we investigate a symmetric version of $T_1$,

$$T_2 = g(X|(X,Y)) - g(Y|(X,Y)). \tag{12}$$

Since the MHD is affine invariant, so are $T_1$ and $T_2$. As shown above, extreme values of $T_1$ indicate that the two samples are not homogeneous but differ in scale or location. If $T_2$ is large this suggests that the $y$'s are more dispersed than the $x$'s and location is about the same, and if $T_2$ is small the opposite, with $x$ and $y$ interchanged.

Since a shift in location is usually not detected by $T_2$, we introduce another MHD statistic,

$$T_3 = \frac{g(X|(X,Y))}{g(X|X)}.$$

A small value of $T_3$ indicates a location shift while a large value indicates that the $y$'s are less dispersed than the $x$'s. Significance tests for homogeneity of two samples are investigated in the next section.

# 6 Significance tests and their power

Beyond their descriptive use, MHD statistics may be employed for inference in a probabilistic setting. The statistic $g(X|X)$ is a linear mid-rank statistic, where the majority depth serves as a mid-rank. When $x$ is a random vector distributed by $\mu$, $g(X|X)$ is an estimator of the expectation $E[d_{Maj}(x;\mu)]$. In particular, if $\mu$ is an elliptic distribution this estimator is consistent; this follows from the uniform convergence of the sample majority depth to its population version (Liu and Singh, 1993) in an elliptical family.

Suppose that $x_1, \ldots, x_n$ and $y_1, \ldots, y_m$ are independent samples, $x_i$ distributed by $\mu$, $y_j$ distributed by $\nu$. We want to test whether the two distributions are the same, $H_0 : \mu = \nu$. The following proposition is obvious.

**Proposition 6.1** *Let $m = n$. Then, under $H_0 : \mu = \nu$,*

$$g(X|(X,Y)) \stackrel{d}{=} g(Y|(X,Y)).$$

Here $\stackrel{d}{=}$ denotes equality in distribution. It follows that the distribution of $T_2$ is symmetric about 0 and, in particular, $\mathrm{E}[T_2] = 0$ if the expectation exists.

In the sequel we assume that both $\mu$ and $\nu$ are from a family of elliptical distributions, $\mathrm{L}(a, \Sigma, \phi)$, with center of symmetry $a$, dispersion matrix $\Sigma$ and characteristic generator $\phi$. If $x$ has an elliptical distribution $\mathrm{L}(a, \Sigma, \phi)$ then there exists a random vector $z$ distributed by $\mathrm{L}(0, I_d, \phi)$ such that $x = a + A'z$ where $A'A = \Sigma$ and $I_d$ is the identity matrix. Well known families of elliptical distributions in $\mathbb{R}^d$ are the normal family, the Cauchy family and the family of distributions that are uniform on ellipsoids. For details on elliptical distributions see, e.g., Fang, Kotz and Ng (1990). From the affine invariance it follows that, under the null hypothesis $\mu = \nu$, the distribution of each statistic does not depend on $a$ and $\Sigma$.

Figure 1 exhibits the probability density of $T_2$ for the normal, the Cauchy and the ellipsoid-uniform families, when $d = 2$ and $m = n = 20$. It is seen that the densities differ among the three families. In fact, the MHD statistics are not distribution free but depend on $\phi$. Critical values can be computed by Monte-Carlo simulation for given generator $\phi$ and significance level $\alpha$.

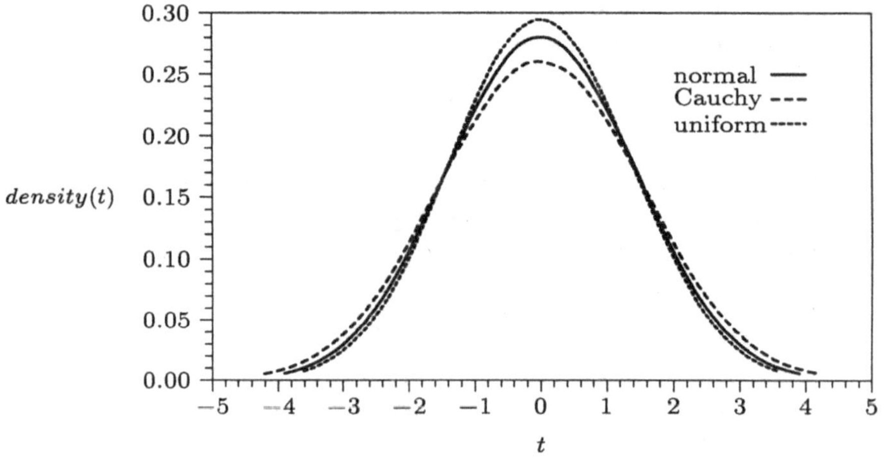


Figure 1: Density of $T_2$ under $H_0$ .

A power study has been performed of the $T_2$-test in three elliptical families (normal, Cauchy and ellipsoid-uniform) under different dispersion alternatives. Due to the affine invariance of MHD statistics, the study restricts on alternatives $(\mu, \nu)$ where $\Sigma_\mu$ is the identity matrix and $\Sigma_\nu$ is diagonal. In addition, under normality we have compared the one-sided $T_2$-test with a standard parametric test for scale, Box test. It comes out that for uncorrelated homoscedastic normal alternatives the Box test obtains much better power while for heteroscedastic ones the $T_2$-test is still worse but competitive. From the power study we conclude that the $T_2$ statistic is able to detect heteroscedastic scale and correlation alternatives in normal and particularly in non-normal elliptic families.

**Proposition 6.2** *Let $m = n$. If $\mu$ and $\nu$ are elliptical and $\mu$ is a shift of $\nu$ then*

$$g(X|(X,Y)) \stackrel{d}{=} g(Y|(X,Y))$$

**Proof.** Without loss of generality, let $\mu$ and $\nu$ be spherical. Then the proposition follows from a simple symmetry argument. $\diamond$

The proposition says that, at least in an elliptical family, a location shift cannot be discovered by $T_2$. To detect a difference in location, we employ the test statistic $T_3 = g(X|(X,Y))/g(X|X)$. Location alternatives are tested by one-sided use of $T_3$. The power of the $T_3$-test is rather good for the elliptical Cauchy family; it increases with the heaviness of the distribution tails.

The MHD statistics are a kind of multivariate rank statistics. Like other statistics based on multivariate ranks, they are not distribution free. Distribution free tests may be constructed by considering the rank of depth instead of the depth itself.

# References


BJÖRNER, A., LAS VERGNAS, M., STURMFELS, B., WHITE, N., ZIEGLER, G.M. (1993): Oriented Matroids. *Encyclopedia of Mathematics and Applications 46*. Cambridge University Press, Cambridge.

BROWN, B.M., HETTMANSPERGER, T.P., NYBLOM, J., OJA, H. (1992): On certain bivariate sign tests and medians. *Journal of the American Statistical Association, 87, 127–135.*

DYCKERHOFF, R. (1998): A comparison of multivariate rank tests based on different notions of data depth. *Mimeo.*

FANG, K.-T., KOTZ, S., and NG, K.-W. (1990): Symmetric Multivariate and Related Distributions. Chapman and Hall, London.

KOSHEVOY, G., MOSLER, K. (1997): Zonoid trimming for multivariate distributions. *Annals of Statistics 25, 1998–2017.*

LIU, R., PARELIUS, J.M., SINGH, K. (1997): Multivariate analysis by data depth: Descriptive statistics, graphics and inference. *Mimeo.*

LIU, R., SINGH, K. (1993): A quality index based on data depth and multivariate rank tests. *Journal of the American Statistical Association 88, 252–260.*

MATHERON, G. (1975): Random Sets and Integral Geometry. John Wiley, New York.

# Zweifache attributive ASN-Flächen-Prüfpläne

Wolf Krumbholz, Rainer Lassahn, Hana Ševčíková

Institut für Statistik und Quantitative Ökonomik
Universität der Bundeswehr Hamburg, D-22043 Hamburg, Germany

**Zusammenfassung:** Sei $L_\delta(\cdot)$ bzw. $N_\delta(\cdot)$ die OC bzw. ASN eines zweifachen Attributprüfplans $\delta$ sowie $F_{p_0}(\delta)$ die Fläche unter $N_\delta(\cdot)$ über dem Intervall $[0, p_0]$ $(0 < p_0 \leq 1)$. Zu gegebenen Parametern $p_1$ (AQL), $p_2$ (LTPD) und $\alpha, \beta$ (Fehlerniveaus) berechnen wir den Plan $\delta_F(p_0)$, für den $L_{\delta_F(p_0)}(p_1) \geq 1-\alpha$, $L_{\delta_F(p_0)}(p_2) \leq \beta$ und $F_{p_0}(\delta_F(p_0)) = \min_\delta F_{p_0}(\delta)$ gilt. Wir untersuchen die Abhängigkeit dieser Pläne von $p_0$ und vergleichen diese Pläne mit dem entsprechenden ASN-Plan (Minimaxplan).

# 1 Einleitung

Bei der attributiven Überprüfung von Prüflosen im Rahmen von Wareneingangs- und Ausgangskontrollen werden Attributprüfpläne eingesetzt. Geeignet gewählte zweifache Attributprüfpläne, d.h. zweistufige Prüfverfahren, bieten gegenüber den entsprechenden einfachen (einstufigen) Prüfplänen den Vorteil, daß sie i.a. bei nahezu identischen Verläufen der Operationscharakteristiken im Mittel einen deutlich kleineren Prüfumfang aufweisen. Dieses gilt insbesondere für Lose mit sehr guter oder sehr schlechter Qualitätslage. Durch die übliche Zwei-Punkte-Bedingung an die Operationscharakteristik (OC) sind zweifache Attributprüfpläne i.a. noch nicht eindeutig bestimmt. Um einen eindeutigen Plan zu erhalten, verwenden Krumbholz et al. (1997, 1999) das zusätzliche Kriterium des maximalen Wertes des mittleren Prüfumfangs (Average Sample Number = ASN). Sie berechnen die Poisson- und die Binomialapproximation des sogenannten ASN-Plans, der unter allen zweifachen Plänen, die eine vorgegebene Zwei-Punkte-Bedingung erfüllen, die kleinste maximale ASN aufweist.

Nach einer kurzen Darstellung der theoretischen Grundlagen werden im 2. Abschnitt dieser Arbeit einige Unzulänglichkeiten der ASN-Pläne aufgezeigt. So existieren in manchen Fällen zweifache Pläne, die die Zwei-Punkte-Bedingung ebenfalls erfüllen, eine geringfügig größere maximale ASN als der ASN-Plan aufweisen, aber eine ASN-Kurve besitzen, die in großen Bereichen deutlich unterhalb der des ASN-Plans verläuft. Dieses legt nahe, ein anderes Kriterium zu verwenden.

Im 3. Abschnitt stellen wir zweifache ASN-Flächen-Pläne vor. Diese Pläne weisen unter allen zweifachen Plänen, die eine vorgegebene Zwei-Punkte-Bedingung der OC erfüllen, die kleinste Fläche unter der ASN-Kurve über einem Intervall $[0, p_0]$ auf, wobei $p_0$ $(0 < p_0 \leq 1)$ beliebig gewählt werden kann. Wir haben einen Algorithmus entwickelt und implementiert, mit dem wahlweise die Binomial- oder die Poissonapproximation des ASN-Flächen-Plans berechnet werden kann. In einer Reihe von Beispielen geben wir diese Pläne für verschiedene $p_0$ an und vergleichen sie mit den entsprechenden ASN-Plänen.

# 2 Theoretische Grundlagen

Bei der attributiven Kontrolle von Prüflosen werden dem Los zufällig und ohne Zurücklegen eine gewisse Anzahl von Einheiten entnommen, von denen jeweils festgestellt wird, ob sie „einwandfrei“ oder „defekt“ (fehlerhaft, Ausschuß) sind. Aufgrund des Stichprobenergebnisses wird die Entscheidung über Annahme oder Rückweisung des Loses getroffen. Solche Testverfahren werden in der Qualitätskontrolle *Attributprüfpläne* genannt.

In der vorliegenden Arbeit befassen wir uns mit zweistufigen Prüfplänen. Diese enthalten als Spezialfall die entsprechenden einstufigen Prüfpläne.

Ein *zweifacher Attributprüfplan* $\delta = \begin{pmatrix} n_1 & c_1 & c_2 \\ n_2 & c_3 & \end{pmatrix}$ ist gegeben durch folgende Prüfvorschrift:

(i) Ziehe eine erste Stichprobe vom Umfang $n_1$ und bestimme die Anzahl defekter Exemplare $X_1$ in dieser Stichprobe.
Wenn $X_1 \leq c_1$, nimm das Los an.
Wenn $X_1 > c_2$, weise das Los zurück.
Wenn $c_1 < X_1 \leq c_2$, gehe zu (ii).

(ii) Ziehe eine zweite Stichprobe vom Umfang $n_2$ und bestimme die Anzahl defekter Exemplare $X_2$ in dieser Stichprobe.
Wenn $X_1 + X_2 \leq c_3$, nimm das Los an.
Wenn $X_1 + X_2 > c_3$, weise das Los zurück.

Um triviale Pläne auszuschließen, nehmen wir an, daß für die nicht-negativen ganzen Zahlen $n_1, n_2, c_1, c_2, c_3$

$$c_1 \leq c_2, \; n_1 > c_1, \; n_1 + n_2 > c_3 \tag{1}$$

gilt. Im Spezialfall $c_1 = c_2$ bricht das Verfahren mit Wahrscheinlichkeit 1 nach der ersten Stufe ab, und $\delta$ fällt mit dem *einfachen Attributprüfplan* $(n_1, c_1)$ zusammen.

Es sei $p$ $(0 \leq p \leq 1)$ der Anteil defekter Einheiten im Los, d.h. $p$ bezeichnet den *Ausschußanteil.* Die *Operationscharakteristik* (OC) von $\delta$ ist gegeben durch

$$\begin{aligned} L_\delta(p) &= L(p) = P_p(X_1 \leq c_1) + P_p(c_1 < X_1 \leq c_2, X_1 + X_2 \leq c_3) \\ &= P_p(X_1 \leq c_1) + \sum_{k=c_1+1}^{c_2} P_p(X_2 \leq c_3 - k | X_1 = k) P_p(X_1 = k). \end{aligned} \tag{2}$$

Es bezeichne

$$Q_\delta(p) = Q(p) := P_p(c_1 < X_1 \leq c_2) \tag{3}$$

die Wahrscheinlichkeit dafür, daß die zweite Stichprobe zu ziehen ist. Der Prüfumfang, der insgesamt bis zur endgültigen Entscheidung benötigt wird, ist eine Zufallsvariable. Deren Erwartungswert beträgt

$$N_\delta(p) = N(p) = n_1(1 - Q(p)) + (n_1 + n_2)Q(p) = n_1 + n_2 Q(p). \tag{4}$$

$N(p)$ wird auch als *ASN* (*Average Sample Number*) bezeichnet. Die ASN-Kurven $N(\cdot)$ echt zweifacher Pläne (d.h. $c_1 < c_2$) sind unimodal mit einem Maximum. Ferner gilt

$$N(0) = N(1) = n_1. \tag{5}$$

Sei $p_{\max}$ der Ort, an dem $N(\cdot)$ das Maximum annimmt, und

$$N_{\max}(\delta) := \max_{0 \leq p \leq 1} N_\delta(p) = N_\delta(p_{\max}). \tag{6}$$

Die Verteilung von $X_1$ und die bedingte Verteilung von $X_2$ gegeben $X_1$ sind hypergeometrische Verteilungen, die vom Losumfang und vom Ausschußanteil $p$ abhängen. Wir unterstellen große Losumfänge, die es erlauben, die Stichproben ohne Zurücklegen in guter Näherung als Stichproben mit Zurücklegen aufzufassen. Deshalb gilt näherungsweise, daß

$$X_1 \text{ und } X_2 \text{ unabhängig } B(n_i, p)\text{-verteilt sind } (i = 1, 2). \tag{7}$$

Hierbei bezeichnet $B(n, p)$ die Binomialverteilung mit Parametern $n$ und $p$. Sei

$$B(n, p; c) := \sum_{k=0}^{c} \binom{n}{k} p^k (1-p)^{n-k} \tag{8}$$

die Verteilungsfunktion dieser Verteilung. Wir verwenden in dieser Arbeit durchweg die *Binomialapproximation* (7) und setzen entsprechend

$$L_\delta(p) = B(n_1, p; c_1) + \sum_{k=c_1+1}^{c_2} B(n_2, p; c_3 - k) \binom{n_1}{k} p^k (1-p)^{n_1-k}, \tag{9}$$

$$Q_\delta(p) = B(n_1, p; c_2) - B(n_1, p; c_1), \tag{10}$$

$$N_\delta(p) = n_1 + n_2 \left( B(n_1, p; c_2) - B(n_1, p; c_1) \right). \tag{11}$$

Gegeben seien die folgenden vier Parameter

- AQL $p_1$ (Acceptable Quality Level, Gutgrenze),
- LTPD $p_2$ (Lot Tolerance Percent Defective, Schlechtgrenze),
- Niveaus $\alpha$ und $\beta$ für den Fehler 1. bzw. 2. Art

mit $0 < p_1 < p_2 < 1$ und $0 < \beta < 1 - \alpha < 1$. Wir bezeichnen Prüfpläne $\delta$, deren OC die sogenannte Zwei-Punkte-Bedingung

$$L_\delta(p_1) \geq 1 - \alpha, \; L_\delta(p_2) \leq \beta \tag{12}$$

erfüllt, als *zugelassen.*

Durch (12) sind die fünf Parameter eines zweifachen Prüfplans i.a. noch nicht eindeutig festgelegt. Zur Vereinfachung der Berechnung zugelassener zweifacher Pläne wurden früher üblicherweise Restriktionen zwischen den Parametern der Pläne vorgegeben. So enthalten z.B. die Tabellen des Military Standard MIL-STD-105 D (1963) ausschließlich zweifache Pläne mit $c_2 = c_3$ sowie $n_2 = n_1$ oder $n_2 = 2n_1$. Manche der tabellierten Pläne weisen wegen der Restriktionen allerdings eine maximale ASN auf, die deutlich oberhalb des Prüfumfangs $n$ des entsprechenden einfachen Plans $(n, c)$ liegt. Das bedeutet, daß es in solchen Fällen bei Ausschußanteilen, die in der Nähe von $p_{\max}$ liegen, sinnvoller wäre, den einfachen Plan anstelle des zweifachen Plans zu verwenden.

Taylor (1986) verzichtete als erster auf jegliche Restriktionen zwischen den Parametern der zweifachen Pläne. Er programmierte einen Algorithmus, mit dem derjenige zweifache Plan berechnet werden kann, der unter allen zugelassenen Plänen

$$\sum_{k=0}^{2} a_k N_\delta(p_k), \tag{13}$$

minimiert. Hierbei sind $a_0$, $a_1$, $a_2$ nicht-negative Gewichte mit $\sum_{k=0}^{2} a_k = 1$, und $p_0$ kann beliebig gewählt werden.

Krumbholz et al. (1999) verzichten ebenfalls auf Restriktionen zwischen den Parametern der zweifachen Pläne. Sie verwenden anstelle von (13) das natürlicher erscheinende Kriterium der maximalen ASN und implementieren einen Algorithmus, mit dem der sogenannte *ASN-Plan* $\delta^*$ berechnet werden kann, für den

$$N_{\max}(\delta^*) = \min_{\delta \in Z} N_{\max}(\delta) \tag{14}$$

gilt. Hierbei bedeutet $Z$ die Menge aller zugelassenen zweifachen Attributprüfpläne. Wird $N_\delta(\cdot)$ als Risikofunktion interpretiert, dann läßt sich $\delta^*$ auch als *Minimaxplan* innerhalb der Menge $Z$ auffassen.

In vielen Fällen lassen sich zum ASN-Plan $\delta^*$ Pläne $\delta \in Z$ angeben, die zwar ein etwas größeres $N_{\max}$ als $\delta^*$ aufweisen, deren ASN-Kurve aber in großen $p$-Bereichen deutlich unterhalb derjenigen von $\delta^*$ verläuft.

**Beispiel 1:** $p_1 = 0.02,\ p_2 = 0.07,\ \alpha = 0.10,\ \beta = 0.01$

Einfacher Plan: $(n, c) = (225, 7)$

ASN-Plan: $\delta^* = \begin{pmatrix} 170 & 4 & 6 \\ 64 & 7 & \end{pmatrix}$, $N_{\max}(\delta^*) = 191.357$

Für den Plan $\delta_1 = \begin{pmatrix} 137 & 2 & 5 \\ 115 & 8 & \end{pmatrix}$ gilt:

$L_{\delta_1}(p_1) = 0.9065 \geq 1 - \alpha,\ L_{\delta_1}(p_2) = 0.0081 \leq \beta,$

$N_{\max}(\delta_1) = 200.723$

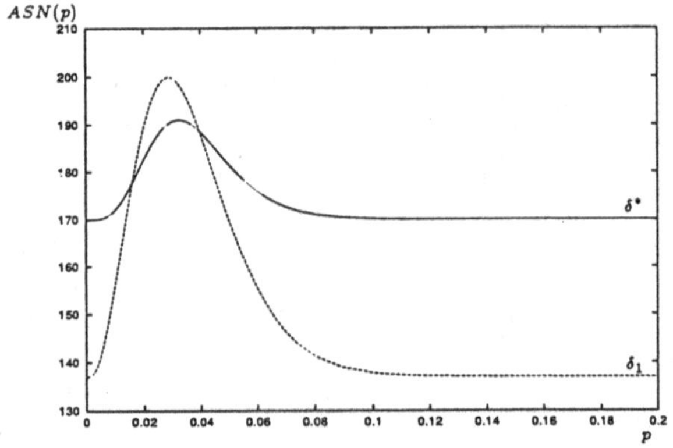


Beispiel 4 in Krumbholz et al. (1999) zeigt einen weiteren Plan mit ähnlichen Eigenschaften wie $\delta_1$. Diese Beispiele legen es nahe, das Kriterium der maximalen ASN, bei dem die ASN lediglich in einem Punkt (Ort des Maximums) betrachtet wird, durch ein Kriterium zu ersetzen, bei dem die ganze ASN-Kurve oder diese zumindest in einem relevanten Bereich berücksichtigt wird. Daher wählen wir als naheliegendes Kriterium die Fläche unterhalb der ASN, d.h.

$$F(\delta) := \int_0^1 N_\delta(p)dp. \tag{15}$$

Solche Pläne werden im folgenden Abschnitt behandelt.

# 3 Zweifache ASN-Flächen-Pläne

Wir bezeichnen den Plan $\delta_F$, für den

$$F(\delta_F) = \min_{\delta \in Z} F(\delta) \tag{16}$$

gilt, als *ASN-Flächen-Plan*.

Die beiden folgenden Lemmata erleichtern beträchtlich die Berechnung des ASN-Flächen-Plans.

**Lemma 1** Sei $\delta_F = \begin{pmatrix} n_1 & c_1 & c_2 \\ n_2 & c_3 & \end{pmatrix}$ der ASN-Flächen-Plan und $(n, c)$ der entsprechende einfache Attributprüfplan. Dann gilt

$$c_1 \leq c. \tag{17}$$

Wenn $c = 0$, gilt

$$\delta_F = (n, c). \tag{18}$$

**Beweis** Völlig analog zum Beweis von Lemma 1 in Krumbholz et al. (1999).

**Lemma 2** Sei $\delta = \begin{pmatrix} n_1 & c_1 & c_2 \\ n_2 & c_3 & \end{pmatrix}$ ein beliebiger zweifacher Attributprüfplan. Dann gilt

$$F(\delta) = n_1 + \frac{n_2}{n_1 + 1}(c_2 - c_1). \tag{19}$$

**Beweis** Sei $B(\cdot, \cdot)$ die Betafunktion (vgl. Opitz (1997, S. 657)). Ferner sei für $r, s > 0$

$$h_{r,s}(x) := \frac{1}{B(r, s)} x^{r-1}(1 - x)^{s-1} \quad (0 < x < 1) \tag{20}$$

die Dichte der Betaverteilung mit Parametern $r$, $s$ sowie

$$H_{r,s}(x) := \int_0^x h_{r,s}(t)dt \tag{21}$$

die entsprechende Verteilungsfunktion. Für den Erwartungswert dieser Verteilung gilt (vgl. z.B. Fisz (1976, S. 187))

$$\int_0^1 h_{r,s}(x)dx = \frac{r}{r+s}. \tag{22}$$

Aus Formel (11) in Vogt (1988, S. 78) folgt

$$B(n, p; c) = 1 - H_{c+1,n-c}(p). \tag{23}$$

Aus (10) und (23) ergibt sich

$$Q_\delta(p) = H_{c_1+1,n_1-c_1}(p) - H_{c_2+1,n_1-c_2}(p), \tag{24}$$

woraus unter Berücksichtigung von (22) mittels partieller Integration

$$\begin{aligned}
\int_0^1 Q_\delta(p)dp &= H_{c_1+1,n_1-c_1}(1) - \int_0^1 ph_{c_1+1,n_1-c_1}(p)dp \\
&\quad -H_{c_2+1,n_1-c_2}(1) + \int_0^1 ph_{c_2+1,n_1-c_2}(p)dp \\
&= 1 - \frac{c_1+1}{n_1+1} - 1 + \frac{c_2+1}{n_1+1} = \frac{c_2-c_1}{n_1+1} \qquad (25)
\end{aligned}$$

folgt. Wegen (4) erhält man aus (25) sofort (19). Somit ist Lemma 2 bewiesen.

Wir haben einen Algorithmus entwickelt und programmiert, mit dem die ASN-Flächen-Pläne gemäß (16) berechnet werden können. Das folgende Beispiel zeigt deutlich, daß diese ASN-Flächen-Pläne dazu tendieren, dem Parameter $n_1$ eine dominierende Bedeutung zu geben. Je kleiner $n_1$, desto kleiner wird wegen (5) und $N_\delta(p) \approx n_1$, falls $p \geq 2p_2$, die ASN in großen Teilbereichen von $[0,1]$ und damit auch die Fläche $F(\delta)$. In den Anwendungen interessieren aber eigentlich nur LTPD-Werte $p_2 \leq 0.10$ und damit auch nur $p$-Werte mit $p \in [0, p_0]$ und $p_0 \leq 2p_2$. Die Pläne $\delta_F$ weisen in dem relativ großen, aber uninteressanten Bereich $[p_0, 1]$ eine möglichst kleine ASN auf. Dagegen verläuft die ASN von $\delta_F$ in dem relativ kleinen, aber relevanten Bereich $[0, p_0]$ oftmals deutlich oberhalb der ASN des konkurrierenden ASN-Plans $\delta^*$ und zum Teil sogar oberhalb des Prüfumfangs $n$ des einfachen Plans $(n, c)$.

**Beispiel 2:** $p_1$, $p_2$, $\alpha$, $\beta$ wie in Beispiel 1.

$(n,c) = (225, 7)$, $\delta^* = \begin{pmatrix} 170 & 4 & 6 \\ 64 & 7 & \end{pmatrix}$, $N_{\max}(\delta^*) = 191.357$

$F(\delta^*) = 170.749$

ASN-Flächen-Plan $\delta_F = \begin{pmatrix} 67 & 0 & 3 \\ 226 & 9 & \end{pmatrix}$, $N_{\max}(\delta_F) = 232.597$

$F(\delta_F) = 76.971$

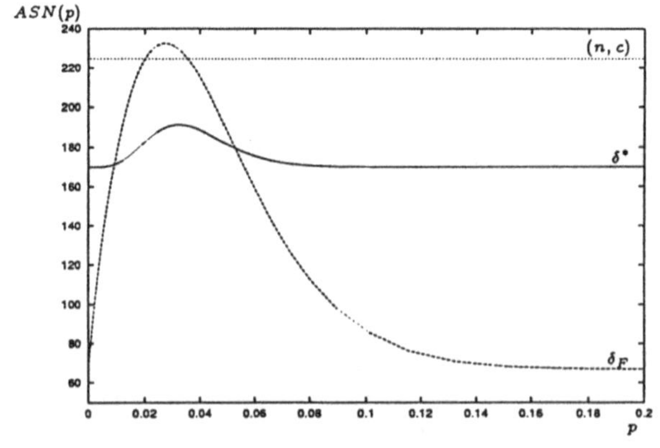

Eine naheliegende Möglichkeit, die $p$–Werte in $[0,1]$ zu gewichten, ist die Verwendung einer a-priori-Verteilung $\pi$ von $p$ und die Ersetzung von (15) durch

$$F_\pi := \int_0^1 N_\delta(p)\pi(dp). \tag{26}$$

Wegen der bekannten Schwierigkeiten bei der Festlegung von a-priori-Verteilungen, wird in dieser Arbeit dieser Bayessche Ansatz nicht weiter verfolgt. Stattdessen ersetzen wir (15) durch

$$F_{p_0}(\delta) := \int_0^{p_0} N_\delta(p)dp, \tag{27}$$

wobei $p_0$ $(0 < p_0 \leq 1)$ beliebig festgelegt werden kann. Wir bezeichnen den Plan $\delta_F(p_0)$ mit

$$F_{p_0}(\delta_F(p_0)) = \min_{\delta \in Z} F_{p_0}(\delta) \tag{28}$$

als *ASN-Flächen-Plan zu* $p_0$. Offensichtlich fallen $\delta_F$ und $\delta_F(1)$ zusammen. Für die Berechnung solcher Pläne ist von Bedeutung, daß sich Lemma 1 ohne Mühe von $\delta_F$ auf $\delta_F(p_0)$ $(0 < p_0 \leq 1)$ übertragen läßt. Für hinreichend große $p_0$ läßt sich ferner die Berechnung von $F_{p_0}(\delta)$ mit dem folgenden Lemma stark vereinfachen.

**Lemma 3** Sei $\delta = \begin{pmatrix} n_1 & c_1 & c_2 \\ n_2 & c_3 & \end{pmatrix}$ ein zweifacher Attributprüfplan mit $c_1 < c_2$. Sei $p_{\max}$ der Ort des Maximums von $N_\delta(\cdot)$.
Dann gilt für $p_{\max} \leq p_0 \leq 1$

$$0 \leq F_{p_0}(\delta) - (n_1 p_0 + \frac{n_2}{n_1+1}(c_2 - c_1)) \leq \varepsilon(1 - p_0) \tag{29}$$

mit $\varepsilon := N_\delta(p_0) - n_1$.

**Beweis** Folgt unmittelbar aus (19),

$$F_{p_0}(\delta) = \int_0^1 N_\delta(p)dp - \int_{p_0}^1 N_\delta(p)dp \tag{30}$$

sowie

$$n_1(1-p_0) \leq \int_{p_0}^1 N_\delta(p)dp \leq N_\delta(p_0)(1-p_0). \tag{31}$$

Für kleine $p_0$–Werte werden im Algorithmus die Integrale (27) zur Berechnung von $\delta_F(p_0)$ numerisch bestimmt.

**Beispiel 3:** $p_1$, $p_2$, $\alpha$, $\beta$ wie in Beispiel 1 und 2.

$(n,c) = (225,7)$, $\delta^* = \begin{pmatrix} 170 & 4 & 6 \\ 64 & 7 & \end{pmatrix}$, $N_{\max}(\delta^*) = 191.357$

| $p_0$ | $\delta_F(p_0)$ | $N_{\max}(\delta_F(p_0))$ |
|---|---|---|
| 1 | $\begin{pmatrix} 67 & 0 & 3 \\ 226 & 9 & \end{pmatrix}$ | 232.597 |
| 0.09 | $\begin{pmatrix} 105 & 1 & 4 \\ 145 & 8 & \end{pmatrix}$ | 195.473 |
| 0.05 | $\begin{pmatrix} 105 & 1 & 4 \\ 145 & 8 & \end{pmatrix}$ | 195.473 |

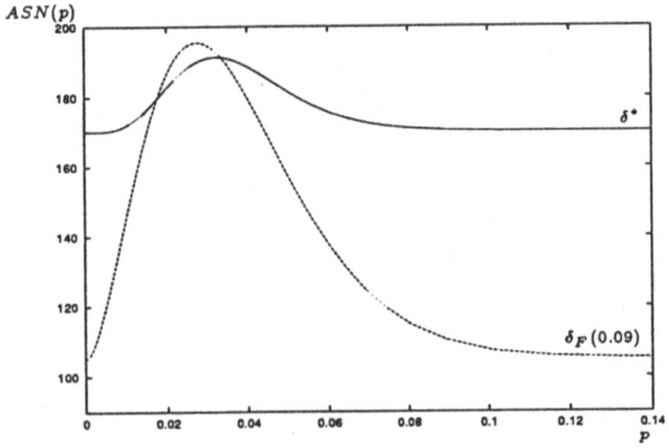


**Beispiel 4:** $p_1 = 0.03$, $p_2 = 0.10$, $\alpha = 0.10$, $\beta = 0.01$

$(n,c) = (156,7)$, $\delta^* = \begin{pmatrix} 93 & 2 & 5 \\ 78 & 8 & \end{pmatrix}$, $N_{\max}(\delta^*) = 136.473$

| $p_0$ | $\delta_F(p_0)$ | $N_{\max}(\delta_F(p_0))$ |
|---|---|---|
| 1 | $\begin{pmatrix} 46 & 0 & 3 \\ 173 & 10 & \end{pmatrix}$ | 173.302 |
| 0.12 | $\begin{pmatrix} 74 & 1 & 4 \\ 111 & 9 & \end{pmatrix}$ | 143.579 |
| 0.08 | $\begin{pmatrix} 89 & 2 & 5 \\ 86 & 8 & \end{pmatrix}$ | 136.971 |

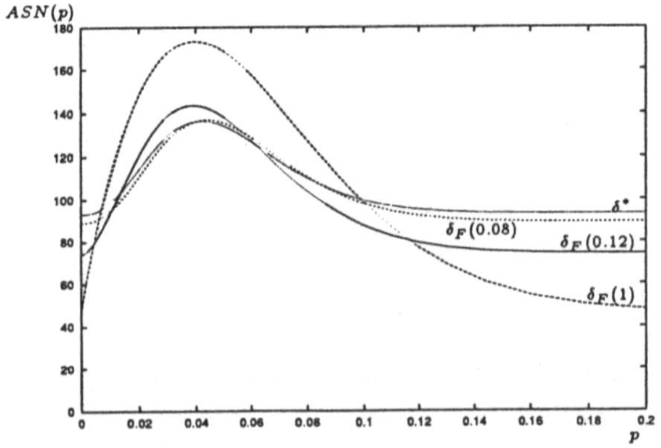

Die Beispiele 3 und 4 illustrieren, wie durch Variation von $p_0$ und anschließender Betrachtung der ASN-Kurven der $\delta_F(p_0)$-Pläne sowie des ASN-Plans $\delta^*$ geeignete Pläne ausgewählt werden können. Da für zugelassene Pläne $\delta$ stets $N_\delta(2p_2) \approx n_1$ gilt, sollte das gewählte $p_0$ stets

$$p_0 \leq 2p_2 \tag{32}$$

erfüllen.

Das Programm zur Berechnung von $\delta^*$ und $\delta_F(p_0)$ sowie zur Ausgabe der entsprechenden ASN-Kurven kann von der Homepage unserer Professur[1] abgerufen werden. Das Programm erlaubt die Wahl zwischen der in dieser Arbeit ausschließlich verwendeten Binomialapproximation und der Poissonapproximation.

## Literatur


FISZ, M. (1976): Wahrscheinlichkeitsrechnung und mathematische Statistik. VEB Deutscher Verlag der Wissenschaften, Berlin.

KRUMBHOLZ, W., MÜLLER, K. (1997): Zweifache Attributprüfpläne mit minimaler maximaler ASN. *Discussion Papers in Statistics and Quantitative Economics 78, Univ. der Bundeswehr Hamburg.*

KRUMBHOLZ, W., LASSAHN, R., ŠEVČÍKOVÁ, H. (1999): Binomial and Poisson Double Sampling Plans for Attributes having Minimal Maximum of the ASN. Erscheint in *Allgemeines Statistisches Archiv 83.*

MILITARY STANDARD MIL-STD-105 D (1963): Sampling Procedures and Tables for Inspection by Attributes. Superintendent of Documents, US Government Printing Office, Washington D.C.

OPITZ, O. (1997): Mathematik - Lehrbuch für Ökonomen. Oldenbourg, 6. Aufl., München.

TAYLOR, W.A. (1986): A Program for Selecting Efficient Binomial Double Sampling Plans. *Journal of Quality Technology 18, 67-73.*

VOGT, H. (1988): Methoden der Statistischen Qualitätskontrolle. Teubner, Stuttgart.


[1]http://krumbholz4.unibw-hamburg.de

# Homogeneous Regression and Ratio-Estimator in Simple Random Sampling

Fritz Pokropp

Institut für Statistik und Quantitative Ökonomik
Universität der Bundeswehr Hamburg, D-22043 Hamburg, Germany

**Abstract:** For estimating the mean (or total) of a survey variable $Y$ on a finite population, estimators using the mean of an auxiliary variable $X$ are considered. Expressions for bias, variance and variance–estimators of certain GLS–estimators (the homogeneous regression and ratio estimator) on *quasi–heteroscedastic structures* are given. Simulation results indicate good performances of those GLS–estimators in comparison with other estimators using auxiliary information.

**Zusammenfassung:** Um Mittelwert (oder Gesamtwert) eines Erhebungsmerkmals $Y$ auf einer endlichen Population zu schätzen, betrachtet man Schätzer, die die Vorkenntnis über den Mittelwert einer Hilfsvariablen $X$ nutzen. Ausdrücke für Verzerrung und Varianz sowie Varianzschätzer von gewissen GLS–Schätzern (homogenem Regressions– und Verhältnis–Schätzer) werden angegeben. Simulationsergebnisse zeigen an, daß diese GLS–Schätzer sich gut bewähren im Vergleich mit anderen Schätzern mit Vorkenntnis.

# 1 Introduction and Summary

In conventional sampling theory one has to estimate the average $\mu$ (or the total $N\mu$ ) of some sampling variable $Y$ on a finite population $G$ which has $N$ elements. Several estimators using auxiliary information — i.e. the knowledge of $\mu_X$ = average of some auxiliary variable $X$ — are in use, such as **difference–, regression–, Hartley–Ross–estimator** (2.7) and **homogeneous regression estimator** $\widehat{\mu}_{\text{HReg}}$, **ratio estimator** $\widehat{\mu}_{\text{Rat}}$ (2.5). Estimation is based on samples of fixed size $n$, drawn according to **simple random sampling with replacement** (*srswr*) or **simple random sampling without replacement** (*srswor*). In this paper we focus on the strategies

**(1.1)** (1) (*srswr*, $\widehat{\mu}_{\text{HReg}}$ (2.5)(1) with $f = 0$) ,
(*srswor*, $\widehat{\mu}_{\text{HReg}}$ (2.5)(2) with $f = n/N$) ;
(2) (*srswr*, $\widehat{\mu}_{\text{Rat}}$ (2.5)(1) with $f = 0$) ,
(*srswor*, $\widehat{\mu}_{\text{Rat}}$ (2.5)(2) with $f = n/N$) .

We calculate approximately bias and variance for each strategy in (1.1); we also give approximately unbiased estimators for the variances. Furthermore, the performance of strategies (1.1) is compared by simulation with the performance of the estimators (2.7).

Strategies (1.1) have already been discussed in POKROPP (1996 a) without estimators for the variances in case of *srswor*. In case of sampling *with replacement*, some investigations concerning bias and variance for $\widehat{\mu}_{\mathrm{HReg}}$ are carried out in POKROPP (1988); bias, variance and variance–estimation for $\widehat{\mu}_{\mathrm{Rat}}$ (in the *srswr*–case) can be found in most textbooks (e.g. POKROPP (1996 b)).

**Remark:** The ratio estimator $\widehat{\mu}_{\mathrm{Rat}}$ *with* $f = 0$ (!) is also very often (not to say: commonly) used *in case of sampling without* (!) *replacement*. This strategy is not considered here but shortly compared with (1.1)(2) (see (7.5)).

Section 2 contains the adopted notation. In section 3 a (specific) concept of *quasi–heteroscedastic structure* is presented: the sample variable $Y$ is "basically" — i.e. up to an "error–term" $V$ — proportional to an auxiliary variable $X$. In section 4 estimators (2.5) are shown to be — in some sense — "Generalized Least Square Estimators" (GLSEs), given the proper quasi–heteroscedastic structure. In section 5 resp. 6 bias and variance are (approximately) calculated and (approximately unbiased) estimators for variances are given for $\widehat{\mu}_{\mathrm{HReg}}$ resp. $\widehat{\mu}_{\mathrm{Rat}}$. In section 7 the construction of quasi–heteroscedastic survey variables is dealt with. Simulation experiments confirm the "dominance" of strategies (1.1) on "their" structure in comparison with estimators (2.7).

# 2 Basic Notation

The following notation for *population, survey variable, auxiliary variable, mean* and *(co–) variance, sample variables, statistics* is used, and the *estimators* considered in this paper are introduced.

**(2.1) Population**:

(1) $G = (1, \ldots, N)$, the *finite population*

(2) $Y : j \to y_j$ for $j \in G$, the *survey variable*

(3) $X : j \to x_j > 0$ for $j \in G$, the *auxiliary variable*

**(2.2) Parameters**:

(1) $\mu = \mu_Y = \frac{1}{N}\sum_{j=1}^{N} y_j$, the *population mean* to be estimated

(2) $\mu_X = \frac{1}{N}\sum_{j=1}^{N} x_j$, the known *auxiliary mean*

(3) $\sigma_{X,Y} = \frac{1}{N}\sum_{j=1}^{N}(x_j - \mu_X)\cdot(y_j - \mu)$, $\sigma_X^2 = \sigma_{X,X}$, $\sigma_Y^2 = \sigma_{Y,Y}$

**(2.3) Random Sample** $\mathsf{S} = (\mathsf{U}_1, \ldots, \mathsf{U}_n)$ ($\mathsf{U}_i$ indicating the $i$–th draw)

$\mathsf{S}$ is *srswr*: $P(\mathsf{S} = (j_1, \ldots, j_n)) = N^{-n}$ for all $j_1, \ldots, j_n$

or *srswor*: $P(\mathsf{S} = (j_1, \ldots, j_n)) = (N(N-1)\ldots(N-n+1))^{-1}$ for all $j_1, \ldots, j_n$ with $j_t \neq j_r$ for $t \neq r$.

For functions $W : G \to \mathbb{R}$, $Z : G \to \mathbb{R}$, the *sample* $\mathsf{S}$ (2.3) generates

**(2.4) sample variables and statistics:**

(1) $W_i = W(\mathsf{U}_i)\,,\ Z_i = Z(\mathsf{U}_i)\,,$

(2) $\overline{W} = \frac{1}{n}\sum_{i=1}^{n} W_i \quad \text{etc}\ldots,$

(3) $S_{W,Z} = \frac{1}{n}\sum_{i=1}^{n}(W_i - \overline{W})\cdot(Z_i - \overline{Z})\,,\ S_W^2 = S_{W,W} \quad \text{etc}\ldots.$

In this paper we investigate mainly the estimators

**(2.5)** (1) **homogeneous regression estimator**

$$\widehat{\mu}_{\text{HReg}} = \mu_X \frac{\overline{X}\cdot\overline{Y} + (1-f)S_{X,Y}}{\overline{X}^2 + (1-f)S_X^2} = \mu_X \frac{\overline{X\cdot Y} - f\cdot(\overline{X\cdot Y} - \overline{X}\cdot\overline{Y})}{\overline{X^2} - f\cdot(\overline{X^2} - \overline{X}^2)}$$

(2) **ratio–estimator**

$$\widehat{\mu}_{\text{Rat}} = \mu_X \frac{\overline{Y} - f\cdot S_{[\sqrt{X},Y/\sqrt{X}]}}{\overline{X} - f\cdot S_{\sqrt{X}}^2} = \mu_X \frac{(1-f)\cdot\overline{Y} + f\cdot\overline{\sqrt{X}}\cdot\overline{Y/\sqrt{X}}}{(1-f)\cdot\overline{X} + f\cdot\left(\overline{\sqrt{X}}\right)^2}$$

**(2.6)** with **sampling–fraction** $f = 0$ for *srswr*, $f = n/N$ for *srswor.*

Estimators (2.5) compete with other estimators commonly used. We shall compare the performance of $\widehat{\mu}_{\text{HReg}}$ and $\widehat{\mu}_{\text{Rat}}$ with the performance of

**(2.7)** **Difference estim.** $\widehat{\mu}_{\text{Dif}} = \overline{Y} - (\overline{X} - \mu_X),$

**Regression estim.** $\widehat{\mu}_{\text{Reg}} = \overline{Y} - (S_{X,Y}/S_X^2)\cdot(\overline{X} - \mu_X),$

**Hartley–Ross estim.** $\widehat{\mu}_{\text{HR}} = \mu_X \cdot \overline{\left[\frac{Y}{X}\right]} + \frac{n-f}{n-1}\left(\overline{Y} - \overline{X}\cdot\overline{\left[\frac{Y}{X}\right]}\right)$

with $f$ (2.6)

The basis for our comparisons will be certain "reference populations". Such reference populations have been introduced e.g. in POKROPP (1996 a). They are constructed in such a way that the sampling variables $Y$ have certain "quasi–heteroscedastic structures" w.r.t. $X$ (see (3.1), (3.3)) and the estimators (2.5) become GLS–estimators (see (4.4)).

# 3 Quasi–heteroscedastic Structures

Let $G$, $Y$, $X$ (2.1) be given. We want to describe "empirical" relations between the $Y$– and $X$–values on $G$ which have — possibely after suitable corrections — a "homogeneous linear" (ratio) character.

**(3.1) Definition:**

$Y$ is said to have a **quasi–heteroscedastic (ratio) structure** w.r.t. $X$ (*with parameter* $\gamma$) iff there exists a constant $b$ s.t. for

(1) $V = Y - b\cdot X$ (i.e. $v_j := V(j) = y_j - b\cdot x_j$) we have

(2) $\sum_{j=1}^{N} v_j/x_j^\gamma = 0$ ,

(3) $\sum_{j=1}^{N} \left(v_j/x_j^\gamma\right)^2 \leq Q(\beta) := \sum_{j=1}^{N} \left([y_j - \beta \cdot x_j]/x_j^\gamma\right)^2$ for all $\beta$ .

It will be convenient to rewrite (3.1)(2) and (3) using expectation E w.r.t.

**(3.2)** *uniform distribution* $P_0$ on $G$ with $P_0(j) = 1/N$ for $j \in G$ :

$$\mathrm{E}\,(V/X^\gamma) = 0\,, \quad \mathrm{E}\,(V/X^\gamma)^2 \leq \mathrm{E}\,(\,[Y - \beta \cdot X]/X^\gamma\,)^2 \qquad \text{for all } \beta\,.$$

We now consider two specific structures: $\gamma = 0$ and $\gamma = 0.5$ . We have to solve

$$\mu_{[Y/X^\gamma]} = \mu_{[bX^{1-\gamma}]} \text{ (see (3.1)(2))} \quad \text{and} \quad \frac{d\,Q(\beta)}{d\beta}|_b = 0 \text{ (see (3.1)(3))}$$

Elementary calculations give

**(3.3)**

| structure–name | $\gamma$ | $b$ (3.1)(2) | $b$ (3.1)(3) |
|---|---|---|---|
| homogeneous regression | 0 | $\frac{\mu}{\mu_X}$ | $\frac{\sigma_{X,Y} + \mu_X \cdot \mu}{\sigma_X^2 + \mu_X^2}$ |
| ratio | $\frac{1}{2}$ | $\frac{\mu_{[Y/\sqrt{X}]}}{\mu_{\sqrt{X}}}$ | $\frac{\mu}{\mu_X}$ |

A homogeneous regression structure resp. ratio structure exists iff

(1) $[b\ (3.1)(3)\,] = [\ b\ (3.1)(2)\,]$

(2) Given $b$ (3.1)(2), condition (1) *for* $b$ (3.1)(3) is equivalent to
   $\sigma_{X,V} = 0$ for the homogeneous regression structure ($\gamma = 0$),
   $\mu_V = 0$ for the ratio structure ($\gamma = 0.5$).

(3) Note: $\mu_V = 0$ in either case.

(3.3)(2) gives a hint how a sampling variable with homogeneous regression structure resp. ratio structure can be constructed (see (7.1)).

# 4 GLSEs in Simple Random Sampling

Let now $\mathsf{S} = (\mathsf{U}_1, \ldots, \mathsf{U}_n)$ (2.3) be a *simple random sample*; the sample variables according to (2.4) are $Y_1, Y_2, \ldots, Y_n$ and $X_1, X_2, \ldots, X_n$ . Let $Y$ have a quasi–heteroscedastic structure (3.3). We then have the

**(4.1) quasi–heteroscedastic linear model (with parameter $\gamma$):**

(1) $Y_i = b \cdot X_i + V_i$

(2) $\mathrm{E}\,(V_i/X_i^\gamma) = 0$ ,

(3) $\mathrm{Cov}\left([V_i/X_i^\gamma],\, [V_j/X_j^\gamma]\right) = \begin{cases} \sigma^2 & \text{for } i = j \\ \tau & \text{for } i \neq j \end{cases}$ with

(4) $\tau = 0$ for *srswr*, $\quad \tau = -\sigma^2/(N-1)$ for *srswor*.

Clearly, (4.1) follows from basic properties of *srswr* and *srswor* (see e.g. HANSEN et al. (1953), p.91f and equation (2.13) p.95; see also POKROPP (1996 b), (2.1.4) and (2.2.4)). The covariance–matrix of the error–terms $\{V_i/X_i^\gamma : i = 1, \ldots, n\}$ is thus

$$\textbf{(4.2)} \quad \boldsymbol{C} = \sigma^2 \cdot \begin{bmatrix} 1 & \rho & \ldots & \rho \\ \rho & 1 & \ldots & \rho \\ \vdots & \vdots & \vdots & \vdots \\ \rho & \rho & \ldots & 1 \end{bmatrix}, \qquad \begin{array}{l} \rho = 0 \text{ for } srswr, \\ \rho = -1/(N-1) \text{ for } srswor \\ \boldsymbol{C}^{-1} = c\left([1+(n-1)\rho]\boldsymbol{I} - \rho 1\right) \text{ with} \\ c = \left[\sigma^2 \cdot (1+(n-2)\rho - (n-1)\rho^2)\right]^{-1} \\ \boldsymbol{I} = \text{ identity, } 1 = \text{ matrix of 1's} \end{array}$$

The GLS–estimator $\widehat{b}$ is known to be $\widehat{b} = (\boldsymbol{W}'\boldsymbol{C}^{-1}\boldsymbol{W})^{-1}\boldsymbol{W}'\boldsymbol{C}^{-1}\boldsymbol{Z}$ with

$$\boldsymbol{Z}' = [Y_1/X_1^\gamma, \ldots, Y_n/X_n^\gamma] \qquad \text{and} \qquad \boldsymbol{W}' = \left[X_1^{1-\gamma}, \ldots, X_n^{1-\gamma}\right].$$

Elementary calculations yield the following results (with $f$ (2.6)):

$$\textbf{(4.3)} \quad \widehat{b}_{\text{HReg}} = \frac{\overline{X} \cdot \overline{Y} + (1-f) \cdot S_{X,Y}}{\overline{X}^2 + (1-f) \cdot S_X^2} \quad \text{for homogeneous regression–str.,}$$

$$\widehat{b}_{\text{Rat}} = \frac{\overline{Y} - f \cdot S_{\sqrt{X}, [Y/\sqrt{X}]}}{\overline{X} - f \cdot S_{\sqrt{X}}^2} \quad \text{for ratio–structure.}$$

From equation (4.1)(1) we obtain $\mu = a + b \cdot \mu_X + \mu_V$ with $\mu_V = 0$ (see (3.3)(3)). Therefore we define the

**(4.4) GLS–estimators** for $\mu = \mu_Y$ :

$$\widehat{\mu}_{\text{HReg}} = \mu_X \cdot \widehat{b}_{\text{HReg}}, \qquad \widehat{\mu}_{\text{Rat}} = \mu_X \cdot \widehat{b}_{\text{Rat}} \qquad \text{with (4.3).}$$

One can show (see POKROPP (1996 a)) that also estimators (2.7) are GLS–estimators (with obvious modifications in (3.1) and (4.1)): $\widehat{\mu}_{\text{Dif}}$ for $\gamma = 0$ in the model $Y = a + X + V$, $\widehat{\mu}_{\text{Reg}}$ for $\gamma = 0$ in the model $Y = a + bX + V$, $\widehat{\mu}_{\text{HR}}$ for $\gamma = 1$ in the model $Y = bX + V$. Due to the special form of matrix $\boldsymbol{C}$ (4.2), estimators $\widehat{\mu}_{\text{Dif}}$ and $\widehat{\mu}_{\text{Reg}}$ are also OLS–estimators (in the *srswr*–case).

# 5 Homogeneous Regression Estimator: Bias and Variance

It is obvious that $\widehat{\mu}_{\text{HReg}}$ (2.5)(1) as well as $\widehat{\mu}_{\text{Rat}}$ (2.5)(2) are functions of moment–statistics. Expectation and variance of such a function can aproximately be calculated by means of a well konwn

**(5.1) Lemma:**
Consider $H(z_1, \ldots, z_k) = H(\boldsymbol{z})$ . Let $\overline{Z}_1, \ldots, \overline{Z}_k$ be sample means, corresponding to some functions $Z_1, \ldots, Z_k$ defined on $G$ (see (2.4) mutatis mutandis: each $Z_i$ here corresponds to some $W$ in (2.4)). Let $U = H(\overline{Z}_1, \ldots, \overline{Z}_k)$ , $\sigma_{i,j} = \operatorname{Cov}(\overline{Z}_i, \overline{Z}_j)$ and $H_i = \frac{\partial H(\boldsymbol{w})}{\partial z_i}|_{\boldsymbol{a}}$ with $\boldsymbol{a} = \left(\mathrm{E}(\overline{Z}_1), \ldots, \mathrm{E}(\overline{Z}_k)\right)$ . Then

(1) $\mathrm{E}(U) = \mathrm{E}\left(H(\overline{Z}_1, \ldots, \overline{Z}_k)\right) = H\left(\mathrm{E}(\overline{Z}_1), \ldots, \mathrm{E}(\overline{Z}_k)\right) + O(1/n)$
$= H(\boldsymbol{a}) + O(1/n)$ ;

(2) $\operatorname{Var} U = \operatorname{Var} H(\overline{Z}_1, \ldots, \overline{Z}_k) = \sum_{i,j} H_i H_j \sigma_{i,j} + O(n^{-3/2})$ .

(See e.g. POKROPP (1996 b) p.223 ff, particularly (9.6.8)(4) and (2).)

Consider the function (with sampling fraction $f$ (2.6))

$$\textbf{(5.2)}\quad H(\boldsymbol{z}) = \frac{z_4 - f \cdot (z_4 - z_1 z_2)}{z_3 - f \cdot (z_3 - z_1^2)} = \frac{g(\boldsymbol{z})}{h(\boldsymbol{z})} \qquad \text{for } \boldsymbol{z} = [z_1, z_2, z_3, z_4]$$

It is easily verified (see (2.5)(1)) that

**(5.3)** (1) $\widehat{\mu}_{\text{HReg}} = \mu_X \cdot H\left(\overline{X}, \overline{Y}, \overline{X^2}, \overline{X \cdot Y}\right)$ .

From (5.1)(1) we obtain — with $\boldsymbol{a} = [\mu_X, \mu_Y, \mu_{[X^2]}, \mu_{[X \cdot Y]}]$ —

$$(2)\quad \mathrm{E}(\widehat{\mu}_{\text{HReg}}) = \mu_X \cdot H(\boldsymbol{a}) + O(1/n) = \mu_X \cdot \frac{\mu_X \mu_Y + (1-f) \cdot \sigma_{X,Y}}{\mu_X^2 + (1-f) \cdot \sigma_X^2} + O(1/n)$$

To calculate the bias $\mathrm{E}(\widehat{\mu}_{\text{HReg}}) - \mu$ , we write

$$\mu = \frac{\mu_Y \cdot (\mu_X^2 + (1-f) \cdot \sigma_X^2)}{\mu_X^2 + (1-f) \cdot \sigma_X^2}$$ and obtain

$$\textbf{(5.4)}\quad \operatorname{bias}(\widehat{\mu}_{\text{HReg}}) = \mathrm{E}(\widehat{\mu}_{\text{HReg}}) - \mu = (1-f) \cdot \frac{\mu_X \sigma_{X,Y} - \mu_Y \sigma_X^2}{\mu_X^2 + (1-f) \cdot \sigma_X^2} + O(1/n)$$

**(5.5) Theorem:**
If $Y$ has hmogeneous regression structure (3.3), then
$\operatorname{bias}(\widehat{\mu}_{\text{HReg}}) = O(1/n)$ .

**Proof:** $\mu_X \sigma_{X,Y} = \mu_X \sigma_{X,[bX+V]} = \mu_X b \sigma_X^2 + \mu_X \sigma_{X,V}$ . Observe now (3.3) and (5.4).

To give an approximation for the varince of $\widehat{\mu}_{\text{HReg}}$ we use (5.1)(2). Some elementary calculations give the $H_i$ (5.1) for $H$ (5.2) and $\boldsymbol{a}$ (5.3)(2):

**(5.6)** $\boldsymbol{Z} = (\overline{Z}_1,\, \overline{Z}_2,\, \overline{Z}_3,\, \overline{Z}_4) = \left(\overline{X},\, \overline{Y},\, \overline{X^2},\, \overline{X \cdot Y}\right)$ ; $H$ , $g$ , $h$ (5.2) :

$$g(\boldsymbol{a}) = \mu_X \mu_Y + (1-f)\sigma_{X,Y}\,, \qquad h(\boldsymbol{a}) = \mu_X^2 + (1-f)\,\sigma_X^2\,.$$

$$H_1 = f \cdot \frac{g(\boldsymbol{a})\,\mu_Y - 2h(\boldsymbol{a})\,\mu_X}{(h(\boldsymbol{a}))^2}\,, \qquad H_2 = f \cdot \frac{\mu_X}{h(\boldsymbol{a})}\,,$$

$$H_3 = (1-f) \cdot \frac{-g(\boldsymbol{a})}{(h(\boldsymbol{a}))^2}\,, \qquad H_4 = (1-f) \cdot \frac{1}{h(\boldsymbol{a})}\,.$$

To obtain the $\sigma_{ij}$ (5.1) for $\boldsymbol{Z}$ (5.6) we recall that

**(5.7)** $\operatorname{Cov}(\overline{V}, \overline{W}) = \left(1 - f \cdot \dfrac{N\,(n-1)}{n\,(N-1)}\right) \cdot \dfrac{1}{n} \operatorname{Cov}(V, W)$ with $f$ (2.6)

(see e.g. POKROPP (1996 b), (6.0.9)). We conclude from (5.7)

**(5.8)** with $(\overline{Z}_1,\, \overline{Z}_2,\, \overline{Z}_3,\, \overline{Z}_4)$ (5.6), $c = \left(1 - f \cdot \dfrac{N\,(n-1)}{n\,(N-1)}\right) \cdot \dfrac{1}{n}$ :

$$\sigma_{1,1} = c \cdot \sigma_X^2\,, \quad \sigma_{2,2} = c \cdot \sigma_Y^2\,, \quad \sigma_{3,3} = c \cdot \sigma_{X^2}^2\,, \quad \sigma_{4,4} = c \cdot \sigma_{[X \cdot Y]}^2$$
$$\sigma_{1,2} = c \cdot \sigma_{X,Y}\,, \quad \sigma_{1,3} = c \cdot \sigma_{X,X^2}\,, \quad \sigma_{1,4} = c \cdot \sigma_{X,[X \cdot Y]}\,,$$
$$\sigma_{2,3} = c \cdot \sigma_{Y,X^2}\,, \quad \sigma_{2,4} = c \cdot \sigma_{Y,[X \cdot Y]}\,, \quad \sigma_{3,4} = c \cdot \sigma_{X^2,[X \cdot Y]}$$

Using Lemma (5.1) we immediately obtain

**(5.9) Theorem**:
$\operatorname{Var} \widehat{\mu}_{\text{HReg}} = \mu_X^2 \cdot \sum_{i,j=1}^4 H_i\, H_j\, \sigma_{i,j} + O(n^{-3/2})$
with $H_i$ (5.6), $\sigma_{i,j}$ (5.8).

To estimate $\operatorname{Var} \widehat{\mu}_{\text{HReg}}$ (5.9) we will again make use of Lemma (5.1)(1). At first we notice that

$$(1-f) \cdot \frac{n}{n-1}\, \mathrm{E}\left(S_{V,W}\right) = \left(1 - f \cdot \frac{N(n-1)}{n(N-1)}\right) \sigma_{V,W}$$

(see e.g. POKROPP (1996 b) (6.0.7)). The $\sigma_{i,j}$ (5.8) will thus be estimated (observe again (5.7)) by

**(5.10)** $\widehat{\sigma}_{i,j} = \dfrac{(1-f)}{n-1} S_{Z_i,Z_j}$ with $Z_i$, $Z_j$ according to $\boldsymbol{Z}$ from (5.6).

According to (5.1)(1), approximate estimates for the $H_i$ (5.6) are given by

**(5.11)** $h(\boldsymbol{Z}) = \left[\overline{X}\,\right]^2 + (1-f)\, S_X^2\,, \quad g(\boldsymbol{Z}) = \overline{X} \cdot \overline{Y} + (1-f) S_{X,Y}\,.$

$$\widehat{H}_1 = f \cdot \frac{g(\boldsymbol{Z})\,\overline{Y} - 2h(\boldsymbol{Z})\,\overline{X}}{(h(\boldsymbol{Z}))^2}\,, \qquad \widehat{H}_2 = f \cdot \frac{\overline{X}}{h(\boldsymbol{Z})}\,,$$

$$\widehat{H}_3 = (1-f) \cdot \frac{-g(\boldsymbol{Z})}{(h(\boldsymbol{Z}))^2}\,, \qquad \widehat{H}_4 = \frac{1-f}{h(\boldsymbol{Z})}\,.$$

From (5.9) and (5.10), (5.11) we obtain

**(5.12)** For $\widehat{\mathrm{Var}}\,\widehat{\mu}_{\mathrm{HReg}} = \mu_X^2 \cdot \sum_{i,j=1}^{4} \widehat{H}_i \widehat{H}_j \widehat{\sigma}_{i,j} = \mu_X^2 \cdot \frac{1-f}{n-1} \sum_{i,j=1}^{4} \widehat{H}_i \widehat{H}_j S_{Z_i,Z_j}$

with $Z_i, Z_j$ according to $\boldsymbol{Z}$ (5.6) we have

$$\mathrm{E}\left(\widehat{\mathrm{Var}}\,\widehat{\mu}_{\mathrm{HReg}}\right) = \mathrm{Var}\,\widehat{\mu}_{\mathrm{HReg}} + O(n^{-3/2})$$

# 6 Ratio Estimator: Bias and Variance

Consider now the function (with sampling fraction $f$ (2.6))

**(6.1)** $H(\boldsymbol{z}) = \dfrac{(1-f)\cdot z_2 + f\cdot z_3 z_4}{(1-f)\cdot z_1 + f\cdot z_3^2} = \dfrac{g(\boldsymbol{z})}{h(\boldsymbol{z})}$ for $\boldsymbol{z} = [z_1, z_2, z_3, z_4]$

It is easily verified (see (2.5)(2)) that

**(6.2)** (1) $\widehat{\mu}_{\mathrm{Rat}} = \mu_X \cdot H\left(\overline{X},\, \overline{Y},\, \overline{\sqrt{X}},\, \overline{Y/\sqrt{X}}\right)$.

From (5.1)(1) we obtain — with $\boldsymbol{a} = [\,\mu_X,\, \mu_Y,\, \mu_{[\sqrt{X}]},\, \mu_{[Y/\sqrt{X}]}\,]$ —

$$\begin{aligned}(2)\quad \mathrm{E}(\widehat{\mu}_{\mathrm{Rat}}) &= \mu_X \cdot H(\boldsymbol{a}) + O(1/n)\\ &= \mu_X \cdot \frac{(1-f)\cdot \mu_Y + f\cdot \mu_{\sqrt{X}}\,\mu_{[Y/\sqrt{X}]}}{(1-f)\cdot\mu_X + f\cdot \mu_{\sqrt{X}}^2} + O(1/n)\end{aligned}$$

To calculate the bias of $\widehat{\mu}_{\mathrm{Rat}}$, write $\mu = \dfrac{(1-f)\cdot \mu_X\mu_Y + f\cdot \mu_Y\,\mu_{\sqrt{X}}^2}{(1-f)\cdot\mu_X + f\cdot\mu_{\sqrt{X}}^2}$ and obtain

**(6.3)** $\mathrm{bias}(\widehat{\mu}_{\mathrm{Rat}}) = \mathrm{E}(\widehat{\mu}_{\mathrm{Rat}}) - \mu = f\cdot \dfrac{\mu_X\mu_{\sqrt{X}}\,\mu_{[Y/\sqrt{X}]} - \mu_Y\mu_{\sqrt{X}}^2}{(1-f)\cdot\mu_X + f\cdot\mu_{\sqrt{X}}^2} + O(1/n)$.

**(6.4) Theorem:**
If $Y$ has ratio structure (3.3), then $\mathrm{bias}(\widehat{\mu}_{\mathrm{Rat}}) = O(1/n)$.
**Proof:** From (3.3) we have: $\mu_Y\mu_{\sqrt{X}} = \mu_X\mu_{Y/\sqrt{X}}$. Observe now (6.3).

Our next task is to give an approximation for the variance of $\widehat{\mu}_{\mathrm{Rat}}$. Clearly, Lemma (5.1) will be applied. Elementary calculations give the $H_i$ (5.1) for $H$ (6.1) and $\boldsymbol{a}$ (6.2):

**(6.5)** $\boldsymbol{Z} = (\overline{Z}_1, \overline{Z}_2, \overline{Z}_3, \overline{Z}_4) = \left(\overline{X},\, \overline{Y},\, \overline{\sqrt{X}},\, \overline{[Y/\sqrt{X}]}\right)$; $H$, $g$, $h$ (6.1).

$g(\boldsymbol{a}) = (1-f)\cdot\mu_Y + f\cdot\mu_{\sqrt{X}}\,\mu_{[Y/\sqrt{X}]}$, $\quad h(\boldsymbol{a}) = (1-f)\cdot\mu_X + f\cdot\mu_{\sqrt{X}}^2$.

$H_1 = -(1-f)\cdot\dfrac{g(\boldsymbol{a})}{(h(\boldsymbol{a}))^2}$, $\qquad H_2 = (1-f)\cdot\dfrac{1}{h(\boldsymbol{a})}$,

$H_3 = f\cdot\dfrac{h(\boldsymbol{a})\,\mu_{[Y/\sqrt{X}]} - 2\,g(\boldsymbol{a})\mu_{\sqrt{X}}}{(h(\boldsymbol{a}))^2}$, $\qquad H_4 = f\cdot\dfrac{\mu_{\sqrt{X}}}{h(\boldsymbol{a})}$.

The required $\sigma_{i,j} = \mathrm{Cov}(\overline{Z}_i, \overline{Z}_j)$ (5.1) are obviously

**(6.6)** with $(\overline{Z}_1, \overline{Z}_2, \overline{Z}_3, \overline{Z}_4)$ (6.5), $c = \left(1 - f \cdot \dfrac{N(n-1)}{n(N-1)}\right) \cdot \dfrac{1}{n}$ :

$$\sigma_{1,1} = c \cdot \sigma_X^2 \,, \quad \sigma_{2,2} = c \cdot \sigma_Y^2 \,, \quad \sigma_{3,3} = c \cdot \sigma_{\sqrt{X}}^2 \,, \quad \sigma_{4,4} = c \cdot \sigma_{[Y/\sqrt{X}]}^2$$
$$\sigma_{1,2} = c \cdot \sigma_{X,Y} \,, \quad \sigma_{1,3} = c \cdot \sigma_{X,\sqrt{X}} \,, \quad \sigma_{1,4} = c \cdot \sigma_{X,[Y/\sqrt{X}]} \,,$$
$$\sigma_{2,3} = c \cdot \sigma_{Y,\sqrt{X}} \,, \quad \sigma_{2,4} = c \cdot \sigma_{Y,[Y/\sqrt{X}]} \,, \quad \sigma_{3,4} = c \cdot \sigma_{\sqrt{X},[Y/\sqrt{X}]}$$

where (5.7) has again be used. From Lemma (5.1)(2) we immediately conclude

**(6.7) Theorem** :

$$\mathrm{Var}\ \widehat{\mu}_{\mathrm{Rat}} = \mu_X^2 \cdot \sum_{i,j=1}^{4} H_i\, H_j\, \sigma_{i,j} \; + \; O(n^{-3/2})$$

with $H_i$ (6.5), $\sigma_{i,j}$ (6.6).

By means of (5.10) — mutatis mutandis — we have unbiased estimates of the $\sigma_{i,j}$ . Estimates of the $H_i$ are obtained as follows:

**(6.8)** $g(\boldsymbol{Z}) = (1-f)\cdot\overline{Y} + f\cdot\overline{\sqrt{X}}\cdot\overline{[Y/\sqrt{X}]}\,,\ h(\boldsymbol{Z}) = (1-f)\cdot\overline{X} + f\cdot\left(\overline{\sqrt{X}}\right)^2 .$

$$\widehat{H}_1 = -(1-f)\cdot\frac{g(\boldsymbol{Z})}{(h(\boldsymbol{Z}))^2} \,, \qquad \widehat{H}_2 = (1-f)\cdot\frac{1}{h(\boldsymbol{Z})} \,,$$
$$\widehat{H}_3 = f\cdot\frac{\overline{[Y/\sqrt{X}]} - 2\,g(\boldsymbol{Z})\overline{\sqrt{X}}}{(h(\boldsymbol{Z}))^2} \,, \qquad \widehat{H}_4 = f\cdot\frac{\overline{\sqrt{X}}}{h(\boldsymbol{Z})} \,.$$

**(6.9)** For $\widehat{\mathrm{Var}}\ \widehat{\mu}_{\mathrm{Rat}} = \mu_X^2 \cdot \sum_{i,j=1}^{4} \widehat{H}_i\, \widehat{H}_j\, \widehat{\sigma}_{i,j} = \mu_X^2 \cdot \dfrac{1-f}{n-1} \sum_{i,j=1}^{4} \widehat{H}_i\, \widehat{H}_j\, S_{Z_i,Z_j}$

with $Z_i, Z_j$ according to $\boldsymbol{Z}$ (6.5) we have

$$\mathrm{E}\left(\widehat{\mathrm{Var}}\ \widehat{\mu}_{\mathrm{Rat}}\right) = \mathrm{Var}\ \widehat{\mu}_{\mathrm{Rat}} \; + \; O(n^{-3/2})$$

# 7 How Estimators Perform in Simulations

To investigate the behaviour of $\widehat{\mu}_{\mathrm{HReg}}$ and $\widehat{\mu}_{\mathrm{Rat}}$ — in comparison with estimators (2.7) — Populations with structures (3.3) were constructed in the following way:

**(7.1) Construction of quasi–heteroscedastic structures** (3.3):

(1) An *i.i.d.*–sample $x_1, \ldots, x_N$ of size $N = 10\,000$ was generated from the normal distribution $\mathcal{N}(\mu_X = 2\,000\,, \sigma_X = 250)$ .

(2) For **homogeneous regression structure** (see (3.3)(2)): Two *i.i.d.*–samples $v_1^{(k)}, \ldots, v_N^{(k)}$ $(k = 1, 2)$ of size $N = 10\,000$

were independently generated from the normal distribution $\mathcal{N}(\mu^* = 0\,,\, \sigma = 50)\,,\ k = 1, 2\,;$ then $V^*$ was chosen as a linear combination of $V^{(1)}$ and $V^{(2)}$ s.t. $\sigma_{X,V^*} = 0$ . Let $V_{\text{HReg}} = c\,V^*$ s.t. $\sigma_{V_{\text{HReg}}} = 50$ . Clearly, $\mu_{V_{\text{HReg}}} = 0$ and $\sigma_{X,V_{\text{HReg}}} = 0$ .

(3) For **ratio structure** (see (3.3)(2)): $V^{(1)}$ and $V^{(1)}$ as in (2). The linear combination $V^*$ was chosen s.t. $\mu_{[V^* \cdot \sqrt{X}]} = 0$.
Define $V_{\text{Rat}} = c\,[\,V^* \cdot \sqrt{X}\,]$ with $\sigma_{V_{\text{Rat}}} = 50$ . We then have $\mu_{V_{\text{Rat}}} = 0$ and $\mu_{V_{\text{Rat}}/\sqrt{X}} = 0$ .

(4) Let $b = 1.1$ . Define $Y_{\text{HReg}} = b\,X + V_{\text{HReg}}\,,\quad Y_{\text{Rat}} = b\,X + V_{\text{Rat}}$ . We then have $\mu_{Y_{\text{HReg}}} = 2200 = \mu_{Y_{\text{Rat}}}$ as unknown parameters $\mu$ .

For simulation, samples (2.3)

$$\mathsf{S}_r = \textit{srswr} \text{ resp. } \textit{srswor} \text{ of } \textit{fixed size } n\,, \quad r = 1, \ldots, R = 10\,000$$

were drawn from population $G$ . For the $r$–th repetition the sample–variables (corresponding to $X$ (7.1)(1) and $Y_{\text{HReg}}$ resp. $Y_{\text{Rat}}$ (7.1)(4))

**(7.2)** $X_{r,1}, \ldots, X_{r,n}\,, \quad Y_{r,1}, \ldots, Y_{r,n}$ on $\mathsf{S}_r$ and the estimators

$$\widehat{\mu}_{[\,],r} = \widehat{\mu}_{[\,]} \text{ (2.5), (2.7) from the } X_{r,k} \text{ and } Y_{r,k}\ (k = 1, \ldots, n)$$

were calculated. From the $R = 10\,000$ values for each estimator we then calculated the following quantities (7.3)

**(7.3)** (1) *average estimator* $\overline{\widehat{\mu}}_{[\,]} = \frac{1}{R} \sum_{r=1}^{R} \widehat{\mu}_{[\,],r}$

(2) *standard deviation* $\text{St}(\overline{\widehat{\mu}}_{[\,]}) = \left[\frac{1}{R-1} \sum_{r=1}^{R} \left(\widehat{\mu}_{[\,],r} - \overline{\widehat{\mu}}_{[\,]}\right)^2\right]^{1/2}$

(3) $\text{MSE}(\overline{\widehat{\mu}}_{[\,]}) = \frac{R-1}{R}\, S^2_{\widehat{\mu}_{[\,]}} + \left(\overline{\widehat{\mu}}_{[\,]} - \mu\right)^2$

We give some typical results vor values of $\text{St}(\widehat{\mu}_{[\,]})$ and $\text{MSE}(\widehat{\mu}_{[\,]})$ . The smallest value in each row is framed.

**(7.4)**

| $R = 10000$ | | $N = 10000$ ; survey variable $Y_{\text{HReg}}$ ; *srswr* size $n$ | | | | |
|---|---|---|---|---|---|---|
| $n$ | | $\widehat{\mu}_{\text{HReg}}$ | $\widehat{\mu}_{\text{Rat}}$ | $\widehat{\mu}_{\text{Dif}}$ | $\widehat{\mu}_{\text{Reg}}$ | $\widehat{\mu}_{\text{HR}}$ |
| 100 | $\text{St}(\overline{\widehat{\mu}})$ | **19.393** | 19.941 | 20.521 | 20.016 | 19.932 |
| | $\text{MSE}(\overline{\widehat{\mu}})$ | **376.042** | 397.597 | 421.080 | 400.587 | 397.248 |
| 1000 | $\text{St}(\overline{\widehat{\mu}})$ | **6.145** | 6.322 | 6.486 | 6.322 | 6.321 |
| | $\text{MSE}(\overline{\widehat{\mu}})$ | **37.751** | 39.958 | 42.068 | 39.966 | 39.956 |

| $R = 10000$ | | $N = 10000$ ; survey variable $Y_{\text{HReg}}$ ; *srswor* size $n$ | | | | |
|---|---|---|---|---|---|---|
| $n$ | | $\widehat{\mu}_{\text{HReg}}$ | $\widehat{\mu}_{\text{Rat}}$ | $\widehat{\mu}_{\text{Dif}}$ | $\widehat{\mu}_{\text{Reg}}$ | $\widehat{\mu}_{\text{HR}}$ |
| 100 | $\text{St}(\overline{\widehat{\mu}})$ | **19.276** | 19.910 | 20.475 | 19.974 | 19.893 |
| | $\text{MSE}(\overline{\widehat{\mu}})$ | **371.520** | 396.376 | 419.206 | 398.951 | 395.696 |
| 1000 | $\text{St}(\overline{\widehat{\mu}})$ | **5.792** | 5.986 | 6.118 | 5.969 | 5.964 |
| | $\text{MSE}(\overline{\widehat{\mu}})$ | **33.546** | 35.832 | 37.424 | 35.622 | 35.569 |

| $R = 10000$ | | $N = 10000$ ; survey variable $Y_{\text{Rat}}$ ; *srswr* size $n$ | | | | |
|---|---|---|---|---|---|---|
| $n$ | | $\widehat{\mu}_{\text{HReg}}$ | $\widehat{\mu}_{\text{Rat}}$ | $\widehat{\mu}_{\text{Dif}}$ | $\widehat{\mu}_{\text{Reg}}$ | $\widehat{\mu}_{\text{HR}}$ |
| 100 | $\text{St}(\overline{\widehat{\mu}})$ | 20.397 | 19.823 | 20.444 | 19.906 | 19.825 |
| | $\text{MSE}(\overline{\widehat{\mu}})$ | 416.052 | 393.040 | 418.064 | 396.363 | 393.117 |
| 1000 | $\text{St}(\overline{\widehat{\mu}})$ | 6.481 | 6.298 | 6.507 | 6.300 | 6.298 |
| | $\text{MSE}(\overline{\widehat{\mu}})$ | 42.008 | 39.661 | 42.337 | 39.690 | 39.663 |

| $R = 10000$ | | $N = 10000$ ; survey variable $Y_{\text{Rat}}$ ; *srswor* size $n$ | | | | |
|---|---|---|---|---|---|---|
| $n$ | | $\widehat{\mu}_{\text{HReg}}$ | $\widehat{\mu}_{\text{Rat}}$ | $\widehat{\mu}_{\text{Dif}}$ | $\widehat{\mu}_{\text{Reg}}$ | $\widehat{\mu}_{\text{HR}}$ |
| 100 | $\text{St}(\overline{\widehat{\mu}})$ | 20.458 | 19.876 | 20.482 | 19.974 | 19.879 |
| | $\text{MSE}(\overline{\widehat{\mu}})$ | 418.718 | 395.171 | 419.691 | 399.074 | 395.267 |
| 1000 | $\text{St}(\overline{\widehat{\mu}})$ | 6.162 | 6.020 | 6.217 | 6.024 | 6.020 |
| | $\text{MSE}(\overline{\widehat{\mu}})$ | 38.003 | 36.240 | 38.655 | 36.286 | 36.245 |

It is obvious that the homogeneous regression estimator is "best" if the survey variable $Y$ has a homogeneous regression structure. This could be expected due to (5.5) and (4.4). Results are similar (with (6.4) and (4.4)) — though less convincing — for the much celebrated ratio estimator, if the survey variable $Y$ has a ratio structure.

For the much used strategy (*srswor*, $\widehat{\mu}_{\text{Rat}}$ with $f = 0(!)$) we obtained for example the following simulation results (see (7.3)(2),(3)), compared with the GLS–/OLS–strategies (1.1)(2) (*srswor*, $\widehat{\mu}_{\text{Rat}}$ with $f = N/n$) and (*srswr*, $\widehat{\mu}_{\text{Rat}}$ with $f = 0$):

**(7.5)**

| $R = 10000$ | | $N = 10000$ ; survey variable $Y_{\text{Rat}}$ ; *srs* size $n$ | | |
|---|---|---|---|---|
| $n$ | | $\widehat{\mu}_{\text{Rat}}$ GLS with *srswor*, $f = n/N$ | $\widehat{\mu}_{\text{Rat}}$ OLS with *srswr*, $f = 0$ | $\widehat{\mu}_{\text{Rat}}$ with *srswor*, $f = 0$ |
| 100 | $\text{ST}(\overline{\widehat{\mu}})$ | 19.684 | 19.794 | 19.943 |
| | $\text{MSE}(\overline{\widehat{\mu}})$ | 387.407 | 391.991 | 397.705 |
| 1000 | $\text{St}(\overline{\widehat{\mu}})$ | 5.969 | 6.332 | 6.002 |
| | $\text{MSE}(\overline{\widehat{\mu}})$ | 35.628 | 40.098 | 36.034 |

In the *srswor*–case, the GLS–estimator $\widehat{\mu}_{\text{Rat}}$ with $f = n/N$ seems to be better than $\widehat{\mu}_{\text{Rat}}$ with $f = 0$ , which — for larger $n/N$ — seems to be better than the OLS-estimator in the *srswr*–case.

If one has to decide — without (exact) knowledge of the underlying structure — which estimator ought to be used one might look for variance–estimators. They are known for (2.7) for *srswr* and *srswor* and for (2.5) in the *srswr*–case (see e.g. POKROPP (1996 b) *p.* 144 ff). They are given in (5.12) and (6.9) for (2.5) in the *srswor*–case. We give some typical results:

(7.6)

| | | survey variable $Y_{\text{HReg}}$ ; *srswor* size $n$ | | | | |
|---|---|---|---|---|---|---|
| $n$ | | $\widehat{\mu}_{\text{HReg}}$ | $\widehat{\mu}_{\text{Rat}}$ | $\widehat{\mu}_{\text{Dif}}$ | $\widehat{\mu}_{\text{Reg}}$ | $\widehat{\mu}_{\text{HR}}$ |
| 100 | $\widehat{\mu}$ | 2191.105 | 2187.571 | 2182.315 | 2189.284 | 2187.467 |
| | $\widehat{\sigma}_{\widehat{\mu}}$ | 23.152 | 23.459 | 23.534 | 22.748 | 22.806 |
| 1000 | $\widehat{\mu}$ | 2196.507 | 2195.633 | 2193.872 | 2195.847 | 2195.685 |
| | $\widehat{\sigma}_{\widehat{\mu}}$ | 5.952 | 6.082 | 6.198 | 6.006 | 6.007 |

| | | survey variable $Y_{\text{Rat}}$ ; *srswor* size $n$ | | | | |
|---|---|---|---|---|---|---|
| $n$ | | $\widehat{\mu}_{\text{HReg}}$ | $\widehat{\mu}_{\text{Rat}}$ | $\widehat{\mu}_{\text{Dif}}$ | $\widehat{\mu}_{\text{Reg}}$ | $\widehat{\mu}_{\text{HR}}$ |
| 100 | $\widehat{\mu}$ | 2202.759 | 2192.068 | 2200.559 | 2181.469 | 2192.759 |
| | $\widehat{\sigma}_{\widehat{\mu}}$ | 19.039 | 19.166 | 21.584 | 19.248 | 20.078 |
| 1000 | $\widehat{\mu}$ | 2188.946 | 2191.058 | 2190.624 | 2190.865 | 2190.927 |
| | $\widehat{\sigma}_{\widehat{\mu}}$ | 6.018 | 5.890 | 5.983 | 5.874 | 5.881 |

| | | survey variable $Y_{\text{HReg}}$ ; *srswr* size $n$ | | | | |
|---|---|---|---|---|---|---|
| $n$ | | $\widehat{\mu}_{\text{HReg}}$ | $\widehat{\mu}_{\text{Rat}}$ | $\widehat{\mu}_{\text{Dif}}$ | $\widehat{\mu}_{\text{Reg}}$ | $\widehat{\mu}_{\text{HR}}$ |
| 100 | $\widehat{\mu}$ | 2183.233 | 2185.048 | 2183.056 | 2184.733 | 2185.047 |
| | $\widehat{\sigma}_{\widehat{\mu}}$ | 19.258 | 19.429 | 19.819 | 19.414 | 19.428 |
| 1000 | $\widehat{\mu}$ | 2189.681 | 2190.258 | 2190.662 | 2190.278 | 2190.257 |
| | $\widehat{\sigma}_{\widehat{\mu}}$ | 6.050 | 6.187 | 6.351 | 6.186 | 6.187 |

| | | survey variable $Y_{\text{Rat}}$ ; *srswr* size $n$ | | | | |
|---|---|---|---|---|---|---|
| $n$ | | $\widehat{\mu}_{\text{HReg}}$ | $\widehat{\mu}_{\text{Rat}}$ | $\widehat{\mu}_{\text{Dif}}$ | $\widehat{\mu}_{\text{Reg}}$ | $\widehat{\mu}_{\text{HR}}$ |
| 100 | $\widehat{\mu}$ | 2220.615 | 2229.628 | 2237.318 | 2235.326 | 2229.283 |
| | $\widehat{\sigma}_{\widehat{\mu}}$ | 21.878 | 21.616 | 21.259 | 21.208 | 21.654 |
| 1000 | $\widehat{\mu}$ | 2203.036 | 2200.576 | 2200.664 | 2200.556 | 2200.577 |
| | $\widehat{\sigma}_{\widehat{\mu}}$ | 6.439 | 6.288 | 6.552 | 6.279 | 6.289 |

It is obvious from (7.6) that in the *srswor*–case variance estimators are not a reliable guide for the choice of an estimator. In the *srswr*–case results are satisfactory only for $Y_{\text{HReg}}$ . One way out of this situation might be to consider variances from bootstrapping (see ARRENBERG(1998), POKROPP (1996a)). Further investigations are necessary.

**Remark**: All simulation results are "stable" and are obtained already for simulation length $R \geq 2000$ . All programs were written in APL, and computations were done on a Sun Ultra 1 Creator.

## References


ARRENBERG, J. (1998): Schätzung der Varianz von Mittelwertschätzern in endlichen Populationen. Vandenhoeck & Ruprecht, Göttingen

HANSEN, M. H., HURWITZ, W. N., MADOW, W. G. (1953): Sample Survey Methods and Theory, Vol. II. Wiley, New York etc.

POKROPP, F. (1988):
Der homogene Regressions–Schätzer. Jahrbücher für Nationalökonomie und Statistik Bd.204
POKROPP, F. (1996 a):
Bootstrapping for the selection of GLS–Estimates in Conventional Sampling Theory. Discussion Papers in Statistics and Quantitative Economics, Nr. 69. Universität der Bundeswehr Hamburg.
POKROPP, F. (1996 b):
Stichproben. Theorie und Verfahren, 2nd ed. Oldenbourg–Verlag München etc.

Teil 4

# Marktforschung und Marketing

# Methoden der Conjointanalyse in der Marktforschungs- und Marketingpraxis

D. Baier

Institut für Entscheidungstheorie und Unternehmensforschung,
Universität Karlsruhe (TH), 76128 Karlsruhe, Germany

**Zusammenfassung:** Im vorliegenden Beitrag werden die wichtigsten methodischen Varianten der Conjointanalyse in Marktforschung und Marketing (die traditionelle, die hybride, die adaptive, und die auswahlbasierte Conjointanalyse) vorgestellt und über ihren Einsatz in der Unternehmenspraxis berichtet. Die Untersuchung zur Verbreitung der Methoden stützt sich dabei auf Erhebungen bei den wichtigsten kommerziellen Anbietern für Conjointstudien in Deutschland.

# 1 Einführung

Obwohl Einsatzmöglichkeiten der Conjointanalyse in Marktforschung und Marketing bereits Anfang der 70er Jahre vorgestellt wurden (vgl. z.B. Green, Wind (1975)), fand die Methodik lange Zeit in vielen Standardlehrbüchern zum Methodeneinsatz in der Unternehmenspraxis (vgl. z.B. Opitz (Hrsg.) (1978), Opitz (1980) und Bausch, Opitz (1993)) ebenso wie in der Marktforschungs- und Marketingpraxis selbst (vgl. z.B. die Untersuchung von Gaul et al. (1986)) nur wenig Beachtung. Neuere Untersuchungen hingegen weisen auf eine wesentlich größere Bedeutung und Verbreitung dieser Methodik hin (vgl. z.B. Gaul et al. (1995)). So ermittelten z.B. Mahajan, Wind (1992), daß die Conjointanalyse die am sechsthäufigsten eingesetzte Marktforschungs- und Planungsmethode im Produktinnovationsprozeß ist und daß ihr Einsatz trotz hoher Kosten auf große Akzeptanz bei den Anwendern stößt. Wittink et al. (1994) konnten darüber hinaus allein für den Zeitraum Juli 1986 bis Juni 1991 insgesamt 956 kommerzielle Einsätze der Methodik in Europa identifizieren (davon bereits 348 in Deutschland). Der Beitrag trägt dieser erlangten Bedeutung Rechnung, indem über methodische Varianten sowie deren Verbreitung in der Unternehmenspraxis berichtet wird.

# 2 Methoden der Conjointanalyse

## 2.1 Abgrenzung

Mit Conjointanalyse wird in der Marketing-Forschung eine ganze Reihe von Methoden bezeichnet, die es ermöglichen, von Auskunftspersonen erhobene ganzheitliche Bewertungen systematisch generierter Merkmalsausprägungskombinationen auf Beiträge der einzelnen Merkmalsausprägungen zur Gesamtbewertung zurückzuführen (vgl. z.B. Green, Srinivasan (1978, 1990)).

Die Methodik weist viele Gemeinsamkeiten mit anderen multivariaten Methoden auf, aber auch einige bedeutsame Unterschiede, die eine eigenständige Behandlung rechtfertigen: So ist die Conjointanalyse zunächst ähnlich wie die Multidimensionale Skalierung (MDS) ein dekompositionelles Verfahren, bei dem aus ganzheitlichen Bewertungen von Objekten auf Beiträge einzelner Merkmale geschlossen wird. Im Unterschied zur MDS werden allerdings keine realen sondern fiktive, z.B. zufällig generierte Objekte bewertet.

Ähnlich wie Diskriminanz-, Logit-, Regressions- und Varianzanalyse ist die Conjointanalyse auch ein dependenzanalytisches Verfahren, bei dem Datenmatrizen mit mehreren unabhängigen Variablen und einer abhängigen Variable ausgewertet werden. Unterschiede ergeben sich allerdings hinsichtlich der Meßniveaus. So können bei der Conjointanalyse unabhängige und abhängige Variablen nahezu beliebig skaliert sein, während bei den anderen Methoden nur spezielle Kombinationen von Meßniveaus vorgesehen sind.

Schließlich ist die Conjointanalyse im Unterschied zu anderen dependenzanalytischen Verfahren auch ein individualanalytisches Verfahren, bei dem im Idealfall Datenerhebung und -auswertung für jede Auskunftsperson getrennt erfolgt. Abweichungen vom Idealfall sind i.d.R. nur dann erwünscht, wenn dies aus schätztechnischen Gründen erforderlich wird.

## 2.2 Traditionelle Conjointanalyse

Meßkonzept und Algorithmen eines „simultanen Conjoint Measurement" wurden in der mathematischen Psychologie bereits Anfang der 60er Jahre entwickelt (vgl. Luce, Tukey (1964) und Kruskal (1965)): Merkmalsausprägungskombinationen (im folgenden kurz: Stimuli) werden Auskunftspersonen vorgelegt und durch diese z.B. nach Maßgabe ihrer Präferenz ganzheitlich bewertet. Anschließend werden Nutzenbeiträge so geschätzt, daß sie aufaddiert die erhobenen Präferenzwerte bestmöglich approximieren.

Formal seien im folgenden jeweils Daten zu $V$ Merkmalen mit jeweils $W_v$ Ausprägungen bei $I$ Auskunftspersonen in jeweils $J_i$ ganzheitlichen Bewertungen erhoben worden. Zusätzlich sei hier $y_{ji}$ der bei Auskunftsperson $i$ in Bewertung $j$ erhobene Präferenzwert des vorgelegten Stimulus und $x_{ijvw}$ ein Indikator, der anzeigt, ob beim entsprechenden Stimulus und Merkmal $v$ die Ausprägung $w$ vorliegt (=1) oder nicht (=0).

Mit Hilfe des Kleinste-Quadrate-Ansatzes

$$\sum_{i=1}^{I}\sum_{j=1}^{J_i}(y_{ji} - \sum_{v=1}^{V}\sum_{w=1}^{W_v} x_{ijvw}u_{ivw})^2 \rightarrow \min! \qquad (1)$$

können die Nutzenbeiträge $u_{111},\ldots,u_{NVW_V}$ geschätzt werden. Bei nichtmetrischen Präferenzwerten kann zur Parameterschätzung auch das MONANOVA-Verfahren (vgl. Kruskal (1965)) zum Einsatz gelangen. In beiden Fällen kann die Parameterschätzung auch für jede Auskunftsperson getrennt erfolgen.

Als Vorteil des Ansatzes wird immer wieder die für viele Problemstellungen realitätsnahe indirekte (ganzheitliche) Datenerhebung genannt, bei der i.d.R. mit valideren Nutzenbeiträgen als bei einer direkten Erhebung gerechnet werden kann. Ein Nachteil besteht sicher darin, daß den Auskunftspersonen i.d.R. nur wenige Stimuli vorgelegt werden können und damit aus schätztechnischen Gründen die Methodik als individualanalytisches Verfahren nur bei einer kleineren Merkmalsanzahl einsetzbar ist. Typisch sind z.B. 5 Merkmale mit jeweils 2-3 Ausprägungen und 18 Stimuli (vgl. z.B. Green, Wind (1975)). Bei größerer Merkmalsanzahl müssen zur Lösung von (1) aggregierte Verfahren oder neuere Verfahren der simultanen Klassifikation und Conjointanalyse eingesetzt werden (vgl. z.B. Baier, Gaul (1995)).

## 2.3 Hybride Conjointanalyse

Um auch bei großer Merkmalsanzahl interindividuell unterschiedliche Nutzenbeiträge schätzen zu können, werden seit Anfang der 80er Jahre bei einigen methodischen Varianten zusätzlich zu den ganzheitlichen Bewertungen von Merkmalsausprägungskombinationen auch direkte Bewertungen der Merkmalsausprägungen (im Sinne einer Bevorzugung) und der Merkmale (im Sinne ihrer Wichtigkeit für die Gesamtbewertung) erhoben und ausgewertet (vgl. z.B. Green et al. (1981) für frühe Anwendungen).

Mit $\tilde{a}_{iv}$ als zusätzlich bei Auskunftsperson $i$ erhobener Bewertung des Merkmals $v$ und $\tilde{b}_{ivw}$ als Bewertung der Ausprägung $w$ bei Merkmal $v$ ergibt sich durch Reparametrisierung aus dem Ansatz (1) der hybride Ansatz

$$\sum_{i=1}^{I}\sum_{j=1}^{J_i}(y_{ji}-\sum_{v=1}^{V}\sum_{w=1}^{W_v} x_{ijvw}u_{ivw})^2 \rightarrow \text{min! mit } u_{ivw} = \gamma_i + \delta_i\tilde{a}_{iv}\tilde{b}_{ivw} + \epsilon_{vw}. \quad (2)$$

Dabei werden die direkten Bewertungen mit Hilfe zu schätzender individueller Transformations- und gemeinsamer Korrekturparameter $\gamma_i$, $\delta_i$ und $\epsilon_{vw}$ in interindividuell unterschiedliche Nutzenbeiträge überführt.

Zahlreiche Varianten der hybriden Conjointanalyse sind möglich. Sie betreffen z.B. den Aggregationsgrad der Parameter sowie die Möglichkeit, Merkmale und Auskunftspersonen bei Datenerhebung und -auswertung mit Hilfsmitteln der Versuchsplanung zu blocken und zu gruppieren oder Wechselwirkungen zu berücksichtigen (vgl. z.B. Green (1984) für eine Übersicht).

Als Vorteil der hybriden Conjointanalyse wird oft angeführt, daß die Vorschaltung direkter Bewertungen bewirkt, daß den Auskunftspersonen komplexe Sachverhalte einfach vermittelt werden können. Damit ist die hybride Conjointanalyse auch bei besonders erklärungsbedürftigen Merkmalen und Ausprägungen einsetzbar. Als Nachteil der hybriden Conjointanalyse wird vor allem die schätztechnisch problematische Vermischung von individuellen und gemeinsamen Parametern diskutiert (vgl. z.B. Baier, Säuberlich (1997)).

## 2.4 Adaptive Conjointanalyse

Bei der Mitte der 80er Jahre entwickelten adaptiven Conjointanalyse erfolgt die Datenerhebung und -auswertung im Rahmen eines Computerinterviews (Johnson (1987)). Erhoben werden zunächst wie bei der hybriden Conjointanalyse direkte Bewertungen der Merkmalausprägungen und Merkmale. Anschließend werden ganzheitliche Bewertungen von Teilprofilen (Ausprägungskombinationen bez. weniger, systematisch ausgewählter und variierender Merkmale) in Form von paarweisen Vergleichen erfaßt.

Formal seien weiterhin mit $\tilde{a}_{iv}$ und $\tilde{b}_{ivw}$ die direkt erhobenen Bewertungen gegeben. Zusätzlich sei $y_{ji}^{r-l}$ der im paarweisen Vergleich $j$ der Auskunftsperson $i$ erhobene Präferenzunterschied zwischen einem rechten und einem linken Stimulus. Der Indikator $x_{ijvw}^{r-l}$ zeige an, ob beim vorgelegten Stimuluspaar bei Merkmal $v$ die Ausprägung $w$ beim rechten (=1) oder beim linken Stimulus (=-1) bzw. weder noch (=0) vorliegt. Die Nutzenbeiträge $u_{111},\ldots,u_{NVW_V}$ werden z.B. mittels

$$\sum_{i=1}^{I}\left(\sum_{v=1}^{V}\sum_{w=1}^{W_v}(\tilde{a}_{iv}\tilde{b}_{ivw}-u_{ivw})^2+\sum_{j=1}^{J_i}(y_{ji}^{r-l}-\sum_{v=1}^{V}\sum_{w=1}^{W_v}x_{ijvw}^{r-l}u_{ivw})^2\right)\rightarrow \min! \quad (3)$$

so bestimmt, daß sie sowohl die direkten als auch die ganzheitlichen Bewertungen aus den paarweisen Vergleichen bestmöglich approximieren.

Eine Besonderheit der adaptiven Conjointanalyse besteht darin, daß der Computer genutzt wird, um den Auskunftspersonen möglichst schwierige paarweise Vergleiche mit gleichwertigen rechten und linken Stimuli vorzulegen. Dadurch wird informationsarmen Fragen und Ermüdungserscheinungen vorgebeugt. Bei aktuellen Softwarepaketen (z.B. dem ACA-System der Sawtooth Software Inc. (1994)) wird dies dadurch ermöglicht, daß vor jedem paarweisen Vergleich mit Hilfe von (3) aus den bereits erhobenen Daten vorläufige Nutzenbeiträge und über diese geeignete Merkmale und Ausprägungen für den paarweisen Vergleich bestimmt werden.

Ein Vorteil der adaptiven Conjointanalyse ist sicher, daß leistungsstarke Softwarepakete zur Verfügung stehen, die eine einfache Konzipierung und Durchführung der computergestützten Datenerhebung und -auswertung gewährleisten. Wie bei der hybriden Conjointanalyse wird die Vermittlung komplexer Sachverhalte durch die Vorschaltung direkter Bewertungen von Merkmalen und Ausprägungen unterstützt. Darüber hinaus wird auch bei großer Anzahl an Merkmalen und Ausprägungen (beim ACA-System bis zu 30 Merkmale mit jeweils max. 9 Ausprägungen) eine rein individualisierte Datenerhebung und -auswertung ermöglicht, ohne die Auskunftspersonen zu überfordern. Nachteile bestehen vor allem darin, daß eine Computerunterstützung bei der Datenerhebung erforderlich ist. Für viele Aufgabenstellungen (z.B. falls ältere Menschen als Auskunftspersonen benötigt werden oder bei Objekten mit haptischen Eigenschaften) ist daher ein Einsatz nur eingeschränkt möglich (vgl. z.B. Baier, Säuberlich (1997)).

## 2.5 Auswahlbasierte Conjointanalyse

Bei der aus der Logitanalyse entwickelten auswahlbasierten Conjointanalyse (auch: Discrete Choice oder Choice-Based Conjoint Analysis, vgl. z.B.

Louvière (1988)) werden ganzheitliche Bewertungen von Auskunftspersonen in Form von Auswahlentscheidungen bez. vorgelegter Mengen von Ausprägungskombinationen erhoben und ausgewertet.

Formal seien $K_{ij}$ die Anzahl der Stimuli, die Auskunftsperson $i$ bei Bewertung $j$ vorgelegt werden und $x_{ijkvw}$ ein Indikator, der anzeigt, ob beim $k$-ten Stimulus und Merkmal $v$ die Ausprägung $w$ vorliegt (=1) oder nicht (=0), $k_{ij}$ sei der ausgewählte Stimulus. Mit Modellierungsannahmen der Logitanalyse (z.B. Auswahl des nutzenmaximalen Objekts bei unabhängig und identisch extremwertverteilten additiven Störgrößen im Bewertungsvorgang) können die Nutzenbeiträge $u_{111},\ldots,u_{NVW_V}$ über den Maximum-Likelihood-Ansatz

$$\prod_{i=1}^{I}\prod_{j=1}^{J_i} p_{ijk_{ij}} \to \max! \quad \text{mit} \quad p_{ijk_{ij}} = \frac{\exp\left(\sum_{v=1}^{V}\sum_{w=1}^{W_v} x_{ijk_{ij}vw}u_{ivw}\right)}{\sum_{k=1}^{K_{ij}} \exp\left(\sum_{v=1}^{V}\sum_{w=1}^{W_v} x_{ijkvw}u_{ivw}\right)} \tag{4}$$

geschätzt werden. $p_{ijk_{ij}}$ ist die Wahrscheinlichkeit, mit der Auskunftsperson $i$ bei Bewertung $j$ aus den $K_{ij}$ vorgelegten Stimuli den Stimulus $k_{ij}$ auswählt. Beim vorgestellten individualisierten Ansatz kann wie bei der traditionellen Conjointanalyse die Parameterschätzung auch für jede Auskunftsperson getrennt erfolgen. Allerdings muß bei der Lösung von (4) bereits bei einer kleinen Anzahl an Merkmalen und Ausprägungen auf aggregierte Verfahren oder auf neuere Verfahren der simultanen Klassifikation und Conjointanalyse zurückgegriffen werden (vgl. z.B. Baier, Gaul (1995)). In aktuellen Softwarepaketen (z.B. das CBC-System der Sawtooth Software Inc. (1996)) können diese neueren Verfahren bereits optional eingesetzt werden.

Als Vorteil gilt, daß die erhobenen Auswahlentscheidungen in vielen Produktkategorien (z.B. bei Gütern des täglichen Bedarfs) das Kaufverhalten der Auskunftspersonen besonders realitätsnah abbilden. Oft wird daher eine nur geringe zeitliche Inanspruchnahme sowie eine hohe Validität der Auswertungsergebnisse beobachtet. Die auswahlbasierte Conjointanalyse bietet darüber hinaus ein inferenzstatistisches Instrumentarium zur Modellauswahl und Hypothesenprüfung. Als Nachteil gilt, daß den Auskunftspersonen i.d.R. Vollprofile (d.h. Kombinationen bez. aller Merkmale) vorgelegt werden müssen. Wegen der beschränkten Informationsverarbeitungskapazität der Auskunftspersonen bleibt der Einsatz daher auf kleinere Problemstellungen (mit z.B. max. 6 Merkmalen beim CBC-System) beschränkt.

# 3 Einsatz in der Unternehmenspraxis

## 3.1 Gestaltungsalternativen bei Conjointstudien

Obwohl mit der Wahl einer methodischen Variante bei der Conjointanalyse bereits wichtige Vorentscheidungen bez. Datenerhebung und -auswertung getroffen werden, fallen bei der Konzipierung und Durchführung einer Conjointstudie doch noch weitere Auswahlentscheidungen an. Die Tabelle 1 gibt einen entsprechenden Überblick, indem zu ausgewählten Wahlmöglichkeiten aus der Literatur (z.B. Green, Srinivasan (1978, 1990)) bekannte Gestaltungsalternativen zusammengefaßt und aufgelistet worden sind.

| | |
|---|---|
| Bestimmung der Merkmale und Ausprägungen | interne und externe Expertengespräche; Testberichte; Fachliteratur; Konkurrenzanalyse; Einzelinterviews mit Kunden; Focusgruppen |
| Erhebungsform | persönlich; schriftlich; telefonisch; computergestützt; Disk-by-Mail |
| Generierung der Stimuli | vollständiges Design; reduziertes Design (z.B. orthogonale Versuchspläne); Zufallsgenerierung |
| Präsentation der Stimuli | verbal; bildlich (z.B. Skizzen, Photos); real (z.B. Produkte, Prototypen) |
| Bewertung | einzeln; paarweise; mengenweise |
| Bewertungskriterium | Bevorzugung; Präferenz; Kaufabsicht; Auswahl; Nutzungsintensität |
| Meßniveau bei der Bewertung | Ratingskala; Rangskala; Dollar-Metrik-Skala; Konstantsummenskala; Auswahl |
| Bestimmung der Auskunftspersonen | Quotaverfahren; Zufallsauswahl; Auswahl aufs Geratewohl |
| Schätzverfahren | Kleinste-Quadrate; MONANOVA; Maximum-Likelihood; PREFMAP; LINMAP |
| Segmentierungsverfahren | a-priori-Segmentierung; post-hoc-Segmentierung; simultane Klassifikation und Conjointanalyse |
| Auswahlregel für Marktsimulationen | First-Choice-Regel; BTL-Regel; Logit-Regel; ähnlichkeitskorrigierte Logit-Regel |
| Zielgröße für Marktsimulationen | Präferenz; Kaufwahrscheinlichkeit; Kaufabsicht; Käuferanteil; Marktanteil; Umsatz; Gewinn |
| zu berücksichtigende Aspekte bei Marktsimulationen | Konkurrenzreaktionen (Produkteinführung, -modifikation, -elimination); Änderungen von Merkmalsausprägungen; von Auswahlregeln |
| Überprüfung der Reliabilität | Test-Retest-Verfahren; Parallelformenverfahren; Split-half-Verfahren |
| Überprüfung der Validität | Face- und interne Validität; externe (Übereinstimmungs- und Prognose-) und konvergierende Validität |

Tabelle 1: Ausgewählte Gestaltungsalternativen bei einer Conjointstudie

## 3.2 Verbreitung in der Unternehmenspraxis

Um Informationen über die Verbreitung der Methodik und ihrer Gestaltungsalternativen in der Unternehmenspraxis zu gewinnen, wurde im Frühsommer 1997 eine Erhebung bei den wichtigsten kommerziellen Anbietern für Conjointstudien in Deutschland durchgeführt.

Zunächst konnten insgesamt 324 deutsche Marktforschungs- und Marketingberatungsunternehmen durch Auswertungen von Unternehmenslistungen und Selbstdarstellungen im Internet und in Handbüchern der Marketing-Forschung (z.B. BVM (1997)) identifiziert werden. Bei insgesamt 104 dieser Unternehmen (32,1%) konnte aus ihren Selbstdarstellungen bzw. auf telefonische Rückfrage hin ermittelt werden, daß sie die Conjointanalyse bereits mehrfach eingesetzt hatten. Für insgesamt 46 dieser Unternehmen (14,2%) stellt die Conjointanalyse sogar eine so wichtige Methodik dar, daß sie sie aktiv (z.B. über Prospektmaterial) vermarkten.

Bei der telefonischen Rückfrage wurden darüber hinaus in acht ausgewählten Unternehmen mit besonders intensivem Einsatz der Conjointanalyse insgesamt 12 kompetente Gesprächspartner (Studien- bzw. Projektleiter, Berater oder Methodenforscher mit einem Überblick über die im Unternehmen bereits durchgeführten Conjointstudien) ausgewählt, dic anschließend in den Unternehmen im Rahmen mehrstündiger persönlicher Interviews befragt wurden. Die Gespräche orientierten sich an einem 63-seitigen Interviewleitfaden und wurden unter Zusicherung von Anonymität und Vertraulichkeit aufgezeichnet. Ausgewählte Ergebnisse dieser Untersuchung sind in Tabelle 2 zusammen mit Ergebnissen früherer schriftlicher Erhebungen zur Verbreitung der Conjointanalyse in Europa und den USA dargestellt.

Beim Vergleich der Ergebnisse ist zu bedenken, daß bei Wittink, Cattin (1989) und Wittink et al. (1994) jeweils eine größere Stichprobe (66 und 59 Unternehmen) befragt wurde. Dennoch führt die kleinere Stichprobe der neuen Untersuchung insgesamt bereits wesentlich mehr Studien pro Jahr durch (etwa 127 Studien) als die deutsche Teilstichprobe bei Wittink et al. (1994) (etwa 70 Studien). Hier zeigt sich wieder die Zunahme der Bedeutung der Conjointanalyse. Weitere Hinweise auf Veränderungen kann man ebenfalls Tabelle 2 entnehmen: So häufen sich z.B. zunehmend Anwendungen im Dienstleistungsbereich, während die adaptive Conjointanalyse bereits in 70% der Conjointstudien angewandt wird. Begleitet wird der Siegeszug der adaptiven Conjointanalyse von einer zunehmenden Verbreitung der computergestützten Erhebungsform sowie metrischer Skalen und Schätzverfahren.

Über die in Tabelle 2 dargestellten und mit den früheren Untersuchungen vergleichbaren Ergebnisse hinaus konnten mit der neuen Untersuchung weitere Informationen zur Unternehmenspraxis gewonnen werden: So dauert die typische Conjointstudie durchschnittlich 7,5 (min. 3 und max. 16, in Einzelfällen 52) Wochen von der Auftragsvergabe bis zur Ergebnispräsentation und es werden durchschnittlich 8 (4 bei der auswahlbasierten und 9 bei der adaptiven Conjointanalyse) Merkmale mit durchschnittlich jeweils 4 (min. 2 und max. 8) Ausprägungen berücksichtigt.

In allen Unternehmen wird der Bestimmung der einzubeziehenden Merkmale und Ausprägungen ein hoher Stellenwert eingeräumt. Zum Einsatz kommen i.d.R. Expertengespräche und Gruppendiskussionen im Rahmen von Workshops beim Auftraggeber. Zusätzlich werden häufig Einzelinterviews

| | Region: | D | Europa(D)[a] | USA[b] |
|---|---|---|---|---|
| | Zeitraum: | 1/94-12/96 | 7/86-6/91 | 1/81-12/85 |
| | Anzahl an identifizierten Studien: | 382 | 956 (348) | 1062 |
| Produkt-kategorie | Konsumgüter | 34 | 54 | 59 |
| | Investitionsgüter | 18 | 17 | 18 |
| | Finanzdienstleistungen | 14 | 14 | 9 |
| | andere Dienstleistungen | 30 | 13 | 9 |
| | Sonstiges | 4 | 2 | 5 |
| Problem-stellung[c] | Marktsegmentierung | 79 | 29 | 33 |
| | Neuproduktgestaltung | 60 | 36 | 47 |
| | Produktmodifikation | 24 | 13 | 33 |
| | Kommunikation | 6 | 2 | 18 |
| | Preisgestaltung | 62 | 46 | 38 |
| | Distribution | 0 | - | 5 |
| | Sonstiges | 39 | 22 | 40 |
| methodische Variante | traditionell | 12 | 41 | 64 |
| | hybrid | 5 | 10 | 13 |
| | adaptiv | 70 | 42 | 12 |
| | auswahlbasiert | 13 | 7 | 11 |
| Erhebungs-form | persönlich | 18 | 44 | 64 |
| | postalisch | 1 | 3 | 9 |
| | telefonisch | 13 | 7 | 8 |
| | computergestützt | 66 | 42 | 12 |
| | Disk-by-Mail | 1 | - | - |
| | kombiniert | 1 | 4 | 7 |
| Präsentation der Stimuli | verbal | 73 | 78 | - |
| | bildlich | 0 | 9 | - |
| | real | 0 | 6 | - |
| | kombiniert | 27 | 7 | - |
| Bewertungs-kriterium | Bevorzugung | 70 | 42 | - |
| | Präferenz | 15 | 26 | - |
| | Kaufabsicht | 10 | 18 | - |
| | Auswahl | 4 | 7 | - |
| | Sonstiges | 1 | 7 | - |
| Meßniveau bei der Bewertung | Ratingskala | 77 | 70 | 49 |
| | Rangskala | 10 | 22 | 36 |
| | Sonstiges | 13 | 8 | 15 |
| Schätz-verfahren | Kleinste-Quadrate | 83 | 59 | 54 |
| | MONANOVA | 0 | 15 | 11 |
| | Maximum-Likelihood | 12 | 7 | 11 |
| | Sonstiges | 5 | 19 | 24 |

[a] Wittink et al. (1994), [b] Wittink, Cattin (1989), [c] Mehrfachnennungen erlaubt

Tabelle 2: Ausgewählte Ergebnisse von Untersuchungen zur Verbreitung der Conjointanalyse in der deutschen, europäischen und amerikanischen Marktforschungs- und Marketingpraxis (Angaben in Prozent der identifizierten Studien, '-' steht für nicht erhoben)

mit Kunden und Focusgruppen zur Erfassung der Kundensicht durchgeführt. Typischerweise werden durchschnittlich 330 (min. 100 und max. 600, in Einzelfällen über 2000) Auskunftspersonen befragt. Die Interviewdauer ist dabei i.d.R. auf max. 40-45 (Conjointteil max. 15-25) Minuten begrenzt und wird zuvor in 10-20 Pilotinterviews getestet.

Bei der Datenauswertung nutzen alle Unternehmen Segmentierungsanalysen und Marktsimulationen. Alle verwenden a-priori-Segmentierungen (auf Basis relevanter Hintergrundvariablen), 75% auch post-hoc-Segmentierungen (auf Basis geschätzter Nutzenbeiträge). Einsätze der in Tabelle 1 gelisteten Test-Retest- und Split-half-Verfahren zur Überprüfung der Reliabilität ebenso wie eine Überprüfung der Prognose-Validität entfallen i.d.R. aus Kostengründen. Allerdings versucht man z.T. durch Parallelformenverfahren (Anwendung verschiedener Erhebungs- und Auswertungsverfahren) sowie durch Interviewerschulungen und Pilotinterviews die Reliabilität und die Validität der Auswertungsergebnisse zu erhöhen. Üblich sind auch die Überprüfung der Face-, internen, Übereinstimmungs- und konvergierenden Validität.

# 4 Schlußbemerkungen

Methoden der Conjointanalyse erfreuen sich einer immer größeren Beliebtheit. Dabei hat insbesondere die mit Softwarepaketen leicht zu implementierende adaptive Conjointanalyse eine weite Verbreitung in der Marktforschungs- und Marketingpraxis gefunden. Diese positive Entwicklung hat aber auch ihre Schattenseiten. So wiesen z.B. die Gesprächspartner in den persönlichen Interviews immer wieder darauf hin, daß die Conjointanalyse ein Verfahren mit vielfältigen möglichen Fehlerquellen (z.B. bei der Abgrenzung der Problemstellung, der Auswahl der Merkmale und Ausprägungen, der Gestaltung der Datenerhebung und -auswertung, der Interpretation der Ergebnisse) ist. Mit zunehmender Verbreitung der Softwarepakete unter z.T. methodischen Laien wächst daher auch die Gefahr unsachgemäßer Einsätze.

**Danksagung:** Der Autor dankt den befragten Marktforschern und Marketingberatern ganz herzlich für ihre Auskunftsbereitschaft sowie insbesondere Herrn Dipl.-Wi.Ing. Jochen Berbner für die Durchführung der persönlichen Interviews.

## Literatur

BAIER, D., GAUL, W. (1995): Classification and Representation Using Conjoint Data. In Gaul, W., Pfeifer, D. (Eds.): From Data to Knowledge. Springer, Heidelberg, 298-307.

BAIER, D., SÄUBERLICH, F. (1997): Kundennutzenschätzung mittels individueller Hybrid-Conjointanalyse. *zfbf, 49, 951-972.*

BAUSCH, T., OPITZ, O. (1993): PC-gestützte Datenanalyse. Vahlen, München.

BVM (1997): Handbuch der Marktforschungsunternehmen 1997 des Berufsverbands Deutscher Markt- und Sozialforscher e.V. Deutscher Fachverlag, Frankfurt.

GAUL, W., AUST, E., BAIER, D. (1995): Gewinnorientierte Produktliniengestaltung unter Berücksichtigung des Kundennutzens. *ZfB, 65, 835-854.*

GAUL, W., FÖRSTER, F., SCHILLER, K. (1986): Typologisierung deutscher Marktforschungsinstitute: Ergebnisse einer empirischen Studie. *Marketing ZFP, 8, 163-172.*

GREEN, P. E. (1984): Hybrid Models for Conjoint Analysis: An Expository Review. *Journal of Marketing Research, 21, 155-159.*

GREEN, P. E., GOLDBERG, S. M., MONTEMAYOR, M. (1981): A Hybrid Utility Estimation Model for Conjoint Analysis. *Journal of Marketing, 45, 33-41.*

GREEN, P. E., SRINIVASAN, V. (1978): Conjoint Analysis in Consumer Research: Issues and Outlook. *Journal of Consumer Research, 5, 103-123.*

GREEN, P. E., SRINIVASAN, V. (1990): Conjoint Analysis in Marketing: New Developments With Implications for Research and Practice. *Journal of Marketing, 54, 3-19.*

GREEN, P. E., WIND, Y. (1975): New Way to Measure Consumers' Judgments. *Harvard Business Review, 53, 107-117.*

JOHNSON, R. M. (1987): Adaptive Conjoint Analysis. In Sawtooth Software Inc. (Ed.): Sawtooth Conference Proceedings. Evanston, IL, 253-265.

KRUSKAL, J. B. (1965): Analysis of Factorial Experiments by Estimating Monotone Transformations of the Data. *Journal of the Royal Statistical Society, 27, 251-263.*

LOUVIÈRE, J. J. (1988): Conjoint Analysis Modelling of Stated Preference - A Review of Theory, Methods, Recent Developments and External Validity. *Journal of Transport Economics and Policy, 22, 93-119.*

LUCE, R. D., TUKEY, J. W. (1964): Simultaneous Conjoint Measurement: A New Type of Fundamental Measurement. *Journal of Mathematical Psychology, 1, 1-27.*

MAHAJAN, V., WIND, J. (1992): New Product Models: Practise, Shortcomings and Desired Improvements. *Journal of Product Innovation Management, 9, 128-139.*

OPITZ, O. (Hrsg.) (1978): Numerische Taxonomie in der Marktforschung. Vahlen, München.

OPITZ, O. (1980): Numerische Taxonomie. UTB Fischer, Stuttgart.

SAWTOOTH SOFTWARE INC. (1994): ACA System Version 4.0. Evanston, IL.

SAWTOOTH SOFTWARE INC. (1996): CBC System Version 1.2. Evanston, IL.

WITTINK, D. R., CATTIN, P. (1989): Commercial Use of Conjoint Analysis: An Update. *Journal of Marketing, 53, 91-96.*

WITTINK, D. R., VRIENS, M., BURHENNE, W. (1994): Commercial Use of Conjoint Analysis in Europe: Results and Critical Reflections. *International Journal for Research in Marketing, 11, 41-52.*

# Erfolgsfaktorenforschung im Stadtmarketing unter besonderer Berücksichtigung multivariater Analysemethoden

C. Bornemeyer, T. Temme, R. Decker

Lehrstuhl für Betriebswirtschaftslehre und Marketing,
Universität Bielefeld, D-33615 Bielefeld, Germany

**Zusammenfassung:** Ausgehend von der notwendig erscheinenden genauen Bestimmung der Begriffe „Erfolgsgröße“ und „Erfolgsfaktor“ wird die Eignung und Einsetzbarkeit multivariater Methoden im Kontext der Erfolgsfaktorenforschung im Stadtmarketing diskutiert. Grundlage der Untersuchung ist u.a. eine problemorientierte Auswertung der einschlägigen Literatur zum Stadtmarketing und zur Erfolgsfaktorenforschung im privatwirtschaftlichen Bereich.

## 1 Problemstellung

Das Stadtmarketing wird in deutschen Städten seit Ende der 80er Jahre thematisiert und resultiert aus einer langjährigen Entwicklung, die gekennzeichnet ist vom Wandel der Stadtverwaltungen hin zu modernen, flexiblen und bürgerorientierten Dienstleistungsbetrieben sowie durch den zunehmenden Wettbewerb der Städte und Gemeinden um Investoren und Kunden. Unter dem Begriff „Stadtmarketing“ kann die konsequente Fortführung der Stadtentwicklungsplanung mit den Mitteln des Marketing unter Beteiligung aller relevanten Interessengruppen verstanden werden (siehe Abbildung 1).

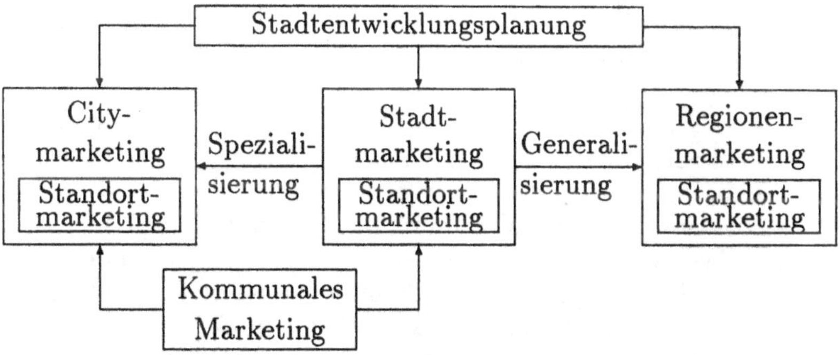


Abbildung 1: Abgrenzung von City-, Stadt- und Regionenmarketing

Im Unterschied zum Stadtmarketing erweitert das Regionenmarketing den Untersuchungsgegenstand auf geographisch, wirtschaftlich und/oder politisch zusammenhängende Regionen (Meffert (1991)). Im Rahmen eines Citymarketing stehen die Erhöhung der Attraktivität der Innenstadt und der damit verbundenen Verweildauer in der Innenstadt im Vordergrund. Auswertungen der einschlägigen Literatur sowie konkreter Fallbeispiele zeigen, daß ein breites Spektrum an Methoden und Ansätzen der privatwirtschaftlichen Marketingforschung und -planung auf städtische Belange übertragen werden kann. Die Untersuchung und Bestimmung des Marketingerfolgs ist in diesem Kontext jedoch bis dato stark vernachlässigt worden. Daher besteht zunächst die Notwendigkeit einer Konkretisierung der im Rahmen einer Analyse des Stadtmarketingerfolgs relevanten Begriffe „Erfolgsgröße“ und „Erfolgsfaktor“.

In Anlehnung an Fritz (1993) wird ein Erfolgsfaktor im folgenden als eine der Determinanten verstanden, die maßgeblich über den Erfolg oder Mißerfolg betrieblicher bzw. kommunaler Aktivitäten entscheiden und sowohl durch die betrachtete Untersuchungseinheit selbst als auch durch deren Umwelt bestimmt sein können. Während in Anlehnung an die Modellierung von Marktreaktionen ein Erfolgsfaktor somit als handlungsbezogene unabhängige Stellvariable verstanden wird, kann eine Erfolgsgröße hingegen als abhängige Zielvariable einer im Stadtmarketingkontext entsprechend zu spezifizierenden Reaktionsfunktion aufgefaßt werden. In der Literatur zur Erfolgsfaktorenforschung findet sich für eine so verstandene Erfolgsgröße häufig der Begriff des „Erfolgsindikators“ (Patt (1990)). Hierunter werden im Gegensatz zum Begriffsverständnis der Konsumentenverhaltensforschung jedoch nicht nur beobachtbare Sachverhalte (z.B. Einwohnerzahl und Kaufkraft), sondern auch nicht direkt beobachtbare, theoretische Konstrukte (z.B. Attraktivität und Image) verstanden, die ihrerseits über geeignete beobachtbare Indikatoren operationalisiert werden können.

Im Sinne einer eindeutigen Begriffswahl wird im vorliegenden Beitrag eine Unterteilung in beobachtbare und nicht beobachtbare Erfolgsfaktoren und -größen vorgenommen. Die nicht beobachtbaren Erfolgsfaktoren und -größen gilt es über entsprechende Indikatoren zu operationalisieren. Diese Indikatoren können entweder den beobachtbaren Erfolgsfaktoren bzw. -größen oder aber Aspekten, die selbst keine Erfolgsfaktoren bzw. -größen darstellen, entsprechen.

Vor dem Hintergrund des mittlerweile breiten Einsatzes PC-gestützter Datenanalysemethoden in der Marktforschung (Bausch, Opitz (1993)) stellt auch die Bestimmung und Analyse von Erfolgsfaktoren ein wichtiges Anwendungsgebiet multivariater Verfahren dar. Bekannte Belege hierfür liefern etwa die auf Basis von Regressionsansätzen ermittelten Befunde der PIMS-Forschung (Hildebrandt (1992)). In Anlehnung an Sheth (1971) können multivariate Verfahren als mathematisch-statistische Verfahren verstanden werden, die die simultane Analyse von mehr als zwei interessierenden und anhand einer Menge von Untersuchungsobjekten gemessenen Untersuchungsmerkmalen umfassen. Bei dem von Opitz (1978 und 1980) geprägten Begriff der numerischen Taxonomie liegt der Fokus auf der Analyse von Ähnlichkeitsbeziehungen zwischen den Elementen einer Menge von gegebenen Untersuchungsobjekten. Während der numerischen Taxonomie im engeren Sinn in der Literatur vornehmlich Verfahren zur Klassifikation von Objekten zugerechnet werden, erweitert Opitz (1980) den Begriff auf die „modifizierten" Aufgabenstellungen der Repräsentation und Identifikation von Objekten, so daß der Auffassung von Opitz (1980) folgend der Begriff der multivariaten Datenanalyse als alternative Bezeichnung zu dem der numerischen Taxonomie verstanden werden kann. Wichtige und für die vorliegende Fragestellung relevante Methoden der numerischen Taxonomie bzw. multivariaten Datenanalyse sind in Abbildung 2 zusammengefaßt. Überblicke zur Nutzung der hier aufgeführten aber auch „neuerer" Datenanalysemethoden im Marketing bieten beispielsweise Hooley, Hussey (Eds.) (1994) und Bagozzi (Ed.) (1994).

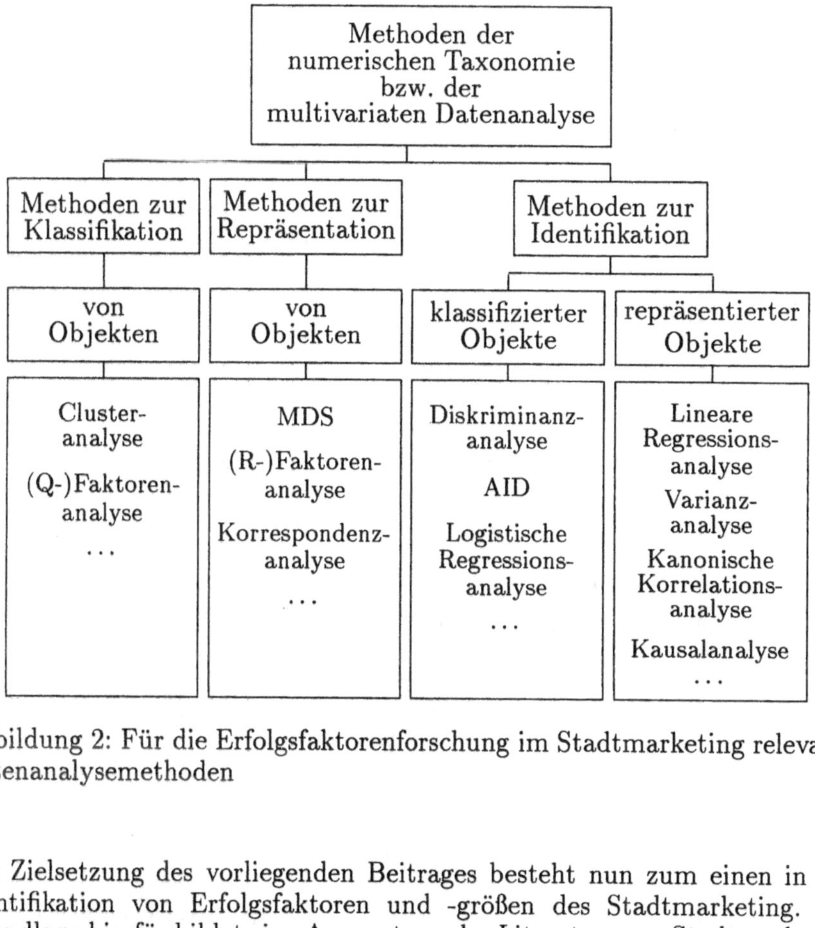


Abbildung 2: Für die Erfolgsfaktorenforschung im Stadtmarketing relevante Datenanalysemethoden

Die Zielsetzung des vorliegenden Beitrages besteht nun zum einen in der Identifikation von Erfolgsfaktoren und -größen des Stadtmarketing. Die Grundlage hierfür bildet eine Auswertung der Literatur zum Stadtmarketing und zur Erfolgsfaktorenforschung im privatwirtschaftlichen Bereich. Zum anderen wird im Anschluß daran der Frage nachgegangen, inwieweit die in Abbildung 2 dargestellten multivariaten Methoden im Rahmen einer Erfolgsfaktorenforschung im Stadtmarketing eingesetzt werden können.

# 2 Erfolgsfaktorenforschung im Stadtmarketing

## 2.1 Erfolgsgrößen im Stadtmarketing

Ein möglicher Grund für die bisherige Vernachlässigung der Untersuchung von Erfolgsgrößen im Stadtmarketing ist die mangelnde Konkretisierung des Begriffs „Stadtmarketingerfolg". Erfolgsgrößen, die im Rahmen von Erfolgsfaktorenuntersuchungen im privatwirtschaftlichen Bereich verwendet werden, wie z.B. Gewinn, Umsatz oder Deckungsbeitrag, sind im städtischen Kontext in der Regel wenig aussagekräftig bzw. überhaupt nicht zu bestimmen (Arend, Wolf (1994)). Somit fehlen Kriterien, auf deren Basis eine entsprechende Kontrolle der durchgeführten Aktivitäten erfolgen könnte. Trotz ihrer bisherigen Vernachlässigung aus wissenschaftlicher Sicht wird der Erfolgskontrolle im praktischen Stadtmarketing aber große Bedeutung zugemessen (Grabow, Hollbach-Grömig (1998)). Hieraus ergibt sich die Notwendigkeit, andere als die genannten privatwirtschaftlichen Erfolgsgrößen zu identifizieren, um eine Aussage über den Erfolg oder Mißerfolg von Stadtmarketingaktivitäten zu ermöglichen.

Insbesondere in neueren Publikationen werden erste Ansatzpunkte zur Identifikation solcher Erfolgsgrößen diskutiert. Tabelle 1 zeigt eine Auswahl der in entsprechenden Arbeiten herausgestellten möglichen Erfolgsgrößen im Stadtmarketing. In Anlehnung an die im vorigen Abschnitt vorgenommene Begriffsabgrenzung wurde zusätzlich exemplarisch der Versuch unternommen, beobachtbare und *nicht beobachtbare* Erfolgsgrößen zu unterscheiden. Daß eine solche ex-post-Beurteilung fast zwangsläufig mit einer großen Unsicherheit behaftet ist, steht hierbei außer Frage.

| Referenz | Ausgewählte Erfolgsgrößen im Stadtmarketing | |
|---|---|---|
| Hanold, Honert (1991) | • Einwohnerentwicklung<br>• *wirtschaftliches Potential*<br>• *Attraktivität/Image*<br>• *Lebensqualität* | • Steueraufkommen<br>• Kaufkraftbindung<br>• Kulturangebot<br>• Bekanntheitsgrad |
| Beyer (1997) | • *Entwicklung des Standortimages*<br>• Entwicklung der Belebungsziffern in der Innenstadt<br>• Entwicklung der Kaufkraftbindung<br>• Fluktuation der Geschäfte in der Innenstadt<br>• Entwicklung des innerstädtischen Branchenmixes | |
| Junker, Wagner (1998) | für den Bereich Handel:<br>• Umsatz<br>• Zentralität<br>• Leerstände | <br>• Kundenfrequenz<br>• Geschäftsraummieten<br>• Branchenmix |
| | für den Bereich Verkehr:<br>• Parkplatzauslastung/ Anzahl Kfz | <br>• Belastung |

Tabelle 1: Ausgewählte Erfolgsgrößen im Stadtmarketing

Bei der Identifikation geeigneter Größen zur Konkretisierung des Stadtmarketingerfolgs stellt sich neben der Trennung zwischen beobachtbaren und nicht beobachtbaren Aspekten auch noch ein Kausalitätsproblem. So können etwaige positive Entwicklungen einzelhandelsbezogener Erfolgsgrößen, wie z.B. Umsatz und Kundenfrequenz, nicht ausschließlich auf die jeweiligen Stadtmarketingaktivitäten zurückgeführt werden.

In Anlehnung an die Identifikation von Erfolgsgrößen im privatwirtschaftlichen Bereich wären vor diesem Hintergrund auch im Stadtmarketing ökonomische Erfolgsgrößen denkbar, die z.B. Aussagen darüber erlauben, inwieweit sich das Stadtmarketing finanziell selbst trägt oder aus anderen Bereichen bezuschußt werden muß. Zur Ermittlung weiterer, auch außerökonomischer Erfolgsgrößen weisen Grabow, Hollbach-Grömig (1998) auf die Nutzung von Expertengesprächen hin.

## 2.2 Erfolgsfaktoren im Stadtmarketing

Basierend auf einer Auswertung der relevanten Literatur zum Stadtmarketing sollen im folgenden erste Ansätze zur Identifikation von Erfolgsfaktoren im Stadtmarketing aufgezeigt werden. Im Rahmen der zugrundeliegenden Literaturauswertung konnten insgesamt 19 Arbeiten erfaßt werden, die Erfolgsfaktoren herausstellen. Allerdings wird der Begriff „Erfolgsfaktor" nicht in allen diesen Arbeiten explizit genannt, sondern kommt zum Teil nur implizit zum Ausdruck. Ashworth, Voogd (1990) sprechen beispielsweise von „Erfolgsvoraussetzungen", Töpfer (1993) nennt „Grundsätze" für ein erfolgreiches Stadtmarketing. Die in den angesprochenen Arbeiten gewonnenen Erkenntnisse basieren zumeist auf Plausibilitätsüberlegungen im Rahmen von Einzelfallstudien (Karutz (1995) und Amberger, Grandke (1995)) bzw. auf dem Erfahrungsaustausch in entsprechenden Kolloquien (Töpfer (1993)). In diesem Zusammenhang scheint auch die Tatsache erwähnenswert, daß Erfolgsfaktoren bisher nur in der zuletzt genannten Quelle den eigentlichen Schwerpunkt der Untersuchung bildeten.

Von den 19 Studien verdienen die in Tabelle 2 gesondert dargestellten Arbeiten besondere Beachtung, da in diesen Studien eine konkrete empirische Basis zur Ableitung von Erfolgsfaktoren erkennbar ist. Während die Studien von Schaller (1993), Beyer (1997) und Grabow, Hollbach-Grömig (1998) die Erfolgsfaktoren des Stadtmarketing allgemein untersuchen, identifizieren Hanold, Honert (1991) zwar ebenfalls Erfolgsfaktoren des Stadtmarketing, jedoch unter Beschränkung auf den Einzelhandelsbereich. Die Studie von Schmalen, Stallmeier (1992) konzentriert sich auf Erfolgsfaktoren des Kurortmanagements, wurde aber aufgrund ihrer Vorgehensweise und ihrer Nähe zum Stadtmarketing in Tabelle 2 aufgenommen. Besonders zu erwähnen ist in diesem Zusammenhang die Tatsache, daß in keiner den Autoren bekannten und auf Stadtmarketingfragen fokussierten Erfolgsfaktorenuntersuchungen multivariate Analysemethoden zum Einsatz kamen.

| Referenz | Basis | Auswertungsmethode |
|---|---|---|
| Hanold, Honert (1991) | 8 Städte | Einzelfallinterpretationen auf Basis von Expertengesprächen |
| Schmalen, Stallmeier (1992) | 137 Kurorte | Kennzahlenanalyse und Clusteranalyse |
| Schaller (1993) | 8 Städte | Einzelfallinterpretationen auf Basis von Expertengesprächen und Literaturauswertung |
| Beyer (1997) | 60 Städte | Einzelfallinterpretationen und Grundauszählung |
| Grabow, Hollbach-Grömig (1998) | 241 Städte | Einzelfallinterpretationen und Grundauszählung |

Tabelle 2: Studien unter Berücksichtigung von Erfolgsfaktoren im Stadtmarketing

Tabelle 3 zeigt eine nach inhaltlichen Gesichtspunkten vorgenommene Systematisierung ausgewählter, in der Stadtmarketingliteratur identifizierter Erfolgsfaktoren. Bei näherer Betrachtung der in der Tabelle genannten Erfolgsfaktoren zeigt sich, daß die verwendeten Bezeichner zum überwiegenden Teil wenig präzise formuliert und stark von einem subjektiven Begriffsverständnis geprägt sind. Aus diesem Grund wäre auch hier eine ex-post-Differenzierung zwischen beobachtbaren und nicht beobachtbaren Aspekten mit großen Schwierigkeiten verbunden. Es bleibt jedoch festzuhalten, daß eine weitgehende Übereinstimmung der Erfolgsfaktoren, die in den unterschiedlichen, unter wissenschaftlichen Gesichtspunkten aber nur bedingt fundierten Arbeiten identifiziert wurden, zu erkennen ist.

| | | |
|---|---|---|
| **Marketingprozeß**<br>• professionelle Planung und Durchführung<br>• einfache/schnelle Maßnahmen zu Beginn<br>• Aufbau einer Datenbasis<br>• Handlungsorientierung | **Stadtmarketingverständnis**<br>• Corporate identity nach innen und außen<br>• Klarheit von Begriff und Inhalten des Stadtmarketing<br>• Bürgerorientierung<br>• Festlegung des Stellenwertes des Stadtmarketing | **Städtische Angebote**<br>• Sicherung der wirtschaftlichen Existenz von Betrieben/Einrichtungen<br>• Leistungsfähige Infrastruktur<br>• Angebots-/Aufenthaltsqualität für Bürger/Kunden |
| **Kommunikation**<br>• Kontakt zu einer breiten Öffentlichkeit<br>• Transparenz | **Umfang des Konzeptes**<br>• Berücksichtigung zentraler Themenfelder<br>• Berücksichtigung aller Zielgruppen<br>• Langfristigkeit | **Organisation**<br>• Existenz einer verantwortlichen Stelle<br>• qualifizierte Leute<br>• Einbindung des Rates<br>• finanzielle/organisatorische Absicherung |

Tabelle 3: Ausgewählte Erfolgsfaktoren des Stadtmarketing

Zusammenfassend kann festgehalten werden, daß im Bereich des Stadtmarketing bisher nur wenige Ansatzpunkte zur systematischen Identifikation von Erfolgsfaktoren und -größen vorliegen. Auch fehlt bislang ein umfassender, konkreter Nachweis des Wirkungszusammenhangs zwischen Erfolgsfaktoren und -größen. Im nachfolgenden Abschnitt werden daher Studien zur Erfolgsfaktorenforschung aus dem privatwirtschaftlichen Bereich herangezogen, um Möglichkeiten zur Übertragung dort gewonnener Erkenntnisse auf den Bereich des Stadtmarketing herauszuarbeiten.

# 3 Erfolgsfaktorenforschung im privatwirtschaftlichen Kontext

Zur Erfolgsfaktorenforschung im privatwirtschaftlichen Kontext liegen bereits eine Vielzahl von Studien und überblicksartigen Zusammenstellungen vor. Im folgenden wird zunächst auf die betrachteten Bereiche und die verwendeten Analysemethoden von 95 einschlägigen Untersuchungen eingegangen. Hierbei wurde u.a. auf die Überblicke von Fritz (1990), Diegruber (1991), Kube (1991), Daschmann (1994) und Seidel (1997) zurückgegriffen. Die Auswahl beschränkt sich auf solche Untersuchungen, die den Erfolg ganzer Unternehmen oder doch wenigstens einzelner Geschäftseinheiten, nicht aber spezieller Aktionsparameter des Marketing zum Gegenstand haben (Fritz (1990)). Des weiteren wurden nur solche Studien berücksichtigt, die ausreichend dokumentiert sind und in der Literatur entsprechende Beachtung gefunden haben.

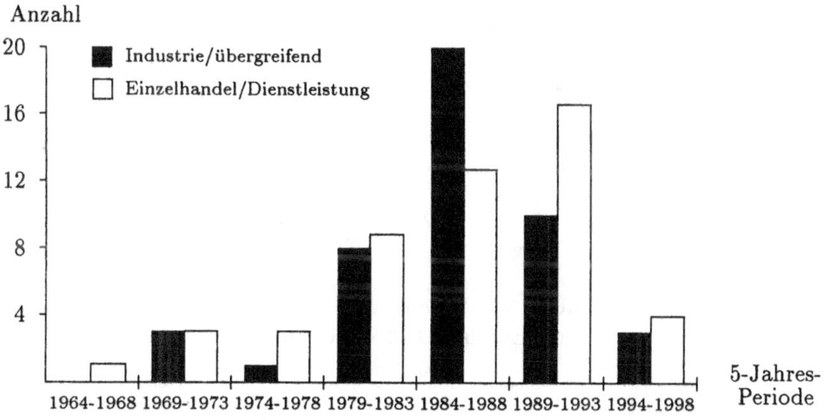


Abbildung 3: Anzahl der Studien differenziert nach betrachteten Bereichen (in 5-Jahres-Perioden)

Abbildung 3 zeigt die Anzahl der Studien (in 5-Jahres-Perioden) differenziert nach den Bereichen Einzelhandel/Dienstleistung bzw. Industrie/wirtschaftsstufenübergreifend (z.B. auf Basis von PIMS-Daten). Als Anhaltspunkt für die zeitliche Einordnung der jeweiligen Studie wurde das Erscheinungsjahr der ersten Veröffentlichung verwendet, da Angaben zum Erhebungsjahr in vielen Fällen nicht vorhanden sind.

Die meisten der Studien wurden Ende der 80er und Anfang der 90er Jahre veröffentlicht. Im Bereich der Industrie bzw. der wirtschaftsstufenübergreifenden Untersuchungen wurde die überwiegende Zahl der Studien Mitte bis Ende der 80er Jahre, im Bereich der Handels- und Dienstleistungsunternehmen hingegen Ende der 80er bis Mitte der 90er Jahre erstellt. Die in der Literatur häufig genannte schwerpunktmäßige Untersuchung von Industrieunternehmen in den Anfängen der Erfolgsfaktorenforschung und die erst später einsetzende Untersuchung von Handels- und Dienstleistungsunternehmen (Burmann (1995) und Korpiun (1998)) lassen sich anhand der vorliegenden Datengrundlage nur bedingt bestätigen.

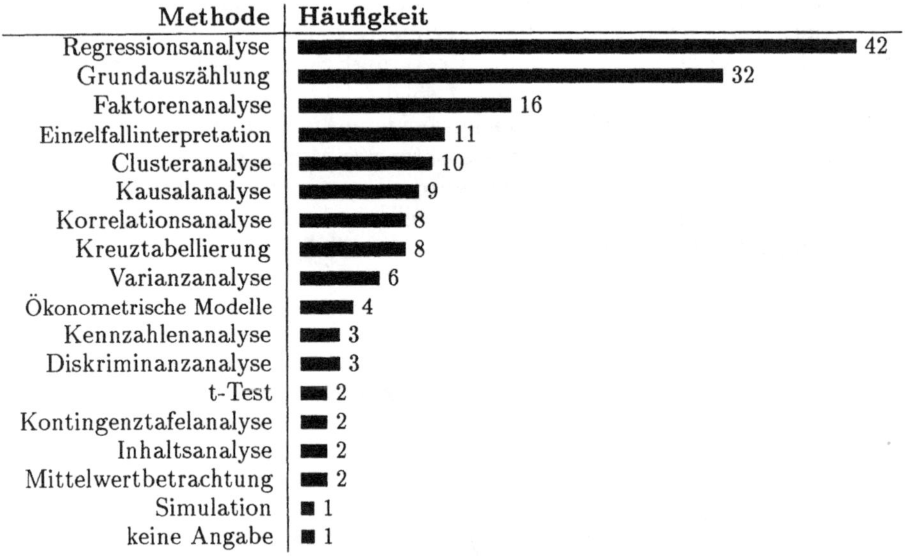


Abbildung 4: Häufigkeit der Anwendung verschiedener Auswertungsmethoden in den betrachteten Erfolgsfaktorenstudien

Die Häufigkeit der Anwendung verschiedener Auswertungsmethoden in den betrachteten Studien zeigt Abbildung 4. Neben einfachen Grundauszählungen ist die Regressionsanalyse die mit Abstand am häufigsten verwendete Analysemethode. Vor dem Hintergrund der vielfach geäußerten Kritik gegenüber dieser Methode (Kube (1991)) werden insbesondere auch kausalanalytische Ansätze als tragfähige Alternative zur Bestimmung und Analyse von Erfolgsfaktoren vorgeschlagen (Hildebrandt (1992)). Seidel (1997) beispielsweise verwendet für die Untersuchung der Erfolgsfaktoren von Franchisenehmern den LISREL-Ansatz der Kausalanalyse, weist jedoch auch auf deutliche Schwächen dieses Ansatzes hin, insbesondere im Hinblick auf dessen Einsetzbarkeit im Rahmen eines dauerhaften Monitoring der Franchisesysteme. Die insgesamt große Bedeutung bi- und multivariater Verfahren im Rahmen der privatwirtschaftlich orientierten Erfolgsfaktorenforschung wird daran erkennbar, daß 67 % der betrachteten Studien auf eine oder mehrere dieser Analysemethoden zurückgreifen.

Zur Aufdeckung möglicher Parallelen zum Stadtmarketing wurden Untersuchungsgegenstand, Erfolgsgrößen und Erfolgsfaktoren der einzelnen Studien gegenübergestellt. Einen Ausschnitt hiervon zeigt Tabelle 4. Besondere Relevanz für die in dieser Arbeit interessierende Domäne besitzen Studien aus dem Handels- und Dienstleistungsbereich. Zum einen sind Unternehmen dieser Kategorie eine wichtige Attraktivitätskomponente einer Stadt, zum anderen stellt umgekehrt der Standort für die Unternehmen einen wichtigen Erfolgsfaktor dar (Burmann (1995) und Korpiun (1998)). Die in den betreffenden Studien identifizierten Erfolgsfaktoren weisen eine teilweise hohe Affinität zu im Stadtmarketing relevanten Aspekten auf. Besonders hervorzuheben sind hier Erfolgsfaktoren aus den Bereichen Personal (z.B. Personaleinsatz und Personalmotivation) und Service (z.B. Servicequalität und Serviceimage). Im Bereich der Erfolgsgrößen erscheinen bezogen auf das in Tabelle 4 wiedergegebene Datenmaterial lediglich die von Reddy et al. (1998) verwendeten Besucherzahlen und die Zufriedenheit (Korpiun (1998)) auf das Stadtmarketing übertragbar.

# 4 Erfolgsfaktorenforschung im Stadtmarketing mittels multivariater Methoden

Ausgangspunkt der nachfolgenden Diskussion von Einsatzmöglichkeiten multivariater Methoden in der Erfolgsfaktorenforschung im Stadtmarketing sei eine „stadtmarketingspezifische" Datenmatrix. Diese enthalte in Anlehnung an Opitz (1980) eine endliche Objektmenge $\mathcal{O} = \{1, \ldots, i, \ldots, I\}$, deren Elemente im vorliegenden Kontext Städte sind und die als Teilmenge jener Grundgesamtheit von Städten aufgefaßt werden kann, die in den vergangenen Jahren Stadtmarketing betrieben haben.

Zur Beschreibung der Objekte bzw. Städte können die disjunkten Merkmalsmengen $\mathcal{M}_F = \{1, \ldots, j, \ldots, J\}$ und $\mathcal{M}_G = \{1, \ldots, k, \ldots, K\}$ herangezogen werden. Die Elemente von $\mathcal{M}_F$ stellen die beobachtbaren Erfolgsfaktoren sowie jene Indikatoren dar, die neben den beobachtbaren Erfolgsfaktoren zur Operationalisierung der nicht beobachtbaren Erfolgsfaktoren herangezogen werden können. Die Menge $\mathcal{M}_G$ enthalte analog die beobachtbaren Erfolgsgrößen sowie jene Indikatoren, die neben den beobachtbaren Erfolgsgrößen zur Operationalisierung der nicht beobachtbaren Erfolgsgrößen dienen können. Die Vereinigungsmenge $\mathcal{M} = \mathcal{M}_F \cup \mathcal{M}_G$ entspricht demzufolge der Gesamtheit aller beobachtbaren Aspekte.

| Referenz | Untersuchungsgegenstand | Erfolgsgrößen | Erfolgsfaktoren |
|---|---|---|---|
| Reddy et al. (1998) | Dienstleistungen (Theater) | Besucherzahlen, Einnahmen an der Theaterkasse | Kritiken verschiedener Zeitungen, Art der Produktion, Zeitpunkt der Premiere, Previews, Eigenschaften der beteiligten Personen, Werbung, Eintrittspreise, Langlebigkeit |
| Korpiun (1998) | Dienstleistungen (Friseurbetriebe) | Kundenzufriedenheit, Kundenbindung, Gewinn, Umsatz | fachliche Qualifikation, Beratungskompetenz, Sozialkompetenz, Standortattraktivität, Unternehmensalter, Einrichtungsattraktivität, zeitliche Preisdifferenzierung |
| Burmann (1995) | Einzelhandel | Deckungsbeitrag bzw. Umsatz pro qm Verkaufsfläche | Personalintensität, Größe der Verkaufsfläche, Standortqualität, Intensität der leistungsorientierten Werbung, Qualität des persönlichen Verkaufs, Personalmotivation, Intensität preisorientierter Werbung |
| Daschmann (1994) | Industrie (mittelgroße Unternehmen) | Rentabilität, Umsatzwachstum | Unternehmensführung, Qualität der Mitarbeiter, Produktqualität, Innovationsfähigkeit, technischer Stand der Produktion, Markt- und Wettbewerbssituation, Führungsnachfolge |
| Bharadwaj, Menon (1993) | Dienstleistungen | ROI, relativer Marktanteil, ROI-Variation | vorwärtsgerichtete Integration, Servicequalität, Serviceimage, Aufbau von Kundenbindung, Werbeaufwand, Aufwand für Außendienst, relativer Preis, Breite des Sortiments, Customization, Reihenfolge des Markteintritts, relativer Marktanteil, Anzahl der Konkurrenten |
| Wölk (1992) | Einzelhandel | Gewinnsituation, Umsatzentwicklung, Zukunftschancen, Wettbewerbsposition | Standort, Sortiment, Dienstleistungen, Preis, Personal, Ladengestaltung, Kommunikation, Informationssysteme, Kooperation, Kreativität, Konzeption, langfristige Zielsetzung, Flexibilität/Innovationsbereitschaft, Führung |
| Kube (1991) | Dienstleistungen (Gastronomie) | Absatz, Ertrag | Standortqualität, Gebäudeattraktivität, Wettbewerbsintensität, Betriebsgröße, Zielgruppenstrategie, kaufmännische und Branchenkenntnisse des Wirtes, Persönlichkeit des Wirtes, Stammgästeanteil |
| Hildebrandt, Trommsdorff (1989) | Einzelhandel | Marktanteil | Qualitätsimage, Ladenatmosphäre, Preisimage, Personaleinsatz, Ladengröße |

Tabelle 4: Ausgewählte Studien zur Erfolgsfaktorenforschung im privatwirtschaftlichen Bereich

Auf Basis von sekundär- und/oder primärstatistischen Datenerhebungen wird jedes Objekt $i \in \mathcal{O}$ auf alle vorgegebenen Merkmale $j$ bzw. $k \in \mathcal{M}$ hin untersucht und durch die erhaltenen Ausprägungen beschrieben. Faßt man alle entsprechenden Merkmalsausprägungen $x_{ij}$ und $y_{ik}$ zusammen, so erhält man eine $I \times (J+K)$-dimensionale Datenmatrix, die durch die Unterscheidung in beobachtbare Erfolgsfaktoren resp. Indikatoren für nicht beobachtbare Erfolgsfaktoren einerseits und beobachtbare Erfolgsgrößen resp. Indikatoren für nicht beobachtbare Erfolgsgrößen andererseits bereits a priori eine inhaltlich bedingte merkmalsweise Partionierung aufweist:

$$(\boldsymbol{X}|\boldsymbol{Y}) = \left(\begin{array}{ccccc|ccccc} x_{11} & \cdots & x_{1j} & \cdots & x_{1J} & y_{11} & \cdots & y_{1k} & \cdots & y_{1K} \\ \vdots & \ddots & \vdots & \ddots & \vdots & \vdots & \ddots & \vdots & \ddots & \vdots \\ x_{i1} & \cdots & x_{ij} & \cdots & x_{iJ} & y_{i1} & \cdots & y_{ik} & \cdots & y_{iK} \\ \vdots & \ddots & \vdots & \ddots & \vdots & \vdots & \ddots & \vdots & \ddots & \vdots \\ x_{I1} & \cdots & x_{Ij} & \cdots & x_{IJ} & y_{I1} & \cdots & y_{Ik} & \cdots & y_{IK} \end{array}\right)$$

Auf Basis einer solchen Datenmatrix können die in Abbildung 2 dargestellten Methoden und die damit verbundenen Aufgabenstellungen der numerischen Taxonomie (Klassifikation, Repräsentation und Identifikation) im Hinblick auf ihre Relevanz für die Erfolgsfaktorenforschung im Stadtmarketing untersucht werden. Eine kontextbezogene schematische Darstellung der methodischen Zusammenhänge zwischen den Elementen einer multivariaten Erfolgsfaktorenforschung im Stadtmarketing liefert Abbildung 5.

Methoden zur Repräsentation von Objekten (z.B. MDS, R-Faktoren- oder Korrespondenzanalyse) können verwendet werden, um Beziehungen zwischen Elementen der Objektmenge $\mathcal{O}$ und/oder der Merkmalsmenge $\mathcal{M}$ zu untersuchen. Die Reduktion der beobachteten Elemente der Menge $\mathcal{M}$ mittels exploratorischer Faktorenanalyse kann z.B. zur Aufdeckung einer Menge $\widetilde{\mathcal{M}}$ ($\widetilde{\mathcal{M}} \not\subseteq \mathcal{M}$) von nicht beobachtbaren hypothetischen Erfolgsfaktoren und -größen dienen. Eine hypothesengeleitete Überprüfung konstruktbasierter Strukturüberlegungen ermöglicht hingegen die konfirmatorische Faktorenanalyse. Auf Basis der Elemente von $\mathcal{M}$ oder $\widetilde{\mathcal{M}}$ können mithin Repräsentationen der Städte in niedrigdimensionierten Wahrnehmungsräumen vorgenommen werden. Eine alternative Berechnungsgrundlage für eine entsprechende räumliche Abbildung von Städten stellen (z.B. mit Hilfe von Paarvergleichen ermittelte) Distanzen zwischen den Elementen von $\mathcal{O}$ dar.

Im Anschluß daran können Methoden zur Identifikation der repräsentierten Objekte $i$ zur Feststellung bzw. Prüfung gegenseitiger Abhängigkeiten zwischen Erfolgsfaktoren als unabhängige Stellvariablen und Erfolgsgrößen als abhängige Zielvariablen eingesetzt werden. Diese Abhängigkeiten können entweder direkt zwischen den beobachtbaren Elementen der Mengen $\mathcal{M}_F$ und $\mathcal{M}_G$ untersucht werden (z.B. mittels Regressions-, Varianz- oder kanonischer Korrelationsanalyse), oder es kann aufbauend auf der Operationalisierung nicht beobachtbarer Elemente von $\widetilde{\mathcal{M}}$ die Spezifikation und Überprüfung eines komplexen Hypothesengerüstes mittels kausalanalytischer Ansätze (z.B. LISREL oder PLS) vorgenommen werden.

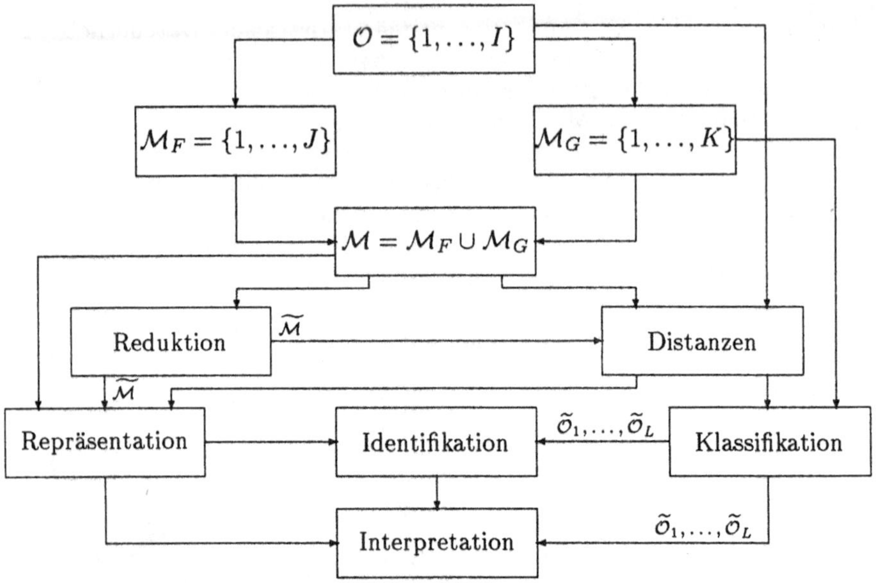


Abbildung 5: Methodische Zusammenhänge zwischen den Elementen einer multivariaten Erfolgsfaktorenforschung im Stadtmarketing (in Anlehnung an Opitz (1978))

Schließlich können ausgehend u.a. von auf Basis der Elemente von $\mathcal{M}$ oder $\widetilde{\mathcal{M}}$ ermittelten Distanzen zwischen den Städten Methoden zur Klassifikation von Objekten (z.B. Cluster- oder Q-Faktorenanalyse) im Rahmen von Segmentierungsüberlegungen herangezogen werden, um z.B. in Anlehnung an die Idee der Bestimmung von „Look-Alikes" in der PIMS-Forschung (Buzzell, Gale (1987)) Gruppen oder Klassen $\widetilde{\mathcal{O}}_1, \ldots, \widetilde{\mathcal{O}}_l, \ldots, \widetilde{\mathcal{O}}_L$ ($\widetilde{\mathcal{O}}_l \subseteq \mathcal{O} \; \forall \; l$ und $\cup_{l=1}^{L} \widetilde{\mathcal{O}}_l = \mathcal{O}$) von Städten mit ähnlicher strategischer Ausgangsposition zu bilden. Die Aufdeckung wechselseitiger Beziehungen zwischen und innerhalb von entsprechenden Clustern kann beispielsweise zur Beurteilung der Wirksamkeit und Adäquanz eigener Stadtmarketingaktivitäten im Vergleich zu anderen Städten herangezogen werden.

Um darüber hinaus im Rahmen einer Erfolgskontrolle den Beitrag der Ausprägungen der Elemente von $\mathcal{M}_F$ zur Trennung der Gruppen $\widetilde{\mathcal{O}}_l$ zu untersuchen, können Methoden zur Identifikation klassifizierter Objekte (z.B. Diskriminanzanalyse) herangezogen werden. Bei Verwendung dieser Verfahren können die Gruppen $\widetilde{\mathcal{O}}_l$ auch aufgrund der Elemente von $\mathcal{M}_G$ a priori definiert sein (z.B. Stadtmarketingprojekte mit und ohne öffentliche Bezuschussung). Des weiteren kann dieses Instrumentarium für eine prognostische Kategorisierung bisher nicht berücksichtigter Städte $i' \notin \mathcal{O}$ zum Zwecke einer vorausschauenden Erfolgsbeurteilung verwendet werden.

# 5 Zusammenfassung und Ausblick

Die systematische Auswertung einschlägiger Publikationen zur Erfolgsfaktorenforschung im Stadtmarketing macht einerseits deutlich, daß insbesondere in methodischer Hinsicht bis dato nur wenige fundierte Ansätze vorhanden sind und daher weitere Forschungsarbeit offensichtlich notwendig ist. Andererseits lassen die bisher vorgelegten Studien zur Erfolgsfaktorenforschung im privatwirtschaftlichen Bereich erkennen, daß gerade die Anwendung multivariater Analyseverfahren durchaus erfolgsversprechend zu sein scheint. Auf Basis einer „stadtmarketingspezifischen" Datenmatrix wurde deshalb skizzenhaft dargelegt, wie Methoden der multivariaten Datenanalyse im Rahmen der Erfolgsfaktorenforschung im Stadtmarketing eingesetzt werden können.

Ein weiterer, an dieser Stelle nur der Vollständigkeit halber zu erwähnender Themenkomplex, der in jüngster Zeit auch im Kontext der Bestimmung von Erfolgsfaktoren an Bedeutung gewinnt, ist die Entwicklung sogenannter Kundenbarometer zur Messung von Qualität und Zufriedenheit. Entsprechende Überlegungen im Sinne einer Entwicklung von auf städtische Belange ausgerichteten Investoren- bzw. Bürgerbarometern verspricht auch in der Erfolgsfaktorenforschung im Stadtmarketing einen zusätzlichen Erkenntnisgewinn.

## Literatur


AMBERGER, J., GRANDKE, G. (1995): Stadtmarketing Offenbach - Ein Praxisbericht zur Anwendung des Marketingansatzes in der Stadtentwicklung. *Marktforschung & Management, 39, 159-164.*

AREND, M., WOLF, A. (1994): Stadtmarketing. Eigenverlag Forschungskreis Tourismus Management e.V., Trier.

ASHWORTH, G. J., VOOGD, H. (1990): Selling the City: Marketing Approaches in Public Sector Urban Planning. Belhaven Press, London.

BAGOZZI, R. P. (Ed.) (1994): Advanced Methods of Marketing Research. Blackwell, Cambridge.

BAUSCH, T., OPITZ, O. (1993): PC-gestützte Datenanalyse mit Fallstudien aus der Marktforschung. Vahlen, München.

BEYER, R. (1997): Die Institutionalisierung von Stadtmarketing. In: PFAFF-SCHLEY, H. (Hrsg.): Stadtmarketing und kommunales Audit. Springer, Berlin, 85-93.

BHARADWAJ, S. G., MENON, A. (1993): Determinants of Success in Service Industries. A PIMS-based Empirical Investigation. *Journal of Services Marketing, 7, 19-40.*

BURMANN, C. (1995): Fläche und Personalintensität als Erfolgsfaktoren im Einzelhandel. Gabler, Wiesbaden.

BUZZELL, R. D., GALE, B. T. (1987): The PIMS Principles. Free Press, New York.

DASCHMANN, A. (1994): Erfolgsfaktoren mittelständischer Unternehmen. Schäffer-Poeschel, Stuttgart.

DIEGRUBER, J. (1991): Erfolgsfaktoren nationaler europäischer Linienluftverkehrsgesellschaften im Markt der 90er Jahre. Universitätsverlag Konstanz, Konstanz.

FRITZ, W. (1990): Marketing – ein Schlüsselfaktor des Unternehmenserfolges? *Marketing ZFP, 2, 91-110.*

FRITZ, W. (1993): Die empirische Erfolgsfaktorenforschung und ihr Beitrag zum Marketing – Eine Bestandsaufnahme. Berichte des Instituts für Wirtschaftswissenschaften der Technischen Universität Braunschweig 93/12, Braunschweig.

GRABOW, B., HOLLBACH-GRÖMIG, B. (1998): Stadtmarketing – Eine kritische Zwischenbilanz. Deutsches Institut für Urbanistik, Berlin.

HANOLD, A., HONERT, S. (1991): Stadtmarketing. KOMET Gesellschaft für Stadtmarketing und -entwicklung mbH, Köln.

HILDEBRANDT, L. (1992): Wettbewerbssituation und Unternehmenserfolg. *Zeitschrift für Betriebswirtschaft, 62, 1069-1084.*

HILDEBRANDT, L., TROMMSDORFF, V. (1989): Anwendungen der Erfolgsfaktorenanalyse im Handel. In: TROMMSDORF, V. (Hrsg.): Handelsforschung 1989, Jahrbuch der Forschungsstelle für den Handel Berlin e.V. Gabler, Wiesbaden, 15-26.

HOOLEY, G. J., HUSSEY, M. K. (Eds.) (1994): Quantitative Methods in Marketing. Academic Press, London.

JUNKER, R., WAGNER, D. (1998): Erfolgskontrolle im Stadtmarketing. *Eildienst des Deutschen Städtetags, 48, 232-237.*

KARUTZ, M. (1995): Stadtmarketing: Handeln statt (zer)reden – Ein optimaler Dialog zwischen den Akteuren hilft Borken (Hessen) die Strukturkrise zu überwinden. *Marktforschung & Management, 39, 152-157.*

KORPIUN, M. (1998): Erfolgsfaktoren personendominanter Dienstleistungen. Lang, Frankfurt am Main.

KUBE, C. (1991): Erfolgsfaktoren in Filialsystemen: Diagnose und Umsetzung im strategischen Controlling. Gabler, Wiesbaden.

MEFFERT, H. (1991): Regionenmarketing Münsterland: Ansatzpunkte auf der Grundlage einer empirischen Untersuchung. Institut für Marketing der Westfälischen Wilhelms-Universität Münster, Münster.

OPITZ, O. (1978): Zielsetzungen und Überblick. In: OPITZ, O. (Hrsg.): Numerische Taxonomie in der Marktforschung. Vahlen, München, 1-19.

OPITZ, O. (1980): Numerische Taxonomie. Fischer, Stuttgart.

PATT, P.-J. (1990): Strategische Erfolgsfaktoren im Einzelhandel. 2. Aufl., Lang, Frankfurt am Main.

REDDY, S. K., SWAMINATHAN, V., MOTLEY, M. (1998): Exploring the Determinants of Broadway Show Success. *Journal of Marketing Research, 35, 370-383.*

SCHALLER, U. (1993): City-Management, City- Marketing, Stadtmarketing, Allheilmittel für die Innenstadtentwicklung? Arbeitsmaterialien zur Raumordnung und Raumplanung, Heft 129, Bayreuth.

SCHMALEN, H., STALLMEIER, C. (1992): Erfolgsfaktoren des Kurortmanagements. In: SCHMALEN, H., TESCHENDORFF, M. (Hrsg.): Passauer Hefte für Unternehmensführung und Absatzwirtschaft, Nr. 3. Passavia Universitätsverlag, Passau.

SEIDEL, M. B. (1997): Erfolgsfaktoren von Franchise-Nehmern unter besonderer Berücksichtigung der Kundenzufriedenheit. Lang, Frankfurt am Main.

SHETH, J. N. (1971): The Multivariate Revolution in Marketing Research. *Journal of Marketing, 35, 13-19.*

TÖPFER, A. (1993): Erfolgsfaktoren des Stadtmarketing: 10 Grundsätze. In TÖPFER, A. (Hrsg.): Stadtmarketing. FBO, Baden-Baden, 35-79.

WÖLK, A. (1992): Erfolgsfaktoren kleiner und mittlerer Unternehmen im Einzelhandel. In: TROMMSDORFF, V. (Hrsg.): Handelsforschung 1991, Jahrbuch der Forschungsstelle für den Handel Berlin e.V. Gabler, Wiesbaden, 47-64.

# Kundenorientierte Logistikprozesse

R. Lasch

Lehrstuhl für Betriebswirtschaftslehre, insbes. Logistik,
Technische Universität Dresden, 01062 Dresden, Germany

**Zusammenfassung:** Um im Spannungsfeld zwischen Unternehmen, Kunden und Wettbewerbern langfristig bestehen zu können, müssen Unternehmen marktgerechte Leistungen anbieten. Da der Erfolg jedes Unternehmens letztendlich nur auf zufriedene Kunden zurückzuführen ist, muß der Kundennutzen das entscheidende Kriterium bei der Betrachtung von Geschäftsprozessen sein. Die starke Rolle des Kunden führt zu der Notwendigkeit, sich als Unternehmen durch die Bereitstellung einer kundenorientierten Logistikleistung vom Wettbewerb zu differenzieren. In dieser Arbeit wird ein Ansatz zur kundenorientierten Verbesserung logistischer Prozesse vorgestellt.

## 1 Markterfolgsfaktor Unternehmenslogistik

Infolge der gestiegenen Marktdynamik, einer hohen Markttransparenz mit zunehmender Individualisierung der Kundenwünsche, einer Verringerung der Fertigungstiefe durch Konzentration auf Kernkompetenzen, einem fortschreitenden Trend zur Globalisierung und einem verstärkten Einsatz von Informationstechnologien wird es für die Unternehmen immer schwerer, Wettbewerbsvorteile zu erreichen. Unternehmen, die sich einer Kostenführerstrategie verschreiben, verspricht die Logistik eine Erschließung von neuen Kostensenkungspotentialen, wo diese im Bereich traditioneller fertigungswirtschaftlicher Rationalisierungsansätze ausgeschöpft scheinen. Für die zahlreichen Unternehmen, die eine Differenzierung durch Produktindividualisierung und Marktsegmentierung verfolgen, stellt die Logistik durch die Verbesserung der Produktverfügbarkeit und durch die Anreicherung von Kernprodukten mit logistischen Value-Added-Diensten direkte Beiträge zur Stärkung der Wettbewerbsfähigkeit in Aussicht. Der Faktor Zeit, insbesondere Konzepte zur Beschleunigung der Umschlags- und Durchlaufzeiten sowie die „Quick-Response"-Fähigkeit bei der Auftragsabwicklung oder bei Serviceanfragen bzw. bei der Reklamationserledigung, stellt heute einen strategischen Erfolgsfaktor dar.

Die markterfolgsbestimmende Verbindung zwischen Kunde und Unternehmen ist der Logistikprozeß, der aufgrund der starken Rolle des Kunden so zu gestalten ist, daß sich ein Höchstmaß an Kundenzufriedenheit einstellt. Um den Kunden einen Nettonutzen bieten zu können, sind die Logistikprozesse in bestmöglicher Weise an den Bedürfnissen der Kunden auszurichten. Diese beziehen sich jedoch nicht nur auf die Produktmerkmale, die einer immer stärkeren und schnelleren Anpassung unterliegen, sondern auch die Qualität der Leistungen vor, während und nach dem Herstellungsprozeß hat

Einfluß auf den Kundennutzen. Zur Kundenorientierung gehört neben der Erfassung der gegenwärtigen Kundenwünsche auch die Antizipation der Bedarfswandlungen der Kunden (Narver, Slater (1990), S. 21). Kundenorientiertes Verhalten umfaßt somit die Erfassung und begleitende Entwicklung der Kundenanforderungen sowie die präferenzbestimmenden Faktoren.

In immer mehr Marktsegmenten treten ausschließlich preisorientierte Nutzenkriterien in den Hintergrund, der Kundennutzen wird vielmehr durch die Bereitstellung kundenindividueller Problemlösungen determiniert (Simon (1988), S. 469). Bei diesen Marktanforderungen kommt der Logistikleistung, d.h. der Fähigkeit des Unternehmens, die Kunden schnell, präzise, zuverlässig und fehlerfrei zu bedienen, eine wachsende Bedeutung zu. Überdurchschnittliche Logistikleistungen und wettbewerbsgerechte Logistikkosten bieten die Möglichkeit zu einer individuellen Befriedigung der Nachfrage und binden die Kunden stärker an das Unternehmen.

Die Kundenorientierung darf sich jedoch nicht nur auf externe Kunden beziehen, sondern darüber hinaus auch auf die internen Kunden-Lieferanten-Beziehungen zwischen den Unternehmensprozessen. Jeder Organisationsbereich in der Logistikkette muß so handeln, als wäre er Kunde der vorgelagerten Stelle und Lieferant der nachfolgenden Stelle. Durch dieses Selbstverständnis wird ein besonderes Verantwortungsbewußtsein unter den Mitarbeitern gefördert, das sukzessive zu einer Verbesserung der Qualität führt.

# 2 Prozeßmanagement in der Logistik

Eine verstärkte Kundenorientierung stellt an die Gestaltung der Logistikprozesse auch prozeßorientierte Anforderungen, denn die Individualisierung der Kundenwünsche muß sich ebenfalls in der Konfiguration der logistischen Prozesse widerspiegeln. Die Prozeßorientierung beruht auf der Erkenntnis, daß nur eine bereichsübergreifende und damit gesamtheitliche Sichtweise und Verantwortungsübertragung die Effizienz logistischer Prozesse steigern kann. Prozeßkettenmodelle in der Logistik beschreiben Abläufe als eine Menge von verknüpften Prozessen und dienen der Darstellung von Material-, Waren- und Informationsflüssen. Die Ausrichtung und Erarbeitung logistischer Ziele und Strategien orientiert sich dabei streng am Kundennutzen, d.h. Prozeßketten werden immer vom Kunden ausgehend analysiert. Die konsequente Ausrichtung der Prozeßketten am Kundennutzen führt zu Verbesserungen der Parameter Kosten, Qualität und Service. Insbesondere die Zeitoptimierung in logistischen Ketten ermöglicht es den Unternehmen, schneller und flexibler auf Kundenwünsche zu reagieren und führt damit zu Serviceverbesserungen. Die Steigerung der Qualität erhöht die Konkurrenzfähigkeit des Unternehmens und reduziert durch Vermeidung von Fehlerfolgekosten auch die Kostenbelastung. Gaitanides et al. (1994, S. 13 f) sehen in der Kundenorientierung die Grundidee des Prozeßmanagements. Eine der wichtigsten Aufgaben des Prozeßmanagements besteht in der Übersetzung der externen Kundenanforderungen in Outputspezifikationen der einzelnen Logistikprozesse. Die internen Kunden-Lieferanten-Beziehungen wiederum dienen der Realisierung dieses Ziels.

Für ein kundenorientiertes Prozeßmanagement sind zunächst die logistischen Prozesse im Unternehmen zu erfassen, um ein Verständnis für die eigenen logistischen Prozesse zu schaffen. Unter der Prozeßstruktur ist die hierarchische Darstellung aller im Prozeß vorkommenden Aktivitäten zu verstehen, wobei jede Ebene ihren eigenen spezifischen Detaillierungsgrad besitzt. Primäres Ziel der Prozeßstrukturtransparenz ist die Visualisierung der Prozeßabläufe, so daß die jeweils relevanten Prozesse sowohl den beteiligten Managementebenen als auch den unmittelbar von der Prozeßgestaltung betroffenen Mitarbeitern transparent gemacht werden. Zur Sicherstellung des Informationsflusses zu anderen Prozessen müssen die Schnittstellen über Input- und Outputbeziehungen exakt definiert werden (Lasch (1998), S. 57 ff). Für eine kundenorientierte Analyse der logistischen Prozesse sind anschließend die einzelnen Dimensionen des Kundennutzens zu identifizieren, um die relative Wichtigkeit der logistischen Leistungen aus Sicht der Kunden zu ermitteln. Nachdem die relative Wichtigkeit der eine logistische Marktleistung beschreibenden Merkmale bestimmt wurde, gilt es, jene Prozesse im Unternehmen zu identifizieren, die diese Merkmale wesentlich beeinflussen.

# 3 Quantifizierung der Kundenpräferenzen

Möchte ein Unternehmen durch eine kundenorientierte Gestaltung der logistischen Prozesse dem Kunden eine Marktleistung bieten, die im Vergleich zum Wettbewerb einen höheren Nutzen aufweist, dann sind die einzelnen Dimensionen des Kundennutzens zu quantifizieren. Gelingt eine richtige Definition der einzelnen Dimensionen des Kundennutzens und eine statistisch valide Messung ihrer relativen Bedeutung, dann ergeben sich daraus Ansatzpunkte für eine kundenorientierte Verbesserung der logistischen Prozesse.

Um Aussagen über die Präferenz eines Kunden bezüglich einer logistischen Marktleistung treffen zu können, müssen die Präferenzfunktionen zunächst quantifiziert, d.h. der individuelle Funktionsverlauf ermittelt werden. Die hierzu entwickelten Methoden lassen sich grundsätzlich in kompositionelle, dekompositionelle und hybride Verfahren unterteilen (Weisenfeld (1989), S. 26 f).

## 3.1 Conjoint-Analyse

Zu den dekompositionellen Verfahren gehört unter anderem die Conjoint-Analyse, die aus den Präferenzurteilen eines Kunden für eine Menge von vorgegebenen Marktleistungen die Parameter eines vorher festgelegten Präferenzmodells schätzt. Ziel der Conjoint-Analyse ist die Ermittlung des Zusammenhangs zwischen der Gesamtbeurteilung von Marktleistungen und den sie definierenden Marktleistungsmerkmalen. Die Conjoint-Analyse stellt damit direkt die Beziehung zwischen Marktleistungsmerkmalen und der Präferenz her, d.h. eine explizite Modellierung der Perzeption wird nicht vorgenommen. Betrachtet man die Methoden zur Quantifizierung von Präferenzfunktionen, dann wird mit der Conjoint-Analyse ein Verfahren zur Verfügung gestellt, das einerseits für das Management direkt umsetzbare Informationen liefert und andererseits eine vergleichsweise genaue Prognose erlaubt. Die Conjoint-Analyse stellt somit ohne Zweifel diejenige Form der Präferenzanalyse dar, die die höchste praktische Relevanz gefunden hat (Cattin, Wittink (1982)). Aus diesem Grund wird nachfolgend die Conjoint-Analyse als Meßverfahren zur Feststellung der Kundenpräferenzen im Rahmen der kundenorientierten Prozeßgestaltung empfohlen.

Die Conjoint-Analyse stellt kein eigenständiges statistisches Verfahren dar, da die Schätzung der Parameter mit Hilfe von regressions- bzw. varianzanalytischen Methoden erfolgt. Durch ihren speziellen Untersuchungsaufbau und Anwendungsbereich in der Präferenzforschung hat sie allerdings den Charakter einer eigenständigen Methode gewonnen und kann, gemäß der Abbildung 1, in die Menge der Präferenzforschungsmethoden eingeordnet werden (Böcker (1986) S. 564).

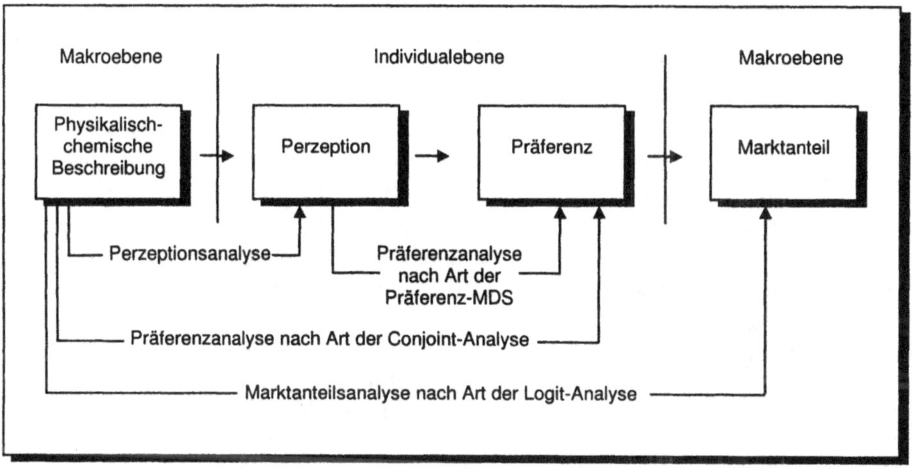


Abbildung 1: Conjoint-Analyse im Rahmen der Präferenzforschung

Bei der Conjoint-Analyse werden den Probanden mehrere – z.B. verbale – Beschreibungen einer Marktleistung vorgelegt, die sie in eine Reihenfolge ihrer Vorziehenswürdigkeit bringen. Aufbauend auf dieser Reihenfolge wird für jede Merkmalsausprägung mit Hilfe eines multivariaten statistischen Verfahrens ein Teilnutzenwert derart geschätzt, daß sich durch Aggregation dieser Teilnutzenwerte die ursprünglich erfaßte Präferenzrangfolge rekonstruieren läßt. Durch die exakte Spezifikation der Merkmale bei der Conjoint-Analyse können die individuellen Ergebnisse direkt verglichen werden, ohne Vermutungen darüber anstellen zu müssen, wie der Proband die Frage interpretiert haben könnte.

Die Planung und Durchführung einer Conjoint-Analyse erfordert die folgenden Verfahrensschritte:

- Spezifikation des Präferenzmodells
- Festlegung der präferenzdeterminierenden Merkmale
- Wahl der Datenerhebungsmethode
- Konstruktion des Erhebungsdesigns
- Festlegung der Präsentationsform der Stimuli (Marktleistung)
- Wahl der Bewertungsskala
- Festlegung des Stichprobenplans und der Befragungsart
- Bestimmung des Schätzverfahrens
- Aggregation der Teilnutzenwerte

Die Entscheidungen bei den einzelnen Verfahrensschritten sind jedoch nicht voneinander unabhängig. Konkret kann z.B. die Datenerhebungsmethode nur angemessen, unter Berücksichtigung der Stimulianzahl und des am besten geeigneten Erhebungsdesigns, gewählt werden. Auf eine detaillierte Darstellung des Ablaufs einer Conjoint-Analyse kann in dieser Arbeit nicht eingegangen werden, so daß auf die entsprechende Literatur verwiesen werden muß (Green, Srinivasan (1978, 1990); Thomas (1979)).

Das Ergebnis einer Conjoint-Analyse sind quantifizierte Präferenzfunktionen für sämtliche Merkmale, die eine bestimmte Marktleistung eines Unternehmens beschreiben. Werden beispielsweise die Eigenschaften Lieferzeit, Termintreue, Lieferqualität und Lieferkosten als die entscheidenden präferenzdeterminierenden Merkmale zur Beschreibung der logistischen Leistung eines Unternehmens identifiziert, dann entstehen durch die systematische Kombination spezifizierter Ausprägungen dieser Merkmale – nach Maßgabe eines bestimmten experimentellen Designs – unterschiedliche logistische Marktleistungen. Die mit Hilfe einer Conjoint-Analyse geschätzten Teilpräferenzwerte geben nun an, welchen Beitrag diese Merkmale für den logistischen Gesamtnutzen des Kunden leisten.

| | rel. Wichtigkeit |
|---|---|
| Termintreue | 0,6478 |
| Lieferzeit | 0,1072 |
| Lieferqualität | 0,1619 |
| Lieferkosten | 0,0831 |

Tabelle 1: Relative Wichtigkeit der Merkmale

Betrachtet man die in der Tabelle 1 angegebene relative Wichtigkeit der oben genannten logistischen Merkmale, dann ist die Termintreue für die untersuchten Kunden von zentraler Bedeutung.

## 3.2 Anwendung der Conjoint-Analyse auf logistische Marktleistungen

Der bisherige Einsatzbereich der Conjoint-Analyse bei Marktforschungsprojekten betrifft zum überwiegenden Teil den Konsumgüterbereich, gefolgt vom Dienstleistungsbereich (Schubert (1991), S. 258). Wird die Anwendung der Conjoint-Analyse auf logistische Marktleistungen übertragen, dann können aus den aggregierten normierten Teilpräferenzen Hinweise für eine kundenorientierte Gestaltung der zugehörigen logistischen Prozesse abgeleitet werden. Vergleicht man den Aufwand bei der Anwendung der Conjoint-Analyse im Konsumgüterbereich mit demjenigen bei logistischen Leistungen, dann lassen sich die nachfolgend aufgeführten Unterschiede feststellen.

Einen kritischen Schritt bei der Durchführung einer Conjoint-Analyse stellt die Bestimmung der präferenzdeterminierenden Merkmale und deren Ausprägungen dar. Die Phase der Festlegung der präferenzdeterminierenden Merkmale erfordert umfangreiche Vorstudien, damit inhaltlich sichergestellt wird, daß genau diejenigen objektiven Merkmale identifiziert werden, die die Präferenzstruktur der Kunden bedingen. Allerdings gibt es im Konsumgüterbereich auch Merkmale wie Design oder Geschmack, bei denen eine verbale Umschreibung problematisch ist. Gerade bei der Neuproduktgestaltung besteht bei der Verwendung der Ergebnisse die Gefahr, daß nicht die wirklich präferenzbeeinflussenden Merkmale und deren Ausprägungen identifiziert worden sind. Im Gegensatz zum Konsumgüterbereich ist der Aufwand für die Identifikation der präferenzdeterminierenden Merkmale für logistische Marktleistungen deutlich geringer. Durch die prozeßorientierte Sichtweise der Logistik mit dem dazugehörigen Denken in externen Lieferanten-Kunden-Beziehungen lassen sich auf der Grundlage von Geschäftsprozeßvereinbarungen objektive, leistungsbeschreibende Merkmale mit den dazugehörigen Ausprägungen relativ leicht ableiten. Darüber hinaus können auch durch die konkrete Verwendung der Marktleistung beim Kunden Anhaltspunkte für leistungsbeschreibende Merkmale gewonnen werden. Für den Logistikbereich kommen im Wesentlichen die objektiven Merkmale wie beispielsweise Lieferzeit, Lieferqualität, Lieferzuverlässigkeit, Lieferverfügbarkeit, Lieferflexibilität und Informationsbereitschaft in Betracht.

Ein weiterer, für das Ergebnis einer Conjoint-Analyse wesentlicher Verfahrensschritt besteht in der Festlegung der potentiellen Kunden sowie in der Gestaltung einer repräsentativen Stichprobe. Im Konsumgüterbereich, im besonderen bei der Neuproduktgestaltung, müssen für die Auswahl der potentiellen Kunden aufwendige Marktanalysen durchgeführt werden. Bei logistischen Marktleistungen besitzt jedes Unternehmen Kenntnisse über seine aktuellen und potentiellen Kunden, da diese in der Regel keine Endverbraucher darstellen. Zusätzlich erweist sich die begrenzte Anzahl der aktuellen

Kunden als vorteilhaft, so daß an Stelle einer repräsentativen Stichprobe auch eine Vollerhebung aller Kunden realisierbar ist. Die aktuellen Kunden sind andererseits mit der bisherigen logistischen Marktleistung vertraut und zeigen ein hohes Interesse an einer Verbesserung im Sinne einer Kundenorientierung. Dieses persönliche Interesse und der hohe Sachverstand der Kunden lassen erwarten, daß von den Kunden konsistente Urteilsdaten abgegeben werden.

## 3.3 Kontinuierliche Analyse der Kundenpräferenzen

Das Ergebnis einer Conjoint-Analyse sind quantifizierte Präferenzfunktionen die angeben, welchen relativen Beitrag einzelne Merkmalsausprägungen für den Gesamtnutzen der Kunden leisten. Die Präferenzen der Kunden werden allerdings nur für einen bestimmten Zeitpunkt abgebildet. Da Märkte und Wettbewerbsbedingungen stets einem Wandel unterliegen, ist es notwendig zu prüfen, ob die geschätzten Teilnutzenwerte noch die aktuelle Präferenzstruktur der Kunden widerspiegeln. Haben sich die Kundenanforderungen geändert oder sind marktleistungsbeschreibende Merkmale für die Präferenzbildung der Kunden irrelevant geworden, da sie z.B. ihre Diskriminanzfähigkeit verloren haben, dann besitzen die Ergebnisse der durchgeführten Conjoint-Analyse keine Gültigkeit mehr für eine kundenorientierte Prozeßgestaltung.

Vor dem Hintergrund eines immer schneller werdenden Wandels darf eine Conjoint-Analyse nicht als einmalige Tätigkeit verstanden werden, und die Ergebnisse sollten immer wieder in Frage gestellt werden. Wird durch eine Stichprobenerhebung festgestellt, daß sich Präferenzen bzw. präferenzbestimmende Merkmale entscheidend geändert haben, oder die Merkmalsausprägungen keine realistischen Werte mehr aufweisen, ist eine erneute Conjoint-Analyse durchzuführen. Denkbar wäre in diesem Zusammenhang, die Datenerhebung über das Internet oder über kommerzielle Online-Dienste wie z.B. T-Online, Compuserve oder American Online abzuwickeln.

# 4 Identifikation marktleistungsbeeinflussender Prozesse

Nachdem mit Hilfe der Conjoint-Analyse die relative Wichtigkeit der marktleistungsbeschreibenden Merkmale aus den aggregierten Teilnutzenwerten bestimmt wurde, gilt es, jene Prozesse zu identifizieren, die einen bedeutenden Einfluß auf diese Merkmale haben. Die logistische Marktleistung eines Unternehmens wird durch das zielgerichtete Zusammenwirken einzelner Prozesse erbracht. In einem ersten Schritt werden im Rahmen einer Prozeßgrobanalyse zunächst diejenigen Prozesse ausgegrenzt, die für die zu verbessernde logistische Marktleistung verantwortlich sind. Im Einzelfall kann diese Prozeßausgrenzung problematisch sein, da einige Prozesse nicht unmittelbar die untersuchte logistische Marktleistung beeinflussen müssen. Es darf also kein Prozeß wegen scheinbarer Geringfügigkeit aus der weiteren Analyse ausgeklammert werden. Zur Identifikation des Einflusses der ausgegrenzten Prozesse auf die marktleistungsbeschreibenden Merkmale werden die Prozesse einem vollständigen Paarvergleich unterzogen. Hierzu wird für jedes marktleistungsbeschreibende Merkmal eine binäre Prozeß-Beziehungsmatrix aufgestellt, die zeilen- und spaltenweise die ausgegrenzten Prozesse beinhaltet. In Anlehnung an die Vorgehensweise beim Quality Function Deployment (vgl. Hauser, Clausing (1988)) vergleichen die Prozeßverantwortlichen in dieser Matrix jeweils zwei Prozesse in Bezug auf ihren Einfluß auf ein Merkmal miteinander. Hat beim Vergleich zweier Prozesse $i, j$ der Prozeß $i$ einen stärkeren Einfluß auf das untersuchte Merkmal als der Prozeß $j$, dann wird an der Stelle $(i, j)$ in der Prozeß-Beziehungsmatrix eine 1 eingetragen, sonst eine 0. Über diese Bewertung versuchen die Prozeßverantwortlichen Einvernehmen herzustellen. Die Diagonale kann gestrichen werden. Aus jeder Zeilensumme der Prozeß-Beziehungsmatrix ist somit sofort ersichtlich, wieviel Prozesse bezüglich des untersuchten Merkmals weniger Einfluß haben. In der folgenden Tabelle wird beispielhaft der Einfluß der Prozesse Entwicklung, Auftragsabwicklung, Produktion und Versand auf das Merkmal Termintreue angegeben. Aus den Zeilensummen erkennt man, daß die Auftragsabwicklung den stärksten Einfluß auf die Termintreue ausübt, gefolgt von den Prozessen Versand, Produktion und Entwicklung.

| Prozeß | Entwicklung | Auftragsabw. | Produktion | Versand | Summe |
|---|---|---|---|---|---|
| Entwicklung | / | 0 | 0 | 0 | 0 |
| Auftragsabw. | 1 | / | 1 | 1 | 3 |
| Produktion | 1 | 0 | / | 0 | 1 |
| Versand | 1 | 0 | 1 | / | 2 |

Tabelle 2: Prozeß-Beziehungsmatrix für das Merkmal Termintreue

Die Zeilensummen aller Prozeß-Beziehungsmatrizen werden anschließend in eine Prozeß-Merkmal-Matrix übertragen, die zeilenweise die nach ihrer relativen Bedeutung absteigend geordneten marktleistungsbeschreibenden Merkmale und spaltenweise die ausgegrenzten Prozesse enthält. Anhand dieser Matrix lassen sich nun diejenigen Prozesse identifizieren, die den größten Beitrag zur Verbesserung der Wettbewerbssituation beitragen. Die folgende Tabelle zeigt exemplarisch eine Prozeß-Merkmal-Matrix, in der die Merkmale Termintreue, Lieferzeit, Lieferqualität und Lieferkosten eine abnehmende relative Wichtigkeit für die Kunden aufweisen sollen.

Diejenigen Prozesse in der Prozeß-Merkmal-Matrix, die einen starken Einfluß auf Merkmale mit einer hohen relativen Wichtigkeit ausüben, leisten zur Verbesserung des Kundennutzens den größten Beitrag. In der Tabelle 3 sollte somit die Auftragsabwicklung einer Prozeßneugestaltung unterzogen werden, die den höchsten Einfluß auf die beiden wichtigsten Merkmale Termintreue und Lieferzeit ausübt. Ist man bezüglich der Auswahl der zu verbessernden Prozesse indifferent, dann kann als weiteres Auswahlkriterium das Leistungsniveau dieser Prozesse im Vergleich zum Wettbewerb herangezogen werden. Als geeignete Kandidaten sollten deshalb Prozesse mit starkem Einfluß auf Merkmale mit hoher Gewichtung und relativ geringem Leistungsniveau im Vergleich zum Wettbewerb ausgewählt werden.

| Prozeß | Entwicklung | Auftragsabw. | Produktion | Versand |
|---|---|---|---|---|
| Termintreue | 0 | 3 | 1 | 2 |
| Lieferzeit | 1 | 3 | 3 | 0 |
| Lieferqualität | 1 | 2 | 0 | 3 |
| Lieferkosten | 0 | 2 | 1 | 3 |

Tabelle 3: Prozeß-Merkmal-Matrix

Die Verbesserung dieser Prozesse im Sinne einer stärkeren Kundenorientierung kann beispielsweise durch eine Änderung der Aktivitäten oder der Potentialfaktorausstattung vorgenommen werden. Die Kundensicht wird in die Gestaltung dieser Prozesse einbezogen, indem ihre Präferenzen in Outputspezifikationen der einzelnen Prozeßkettenelemente übersetzt werden. Vorschläge zur kundenorientierten Neugestaltung bzw. Reorganisation dieser Prozesse können intern durch Mitarbeiter gemacht werden. Allerdings werden durch eine subjektive interne Analyse der bestehenden Prozesse in der Regel nur kleinere Verbesserungen im vorhandenen Rahmen erzielt. Erfolgversprechender erscheint jedoch eine Vorgehensweise, bei der die zu ändernden Prozesse einer objektiven externen Sicht unterzogen werden, um Verbesserungen in Quantensprüngen zu erreichen. Eine Möglichkeit, bei der ein systematischer Vergleich von Unternehmensprozessen mit denen anderer Unternehmen zur nachhaltigen Verbesserung der eigenen Leistungsfähigkeit vorgenommen wird, bietet das Managementinstrument Benchmarking (Lasch (1998), S. 117 ff).

## Literatur

BÖCKER, F. (1986): Präferenzforschung als Mittel marktorientierter Unternehmensforschung. *Zeitschrift für betriebswirtschaftliche Forschung, 38. Jg., 543-574.*

CATTIN, PH.; WITTINK, D.R. (1982): Commercial Use of Conjoint Analysis. *Journal of Marketing, Vol. 46, 44-53.*

GAITANIDES, M.; SCHOLZ, R.; VROHLINGS, A. (1994): Prozeßmanagement - Grundlagen und Zielsetzungen. In: Prozeßmanagement, GAITANIDES, M. et al. (Hrsg.), Hanser, München, Wien, 1-19.

GREEN, P.E.; SRINIVASAN, V. (1978): Conjoint Analysis in Consumer Research: Issues and Outlook. *Journal of Consumer Research, Vol. 5, September, 103-123.*

GREEN, P.E.; SRINIVASAN, V. (1990): Conjoint Analysis in Marketing: New Developments With Implications for Research and Practice. *Journal of Marketing, Vol. 54, 3-19.*

HAUSER, J.R.; CLAUSING, D. (1988): Wenn die Stimme des Kunden bis in die Produktion vordringen soll. HARVARD*manager, Nr. 4, 57-70.*

LASCH, R. (1998): Marktorientierte Gestaltung von Logistikprozessen. Gabler, Wiesbaden.

NARVER, J.C.; SLATER, S.F. (1990): The Effect of a Market Orientation on Business Profitability. *Journal of Marketing, Vol. 54, October, 20-35.*

SIMON, H. (1989): Die Zeit als strategischer Erfolgsfaktor. *Zeitschrift für Betriebswirtschaft, 59. Jg., 70-93.*

SCHUBERT, B. (1991): Entwicklung von Konzepten für Produktinnovationen mittels Conjoint-Analyse. Poeschel, Stuttgart.

THOMAS, L. (1979): Conjoint Measurement als Instrument der Absatzforschung. *Marketing ZFP, Heft 3, 199-211.*

WEISENFELD, U. (1989): Die Einflüsse von Verfahrensvariationen und der Art des Kaufentscheidungsprozesses auf die Reliabilität der Ergebnisse bei der Conjoint Analyse. Duncker & Humblot, Berlin.

# Teil 5

# Kapital und Risiko

# Homogenitäten und Heterogenitäten am deutschen Aktienmarkt

Th. Burdelski, H. Göppl
Institut für Entscheidungstheorie und Unternehmensforschung, Universität Karlsruhe, 76128 Karlsruhe, Germany

**Zusammenfassung:** Wertpapiere lassen sich durch eine Vielzahl von Merkmalen, wie z.B. Rendite-, Risiko- und Liquiditätsziffern, beschreiben. Doch wie ähnlich sind diese Wertpapiere hinsichtlich ihres Rendite- und Risikoprofils, wie homogen bzw. heterogen sind zu Branchen aggregierte Aktien? Mit Hilfe ausgewählter Instrumente der Numerischen Taxonomie soll für die DAX 100 Werte des deutschen Aktienmarkts ein visueller Eindruck über Ähnlichkeiten und Unterschiede vermittelt werden gemäß der Einsicht, daß Bilder mehr als (tausend) Worte sagen.

## 1 Einleitung

Die empirische Kapitalmarktforschung dient nicht nur der Überprüfung theoretisch abgeleiteter Zusammenhänge, wie z.B. der Validierung von Bewertungsansätzen für Wertpapiere durch das Capital Asset Pricing Model (CAPM)[1] oder die Arbitrage Pricing Theory (APT)[2], oder dem Aufspüren empirischer Phänomene, sie bildet ebenso eine Basis für Anleger verschiedenster Couleur im Hinblick auf ihre Investitionsentscheidung und Portfoliozusammensetzung. Aus der Menge der Finanztitel mit verbrieften Ansprüchen auf zukünftige sichere oder unsichere Zahlungen genießen Aktien besonderes Interesse, da ihre Preisänderungen ein Spiegel der sich fortwährend ändernden Erwartungen der Marktteilnehmer sind. Diese Preisänderungen schlagen sich in der Renditeschwankung und mithin im Risiko der einzelnen Aktie nieder.

In Deutschland gilt das besondere Interesse nationaler und internationaler Investoren vorwiegend den 30 DAX-Werten, die ca. 80% des Börsenumsatzes und 60% der Marktkapitalisierung bei sich konzentrieren[3]. Aber auch die durch den DAX 100 erfaßten hundert größten und umsatzstärksten AG's, die im amtlichen Handel an der Frankfurter Wertpapierbörse variabel notiert werden, liegen im ständigen Blickfeld nicht nur der Fondsmanager. Diese Werte sind aufgeteilt in Branchen, wobei die Branchen Automobil und Verkehr, Chemie und Pharma sowie Banken bei sich schon etwa 60% des gesamten Börsenumsatzes umfassen[4]. Man kann nun in einer vertieften Analyse versuchen, quantitative Einblicke in die Rendite-Risiko-Beziehungen einzelner Aktien oder auch Gruppen von Aktien zu gewinnen, Bewertungsanomalien aufzudecken oder etwa die Beziehung von ex post realisierten und ex ante

[1] Siehe Sharpe (1964), Lintner (1964), Mossin (1966).

[2] Vgl. Ross (1976).

[3] Siehe dazu und für weitere Datenhinweise Göppl et al. (1996).

[4] 1995 wurden 351 deutsche Aktien offiziell an der Frankfurter Wertpapierbörse gehandelt.

erwarteten Renditen risikobehafteter Wertpapiere aufzuspüren. Diese Untersuchungen sind nicht nur im angelsächsischen Raum, sondern seit geraumer Zeit auch in Deutschland vielfach vorgenommen worden[5]. Die Durchführung solcher Analysen umfaßt komplexe Modellierungen, die Bewältigung großer Datenmengen und Anwendung anspruchvoller statistischer Methoden.

Ein sinnvoller Vorspann zu diesen sehr aufwendigen Untersuchungen und ein gleichermaßen für viele Anleger interessanter Einstieg könnte darin liegen, sich einen qualitativ und visuell orientierten Überblick des Aktienmarktes zu verschaffen, Klassifizierungen und Trennungen der Aktien untereinander oder der Branchen zueinander aufzudecken. Ziel der vorliegenden Marktanalyse ist gerade dieses Aufspüren von möglichen Homogenitäten und Heterogenitäten des deutschen Aktienmarktes.

# 2 Datenbasis und Aufbereitung

Notwendige Voraussetzung für ein solches Unterfangen sind zum einen umfangreiche Daten des deutschen Aktienmarktes sowie andererseits der Rückgriff auf Methoden der Datenaufbereitung und -analyse. Die Datengrundlage konnte extrahiert werden aus der Karlsruher Kapitalmarktdatenbank (KKMDB)[6], als Methode boten sich Verfahren der Numerischen Taxonomie[7] an. Ausgehend von den Aktien des DAX bzw. DAX 100 baute sich die Rohdatenmatrix durch Merkmalsvektoren auf, die in Form von wöchentlichen bzw. monatlichen Renditezeitreihen, historischen Volatilitäten, Beta-Koeffizienten (relativ zum DAFOX[8]) sowie Liquiditätskennzahlen[9] gewonnen wurden. Der Untersuchungszeitraum umfaßt die Jahre 1991–96, eine Wahl, die sich aus Gründen der Übersichtlichkeit, Aktualität und datentechnischen Rahmenbedingungen ergab. Aus den DAX 100 Werten wurden die 75 Aktien selektiert, die über den gesamten 6-jährigen Zeitraum an der Frankfurter Wertpapierbörse kontinuierlich notiert wurden. Wöchentliche Renditen wurden aus zwei aufeinanderfolgenden Mittwochskursen berechnet, monatliche Renditen ergaben sich aus den Monatsultimokursen. Alle Renditen wurden auf diskreter Basis aus bereinigten[10] Kassakursen der Frankfurter Wertpapierbörse berechnet. Als Proxy für das Marktportfolio wurde der DAFOX genommen, der alle an der Frankfurter Wertpapierbörse

[5]Vgl. dazu u.a. Winkelmann (1984), Frantzmann (1989), Sauer (1994).

[6]Informationen zur KKMDB finden sich u.a. bei Herrmann (1996).

[7]Aus der Fülle der Literatur zu Verfahren der Numerischen Taxonomie sei hier beispielhaft verwiesen auf Opitz (1978), Opitz (1980), Gaul, Schader (1989, 1994).

[8]Im Jahr 1992 wurde am Institut für Entscheidungstheorie und Unternehmensforschung, Universität Karlsruhe, die Reihe der deutschen Aktienindizes um eine eigene, eigens für Forschungszwecke konzipierte Index-Familie erweitert. Der Deutsche Aktien Forschungsindex DAFOX umfaßt den gesamten amtlichen Markt und ist von der Berechnungsweise mit dem CDAX vergleichbar. Siehe auch: `http://www-etu.wiwi.uni-karlsruhe.de/kapital/projekte/dafox.html` und Göppl, Schütz (1993).

[9]Zur Vorgehensweise bei der Berechnung dieser merkmalsspezifischen Kennzahlen siehe Göppl et al. (1996).

[10]Zur Bereinigung der Aktienkurse vgl. Sauer (1992).

amtlich gehandelten deutschen Aktien enthält (er umfaßte am 29.12.1996 378 Titel) und bzgl. Dividendenzahlungen und Kapitalveränderungen bereinigt vorliegt. Die als Risikokennzahlen herangezogenen historischen Volatilitäten der Renditen sowie Beta-Koeffizienten wurden auf der vorliegenden 6-Jahre-Basis ermittelt, die für die Liquidität maßgeblichen Kennzahlen beinhalten die Umsatzwerte in Stück, den Umsatz in DM sowie die Anzahl der Geschäfte.

Einen ersten Eindruck bzgl. der untersuchten DAX 100 Werte soll die in Tabelle 1 gegebene Statistik vermitteln, aus der der Börsenumsatz im Jahr 1996, das gesamte Wertpapierwachstum im Zeitraum 1991–96 sowie der Börsenwert zum 31.12.1996 ersichtlich ist. Offensichtlich unterscheiden sich die einzelnen Aktien in ihren Werten nicht unerheblich:

| GESELLSCHAFT | UMSATZ 1996, TDM | WACHSTUM 1991-96, % | BÖRSENWERT 30.12.96, TDM |
|---|---|---|---|
| AGIV AG | 1.107.340 | -60,51 | 900.000 |
| ALLIANZ AG | 24.062.162 | 59,79 | 65.033.328 |
| ALTANA AG | 2.300.086 | 183,47 | 4.676.100 |
| AMB AG | 1.418.469 | 97,04 | 4.431.625 |
| AVA AG | 849.743 | -19,88 | 1.368.478 |
| AXA COLONIA KONZERN AG | 414.407 | 9,27 | 336.540 |
| BANKGES. BERLIN AG | 460.389 | 116,92 | 507.018 |
| BASF AG | 21.600.497 | 283,00 | 3.597.621 |
| BAYER AG | 37.626.934 | 259,56 | 4.404.954 |
| BMW AG | 12.225.415 | 259,86 | 19.550.474 |
| BAYER. VEREINSBANK AG | 6.964.033 | 150,38 | 14.754.494 |
| BEIERSDORF AG | 971.153 | 120,67 | 320.460 |
| BEWAG | 493.979 | 369,18 | 3.427.669 |
| BHF-BANK AG | 914.663 | 16,38 | 2.963.355 |
| BILF. + BERGER BAU-AG | 3.308.158 | -1,73 | 205.920 |
| BRAU UND BRUNNEN AG | 361.559 | -74,99 | 469.114 |
| BUDERUS AG | 7.953 | 2,84 | 1.953.875 |
| COMMERZBANK AG | 14.576.962 | 121,49 | 1.523.922 |
| CONTINENTAL AG | 6.030.595 | 43,02 | 2.615.963 |
| DAIMLER-BENZ AG | 95.641.529 | 105,67 | 5.419.401 |
| DBV-WINTERTHUR AG | 1.376.818 | -22,02 | 1.394.667 |
| DEGUSSA AG | 4.376.740 | 175,04 | 6.005.017 |
| DEUTSCHE BABCOCK AG | 1.833.090 | -69,76 | 287.000 |
| DEUTSCHE BANK AG | 80.854.277 | 39,18 | 35.877.152 |
| DEUTZ AG | 1.708.191 | -51,12 | 435.396 |
| DOUGLAS HOLDING AG | 3.349.431 | 9,49 | 1.856.851 |
| PORSCHE AG | 839.214 | 92,28 | 962.500 |
| DRESDNER BANK AG | 13.265.615 | 61,34 | 20.494.397 |
| DUERR AG | 137.452 | -17,33 | 64.350 |
| DYCKERHOFF AG | 481.522 | 7,59 | 574.115 |
| ESCADA AG | 1.161.629 | -58,33 | 182.694 |
| FAG KUGELFISCHER | 898.909 | 1,33 | 69.465 |
| FRESENIUS AG | 423.900 | 1005,09 | 2.556.000 |

*Tabelle 1: Statistik DAX 100 Werte.*

| GESELLSCHAFT | UMSATZ 1996, TDM | WACHSTUM 1991-96, % | BÖRSENWERT 30.12.96, TDM |
|---|---|---|---|
| GEA AG | 1.321.689 | -0,86 | 1.008.450 |
| GEHE AG | 808.162 | 304,56 | 576.493 |
| GERRESHEIMER GLAS AG | 184.145 | 23,47 | 76.158 |
| HEIDELB. ZEMENT AG | 438.758 | 67,47 | 478.170 |
| HENKEL KGAA | 4.639.348 | 49,54 | 501.495 |
| HERLITZ AG | 1.027.586 | -38,21 | 340.966 |
| HOCHTIEF AG | 4.354.467 | -26,37 | 423.500 |
| HOECHST AG | 16.333.324 | 323,65 | 4.192.109 |
| HORNBACH HOLDING AG | 603.909 | 82,19 | 440.000 |
| IKB AG | 469.858 | 137,32 | 2.464.000 |
| IVG HOLDING AG | 1.046.427 | 59,86 | 137.410 |
| IWKA AG | 1.359.728 | 44,09 | 826.560 |
| JUNGHEINRICH AG | 1.254.486 | -37,57 | 283.200 |
| KARSTADT AG | 8.738.638 | 3,23 | 4.300.800 |
| KLOECKNER-WERKE AG | 2.397.435 | -43,93 | 664.309 |
| KRONES AG | 504.263 | -38,16 | 313.311 |
| KSB AG | 386.616 | -21,73 | 207.530 |
| LINDE AG | 6.136.453 | 36,68 | 7.853.703 |
| MAN AG | 9.497.311 | 24,83 | 4.096.902 |
| MANNESMANN AG | 21.072.489 | 193,07 | 24.309.201 |
| MARSCHOLLEK AG | 48.772 | 792,30 | 706.200 |
| METALLGES. AG | 5.821.070 | -54,40 | 3.377.364 |
| MUENCH. RUECK. AG | 2.840.714 | 94,99 | 27.997.560 |
| PHILIPP HOLZMANN AG | 3.603.829 | -59,77 | 1.601.437 |
| PHOENIX AG | 490.023 | -26,45 | 28.349 |
| PREUSSAG AG | 10.749.188 | 50,09 | 5.300.568 |
| RHEINMETALL AG | 540.238 | 49,27 | 179.100 |
| RHOEN-KLINIKUM AG | 44.390 | 607,30 | 439.200 |
| RWE AG | 18.062.773 | 112,26 | 2.127.511 |
| SAP AG | 704.775 | 1228,21 | 8.524.950 |
| SCHERING AG | 14.156.887 | 102,78 | 887.762 |
| SCHMALBACH-LUBECA AG | 2.658.081 | 48,22 | 1.417.500 |
| SIEMENS AG | 93.999.636 | 37,71 | 3.931.994 |
| SPAR HANDELS-AG | 576.796 | -14,18 | 21.591 |
| SUEDZUCKER AG | 604.141 | 41,77 | 642.904 |
| THYSSEN AG | 16.415.532 | 74,09 | 8.541.769 |
| VARTA AG | 680.556 | 0,52 | 544.170 |
| VEBA AG | 32.648.054 | 255,81 | 43.203.439 |
| VIAG AG | 12.719.936 | 119,60 | 12.404.244 |
| VOLKSWAGEN AG | 46.007.115 | 107,06 | 17.212.500 |
| WELLA AG | 1.353.007 | 24,29 | 774.144 |

*Tabelle 1: Fortsetzung*

Alle an der Frankfurter Wertpapierbörse gehandelten Aktien sind in 12 Branchengruppen eingeteilt, die DAX bzw. DAX 100 Aktien in 10 Branchen[11]. Aggregiert man die Einzeldaten zu Branchen-Index-Werten, so kann mit Hilfe berechneter Jahresdurchschnittsgrößen die in Abbildung 1 dargestellte Rendite-Standardabweichung- bzw. Rendite-Beta-Konstellation graphisch

[11]Vgl. `http://www.exchange.de/fwb/hdax/index_d.html`

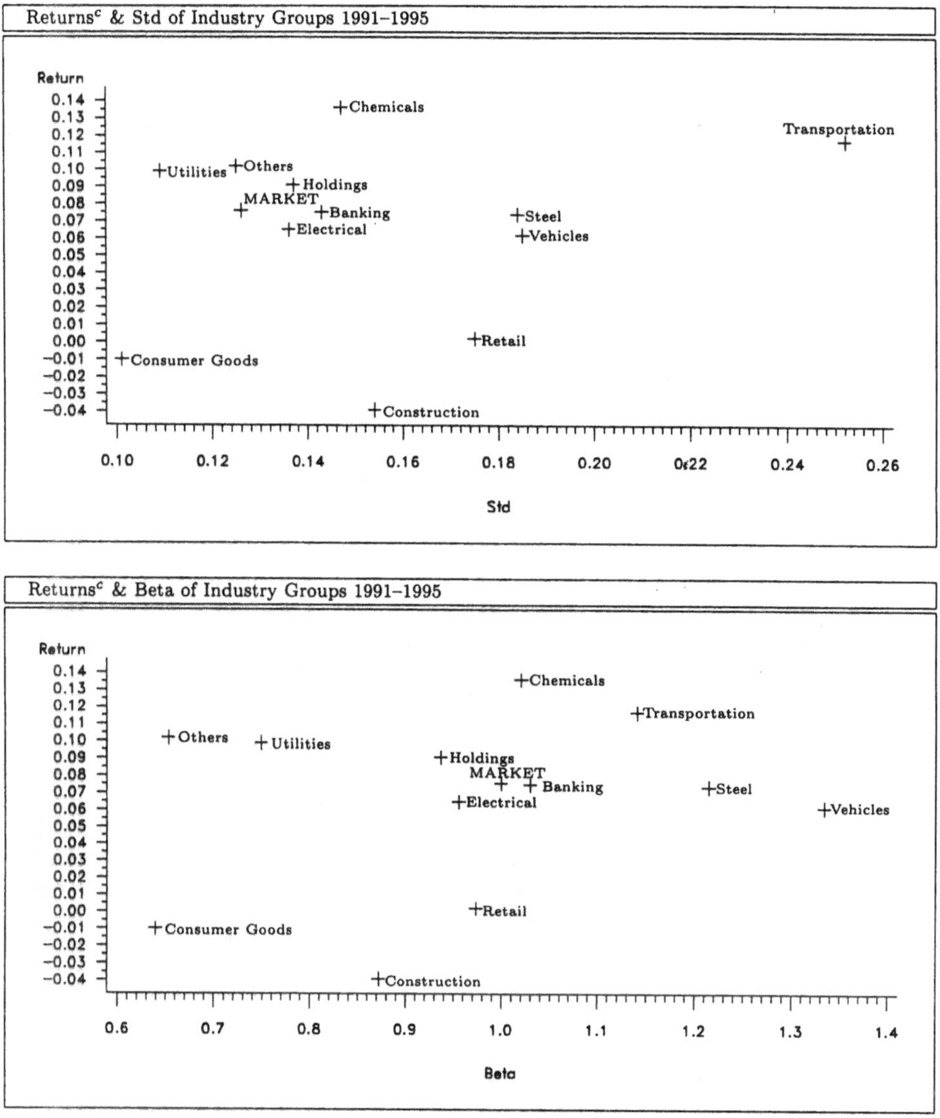


*Abbildung 1: Rendite- und Risikokennzahlen der Branchen.*

veranschaulicht werden[12]. Aus ihr läßt sich die Trennmöglichkeit und damit in gewisser Weise die Heterogenität der jeweiligen Branchen-Risiko-Struktur rein qualitativ ableiten. Ob diese Interpretation Bestand hat, ob auch auf Homogenität innerhalb der Branchen geschlossen werden kann, wird u.a. im weiteren analysiert, wenn die hinter den Branchen stehenden Einzelwerte mitbetrachtet werden.

[12]Die Berechnung hierfür und die graphische Abbildung sind entnommen aus Göppl et al. (1996).

# 3 Instrumente und Methoden

Sollen für eine große Anzahl von Objekten - hier Aktien - aufgrund beobachtbarer Merkmalsausprägungen - hier Renditezeitreihen, Risiko- und Liquiditätskennzahlen - mögliche Strukturen aufgedeckt werden, so ist diese Aufgabenstellung geradezu ein klassisches Problemfeld aus dem Bereich der Numerischen Taxonomie. Ihre Instrumentenvielfalt kommt neben natur- und sozialwissenschaftlichen Disziplinen vor allem auch in der Marktforschung zum Einsatz[13], wo sie seit geraumer Zeit zu einem unverzichtbaren Hilfsmittel geworden ist. Die systematische und quantitative Behandlung zur Klassifikation, Repräsentation und Identifikation von Objekten hat ihren Ursprung dabei teils in der Multivariaten Statistik, d.h. in der Regressions-, Korrelations-, Varianz-, Diskriminanz- und Faktorenanalyse, teils in der Clusteranalyse sowie der Multidimensionalen Skalierung[14]. Diese Methodenwelt wird unter dem Sammelbegriff Numerische Taxonomie subsumiert[15].
Die von uns untersuchten Aktien des DAX 100 können durch quantitative Merkmale beschrieben werden, für die in einem ersten Schritt eine Klassifikation vorgenommen wird, die anschaulich in einem Dendrogramm die Ähnlichkeitsstrukturen in den Daten aufzeigt. Der Darstellungsweise der hierarchischen Clusterbildung durch ein Dendrogramm wird einem festen (willkürlichen) Cluster deshalb der Vorzug gegeben, da hiermit der Klassenbildungsprozeß visuell ersichtlich wird und in einem Schnitt durch das Dendrogramm auf jeder Klassenbildungsstufe die gruppeninterne Homogenität und externe Heterogenität direkt veranschaulicht ist[16]. Aus Normierungsgründen bzgl. der Merkmalsausprägungen wurde wegen ihrer Skalen- und Translationsinvarianz zur Berechnung der Distanzmatrix aus der Rohdatenmatrix die Mahalanobis-Distanz verwendet[17], für das hierarchische Klassifikationsverfahren erwies sich bei agglomerativer Vorgehensweise im Vergleich zum Complete-Linkage- bzw. Average-Linkage-Verfahren wegen der oft einseitigen verfahrenssensitiven Klassenbildung die Ward-Methode als besser geeignet, bei dem die jeweils neue Klassenbildung durch Minimierung des Zuwachs der Quadratsummendistanz des Klassenschwerpunktes erfolgt[18].

Ziel der Multidimensionalen Skalierung MDS ist es, ausgehend von einer $n \times n$ Distanzmatrix $(d(i,j))$ von $n$ Objekten eine Dimension $p$ und $n$ Vektoren $x_1, \ldots, x_n \in \mathbb{R}^p$ zu finden, so daß die ursprüngliche Distanz $d(i,j)$ zwischen den Objekten mit dem euklidischen Abstand $\|x_i - x_j\|$ der Vektoren $x_i, x_j \in \mathbb{R}^p$ (möglichst) übereinstimmt. Besonders plausibel wird diese Ziel-

---

[13] Siehe dazu u.a. Opitz (1978).

[14] Vgl. dazu neben anderen Backhaus et al. (1990).

[15] Siehe Opitz (1980), Jambu (1992).

[16] Bei der rechnerischen Vorgehensweise stützten wir uns auf das statistische Softwarepaket SAS, das im Rechenzentrum der Universität Karlsruhe Anwendern zur Verfügung steht. Eine Beschreibung dieses 'Statistical Analysis System' findet sich bei Falk et al. (1995). Für die tatkräftige Unterstützung bei der rechentechnischen Umsetzung danken wir Herrn Dipl. Wi.-Ing. Serguei Nemtsev.

[17] Siehe dazu u.a. Falk et al. (1995), S.256 ff.

[18] Vgl. dazu auch Backhaus et al. (1990), S. 134 ff.

setzung für die Dimension $p = 2$, da durch sie die Konfiguration der Objekte visuell direkt ersichtlich wird, in unserem Fall der Aktien- und Branchenanalyse die Veranschaulichung der Homogenität bzw. Trennung. Die so erfolgte Projektion der gesamten Datenkonstellation in eine 2-dimensionale Ebene erlaubt desweiteren die Interpretation weniger Merkmalsausprägungen im Kontext zur Gesamtdistanzmatrix.

Die bisherigen Dateninputs sind Kennzahlen in Form von Durchschnittswerten der Jahre 1991 bis 1996. Die ursprünglich als Zeitreihen vorliegenden Renditeinformationen wurden aus Vergleichbarkeitsgründen zu wöchentlichen bzw. monatlichen Durchschnittswerten verdichtet, wesentliche Informationen also verschenkt. Konzentriert man sich ganz auf die Renditemerkmale, dann sind die Zeitreihen in vollem Umfang für eine Datenanalyse ausnutzbar. Mit Hilfe der Faktorenanalyse können Gemeinsamkeiten und Unterschiede in der Renditeentwicklung der einzelnen Aktien aufgedeckt werden. Naheliegenderweise versucht man aus den Renditeentwicklungen der Wertpapiere des DAX 100 mit Hilfe von Zeitreihenvergleichen – gemessen durch die Kovarianzen – hypothetische Faktoren zu extrahieren, die die in der Kovarianzmatrix enthaltenen Zusammenhänge beschreiben und erklären sollen, und somit korrelierende Variablen durch Faktorenextraktion zu Merkmalskomplexen zu verdichten. Dies führt zu einer Reduktion der Ausgangsdaten unter der Zielsetzung der Minimierung verlorengehender Informationen[19]. Dateninput ist die gesamte Renditezeitreihenmatrix aller Wertpapiere über den 6-jährigen Zeitraum. In dieser ursprünglichen Form ist sie bzgl. der Wechselwirkungen der einzelnen Aktien schwer überschaubar. Als Output der Faktorenanalyse erhält man die verdichtete Darstellung in den Faktoren, die berechnete Matrix der Faktorladungen ermöglicht die Interpretation gemeinsamer und branchenspezifischer 'Renditetriebkräfte'.

# 4 Empirische Ergebnisse

Zum besseren Verständnis der im folgenden aufgeführten empirischen Ergebnisse sind in der Tabelle 2 die für die DAX 100 Aktien vorgenommenen Brancheneinteilungen angegeben, wobei in den weiteren Abbildungen die Branchennummern bzw. Akienkürzel[20] alternativ verwendet werden. Ausgehend von der gesamten Rohdatenmatrix liefert das Ward-Klassifikationsverfahren mit Hilfe der berechneten Mahalanobis- Distanzmatrix Cluster, deren Entstehungsprozeß durch das in der Abbildung 2 dargestellte Dendrogramm veranschaulicht ist.

Die Abbildung 2 läßt in Verbindung mit den hinter den Branchenziffern stehenden Einzelwerten gewisse Clusterstrukturen erkennen, wobei aber das Gesamtbild relativ uneinheitlich ausfällt. Die Branchen Automobil und Versicherungen streuen sehr weit, die Chemie zeichnet sich aus durch schnelle

[19]Vgl. dazu auch Backhaus et al. (1990), S.67 ff. und Falk et al. (1995), S.237 ff.

[20]Zur vollständigen Kürzelübersicht und Brancheneinteilung siehe Internet `http://www.exchange.de/fwb/hdax/index_d.html`

| Nr. | Branchenname | Kürzel typischer Aktien |
|---|---|---|
| 0 | Automobil und Verkehr | BMW, CON, DAI, POR, VAR, VOW |
| 1 | Chemie und Pharma | BAS, BAY, BEI, HEN, HOE, SCH |
| 2 | Banken | BVB, BHF, CBK, DBK, DRB, IKB |
| 3 | Bau | GBF, DYK, HEI, HOT, HOZ |
| 4 | Eisen und Stahl | MET, PRS, THY |
| 5 | Elektro | SAP, SIE |
| 6 | Handel und Konsum | AVA, BBA, ESC, GER, KAR, SPA |
| 7 | Maschinenbau | BUD, DBC, DEZ, FAG, HEI, IWK |
| 8 | Versicherungen | ALV, AMB, COL, DBV, MUV |
| 9 | Versorger | BKL, RWE, VEB, VIA |

*Tabelle 2: Brancheneinteilung DAX 100.*

Untergruppenbildung, große Gesellschaften wie BASF, Bayer, Hoechst und Schering liegen eng beieinander. Dies gilt ebenso für die BLUE-Chips des Bankenbereichs, die anderen Bankenwerte bilden erst spät eine Klasse. Die gesamte Baubranche ist in der Mitte konzentriert, die drei einbezogenen Eisen- und Stahlaktien sind nicht weit voneinander plaziert. Neben zwei kleinen Teilgruppen zeichnet sich der Bereich Handel und Konsum durch frühzeitige Gruppenbildung aus, enge Untergruppen sind typisch für den Maschinenbau.

Die im DAX 100 sehr umsatzstarken Einzelwerte Daimler, Siemens und Allianz können in der vorliegenden Klassifikation als Ausreißer identifiziert werden und liegen selber dicht zusammen.

Die ausschließliche Einbeziehung von Durchschnittswerten auf monatlicher bzw. wöchentlicher Basis führt zu ganz anderen Klassenbildungsprozessen, die in Abbildung 3 und 4 vorgenommen sind. Die beiden Dendrogramme unterscheiden sich erheblich, monatliche Renditen als Dateninput lassen eine homogene hierarchische Klassenstruktur erkennen und führen bei genauer Betrachtung zu aufschlußreichen Interpretationen. Zur Verdeutlichung sind in der Abbildung 3 die Kürzel der Einzelwerte explizit angegeben. Mit Ausnahme des uneinheitlichen Maschinenbaus gruppieren sich alle großen Werte sehr schnell branchenspezifisch zusammen, Blocktrennungen liegen nur zwischen Branchen, nicht aber innerhalb der Branchen vor. Die Bankwerte erweisen sich als sehr homogen, zusammen mit den Versicherungstiteln liegen diese Werte sehr nah zum Marktindex DAFOX.

Auffallend ist eine Besonderheit im Bereich der Automobilbranche. Dieser Branche sind neben den Automobilherstellern auch Unternehmen aus dem Zubehörbereich zugeordnet. Aus Abbildung 3 wird deren Nähe zur Branche Handel und Konsum aber ganz offensichtlich, ein möglicher Hinweis zur Revidierung der beiden Branchenaufteilungen.

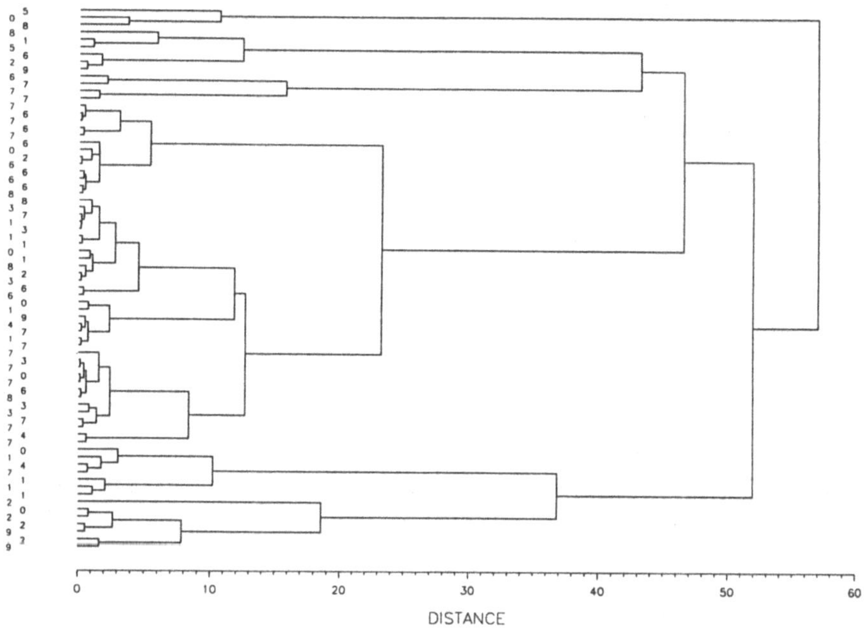


*Abbildung 2: Dendrogramm nach Ward für Branchen des DAX 100. Klassifikationsgrundlage: Gesamtdatenmatrix*[21].

Die Ergebnisse der MDS-Analyse basieren auf der Gesamtdatenmatrix und sollen einen visuell erfaßbaren Gesamtüberblick aller untersuchten DAX 100 Werte vermitteln. Die Veranschaulichung wird auf der zweidimensionalen Ebene vorgenommen, hier beispielhaft durch die Rendite-Mittelwert/Varianz Konfiguration in Abbildung 5. In beiden Darstellungen sind die DAX 100 Aktien zweidimensional so plaziert, daß ihre Konstellation zueinander im Kontext zur Daten- bzw. Distanzmatrix möglichst widerspruchsfrei ausfällt. Abbildung 5 kann direkt mit Abbildung 1 verglichen werden, in der die Branchenindizes im Rendite-Risiko-Raum dargestellt sind. Offensichtlich fällt die Trennung der Branchen bei Einbeziehung der hinter den Branchen stehenden Einzelwerte sehr unscharf aus, es liegen große Überlappungen vor[22]. Die Branche Handel und Konsum kann durch relativ eng beieinanderliegende Werten, aber auch einige Ausreißer charakterisiert werden, im Sektor Automobil liegen sehr getrennte Positionierungen vor. Chemie- und Baubranche zeichnen sich durch Innergruppenbildungen aus, die Banken vermitteln überraschenderweise ein sehr uneinheitliches Bild. Die

[21]Das SAS-Unterprogramm zur Erstellung solcher Graphiken gibt es (kostenlos) unter folgender Anschrift: Dr. Dan Jacobs, Maryland Sea Grant College Program, University of Maryland, 0102 Skinner Hall, College Park, Maryland 20742, Tel. (301) 405-6379, e-mail `DAN@UMDD.UMD.EDU`

[22]Farbig gestaltete graphische Darstellungen machen die im folgenden vorgenommenen Interpretationen deutlicher. Sie können aber hier aus drucktechnischen Gründen nicht vorgenommen werden. Diese farbigen Darstellungen sowie alle weiteren im Text aufgeführten Abbildungen können aber jederzeit bei den Autoren bezogen werden.

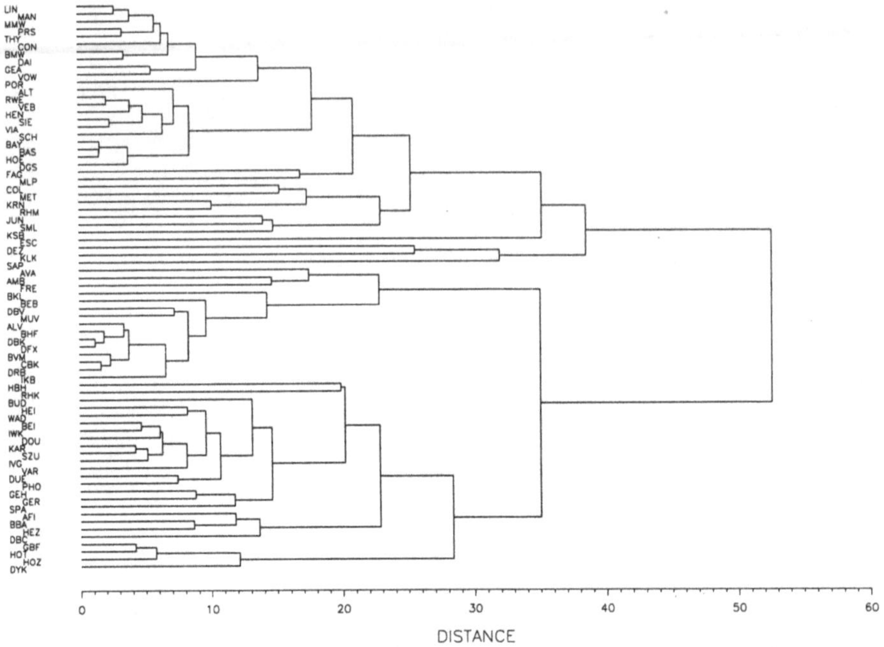


*Abbildung 3: Klassifikation mit monatlichen Renditen.*

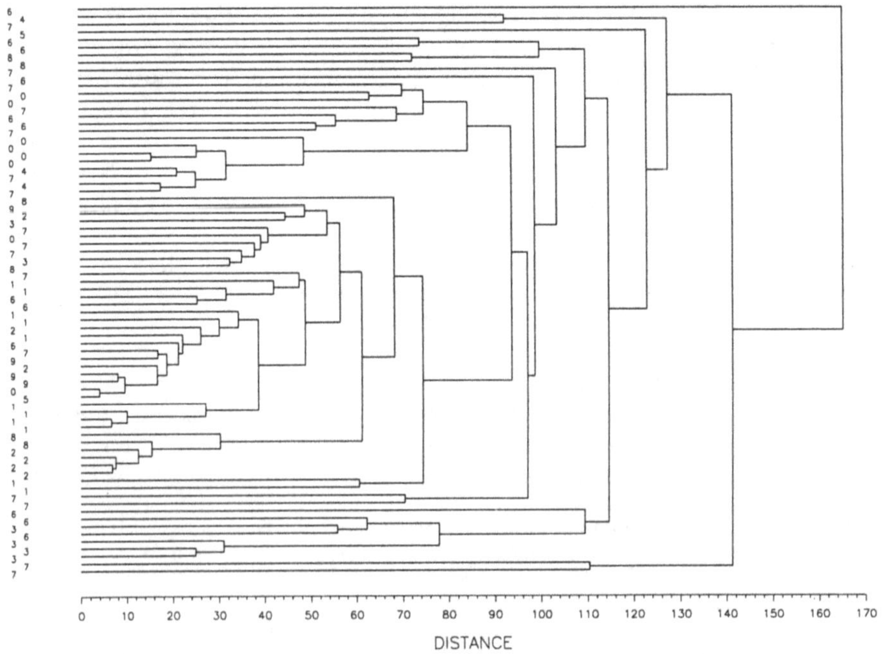


*Abbildung 4: Klassifikation mit wöchentlichen Renditen.*

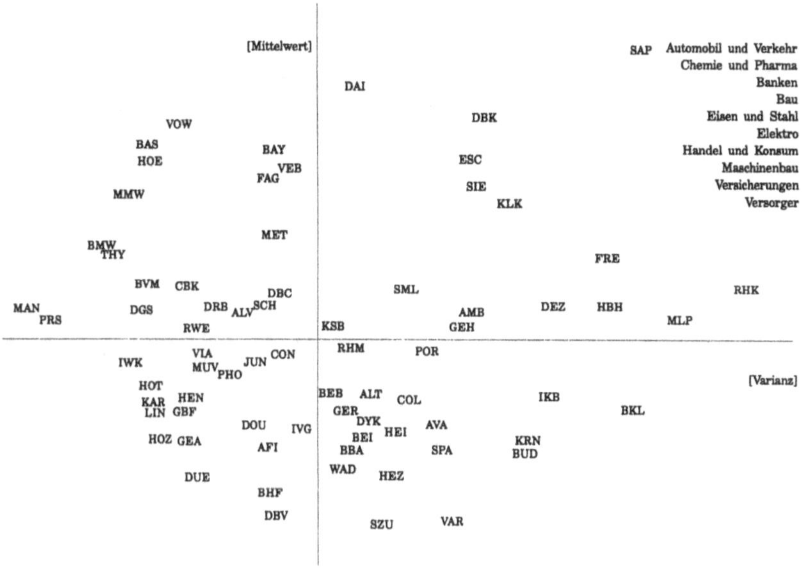


*Abbildung 5: Rendite-Varianz Konfiguration der MDS.*

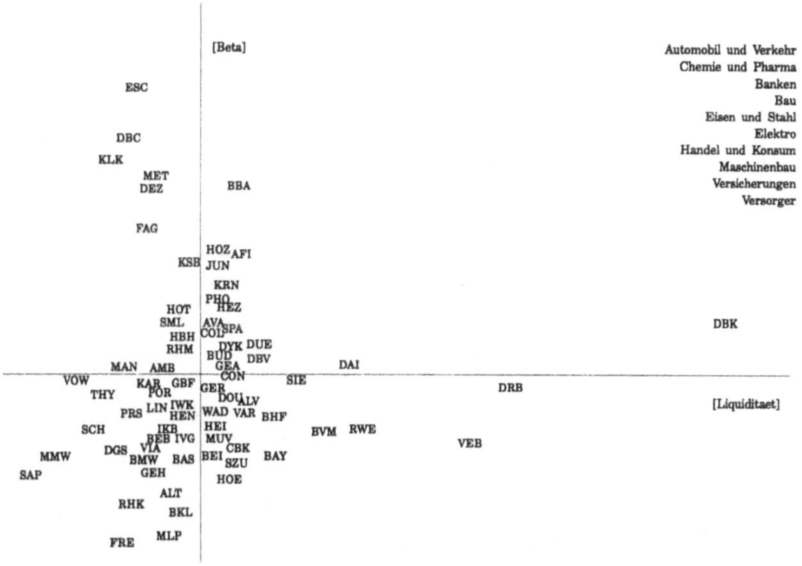


*Abbildung 6: Liquidität-Beta Konfiguration der MDS.*

Branche Eisen und Stahl ist durch 3 Aktien vertreten, die eng zusammenliegen, hingegen liegt für den Bereich Maschinenbau die breiteste Streuung vor. Die Versicherungswerte werden deutlich stärker durch die Varianz-Achse als durch die Rendite-Mittelwert-Achse getrennt.

Aus Abbildung 6 wird deutlich, daß sich nur wenige Werte, z.B. Deutsche und Dresdner Bank, VEBA und RWE, Daimler und Siemens, durch die Liquiditätskomponente abheben. Diese Trennschärfe trifft aber für den überwiegenden Teil der DAX 100 Aktien nicht zu.

Das Instrumentarium der Faktorenanalyse wird eingesetzt, um einen Eindruck zu gewinnen, welche Gemeinsamkeiten und Unterschiede in den jetzt ausschließlich betrachteten Renditezeitreihen der einzelnen Aktien zu finden sind. Dabei gilt es, die monatliche Renditeentwicklung der 30 DAX Werte bzw. 75 beobachtbaren DAX 100 Aktien mit wesentlich weniger als 30 bzw. 75 Faktoren zu erklären. Die Ergebnisse finden ihren komprimierten Ausdruck in der Tabelle 3, aus der für die DAX 100 Stichprobe die Eigenwerte und die Erklärungsanteile der ersten vier Hauptkomponenten an der gesamten Renditematrix ersichtlich wird:

| | Eigenwert | Erklärungsanteil in % | Kum. Anteil |
|---|---|---|---|
| Faktor 1 | 28,18 | 37,57 | 37,57 |
| Faktor 2 | 4,16 | 5,55 | 43,12 |
| Faktor 3 | 3,45 | 4,60 | 47,72 |
| Faktor 4 | 2,63 | 3,51 | 51,23 |

*Tabelle 3: Eigenwerte und Erklärungsanteil der Faktoren.*

Die Eigenwerte, die als Maß für den Erklärungsgehalt eines jeden Faktors interpretiert werden können, zeigen, daß allein die erste Hauptkomponente über 37% der Renditevarianz erklärt. Die Erklärungskraft der folgenden Hauptkomponenten nimmt dann von 5,55% ausgehend stark ab, zusammen erklären die ersten 4 Faktoren mehr als 50% der Dateninformation.

Aus der hier aus Platzgründen nicht aufgeführten Ladungsmatrix der Aktien zu den ersten Hauptkomponenten der Renditekorrelationsmatrix ist ersichtlich, daß alle Aktien mit dem ersten Faktor positiv hoch korreliert sind. Dieser Faktor kann demzufolge als allgemeiner Markteinfluß interpretiert werden. Inwiefern weitere Faktoren als branchenspezifische Faktoren gedeutet werden können, läßt sich aus den Abbildungen 7 bis 10 entnehmen, die auch eine Bezugnahme zum Marktindex DAFOX erlauben.

Aktien, die bzgl. des ersten Faktors oberhalb des DAFOX positioniert sind, können als aggressive Werte charakterisiert werden, wie etwa Thyssen, MAN, Daimler oder VW, die Mehrzahl der Aktien hingegen ist als defensiv einzustufen.

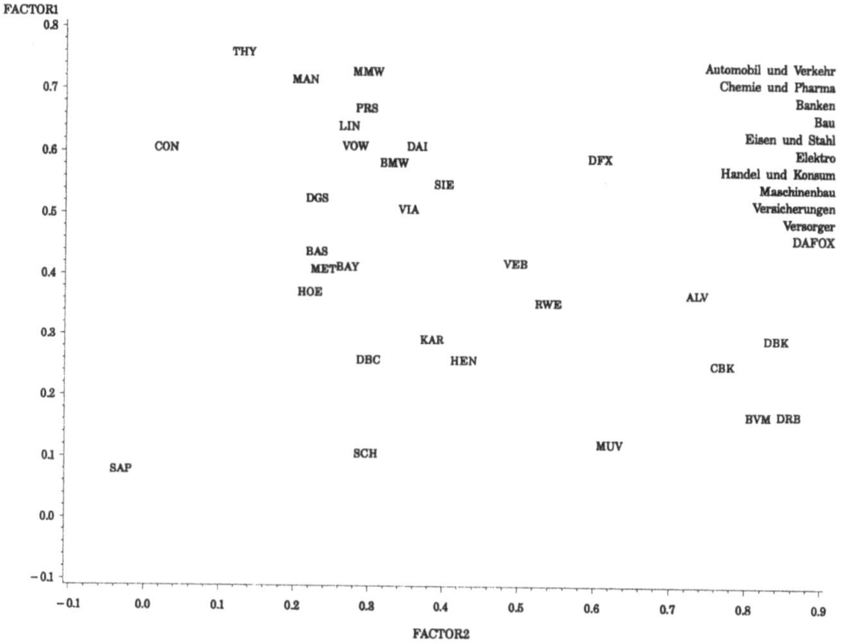


*Abbildung 7: Faktorenanalyse DAX.*
*Erste Hauptebene, Faktor 1-2.*

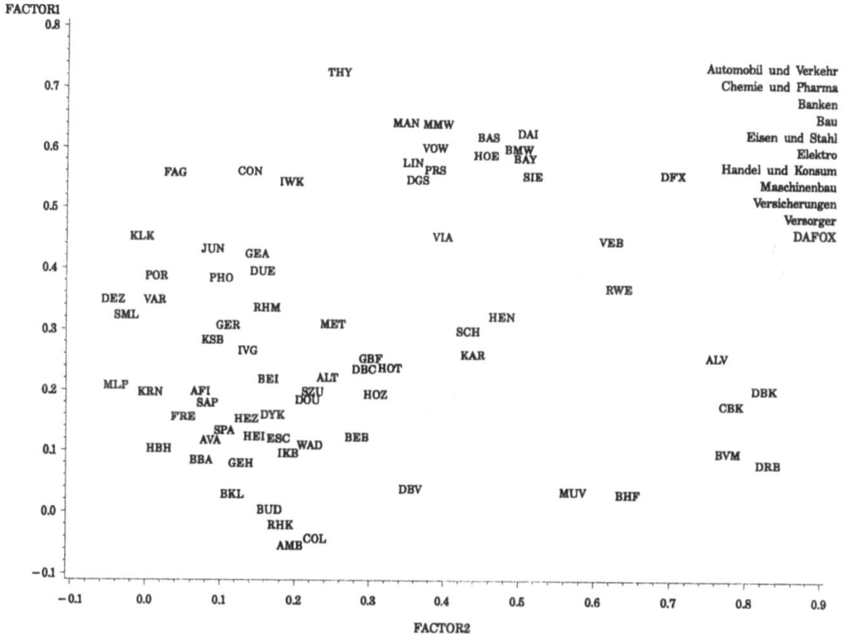


*Abbildung 8: Faktorenanalyse DAX 100.*
*Erste Hauptebene, Faktor 1-2.*

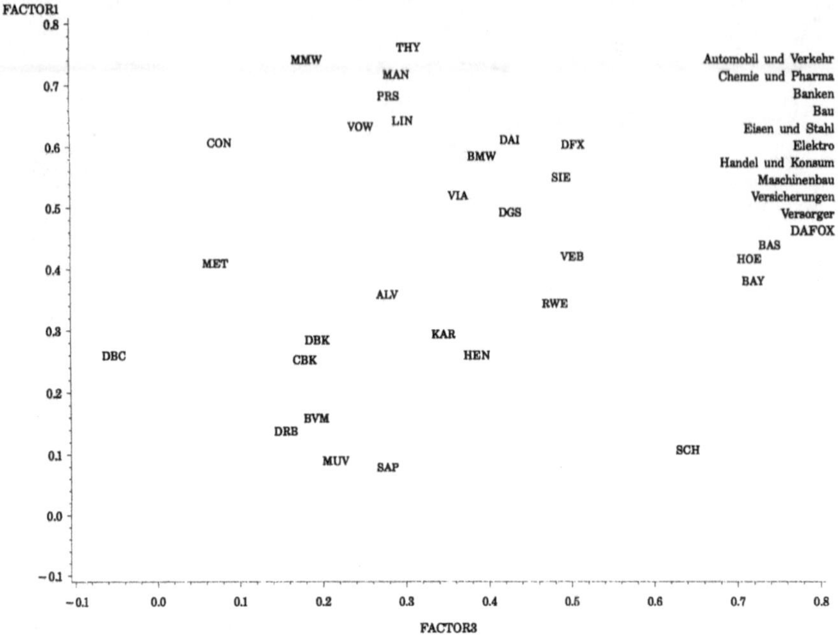


*Abbildung 9: Faktorenanalyse DAX.*
*Zweite Hauptebene, Faktor 1-3.*

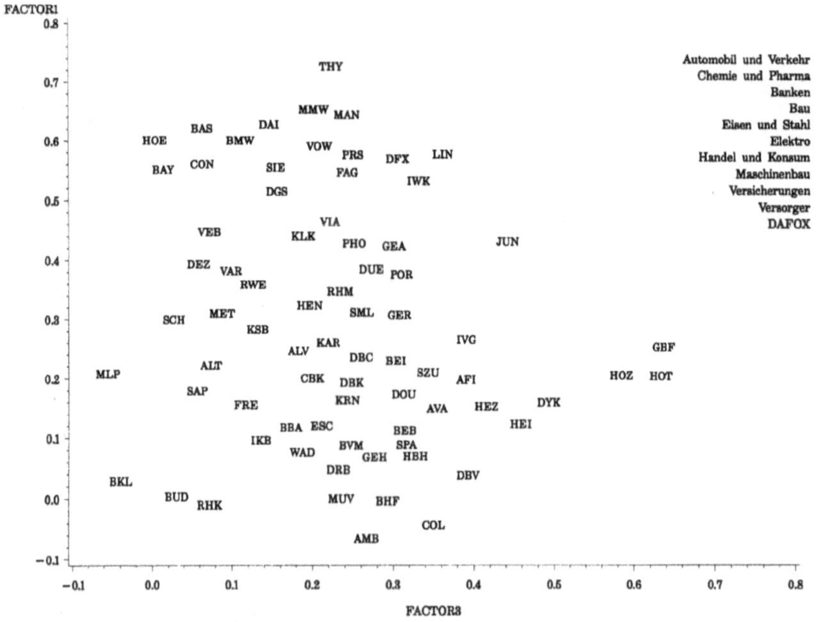


*Abbildung 10: Faktorenanalyse DAX 100.*
*Zweite Hauptebene, Faktor 1-3.*

Sowohl für den DAX als auch den DAX 100 Bereich ist der zweite Faktor wesentlich durch die Banken- und Versicherungsbranche geprägt, für den dritten und die weiteren Faktoren fehlt jedoch der eindeutige Hinweis auf branchenspezifische Einflußgrößen.

Die Faktorenanalyse liefert mit der Hauptebenendarstellung noch ein anderes, für die praktische Umsetzung nützliches Ergebnis. Mit ihr lassen sich Wertpapiere anschaulich sichtbar nach ihrem Renditemuster klassifizieren. Liegen Aktien auf einer Hauptebene nahe beieinander, so ist ihr Renditeverhalten in Bezug auf diese Faktoren sehr ähnlich. Auch die Branchen sind im Hinblick auf ihre Renditehomogenität analysierbar. Die Abbildungen 8 und 10 zeigen insbesondere im Banken-, Chemie-, Versorger- und Kaufhausbereich jeweils sehr ähnliche Renditemuster. Alle anderen Branchen weisen erheblich ausgeprägte Renditeheterogenitäten aus, Aspekte, die bei der Portfolioplanung unter Berücksichtigung von Diversifikationseffekten von Bedeutung sind.

## Literatur

BACKHAUS, K., ERICHSON, B., PLINKE, W., WEIBER, R. (1990): Multivariate Analysemethoden. Springer, Heidelberg.

FALK, M., BECKER, R., MAROHN, F. (1995): Angewandte Statistik mit SAS. Springer, Heidelberg.

FRANTZMANN, H.-J. (1989): Saisonalitäten und Bewertung am deutschen Aktienmarkt. Fritz Knapp, Frankfurt a.M.

GAUL, W., SCHADER, M. (Hrsg.) (1989): Datenanalyse und Entscheidungsunterstützung. *Studien zur Klassifikation, Bd. 19*, Indeks, Frankfurt.

GAUL, W., SCHADER, M. (Hrsg.) (1994): Wissensbasierte Marketing-Datenanalyse, Peter Lang, Frankfurt.

GÖPPL, H., SCHÜTZ, H. (1993): The Design and Implementation of a German Stock Price Research Index (Deutscher Aktien Forschungsindex DAFOX), in: *Mathematical Modelling in Economics, Essays in Honor of Wolfgang Eichhorn*, Springer, Berlin.

GÖPPL, H., HERRMANN, R., KIRCHNER, T., NEUMANN, M. (1996): Risk Book, German Stocks 1976–1995: Risk, Return and Liquidity. Fritz Knapp, Frankfurt a.M.

HERRMANN, R. (1996): Die Karlsruher Kapitalmarktdatenbank – Bilanz und Ausblick – *Diskussionspapier, Universität Karlsruhe, Institut für Entscheidungstheorie und Unternehmensforschung.*

JAMBU, M. (1992): Explorative Datenanalyse. Gustav Fischer, Stuttgart.

KLAR, R., OPITZ, O. (Eds.) (1997): Classification and Knowledge Organization. Proc. 20th Conf. GfKl in Freiburg, Springer, Heidelberg.

LINTNER, J. (1965): The Valuation of Risky Assets and the Selection of Risky Investments in Stock Portfolios and Capital Budgets. *The Review of Economics and Statistics, Vol. 47, S.13–37.*

MOSSIN, J. (1966): Equilibrium in a Capital Asset Market. *Econometrica, Vol. 34, No. 4, S.768–783.*

OPITZ, O. (Hrsg.) (1978): Numerische Taxonomie in der Marktforschung. Vahlen, München.

OPITZ, O. (1980): Numerische Taxonomie. UTB Fischer, Stuttgart.

ROSS, S.A. (1976): The Arbitrage Theory of Capital Asset Pricing. *Journal of Economic Theory 13 (1976), S.341–360.*

SAUER, A. (1992): Die Bereinigung von Aktienkursen – Ein kurzer Überblick über Konzept und praktische Umsetzung.*Diskussionspapier, Universität Karlsruhe, Institut für Entscheidungstheorie und Unternehmensforschung.*

SAUER, A. (1994): Faktormodelle und Bewertung am deutschen Aktienmarkt. Fritz Knapp, Frankfurt a.M.

SHARPE, W.F. (1964): Capital Asset Prices: A Theory of Market Equilibrium under Conditions of Risk. *Journal of Finance, Vol. 19, No. 4, S.425–442.*

WINKELMANN, M. (1989): Aktienbewertung in Deutschland. Anton Hain, Königstein/Ts.

# Wertkonsistente Kapitalbudgets

Klaus Hellwig

Abteilung Betriebswirtschaft, Universität Ulm, 89069 Ulm, Germany

## 1 Einleitung

Als grundlegendes Modell der Kapitalbudgetierung wird allgemein das Dean-Modell (Dean 1951) angesehen. Das Dean-Modell ist ein Einperioden-(Zwei-Zeitpunkt-) Modell zur Ermittlung eines endwertmaximalen Kapitalbudgets[1]. Dabei werden sichere Erwartungen unterstellt und komplizierende Tatbestände wie Unteilbarkeiten oder Fixkosten vernachlässigt. Unter diesen Voraussetzungen wird das gesuchte Kapitalbudget durch einen Ausgleich von Kapitalangebot und Kapitalnachfrage bestimmt.

Hebt man die Annahme sicherer Erwartungen im Dean-Modell auf, so ist es naheliegend, die Zielsetzung Endwertmaximierung durch die Zielsetzung Maximierung des erwarteten Endwertnutzens im Sinne des Bernoulli Prinzips zu ersetzen. Die Anwendung dieses Prinzips stellt allerdings an den Entscheidenden Anforderungen, die ihn in aller Regel überfordern. So muß er in der Lage sein, beliebige (also auch nicht relevante) Alternativen miteinander zu vergleichen. Und er muß dies darüber hinaus in einer für rational erachteten Art und Weise tun[2]. Es ist daher nicht verwunderlich, daß in der Praxis häufig Entscheidungen getroffen werden, die mit dem Bernoulli Prinzip nicht vereinbar sind[3].

Eine mögliche Alternative besteht darin, auf eine Nutzenfunktion zu verzichten und statt dessen die Menge der möglichen (d.h. zulässigen) Kapitalbudgets durch geeignet formulierte Bedingungen so zu verkleinern, daß letztendlich nur eine Entscheidungsalternative verbleibt. Ziel der folgenden Ausführungen ist die Formulierung und Analyse derartiger Bedingungen.

## 2 Das Modell

Ausgangspunkt ist die folgende Entscheidungssituation. Im Entscheidungszeitpunkt $t = 0$ ist über die Verwendung eines für Investitionszwecke verfügbaren Anfangskapitals in Höhe von $K$ zu entscheiden. Es stehen $n$ Investitions- und Finanzierungsalternativen zur Auswahl wobei $x_i$ das Aktivitätsniveau und $x_i^{\max}$ das maximale Aktivitätsniveau von Alternative $i$ bezeichnen.

---

[1] Zum Begriff des Kapitalbudgets vgl. etwa Franke/Hax (1994), S.143.
[2] vgl. etwa Bamberg/Coenenberg (1996), S.84ff.
[3] vgl. etwa Eisenführ/Weber (1994), S.321ff.

Die Wahl eines Kapitalbudgets beinhaltet eine Entscheidung darüber, in welchem Umfang die Alternativen durchgeführt werden sollen. Ein Kapitalbudget ist somit durch einen Vektor $\bar{x} = (\bar{x}_1, \ldots, \bar{x}_n)$ gegeben. $\bar{x}$ heißt zulässig, wenn die Bedingungen $\sum_{i=1}^{n} \bar{x}_i = K$ sowie $0 \leq \bar{x}_i \leq x_i^{max}$ für $i = 1, \ldots, n$ erfüllt sind. Die Menge der zulässigen Kapitalbudgets wird mit $X$ bezeichnet.

Welches Kapitalbudget gewählt wird hängt unter anderem von der Verzinsung der Alternativen ab. $r_{is}$ bezeichne den Effektivzins von Alternative $i$ bei Eintritt von Szenario $s$. Dabei wird angenommen, daß der Entscheidende $S$ Szenarien (Umweltentwicklungen) für möglich hält und in der Lage ist, jedem dieser Szenarien Wahrscheinlichkeiten $p_s$ $(s = 1, \ldots, S)$ zuzuordnen. Ist $\bar{x}$ ein zulässiges Kapitalbudget, so ergeben sich damit in Abhängigkeit von der Umweltentwicklung zum Periodenende die Zahlungsüberschüsse $\bar{c}_s = c_s(\bar{x}) = \sum_{i=1}^{n}(1 + r_{is})\bar{x}_i$, die mit den Wahrscheinlichkeiten $p_s$ $(s = 1, \ldots, S)$ realisiert werden. $C$ sei die Menge der realisierbaren Zahlungsüberschußvektoren, d.h. $C = \{c(x) \mid x \in X\}$.

Für das gesuchte zulässige Kapitalbudget $\bar{x}$ wird gefordert, daß es kein zulässiges Kapitalbudget $\hat{x}$ mit $\hat{c}_s \geq \bar{c}_s$ für alle $s$ und $\hat{c}_s > \bar{c}_s$ für mindestens ein $s$ gibt. Ist diese Bedingung erfüllt, so werden $\bar{x}$ und $\bar{c}$ als effizient bezeichnet. Es gilt der folgende

**Satz 1:** $\bar{x}$ ist genau dann effizient, wenn es zustandsabhängige Diskontierungsfaktoren $q_s = (1 + r_s)^{-1}$ gibt, so daß $\bar{x}$ optimale Lösung von $P := \max\{\sum_{i=1}^{n} K_i x_i \mid x \in X\}$ ist. Dabei bezeichnet $K_i = \sum_{s=1}^{S} p_s(1 + r_{is})q_s - 1$ den Kapitalwert von Maßnahme $i$.

**Beweis:** Es gilt (vgl. etwa Dinkelbach 1982, S 178): $\bar{c}$ ist genau dann effizient, wenn es positive Gewichtungsfaktoren $w_s > 0$ $(s = 1, \ldots, S)$ gibt, so daß $\bar{c}$ optimale Lösung von $\max\{\sum_{s=1}^{S} w_s c_s \mid c \in C\}$ ist. Mit $w_s = p_s(1 + r_s)^{-1}$ folgt die Behauptung unter Berücksichtigung von $c_s = \sum_{i=1}^{n}(1 + r_{is})x_i$.

Ein effizientes Kapitalbudget $\bar{x}$ kann somit stets durch Anwendung der Kapitalwertmethode „reproduziert" werden wobei sich $q_s(s = 1, \ldots, S)$ als Opportunitätkosten in bezug auf den (maximalen) Gegenwartswert und $r_s(s = 1, \ldots, S)$ als die bei Durchführung von $\bar{x}$ geforderte (implizite) Verzinsung interpretieren lassen. Ist $\bar{x}$ nicht effizient, so gibt es umgekehrt keine Diskontierungsfaktoren, so daß $\bar{x}$ kapitalwertmaximal ist.

Die Wahl von $\bar{x}$ impliziert ein Anfangsvermögen in Höhe von $V = \sum_{s=1}^{S} p_s c_s(\bar{x}) q_s = \sum_{i=1}^{S} p_s(1 + r_{is}) q_s \bar{x}_i = P + K$. Die Wahl eines effizienten Kapitalbudgets impliziert somit ein Anfangsvermögen $V$, das sich aus dem Anfangskapital und dem maximalen Gesamtkapitalwert aller im Kapitalbudget enthaltenen Investitions- und Finanzierungsmaßnahmen zusammensetzt.

$V$ verzinst sich bei Eintritt von Szenario $s$ mit $\frac{c_s(\bar{x})}{V} - 1 \quad (s = 1, \ldots, S)$. Diese Verzinsung muß aber nicht mit der geforderten Verzinsung $r_s$ übereinstimmen. Als zweite Bedingung wird daher die Übereinstimmung von geforderter und realisierter Vermögensverzinsung verlangt: $r_s = \frac{c_s(\bar{x})}{V} - 1 \quad (s = 1, \ldots, S)$[4].

Zusammengefaßt werden an ein (zulässiges) Kapitalbudget $\bar{x}$ die folgenden Bedingungen gestellt:

1. Es gibt von der Umweltentwicklung abhängige Diskontierungsfaktoren $q_s = (1 + r_s)^{-1} \quad (s = 1, \ldots, S)$, so daß $\bar{x}$ bzgl. dieser Diskontierungsfaktoren kapitalwertmaximal ist.

2. Die mit $\bar{x}$ realisierte Verzinsung des Anfangsvermögens muß mit der geforderten Verzinsung übereinstimmen: $r_s = \frac{c_s(\bar{x})}{V} - 1 \quad (s = 1, \ldots, S)$.

Ein Kapitalbudget, das diese Bedingungen erfüllt wird als wertkonsistent bezeichnet.

## 3 Existenz und Ermittlung wertkonsistenter Kapitalbudgets

Ob ein Kapitalbudget wertkonsistent ist, hängt allein von der Menge der zulässigen Kapitalbudgets ab. Demgegenüber basiert das Bernoulli Prinzip auf der Annahme, daß ein Anleger in der Lage ist, beliebige (nicht nur zulässige) Kapitalbudgets miteinander zu vergleichen. Es ist daher erstaunlich, daß Wertkonsistenz und Bernoulli Prinzip kompatibel sind[5]. Im folgenden wird gezeigt, daß bei Verwendung der *ln*-Funktion als Nutzenfunktion das wertkonsistente Kapitalbudget den Erwartungswert des Endwertes maximiert.

**Satz 2:** Das wertkonsistente Kapitalbudget ist optimale Lösung der folgenden Optimierungsaufgabe

$$\begin{aligned} & \textstyle\sum_{s=1}^{S} p_s \; ln \; c_s \rightarrow max! & \\ \text{u.d.B.} \quad & \textstyle\sum_{i=1}^{n} x_i = K & \\ & -\textstyle\sum_{i=1}^{n}(1 + r_{is})x_i + c_s \leq 0 & (s = 1, \ldots, S) \\ & 0 \leq x_i \leq x_i^{max} & (i = 1, \ldots, n). \end{aligned}$$

[4]Eine direkte Konsequenz dieser Bedingung ist unter anderem, daß bei ungünstiger Umweltentwicklung eine geringere Verzinsung gefordert wird als bei günstiger Umweltentwicklung.

[5]Dies gilt allerdings nicht bei Erweiterung des Modells auf mehrere Perioden, vgl. Abschnitt 4.

**Beweis:** Es sei $(\bar{x}, \bar{c})$ eine optimale Lösung. Ist $u_0$ der Lagrange-Multiplikator der ersten Restriktion sowie $u_s$ $(s = 1, \ldots, S)$ der Lagrange-Multiplikator der $(s+1)$ten Restriktion, so kann $\frac{u_s}{u_0}$ als auf den Entscheidungszeitpunkt $t = 0$ bezogener Preis einer Geldeinheit bei Eintritt von Szenario $s$ interpretiert werden. Dieser läßt sich in einen risikofreien Diskontfaktor $q_s = \frac{1}{1+r_s}$ und die Wahrscheinlichkeit $p_s$ zerlegen: $\frac{u_s}{u_0} = p_s \frac{1}{1+r_s}$. Berücksichtigt man die Optimalitätsbedingungen $u_s = \frac{p_s}{\bar{c}_s}$ $(s = 1, \ldots, S)$, so errechnet sich hieraus das Anfangsvermögen zu $V = \sum_{s=1}^{S} \frac{u_s}{u_0} \bar{c}_s = \sum_{s=1}^{S} \frac{p_s \bar{c}_s}{1+r_s} = \sum_{s=1}^{S} \frac{p_s}{u_0} = \frac{1}{u_0}$. Hieraus folgt $1 + r_s = \frac{p_s u_0}{u_s} = \frac{\bar{c}_s}{V}$ $(s = 1, \ldots, S)$. Somit sind die Bedingungen (2) für $\bar{x}$ erfüllt. Bezeichnet $v_i$ den Lagrange-Multiplikator der Restriktion $x_i \leq x_i^{max}$, so ergeben sich mit $P_i := -u_0 + \sum_{s=1}^{S}(1 + r_{is})u_s$ die folgenden Optimilitätsbedingungen: $P_i - v_i \leq 0, v_i(x_i^{\max} - \bar{x}_i) = 0, v_i \geq 0, (P_i - v_i)\bar{x}_i = 0$. Hieraus folgt $P_i \leq 0$ im Fall $\bar{x}_i = 0$, $P_i = 0$ im Fall $0 < \bar{x}_i < x_i^{\max}$ sowie $P_i \geq 0$ im Fall $\bar{x}_i = x_i^{\max}$. Wegen $\frac{1}{u_0} P_i = -1 + \sum_{s=1}^{S}(1 + r_{is})\frac{u_s}{u_0} = -1 + \sum_{s=1}^{S} \frac{p_s(1+r_{is})}{1+r_s} = K_i$ unterscheiden sich $K_i$ und $P_i$ nur um den positiven Faktor $\frac{1}{u_0}$. $\bar{x}$ ist somit kapitalwertmaximal bei Verwendung der Diskontierungsfaktoren $q_s = (1 + r_s)^{-1}(s = 1, \ldots, S)$. Damit sind auch die Bedingungen (1) erfüllt.

Aufgrund der strengen Konkavität der $ln$-Funktion existiert somit genau ein wertorientiertes Kapitalbudget. Ferner entspricht die Wahl des wertkonsistenten Kapitalbudgets der üblichen Annahme risikoscheuen Verhaltens. Und schließlich ergibt sich das Dean-Modell als Spezialfall. Unterstellt man nämlich sichere Erwartungen, so gibt es genau Szenario $s$, das mit Wahrscheinlichkeit Eins realisiert wird. Die Maximierung des logarithmierten Endvermögens ist dann äquivalent zur Maximierung des Endvermögens.

Eine weitere Motivation für die Wahl des wertkonsistenten Kapitalbudgets ergibt sich auch aus folgender Überlegung. Es seien $\bar{x}$ und $\bar{y}$ mit $\bar{x} \neq \bar{y}$ zwei mit $A$ und $B$ bezeichnete zulässige Kapitalbudgets. Ferner sei $K_A$ der Kapitalwert von $A$ bei Diskontierung mit der zustandsabhängigen Effektivverzinsung von $B$ sowie $K_B$ der Kapitalwert von $B$ bei Diskontierung mit der zustandsabhängigen Effektivverzinsung von $A$. Dann ergibt sich genau einer der folgenden Fälle[6]:

1. $K_A \leq 0, K_B > 0$

2. $K_A > 0, K_B \leq 0$

3. $K_A > 0, K_B > 0$

In Anlehnung an die Kapitalwertmethode (man beachte, daß $K_A$ und $K_B$ mit zustandsabhängigen Diskontierungsfaktoren gebildet werden) bietet sich folgendes Vorgehen zur Auswahl von $A$ und $B$ an. Ist der Kapitalwert von $A$ (bzw. $B$) positiv und der Kapitalwert von $B$ (bzw. $A$) negativ oder null, so

[6] Vgl. Hellwig (1993). Die Zusammensetzung von $A$ und $B$ ist unwesentlich.

wird $A$ (bzw. $B$) gewählt. Sind beide Kapitalwerte positiv, so wird eine Mischung aus $A$ und $B$ gewählt[7]. Die resultierende Entscheidung kann - ebenso wie das wertkonsistente Kapitalbudget - durch Maximierung des erwarteten Endwertnutzens mit der $ln-$Funktion als Nutzenfunktion abgeleitet werden[8]. Ist $A$ das wertkonsistente Kapitalbudget, so gilt daher $K_B \leq 0$ für jedes zulässige Kapitalbudgets $B$.[9] Dabei läßt sich das wertkonsistente Kapitalbudget als ein zulässiges Kapitalbudget charakterisieren, das im Schnitt eine höhere Verzinsung als jedes andere zulässige Kapitalbudget aufweist.[10]

Abschließend sei das Konzept an einem Beispiel verdeutlicht. Es gelte $n = 3$, $S = 2$, $K = 100$, $x_1^{max} = \infty$, $x_2^{max} = 50$, $x_3^{max} = \infty$, $r_{11} = r_{12} = 0,1$, $r_{21} = 0,16$, $r_{22} = 0,05$, $r_{31} = 0,12$, $r_{32} = 0,07$, $p_1 = p_2 = 0,5$. Als wertkonsistentes Kapitalbudget erhält man $\bar{x}_1 = \bar{x}_2 = 50, \bar{x}_3 = 0$. Die geforderte Verzinsung im Zustand 1(2) beträgt $\bar{r}_1 \approx 0,128$ ($\bar{r}_2 \approx 0,073$). Das Anfangsvermögen beträgt $\bar{V} \approx 100,17$. $\bar{V}$ ergibt sich als Summe aus $K$ und dem Gesamtkapitalwert ($50K_2$) der zweiten Alternative.

# 4 Modellerweiterungen

Das Konzept der Wertkonsistenz läßt sich in vielfältiger Weise erweitern. Im folgenden werden drei mögliche Erweiterungen behandelt. Zunächst wird gezeigt, wie Unteilbarkeiten und/oder Transaktionskosten berücksichtigt werden können. Anschließend wird der Fall behandelt, daß a priori eine bestimmte Mindestverzinsung gefordert wird. Abschließend wird die Voraussetzung eines einperiodigen Planungszeitraumes aufgegeben.

Bestehen Unteilbarkeiten und/oder Fixkosten, so ergibt sich das Problem, daß das arbitragefreie Kapitalbudget in der Regel nicht mehr mit Hilfe der Kapitalwertmethode reproduziert werden kann. Will man prinzipiell am Konzept der Wertkonsistenz festhalten, so muß daher eine geeignete Korrektur vorgenommen werden.

Im folgenden wird eine derartige Korrektur für den Fall beschrieben, daß Unteilbarkeiten zu berücksichtigen sind[11]. Da im Falle von Unteilbarkeiten die in Abschnitt zwei genannten Bedingungen für die Wertkonsistenz nicht erfüllt sind, wird wie folgt vorgegangen. Es sei $X^*$ die Menge der zulässigen Kapitalbudgets und $X$ die Menge der zulässigen Kapitalbudgets ohne Berücksichtigung der Unteilbarkeiten. Bezüglich $X$ ermittelt man zunächst

[7]Bzgl. der Mischungsanteile vgl. Hellwig (1993).

[8]Vgl. Hellwig (1993).

[9]Für beliebige zulässige Kapitalbudgets $A$ und $B$ mit $K_A > 0, K_B \leq 0$ ist der erwartete Endwertnutzen von $A$ größer als der erwartete Endwertnutzen von $B$. Die Umkehrung gilt nicht. Vgl. Speckbacher (1996).

[10]Dies ergibt sich aus folgendem Sachverhalt: Bezeichnet $r_s^A (r_s^B)$ den Effektivzins von $A$ ($B$) im Zustand $s$, so gilt $K_A = \sum_s p_s \frac{1+r_s^A}{1+r_s^B} - 1 = \sum_s p_s \frac{r_s^A - r_s^B}{1+r_s^B}$.

[11]Die Berücksichtigung von Fixkosten kann analog vorgenommen werden.

das wertkonsistente Kapitalbudget $\bar{x}$ zusammen mit dem Anfangsvermögen $\bar{V}$ und den geforderten Zinssätzen $\bar{r}_s$ $(s = 1, \ldots, S)$. Sind die Unteilbarkeitsbedingungen für $\bar{x}$ erfüllt (d.h., gilt $\bar{x} \in X^*$), so ist man fertig. Andernfalls bestimmt man ein neues Kapitalbudget $\hat{x}$, für das die Unteilbarkeitsbedingungen erfüllt sind und bei dem der durch die Abweichung von der Kapitalwertmethode verursachte „Fehler" $\sum_{i=1}^n K_i(\bar{x}_i - \hat{x}_i)$ minimiert wird. Bezeichnet $X_i^*$ die aufgrund der Unteilbarkeit von Maßnahme $i$ zu beachtende Einschränkung für $x_i$, so ist $\hat{x}$ optimale Lösung von

$$
\begin{array}{lrl}
 & V \rightarrow max! & \\
\text{u.d.B.} & \sum_{i=1}^n x_i = K & \\
 & \sum_{i=1}^n (1 + r_{is}) x_i = (1 + \bar{r}_s) V & (s = 1, \ldots, S) \\
 & 0 \leq x_i \leq x_i^{max} & (i = 1, \ldots, n) \\
 & x_i \in X_i^* & (i = 1, \ldots, n)
\end{array}
$$

Nimmt man beispielsweise im zuvor behandelten Beispiel an, daß die erste Maßnahme entweder nicht, im Umfang 40 oder im Umfang 80 durchgeführt werden kann, so erhält man mit $X_1^* = \{0, 40, 80\}$ die Lösung $\hat{V} = 100,04$ $\hat{x}_1 = 40, \hat{x}_2 = 41,30$ $\hat{x}_3 = 18,70$.

Die durch die Unteilbarkeit von Alternative zwei verursachte Vermögensminderung in Höhe von $\bar{V} - \hat{V} = 0,13$ ergibt sich aus der Abweichung vom kapitalwertmaximalen Programm. Es gilt:

$$
\begin{aligned}
\bar{V} - \hat{V} &= K_1(\bar{x}_1 - \hat{x}_1) + K_2(\bar{x}_2 - \hat{x}_2) + K_3(\bar{x}_3 - \hat{x}_3) \\
&\approx 0(50 - 40) + 0,0033(50 - 41,30) + (-0,0051)(0 - 18,70).
\end{aligned}
$$

Neben Unteilbarkeiten und Fixkosten können bei der Ermittlung des wertkonsistenten Kapitalbudgets auch a priori gegebene Forderungen nach einer bestimmten Mindestverzinsung berücksichtigt werden. Dies kann etwa dann sinnvoll sein, wenn das Anfangsvermögen erhalten werden soll und eine 'Nachschußpflicht' ausgeschlossen ist. Ergibt sich nun für das wertkonsistente Kapitalbudget eine negative Verzinsung bei Eintritt eines Szenarios $z$, so gilt $c_z = (1 + r_z)V = V + r_z V < V$. Somit kann $V$ nur erhalten werden, wenn im Zustand $z$ der Betrag $-r_z V$ nachgeschossen wird. Um dies a priori auszuschließen wird die Optimierungsaufgabe aus Satz 2 um die zusätzliche Restriktion $c_z \geq k_z$ ergänzt. Dabei ist $k_z$ ein Parameter, der so lange variiert wird, bis für das Anfangsvermögen $V = V(k_z)$ des wertkonsistenten Kapitalbudgets die Bedingung $V(k_z) = k_z$ erfüllt ist. Das folgende Beispiel verdeutlicht das Vorgehen. Es gelte $S = n = 2, x_1^{max} = x_2^{max} = \infty, r_{11} = r_{12} = 0,1, r_{21} = 0,2, r_{22} = -0,1, K = 100, p_1 = 0,7, p_2 = 0,3$. Das wertkonsistente Kapitalbudget ergibt sich zu $\bar{x}_1 = 45, \bar{x}_2 = 55$. Es wird mit der geforderten

Verzinsung $r_1 = 0,155, r_2 = -0,01$ und dem Anfangsvermögen $V = 100$ realisiert. Wegen $r_2 = -0,01$ wird die zusätzliche Restriktion $c_2 \geq k_2$ eingeführt. $k_2$ wird beginnend mit $k_2 = 99$ so lange erhöht, bis sich $r_2 = 0$ ergibt. Als wertkonsistentes Kapitalbudget bei ausgeschlossener Nachschußpflicht erhält man $\hat{x}_1 \approx 48,49, \hat{x}_2 \approx 51,51, \hat{r}_1 = 0,155, \hat{r}_2 = 0, \hat{V} \approx 99,70$. Der Ausschluß einer Nachschußpflicht ist somit nur durch Hinnahme eines Vermögensverlustes möglich.

Das Konzept der Wertkonsistenz läßt sich auch auf mehrperiodige Planungsprobleme erweitern. Unterstellt man einen endlichen Planungshorizont und endlich viele Szenarien mit bekannten Realisationswahrscheinlichkeiten, so kann man wie im Einperiodenfall jedem effizienten Kapitalbudget Diskontierungsfaktoren und damit eine bestimmte Entwicklung des Anfangsvermögens zuordnen. Bestehen nun bestimmte Vorstellungen darüber, wie sich das Anfangsvermögen entwickeln sollte, so läßt sich wiederum die Existenz eines geeigneten Kapitalbudgets nachweisen[12]. Wie im Einperiodenfall können dabei auch Unteilbarkeiten, Fixkosten oder eine a priori gegebene Mindestverzinsung berücksichtigt werden.

## Literatur


Bamberg, G. und Coenenberg, A.G. (1996), Betriebswirtschaftliche Entscheidungslehre (9. Aufl.), München.

Dean, J. (1951), Capital Budgeting, New York.

Dinkelbach, W. (1992), Entscheidungsmodelle, Berlin New York.

Eisenführ, F. und Weber, M. (1993), Rationales Entscheiden, Berlin Heidelberg New York Tokyo.

Franke, G. und Hax, H. (1994), Finanzwirtschaft des Unternehmens und Kapitalmarkt (3. Aufl.), Berlin Heidelberg New York Tokyo.

Hellwig, K. (1993), Renditeorientierte Portfolioplanung, Zeitschrift für Betriebswirtschaft (63), 89-98.

Hellwig, K. (1998), Creating Value, International Review of Economics and Finance (7), 141-147.

Speckbacher, G (1996), Der Erwartungswert relativer Rückflüsse als Kriterium der Portfolioselection, Zeitschrift für Betriebswirtschaft (66), 475-486.


[12] Vgl. Hellwig (1998). Allerdings ist die sich ergebende Lösung in aller Regel nicht kompatibel zum Bernoulli Prinzip.

# Mathematische Methoden des Marktrisikomanagements

H. Locarek-Junge

Lehrstuhl für Betriebswirtschaftslehre, insbes. Finanzwirtschaft
Technische Universität, D-01062 Dresden, Germany

**Zusammenfassung:** Die Verwendung bankeigener (interner) Modelle zur Risikomessung von Handelspositionen ist mit der 6. KWG-Novelle vom Oktober 1997 zu Zwecken der Bankenregulierung zugelassen worden, wenn diese bestimmte Anforderungen erfüllen. Dies gibt den Banken die Möglichkeit, zur Risikoabsicherung eingegangene Portefeuillepositionen risikomindernd bei der Berechnung des Gesamtrisikos anzusetzen und sie nicht wie im bisher vorgeschriebenen Standardverfahren mit einem Risikozuschlag bei der Berechnung der Eigenkapitalunterlegung belasten zu müssen. Manche Positionen (insbes. Derivate) stellen jedoch erhebliche Anforderungen an die mathematischen und statistischen Methoden zur Ermittlung des adäquaten Risikos. Die in den internen Risikomeßmodellen verwendeten Methoden werden gegenübergestellt und die Problembereiche skizziert.

# 1 Marktrisikomanagement

## 1.1 Stand und Entwicklung

Um die Stabilität des Bankensystems zu gewährleisten, wurden in den letzten Jahren internationale und nationale Vorschriften über die Eigenkapitalunterlegung von Bankgeschäften erlassen. Federführend bei der Erarbeitung von Vorschlägen war das "Basle Committee", ein internationaler Ausschuß bei der Bank für internationalen Zahlungsausgleich in Basel (siehe z.B. BIZ 1996a, 1996b).

In Deutschland wurden die internationalen Vorgaben und EU-Richtlinien gleichermaßen in der 6. KWG-Novelle vom Oktober 1997 berücksichtigt. Am 1. Oktober 1998 waren die auf Grund der Novelle geänderten bzw. ergänzten Vorschriften der §§10, 10a und 11 KWG erstmals anzuwenden. Diese Vorschriften geben an, wie das Risiko von Handelsbeständen ermittelt werden soll und legen fest, welcher Betrag haftenden Eigenkapitals zur Abdeckung des jeweiligen Risikos gebunden ist. Effektiv wird durch die Anrechnung riskanter Portefeuillepositionen auf das Eigenkapital des Gesamtrisiko eingegrenzt, allerdings auch die Aktivitäten des Instituts in anderen Bereichen, für die ebenfalls eine Eigenkapitalunterlegung erforderlich ist, beschränkt.

Mit der 6. KWG-Novelle wurde auch die Grundlage für die Verwendung institutseigener Risikomeß- und -steuerungsmodelle für Aufsichtszwecke geschaffen. Die Voraussetzung für den Einsatz eines eigenen Risikomodells zur Bestimmung der Eigenmittelanforderungen sind recht allgemein gehalten, um einen Modellwettbewerb zu erlauben.[1] Für die Banken besteht somit das Ziel, durch möglichst gute Methoden zur Risikomessung das Risiko exakt zu schätzen und die aufsichtsrechtlichen Vorgaben zu erfüllen, dabei aber gleichzeitig innerhalb des vorgegebenen Rahmens eine möglichst niedrige Schätzung zu erhalten, um entsprechend wenig Eigenkapital zu binden (vgl. BAKred 1997a, 1997b).

## 1.2 Begriff des Marktrisikos

Das Marktrisiko ist das "Risiko von Verlusten aus bilanzwirksamen und außerbilanziellen Positionen aufgrund von Veränderungen der Marktpreise" (BIZ 1996a, S. 1) und bezieht sich auf negative Wertänderungen eines Handelsbestandes, die auf die Veränderung globaler ökonomischer Faktoren zurückzuführen sind. Erfaßte Risiken sind die "Marktpreisrisiken"

1. Aktienkursrisiken,
2. Fremdwährungsrisiken,
3. Zinsänderungsrisiken und
4. Rohstoffpreisrisiken.

Der Begriff Handelsbestand ("Trading Book") bezeichnet Finanzinstrumente, die ein Institut zum Zwecke des Handels hält und die ein Preisrisiko mit sich bringen, (z.B. Wertpapiere wie Aktien und Renten und Terminkontrakte wie Optionen, Swaps und Geldmarktinstrumente).
Nachfolgend werden zunächst die Standardverfahren zur Risikomessung von Handelsbeständen mit einem Derivateanteil kurz beschrieben. Anschließend werden verschiedene aus der Praxis bekannte und für interne Modelle vorgeschlagene Ansätze auf Basis des Value-at-Risk und andere in der Theorie vorgeschlagene Alternativen, speziell der "Maximum-Loss-Ansatz", besprochen.

# 2 Standardverfahren zur Risikomessung

## 2.1 Risikobereiche

Grundlage für die Standardmeßverfahren zur Ermittlung des Marktrisikos ist ein Bausteinprinzip, nach dem das Allgemeine Marktrisiko ("General Market Risk") getrennt vom Spezifischen Risiko ("Specific Risk") ermittelt wird. Das spezifische Risiko ergibt sich durch Bonitätsveränderungen der Wertpapieremittenten, d.h. der Preis eines Finanzinstruments ändert sich aufgrund

[1] Es zeichnet sich jedoch ab, daß in den meisten Modellen eine auf die VaR-Methodologie von RiskMetrics$^{TM}$ (siehe Morgan, Reuters (1996)) aufbauende Struktur eingesetzt wird.

von Faktoren, die mit dem Emittenten des zugrundeliegenden Wertpapiers zusammenhängen. Das allgemeine Marktrisiko ergibt sich aus Preisänderungen, die durch die Veränderung von allgemeinen Marktkonstellationen ausgelöst wurden und nicht mit einem oder mehreren Emittenten in Verbindung stehen. Das Gesamtrisiko ergibt sich durch Addition der beiden Risiken.

Innerhalb des Allgemeinen Marktrisikos wird für die oben genannten Risikoarten 1.-4. der jeweilige Beitrag zum Marktrisiko getrennt ermittelt; durch die nachfolgende Addition der Einzelrisiken werden alle in Theorie und Praxis längst bekannten Diversifikations- und Kompensationseffekte vernachlässigt. Nur bei vollständig positiver Korrelation addieren sich z.B. Volatilitäten, d.h. Standardabweichungen. In allen anderen Fällen gehen risikoverringernde Terme in die formal korrekte Bildung des Gesamtrisikos ein (vgl. Bamberg/Baur 1993, S. 126).

Außerdem werden Optionsgeschäfte hierbei als zusätzliche Geschäftsart angesehen, für deren zusätzliches Risiko eine entsprechende Kapitalunterlegung erforderlich ist. Tatsächlich werden diese Geschäfte jedoch überwiegend zum Hedging von Handelsbeständen in Aktien, Devisen und Zinspapieren eingegangen, um deren Risikoposition auszugleichen oder zumindest erheblich zu verringern. Somit besteht die Gefahr, daß die aus dem Gesichtspunkt der Portfolio-Insurance wünschenswerten Absicherungsgeschäfte wegen ihrer Unterlegung mit zusätzlichem Eigenkapital für die Institute "zu teuer" und deshalb unterlassen werden. Interne Modelle adressieren insbesondere den risikoverringernden Aspekt der Diversifikation und Korrelation unterschiedlicher Handelsbestände. Im nächsten Kapitel sollen speziell die Probleme des Einbezugs von Derivaten bzw. Optionen in die internen Modelle thematisiert werden. Zunächst soll jedoch ein kuzer Überblick über die Standardverfahren gegeben werden.

## 2.2 Arten von Standardverfahren

Man unterscheidet im Grundsatz I über das Eigenkapital und die Liquidität der Kreditinstitute vom 29. Oktober 1997 folgende zulässige Verfahren:

a) Vereinfachtes Verfahren (Grundsatz I, §28 Abs. 1)
Beim vereinfachten Standardverfahren werden mit Marktpreisrisiko behaftete Geschäfte der Risikobereiche Aktien, Fremdwährungen, Zinsen oder Rohstoffe (ohne Optionen) mit dem allgemeinen Marktrisiko erfaßt und die Netto-Risikoposition ermittelt. Anschließend wird das spezifische Risiko von Optionspositionen in diesem Risikobereich über den Deltafaktor der Optionsposition (siehe unten) als spezifisches Optionsrisiko erfaßt und diesem Risikobereich über das sog. "Deltaäquivalent" durch Multiplikation des Nominalbetrages mit dem Deltafaktor der Optionsposition zugerechnet. Durch weitere Multiplikation mit den Anrechnungsfaktoren des Risikobereichs entsteht der Anrechnungsteilbetrag, der zusammen mit den entsprechend ermittelten Beträgen für die anderen Risikobereiche den Anrechnungsbetrag für die Marktrisikoposition zur Ermittlung der Kapitalunterlegung ergibt.

b) Delta-Plus-Verfahren (Grundsatz I, §28 Abs. 2, §29, §30)
Institute mit einem nennenswerten Handelsgeschäft, auf welche die Vorschriften des fünften Abschnitts der Grundsätze anzuwenden sind, haben über den Deltafaktor hinaus weitere Risikofaktoren von Optionen, das Gamma- und das Vegarisiko, zu berücksichtigen. Die aus diesen Risikofaktoren ermittelten Risikoteilbeträge werden zusätzlich in den Anrechnungsteilbetrag eingerechnet und erhöhen dadurch den geforderten Kapitalunterlegungsbetrag.

c) Szenario-Matrix-Verfahren (Grundsatz I, §28 Abs. 3, §31)
Auf Antrag und nach vorheriger Zustimmung des Bundesaufsichtsamtes für das Kreditwesen (BAKred) darf ein Institut anstelle des Delta-Plus-Verfahrens das Szenario-Matrix-Verfahren einsetzen. Bei diesem erfolgt eine parallele Betrachtung von Risikofaktoren, indem für die gleichzeitige Abweichung von Einflußfaktoren die jeweiligen Auswirkungen auf die Optionsposition ermittelt werden. Die Gewinne und Verluste, die sich bei einer entsprechenden Abweichung in jedem "Szenario" ergeben, werden in einer "Matrix" dargestellt. Für die Variationsbreite der Einflußfaktoren ist eine Schwankungsbreite von +/-25% für die Schwankung der Volatilität vom aktuellen Niveau aus, +/-8% für den Preis des Underlyings bei Gold- und Devisenoptionen bzw. Optionen auf Aktien und Aktienindizes sowie +/-15% bei Warenoptionen vorgesehen. Bei Zinsoptionen hängt die Schwankungsbreite von einer anzunehmenden Renditeänderung für den jeweiligen Laufzeitbereich ab, die einer Tabelle entnommen werden kann.

   Der größte Verlust bezeichnet Positionsrisiko, aus dem direkt die Anrechungsbeträge für die Kapitalunterlegung bestimmt werden. Die gemeinsame Betrachtung von Risikofaktoren stellt dabei zwar einen Fortschritt gegenüber den beiden anderen Verfahren dar, die Prozentwerte der vorgegebenen Änderung sind jedoch vorgegeben und stimmen nicht notwendigerweise mit realistischen Schwankungsbreiten überein.

Auch bei diesem Verfahren ergibt sich ein zusätzlicher Risikobeitrag für die Kapitalunterlegung, da lediglich die Optionsrisiken getrennt betrachtet werden und ansonsten wieder addiert wird. Außerdem wird das Ziel der Harmonisierung mit internen Risikomodellen dabei nicht erreicht, da diese generell auf mathematisch-statistischen Verfahren aufbauen.

# 3 Interne Modelle und Methoden des Marktrisiko-Managements

## 3.1 Strukturierung interner Modelle

Die Quantifizierung von Marktrisiken durch Ermittlung der kompletten statistischen Verteilung möglicher Verluste aus einem Handelsbestand ist nicht erforderlich, da bei einem vorgegebenen Anlagehorizont nur Verluste über einen kritischen — zu Aufsichtszwecken nur die Solvenz der Bank bedrohenden — Betrag hinaus relevant sind.

Um das Marktrisiko eines Handelsbestandes zu messen, haben viele Banken in den letzten Jahren auf die Value-at-Risk-Methodologie zurückgegriffen, deren zentrale Idee es ist, zukünftige Wertänderungen eines Portefeuilles über einen fixierten Zeitraum (holding period) durch eine Schranke (VaR) abzuschätzen. Diese Schranke wird nur mit einer vorgegebenen Wahrscheinlichkeit (level of significance) überschritten. Die Verlustfunktion eines Portefeuilles $\pi$ bezeichnen wir mit

$$L_{\pi,t} : \Omega \Rightarrow \mathbb{R} \tag{1}$$

Diese Verlustfunktion wird in Abhängigkeit der Veränderung globaler ökonomischer Faktoren $\Omega$ geschätzt. Die formale Beschreibung der Risikomessung auf Basis des Value-at-Risk ergibt sich wie folgt:

$$P_F(L_{\pi,t}(\boldsymbol{\omega}) \leq \mathrm{VaR}_\alpha) = 1 - \alpha \tag{2}$$

Der Vektor $\boldsymbol{\omega} = (\omega_1, \ldots, \omega_M)^T$ bezeichnet hierbei die Veränderung der insgesamt $M$ zu berücksichtigenden Risikofaktoren wie Zinsen, Wechselkurse, Indizes, wobei die aktuelle Situation als $\boldsymbol{\omega}^0 = (0, \ldots, 0)^T$ gegeben ist, d.h. alle Risikofaktoren unverändert sind. $F$ ist die gemeinsame Verteilung der Risikofaktoren und $t$ der Anlagehorizont (z.B. 10 Tage).[2] Die Werte $\omega_1, \ldots, \omega_M$ sind stochastische Größen in $\Omega$ mit der zu $F$ gehörigen gemeinsamen Dichtefunktion $f_t(\omega_1, \ldots, \omega_M)$. $L_{\pi,t}(\boldsymbol{\omega})$ stellt die Veränderung des Portefeuillewertes in Abhängigkeit der Veränderung der Risikofaktoren mit $L_{\pi,t}(\mathbf{0}) = 0$ dar. Mit der vorgegebenen Wahrscheinlichkeitsschwelle $\alpha$ (z.B. 1% oder 5%) liegt also der maximale Verlust mit einer Wahrscheinlichkeit von $1 - \alpha$ (d.h. 99% oder 95%) unter der durch den Value-at-Risk vorgegebenen Verlustschwelle. Bei der Ermittlung des VaR handelt es sich somit speziell um die Schätzung des Quantils einer bedingten Verteilung. Man kann diese Form der Risikomessung somit auch als "Quantilsprinzip" bezeichnen (vgl. Stahl 1998, S. 2).

Trotz der Beschränkung auf die Quantilschätzung stellt die Aufgabe der VaR-Schätzung ein komplexes statistisches Problem dar. Verschiedene Risikomodelle unterscheiden sich in der Prozeßmodellierung der Risikofaktoren und der Modellierung der Verlustfunktion $L_\pi(\boldsymbol{\omega})$. Außerdem trennt man danach, ob sich die einzelnen Portefeuillepositionen in Abhängigkeit der Risikofaktoren linear im Wert verändern oder ob diese Wertveränderungen (teilweise) nichtlinear sind. Nichtlinearität liegt insbesondere bei Optionspositionen, jedoch grundsätzlich auch bei der Kursänderung festverzinslicher Wertpapiere in Abhängigkeit von einer Änderung der Zinsstrukturkurve vor.

Parametrische VaR-Modelle modellieren Risikofaktorprozesse unter Annahme eines bestimmten Verteilungstyps, wobei die Verteilungsparameter aus

[2]Für den nachfolgend behandelten Fall eines vorgegebenen Anlagehorizonts kann die Angabe von $t$ entfallen.

Vergangenheitsdaten geschätzt werden. In vielen VaR-Modellen wird angenommen, daß die betrachteten relativen Risikofaktoränderungen über den Anlagehorizont multivariat normalverteilt mit konstanter oder zeitabhängiger Kovarianzmatrix sind.
Die nachstehende Liste enthält eine Einteilung der Verfahren nach den genannten Kriterien. In Portefeuilles mit Optionen sind nicht alle Positionen linear. Die parametrische Analyse bei stabiler Innovation führt zu vier Ansätzen 1b) bis 1e), die anschließend im Detail besprochen werden. Ergänzend wird auf die Methode 1a) "Delta-Normal-VaR" eingegangen, einerseits weil die Methode Delta-Gamma-VaR als ihre Erweiterung zur Behandlung von Optionen angesehen werden kann, andererseits weil in der Praxis Delta-Normal-VaR auch vorgeschlagen wird, wenn in einem Portefeuille nur ein geringer Anteil von Derivaten enthalten ist. Daß dies in der Konsequenz zu erheblichen Fehleinschätzungen des Risikopotentials führen kann, ist selbstverständlich.
Man unterscheidet somit folgende Modelle:

1. Parametrische stochastische Modelle mit stabiler Innovation sind
   (a) Delta-Normal-VaR,
   z.B. Morgan, Reuters (1996)
   (b) Delta-Gamma-VaR,
   z.B. Wilson (1994), Schäfer (1995), Zangari (1996)
   (c) Maximum-Loss-Optimierung,
   z.B. Studer (1997)
   (d) Monte-Carlo-Simulation,
   z.B. Frauendorfer, Königsperger (1995)
   (e) Parametrische Dichteschätzung durch KNN,
   z.B. Williams (1996)
2. Modelle mit nicht-stabiler Innovation sind
   (a) Historische Simulation,
   z.B. Butler, Schachter (1996), Hendricks (1996)
   (b) nichtparametrische Dichteschätzung (etwa durch KNN),
   z.B. Locarek-Junge, Prinzler (1998)
   (c) Szenario-basierte Simulation

Andere, nicht-korrelationsbasierte, Methoden vernachlässigen Wechselwirkungen zwischen Risikofaktoren, z.B. für die Bestimmung von extremen Szenarien (z.B. Stress-Tests).

## 3.2 Die Methoden im Einzelnen

### 3.2.1 Delta-Normal-VaR

Bei dieser Methode wird unterstellt, daß die Veränderung der Risikofaktoren (die Risikofaktorrenditen) multivariat normalverteilt ist mit Kovarianzmatrix $\Sigma_t$ und daß die Risikofaktorrenditen linear auf die Wertänderung der einzelnen Positionen im Portefeuille wirken. Damit hängt auch die Veränderung des Portefeuillewertes linear von den Risikofaktoren ab, d.h.

$$L_\pi(\boldsymbol{\omega}) = \sum_{i=1}^{M} \delta_i \omega_i \tag{3}$$

Häufig wird angenommen, daß für kurze Anlagehorizonte der Erwartungswert der Risikofaktorrenditen 0 ist. Diese Annahmen implizieren, daß $L_\pi(\boldsymbol{\omega})$ normalverteilt mit Erwartungswert 0 und Varianz $\delta^{\mathbf{T}}\boldsymbol{\Sigma}_{\mathbf{t}}\delta$ ist. Dabei stellen die Gewichtungsfaktoren $\delta_i$ der Risikofaktorrenditen die lokalen Sensitivitäten der Verlustfunktion gegenüber den Risikofaktorrenditen dar:

$$\delta_i = \frac{\partial L(\omega_i)}{\partial \omega_i} \tag{4}$$

Also ist der VaR lediglich das $\alpha$-Quantil einer normalverteilten Variablen:

$$\text{VaR} = -z_\alpha \sqrt{\delta^{\mathbf{T}}\boldsymbol{\Sigma}_{\mathbf{t}}\delta} \tag{5}$$

Unterstellt man sogar noch für die Varianz des generierenden Prozesses $\Sigma_t = t \cdot \Sigma_1$, dann kann der VaR aus einer Kovarianzmatrix für beliebige Haltedauern und Konfidenzniveaus berechnet werden; d.h. aus dem VaR für 5% über die Haltedauer von einem Tag kann durch Ausnutzung dieses einfachen statistischen Zusammenhanges der VaR für die Überschreitungswahrscheinlichkeit von 1% und eine Haltedauer von 10 Tagen als

$$\text{VaR}_{10}^{0,01} = \frac{2,33}{1,65} \cdot \sqrt{10} \cdot \text{VaR}_1^{0,05} = 2,33 \cdot \sqrt{10} \cdot \sqrt{\delta^{\mathbf{T}}\boldsymbol{\Sigma}_{\mathbf{1}}\delta} = 7,37 \cdot \sqrt{\delta^{\mathbf{T}}\boldsymbol{\Sigma}_{\mathbf{1}}\delta} \tag{6}$$

berechnet werden.[3]

[3] Es soll hier nochmals betont werden, daß der Value-at-Risk selbst ein mit statistischer Ungenauigkeit behafteter Schätzwert ist, da die Kovarianzmatrix $\Sigma$ selbst erst geschätzt werden muß. Der einfachste Fall ist hier die einmalige Schätzung der Varianzen und Kovarianzen $\sigma_{ij}$. Der Ansatz im bekannten Modell RiskMetrics$^{TM}$ unterscheidet sich nicht wesentlich vom Delta-Normal-VaR mit konstanter Kovarianzmatrix. Der Unterschied zum obigen Ansatz bzw. die zusätzliche Festlegung besteht darin, daß in RiskMetrics$^{TM}$ die Kovarianzmatrix auf Basis exponentieller gleitender Durchschnitte mit festem Glättungsparameter 0,96 berechnet wird. Auch die für die Risikofaktorrenditen unterstellte Normalverteilung ist eine stark vereinfachende Annahme. Empirische Verteilungsfunktionen zeigen teilweise erhebliche Abweichungen von dieser Verteilung, speziell in Schiefe und Krümmung. Komplexe Prozeßspezifikationen ermitteln die Kovarianzmatrix aus einem ARCH-, GARCH oder EGARCH-Modell der Risikoparameter, welche die empirischen Befunde besser zu erklären vermögen.

Für Portefeuilles mit nichtlinearen Komponenten geben die $\delta_i$ tatsächlich nur die ersten Ableitungen, d.h. die lokalen Sensitivitäten in Abhängigkeit der $\omega_i$ an. Für eine Aktienoptionsposition entspricht dies bei Ansatz des Risikofaktors "Preis der Aktie" $S$ dem Delta-Faktor der Option, der als erste Ableitung des Optionspreises nach $S$ berechnet wird. Der Optionspreis hängt generell nichtlinear von $S$ ab und die Näherung einer Preisänderung durch Delta gilt nur in einer sehr engen Umgebung des aktuellen Wertes von $S$. Wenn der Delta-Normal-VaR auch für Portefeuilles mit Optionsanteil verwendet wird, so kann das bei starken Abweichungen von der Linearität zu erheblichen Fehlern in der VaR-Bestimmung führen.
Damit wird deutlich, daß das RiskMetrics$^{TM}$-Modell in seiner ursprünglichen und unmodifizierten Form zur Risikomessung von Portefeuilles mit Optionen nur sehr eingeschränkt geeignet ist (siehe auch Locarek-Junge, 1998, S. 14ff.)[4]

### 3.2.2 Delta-Gamma-VaR

Während die bekannten Kapitalmarktmodelle CAPM und APT einen linearen Zusammenhang von Faktorrenditen und Marktrenditen bei Aktien und Aktienindizes unterstellen, ist bei anderen Kapitalmarktinstrumenten von einem nichtlinearen Zusammenhang von Risikofaktoränderung und Positionswert auszugehen.[5] Bei Optionen ist bekannt, daß ihre Wertänderung bezogen auf die Veränderung von Einflußgrößen, insbesondere die Preisänderung des Basistitels ($\Delta$), deren Volatilität ($\Lambda$) und auf Zinsänderungen ($\rho$) nichtlinear ist. Um derartige Nichtlinearitäten zu greifen, arbeiten Delta-Gamma-Ansätze zusätzlich mit der Konvexität, d.h. der zweiten partiellen Ableitung der Risikofaktoren, in der Risikoformel:

$$\delta_i = \frac{\partial L(\omega_i)}{\partial \omega_i} + k \cdot \frac{\partial^2 L(\omega_i)}{\partial \omega_i^2} \tag{7}$$

Es wird vorgeschlagen, das Gewicht der Konvexität $k$ "aus der Erfahrung" , analytisch (z.B. Taylor-Entwicklung), oder durch weitergehende Analyse zu bestimmen. Weil die Konvexität als eigener Einflußfaktor betrachtet letztlich einen linearen Einfluß ausübt, d.h.

$$\delta_i = \delta_{i,1} + k \cdot \delta_{i,2} \qquad \text{mit} \qquad \delta_{i,1} = \frac{\partial L(\omega_i)}{\partial \omega_i}; \delta_{i,2} = k \cdot \frac{\partial^2 L(\omega_i)}{\partial \omega_i^2} \tag{8}$$

kann anschließend mit linearen Wertänderungen operiert werden.[6]

[4] In einer Veröffentlichung im *RiskMetrics Monitor* hat Zangari(1996) gezeigt, wie Optionen dennoch in die RiskMetrics$^{TM}$-Methodologie eingebaut werden können.

[5] Ein Beispiel hierfür sind neben Optionen auch Festverzinsliche Wertpapiere, deren Kurs (Barwert) polynomial von der für die Restlaufzeit geltenden Zinsstrukturkurve abhängt.

[6] Die Normalverteilungseigenschaft von $L_\pi(\omega)$ ist damit allerdings verloren, da $\delta_{i,2}$ generell nicht normalverteilt ist.

Black/Scholes geben in ihrer Herleitung der bekannten Preisformel (Black, Scholes 1973) mit Hilfe des Lemmas von Ito an, daß sich der Call-Optionspreis als Differentialgleichung in folgender Form schreiben läßt:

$$dC = C_0 + S \cdot \Delta + 0,5\, r^{-1}\sigma^2 \cdot S^2 \cdot \Gamma + r^{-1}\theta \tag{9}$$

Die Delta-Gamma-Ansätze erhielten ihre Bezeichnung von der zweiten Ableitung der Risikofaktoren, wobei diese zweite Ableitung der Black/Scholes-Optionspreisformel nach dem Kurs des Basistitels $S$ allgemein als $\Gamma$ (Gamma) bezeichnet wird. Wie ersichtlich ist, hängt der Optionspreis neben $\Delta$ und $\Gamma$ auch nichtlinear vom Zinssatz ab. $\theta$ (Theta) bezeichnet den Wertverlust über die Zeit. In dieser Formel sind alle wertbestimmenden Größen erfaßt, insbesondere kann der Faktor $k = 0,5\, r^{-1}\sigma^2 S^2$ analytisch eindeutig bestimmt werden. Allerdings besteht auch noch eine Abhängigkeit von $r$ und $\sigma$.[7] Damit läßt sich auf diese Weise die Delta-Gamma-Methode durch Erweiterung um die "Risikofaktoren" $r$ und $\sigma$ in die Delta-Gamma-Rho-Vega-Methode erweitern.[8] Ein Nachteil ist allerdings, daß die entstehende Summe nichtlineare und nicht-normalverteilte Summanden enthält.

Der Vorteil dieser Ansätze besteht in der exakteren lokalen Anpassung gegenüber dem Delta-Normal-VaR. Dies darf aber nicht mit einer exakten generellen Bestimmung der Wertänderung einer Optionsposition verwechselt werden, die nur lokal annähernd durch die erste und zweite Ableitung beschrieben werden kann. Der Ansatz in RiskMetrics$^{TM}$verwendet die Delta-Gamma-Methode, um ein Portefeuille mit Optionsanteil zu modellieren. Neben dem $\Delta$ und $\Gamma$ der Option werden auch das $\theta$ und $\rho$, nicht jedoch die Ableitung nach $\sigma$ berücksichtigt (siehe Zangari 1996).

Eine anschließende Delta-Normal-Methode kann ebenfalls nur noch näherungsweise zur Anwendung kommen, da die Normalverteilungseigenschaft verloren geht.[9]

Es hat sich gezeigt, daß insbesondere durch das Vorbild in RiskMetrics$^{TM}$und die von Zangari durchgeführten Berechnungen über die Genauigkeit der erreichten Approximation des Delta-Gamma-VaR als praxistauglich zur Risikomessung gilt. Allerdings hat ebenfalls Zangari auf die Problematik der Delta- und Gammasensitivität hingewiesen. Diese Problematik verschärft sich noch, wenn man berücksichtigt, daß gerade bei der Risikomessung nicht eine Approximation in der Nähe des aktuellen Wertes der Risikofaktoren wichtig ist, sondern eine erhebliche Abweichung von derzeitigen Faktorwerten das eigentliche Risiko darstellt. Eine Analyse des Delta-Gamma-Modells für erhebliche Faktorabweichungen ist in Locarek-Junge (1998) enthalten.

[7] Auch hier muß jedoch bedacht werden, daß diese Werte jeweils nur lokale Sensitivitäten angeben und bei größeren Wertänderungen erhebliche Abweichungen vom tatsächlichen Wert der Option zu erwarten sind.

[8] $\rho$ (Rho) und $\Lambda$ (Vega) bezeichnen die Ableitungen des Optionspreises nach $r$ und $\sigma$.

[9] RiskMetrics$^{TM}$verwendet die "Johnson-Transformation", um die Rendite durch Anpassung der ersten vier Momente in eine näherungsweise standardnormalverteilte Rendite zu überführen. Zusätzlich zur üblichen Standardisierung über die ersten beiden Momente werden also das dritte und vierte Moment der Verteilung (Schiefe und Krümmung) neutralisiert.

### 3.2.3 Maximum-Loss Analyse

Bei der Maximum-Loss-Analyse (ML-Analyse) wird der maximale Verlust eines Handelsbestandes, der mit einer vorgegebenen Wahrscheinlichkeit nicht überschritten wird, über eine gegebene Region $\mathcal{K}$ von Risikofaktoren bestimmt. Die Region ist bestimmt durch $P_F(\mathcal{K}) \geq \alpha$. Diejenigen Elemente $\omega \in \Omega$, die dieser Region angehören, werden als Szenarios bezeichnet. Die Haltedauer beträgt wieder $t$. Die allgemeine mathematische Formulierung der ML-Ansätze lautet:

$$\text{ML}_\alpha = \max_{\omega \in \mathcal{K} \subset \Omega} L_{\pi,t}(\omega) \tag{10}$$

Die Maximum-Loss-Verfahren bieten einen alternativen Zugang zur Risikomessung gegenüber dem VaR, da nicht ein Quantil einer Verlustverteilung bestimmt wird, sondern von vorne herein auf die gemeinsame Wahrscheinlichkeitsverteilung der Risikofaktoren abgestellt wird. Die Vorgehensweise kann wie folgt beschrieben werden: Ermittle zuerst die "wahrscheinlichsten" (mit $p = 1 - \alpha$) Szenarios. Ermittle unter diesen das Szenario mit dem Maximalverlust. Es ergibt sich implizit ein Maximin-Problem:

$$\text{ML}_\alpha = \max_{\omega \in \mathcal{K}} \min_{\mathcal{K} \subset \Omega_\alpha} L_{\pi,t}(\omega) \tag{11}$$

Hingegen läßt sich bei entsprechender Notation der VaR schreiben als:

$$\text{VaR}_\alpha = \min_{\mathcal{K}, P_F(\mathcal{K}) = \alpha} \max_{\omega \in \mathcal{K}} L_{\pi,t}(\omega) \tag{12}$$

Analog zu Delta-Normal-VaR seien zunächst die Änderung der Risikofaktoren als multivariat normalverteilt mit Erwartungswert 0 angenommen, d.h. $\omega \sim N(0, \Sigma_t)$ und die Verlustfunktion sei eine lineare Funktion der Risikofaktoren: $L_\pi(\boldsymbol{\omega}) = \sum_{i=1}^{M} \delta_i \omega_i$. Der analytische Ausdruck für ML lautet nun:

$$\begin{aligned} \text{ML}_\alpha &= \min \sum_{i=1}^{M} \delta_i \omega_i \\ \text{u.d.N.B.} \quad & \delta^T \Sigma_t \delta \leq c_\alpha \end{aligned} \tag{13}$$

Dabei ist $c_\alpha$ das $\alpha$-Quantil der $\mathcal{X}^2$-Verteilung mit $M$ Freiheitsgraden.

Der Maximalverlust ML errechnet sich als Lösung eines Standardproblems der konvexen Optimierung mit drei Kuhn-Tucker-Bedingungen (vgl. Opitz (1989) und speziell für die ML-Berechnung Studer (1997)):

$$\text{ML}_\alpha = \delta\omega^* = -c_\alpha \sqrt{\delta^{\mathbf{T}} \boldsymbol{\Sigma}_{\mathbf{t}} \delta} \tag{14}$$

Zum Vergleich: Beim Delta-Normal-VaR ergab sich die Darstellung VaR $= -z_\alpha \sqrt{\delta^{\mathbf{T}} \boldsymbol{\Sigma}_{\mathbf{t}} \delta}$ mit $z_\alpha$ als $\alpha$-Quantil der Standardnormalverteilung. Bei linearen Risikoverläufen ist das Ergebnis also vergleichbar mit dem Delta-Normal-VaR, jedoch stets strenger, da für alle relevanten $\alpha$ und $M$ gilt: $c_\alpha(M) > z_\alpha$ (siehe Bamberg, Baur (1993), exemplarisch auch Studer (1997)).

| Methode | Verteilung | $M$ beliebig | $M = 10$ | $M = 50$ | $M = 100$ | $M = 200$ |
|---|---|---|---|---|---|---|
| VaR | $t(6)$ | 1,1 | | | | |
| VaR | elliptisch | 1,1 | | | | |
| ML | normal | | 2,07 | 3,75 | 5,01 | 6,80 |
| ML | $t(6)$ | | 2,21 | 4,01 | 5,30 | 7,12 |
| ML | elliptisch | | 2,34 | 4,17 | 5,47 | 7,30 |

Tabelle 1: Relative Risikobeträge für $\alpha = 0,99$

Analog zu Delta-Gamma-VaR seien nun die Risikofaktoren multivariat normalverteilt und die Verlustfunktion sei eine quadratische Funktion.[10] Man erhält damit eine quadratische Zielfunktion:

$$\mathrm{ML}_\alpha = \max a^T\omega + 0,5\omega^T G\omega \tag{15}$$

Die Nebenbedingung ist kreisförmig mit dem Ursprung als Mittelpunkt. Für den Fall nichtlinearer Risikoverläufe kann die Lösung allerdings nur numerisch bestimmt werden.

Hebt man die Normalverteilungsannahme auf und erweitert die Klasse der zugelassenen Verteilungen auf die Ellyptischen Verteilungen, so erreicht man hierdurch eine bessere Beschreibung des empirisch festzustellenden Phänomens der "Fat Tails" (vgl. Stahl 1998). Sowohl VaR wie auch ML lassen sich mit Hilfe dieser Verteilungen analysieren. In der Arbeit von Stahl wird zusätzlich die $t(6)$-Verteilung analysiert, die ebenfalls in den Randbereichen höhere Wahrscheinlichkeiten als die Normalverteilung mit entsprechendem zweitem zentralen Moment aufweist.[11]

In der Tabelle 1 sind die relativen Eigenkapitalbeträge angegeben, die bei VaR bzw. ML je nach angenommener Verteilung der Risikofaktorrenditen und eingesetztem Modell bei linearen Risikoverläufen zu unterlegen sind. Der Delta-Normal-Var wird als Benchmark verwendet und gleich 1 gesetzt. Die Werte für ML unterscheiden sich nach der Anzahl der verwendeten Risikofaktoren $M$ (vgl. Stahl (1998), S. 7).

Wie zu sehen ist, liegen die VaR-Beträge bei verschiedenen Verteilungsannahmen eng beisammen. Abweichungen von der Normalverteilung führen nur zu einem um 10% höheren Risikobetrag. Je nach Anzahl der Risikofaktoren — eine Anzahl von 50 Faktoren dürfte bei kleineren bis mittleren internen Modellen verwendet werden — ergibt sich für den ML leicht das Vier- oder Fünffache der VaR-Werte. Innerhalb der Gruppierungen nach $M$ unterscheiden sich die ML-Werte ebenfalls um ca. 10% (bei $M = 50$). Für zunehmende Werte $M$ konvergieren die Werte (siehe Stahl 1998, S. 8). Im

[10] Für Optionen ergab sich bei Anwendung der Delta-Gamma-Methode im Gamma-Faktor eine quadratische Abhängigkeit von $S$.

[11] Zur t-Verteilung als Basis von VaR-Schätzungen siehe auch Huschens, Kim (1998).

Vergleich zu VaR ist der ML deshalb erheblich strenger und quasi ein "worst case"-Ansatz unter den korrelationsbasierten Modellen .

### 3.2.4 Parametrische Monte-Carlo-Simulation

Als flexibles Werkzeug, das jedoch sehr zeitaufwendig ist, kann die Monte-Carlo-Simulation eingesetzt werden, um die Parameter der Verlustverteilung zu bestimmen. Eine Studie am RiskLab der ETH Zürich zeigte, daß die Simulation durch Beschränkung auf sog. "downside approximations" , d.h. eine Erzeugung von Zufallszahlen lediglich in der Umgebung des relevanten Bereiches der Verteilungsfunktion, erheblich beschleunigt werden kann (vgl. Frauendorfer, Königsperger(1995)).

### 3.2.5 KNN-Schätzung des Risikopotentials durch KNN

Als Alternative zur dennoch recht zeitaufwendigen Simulation werden in letzter Zeit Techniken vorgeschlagen, die künstliche neuronale Netze (KNN) bei der Schätzung der Verlustverteilung anwenden. Künstliche Neuronale Netze können dazu beitragen, mit möglichst wenig strengen Annahmen die Verlustverteilung eines Portefeuilles abzuschätzen. Bei parametrischer Modellierung unterscheidet sich ein konnektionistisches VaR-Modell nicht von anderen parametrischen VaR-Modellen, bei denen Annahmen über den Verteilungstyp der Risikofaktoren getroffen werden. Keine Annahmen werden allerdings darüber gemacht, auf welche Art und Weise die Parameter der gewählten Verteilung von den bedingenden Variablen abhängen. Das zur Anwendung kommende KNN-VaR-Modell verwendet ebenso wie die vorhergehenden Ansätze Risikofaktoren zur Schätzung der bedingten Verlustverteilung des Handelsbestandes. Bei parametrischer Modellierung werden aus den geschätzten Verteilungsparametern der Risikofaktoren die Verteilungsparameter der Verlustverteilung berechnet. Beispielsweise entwickelte Williams (1996) eine Methode zur Bestimmung der Parameter bedingter multivariater Normalverteilungen mittels KNN. Diese Methode ist direkt auf den vorliegenden Anwendungsfall übertragbar. Obwohl das Modell in seiner Struktur mathematisch-statistische Zusammenhänge nachbildet, würde eine Darstellung seiner Interna hier zu weit führen.

Ein denkbarer nichtparametrische Ansatz besteht darin, die gesamte unbekannte Verteilung der Risikofaktoren durch ein Mischdichtenmodell zu approximieren, dessen Parameter mit dem KNN geschätzt werden. Aus der geschätzten Verteilung kann die Verlustfunktion direkt oder durch Simulation ermittelt werden. Durch Anwendung von Mixture Density Networks (vgl. Bishop (1994)) wird wie bei der statistischen Kernschätzung eine Mischung von Dichtefunktionen gebildet (siehe Locarek-Junge, Prinzler (1998)).[12]

[12] Damit wird also keine Klasse von Verteilungen unterstellt, sondern das Netz übernimmt die Aufgabe, den am besten zur empirischen Verteilung passenden Verteilungstyp zu ermitteln.

# 4 Zusammenfassung

Mit Wirkung vom 1. Oktober 1998 wurde ein Wettbewerb mathematisch-statistischer Modelle zur Messung des Marktrisikos von Handelsbeständen zugelassen, der für Banken einen Anreiz zur Optimierung ihrer Risikomodelle darstellt. Je nach unterstellter stochastischer Prozeßformulierung und verwendeter Methode ergeben sich unterschiedliche Schätzungen des Marktrisikos. Eine möglichst niedrige Schätzung bei Einhaltung der aufsichtlichen Vorgaben (Backtesting, Anzahl der historischen Unterschreitungen) wird mit einer niedrigen Kapitalbindung und entsprechend niedrigen Kapitalkosten direkt belohnt. Problembereiche bestehen in der Abbildung nichtlinearer Risiken, etwa in Portefeuillebeständen mit Optionen, wo auch aktuell eingesetzte Methoden erhebliche Schwächen offenbaren. Auch für moderne Methoden wie Künstliche Neuronale Netze ergibt sich damit evtl. ein interessantes Anwendungsgebiet.

## Literatur


BAKRED (Hrsg.) (1997a): Bekanntmachung über die Änderung und Ergänzung der Grundsätze über das Eigenkapital und die Liquidität der Kreditinstitute vom 29. Oktober 1997.

BAKRED (Hrsg.) (1997b): Erläuterungen zur Bekanntmachung über die Änderung und Ergänzung der Grundsätze über das Eigenkapital und die Liquidität der Kreditinstitute vom 29. Oktober 1997.

BAMBERG, G., BAUR, F. (1993): Statistik. 8. Aufl., Oldenbourg, München 1993.

BISHOP, C.M. (1994): Mixture Density Networks. *Tech. Rep. NCRG/94/004, Neural Computing Research Group, Aston University, Birmingham.*

BIZ (1996a): Überblick über die Rahmenbedingungen der Eigenkapitalvereinbarung zur Einbeziehung der Marktrisiken. *Bank für Internationalen Zahlungsausgleich, Basel 1996.*

BIZ (1996b): Aufsichtsrechtliches Rahmenkonzept für Backtesting (Rückvergleiche) bei der Berechnung des Eigenkapitalbedarfs zur Unterlegung des Marktrisikos mit bankeigenen Modellen. *Bank für Internationalen Zahlungsausgleich, Basel 1996.*

BLACK, F., SCHOLES, M. (1973): The Valuation of Options and Corporate Liabilities. *Journal of Political Economy 81 (1973), S. 637–654.*

BUTLER, J.S., SCHACHTER, B. (1996): Improving Value-at-Risk Estimates by Combining Kernel Estimation with Historical Simulation. *Vanderbilt University, Nashville TN/Comptroller of the Currency, Washington, DC.*

FRAUENDORFER, K., KÖNIGSPERGER E. (1995): Downside Approximation of the P&L Distribution. *RiskLab: Technical Report, Zürich, Dezember 1995.*

HENDRICKS, D. (1996): Evaluation of Value-at-Risk Models Using Historical Data. *Economic Policy Review, S. 39–70.*

HUSCHENS, S., KIM, J.-R (1998): Measuring Risk in Value–at–Risk based on Student's *t*-distribution. In: GAUL, W., LOCAREK-JUNGE, H.: Challenges of the Information Society for Data Analysis and Classification, Gabler, Wiesbaden 1998 (to appear).

LOCAREK-JUNGE, H. (1998): Risikomessung in Portefeuilles mit Derivaten. In: Oehler, A. (Hrsg.): Credit Risk und Value-at-Risk Alternativen, Schäffer-Poeschel Verlag, Stuttgart 1998, S. 201–227.

LOCAREK-JUNGE, H., PRINZLER, R. (1998): Estimating Value-at-Risk Using Neural Networks. In: Weinhardt, Ch. et.al.: Informationssysteme in der Finanzwirtschaft, Springer, Berlin et.al. 1998.

MORGAN, J.P., REUTERS (1996): RiskMetrics - Technical Document. *Morgan Guaranty Trust Company, Reuters Ltd., 4th edition, New York, December 1996.*

OPITZ, O. (1989): Mathematik. Oldenbourg, München.

STAHL, G. (1998): Value-at-Risk and Maximum Loss Revisited for Linear Portfolios. *Unveröffentlichtes Manuskript.*

STUDER G. (1997): Maximum Loss for Measurement of Market Risk. Swiss Federal Institute of Technology, Diss. No. 12397, ETH Zürich, 1997.

WILLIAMS, P.M. (1996): Using Neural Networks to Model Conditional Multivariate Densities. *Neural Computation 8*, S. 843–854.

WILSON, T.C. (1994): Plugging the Gap. *RISK, November 1994.*

ZANGARI, P. (1996): A VaR Methodology for Portfolios that include Options. *RiskMetrics Monitor 1st quarter 1996, S. 4–12.*

# Distribution of German Stock Returns Normal Mixtures Revisited

Friedrich Schmid[1] and Andreas Stich[2]

[1] Seminar für Wirtschafts- und Sozialstatistik, Universität zu Köln, Albertus-Magnus-Platz, 50923 Köln, Germany

[2] Geschäftsstelle des Wissenschaftsrates, Brohler Str. 11, 50968 Köln, Germany

**Abstract:** This paper revisits finite normal mixtures as models for the distribution of daily stock returns. Estimates for parameters of finite mixtures can easily be derived from the well known EM-algorithm which turns out to be numerically stable for the type of data under study. For 2-component mixtures the estimates are presented in detail for 30 german stocks in order to show their striking pattern. Results for mixtures with more components are shortly summarized. Goodness of fit of the mixtures is judged by inspecting Q-Q-plots for both the middle part and extrem tails of the distributions.

## 1 Introduction

The distributional shape of asset returns is a matter of considerable interest in finance. First of all summarizing a large set of asset returns by a parametric family of distributions with few estimated parameters entails an enormous simplification in handling the data. Further the distribution of asset returns determines crucially various pricing models such as the Capital Asset Pricing Model or the Black-Scholes Model for option pricing. Although the normal distribution would be a handy distributional model it became clear very early that asset returns are nonnormal. They are more peaked and have fatter tails than a normal distribution. Further some skewness seems to be present. Consequently a large number of papers investigated theoretically and empirically the nature of asset return distributions but there is no space in this paper for a comprehensive review of the literature (see however Mittnik and Rachev (1993) and Tucker (1992)). Beside the family of stable distributions - introduced by Mandelbrot (1963) and despite its obvious shortcomings (see e.g. Akgiray et al. (1989a)) still an object of research - various mixtures of normals have been suggested as alternative distributional models for asset returns. Indeed there are many good arguments in favour of normal mixtures. In particular they have a sound theoretical basis because most of the theoretical models explaining asset return dynamics (such as ARCH- or GARCH models) imply a mixture of normals for the marginal distribution of returns.

The fundamental problem with general mixtures of normals is that it is nearly impossible to identify the mixing distribution from the data. Therefore most authors dealing with normal mixtures assume a finite mixture of

$k$ normals with weights $\pi_1, \ldots, \pi_k$. This finite mixture is considered as an approximation to the general mixture, but is of interest in its own.

Though finite normal mixtures have already been applied empirically in the past (see e.g.Akgiray et al. (1989b), Boothe and Glassman (1987), Fielitz and Rozelle (1983), Kaehler and Marnet (1994) and Kon (1984)) a reconsideration may be useful because we do not know of a detailed study for daily returns of a large number of German stocks for a long period of time. Contrary to other studies on the distribution of asset returns we essentially concentrate on descriptive statistics i.e. statistical inference such as confidence estimation or significance testing is not considered. Asset returns - beside being not normal - are typically not independent, violating one of the fundamental assumptions of standard inferential procedures. As the effect of dependencies on tests is rarely known the results of those procedures must be interpreted with utmost care. The same is true for the determination of the number $k$ of components in the mixture by using the well known likelihood ratio test which is applied in various studies (see e.g. Kon (1984)). It has been pointed out that this test is invalid for finite normal mixtures (see McLachlan and Basford (1988)).

The structure of the paper is as follows. The next section introduces finite normal mixtures and describes the EM algorithm for deriving point estimates of its parameters. Section 3 gives a short description of our database and section 4.1 gives a detailed account of our results on fitting 2-component mixtures. Some results for mixtures with 3 or more components are summarized in section 4.2. Some conclusions are drawn in section 5. In order to keep this paper short we do not include all of our numerical results nor all of the Q-Q-plots. The interested reader is invited to contact the first author for further information.

# 2 Finite Normal Mixtures: Definition, Properties and Estimation of Parameters

Let $\Phi$ and $\varphi$ denote the distribution function and density function of a standard normally distributed random variable. A $k$-component normal mixture is defined by its distribution function

$$F_k(x) = \sum_{j=1}^{k} \pi_j \Phi\left(\frac{x-\mu_j}{\sigma_j}\right)$$

or its density function

$$f_k(x) = \sum_{j=1}^{k} \pi_j \frac{1}{\sigma_j} \varphi\left(\frac{x-\mu_j}{\sigma_j}\right)$$

which contains $3k-1$ parameters $\mu = (\mu_1, \ldots, \mu_k)$, $\sigma = (\sigma_1, \ldots, \sigma_k)$ and $\pi = (\pi_1, \ldots, \pi_k)$ where $\mu_j \in \mathbb{R}$, $\sigma_j > 0$ and $\pi_j > 0$ for $j = 1, \ldots, k$ and $\sum_{j=1}^{k} \pi_j =$

1. A random variable $X$ with distribution function $F_k$ has moments of every order which can be expressed as functions of the $3k-1$ parameters (see Johnson et al. (1994) for special formulas). By appropriate selection of parameters a $k$-component normal mixture can accommodate skewness, peakedness and fat tails.
Estimation of parameters from $n$ observations $x_1, x_2, \ldots, x_n$ on $X$ can be done by computing a stationary value of the loglikelihood function

$$\log L(\mu, \sigma, \pi) = \sum_{i=1}^{n} \log \left( \sum_{j=1}^{k} \pi_j \frac{1}{\sigma_j} \varphi \left( \frac{x_i - \mu_j}{\sigma_j} \right) \right)$$

using the EM-algorithm. The updating equations are easily found to be (see e.g. McLachlan and Krishnan (1997))

$$\mu_j^{v+1} = \left( \sum_{i=1}^{n} w_{ij}^v x_i \right) \left( \sum_{i=1}^{n} w_{ij}^v \right)^{-1} \qquad j = 1, \ldots, k$$

$$\sigma_j^{v+1} = \left( \left( \sum_{i=1}^{n} w_{ij}^v (x_i - \mu_j^v)^2 \right) \left( \sum_{i=1}^{n} w_{ij}^v \right)^{-1} \right)^{1/2} \qquad j = 1, \ldots, k$$

$$\pi_j^{v+1} = \tfrac{1}{n} \left( \sum_{i=1}^{n} w_{ij}^v \right) \qquad j = 1, \ldots, k$$

where

$$w_{ij}^v = \left( \pi_j^v \varphi \left( x_i | \mu_j^v, \sigma_j^v \right) \right) \left( \sum_{l=1}^{k} \pi_l^v \varphi \left( x_i | \mu_l^v, \sigma_l^v \right) \right)^{-1} \qquad j = 1, \ldots, k, \quad i = 1, \ldots, n$$

There might exist various stationary values of $\log L(\mu, \sigma, \pi)$ and it is not clear whether one has actually found the maximum of the loglikelihood. We therefore restarted each iteration with different sets of initial values for the parameters. For the data analyzed in this paper we did not find any dependence of the final iterates on initial values. To maximize $\log L(\mu, \sigma, \pi)$ for mixtures with two components (i.e. $k = 2$) we additionally used the maxlik procedure provided by GAUSS which is based on a variant of Newton's method. Parameter estimates were in agreement to those of the EM algorithm. For $k > 2$ the maxlik procedure could not be applied successfully because there was a strong tendency of the algorithm to leave the space of admissible parameters.
On the basis of our computations we conclude that multiple stationary values are not a serious problem for the type of data under study and that the EM-algorithm performs very well and gives reliable estimates.

# 3 Description of Data

The data analyzed in this paper include 30 of the most important German stocks. The original time series consist of daily stock prices $K_t$ (so called "Kassakurse") adjusted for dividends, stock splits, etc. They are provided by the Karlsruher Kapitalmarktdatenbank (see Bühler et al. (1993)).
Daily returns (in percent) $x_t$ were computed as usual by

$$x_t = \ln \frac{K_t}{K_{t-1}} \times 100$$

The number of observations varies across stocks and is between some 9300 (when time series date back to 1960) and some 2500. We decided to make full use of the available data though investigations for shorter periods of time - including an analysis of the stability of results over time - would also be of interest. It should be pointed out that no outliers in the data had been removed.

Table 1 contains the name of the stock, the number of returns available and some summary statistics such as the mean return $\bar{x}$ and the standard deviation $s$ of returns. Further the moment measure of skewness

$$\gamma_1 = \frac{1}{n} \sum_{t=1}^{n} \left( \frac{x_t - \bar{x}}{s} \right)^3$$

and excess kurtosis

$$\gamma_2 = \frac{1}{n} \sum_{t=1}^{n} \left( \frac{x_t - \bar{x}}{s} \right)^4 - 3$$

are displayed. As $\gamma_1$ and $\gamma_2$ are badly influenced by outliers we included a measure of skewness

$$\tilde{\gamma}_1 = \frac{\tilde{x}_{0.75} - 2\tilde{x}_{0.5} + \tilde{x}_{0.25}}{\tilde{x}_{0.75} - \tilde{x}_{0.25}}$$

which is based on quantiles. A similar measure for the thickness of tails is

$$\tilde{\gamma}_{2,Tail} = \frac{\tilde{x}_{0.975} - \tilde{x}_{0.025}}{\tilde{x}_{0.875} - \tilde{x}_{0.125}}$$

and a measure of peakedness is

$$\tilde{\gamma}_{2,Peak} = \frac{\tilde{x}_{0.875} - \tilde{x}_{0.125}}{\tilde{x}_{0.75} - \tilde{x}_{0.25}}.$$

For a normal distribution we have $\tilde{\gamma}_{2,Tail} \approx 1.70 \approx \tilde{\gamma}_{2,Peak}$. The nonnormality of the distribution of returns of all of the 30 stocks is clearly shown by the empirical values of $\gamma_2$, $\tilde{\gamma}_{2,Tail}$ and $\tilde{\gamma}_{2,Peak}$ in table 1.

Table 1: Descriptive Statistics of Daily Returns for 30 German Stocks

| Stocks | Statistics | | | | | | | |
|---|---|---|---|---|---|---|---|---|
| | $\bar{x}$ | $s$ | $\gamma_1$ | $\tilde{\gamma}_1$ | $\gamma_2$ | $\tilde{\gamma}_{2,Tails}$ | $\tilde{\gamma}_{2,Peak}$ | $n$ |
| Allianz | .052 | 1.558 | .169 | .070 | 13.386 | 2.341 | 1.986 | 9157 |
| BASF | .031 | 1.203 | .061 | .038 | 5.311 | 2.064 | 1.832 | 9319 |
| Bayer | .033 | 1.228 | .226 | .023 | 5.338 | 2.034 | 1.827 | 9296 |
| Bay. Wechselbank | .030 | 1.222 | -.128 | .022 | 11.613 | 2.278 | 1.984 | 9296 |
| BMW | .057 | 1.717 | .911 | .042 | 21.545 | 2.282 | 1.932 | 9296 |
| Bay. Vereinsbank | .032 | 1.264 | .087 | .039 | 8.665 | 2.201 | 1.915 | 9296 |
| Commerzbank | .028 | 1.269 | .034 | .017 | 9.073 | 2.251 | 1.960 | 9297 |
| Continental | .014 | 1.689 | .056 | -.006 | 4.794 | 2.130 | 1.944 | 9318 |
| Daimler-Benz | .044 | 1.558 | .587 | .016 | 12.611 | 2.307 | 1.912 | 9276 |
| Degussa | .022 | 1.424 | .050 | .007 | 16.497 | 2.239 | 1.941 | 9319 |
| Deutsche Babcock | .002 | 1.860 | -.692 | -.023 | 26.360 | 2.390 | 1.998 | 9029 |
| Deutsche Bank | .034 | 1.167 | -.082 | .037 | 9.100 | 2.166 | 1.898 | 9319 |
| Dresdner Bank | .031 | 1.284 | .216 | .021 | 5.937 | 2.122 | 1.922 | 9319 |
| Henkel | .037 | 1.389 | -.503 | .053 | 18.319 | 2.136 | 1.863 | 2864 |
| Hoechst | .032 | 1.208 | .019 | .027 | 6.813 | 2.061 | 1.862 | 9318 |
| Karstadt | .023 | 1.353 | -.006 | .007 | 12.372 | 2.241 | 1.986 | 9281 |
| Kaufhof | .025 | 1.448 | .051 | -.003 | 7.805 | 2.165 | 1.908 | 9110 |
| Linde | .030 | 1.363 | .145 | .013 | 8.230 | 2.203 | 1.923 | 9296 |
| Lufthansa | .039 | 1.880 | -.009 | .008 | 6.218 | 2.073 | 1.874 | 5807 |
| MAN | .023 | 1.749 | -.255 | .003 | 31.361 | 2.201 | 1.937 | 9268 |
| Mannesmann | .033 | 1.408 | .034 | .031 | 10.436 | 2.068 | 1.860 | 9297 |
| Metallgesellschaft | .007 | 1.825 | -.521 | -.036 | 19.828 | 2.355 | 2.038 | 9277 |
| Preussag | .034 | 1.511 | .356 | -.003 | 6.963 | 2.226 | 1.923 | 9316 |
| RWE | .035 | 1.209 | .258 | .021 | 14.538 | 2.195 | 1.959 | 9295 |
| Schering | .040 | 1.247 | .246 | .039 | 7.851 | 2.175 | 1.877 | 9317 |
| Siemens | .032 | 1.171 | .195 | .059 | 12.491 | 2.117 | 1.879 | 9319 |
| Thyssen | .024 | 1.493 | .114 | .013 | 3.537 | 2.028 | 1.878 | 9295 |
| VEBA | .059 | 1.346 | -.800 | .007 | 18.095 | 2.171 | 1.765 | 2522 |
| VIAG | .070 | 1.460 | -.738 | .084 | 22.180 | 2.175 | 1.874 | 2702 |
| Volkswagen | .038 | 1.659 | -.283 | .048 | 6.436 | 1.990 | 1.821 | 6561 |

# 4 Empirical Findings

This section presents in detail some of our empirical findings for 2-component mixtures. Parameter estimates for all stocks are included to demonstrate their striking pattern. Goodness of fit of these mixtures is displayed by Q-Q-Plots. Empirical findings for 3,4- and 5-component mixtures are briefly summarized.

## 4.1 Two Component Mixtures

Numerical estimates for $\pi_1$, $\mu_1$, $\sigma_1$ and $\pi_2$, $\mu_2$, $\sigma_2$ are displayed in table 2. There is a clear and distinct pattern in these estimates over the entire set of 30 stocks:

- Components with high weights (roughly between 0.7 and 0.9) have means very close to zero and standard deviations close to 1.

- Components with low weights have means which are clearly positive (exceptions: VEB and VOW) and standard deviations much larger (roughly 2-4 times) than those of the other components.

Table 2: Estimates for Parameters in the Two Component Normal Mixtures

| Stocks | Parameters | | | | | |
|---|---|---|---|---|---|---|
| | $\pi_1$ | $\mu_1$ | $\sigma_1$ | $\pi_2$ | $\mu_2$ | $\sigma_2$ |
| ALV | 0.800 | 0.036 | 0.880 | 0.200 | 0.115 | 3.004 |
| BAS | 0.813 | 0.014 | 0.863 | 0.187 | 0.106 | 2.119 |
| BAY | 0.838 | -0.003 | 0.896 | 0.162 | 0.217 | 2.260 |
| BHW | 0.757 | -0.017 | 0.700 | 0.243 | 0.176 | 2.142 |
| BMW | 0.861 | 0.008 | 1.058 | 0.139 | 0.362 | 3.767 |
| BVM | 0.761 | -0.010 | 0.769 | 0.239 | 0.166 | 2.187 |
| CBK | 0.692 | -0.016 | 0.715 | 0.308 | 0.127 | 2.015 |
| CON | 0.681 | -0.083 | 0.983 | 0.319 | 0.222 | 2.613 |
| DAI | 0.863 | -0.002 | 0.973 | 0.137 | 0.334 | 3.411 |
| DGS | 0.841 | -0.012 | 0.887 | 0.159 | 0.204 | 2.927 |
| DBC | 0.832 | -0.043 | 1.053 | 0.168 | 0.226 | 3.874 |
| DBK | 0.805 | -0.003 | 0.773 | 0.195 | 0.184 | 2.118 |
| DRB | 0.737 | -0.028 | 0.808 | 0.263 | 0.196 | 2.099 |
| HEN | 0.898 | 0.019 | 0.984 | 0.102 | 0.201 | 3.219 |
| HFA | 0.820 | 0.001 | 0.852 | 0.180 | 0.174 | 2.183 |
| KAR | 0.745 | -0.017 | 0.788 | 0.255 | 0.141 | 2.311 |
| KFH | 0.748 | -0.031 | 0.897 | 0.252 | 0.189 | 2.427 |
| LIN | 0.794 | -0.024 | 0.838 | 0.206 | 0.240 | 2.500 |
| LHA | 0.808 | -0.015 | 1.296 | 0.192 | 0.270 | 3.359 |
| MAN | 0.905 | -0.012 | 1.154 | 0.095 | 0.357 | 4.402 |
| MMW | 0.861 | -0.003 | 1.000 | 0.139 | 0.257 | 2.833 |
| MET | 0.793 | -0.056 | 0.986 | 0.207 | 0.249 | 3.509 |
| PRS | 0.784 | -0.055 | 0.947 | 0.216 | 0.356 | 2.682 |
| RWE | 0.805 | -0.015 | 0.756 | 0.195 | 0.239 | 2.256 |
| SCH | 0.787 | -0.004 | 0.803 | 0.213 | 0.202 | 2.212 |
| SIE | 0.855 | 0.027 | 0.820 | 0.145 | 0.061 | 2.343 |
| THY | 0.725 | -0.059 | 0.997 | 0.275 | 0.242 | 2.329 |
| VEB | 0.901 | 0.069 | 0.955 | 0.099 | -0.036 | 3.154 |
| VIA | 0.901 | 0.041 | 1.002 | 0.099 | 0.335 | 3.508 |
| VOW | 0.865 | 0.038 | 1.263 | 0.135 | 0.039 | 3.188 |

A possible explanation for this pattern is the existence of trading days of two different types. The high weight component represents "business as usual" and the low weight component represents days with high volatility which might be caused by the arrival of new information.

One can show that means and standard deviations of the fitted distributions correspond very well to those of the empirical distributions. Correspondence of $\gamma_1$ and $\gamma_2$ is unsatisfactory because of the presence of outliers in the data. Correspondence of $\tilde{\gamma}_1$, $\tilde{\gamma}_{2,Tail}$ and $\tilde{\gamma}_{2,Peak}$, however is much better. Interestingly the theoretical value of $\tilde{\gamma}_{2,Tail}$ based on 2-component mixtures is generally slightly higher than the corresponding empirical value whereas the theoretical value of $\tilde{\gamma}_{2,Peak}$ is generally slightly lower than the empirical value.

Q-Q-Plots are an excellent tool for displaying graphically goodness of fit. We provide Q-Q-Plots of three different types. Type 1 is devoted to the middle 98% of the distribution containing the following 29 quantiles:

| | | | | |
|---|---|---|---|---|
| 0.01 | 0.02 | ... | ... | 0.09 |
| 0.1 | 0.2 | ... | ... | 0.9 |
| | 0.25 | ... | 0.75 | |
| 0.91 | 0.92 | ... | ... | 0.99 |

Two further Q-Q-Plots cover lower and upper 1% of the distribution respectively.

We made Q-Q-Plots for all of the 30 assets. Figure 1 displays type 1 plots for ALV and BAS and Figure 2 displays the lower 1% of the distributions of the same stocks.

Our general finding is that the middle 98% of the distribution is astonishingly well captured by the 2-component mixture. The extreme tails such as 0.001 and 0.002 as well as 0.998 and 0.999 quantiles are slightly underestimated.

Figure 1: Type 1 Q-Q-Plots for ALV and BAS (2-components)

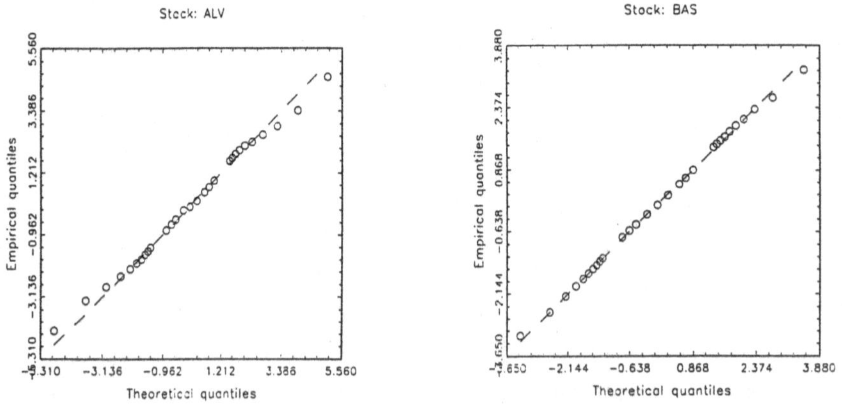

Figure 2: Q-Q-Plots of the Lower 1% of the Distribution of ALV and BAS (2-components)

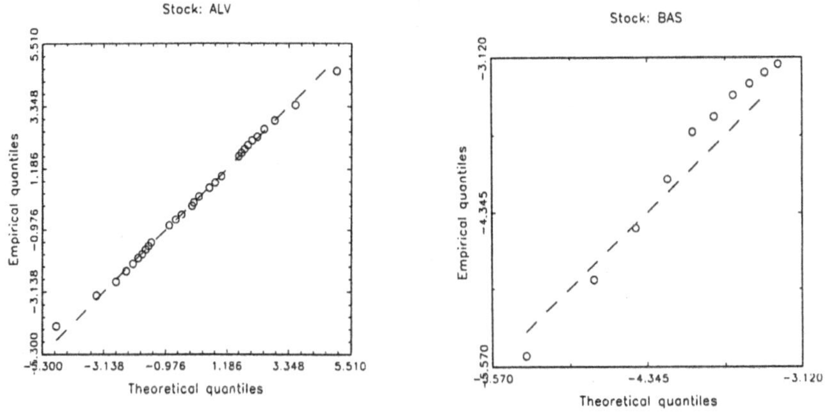


## 4.2 Mixtures with Three and More Components

Figure 3: Type 1 Q-Q-Plots for ALV and BAS (3-components)

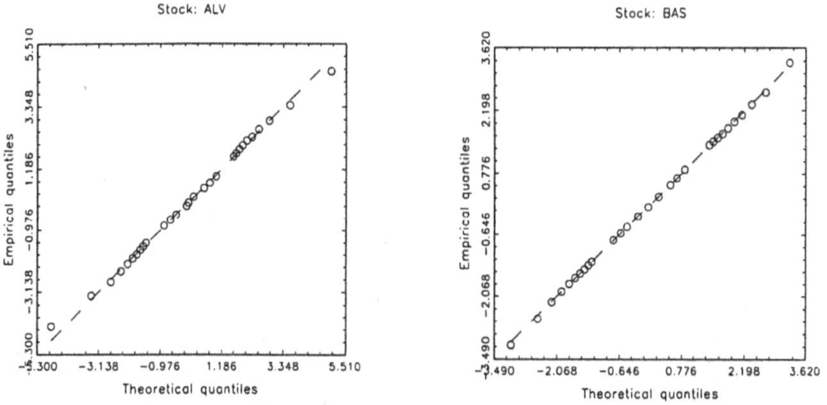


As already indicated in section 2 we did not encounter numerical problems with 3-, 4- and 5-component mixtures. Some of the estimated standard-deviations of the component distributions, however, became extremly small which is to be expected because of the extreme peakedness of the return distributions of some assets and the high proportion of zero-returns.

There is still some pattern in the parameter estimates. Decreasing weights $\pi_i$ generally entail increasing standard deviations $\sigma_i$. This is in particular true for $k = 3$. But the number of exceptions from this rule increases with $k$.

Goodness of fit for 3-component mixtures is judged by Q-Q-plots as described in 4.1 (see figures 3 and 4). There is, of course, some improvement in the goodness of fit of 3-component mixtures over 2-component mixtures which refers to the middle part of the distribution as well as to the extreme lower and upper tails of the distribution. The extent of this improvement, however, depends on the asset under study (see figures 3 and 4).

Figure 4: Q-Q-Plots of the Lower 1% of the Distribution of ALV and BAS (3-components)

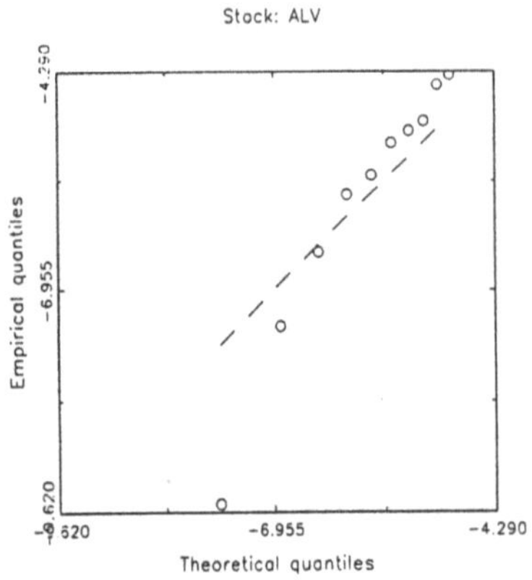


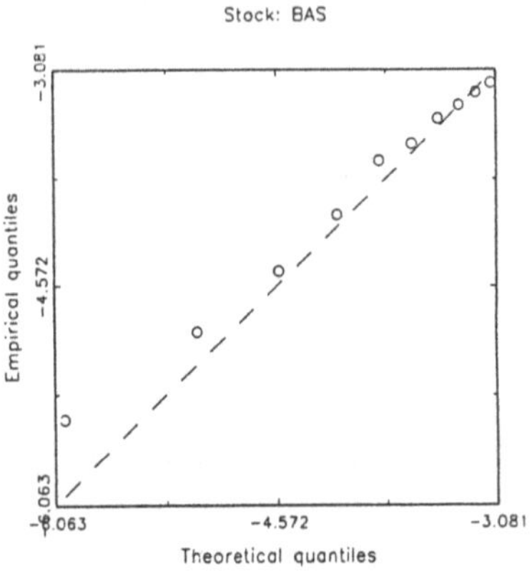


# 5 Conclusion

Finite normal mixtures are an attractive model for the distribution of daily asset returns. They accomodate the stylized facts of these distributions namely peakedness, fat tails and asymmetry. Its parameters have a clear interpretation and numerical estimates are easily obtained (at least up to $k = 5$) by using the EM algorithm. Goodness of fit of the estimated mixtures is astonishingly well even for $k = 2$ which can be seen by inspecting Q-Q-plots.

The question remains, whether normal mixtures (with 2 or 3 components) outperform other distributional models such as stable distributions or hyperbolic distributions (see e.g. Eberlein and Keller (1995)). Though there are various studies evaluating and comparing distributional models (see e.g. Akgiray and Booth (1987) and Kon (1984)) we do not have much confidence in their results because most of the inferential procedures which are applied are invalid for the data under study. It is the view of the authors that a reliable comparison of the fitted distributions should be based on careful inspection of Q-Q-plots which cover the middle part as well as the extreme tails of the distributions.

## References

AKGIRAY, V.; BOOTH, G.G. (1987): Compound Distribution Models of Stock Returns: An Empirical Comparison. *The Journal of Financial Research, 10, 269-280.*

AKGIRAY, V.; BOOTH, G.G.; LOISTL, O. (1989a): Stable Laws are Inappropriate for Describing German Stock Returns. *Allgemeines Statistisches Archiv, 73, 115-121.*

AKGIRAY, V.; BOOTH, G.G.; LOISTL, O. (1989b): Statistical Models of German Stock Returns. *Journal of Economics, 50, 17-33.*

BOOTHE, P.; GLASSMAN, D. (1987): The Statistical Distribution of Exchange Rates. *Journal of International Economics, 22, 297-319.*

BÜHLER, W.; GÖPPEL, H.; MÖLLER, H.P. (1993): Die Deutsche Finanzdatenbank (DFDB). *ZfbF, Sonderheft 31, (Empirische Kapitalmarktforschung), 287-331.*

EBERLEIN, E.; KELLER, U. (1995) Hyperbolic Distributions in Finance. *Bernoulli, 1, 281-299.*

FIELITZ, B.D.; ROZELLE, J.P. (1983): Stable Distributions and the Mixtures of Distribution Hypotheses for Common Stock Returns. *Journal of the American Statistical Association, 78, 28-36.*

JOHNSON, N.L.; KOTZ, S.; BALAKRISHNAN, N. (1994): Continuous Univariate Distributions Volume 1. 2nd ed., Wiley & Sons, New York.

KAEHLER, J.; MARNET, V. (1994): Markov-Switching Models for Exchange-Rate Dynamics and the Pricing of Foreign-Currency Options. *In: Kaehler, J. (ed.): Econometric Analysis of Financial Markets. Heidelberg, 203-230.*

KON, S.J. (1984): Models of Stock Returns – A Comparison. *The Journal of Finance, 29, 147-165.*

LAU, A.H.; LAU, H.; WINGENDER, J.R. (1990): The Distribution of Stock Returns: New Evidence Against the Stable Model. *Journal of Business & Economic Statistics, 8, 217-223.*

MANDELBROT, B. (1963): The Variation of Certain Speculative Prices. *Journal of Business, 36, 294-419.*

McLACHLAN, G.J.; KRISHNAN, T. (1997): The EM Algorithm and Extensions, 1st ed.; Wiley & Sons, New York.

McLACHLAN, G.J.; BASFORD, K.E. (1988): Mixture Models, 1st ed., Marcel Dekker, New York.

MITTNIK, S.; RACHEV, S.T (1993): Modeling Asset Returns with Alternative Stable Distributions. *Econometric Reviews, 12, 261-330.*

TUCKER, A.L. (1992): A Reexamination of Finite- and Infinite-Variance Distribution of Daily Stock Returns. *Journal of Business & Economic Statistics, 10, 73-81.*

# Risk-Ruler-Taxonomie

Klaus Spremann

Schweizerisches Institut für Banken und Finanzen der Universität St. Gallen - HSG, Switzerland
Merkurstrasse 1, CH-9000 St. Gallen,63,
e-mail: klaus.spremann@unisg.ch

**Zusammenfassung:** Ein "Ruler" ist eine Messlatte und ein "Risk Ruler" ist ein Verfahren zur Messung der Risikoaversion einer Person, die Entscheidungen unter Risiko zu treffen hat. Risk Ruler werden von Banken entwickelt, damit sie ihre Kunden bei der Geldanlage besser beraten können. Insbesondere soll der individuell richtige Aktienanteil im Portfolio des Kunden bestimmt werden. Risk Ruler müssen genau kalibriert werden. Diese Problematik wird mit "Risk-Ruler-Taxonomie" überschrieben. Dieser Aufsatz befasst sich mit Kriterien der Gestaltung solcher Risk Ruler und geht auf Probleme im Zusammenhang mit der "Kalibrierung" ein: Im Wesentlichen steht im Kern eines Risk Rulers ein Fragekatalog, und die Schätzung der Risikoaversion des Anlegers ergibt sich aus einer Summe von Punkten, die mit den jeweiligen Antwortmöglichkeiten assoziiert sind. Bei der Kalibrierung geht es darum herauszufinden, mit wie vielen Punkten die einzelnen Antworten gewichtet werden sollten, um die Treffsicherheit des Risk Rulers zu maximieren.

**Abstract:** A "ruler" is a "strip that is usually marked of in units and is used for measuring", and a risk ruler is a device to identify the degree of risk aversion of a person. Banks and Fund Managers are developing risk rulers in order to establish individual needs and wishes of their clients, in particular in order to determine the proper exposure to risk in a portfolio. In most cases, risk rulers are sets of questions which the personal investor has to answer, and each answer is weighted by a certain number of "points". The sum of all points are used to estimate the risk aversion, or, respectively, the proper percentage of stocks - in contrast to cash instruments and bonds. The present work focuses on two issues. First, the design and construction of risk rulers is discussed, in particular, a set of criteria is presented. Second, problems related to the "depth" of a risk ruler and the estimation of the proper number of points assigned to the questions are analyzed.

# 1 Der reservierte und der freie Vermögensanteil

Bei der Geldanlage suchen viele Personen Rat bei einem Finanzplaner oder dem Anlageberater einer Bank. Im Erstgespräch zwischen Kunde und Berater geht es um mehrere Punkte, weil die Art der Geldanlage von vielfältigen individuellen Wünschen und Möglichkeiten abhängt. Ausserdem hat der Berater gewissen Pflichten nachzukommen, etwa im Zusammenhang mit der Aufklärung eines Neukunden über Risiken. Trotz der Vielfalt der Aspekte steht beim Erstgespräch ein Punkt im Mittelpunkt: welches ist die richtige Asset Allocation? Darunter wird die Gewichtung risikoarmer und risikoreicherer Anlageinstrumente im Portfolio verstanden. Die Frage lautet: Wie hoch darf das Exposure gegenüber Risiken sein, damit der Kunde sich mit der Kapitalanlage subjektiv wohl fühlt und das Exposure aus objektiver Sicht der finanziellen Situation angemessen ist? Etwas vereinfacht geht es um die Frage, zu welchem Anteil das finanzielle Vermögen in Aktien angelegt werden darf und sollte. Es muss eine Unterscheidung getroffen werden.

- Der Kunde hat vielfach eine bestimmte Verwendung des Anlageergebnisses ziemlich konkret geplant. Das spezifizierte Vorhaben lässt sich jedoch oft bereits mit einem Teil des Finanzvermögens decken. Dieser Teil ist mithin "reserviert" und die entsprechenden Mittel können eigentlich nur "geparkt" werden: Sie werden so angelegt, dass der spätere Verwendungszweck mit möglichst hoher Wahrscheinlichkeit verwirklicht werden kann.

Wichtig ist zu sehen, dass beim reservierten Vermögen die Präferenz des Anlegers eigentlich nicht hineinspielt. Lediglich muss der Verwendungszweck hinsichtlich Betrag und Zeitpunkt möglichst genau umrissen werden. In den Weiterentwicklungen der modernen Portfoliotheorie sind sogenannte Shortfall-Ansätze formuliert worden. Shortfall-Ansätze berücksichtigen zwar die Zeitdauer bis zur Fälligkeit, den sogenannten Anlagehorizont, die maximal geduldete Shortfall-Wahrscheinlichkeit sowie einen Target, der sich in den meisten Anwendungen aus der Inflationsrate ergibt. Die Anlage des reservierten Vermögensteils - das Parkieren der Gelder - setzt dann aber keine Kenntnis der Risikoaversion der Person voraus.

- Für den restlichen Teil des Finanzvermögens hat der Anleger zunächst keinen konkreten Verwendungszweck. Weder lässt sich ein solcher zeitlich noch thematisch spezifizieren. Natürlich werden Anleger schon einen Kommentar abgeben, etwa dass sie "für die Zukunft" sparen, oder "etwas im Rückhalt für alle Fälle" wünschen. Dieser Vermögensteil soll als "frei" bezeichnet werden.

Selbstverständlich hat der Anleger jederzeit die Möglichkeit, die freien Mittel in reservierte "umzuwidmen", indem er aus eigenem Antrieb oder in Reaktion auf Umweltveränderungen seine Absichten ändert. Wichtig: Für die als frei deklarierten Mittel hat es wenig Sinn, nach einem Anlagehorizont zu fragen - er ist unbestimmt. Die freien Mittel werden nun so angelegt, dass die Person sich mit der anvisierten Renditeerwartung und den eingegangenen Risiken komfortabel und wohl fühlt, und nicht in abträglicher Weise unter Wertschwankungen leidet.

Mithin orientiert sich die Asset Allocation für den freien Vermögensteil an der Risikoaversion des Anlegers. Für die Berechnungen eignet sich der traditionelle Ansatz der modernen Portfoliotheorie.

Die hier getroffene Unterscheidung zwischen dem reservierten und dem freien Vermögen bedeutet natürlich nicht, dass zwei getrennte Portfolios geführt werden. Ist mit dem Shortfall-Ansatz die Asset Allocation des reservierten Vermögens bestimmt und mit dem traditionellen Portfolioansatz die Asset Allocation für das freie Vermögen, dann resultiert unmittelbar die Asset Allocation des gesamten Vermögens. Auch ist die Unterscheidung zwischen dem reservierten und dem freien Vermögensteil nicht neu. Die Chinesen sprechen von "Lunch-Money" und von "Smart-Money". Das Lunch-Money wird sehr konservativ angelegt, beim Smart-Money kommt es auf die Risikopräferenz an. Allerdings wird hierzulande vielfach vermieden, die beiden Vermögensteile gedanklich zu trennen, und es wird im Beratungsalltag versucht, von vornherein die endgültige Aktienquote für das Gesamtvermögen auf direktem Wege zu finden.

# 2 Zur Bedeutung der Risikoaversion im Anlageprozess

Das anzulegende Finanzvermögen eines Kunden wird also vorweg gedanklich in zwei Teile zerlegt. Der reservierte Vermögensteil wird mit Hilfe des Shortfall-Ansatzes bis zum Ende des Anlagehorizontes geparkt, das freie Vermögen wird nach dem traditionellen Modell der Portfoliotheorie angelegt. Zunächst wird hierfür ein Planungszeitraum gewählt, vielleicht von fünf Jahren. Nach Ablauf der Planungsperiode, oder bei besonderen Anlässen oder auf Wunsch des Kunden auch schon zuvor, werden die Situation und Präferenzen neu ermittelt.

Wir konzentrieren uns nun auf das freie Vermögen. Theoretische Forschungen und eine überwältigende empirische Evidenz stützen die allgemein geteilte Vorstellung, dass eine höhere Anlagerendite begründet nur dann erwartet werden kann, wenn ein höheres Exposure eingegangen, eine grössere Aktienquote gewählt wird. Stets hatte die Menschheit gewusst, dass nur zu gewinnen hoffen darf, wer etwas wagt. Andererseits kann, wer zuviel wagt, in Gefahr geraten und subjektiv wie objektiv Schaden nehmen. Mit einem höheren Risikoexposure ist daher eine "Disutility" verbunden. Sie muss bei der Wahl der Aktienquote der "Utility" gegenübergestellt werden, die mit der höheren Renditeerwartung eines grösserer Exposures verbunden ist.

Wie hier eine Person abwägen wird, und im Sinne einer normativen ökonomischen Theorie abwägen sollte, hängt von zwei Faktoren ab: Von der Höhe der Risikoprämie und von der individuellen Risikoaversion.

1. Das optimale Exposure gegenüber dem Risiko hängt einerseits davon ab, wie stark Finanzmärkte das Tragen von Risiken belohnen, wie hoch die Risikoprämie ist. Zur Risikoprämie gibt es Schätzungen anhand vergangener Realisationen der Renditen. Zudem legen die Research-Abteilungen der Banken Prognosen vor, in denen die aktuelle Marktsituation verarbeitet wird.

2. Andererseits hängt das für eine Person optimale Exposure davon ab, wie stark das betreffende Individuum die Übernahme von Risiken mei-

det, weil sie in abträglicher Weise darunter leidet und eine Disutility verspürt.

Jene Eigenschaft der Präferenz einer Person, welche die mit Risiken verbundene Disutility ausdrückt, heisst Risikoaversion. Die Risikoaversion drückt als Aggregat alle Aspekte der Präferenz aus, die für die Wahl der Asset Allocation relevant sind.

Kunde und Berater müssen daher im Erstgespräch, sofern das freie Vermögen positiv ist, die individuelle Risikoaversion des Kunden feststellen oder "messen". Hierzu wird ein Verfahren der Befragung gewählt. Dem Kunden werden in mehr oder weniger standardisierter Form Fragen gestellt, und der Versuchsleiter (Berater) ermittelt oder "berechnet" aus den Antworten die Risikoaversion. Solche Messverfahren werden als Risk Ruler bezeichnet.

Ist die Risikoaversion dann bekannt, ist es ein Leichtes, das optimale Risikoexposure zu ermitteln. Im Ergebnis schlägt der Berater dem Kunden vielfach eine von standardisierten Asset Allocations vor. Oft praktizieren Vermögensverwalter ein Sortiment von vier Asset Allokationen (Musterportfolios) mit Aktienanteilen von 0%, 33%, 66% beziehungsweise 100%. Diese tragen selbst erklärende Bezeichnungen wie "Festzins," "Ertrag," "Wachstum" und "Aktien". Die gewählte Asset Allocation sollte der Kunde über den Planungszeitraum beibehalten.

In der Praxis kommt es leider oft zum Fall, dass die Aktienquote - gemessen an der Präferenz des Investors und der Risikoprämie des Marktes - zu gering festgelegt wird, und dass nach einiger Zeit der Kunde gewahr wird, "Chancen" nicht ergriffen zu haben. Ebenso kommt es in der Praxis der Vermögensverwaltung vor, dass die Aktienquote aufgrund einer zu gering eingeschätzten Risikoaversion zu hoch gewählt wird. Plötzlich - meist bei einem Wertrückgang - wird sich der Kunde der Risiken bewusst und ändert die Asset Allocation. Vermögensverwalter widmen deshalb der Bestimmung der Risikoaversion grosse Aufmerksamkeit.

# 3 Forderungskatalog an einen Risk Ruler

Früher war die Messung der Risikoaversion nicht standardisiert und oblag dem "Fingerspitzengefühl" und der "Erfahrung" eines Anlageberaters. Heute wünschen sich die Vermögensverwalter standardisierte Risk Ruler. Von der Standardisierung werden verschiedene positive Wirkungen erhofft, die nachstehend genannt und anschliessend ausgeführt werden:

1. Schätzgenauigkeit,

2. Kommunikation,

3. Differenzierung.

Forderung 1: Zunächst zur Schätzgenauigkeit: Die Beziehung zwischen Kunde und Berater ist aufgrund der gewünschten Vertraulichkeit ziemlich intransparent. Ausserdem unterliegt die Qualität der Klassifikation eines Kunden durch die Person des Beraters den natürlichen Streuungen einer wenig strukturierten Vorgehensweise. Durch standardisierte Risk Ruler wäre es im Prinzip möglich, die Treffgenauigkeit zu erhöhen. Ein zentraler Punkt bei der ersten Forderung ist, was eigentlich mit dem Risk Ruler getroffen werden soll. Die Beratung bewegt sich zwischen einer Prognose der Wünsche des Kunden und der Ausarbeitung eines Vorschlags aus einer normativen Perspektive.

- Im ersten Fall soll der Risk Ruler anhand der gegebenen Antworten ermitteln, welches Anlageprogramm der Kunde gerne hätte. Der Berater macht einen entsprechenden Vorschlag und der Kunde fühlt sich "richtig verstanden". Durchaus kann sein, dass der Kunde nach einiger Zeit entdeckt, "falsch beraten worden" zu sein.

- Im zweiten Fall soll der Risk Ruler die "wahre Risikoaversion" schätzen. Der Berater macht dann einen Vorschlag, der aus einer objektivierten Perspektive "richtig" erscheint. Durchaus kann der Kunde im Augenblick damit etwas unzufrieden sein. Wer von uns liebt es schon, wenn andere und Ratschläge geben, auch wenn sie ins Schwarze treffen?

Hier muss die Bank zunächst festlegen, was ihr Risk Ruler treffen soll: den Kundenwunsch oder die Wahrheit?
Forderung 2: Sodann können Risk Ruler das Umfeld, in dem mit einem Kunden kommuniziert wird, ändern. Risk Ruler können die Zweierbeziehung zwischen Kunde und Berater "aufbrechen" und die Bank als Dritten auf förderliche Weise hineinbringen. Die Wirkung eines Risk Rulers auf die Kommunikation kann in mehrfacher Hinsicht gesehen werden:

- Aufklärung des Kunden: Die Materialien können so gestaltet sein, dass die pflichtgemässe Risikoaufklärung des Kunden unterstützt wird.

- Ausbildung des Beraters: Die Standardisierung kann geeignet sein, die Qualität der Arbeit der Berater insofern zu erhöhen als sie einen Beitrag zur fachlichen Ausbildung der Berater leistet.

- Rolle der Bank: Die Standardisierung drückt sich in schriftlichen Materialien aus, die dem Kunden ausgehändigt werden, und so die Kompetenz der Bank signalisieren.

Forderung 3: Zur Differenzierung. Im Prinzip ist die Risikoaversion ein nutzentheoretisches Konzept, das allgemein für Entscheidungen unter Risiko, hier im Rahmen der Portfoliotheorie, Verwendung findet. In der Praxis müssen für einen Anleger jedoch mehrere persönliche Charakteristika und Wünsche identifiziert werden, die im Rahmen der Beziehung Kunde-Bank wichtig sind, jedoch den Rahmen des reinen Modells der Portfolioselektion verlassen.

- Der Risk Ruler (eigentlich nur gedacht, die für die Asset Allocation des freien Vermögens relevante Risikoaversion zu bestimmen) könnte durch geeignete Fragen herausfinden, wie hoch das reservierte Vermögen in Relation zum freien Vermögen ist.

- Für den Vermögensverwalter ist wichtig zu wissen, ob ein Kunde Beratungsbedarf im Hinblick auf eine Steueroptimierung hat oder ob er am besten aufgrund seiner finanziellen Situation mit Portfolio-Insurance bedient werden sollte. Gegenüber der traditionellen Portfoliotheorie hat sich das heute verfügbare Anlageuniversum erweitert. Die Bank kann versuchen, über den Risk Ruler herauszufinden, ob bei einem Kunden Bedarf für Produkte besteht, die nicht in der "Mean-Variance" Welt der modernen Portfoliotheorie positionierbar sind, weil sie keine symmetrischen Verteilungen aufweisen.

- Wichtig ist auch herauszufinden, ob der Kunde die Selektion und das Timing auf Titelebene delegieren möchte (Mandat) oder nicht (Direktanlage), wie aktiv oder passiv das Portfolio verwaltet werden sollte und welche fachlichen Informationen der Kunde zu erhalten wünscht. Auch hierbei könnte ein Risk Ruler helfen, den Wunsch des Kunden zu identifizieren.

Ein Risk Ruler kann mithin mit der Zielsetzung entworfen werden, nicht nur die modelltheoretische Frage nach der Risikoaversion zu beantworten, sondern die Position des Kunden in Bezug auf wenigstens eine oder zwei weitere "Dimensionen" zu messen. Im Spiegelbild der drei beabsichtigten Wirkungen - Schätzgenauigkeit, Kommunikation, Differenzierung - sprechen wir von einem Risk Ruler im engeren Sinn, wenn er lediglich die erstgenannte Aufgabe leistet, die modelltheoretisch-bedeutsame Risikoaversion eines Kunden mit höherer Treffsicherheit zu bestimmen. Ein Risk Ruler im weiteren Sinn liegt vor, wenn er ausserdem die dargelegte kommunikative Wirkung erzielt oder wenn er den Kunden hinsichtlich mehrerer Dimensionen klassifiziert. In dieser Arbeit geht es anschliessend um Risk Ruler im engeren Sinn.

# 4 Risikoaversion und die optimale Aktienquote

Die Moderne Portfoliotheorie geht von dieser Annahme aus: Bezogen auf einen gewissen Planungshorizont (zur Vereinfachung sei das ein Jahr) haben die zur Verfügung stehenden "risikobehafteten" Anlageinstrumente (Aktien) normalverteilte Renditen. Daneben können sich "risikofreie" Anlagen (Geldmarktinstrumente, kurzlaufende Bonds) bieten, ihre Rendite stimmt überein und ist gleich dem Zinssatz. Harry Markowitz entwickelte eine grafische Veranschaulichung, bei der sowohl einzelne Anlageinstrumente als auch Portfolios anhand des Erwartungswertes ihrer zufälligen Rendite (Return) sowie anhand der Streuung ihrer Rendite (Risk) positioniert werden können:

Das Risk-Return-Diagramm. Zudem untersuchte Markowitz, wie sich durch Kombination der risikobehafteten Anlagen effiziente Portfolios gebildet werden können. Hierbei spielen die Korrelationen der Renditen eine wichtige Rolle.

James Tobin bewies 1958: Für die Kombination der risikobehafteten Anlagen kommt nur ein *einziges* Portfolio in Frage: das sogenannte *Marktportfolio.* Das Marktportfolio ist im Risk-Return-Diagramm als Tangentialpunkt positioniert, dort, wo sich die durch den Zinssatz gehende Tangente und die Effizienzkurve berühren. Sie wird als Capital Market Line (CML) bezeichnet. Also:

1. Jeder Anleger teilt seinen Anlagebetrag auf in einen sicher anzulegenden Teil und in einen risikobehaftet anzulegenden Teil.

2. Der risikobehaftet anzulegende Teil ist bei allen Anlegern *identisch* strukturiert - es ist das *Marktportfolio.*

3. Nur die Antwort auf die Frage, welcher Teil seines Vermögens ein Investor risikobehaftet, und welcher Teil sicher angelegt werden soll, hängt von der individuellen Präferenz, der *Risikotoleranz* ab.

Einmal zur Vereinfachung unterstellt, das Marktportfolio bestehe nur aus Aktien, liefern empirische Schätzungen der Privatbank Pictet aufgrund der Jahre 1921-1997 für ein Portfolio 10,5% für die erwartete Rendite und 23,7% für die Streuung.

Um zu erörtern, *welches* der auf der CML positionierten Portfolios ein Investor wählt, muss spezifiziert werden, wie der Investor in Risikosituationen entscheidet. Ein klassisches Entscheidungskriterium besagt: Der Investor beurteilt jede Anlagestrategie (Asset Allocation) $A$ aufgrund der in einem Jahr möglichen, zufälligen Ergebnisse $Z_A$ (Wert des Portfolios in einem Jahr) anhand der Zahl

$$E[Z_A] - \frac{\alpha}{2}\text{var}[Z_A] \tag{1}$$

und wählt dann jene Anlagestrategie, bei der diese Zahl am grössten ist. Der Parameter Alpha $\alpha$ beschreibt die *Risikoaversion* des Investors, $1/\alpha$ ist die *Risikotoleranz.* Im klassischen Kriterium ist die zum Ausdruck kommende "Disutility" proportional zu $\alpha/2$ angesetzt, weil die präsentierte Entscheidungsregel so verträglich ist mit dem hybriden Modell und $\alpha$ dann das bekannte, nach John W. Pratt (1964) benannte Mass für die Risikoaversion ist.

Pratt basierte seine Untersuchungen auf das auf John von Neumann und Oskar Morgenstern beziehungsweise auf Daniel Bernoulli zurückgehende Prinzip, nach dem eine Person unter Risiko so entscheidet, als ob sie den Erwartungswert der Nutzenwerte der Ergebnisse maximiert. Demnach ist eine Asset Allocation, die auf das zufällige Endvermögen $Z$ führt, einer Asset Allocation, die auf das Endvermögen $Y$ führt, genau dann vorzuziehen, wenn $E[u(Z)] > E[u(Y)]$ gilt. Die Funktion $u$ transformiert dabei die möglichen

Realisationen von $Z$ beziehungsweise $Y$ in "Nutzenwerte"; sie heisst Risikonutzenfunktion.

Eine Person heisst risikoavers, wenn sie stets einer unsicheren Lotterie $Z$ eine sichere Zahlung in Höhe des Erwartungswertes $E[Z]$ vorzieht, wenn also $u(E[Z]) > E[u(Z)]$ gilt. Das ist der Fall, wenn die Risikonutzenfunktion konkav ist, wenn ihre zweite Ableitung negativ ist. Folglich schlug Pratt vor, die Risikoaversion $RAV(x)$ durch $RAV(x) = -u''(x)/u'(x)$ zu messen.

In der Tat gibt es spezielle Situationen, in denen das klassische Entscheidungskriterium *in Einklang* mit dem Prinzip des Erwartungsnutzen steht. Eine wichtige solche Situation beschreibt das 'hybride Modell'. Es besteht aus zwei Annahmen: 1. Alle zur Auswahl stehenden Lotterien oder Zufallsgrössen $X, \ldots$, aus denen die Person eine herauszugreifen hat, sollen *normalverteilt* sein. 2. Die Person habe eine Risikonutzenfunktion vom exponentiellen Typ, $u(x) = -\exp(-\alpha \cdot x)$. Bei einer exponentiellen Risikonutzenfunktion ist die Risikoaversion konstant, $RAV(x) \equiv \alpha$. Deshalb wird diese zweite Annahme auch als die konstanter Risikoaversion bezeichnet.

Für jede Lotterie $X$ werde das Sicherheitsäquivalent $s_X$ betrachtet. Es ist jene Zahl, bei der die Person indifferent ist zwischen einem sicheren Erhalt des Betrags $s_X$ und der Lotterie $X$. Das Sicherheitsäquivalent ist mithin durch $u(s_X) = E[u(X)]$ bestimmt. Mit der Umkehrfunktion lässt sich das Sicherheitsäquivalent als $s_X = u^{-1}(E[u(X)])$ schreiben. Dann lässt sich mathematisch beweisen: Sind die beiden Annahmen des hybriden Modells erfüllt, dann gilt: $s_X = E[X] - (\alpha/2) \cdot \mathrm{var}[X]$, das Sicherheitsäquivalent entspricht genau dem klassischen Entscheidungskriterium.

Mit diesen Bemerkungen können wir den optimalen Aktienanteil berechnen. Im Ergebnis zeigt sich: Ein Anleger, der den Geldbetrag $b$ zur Verfügung hat und die Risikoaversion $\alpha$ besitzt, wählt den Aktienanteil oder die

$$\text{Aktienquote } q = \frac{\mu - i}{\alpha \cdot b \cdot \sigma^2}. \tag{2}$$

Die Rechnung ist einfach und zum Beispiel in Spremann (1996) ausgeführt. Werden die empirisch gefundenen Zahlen (Pictet) eingesetzt - eine Risikoprämie von $\mu - i = 0,045 = 4,5\%$ und eine Streuung $\sigma = 0,237 = 23,7\%$, was eine Varianz von $\sigma^2 = 0,056$ bedeutet - dann errechnet sich der gesuchte Aktienanteil, der den Nutzen maximiert, zu

$$\text{Aktienquote } q = \frac{0,8}{\alpha \cdot b}. \tag{3}$$

# 5 Tiefendimension eines Risk Rulers

Eines ist deutlich geworden: Wenn ein Anleger in der Lage ist zu sagen, welches der auf der CML positionierten Portfolios er gern hätte, könnte schnell seine Risikoaversion berechnet werden. Wenn beispielsweise eine Person eine Aktienquote von 50% richtig findet, gilt für sie: $\alpha \cdot b = 1,6$. Geht es um ein freies Vermögen von $b = 100$, dann ist die Risikoaversion $\alpha = 0,0016$. Wenn die Person 33% Aktien optimal findet, gilt für sie $\alpha \cdot b = 2,4$. Wenn sie von allen Allokationen jene mit 66% Aktien vorzieht, gilt für sie: $\alpha \cdot b = 1,2$.

Aber dann hätte der Anleger bereits direkt sein nutzenmaximales Portfolio genannt und es müsste nicht eigens vom Berater mit einem Umweg über die Bestimmung der Risikoaversion berechnet werden. Um das Jahr 1950 wurden Risk Ruler so konstruiert: Man präsentierte dem Entscheidungsträger eine einfache Entscheidung unter Risiko und erbat eine Antwort.

Ein Paradebeispiel dafür ist dieses Experiment: Die "Versuchsperson" wird gefragt, welche Höhe ein Geldbetrag $s$ haben müsste, damit sie indifferent wäre zwischen dem Erhalt des Geldbetrags und einer Lotterie, bei der sie mit Wahrscheinlichkeit 1/2 nichts erhielte und mit derselben Wahrscheinlichkeit 1000 Geldeinheiten. Angenommen, die Versuchsperson habe die (konstante) Risikoaversion $\alpha$, mithin die Risikonutzenfunktion $u(w) = -\exp(-\alpha \cdot w)$, bestimmt sich das Sicherheitsäquivalent $s$ aus $u(s) = \frac{1}{2}u(0) + \frac{1}{2}u(1000)$, das heisst, $2 \cdot \exp(0) + \exp(-\alpha \cdot 1000)$, oder: $\ln 2 - \alpha \cdot s = \ln(1 + \exp(-\alpha \cdot 1000))$.

Für eine "Response" $s$ kann diese Gleichung numerisch nach $\alpha$, der gesuchten Risikoaversion aufgelöst werden. Ein Grafik soll den Zusammenhang zwischen der Risikoaversion und dem Sicherheitsäquivalent veranschaulichen.

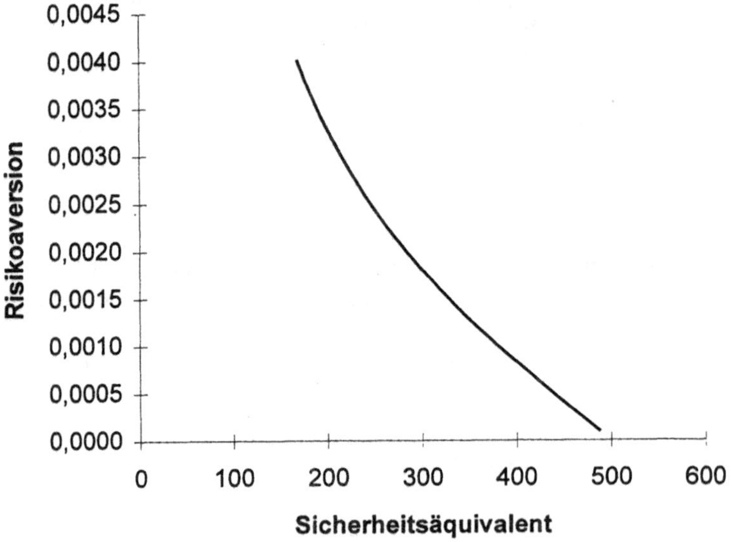


Vermutlich geben die meisten Versuchspersonen hier eine Response für das Sicherheitsäquivalent zwischen 280 und 380 Euro, was Risikoaversionen zwischen 0,002 und 0,001 entspricht.

Selbstverständlich können die Versuchspersonen auch vor andere Lotterien gestellt werden. Eine Grossbank hat einen ihrer Risk Ruler wie folgt aufgebaut: Neukunden werden vor eine hypothetische Entscheidungssituation geführt - abgesehen von einigen verbalen Fragen, die punktemässig nicht überwiegen. Die hypothetische Entscheidungssituation ist in drei Fragen entwickelt. Ohne den genauen Ablauf dieser Fragen wiederzugeben, sei festgehalten: Der Kunde erhält bei den betreffenden Fragen die *volle Punktzahl*, wenn er, vor die Alternative gestellt, ob ihm X oder Y lieber sei, sich für Y entscheidet. Dabei ist X eine "Anlage, die mit Sicherheit einen regelmässigen Ertrag von 5% pro Jahr erzielt." Die Alternative Y ist beschrieben als eine "Anlage, die im langfristigen Durchschnitt jährlich 8% Ertrag einbringt, wobei die Erträge von Jahr zu Jahr zwischen minus 5% und plus 20% schwanken können."

Auf den ersten Blick scheint das Problem der Bestimmung der Risikoaversion gelöst zu sein, und zwar auf eine Art die - ohne Bruch zwischen verschiedenen Wissenschaftsbereichen (Psychologie, Mathematik) - stets innerhalb der Entscheidungstheorie verbleibt und deshalb leicht nachvollziehbar ist. Leider lösen aber Versuche dieser Art, die Risikoaversion zu messen, das ursprüngliche Problem der Bank nicht.

- Denn wenn ein Anleger über soviel Verständnis verfügt, dass er in der Lage ist, zwischen Lotterien der genannten Beispiele zu wählen, dann können ihm auch die Programme Asset Allokationen 'Festzins', 'Ertrag,' 'Wachstum' und 'Aktien' gleich direkt zur Auswahl gestellt werden und er ist verständig genug zu sagen, was er für sich richtig findet.

- Hat ein Anleger aber nicht genügend Wissen und Erfahrung, aus den Allokationen 'Festzins', 'Ertrag,' 'Wachstum' und 'Aktien' zu wählen, dürfte er kaum in der Lage sein, qualifiziert über Lotterien der genannten Arten zu befinden.

Mit anderen Worten: Die natürlichen Objekte, aus denen schliesslich gewählt werden soll - die Asset Allokationen 'Festzins', 'Ertrag,' 'Wachstum' und 'Aktien' - und die künstlichen Objekte, aus denen der Anleger in der Versuchsanordnung solcher Risk Ruler zu wählen hat, liegen in derselben Sprachebene: es geht um die entscheidungstheoretisch aufbereitete Darstellung von Lotterien. Die Fragen, die dermassen konstruierte Risk Ruler dem Anleger stellen, haben eine zu geringe *Distanz* zu den Fragen, um deren Antwort schliesslich gerungen wird.

Es ist von daher ein Gebot, einem Anleger in einem Risk Ruler Fragen und Alternativen vorzulegen, die den Denkbereich und die Sprache der Entscheidungstheorie verlassen. Der mit den empirischen Wissenschaften vertraute wird daher nach 'Faktoren' suchen, welche die Risikoaversion 'erklären', wobei die Faktoren Lebensbereichen zuzuordnen sind, die sich in Büchern über Entscheidungstheorie *nicht* finden.

Die hier zwischen der zu erklärenden, entscheidungstheoretischen Variablen

"Risikoaversion" $\alpha = -u''/u'$ und den erklärenden Faktoren auftretende Distanz ist die Tiefendimension des Risk Rulers.

Es liegt auf der Hand, dass sich mehr Ungenauigkeiten bei der Bestimmung der Risikoaversion einer Person einschleichen, wenn die Disziplin und Sprache der zu erklärenden Variablen sehr weit entfernt ist von dem Lebensbereich, aus dem die erklärenden Variablen stammen und in der Sprachebene, mit der sie erhoben werden. Vereinfacht könnte man sagen, die "wissenschaftliche Genauigkeit" eines Risk Ruler mit grosser Tiefendimension sei tendenziell gering oder zumindest schwer nachprüfbar. Auf der anderen Seite ist die Exaktheit eines Risk Rulers mit geringer oder gar keiner Tiefendimension durch Nachrechnung für jedermann erkennbar - genau wie in unserem obigen Beispiel.

Leider tut sich ein Dilemma auf: Die Fragen in einem "exakten" Risk Ruler werden nur von entscheidungstheoretisch versierten Anlegern verstanden, und diese benötigen keinen Risk Ruler, weil sie die Unterschiede zwischen den Asset Allokationen 'Festzins', 'Ertrag,' 'Wachstum' und 'Aktien' verstehen und direkt wählen können. Die nicht entscheidungstheoretisch versierten Anleger verstehen dagegen die Fragen eines Risk Rulers mit geringer Tiefendimension nicht, genauso wie sie nicht verständig die Unterschiede zwischen 'Ertrag' und 'Wachstum' fassen können. Für diesen Personenkreis ist daher ein Risk Ruler mit geringer Tiefendimension keine Lösung. Müssten diese Personen doch die "theoretischen" Fragen eines Risk Rulers mit geringer Tiefendimension beantworten, wären Fehler oder nicht reproduzierbare Antworten die Folge.

Wir können daher sagen: Risk Ruler mit geringer Tiefendimension sind vielleicht "exakt", aber entweder irrelevant oder unverständlich. Risk Ruler mit grosser Tiefendimension sind vielleicht verständlich, möglicherweise haben sie sogar eine hohe Treffsicherheit, aber ihr Aufbau und ihre Wirkungsweise ist nicht immer "exakt".

# 6 Qualitative Response Modelle

Es wurde deutlich, dass Risk Ruler mit grosser Tiefendimension *Charakteristika der Persönlichkeit* des Investors erheben, nicht aber die Beantwortung entscheidungstheoretisch formulierter, hypothetischer Wahlhandlungen verlangen.

Zu den erfragten Charakteristika gehören Daten wie das Alter und das Einkommen, die Erfahrung mit Geldanlagen, das Fachwissen in finanziellen Dingen und die Einstellung, die Umwelt gestalten zu können (Kontrollüberzeugung) - vergleiche hierzu Müller (1995). Zu jeder dieser Frage gibt es einige formulierte Antworten, und der Anleger muss antworten, welche der möglichen Antworten seiner Persönlichkeit, Situation oder Einstellung am nächsten kommt.

Positiv für das Verständnis der Anleger, die mit solchen Fragen konfrontiert werden, ist die grosse Tiefendimension dieser Risk Ruler. Allerdings stellen sich zwei Fragen:

1. Welche der denkbaren Fragen sollten in einen Risk Ruler aufgenommen, welche weggelassen werden? Bei einem Risk Ruler im weiteren Sinn werden alle Themen "abgefragt", zu denen die Bank dem Kunden etwas mitteilen will. Das heisst, die Bank kleidet die Botschaft in die Form von Fragen - und deren Beantwortung ist dann eigentlich nur "Nebenzweck". Bei einem Risk Ruler im Engeren Sinn wird man Fragen mit Erklärungskraft bevorzugen.

2. Wie soll aus den gegebenen Antworten auf die Risikoaversion - oder auf die zu empfehlende Asset Allocation geschlossen werden? Das übliche Verfahren hierzu ist, den möglichen Antworten Punkte zu geben. Eine Versuchsperson wählt die Antworten, addiert die Punkte, und die Punktesumme - oder eine Funktion der Punktesumme - nennt die so gefundene Schätzung ihrer Risikoaversion. Sehr häufig praktiziert ist das Verfahren, dass für die Punktesumme Intervalle genannt sind, und für jedes Intervall die passende Asset Allocation genannt ist.

Im Grunde führen beide Fragen auf Probleme der Taxonomie oder Ökonometrie. Die Grundideen liefert die Regressionsanalyse oder die mit ihr methodisch verwandte Diskriminanzanalyse. Bei der Regressionsanalyse wird versucht, eine abhängige Variable, etwa die Risikoaversion - wir können statt dessen gleich sagen, die optimale Aktienquote - als lineare Funktion der erklärenden Variablen darzustellen. Die erklärenden Variablen sind die auf die verschiedenen Fragen gegebenen Antworten.

Bei der Diskriminanzanalyse ist die zu erklärende Variable binär. Beispielsweise möchte man nur unterscheiden, ob einem Anleger eher zu 33% Aktien oder eher zu 66% Aktien zu raten sei. Gesucht ist dann eine Gewichtung der erklärenden Variablen, so dass ihre gewichtete Summe die beiden Empfehlungen voneinander trennt.

Hier sind die 'unabhängigen' Variablen, die erklärenden Variablen, die Antworten auf die einzelnen Fragen. Die möglichen Antworten sind jedoch keine Zahlenwerte, sondern "nominal" skaliert oder "qualitative" Daten oder "diskrete" Werte. Deshalb kann nicht mit Verfahren der Linearen Regression gearbeitet werden. Statt dessen kommen Qualitative Response Modelle (QR-Modelle) zum Einsatz.

Qualitative Response Modelle wurden um 1980 massgeblich von Daniel L. McFadden entwickelt. Viele Anwendungen stammen aus dem Bereich der Gestaltung von Transportsystemen (Bus, Schiene, Auto). Man wollte herausfinden, auf welche Faktoren die Bevölkerung reagiert - als Beispiele denke man an Kosten und Bequemlichkeit - und wie sensibel diese Faktoren dann in die "Response" einfliessen.

Wenn die abhängige Variable nur zwei Werte zulässt (hohe oder geringe Risikoaversion beziehungsweise Aktienquote von 33% oder 66%), wird ein dichotomes oder binäres QR-Modell formuliert. Kann die abhängige Variable mehr als zwei Werte annehmen, wird ein multinomiales QR-Modell formuliert. Zwar ist ein Risk Ruler denkbar, der nur eine einzige Frage (mit zwei oder einigen Antwortmöglichkeiten) stellt. Hier käme dann ein univariates

QR-Modell zum Einsatz. Jedoch werden praktisch immer mehrere Fragen gestellt, weshalb multivariate QR-Modelle formuliert werden.

# 7 Das Domencich-McFadden-Modell

Um einen Einblick in die prinzipielle Vorgehensweise der QR-Modell zu gewinnen, modifizieren wir eine Anwendung, die auf T. A. Domencich und D. McFadden (1975) zurückgeht und die viele weitere, ähnlich strukturierte Anwendungen gefunden hat. Das ursprüngliche Modell diente der Planung des öffentlichen Verkehrs.

Ein Anleger habe ein freies Vermögen von 1000 und eine Risikoaversion $\alpha$. Wir hatten schon gefunden, dass sich für ihn die optimale Aktienquote zu $x = 0,8/1000\alpha$ berechnet, und wir vermuten, dass sich die Risikoaversion zwischen 0,001 und 0,002 oder leicht ausserhalb dieser Bandbreite liegt. Hätte der Anleger beispielsweise eine Risikoaversion $\alpha = 0,0016$, dann wäre ihm ein Portfolio mit 50% Aktien ab liebsten.

Der Anleger besucht eine Vermögensverwaltung und sie offenbart ihm, dass lediglich zwei Anlageprogramme zur Auswahl stehen, entweder Ertrag (33% Aktien) oder Wachstum (66% Aktien). Die beiden Asset Allokationen seien mit E und mit W abgekürzt.

Beim Programm E und einer Anfangsinvestition von 1000 Euro hat der Anleger nach einem Jahr ein Ergebnis, welches aus heutiger Sicht eine Zufallsvariable ist. Mit den schon zuvor verwendeten Daten (Pictet) ergibt sich als Erwartungswert 1075 und als Streuung 79 Euro, die Varianz des Vermögens also ist 6241. Beim Programm W hat das Vermögen nach einem Jahr einen Erwartungswert von 1090 und eine Streuung von 158 Euro, also eine Varianz von 24964. Folglich können die bei den Programmen E und W erzielten "Nutzen", ausgedrückt als Sicherheitsäquivalent, so berechnet werden:

$$
\begin{aligned}
U_E &= 1075 - (\alpha/2) \cdot 6241 \\
U_W &= 1090 - (\alpha/2) \cdot 24964
\end{aligned}
$$

Ob nun $U_E$ grösser als $U_W$ ist oder umgekehrt, hängt von der Risikoaversion $\alpha$ ab. Es ist schnell zu errechnen, dass die Differenz

$$U_W - U_E = 15 - \alpha \cdot 9361,5$$

für $\alpha < 0,0016$ positiv und für $\alpha > 0,0016$ negativ ist. Entsprechend würde der Anleger die Variante E (Ertrag) wählen - wir schreiben dafür $y = 0$ - wenn seine Risikoaversion grösser als der kritische Wert von 0,0016 ist. Der Anleger würde die Variante W (Wachstum) wählen - für diesen Fall schreiben wir $y = 1$, wenn die Risikoaversion kleiner als der kritische Wert wäre.

In soweit ist $y$ eine binäre, abhängige Variable. Dieser Ansatz soll nun zwei Erweiterungen erfahren.

1. Zum einen soll der Nutzen $U$ einer Alternative nicht exakt durch den Erwartungswert abzüglich des $(\alpha/2)$-fachen der Varianz des Endvermögens gegeben sein. Vielmehr ändert das Nutzenniveau noch eine zufällige Grösse $\epsilon$.

Also: $U_E = 1075 - (\alpha/2) \cdot 6241 + \epsilon_E$ und $U_W = 1090 - (\alpha/2) \cdot 24964 + \epsilon_W$. Natürlich müssen noch gewisse Annahmen über den Verteilungstyp dieser Zufallsvariablen getroffen werden.

Ob $U_E$ grösser als $U_W$ ist oder umgekehrt, ist nun kein sicheres Ereignis mehr, sondern ein zufälliges Ereignis. Die Wahrscheinlichkeitsverteilung hängt von derjenigen ab, die für $\epsilon_E$ und $\epsilon_W$ angenommen wird:

$$\begin{aligned} Pr(y=1) &= Pr(U_W - U_E) = Pr(\epsilon_E - \epsilon_W < 15 - \alpha \cdot 9361,5) \\ &= F(15 - \alpha \cdot 9361,5) \end{aligned}$$

Dabei bezeichnet $F$ die Verteilungsfunktion der Differenz $\epsilon_E - \epsilon_W$. Unterstellt man hierfür eine Normalverteilung, wird das QR-Modell als Probit-Modell bezeichnet. Ein Logit-Modell liegt vor, wenn eine logistische Verteilung unterstellt wird. In diesem Fall wird auch von Logistischer Regression gesprochen. Die logistische Funktion sieht der Normalverteilung recht ähnlich. Ihre Beschreibung geht auf E. J. Gumbel (1944) zurück, der zeigte, dass sie (für $n \to \infty$ immer besser) die Verteilung des Mittelwerts der $m$ grössten und der $m$ kleinsten Werte in einer Stichprobe vom Umfang $n$ beschreibt. Deshalb wird sie gelegentlich als "Extremwerte-Verteilung" angesprochen. Die Verteilungsfunktion $F$ der logistischen Funktion ist $F(s) = 1/(1 + \exp(-(s-a)/b))$. Der Parameter $a$ heisst "Location", und $b$ ist der "Scale".

2. Zweitens wird die Risikoaversion $\alpha$, oder an ihrer Stelle gleich das Argument von $F$ - der sich anhand der Risikoaversion ergebende Nutzenunterschied $15 - \alpha \cdot 9361,5$ zwischen den Alternativen W und E - als lineare Funktion mehrerer sozioökonomischer Faktoren der Person verstanden, die mit $x_1, x_2, \ldots, x_K$ bezeichnet seien.

$$15 - \alpha \cdot 9361,5 = \beta_0 + \beta_1 \cdot x_1 + \beta_2 \cdot x_2 + \cdots + \beta_K \cdot x_K.$$

Dann lautet das QR-Modell

$$Pr(y=1) = F(\beta_0 + \beta_1 \cdot x_1 + \beta_2 \cdot x_2 + \cdots + \beta_K \cdot x_K). \tag{4}$$

Die $x_1, x_2, \ldots, x_K$ sind die unabhängigen Variablen, $y$ ist die dichotome abhängige Variable, die $\beta_0, \beta_1, \ldots, \beta_K$ sind die Gewichte oder Parameter.

3. Dieses Modell wird nicht nur für einen Anleger, sondern für zahlreiche Personen als korrekte Beschreibung ihrer "Antworten" aufgefasst. Es bezeichne $n = 1, 2, \ldots, N$ das Individuum im Kollektiv von $N$ Personen. Ein Versuchsleiter wertet das Experiment aus.

- Jede Person $n$ hat einen eigenen $x-$Vektor sozioökonomischer Faktoren, und diese können vom Versuchsleiter zweifelsfrei beobachtet werden. In unserem Fall sind das Antworten auf diverse Fragen. Sie seien nun mit $x_1^{(n)}, \ldots, x_K^{(n)}$ bezeichnet.

- Der Versuchsleiter soll beobachten können, wie sich eine Person tatsächlich entscheidet, das heisst, ob sie mit $y^{(n)} = 0$ oder mit $y^{(n)} = 1$ antwortet.

- Die im Gewichte $\beta_0, \beta_1, \ldots, \beta_K$ sollen für alle Personen dieselben sein.

- Die Zufallsvariable $\epsilon_E$ und $\epsilon_W$ drücken Einflussfaktoren auf das Nutzenniveau aus, deren Beobachtung dem Versuchsleiter unmöglich ist. Die Grössen $\epsilon_E - \epsilon_W$ sollen aber für alle Personen identisch verteilt sein - eben die durch $F$ beschriebene (logistische) Verteilungsfunktion haben. Ausserdem sollen die zufälligen Einflussfaktoren für verschiedene Personen voneinander unabhängig sein.

Mit jeder konkreten Wahl der Gewichte ist unter Kenntnis der $x-$Vektoren für jede Person die $n$ Wahrscheinlichkeit $Pr(y^{(n)} = 1)$ festgelegt - man erinnere sich: die $y^{(n)}$, $n = 1, 2, \ldots, N$ sind Zufallsvariable. Wie eben angenommen, sind dem Versuchsleiter die Realisationen der $y^{(n)}$, $n = 1, 2, \ldots, N$ bekannt. Der Versuchsleiter versucht nun, die Gewichte $\beta_0, \beta_1, \ldots, \beta_K$ so zu bestimmen, dass die tatsächlich beobachteten $y-$Werte die höchste Eintrittswahrscheinlichkeit besitzen. Solche Schätzverfahren heissen Maximum-Likelihood.

Mit dem QR-Modell wird also versucht, die Wahrscheinlichkeit für das Ereignis einer Response $y^{(n)} = 1$ mit Hilfe der Prädiktoren $x_1^{(n)}, \ldots, x_K^{(n)}$ zu erklären:

$$Pr\left(y^{(n)} = 1\right) = F\left((\beta_0 + \beta_1 \cdot x_1^{(n)} + \beta_2 \cdot x_2^{(n)} + \cdots + \beta_K \cdot x_K^{(n)}\right),\ n = 1, \ldots, N$$

Man beachte: Es wird nicht versucht, eine (multiple) lineare Regression der Form

$$y^{(n)} = \beta_0 + \beta_1 \cdot x_1^{(n)} + \beta_2 \cdot x_2^{(n)} + \cdots + \beta_K \cdot x_K^{(n)}, \quad n = 1, \ldots, N$$

mit der Methode kleinster Quadrate zu lösen, eben weil die Daten nominal skaliert sind.

McFadden hat einige Erweiterungen des binären QR-Modells untersucht. Eine häufig betrachtete Verallgemeinerung führt die Personen vor eine Wahl aus drei Möglichkeiten. Mit diesen trichotomen QR-Modellen tauchen dann Probleme auf, wenn die zur Wahl stehenden Probleme zu ähnlich sind. Sie sind in der Literatur unter den Stichworten "roter Bus - blauer Bus" bekannt.

Was ist letztlich mit den Logit-Modellen gewonnen?

Es sind Gewichte bestimmt, mit denen die einzelnen sozioökonomischen Daten einer Person $l$ es erlauben, ihr Wahlverhalten $Pr\left(y^{(l)} = 1\right)$ zu prognostizieren. Allerdings gibt es einige Voraussetzungen.

- Zum einen muss die Abhängigkeit der Response von den sozioökonomischen Daten linear sein. Vielleicht ist das nicht so einschränkend, weil vielfach die Linearität durch geeignete Transformationen erreicht werden kann.

- Zum anderen muss das Kollektiv der $N$ Personen, die der Kalibrierung des QR-Modells dienen, sehr gross sein, besonders dann, wenn die Dimension $K$ der sozioökonomischen Faktoren hoch ist. In der Praxis kann deshalb nicht ein Risk Ruler vollständig kalibriert werden. Man muss sich begnügen, die Gewichte der Antworten zu einer oder zu zwei Fragen zu bestimmen.

- Sodann muss es möglich sein, für alle $N$ Personen neben den jeweiligen sozioökonomischen Daten ($x-$Vektor) auch die jeweilige Antwort ($y-$Wert) zu kennen.

Diese letzte Voraussetzung ist die kritischste. Sie ist in der Demoskopie erfüllt, wo zur Wahl gehende Personen dem Versuchsleiter durchaus (wahrheitsgemäss) melden können, wie sie wählen. Der Versuchsleiter möchte dieses vorher in einer Umfrage bekundete oder beobachtete Wahlverhalten mit seiner Kalibrierung in Bezug bringen auf die sozioökonomischen Faktoren. Das Ziel der Übung ist herauszufinden, wie andere Personen wählen werden. Das Ziel ist aber nicht, von einem höheren Standpunkt aus zu beurteilen, ob die Personen richtig wählen.

Übertragen wir diese Betrachtung auf unseren Untersuchungsgegenstand, dann müssten die befragten Personen zunächst in der Lage sein, zwischen den Anlageprogrammen - hier Ertrag und Wachstum - zu wählen. Das QR-Modell und seine Kalibrierung setzen dann dieses Wahlverhalten in Bezug auf die sozioökonomischen Faktoren - die Antworten auf die Fragen des Risk Rulers. In der Tat ist es dann möglich zu prognostizieren, welches Portfolio eine weitere Person $l$ wählen würde, sobald sie die Fragen des Risk Rulers beantwortet hat. Leider wissen wir dann aber immer noch nicht, ob sachverständige Dritte dieser Person die von ihr getroffene Wahl auch als "richtig" empfehlen würden.

Hier offenbaren sich die Grenzen der Anwendbarkeit der QR-Modelle zur Kalibrierung von Risk Rulern. Zwar können die QR-Modelle das faktische Wahlverhalten von Anlegern anhand der befragten sozioökonomischen Faktoren prognostizieren. Zu wenig geklärt aber bleibt die normative Frage eines Anlegers: "Welche Aktienquote ist für mich richtig?"

## Literatur

AMEMIYA, TAKESHI: Advanced Econometrics, Harvard University Press, Cambridge (Massachusetts) 1996, Chapter 9 und 10.

ARROW, KENNETH J.: The Role of Securities in the Optimal Allocation of Risk- Bearing, Review of Economic Studies 1964, pp. 91-96.

BAMBERG, GÜNTER und RALF TROST: Entscheidungen unter Risiko: Empirische Evidenz und Praktikabilität, Betriebswirtschaftliche Forschung und Praxis 6 (1996) 6, pp.640-662.

DOMENCICH, T. A. and D. MCFADDEN: Urban Travel Demand. North-Holland Publishing, Amsterdam 1975.

MCFADDEN, DANIEL L.: Econometric Analysis of Qualitative Response Models, Handbook of Econometrics (Herausgegeben von Z. Griliches und M. D. Intriligator), Volume II, Chapter 24, Elsevier Science Publishers 1984, pp. 1396-1457.

GUMBEL, E.J. (1944). Ranges and mid ranges, Annals of Mathematical Statistics, 15, 414-422.

KLEINBAUM, DAVID G., LAWRENCE L. KUPPER und KEITH E. MULLER: Applied Regression Analysis and Other Multivariable Methods. PWS-Kent Publishing Company, Boston 1988.

LI, YUMING und WILLIAM T. ZIEMBA: Univariate and multivariate measures of risk aversion and risk premiums. Annals of Operations Research 45 (1993), pp. 265-296.

MÜLLER, HORST: Zur Risikobereitschaft privater Geldanleger. Kredit und Kapital 11 (1995) 1, pp. 134-160.

PICTET: Zu den zitierten Daten: DANIEL WYDLER (Pictet Asset Management AG, Zürich) und AMANDA GRENDON (Pictet Institutionelle Abteilung, Genf), 29, bd Georges-Favon, 1204 Genf, Tel.: +41-1-225 4451, +41-22-318 2247, ausserdem: DANIEL WYDLER: Swiss stocks, bonds and inflation 1926-1987, The Journal of Portfolio Management, Winter 1989, pp.27-32.

PRATT, JOHN W.: Risk Aversion in the Small and in the Large. Econometrica 32 (1964), pp. 122-136.

SPREMANN, KLAUS: Wirtschaft, Investition und Finanzierung, 5. Auflage 1996, Oldenbourg-Verlag, München.

# Teil 6

# Operations Research und Unternehmensplanung

# Von Kürzeste Wege- zu Hub Location-Problemen

Wolfgang Domschke

Institut für Betriebswirtschaftslehre, TU Darmstadt, Hochschulstraße 1–2, 64289 Darmstadt, Germany

**Zusammenfassung**: Die Schrift enthält einen sehr persönlichen Dank an Otto Opitz. Sie spannt einen Bogen von Kürzeste Wege - und Warehouse Location - Problemen, mit denen sich der Autor unter Anleitung von Otto Opitz zunächst beschäftigt hat, bis zu einem noch relativ jungen Betätigungsfeld, den Hub Location - Problemen, deren Betrachtung den Schwerpunkt der Arbeit darstellt.

## 1 Von Kürzeste Wege-Problemen zur Standorttheorie

Im folgenden betrachten wir Kürzeste Wege-Probleme in verschiedenen Ausprägungen sowie einige Grundlagen der Standorttheorie. Es handelt sich dabei um Problemstellungen, mit denen ich mich zu Beginn meiner wissenschaftlichen Laufbahn unter wesentlicher Unterstützung und Betreuung des durch den vorliegenden Band zu Ehrenden, Otto Opitz, beschäftigt habe.

### 1.1 Kürzeste Wege-Probleme

Eine ordentliche Behandlung von Kürzeste Wege-Problemen beginnt gewöhnlich mit der Definition von Grundbegriffen der Graphentheorie. Wir können darauf verzichten, da sie zumeist bekannt sein dürften oder bestens in Hauke und Opitz (1996, Kap. 4) nachlesbar sind.

Meine Tätigkeit auf diesem Gebiet begann mit der Diplomarbeit, in der vorhandene Lösungsansätze zur *Bestimmung kürzester Wege von einem Knoten zu allen oder zwischen allen Knotenpaaren eines bewerteten Graphen* in einheitlicher Weise dargestellt, ihre Korrektheit bewiesen und Anwendungsmöglichkeiten aufgezeigt werden sollten. Die Schrift sollte im Anton-Hain-Verlag veröffentlicht werden. Dazu wurde sie um weitere Vorgehensweisen, Implementierungen und Verfahrensvergleiche ergänzt - und aufgrund des klugen (dem ökonomischen Prinzip folgenden) Rates von Otto Opitz in kurzer Zeit zur Dissertation.

Seitdem sind den im Jahre 1971 aktuellen Verfahren von Moore, Ford, Dijkstra, Dantzig, Floyd usw. in der Literatur zahlreiche weitere Vorgehensweisen und Implementierungsvorschläge hinzugefügt worden. Umfassende Darstellungen hierzu findet der Leser z.B. in Ahuja et al. (1993) oder Domschke (1995, Kap. 5).

Die Bestimmung kürzester Wege ist bei der Lösung zahlreicher OR-Probleme erforderlich oder von Nutzen. Beispiele hierfür sind Probleme der Losgrößenplanung (z.B. das Wagner-Whitin-Problem) und der Investitionsplanung (z.B. Ermittlung von Ersatzzeitpunkten für Maschinen), lineare Zuordnungs- und Umladeprobleme, Probleme der Touren- und der Standortplanung. Im Rahmen der Netzplantechnik sowie einigen Problemen der Maschinenbelegungsplanung sind längste Wege zu ermitteln.

Über das bislang betrachtete (Standard-) Kürzeste Wege - Problem hinaus sind in den letzten Jahren zahlreiche Verallgemeinerungen behandelt worden. Genannt seien Probleme der Bestimmung der $k$ kürzesten Wege, Probleme mit Zeitfenstern für das Durchlaufen von Knoten, Probleme mit mehrfacher Bewertung von Kanten oder Pfeilen (z.B. Entfernungen, Kosten, Fahrzeiten), Probleme mit stochastischen Kanten- oder Pfeilbewertungen. Ein umfassender Literaturüberblick zu diesem Thema fehlt meines Wissens derzeit.

## 1.2 Grundlagen der Standorttheorie

Modelle, Verfahren und Anwendungsmöglichkeiten der Standorttheorie waren u.a. Gegenstand meiner Habilitationsschrift. Auch deren Entstehung hat Otto Opitz durch nützliche Diskussionen und Ratschläge positiv beeinflußt.

*Der* Klassiker der Literatur zur Standorttheorie ist das Buch "Über den Standort der Industrien" von Weber (1909). Darin werden u.a. Standortfaktoren definiert und klassifiziert. Weber konstatiert, daß - 1909 - für Industriebetriebe die Transportkosten einen der wichtigsten Standortfaktoren darstellen. Demzufolge beschäftigt er sich mit Modellen, die die Minimierung der Transportkosten zum Ziel haben, und deren Lösungsmöglichkeiten. Es handelt sich dabei um Modelle, die wir heute zum Typ der **Standortbestimmung in der Ebene** zählen. Ein derartiges Grundmodell geht von folgenden Annahmen aus:

- Zu beliefern sind $n$ Kunden mit bekannten Periodenbedarfen $b_j$ ($j = 1,\ldots,n$). Sie sind auf einer homogenen Fläche (Ebene, ohne Berge, Täler, Seen) angesiedelt. Über die Ebene wird ein Koordinatensystem projiziert, so daß sich der Standort jedes Kunden $j$ durch ein Koordinatenpaar $(u_j, v_j)$ angeben läßt.

- Gesucht ist ein Standort für einen Betrieb mit den Koordinaten $(x, y)$, von dem aus die Kundenbedarfe transportkostenminimal zu decken sind. Als Standort kommt jeder Punkt der Ebene in Frage.

- Die Transportkosten sind proportional zur zurückzulegenden Entfernung und zur zu transportierenden Menge mit einem Proportionalitätsfaktor $c$ (in Geldeinheiten pro Mengen- und Entfernungseinheit).

Gehen wir davon aus, daß die Entfernung zwischen zwei Punkten der Euklidischen (oder Luftlinien-) Entfernung entspricht, so ist das folgende Problem zu lösen:

$$\text{Minimiere } K(x,y) = \sum_{j=1}^{n} c \cdot b_j \sqrt{(x-u_j)^2 + (y-v_j)^2}$$

Beschränkt auf $n = 3$, spricht man vom Modell der *"Standortbestimmung im Dreieck"*. Im Buch von Weber findet man Hinweise darauf, wie man dieses Problem graphisch lösen kann. Für beliebiges $n$ gibt es mittlerweile Iterationsverfahren, die eine optimale Lösung liefern. In der Literatur findet man ferner zahlreiche Verallgemeinerungen des Modells (z.B. mit Einbeziehung von Nebenbedingungen, zur gleichzeitigen Ermittlung mehrerer Standorte usw.) und Lösungsverfahren; vgl. Domschke und Drexl (1996, Kap. 5). Wegen der recht einschränkenden Annahmen und der ausschließlichen Berücksichtigung des Standortfaktors Transportkosten sind Ansätze zur Standortbestimmung in der Ebene jedoch für den Anwendungsfall zumeist nicht geeignet. Von größerer Bedeutung ist hierfür der Modelltyp der **Standortbestimmung in Netzen.**

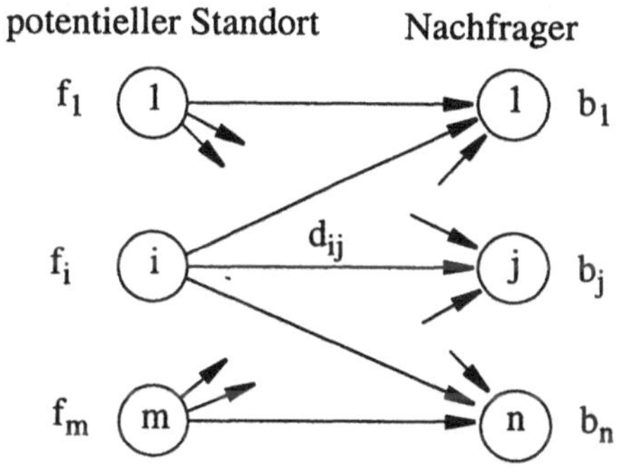


Abbildung 1: Unkapazitiertes Warehouse Location-Problem

Ein Grundmodell dieses Typs, das *unkapazitierte Warehouse Location - Problem* (WLP), geht von folgenden Annahmen aus (vgl. Abb. 1):

- Gegeben ist ein Verkehrsnetz, abbildbar durch einen ungerichteten oder gerichteten Graphen mit Kanten- oder Pfeilbewertungen (z.B. Länge) $c$. In $n$ Orten (Knoten) des Netzes befinden sich Kunden mit bekannten Periodenbedarfen $b_j$ ($j = 1, ..., n$).

- $m$ Orte (Knoten) stehen für die Einrichtung eines Betriebes zur Verfügung, sie stellen *potentielle Standorte* dar. Wird an einem potentiellen Standort $i$ ein Betrieb eingerichtet, so entstehen pro Periode Fixkosten in Höhe von $f_i$ GE (z.B. Kapitalbindungskosten).
- Die Transportkosten für die Belieferung eines Kunden $j$ seitens eines Betriebes $i$ sind proportional zur transportierten Menge. Für die Lieferung des Gesamtbedarfs $b_j$ mögen sie $d_{ij}$ GE betragen.
- Gesucht sind eine Teilmenge der Menge der potentiellen Standorte und ein Transport- oder Lieferplan so, daß die Summe aus fixen Standort- und variablen Transportkosten für die Befriedigung der Kundennachfrage minimal wird.

Unter Verwendung von binären Standortvariablen

$$y_i = \begin{cases} 1 & \text{falls in Knoten } i \text{ ein Betrieb eingerichtet wird} \\ 0 & \text{sonst} \end{cases}$$

und kontinuierlichen Transportvariablen $x_{ij}$ (= Anteil von $b_j$, der von Standort $i$ an Kunde $j$ geliefert wird) läßt sich das Modell mathematisch wie folgt formulieren:

$$\text{Minimiere } K(x,y) = \sum_{i=1}^{m} f_i y_i + \sum_{i=1}^{m}\sum_{j=1}^{n} d_{ij} x_{ij} \qquad (1)$$

unter den Nebenbedingungen

$$\sum_{i=1}^{m} x_{ij} = 1 \qquad \text{für } j = 1,\ldots,n \qquad (2)$$

$$\sum_{j=1}^{n} x_{ij} \leq n \cdot y_i \qquad \text{für } i = 1,\ldots,m \qquad (3)$$

$$y_i \in \{0,1\} \text{ und } x_{ij} \geq 0 \qquad \text{für } i = 1,\ldots,m \text{ und } j = 1,\ldots,n \qquad (4)$$

Bei dieser Art der mathematischen Formulierung spricht man von der *aggregierten* Form. Ersetzt man die Bedingung (3) durch

$$x_{ij} \leq y_i \qquad \text{für } i = 1,\ldots,m \text{ und } j = 1,\ldots,n \qquad (5)$$

so entsteht eine *disaggregierte* Formulierung. Sie besitzt zwar wesentlich mehr Nebenbedingungen, optimale Lösungen ihrer LP-Relaxation liefern jedoch deutlich schärfere untere Schranken für den Zielfunktionswert des WLP als dies bei der aggregierten Formulierung der Fall ist.

Zur näherungsweisen Lösung des WLP wurden zahlreiche Heuristiken entwickelt. Optimale Lösungen lassen sich mit Hilfe von Branch-and-Bound-Verfahren (abgekürzt B&B- Verfahren) bestimmen, wobei die Art der mathematischen Formulierung (aggregiert oder disaggregiert) wesentlichen Einfluß auf die Gestaltung des Verfahrens und die erforderliche Rechenzeit hat.

Das von Erlenkotter (1978) entwickelte B&B-Verfahren geht von der disaggregierten Formulierung aus. Aufgrund der Berechnung unterer und oberer Schranken für den optimalen Zielfunktionswert des WLP stellt es eines der pfiffigsten Verfahren des gesamten Operations Research dar. Zur Ermittlung unterer Schranken wird die LP-Relaxation ($y_i \in [0,1]$) betrachtet und das dazu duale Problem gebildet. Dieses wird heuristisch durch Einsatz von Eröffnungs- (Dual Ascent - Methode) und Verbesserungsverfahren (Dual Adjustment - Methode) gelöst. Aufgrund des Einschließungssatzes der linearen Optimierung weiß man, daß der so erhaltene Zielfunktionswert der dualen Lösung eine untere Schranke für den optimalen Zielfunktionswert des WLP darstellt. Da diese Schranke zumeist sehr gut ist und darüber hinaus aufgrund der Lösung des dualen Problems unter Ausnutzung des Satzes vom komplementären Schlupf gute zulässige Lösungen für das WLP ermittelt werden können, erfordert das Verfahren häufig relativ wenige Verzweigungsschritte. Körkel (1989) hat u.a. für große Probleme aus dem Telekommunikationsbereich ($m = n = 1000$) v.a. im Hinblick auf die Ausführung der Dual Ascent - Methode modifizierte Vorgehensweisen entwickelt, die auf einer IBM 3090 im Sekundenbereich gelöst werden konnten.

Über das unkapazitierte (einstufige) WLP hinaus wurden in der Literatur Modelle mit Kapazitätsrestriktionen, mit mehrstufigem Transport, unter Berücksichtigung nichtlinearer Produktionskostenfunktionen usw. entwickelt und Lösungsmöglichkeiten aufgezeigt. Darüber hinaus wurden Zentrenprobleme (mit einer Minimax- statt einer Minisumzielfunktion) betrachtet und gelöst. Ein jüngeres Arbeitsgebiet stellt das Gebiet der Bestimmung unerwünschter Standorte (z.B. für gefährliche Einrichtungen, Mülldeponien) dar. Vgl. zu den genannten Weiterentwicklungen z.B. Schildt (1994), Domschke und Drexl (1996) oder Domschke und Krispin (1997) und die dort angegebene Literatur.

# 2 Hub Location - Probleme

Im folgenden betrachten wir Problemstellungen aus dem Bereich der Standorttheorie, die derzeit an meinem Lehrstuhl bearbeitet werden und erst vor etwa 10 Jahren Eingang in die OR-Literatur fanden.

Wir erläutern zunächst, was man unter Hub-and-Spoke-Netzen und einem Hub Location - Problem versteht, geben eine mögliche mathematische Formulierung für ein solches Problem an und gehen schließlich auf Lösungsmöglichkeiten ein.

## 2.1 Hub-and-Spoke-Netze

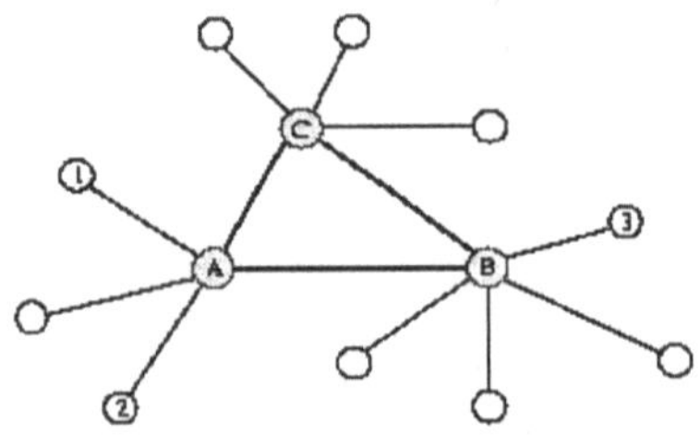


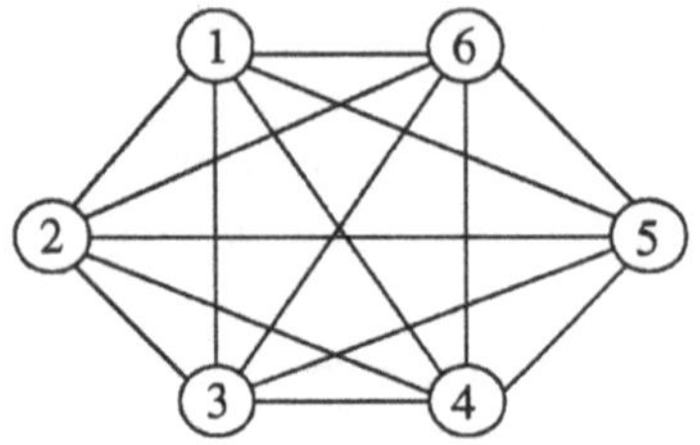


Abbildung 2: Hub-and-Spoke-Netz    Abbildung 3: Vollständiges Netz

Abb. 2 zeigt ein Beispiel für ein **Hub-and-Spoke-Netz**. Es handelt sich um einen ungerichteten Graphen mit Knotenmenge $V$ und folgenden Eigenschaften:

- Zwischen allen Knotenpaaren $i, j \in V$ existiert ein Güterfluß $t_{ij}$ (in Mengeneinheiten pro Periode).
- Eine Teilmenge "zentral" gelegener Knoten dient als Hubs (= *Naben*; Umladeknoten für den Güterfluß); die restlichen Knoten (Endknoten des Netzes) sind jeweils über genau eine Kante (*Speiche* = *Spoke*) mit einem der Hubs verbunden. Der Güterfluß zwischen zwei Endknoten erfolgt jeweils über mindestens einen Hub.

Im Gegensatz zu vollständigen Netzen (vgl. Abb. 3), bei denen jeder Knoten mit jedem anderen verbunden ist, also jeweils Direkttransporte stattfinden, enthält ein Hub-and-Spoke-Netz deutlich weniger Verbindungen. Das Transportaufkommen zwischen den Hubs ist größer als zwischen den Knoten eines vollständigen Netzes. Es können größere Transporteinheiten gewählt und dadurch Transportkosten gespart werden. Die Transportzeiten zwischen den Endknoten eines solchen Netzes sind jedoch in der Regel höher als in vollständigen Netzen.
Hub-and-Spoke-Netze findet man im Flugverkehr, bei großen Speditionen, Paketdiensten, der Post und als Computernetze. Mit der Gestaltung derartiger Netze beschäftigt man sich seit Ende der 70-er Jahre. Erste Arbeiten im Operations Research stammen aus dem Jahre 1986.

Hub-and-Spoke-Netze können sich voneinander v.a. durch die Eigenschaften des die Hubs verbindenden Teilnetzes (vollständiger Graph, Kreis, Baum, allgemeiner Graph) und durch die Anbindung der Endknoten an das Hubteilnetz (z.B. Verbindung mit genau einem Hub, wie oben unterstellt, oder Verbindung mit mehreren Hubs) unterscheiden.

## 2.2 Ein Hub Location - Problem

Im folgenden betrachten wir ein mögliches Hub Location - Problem, das folgende Annahmen beinhaltet:

- Gegeben ist ein vollständiger, bewerteter, ungerichteter Graph $G = [V, E, c]$ mit $n$-elementiger Knotenmenge $V$, der Kantenmenge $E$ und Kantenbewertungen $c$.
- Für jedes Knotenpaar $i$ und $j$ (mit $i \neq j$) gibt es ein Transportaufkommen in Höhe von $t_{ij}$ ME pro Periode.
- Jeder Knoten $k \in H$ einer Teilmenge $H$ der Knotenmenge $V$ kommt als potentieller Standort für die Einrichtung eines Hubs in Frage. Ein Hub in Knoten $i$ verursacht, analog zum WLP, Fixkosten in Höhe von $f_i$ GE pro Periode.
- Das Hubteilnetz stellt einen vollständigen Teilgraphen von $G$ dar. Jeder Endknoten kann mit einem oder mehreren Hubs verbunden sein. Direkttransporte zwischen Endknoten sind nicht möglich.
- Die Kanten $[i, j] \in E$ werden mit Einheitstransportkosten $c_{ij}$ (i.d.R. proportional zur Entfernung zwischen $i$ und $j$) bewertet.
- Auf Verbindungen zwischen zwei Hubs $k$ und $m$ werden aufgrund des erhöhten Transportaufkommens die Kosten mit einem vorgegebenen Faktor $\alpha$, $0 < \alpha \leq 1$, skaliert. Die Kosten für den Transport einer ME von Endknoten $i$ über Hubs $k$ und $m$ zu Endknoten $j$ sind damit $c_{ikmj} = c_{ik} + \alpha c_{km} + c_{mj}$. Jeder Transport zwischen zwei Endknoten erfolgt über maximal zwei Hubs.

Unter diesen Annahmen ist das Netz (Anzahl und Lage der Hubs, Verbindungen der Endknoten mit den Hubs) so zu gestalten, daß die Summe aus Fixkosten und Transportkosten pro Periode minimal wird.
Unter Verwendung der Binärvariablen $y_k$ mit der Bedeutung

$$y_k = \begin{cases} 1 & \text{falls in Knoten } k \text{ ein Hub eingerichtet wird} \\ 0 & \text{sonst} \end{cases}$$

und kontinuierlichen Variablen $x_{ikmj}$ für den Anteil des Transportaufkommens $t_{ij}$, der von Knoten $i$ über die Hubs $k$ und $m$ zu Knoten $j$ erfolgt, erhalten wir für dieses Modell folgende mathematische Formulierung:

$$\text{Minimiere } K(x,y) = \sum_{k\in H} f_k y_k + \sum_{i=1}^{n} \sum_{k\in H} \sum_{m\in H} \sum_{j=1}^{n} t_{ij} c_{ikmj} x_{ikmj} \tag{6}$$

unter den Nebenbedingungen

$$\sum_{k\in H} \sum_{m\in H} x_{ikmj} = 1 \quad \text{für alle } i \text{ und } j \tag{7}$$

$$x_{ikmj} \leq y_k \quad \text{für alle } i,k,m,j \tag{8}$$

$$x_{ikmj} \leq y_m \quad \text{für alle } i,k,m,j \tag{9}$$

$$y_k \in \{0,1\} \text{ und } x_{ikmj} \geq 0 \quad \text{für alle } i,k,m,j \tag{10}$$

## 2.3 Lösungsmöglichkeiten

Zur näherungsweisen Lösung des Problems wurden in Anlehnung an entsprechende Vorgehensweisen für WLPe heuristische Eröffnungsverfahren (Add- und Drop- Algorithmus) sowie Verbesserungsverfahren (Vertauschungsverfahren, Simulated Annealing, Tabu Search) entwickelt. Ein erstes exaktes Verfahren stammt von Klincewicz (1996). Der Autor zeigt zunächst auf, daß sich das Problem wie folgt ganz ähnlich wie ein unkapazitiertes WLP formulieren läßt:

Die Variablen $x_{ikmj}$ werden ersetzt durch Variablen $x_{hl}$. Dabei ist für jedes geordnete Knotenpaar $i,j \in V$ ein Index $h$ einzuführen; somit gilt $h = 1,\ldots,n^2$. Ferner ist für jedes geordnete Paar $k$ und $m$ potentieller Hubs sowie für alle Paare mit identischen Hubs ein Index $l$ einzuführen; somit gilt $l = 1,\ldots,|H|^2$. Als Kostenbewertung der $x_{hl}$ erhält man $\kappa_{hl} = t_{ij}c_{ikmj}$. Führt man ferner für jedes Hubpaar $l$ eine Menge $H_l = \{k,m | l = (k,m)\}$ und für jeden potentiellen Hub $k$ eine Menge $P_k = \{l | l = (k,m) \vee l = (m,k)\}$ ein, so ergibt sich die folgende alternative mathematische **Formulierung des Hub Location - Problems:**

$$\text{Minimiere } K(x,y) = \sum_{k} f_k y_k + \sum_{h} \sum_{l} \kappa_{hl} x_{hl} \tag{11}$$

unter den Nebenbedingungen

$$\boxed{v_h} \quad \sum\nolimits_l x_{hl} = 1 \quad \text{für alle } h \tag{12}$$

$$\boxed{w_{hlk}} \quad x_{hl} \leq y_k \quad \text{für alle } h \text{ und } l \text{ sowie } k \in H_l \tag{13}$$

$$y_k \in \{0,1\} \quad \text{und} \quad x_{hl} \geq 0 \text{ für alle } h,k,l \tag{14}$$

Wegen der Ähnlichkeit mit dem WLP lassen sich wesentliche Komponenten des Verfahrens von Erlenkotter (1978) zu dessen Lösung einsetzen. Zur Bestimmung unterer Schranken für Zielfunktionswerte wird die LP-Relaxation unter Verwendung von Variablen $v_h$ und $w_{hlk}$ dualisiert. Nach geringfügigem Umstellen der Nebenbedingungen erhält man für das duale Problem die folgende Schreibweise:

$$\text{Maximiere } KD(v) \quad = \quad \sum_h v_h \tag{15}$$

unter den Nebenbedingungen

$$\sum_{k \in H_l} w_{hlk} \geq v_h - \kappa_{hl} \qquad \text{für alle } h, l \tag{16}$$

$$\sum_h \sum_{l \in P_k} w_{hlk} \leq f_k \qquad \text{für alle } k \tag{17}$$

$$w_{hkl} \geq 0 \text{ und } v_h \in I\!R \qquad \text{für alle } h, l \text{ und } k \in H_l \tag{18}$$

Die Zielfunktion ist unabhängig von den Variablen $w_{hlk}$. Bei vorgegebenen $v_h$ stellt (16) - (18) das Nebenbedingungssystem eines Transportproblems (mit Ungleichungen in den Nebenbedingungen) dar. In Anlehnung an das Dual Ascent - Verfahren von Erlenkotter wird, beginnend bei $v_h = \min\{\kappa_{hl} | \text{ für alle } l\}$, versucht, die $v_h$ sukzessive so lange zu erhöhen, wie sich für (16) - (18) noch eine zulässige Lösung finden läßt. Ihre Erhöhung orientiert sich dabei an monoton wachsenden $\kappa_{hl}$.
Ist eine Lösung des dualen Problems ermittelt, so wird unter Ausnutzung der **Optimalitätsbedingung**

$$y_k \cdot \left( f_k - \sum_h \sum_{l \in P_k} w_{hlk} \right) = 0 \qquad \text{für alle } k \tag{19}$$

eine zulässige Lösung des primalen Problems bestimmt:

- Man wählt $y_k = 1$ für alle $k$ mit $f_k - \sum_h \sum_{l \in P_k} w_{hlk} = 0$.
- Mittels eines geeignet modifizierten *Kürzeste Wege - Verfahrens* (Benutzung von maximal zwei Hubs) werden die kostenminimalen Verbindungen für alle Endknoten $i$ und $j$ bestimmt. Die entsprechenden Variablen $x_{ikmj}$ erhalten den Wert 1.

Stimmen die mit Hilfe der Relaxation erhaltene untere Schranke und der Zielfunktionswert der besten ermittelten Lösung des Hub Location - Problems überein, so ist das Problem gelöst. Ansonsten wird es verzweigt, indem

Standortvariablen zu 0 oder 1 fixiert werden. Die beschriebene Vorgehensweise ist für jedes Teilproblem zu wiederholen.

Krispin und Wagner (1998) zeigen, daß sich die primale Lösung und damit der Wert der oberen Schranke durch Anwendung von Add- und Drop-Heuristiken verbessern lassen. Dadurch wird die Dualitatslücke verringert, Teilprobleme müssen oft nicht gebildet oder können eher ausgelotet werden. Deutliche Fortschritte hinsichtlich der Lösbarkeit größerer Probleme wurden von Krispin und Wagner (1998) durch den Übergang zu einer aggregierten Modellformulierung erzielt. Diese Aggregation führt zu gegenüber (8) und (9) schärferen Restriktionen hinsichtlich der potentiellen Hubknoten. Anhand der mit der Dual Ascent - Methode erzielten Lösungen lassen sich wesentlich bessere primale Lösungen generieren als dies bei der disaggregierten Formulierung der Fall ist.

| potentielle Hubs | Fixkosten | Rechenzeit (min:sec) | | relative Abweichung vom Optimum in % |
|---|---|---|---|---|
| | | B&B-Verf. | Heuristik | |
| 30 | hoch | 07:56,0 | 02:00,3 | 0 |
| | mittel | 46:21,2 | 01:30,6 | 0 |
| | niedrig | 71:20,8 | 01:55,1 | 0 |
| 25 | hoch | 05:56,3 | 01:21,4 | 0 |
| | mittel | 25:28,0 | 01:10,0 | 0,289 |
| | niedrig | 22:49,2 | 01:09,7 | 0,006 |
| 20 | hoch | 03:27,4 | 00:49,5 | 0 |
| | mittel | 7:37,5 | 00:39,0 | 0,093 |
| | niedrig | 07:01,4 | 00:36,8 | 0 |

Tabelle 1: Rechenergebnisse

Tab. 1 zeigt einige von Krispin und Wagner (1998) erzielte Testergebnisse. Den Tests lagen Daten der australischen Post zugrunde; vgl. Ernst und Krishnamoorthy (1996). Bei jeder Probleminstanz enthielt das Netz $n = 30$ Knoten, und es wurde von einem Kostendegressionsfaktor $\alpha = 0,8$ ausgegangen. Folgendes wird durch Betrachtung des zu lösenden Problems und anhand der Tests ersichtlich:

- Die Rechenzeiten für die Ermittlung einer optimalen Lösung werden wesentlich von der Anzahl der potentiellen Hubs und der für sie zu veranschlagenden Fixkosten beeinflußt.
- V.a. die von Krispin und Wagner (1998) aufgezeigten heuristischen Vorgehensweisen (Dual Ascent - Verfahren in Kombination mit Add - und Drop - Algorithmus) scheinen für die Lösung praktischer Problemstellungen bestens geeignet zu sein. Weitere Tests werden dies sicherlich bestätigen.

# Literatur

AHUJA, R.K., MAGNANTI, T.L. und J.B. ORLIN (1993): Network flows. Theory, algorithms, and applications. Prentice Hall, New Jersey.

DOMSCHKE, W. (1995): Logistik: Transport. 4. Aufl., Oldenbourg, München - Wien.

DOMSCHKE, W. und A. DREXL (1996): Logistik: Standorte. 4. Aufl., Oldenbourg, München - Wien.

DOMSCHKE, W. und G. KRISPIN (1997): Location and layout planning - A survey. *OR Spektrum 19*, S. 181-194.

ERLENKOTTER, D. (1978): A dual-based procedure for uncapacitated facility location. *Operations Research 26*, S. 992-1009.

ERNST, A.T. und M. KRISHNAMOORTHY (1996): Efficient algorithms for the uncapacitated single allocation p-hub median problem. *Location Science 4*, S. 139-154.

HAUKE, W. und O. OPITZ (1996): Mathematische Unternehmensplanung - Eine Einführung. Moderne Industrie, Landsberg/Lech.

KLINCEWICZ, J.G. (1996): A dual algorithm for the uncapacitated hub location problem. *Location Science 4*, S. 173-184.

KÖRKEL, M. (1989): On the exact solution of large-scale simple plant location problems. *European Journal of Operational Research 39*, S. 157-173.

KRISPIN, G. und B. WAGNER (1998): HubLocater: An exact solution method for the multiple allocation hub location problem. *Schriften zur Quantitativen Betriebswirtschaftslehre 12/98*, Technische Universität Darmstadt.

OPITZ, O. (1997): Mathematik. Lehrbuch für Ökonomen. 6. Aufl., Oldenbourg, München - Wien.

SCHILDT, B. (1994): Strategische Produktions- und Distributionsplanung. Deutscher Universitäts-Verlag, Wiesbaden.

WEBER, A. (1909): Über den Standort der Industrien, 1. Teil: Reine Theorie des Standortes. Tübingen.

# A Depot Location Problem of a Swiss Dairy Producer: An Application of Simple Plant Location and Parametric Analysis

A. Klose, P. Stähly

Institut für Unternehmensforschung
Universität St. Gallen, CH-9000 St. Gallen, Switzerland

**Summary:** Several independent regional producers of dairy products joined to become one of Switzerland's major companies in this industry. As the company's distribution system still reflected this historical background, it was obvious to analyze alternative depot locations which better take into account the new situation. The depot location problem was modelled as a discrete location model. Data collection and cost estimation was a severe problem and only little information was provided by management. It is shown that mathematical location models can still give valuable results despite the absence of detailed data.

## 1 The Location Problem

The depot location problem to be discussed here was proposed by a large producer and distributor of dairy products in Switzerland. Similar location studies have been conducted by Gelders et al. (1987), Köksalan et al. (1995), and Bruns et al. (1998).

The firm resulted from the merger of four smaller companies producing dairy products. Each company had its own distribution system whose structure was more the result of the firm's history than of economic reasoning.

The whole firm operated 28 depots which serve approximately 18000 single customers (supermarkets, retailers, ...) in Switzerland. To reduce the distribution costs, the management decided to close some of the existing depots (except 7 depots) and to change the allocation of customers to depots.

Since there were no restrictive capacity constraints, the use of a "Simple Plant Location" model was proposed in order to support the decision on the new number and locations of depots and the customer assignment. For the purpose of the analysis, the 18000 single customers were aggregated by the firm on the basis of postal codes to 1400 customer nodes whose geographical distribution is shown in Fig. 1.

The management was – for several reasons – not able to provide data on the unit throughput costs and the fixed costs at the depots. Thus, equal throughput costs of the depots were assumed. Because of the unknown fixed costs, it was decided to compute the transportation cost function, i.e. the function:

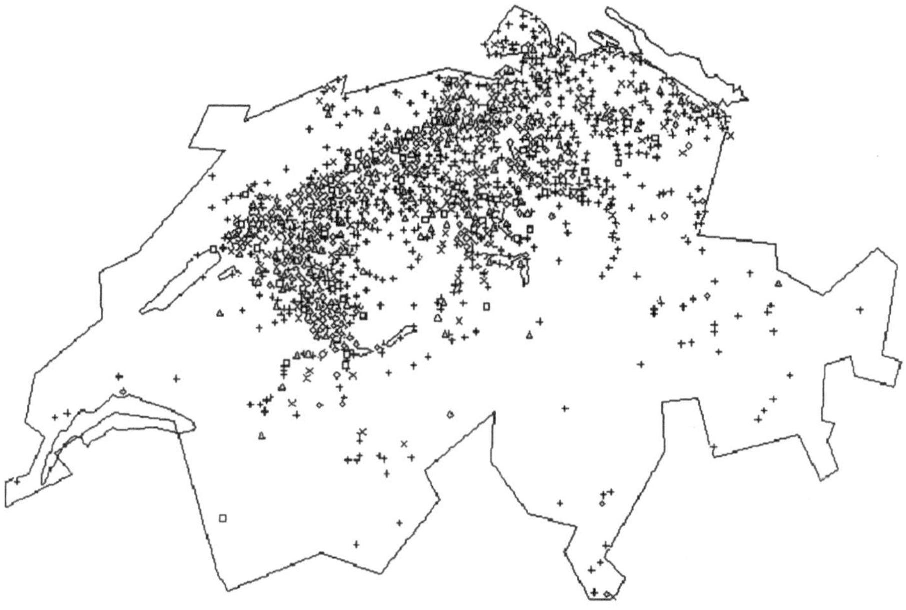

Figure 1: Distribution of customer nodes (+: lowest sales, ◇: highest sales)

$$\begin{aligned}\Phi(p) \quad = \quad \min \quad & \sum_{i=1}^{m} \sum_{j=1}^{n} c_{ij} x_{ij} \\ & \sum_{j=1}^{n} x_{ij} = 1 \quad \forall\, i \\ & \sum_{j=1}^{n} y_j = p \\ & x_{ij} - y_j \leq 0 \quad \forall\, i,\, j \\ & x_{ij},\, y_j \in \{0,1\} \quad \forall\, i,\, j\end{aligned} \tag{1}$$

for $p = 1, \ldots, n$. Here, $m$ is the number of customers, $n$ the number of potential depot sites, $c_{ij}$ the transportation cost to serve customer $i$ from depot $j$. The variable $x_{ij}$ equals 1 if customer $i$ is assigned to depot $j$ and $y_j$ equals 1 if depot $j$ is opened.

# 2 Cost Estimation

In order to estimate the variable transportation costs $c_{ij}$, two different approaches were used. In a first approach, these costs were computed as $c_{ij} = b_i \cdot 2 \cdot d_{ij} \cdot \omega_D$, where $b_i$ is the annual demand of customer $i$, $d_{ij}$ the length of the shortest path from depot $j$ to customer node $i$ in a street network of Switzerland and $\omega_D$ the transportation cost per unit weight and distance (provided by the firm). In a second approach, these costs were computed as $c_{ij} = 250 \cdot (2 \cdot d_{ij} \cdot k_i) \cdot T$, where $T$ is the transportation cost per unit distance and $k_i$ is an estimate of the number of vehicles which visit customer node $i$ daily (250 days per year; $k_i = \lceil (b_i/250)/Q \rceil$, $Q$ = average vehicle capacity).

The last approach assumes that every customer node is visited daily and closely resembles an cost estimation procedure proposed by Gelders et al. (1987). Since the 1400 customer nodes contained nodes with very low sales, a further aggregation of the 1400 customer nodes were necessary. Using an aggregation scheme proposed by Daskin et al. (1989), 570 customer regions were obtained as follows: The first aggregate node is given by the node with the largest demand. In every step, all remaining nodes ("mini-nodes") are then assigned to the nearest aggregate node. The next aggregate node is the mini-node with greatest weighted distance (distance × demand) to its current aggregate node. This process is repeated until the desired number of aggregate nodes has been selected. Due to this aggregation, it can be assumed that no vehicle tour covers more than one aggregate customer node. Otherwise, the use of more sophisticated procedures for estimating delivery costs in location-routing problems would be appropriate. Slightly different approximation schemes applicable to these purposes are proposed e. g. by Fleischmann (1979), Kroon and Romeijn (1995), Klose (1996), and Fleischmann (1998).

# 3 Computation of Cost Curves

Instead of computing the cost curve $\Phi(p)$ in (1) directly, its convex hull $\Phi^H(p)$ is computed. It is well known (see Geoffrion (1974)) that $\Phi^H(p) = \sum_{i=1}^m \sum_{j=1}^n c_{ij} x_{ij}^p$ where $(x^p, y^p)$ is the optimal solution of the Lagrangean relaxation

$$\begin{aligned} \min \quad & \sum_{i=1}^{m} \sum_{j=1}^{n} c_{ij} x_{ij} + \overline{\mu} \left( \sum_{j=1}^{n} y_j - p \right) \\ & \sum_{j=1}^{n} x_{ij} = 1 \quad \forall\, i \\ & x_{ij} - y_j \leq 0 \quad \forall\, i, j \\ & x_{ij}, y_j \in \{0, 1\} \quad \forall\, i, j \end{aligned} \tag{2}$$

and where $\overline{\mu}$ denotes the optimal Lagrangean multiplier of the cardinality constraint.

The optimal multiplier $\overline{\mu}$ for any given $p$ can be computed by means of the "tangential approximation method" which was proposed by Greenberg (1977) for the "one-dimensional multiplier problem". Mirchandani et al. (1985) use this procedure for solving the Lagrangean dual which results from relaxing the cardinality constraint in the $p$-median problem. Klose and Stähly (1998) apply the method for the purposes of a parametric analysis of fixed costs in Simple Plant Location problems. Figure 2 illustrates how this method works.

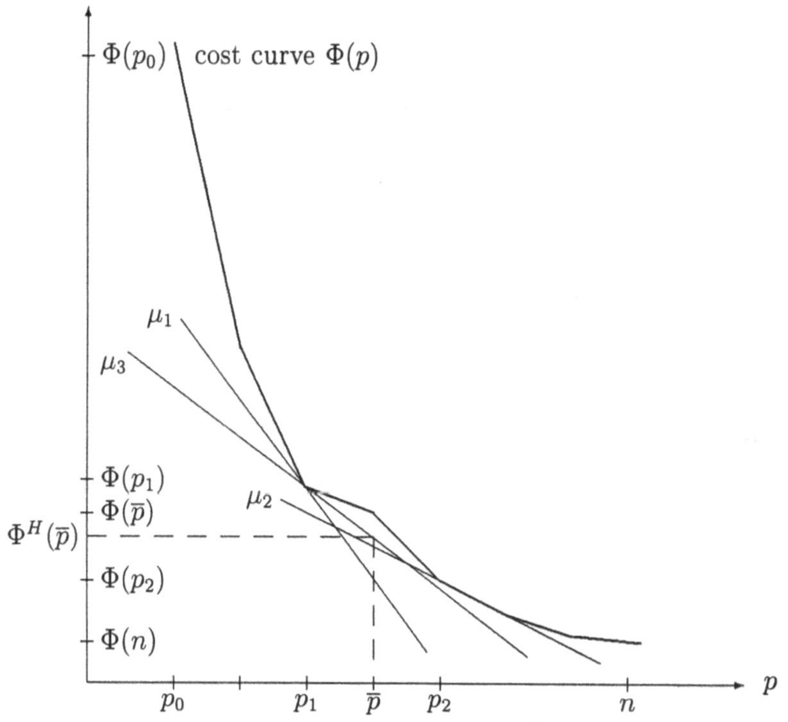


1. $\mu_1 = (\Phi(p_0) - \Phi(n))/(n - p_0)$
2. Solve Lagrangean relaxation with $\mu = \mu_1$ and obtain point $(p_1, \Phi(p_1))$.
3. $\mu_2 = (\Phi(p_1) - \Phi(n))/(n - p_1)$
4. Solve Lagrangean relaxation with $\mu = \mu_2$ and obtain point $(p_2, \Phi(p_2))$.
5. $\mu_3 = (\Phi(p_1) - \Phi(p_2))/(p_2 - p_1)$
6. Solution of Lagrangean relaxation with $\mu = \mu_3$ results again in point $(p_2, \Phi(p_2))$. The convex hull at point $p = \overline{p}$ is given by $\Phi^H(\overline{p}) = \Phi(p_1) + (p_1 - \overline{p})\mu_3 = \Phi(p_2) + (p_2 - \overline{p})\mu_3$. Therefore, $\overline{\mu} = \mu_3$ is the optimal multiplier. In this case, a duality gap exists for $p = \overline{p}$ (i.e. $\Phi(\overline{p}) > \Phi^H(\overline{p})$).

Figure 2: Method of tangential approximation

Since, in the course of the algorithm for given $p$, other points $k$ – where the cost curve $\Phi(k)$ coincides with its convex hull $\Phi^H(k)$ – are determined, this method is a good tool for computing the whole cost curve resp. its convex hull. To solve the Lagrangean relaxation (2), which occurs as a subproblem during the tangential approximation algorithm, a branch and

bound algorithm based on dual ascent and subgradient optimization (see Klose (1993)) is used.
If there is no duality gap for given $p$ (i.e. $\Phi^H(p) = \Phi(p)$) – which is nearly always the case for the above relaxation –, optimal multipliers $\mu$ lie in the range

$$\mu_{\min} = \max_{R>p} \frac{\Phi(p) - \Phi(R)}{R - p} \leq \mu \leq \min_{r<p} \frac{\Phi(r) - \Phi(p)}{p - r} = \mu_{\max} .$$

If no duality gap exists, $\mu_{\min}$ and $\mu_{\max}$ are the lowest and highest possible values of the fixed depot costs for which an optimal solution of the Simple Plant Location problem with identical fixed costs $\mu \in [\mu_{\min}, \mu_{\max}]$ is given by the solution corresponding to the point $(p, \Phi(p))$ of the cost curve (1).
The transportation cost function and the associated "sensitivity analysis" of the fixed costs, based on the method of tangential approximation, were very helpful information for the management to decide on the new depot locations. Other helpful information in this respect were also tables of the different solutions $p = 1, \ldots, n$. These indicate the robustness of certain (sub-)solutions by showing which potential depot $j$ belongs to a certain solution.

# 4 Concluding Remarks

In the context of depot location, the Simple Plant Location Problem is a mathematical model for a strategic planning problem. Due to the long-term planning horizon, there is generally an uncertainty regarding the relevant cost components and the demand development. Cost coefficients measuring the costs of assigning customers and the costs to operate the depots are highly aggregated entities which are composed of a variety of different cost factors and which can often only be estimated. Sometimes, cost accounting information is even insufficient for estimating important cost data as the fixed depot costs.
In order to support decision making in such a situation by means of a mathematical model, it is important to get insight into alternative good solutions, the stability of these solutions and the effects of changes in fixed and variable costs. It is often much more important to learn about the effects of data variations than to know a single mathematical optimal solution. An important instrument in this respect is sensitivity and parametric analysis. Regarding general integer programming problems, the analysis of the sensitivity of solutions and parameter changes is computationally a very burdensome task. Fortunately, the Simple Plant Location Problem has a simple structure which facilitates parametric analysis substantially. A parametric analysis of the fixed depot costs can be performed by Lagrangean relaxation of a cardinality restriction and computing the convex hull of the resulting value function with the help of the tangential approximation algorithm. In the absence of any reliable fixed cost information, this instrument can be

used to generate possible ranges of fixed depot costs and associated solutions for the depot locations and the assignment of customers.

## References


BRUNS, A., KLOSE, A., STÄHLY, P. (1998): Restructuring of Swiss Parcel Delivery Services. Working Paper, Institute for Operations Research, University of St. Gallen.

DASKIN, M. S., HAGHANI, A. E., KHANAL, M., MALANDRAKI, C. (1989): Aggregation effects in maximum covering models. *Annals of Operations Research 18, 115–139.*

FLEISCHMANN, B. (1979): Distributionsplanung. In: Gaede, K.-W., Pressmar, D. B., Schneeweiß, C., Schuster, K.-P., Seifert, O. (Eds.). *Proceedings in Operations Research*, pp. 293–308. Physica-Verlag, Heidelberg.

FLEISCHMANN, B. (1998): Design of Freight Traffic Networks. In: Fleischmann, B., van Nunen, J. A. E. E., Speranza, M. G., Stähly, P. (Eds.). *Advances in Distribution Logistics*, pp. 55–81. Springer-Verlag, Berlin, Heidelberg, New York.

GELDERS, L. F., PINTELON, L. M., VAN WASSENHOVE, L. N. (1987): A Location-Allocation Problem in a Large Belgian Brewery. *European Journal of Operational Research 28, 196–206.*

GEOFFRION, A. M. (1974): Lagrangean Relaxation for Integer Programming. *Mathematical Programming Study 2, 82–114.*

GREENBERG, H. J. (1977): The One-Dimensional Generalized Lagrange Multiplier Problem. *Operations Research 25, 338–345.*

KLOSE, A. (1993): Das kombinatorische P-Median-Modell und Erweiterungen zur Bestimmung optimaler Standorte. Diss. Nr. 1464, Hochschule St. Gallen.

KLOSE, A. (1996): Using Clustering Methods in Problems of Combined Location and Routing. In: Kleinschmidt, P., Bachem, A., Derigs, U., Fischer, D., Leopold-Wildburger, U., Möhring, R. (Eds.). *Operations Research Proceedings 1995*, pp. 411–416. Springer-Verlag, Berlin, Heidelberg, New York.

KLOSE, A., STÄHLY, P. (1998): Parametric Analysis of Fixed Costs in Uncapacitated Facility Location. In: Fleischmann, B., van Nunen, J. A. E. E., Speranza, M. G., Stähly, P. (Eds.). *Advances in Distribution Logistics*, pp. 215–240. Springer-Verlag, Berlin, Heidelberg, New York.

KÖKSALAN, M., SÜRAL, H., KIRCA, Ö. (1995): A Location-Distribution Application for a Beer Company. *European Journal of Operational Research 80, 16–24.*

KROON, L., ROMEIJN, E. (1995): Integration of Strategic and Tactical Distribution Planning. In: Proceedings of the Second International Workshop on Distribution Logistics. Oegstgeest, The Netherlands.

MIRCHANDANI, P. B., OUDJIT, A., WONG, R. T. (1985): Multidimensional Extensions and a Nested Dual Approach for the $m$-Median Problem. *European Journal of Operational Research 21, 121–137.*

# Bewertungsprinzipien für Zukunftsbilder: Ein Überblick

M. Mißler-Behr

Institut für Statistik und Mathematische Wirtschaftstheorie
Universität Augsburg, 86135 Augsburg, Germany

**Zusammenfassung:** Zur Bewertung von Szenarien wurden besonders am Anfang der achtziger Jahre vor allem mathematisch orientierte Verfahren vorgeschlagen. Die prinzipielle Arbeitsweise der wichtigsten Verfahrensgruppen sowie ein neuer, wissensbasierter Ansatz zur Szenariobewertung werden diskutiert, beurteilt und Vor- und Nachteile herausgearbeitet. Abschließend werden die Verfahrensgruppen bezüglich ihrer Eignung für den Einsatz in der Szenarioanalyse bewertet.

# 1 Grundelemente der Szenarioanalyse

## 1.1 Einordnung

Die Szenarioanalyse ist ein qualitatives Prognoseinstrument, das im strategischen Controlling Anwendung findet (Georgantzas, Acar (1995)). Aufgabe der Szenarioanalyse ist es, zukünftige Entwicklungen des Unternehmens beziehungsweise zukünftige Entwicklungen, die das Unternehmen maßgeblich beeinflussen können, systematisch, umfassend und antizipativ aufzuzeigen. Wesentliches Merkmal der Szenarioanalyse ist dabei, daß besonders qualitative Daten und Merkmale zur Beschreibung der Unternehmensumwelt herangezogen werden. Es müssen in einer Szenarioanalyse sowohl zukünftig mögliche Ausprägungen als auch die Vernetzungsstruktur der betrachteten Merkmale berücksichtigt werden. Ziel einer Szenarioanalyse ist es nicht, die Zukunft vorauszusagen. Sie soll viel mehr helfen, die Zukunft vorauszudenken (Gausemeier et al. (1995)), um die Antizipationsfähigkeit des Managements zu flexibilisieren und auszuweiten, damit das Chancen- und Risikopotential des Unternehmens besser eingeschätzt und erkannt werden kann. Außerdem soll das Unternehmen durch die Szenarioanalyse vorbereitet werden, aktiv an der Zukunftsgestaltung mitzuwirken und nicht nur im nachhinein auf bereits eingetretene Entwicklungen zu reagieren.

Der Szenarioprozeß erstreckt sich über mehrere Schritte (v. Reibnitz (1991)). Ausgangspunkt sind die Aufgaben- und Einflußanalyse, in denen die Aufgabenstellung klar abgegrenzt wird sowie die wichtigsten Umfelder und die sie beschreibenden Merkmale mit ihren Wirkungszusammenhängen analysiert werden. Anschließend werden die zukünftigen Entwicklungsmöglichkeiten der Merkmale aufgezeigt. Die Menge aller Ausprägungskonstellationen der verschiedenen Merkmale bilden den Szenariogesamtraum. Dieser umfaßt schnell mehrere Millionen Elemente. Aus dieser Gesamtmenge sind nun einige wenige (meist zwischen 2 und 5) Szenarien auszuwählen, die als Zukunftsbilder in die strategische Planung integriert werden.

Für den Auswahlprozeß sind die Szenarien zu bewerten. Hier haben sich drei Eigenschaften herauskristallisiert, die die ausgewählten Szenarien erfüllen sollen: **Konsistenz, Stabilität und Unterschiedlichkeit**. Ein Szenario heißt konsistent, wenn seine Merkmalsausprägungen untereinander stimmig sind und keine Widersprüche enthalten. Stabil ist ein Szenario, wenn sich seine innere Stimmigkeit bei Änderung weniger Merkmalsausprägungen nicht oder nur wenig ändert. Da die ausgewählten Szenarien den Szenariogesamtraum repräsentieren sollen, sind möglichst unterschiedliche Zukunftsbilder auszuwählen, damit die ganze Bandbreite von Entwicklungsmöglichkeiten erhalten bleibt. Ziel der im folgenden beschriebenen Verfahren ist es, die Szenarien zu bewerten und somit die Szenarioendauswahl zu steuern.

## 1.2 Datenbasis

Konsistenzeinschätzungen oder Wahrscheinlichkeitsschätzungen bilden die wesentlichen Eingangsgrößen der Verfahren. Konsistenzschätzungen bewerten das gemeinsame oder bedingte Auftreten von je zwei Merkmalsausprägungen. Sie enthalten Grobinformationen über die Vernetzungsstruktur der verwendeten Merkmale. Im allgemeinen wird eine fünfstufige Ordinalskala von -2 bis +2 für die Konsistenzwerte benutzt. Die Konsistenzzahl +2 besagt, daß sich die beiden Ausprägungen geradezu bedingen. Der Wert 0 steht für Neutralität und Unabhängigkeit. Widersprechen sich zwei Ausprägungen, werden sie mit der Konsistenzzahl -2 bewertet. +1 und -1 bilden Zwischenwerte.

# 2 Verfahren zur Szenariobewertung

Zur Szenariobewertung haben sich unterschiedliche Verfahrensgruppen herauskristallisiert, deren prinzipielle Arbeitsweise im folgenden beschrieben wird.

## 2.1 Intuitive Szenarioauswahl

Ganzheitlich-intuitive Vorgehensweisen zur Szenarienauswahl beruhen im allgemeinen darauf, daß passende Merkmalsausprägungen auf dem Papier einander zugeordnet werden. Dies mag bei kleinen Beispielen eine mögliche Vorgehensweise sein, muß jedoch bei realistischen Anwendungen mit 30 bis 40 Merkmalen abgelehnt werden. Die Zukunftsbilder sind zu komplex, daß ohne systematische Unterstützung ein logisch strukturiertes, in sich vollständig begründetes Szenario ausgewählt werden kann. Zum anderen führt diese Vorgehensweise dazu, daß im allgemeinen nur zwei Extremszenarien, die Schwarz-Weiß-Bilder beschreiben, ausgewählt werden. Die intuitive Szenariobewertung gibt auch keine Hinweise auf die Fragen, ob es sinnvoll ist, weitere Szenarien auszuwählen beziehungsweise welche weiteren Szenarien gegebenenfalls auszuwählen sind. Bei der Zusammenstellung der Szenarien wird allenfalls die Verträglichkeit der Merkmalsausprägungen untereinander berücksichtigt. Stabilität und Repräsentativität des Szenariogesamtraums werden nicht berücksichtigt.

Wegen dieser Schwachpunkte ist es dringend zu empfehlen, systematisch-analytische Verfahren bei der Szenariobewertung anzuwenden.

## 2.2 Enumerations- und Branch-and-Bound Verfahren

Enumerations- und Branch-and-Bound Verfahren bilden den Szenariogesamtraum in einer Baumstruktur ab (siehe Abbildung 1). Ausgehend von einem Startknoten (0. Stufe) werden alle Ausprägungen des ersten Merkmals ($A_{1i}$) an diesen Knoten angehängt (1. Stufe). An jedes der neuen Blätter werden anschließend sämtliche Ausprägungen des 2. Merkmals ($A_{2i}$) angehängt (2. Stufe), usw. Jeder Ast des Baumes entspricht einem Szenario.

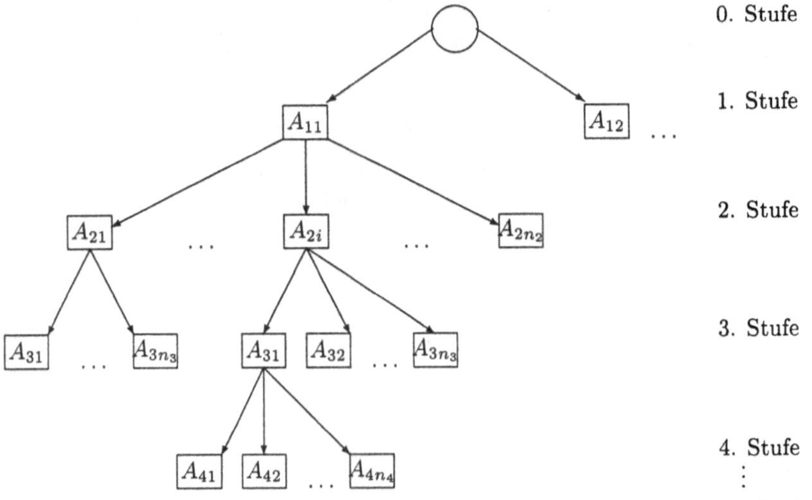


Abbildung 1: Baumstruktur zur Szenariobewertung

Vollenumerative Verfahren bewerten sämtliche Äste z.B. mit ihrer Konsistenzsumme. Die Szenarien mit den höchsten Konsistenzsummen werden zur Weiterverarbeitung in der strategischen Planung ausgewählt. Um nicht sämtliche Äste des Baumes ganz abarbeiten zu müssen, untersuchen Branch-and-Bound Verfahren (von Nietzsch, Weber, Wietheger (1985)) ganze Teiläste des Szenariobaumes darauf, ob vorgegebene Inkonsistenzkriterien erfüllt sind. Teiläste, die die Inkonsistenzkriterien erfüllen, werden nicht weiter bearbeitet. Je niedriger die Stufe des Baumes ist, in der festgestellt werden kann, daß ein Teilast inkonsistent ist, desto mehr Szenarien können von der weiteren Bewertung sofort ausgeschlossen werden. Inkonsistenzkriterien können z.B. zu viele Widersprüche im Szenario sein (gemessen durch die Anzahl der Konsistenzzahlen -2 im Szenario) oder eine zu niedrige Konsistenzsumme. Aus den verbleibenden Szenarien werden diejenigen mit den höchsten Konsistenzsummen zur Integration in die strategische Planung ausgewählt.

Auch in dieser Verfahrensgruppe wird nur die Konsistenz der Merkmalsausprägungen untereinander zur Beurteilung der Szenarien herangezogen. Die Eigenschaften Stabilität und Repräsentativität werden nicht berücksichtigt. Grundsätzlich ist anzumerken, daß die Konsistenzsumme durch Addition von ordinalen Einschätzungen gebildet wird. Dies ist mathematisch nicht korrekt. Sollte dieser Weg dennoch beschritten werden, ist darauf zu achten, daß die gewählten Werte der Ordinalskala alle gleiche Vorzeichen besitzen. Ist dies nicht der Fall, können sich Konsistenzwerte in der Summe gegeneinander aufheben. Diese Nivellierung ist im nachhinein nicht mehr zu unterscheiden von Szenarien mit vorwiegend neutralen Merkmalspaaren. Dadurch kann es zu Mißinterpretationen kommen.

## 2.3 Gleichungssysteme und Optimierungsmodelle

Gleichungs- und Optimierungsmodelle benutzten wahrscheinlichkeitstheoretische Gesetzmäßigkeiten, um Szenariowahrscheinlichkeiten berechnen zu lassen. Inputgrößen sind z.B. Wahrscheinlichkeitsschätzungen für einzelne Merkmalsausprägungen bis hin zu Wahrscheinlichkeitsschätzungen für das gemeinsame Auftreten von Ausprägungen aller verwendeten Merkmale (Sarin (1978)) und gemeinsame Konsistenzschätzungen von je zwei Merkmalsausprägungen (Brauers, Weber (1986)). Den meisten Ansätzen liegt folgende Idee zugrunde: Sämtliche Szenarien unterscheiden sich in mindestens einer Merkmalsausprägung und sind somit disjunkt zueinander. Deshalb kann die Wahrscheinlichkeit für eine bestimmte Merkmalsausprägung aus der Summe der Wahrscheinlichkeiten jener Szenarien berechnet werden, in denen die betrachtete Ausprägung auftritt. Dieses Prinzip läßt sich auf mehrere Merkmalsausprägungen erweitern. Die Wahrscheinlichkeit für eine bestimmte Merkmalsausprägungskombination läßt sich aus der Summe der Wahrscheinlichkeiten jener Szenarien berechnen, in denen die betrachtete Ausprägungskombination auch auftritt, usw. Umgekehrt können auf diese Weise bei vorgegebenen Wahrscheinlichkeitsschätzungen für die Merkmalsausprägungen auch die Szenariowahrscheinlichkeiten ermittelt werden.

Stellvertretend wird im folgenden kurz der Optimierungsansatz von Brauers und Weber (1986) skizziert. Er baut unter anderem auf der obigen Grundidee auf und ist in Abbildung 2 abgedruckt. Als Eingangsgrößen benötigt der Ansatz Schätzungen der marginalen Wahrscheinlichkeiten $p_i$ aller Merkmalsausprägungen[1] und gemeinsame Konsistenzschätzungen $k_{ij}$ für je zwei Merkmalsausprägungen. Die gemeinsamen Konsistenzschätzungen $k_{ij}$ wer-

[1] Es wird die nominal-binäre Schreibweise zur Darstellung von Szenarien benutzt. Vgl. Mißler-Behr (1993), S. 26 f.

den in gemeinsame Wahrscheinlichkeitsschätzungen $p_{ij}$ transformiert. Zusätzlich werden theoretisch korrekte Wahrscheinlichkeiten $p_{ij}^*$ eingeführt, die typische wahrscheinlichkeitstheoretische Gesetzmäßigkeiten erfüllen. Je näher der Wert der Wahrscheinlichkeitsschätzung $p_{ij}$ beim theoretischen Wert $p_{ij}^*$ liegt, desto besser ist die Schätzung. Abweichungen nach oben oder unten zwischen den theoretischen und geschätzten Wahrscheinlichkeiten werden mit $d_{ij}^+$ und $d_{ij}^-$ bezeichnet. Die maximal auftretenden Abweichung wird mit $d$ bezeichnet. $M$ steht für eine sehr große Konstante und bildet den Faktor für einen Strafterm in der Zielfunktion. Der Vektor $x$ faßt die zu bestimmenden Szenariowahrscheinlichkeiten $x_i$ zusammen. Der Vektor $a_i$ gibt an, in welchem Szenario die $i$-te Merkmalsausprägung auftritt oder nicht auftritt. Entsprechend beschreibt $(a_i \wedge a_j)$ das gemeinsame Auftreten der $i$-ten und $j$-ten Merkmalsausprägung.

$$\min \sum_{i,j=1}^{n} (d_{ij}^+ + d_{ij}^-) \quad + \quad M \cdot d \tag{1}$$

$$x^T \cdot a_i = p_i \tag{2}$$

$$x^T \cdot (a_i \wedge a_j) - p_{ij}^* = 0 \tag{3}$$

$$\sum_{s=1}^{\prod_i n_i} x_s = 1 \tag{4}$$

$$p_{ij}^* + d_{ij}^- - d_{ij}^+ = p_{ij} \tag{5}$$

$$p_{ij}^* + p_{i\bar{j}}^* = p_i \tag{6}$$

$$d - d_{ij}^+ \geq 0 \tag{7}$$

$$d - d_{ij}^- \geq 0 \tag{8}$$

$$x_s,\ d_{ij}^+,\ d_{ij}^-,\ d \geq 0 \tag{9}$$

$$i, j = 1, \ldots, n \qquad \text{und} \qquad i < j \tag{10}$$

Abbildung 2: Das Optimierungsmodell von Brauers und Weber (1986)

Durch die Zielfunktion (1) wird die Summe der Abweichungen der theoretischen von den geschätzten Wahrscheinlichkeitswerten minimiert. Außerdem wird gleichzeitig die Maximalabweichung so klein wie möglich gehalten. Gleichung (2) beschreibt die oben beschriebene Grundidee, daß die Summe der Wahrscheinlichkeiten derjenigen Szenarien, in denen die $i$-te Ausprägung auftritt, gleich der geschätzten Wahrscheinlichkeit der $i$-ten Merkmalsausprägung sein sollte. In Gleichung (3) wird dieselbe Idee für zwei Ausprägungen formuliert und zusätzlich gefordert, daß die berechnete Wahrscheinlichkeit für das Auftreten der Merkmalsausprägungen $i$ und $j$ und die theoretische Wahrscheinlichkeit $p_{ij}^*$ gleich sind. Gleichung (4) besagt, daß alle theoretisch möglichen Szenarien in die Betrachtung einbezogen werden müssen. Die Gleichungen (5)-(8) beschreiben allgemeine und statistische Gesetzmäßigkeiten, die zusätzlich zu den obigen Gleichungen helfen sollen, sinnvolle Ergebnisse zu erhalten.

Bei einigen Ansätzen mit Gleichungs- und Optimierungsmodellen werden sehr hohe Anforderungen an das Schätzverhalten der Anwender gestellt (z.B. Sarin (1978)). Dies gilt sowohl für die Anzahl der Schätzungen als auch für ihren Inhalt. Außerdem gilt, daß bei zunehmender Merkmalsanzahl die Anzahl der benötigten Gleichungen beziehungsweise Ungleichungen wenigstens quadratisch ansteigen. Dies hat zur Folge, daß selbst mit einer guten DV-technischen Ausstattung nur relativ kleine Szenariobewertungsprobleme gelöst werden können. Probleme realistischer Größenordnungen können nicht mehr behandelt werden.

Die bewerteten Szenarien werden nach Höhe ihrer Szenariowahrscheinlichkeit für die Weiterverarbeitung in der strategischen Planung ausgewählt. Die wahrscheinlichsten Szenarien müssen jedoch weder die konsistentesten, stabilsten noch die repräsentativsten sein. Es mag einiges dafür sprechen, daß wahrscheinliche Szenarien auch stabil sind. Aber gerade wenig wahrscheinliche Szenarien können in sich sehr konsistent sein. Da es Ziel der Szenarioanalyse ist, die Zukunft offen und breit in möglichst vielen Schattierungen vorauszudenken, erscheint die Auswahl der wahrscheinlichsten Szenarien eher einengend und beschränkt.

## 2.4 Simulationsmodelle

Verfahren dieser Klasse simulieren das Eintreten beziehungsweise Nichteintreten von Ausprägungen und bewerten die Auswirkungen, die der Eintritt beziehungsweise Nichteintritt einer Ausprägung auf alle anderen Ausprägungen besitzt. Zur Bewertung der Auswirkungen werden sogenannte Anpassungsfunktionen benutzt. Ein Simulationslauf ist beendet, wenn pro Merkmal eine Ausprägung ausgewählt ist und damit ein konkretes Szenario ermittelt wurde.

Ausgangspunkt sind die marginalen Wahrscheinlichkeiten $p_i$ der Merkmalsausprägungen. Gesucht werden geeignete Anpassungsmöglichkeiten, um die a priori Wahrscheinlichkeiten der Ausprägungen in a posteriori Wahrscheinlichkeiten nach Eintritt einer ausgewählten Ausprägung zu transformieren. Im allgemeinen sind die Anpassungsfunktionen statistisch motiviert. Objektive, inhaltliche Argumente aus der Szenarioanalyse selbst werden nicht benutzt. Der BASICS-Ansatz (Honton et al. (1984)) verwendet z.B. folgende Anpassungsfunktion:

$$p_{i(j)} = \begin{cases} \dfrac{p_i \cdot f_{i(j)}}{1 + (p_i(f_{i(j)} - 1)} & \text{für } i \neq j \\ 1 & \text{sonst} \end{cases} \tag{11}$$

Hierbei entspricht $p_{i(j)}$ der angepaßten marginalen Wahrscheinlichkeit von Ausprägung $i$, wenn Ausprägung $j$ eingetreten ist. Entsprechend symbolisiert $f_{i(j)}$ einen bedingten Konsistenzfaktor, der sich aus der bedingten Konsistenzschätzung $k_{i(j)}$ berechnet. Die Anpassungsfunktion wird aus dem Wettquotienten hergeleitet (Mißler-Behr (1993), S. 89 ff). Abbildung 3 verdeutlicht den generellen Ablauf eines Simulationsmodells zur Szenariobewertung.

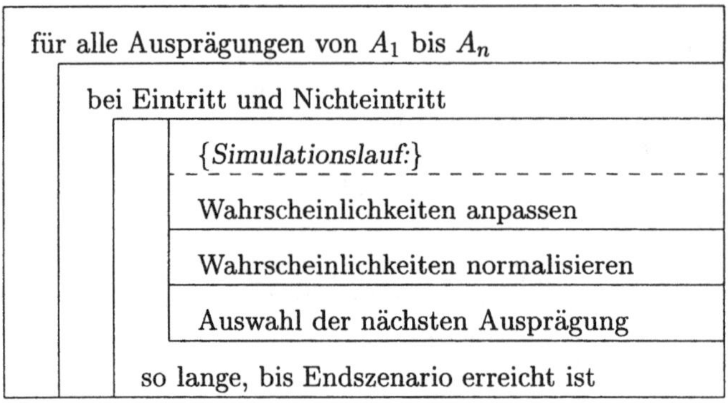


Abbildung 3: Funktionsprinzip von Szenario-Simulationsmodellen

Die so ermittelten Szenarien werden im allgemeinen aufgrund ihrer Häufigkeiten während der Simulation zur Weiterverarbeitung in der strategischen Planung ausgewählt. Auch hier gilt, daß die häufigsten Szenarien weder die konsistentesten, stabilsten noch die repräsentativsten sein müssen. Außerdem orientieren sich die Anpassungsfunktionen oft stark an Wahrscheinlichkeiten, so daß die gleiche Kritik wie bei den Gleichungs- und Opitimierungsmodellen angebracht ist.

Den bisher vorgestellten analytischen Verfahren ist eigen, daß sie sich bei der Bewertung der Szenarien ausschließlich an der Konsistenz beziehungsweise stellvertretend an Wahrscheinlichkeiten orientieren. Stabilität oder Repräsentativität werden nicht berücksichtigt. Es kann versucht werden, diese beiden qualitativen Eigenschaften von Szenarien nachträglich durch Anwendung von Klassifikationsverfahren zu berücksichtigen (Mißler-Behr (1993)).

## 2.5 Wissensbasierte Bewertungshierarchien

Genau diesen Kritikpunkt greifen die wissensbasierten Bewertungshierarchien auf (Mißler-Behr (1998)). Sie versuchen alle drei qualitativen Eigenschaften von Szenarien gleichzeitig und gleichgewichtig bei der Bewertung einzubringen. Als Inputdaten benötigen die Bewertungshierarchien ausschließlich gemeinsame Konsistenzschätzungen. Zuerst wird geklärt, wie die drei Eigenschaften jeweils adäquat mit Hilfe der Inputdaten gemessen werden können. Durch unscharfe Wenn-Dann-Regeln (Zimmermann (1996)) werden die so ermittelten Kenngrößen und ihre Zusammenhänge formuliert und ausgewertet. Nachdem die Konstistenz, die Stabilität und die Unterschiedlichkeit seperat beurteilt wurden, werden die drei qualitativen Eigenschaften durch eine eigene Regelbasis verknüpft, um die Eignung eines Szenarios für die Endauswahl zu beurteilen.

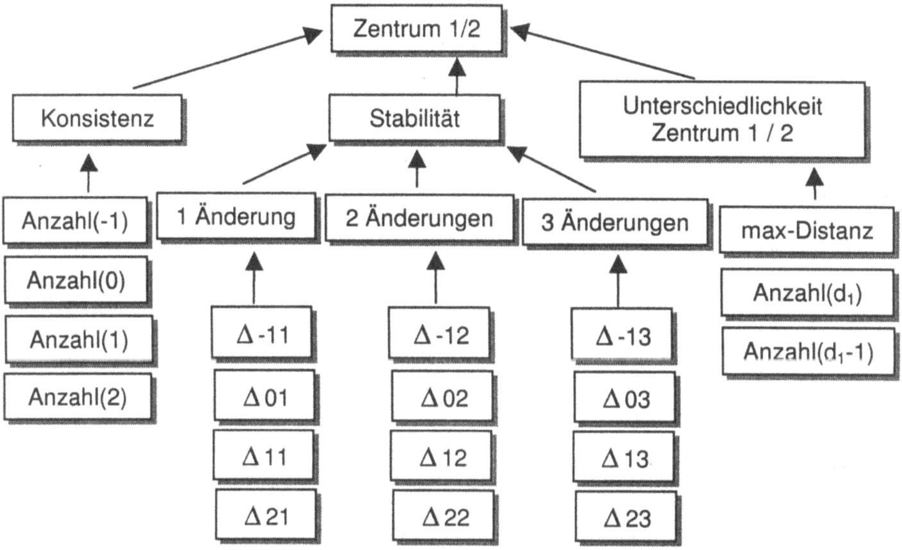


Abbildung 4: Bewertungshierarchie für Szenarien

Abbildung 4 zeigt eine derartige Bewertungshierarchie. Sie soll überprüfen, ob das betrachtete Szenario ein guter Kandidat für eines der beiden Extremszenarien ist. Dazu wird z.B. die Konsistenz durch vier Kenngrößen beurteilt. *Anzahl (i)* ($i = -1, 0, 1, 2$) gibt die Häufigkeit des Konsistenzwertes $i$ im betrachteten Szenario an. Zur Bewertung werden die Häufigkeiten in zwei Bewertungskategorien eingeteilt: *hoch* und *niedrig*. Szenarien sind in sich konsistent, wenn keine inneren Widersprüche auftreten. Dieser Sachverhalt kann z.B. an folgender unscharfer Regel abgelesen werden:

| | | | | |
|---|---|---|---|---|
| WENN | *Anzahl(-1)* | = | *niedrig* | UND |
| | *Anzahl(0)* | = | *niedrig* | UND |
| | *Anzahl(1)* | = | *hoch* | UND |
| | *Anzahl(2)* | = | *hoch* | UND |
| DANN | *Konsistenz* | = | *hoch* | |

Zur Beurteilung der Konsistenz werden insgesamt 16 Regeln aufgestellt, die mit fuzzy-logischen Methoden ausgewertet werden. Was *hoch* und *niedrig* für die jeweilige Kenngröße bedeutet, wird mit Hilfe von sogenannten Zugehörigkeitsfunktionen beschrieben. Zugehörigkeitsfunktionen geben an, zu welchem Grad aus $[0, 1]$ ein Wert der jeweiligen Kenngröße die Eigenschaft *hoher Wert* beziehungsweise *niedriger Wert* besitzt. Die Zugehörigkeitsfunktionen zur Szenariobewertung werden aus Quantilswerten der Wertebereiche der einzelnen Kenngrößen empirisch ermittelt.

Das gleiche Vorgehen wird zur Beurteilung der Stabilität und der Unterschiedlichkeit gewählt. Insgesamt 56 Regeln kommen zur abschließenden Beurteilung der Stabilität zum Einsatz. Bei der Beurteilung der Unterschiedlichkeit und Repräsentativität der Szenarien muß unterschieden werden, ob das betrachtete Szenario als eines der Extremszenarien oder z.B. als drittes Auswahlszenario dienen soll. Je nach Situation muß eine andere Regelbasis, die die Ideallage des entsprechenden Szenarios im Szenariogesamtraum beschreibt, angewandt werden. Für die Beschreibung der Extremszenarien genügen acht Regeln. Die Ideallage des dritten Auswahlszenarios kann durch 16 Regeln beschrieben werden. Bei mehr als drei Szenarienzentren wird die Regelbasis mit 128 Regeln recht umfangreich.

Insgesamt gilt ein Szenario nur dann als gut geeignet für die Endauswahl, wenn sowohl die Konsistenz als auch die Stabilität und Repräsentativität als *hoch* bewertet wurden. Die Expertenregeln der kompletten Regelbasis sind so konstruiert, daß sie in allen Szenarioanalysen unabhängig vom speziellen Thema angewandt werden können. Der Bezug zur aktuellen Analyse wird durch die empirisch ermittelten Zugehörigkeitsfunktionen hergestellt.

Im Gegensatz zu den anderen Verfahrensgruppen versuchen die wissensbasierten Hierarchien alle drei qualitativen Eigenschaften gleichzeitig zu berücksichtigen. Das Regelwerk basiert auf Expertenwissen und ist auch für den methodisch wenig geschulten Anwender gut verständlich. Zusätzlich werden deutliche Hinweise auf die richtige Anzahl auszuwählender Szenarien gegeben.

# 3 Gesamtbeurteilung

Bei realistischen Größenordnungen sollte auf die Anwendung einer intuitiven Szenariobewertung verzichtet werden. Die Wirkungszusammenhänge und Vernetzungsstrukturen zwischen den Merkmalen sind so komplex, daß eine unsystematische Vorgehensweise keine befriedigende, der Problematik angemessenen Resultate liefern kann. Auch wenn die analytischen Verfahren oft schwierig zu durchschauen sind und einen größeren Schätzaufwand erfordern, wird dadurch die Anwendung von intuitiven Verfahren nicht gerechtfertigt.

Die mathematisch ausgerichteten Bewertungsverfahren wie die Enumeration, die Optimierungs- oder Simulationsmodelle orientieren sich oft zu stark an wahrscheinlichkeitstheoretischen Gesetzmäßigkeiten anstatt konkret auf die qualitativen Eigenschaften Konsistenz, Stabilität und Unterschiedlichkeit einzugehen. Deshalb berücksichtigen sie auch häufig nur Aspekte der Konsistenzbeurteilung. Um zu einer umfassenden Szenarienbewertung zu kommen, müßten im Anschluß an diese Verfahren noch weitere Verfahren eingesetzt werden, die auch die anderen Eigenschaften berücksichtigen. Großer Nachteil dieser Verfahrensgruppen ist, daß sie auf die Behandlung von kleineren Szenariobewertungsproblemen beschränkt sind.

Dagegen erscheint der wissensbasierte, unscharfe Ansatz alle wesentlichen

Aspekte der Szenariobewertung zu berücksichtigen. Durch die Wenn-Dann-Regeln werden die Zusammenhänge für das Management gut verständlich formuliert und die qualitativen Informationen angemessen verarbeitet. Die Zugehörigkeitsfunktionen sind leicht und objektiv festzulegen. Zudem können Probleme aller Größenordnungen mit diesem Ansatz behandelt werden.

## Literatur


BRAUERS, J., WEBER, M. (1986): Szenarioanalyse als Hilfsmittel der strategischen Planung: Methodenvergleich und Darstellung einer neuen Methode. *Zeitschrift für Betriebswirtschaft*, 7, 631-652.

GAUSEMEIER, J., FINK, A., SCKLAKE, O. (1995): Szenario-Magement: Planen und Führen mit Szenarien. Hanser, München, Wien.

GEORGANTZAS, N.C., ACAR, W. (1995): Scenario-driven planning: learning to manage strategic uncertainty. Quorum Books, Westport/Connecticut, London.

HONTON, E.J., STACEY, G.S., MILLETT, S.M. (1984): Futures Scenarios: The BASICS Computational Method. *Economics and Policy Analysis, Occasional Paper, No. 44, Battelle, Columbus/Ohio.*

MISSLER-BEHR, M. (1993): Methoden der Szenarioanalyse. DUV, Wiesbaden.

MISSLER-BEHR, M. (1998): Knowlegde Based Scenario Evaluation. in: ZIMMERMANN H.-J. (Hrsg.) (1998): Eufit'98: 6th European Congress on Intelligent Techniques and Soft Computing, Aachen, Volume 3, 1960-1964.

NIETZSCH, R., von, WEBER, M., WIETHEGER, D. (1985): KONMAC - Ein Programmsystem zur Unterstützung der Szenarioanalyse. *Arbeitsbericht 85/03, Institut für Wirtschaftswissenschaften, RWTH Aachen.*

REIBNITZ, U., von (1991): Szenario-Technik: Instrumente für die unternehmerische und persönliche Erfolgsplanung. Gabler, Wiesbaden.

SARIN, R.K. (1978): A Sequential Approach to Cross-Impact Analysis. *Futures, 2, 53-62.*

ZIMMERMANN, H.-J. (1996): Fuzzy Set Theory and its Applications. Kluwer, Boston, Dordrecht, London.

# A Heuristic Procedure for Constructing an Activity-on-Arc Project Network

K. Neumann

Institut für Wirtschaftstheorie und Operations Research,
Universität Karlsruhe, 76128 Karlsruhe, Germany

**Abstract:** This paper proposes an efficient polynomial algorithm for constructing an activity-on-arc (AoA) network for a project given by its activities and a set of precursors for each activity. First, the sets of immediate precursors for all activities are determined, which provides a nonredundant precedence graph. Second, an AoA network is generated for the case where no dummy activities are needed. Third, an AoA network is constructed for the general case. The procedure does not necessarily find an AoA network with minimum number of dummy activities. It is well-known that the problem of constructing an AoA network with the latter property is NP-hard.

# 1 Introduction

Network models are used for planning and controlling complex projects which consist of a large number of activities. Two different types of *project networks* have been developed. In an *activity-on-arc network* or briefly *AoA network*, an arc of a network is assigned to each activity of the project, where contiguous arcs correspond to activities which follow one another immediately. The duration of an activity equals the weight of the respective arc. The *Critical Path Method* (abbreviated *CPM*) for time-oriented project scheduling is based on AoA networks. In an *activity-on-node network* or briefly *AoN network*, a node of a network is assigned to each project activity. The arcs and their weights correspond to minimum or maximum time lags between the activities which represent the initial and final nodes of the respective arcs. AoN networks are used for the *Metra Potential Method* (abbreviated *MPM*) of time-oriented project scheduling.

Interestingly enough, AoA networks and CPM are more often found in literature and used in practice than AoN networks and MPM (cf. Elmaghraby (1977), Moder et al. (1983), Neumann, Morlock (1993)) although AoA networks have some significant disadvantages in comparison with AoN networks, for example:

(i) As a rule, a large number of *dummy activities* of duration zero have to be introduced in an AoA network to model all precedence relationships among the activities of the project in question. This cannot be done in a unique way, requires much computing time, and is a frequent source of errors. The problem of constructing an AoA network with minimum number of dummy activities is NP-hard, cf. Garey, Johnson (1979).

(ii) AoA networks only permit to model minimum time lags between activities. Neither maximum time lags nor the on-time start of activities both of them often occur in practice (see e.g. Neumann, Schwindt (1997)) can be represented by AoA networks.

The frequent use of AoA networks in practice contrasts with the fact that almost all books on project planning and control only list a few rules for constructing an AoA network assigned to a given project instead of presenting a procedure for automatically generating an AoA network. To aid in the latter, we propose a polynomial heuristic for the construction of an AoA network in this paper, which is related to similar procedures offered by Brucker (1973) and Möhring, Schumacher (1976) and runs well in practice although its worst-case time complexity is rather large.

We introduce some basic terminology. An activity $a_i$ is called a *precursor* of a different activity $a_j$ if $a_i$ has to be completed before $a_j$ can be begun. Activity $a_i$ is said to be an *immediate precursor* of $a_j$ if $a_i$ is a precursor of $a_j$ and there is no activity $a_l$ such that $a_l$ is a precursor of $a_j$ and $a_i$ is a precursor of $a_l$. If activity $a_i$ is a precursor (or immediate precursor) of $a_j$, then $a_j$ is called a *follower* (or *immediate follower*, respectively) of $a_i$. We use the concepts precursor and follower of an activity or of a corresponding arc in a network instead of the related concepts of predecessor and successor, respectively, because the latter concepts are generally used for nodes in a network. The sets of the immediate precursors and immediate followers of activity $a_j$ are denoted by $\mathcal{P}_j$ and $\mathcal{F}_j$, respectively. An activity $a_j$ is called an *initial activity* or *terminal activity* of the underlying project if $\mathcal{P}_j = \emptyset$ or $\mathcal{F}_j = \emptyset$, respectively.

Instead of the sets $\mathcal{P}_j$ of immediate precursors of the activities $a_j$ of the project under consideration, sets $\tilde{\mathcal{P}}_j \supseteq \mathcal{P}_j$ are mostly given in practice. Thus, the first part of our procedure for constructing an AoA network will consist in determining the sets $\mathcal{P}_j$ of immediate precursors given sets $\tilde{\mathcal{P}}_j \supseteq \mathcal{P}_j$ for all activities $a_j$. Second, given the sets $\mathcal{P}_j$, we will construct an AoA network for the case where no dummy activities are needed. Third, we will present a heuristic for introducing dummy activities in an appropriate way.

# 2 Determination of the sets of immediate precursors

Assume that the project in question consists of $m$ real activities $a_1, ..., a_m$ for which sets $\tilde{\mathcal{P}}_j \supseteq \mathcal{P}_j$ $(j = 1, ..., m)$ are given. We do not consider the durations of the activities in what follows, which equal the weights of the respective arcs of the AoA network to be constructed.

In the procedure of finding the sets $\mathcal{P}_j$ $(j = 1, ..., m)$ it is also tested whether there are cycles. We speak of a *cycle* if an activity $a_i$ is a precursor and a follower of an activity $a_j$ at the same time. Obviously, cycles represent a contradiction. However, a cycle may occur in the process of modelling large projects incorrectly and should be revealed.

First, we assign a *precedence graph* $\tilde{G}$ with node set $\{a_1, ..., a_m\}$ to the project. $\tilde{G}$ contains the arc $\langle a_i, a_j \rangle$ exactly if $a_i \in \tilde{\mathcal{P}}_j$ $(1 \leq i, j \leq m)$. The time complexity for the construction of $\tilde{G}$ is $O(|\tilde{E}|) = O(m^2)$ where $\tilde{E}$ is the arc set of $\tilde{G}$.

Second, we order the nodes of $\tilde{G}$ topologically so that $a_i \in \tilde{\mathcal{P}}_j$ implies $i < j$ $(1 \leq i, j \leq m)$ and at the same time, detect and eliminate cycles. It is well-known that this can be done in $O(|\tilde{E}|)$ time (cf. Ahuja et al. (1993) and Neumann, Morlock (1993)).

Third, we determine the sets $\mathcal{P}_j$ $(j = 1, ..., m)$ by exploiting the following fact: $a_i \in \tilde{\mathcal{P}}_j$ is not an immediate precursor of $a_j$ exactly if there is a path from $a_i$ to $a_j$ in $\tilde{G}$ with at least two arcs. Let

$$\bar{r}_{ij} := \begin{cases} 1, & \text{if } a_i \neq a_j \text{ and there is a path from } a_i \text{ to } a_j \\ 0, & \text{otherwise} \end{cases} \qquad (1 \leq i, j \leq m)$$

and let $\overline{R}$ be the $m \times m$ matrix with elements $\bar{r}_{ij}$ (modified reachability matrix). Then element $\bar{r}^2_{ij}$ of the square $\overline{R}^2$ of matrix $\overline{R}$ is positive exactly if there is a path from $a_i$ to $a_j$ with at least two arcs. If the addition and comparison of two binary numbers can be performed in $O(1)$ time, then matrix $\overline{R}^2$ can be computed in $O(m^2)$ time. Hence, the whole procedure for finding the sets $\mathcal{P}_j$ $(j = 1, ..., m)$ can be implemented to run in $O(m^2)$ time.

As an example, we consider the project given by the sets $\tilde{\mathcal{P}}_j$ in Table 1. Activities $a_1$ and $a_2$ are initial activities and activities $a_5, a_6$, and $a_8$ are terminal. The corresponding precedence graph $\tilde{G}$, whose nodes are topologically ordered, is depicted in Fig. 1. The above procedure provides the "nonredundant" precedence graph $G$ of Fig. 2, which contains arc $\langle i, j \rangle$ precisely if $a_i \in \mathcal{P}_j$ $(1 \leq i, j \leq m)$.

Table 1: Activities $a_j$ and sets $\tilde{\mathcal{P}}_j$

| $a_j$ | $a_1$ | $a_2$ | $a_3$ | $a_4$ | $a_5$ | $a_6$ | $a_7$ | $a_8$ |
|---|---|---|---|---|---|---|---|---|
| $\tilde{\mathcal{P}}_j$ | $\emptyset$ | $\emptyset$ | $\{a_1\}$ | $\{a_1, a_2\}$ | $\{a_1, a_2, a_3, a_4\}$ | $\{a_1, a_3, a_4\}$ | $\{a_2, a_4\}$ | $\{a_3, a_4, a_7\}$ |

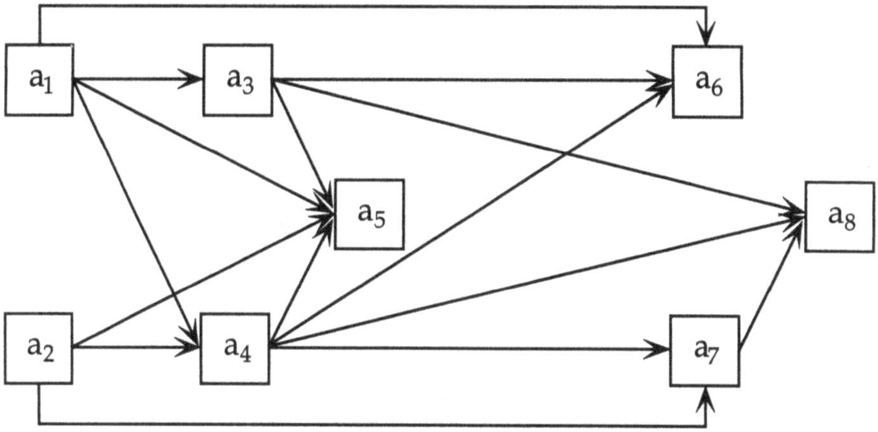


Figure 1: Precedence graph $\tilde{G}$

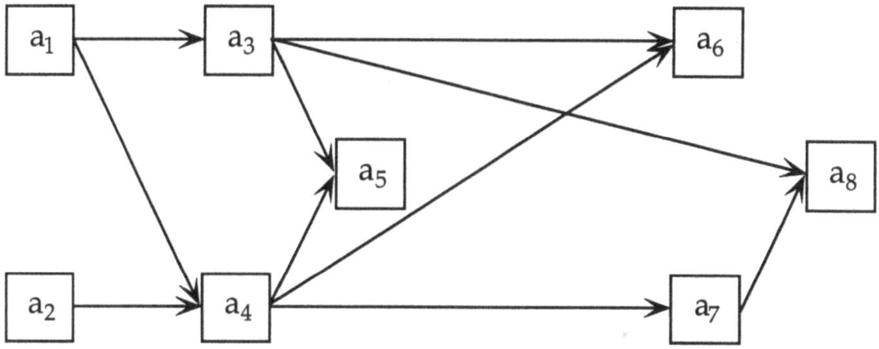


Figure 2: Precedence graph $G$

# 3 Construction of an AoA network without dummy activities

Given the activities $a_1, ..., a_m$ of a project and the sets $\mathcal{P}_j$ of immediate precursors ($j = 1, ..., m$), an AoA network without dummy activities can be assigned to the project if the following condition is satisfied:

$$\text{For} \quad a_i \neq a_j \quad \text{either} \quad \mathcal{P}_i = \mathcal{P}_j \quad \text{or} \quad \mathcal{P}_i \cap \mathcal{P}_j = \emptyset \quad (1 \leq i, j \leq m) \tag{1}$$

In this section we assume that condition (1) is fulfilled. Let $\mathcal{P}_{j_1}, ..., \mathcal{P}_{j_n}$ be the distinct (pairwise disjoint) sets of immediate precursors of the project, where $\mathcal{P}_{j_1} = \emptyset$ is the set of immediate precursors of the initial activities and

$\mathcal{P}_{j_n}$ is the set of terminal activities. Moreover, let $\mathcal{F}_{j_k}$ be the set of activities whose set of immediate precursors is $\mathcal{P}_{j_k}$ $(k = 1, ..., n)$. In particular, $\mathcal{F}_{j_1}$ is the set of initial activities and $\mathcal{F}_{j_n} = \emptyset$. The two sets $\mathcal{P}_{j_k}$ and $\mathcal{F}_{j_k}$ are said to *belong together* $(1 \leq k \leq n)$.

Now we assign node $k$ to the pair of sets $(\mathcal{P}_{j_k}, \mathcal{F}_{j_k})$ which belong together $(k = 1, ..., n)$ with the following meaning: In the AoA network $N$ to be constructed, $k$ is the final node of each activity or respectively arc from set $\mathcal{P}_{j_k}$ and the initial node of each activity from set $\mathcal{F}_{j_k}$. Fig. 3 illustrates this assignment.

Because of condition (1), each activity $a_j$ belongs to exactly one of the sets $\mathcal{F}_{j_k}$, say $\mathcal{F}_{j_\alpha}$, and to exactly one of the sets $\mathcal{P}_{j_k}$, say $\mathcal{P}_{j_\beta}$. Then arc $\langle \alpha, \beta \rangle$ of the AoA network $N$ corresponds to activity $a_j$. In other words, arc $\langle \alpha, \beta \rangle$ is assigned to activity $a_j$ exactly if $a_j \in \mathcal{P}_{j_\beta} \cap \mathcal{F}_{j_\alpha}$. This construction of $N$ implies that if $r :=| \mathcal{P}_{j_\beta} \cap \mathcal{F}_{j_\alpha} |> 1$, $N$ contains $r$ parallel arcs $\langle \alpha, \beta \rangle$. If as usual we want to avoid parallel arcs, we have to add dummy activities or respectively dummy arcs to the network. This will be done automatically in the heuristic procedure presented in Section 4, which deals with the case where condition (1) is not satisfied.

In the example from Section 2, condition (1) is not fulfilled because e.g. $\mathcal{P}_3 \cap \mathcal{P}_4 = \{a_1\}$.

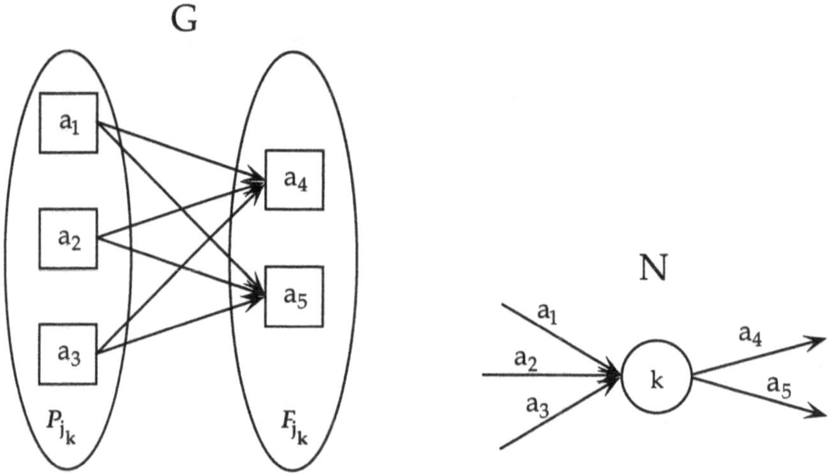


Figure 3: Assignment of node $k$ to pair of sets $(\mathcal{P}_{j_k}, \mathcal{F}_{j_k})$

# 4 Construction of an AoA network in the general case

If condition (1) is not satisfied, we repeatedly introduce dummy activities and correspondingly modify or add sets of immediate precursors and followers so that conditon (1) will eventually be fulfilled. This is done by the algorithm discussed in what follows, where we only consider distinct sets of immediate precursors. If a set $\mathcal{P}$ of immediate precursors occurs several times, say for $s$ different activities, the respective statements of the algorithm have to be performed $s$ times one for each activity. We consider three different cases a, b, and c where dummy activities have to be introduced. Cases a, b, and c correspond to Steps 3, 4, and 5, respectively, in the algorithm.

In *case a*, there are two sets of immediate precursors $\mathcal{P}$ and $\mathcal{P}'$ with $\emptyset \neq \mathcal{P} \subset \mathcal{P}'$, say $\mathcal{P} = \mathcal{P}_3 = \{a_1\}$ and $\mathcal{P}' = \mathcal{P}_4 = \{a_1, a_2\}$. Then we replace $a_1$ in $\mathcal{P}_4$ by a dummy activity, say $a_5$, and add $a_5$ to set $\mathcal{F} = \mathcal{F}_1 = \{a_3\}$ where $\mathcal{P}$ and $\mathcal{F}$ belong together. This construction is illustrated in Fig. 4 where the dummy activity is indicated by a broken arrow.

In *case b*, there are two sets of immediate precursors $\mathcal{P}$ and $\mathcal{P}'$ with $\mathcal{P} \not\subseteq \mathcal{P}'$ and $\mathcal{P} \cap \mathcal{P}' \neq \emptyset$ , say $\mathcal{P} = \mathcal{P}_4 = \{a_1, a_2\}$ and $\mathcal{P}' = \mathcal{P}_5 = \{a_2, a_3\}$. Then we add a new set of immediate precursors $\mathcal{P}'' := \mathcal{P} \cap \mathcal{P}' = \{a_2\}$ and replace $a_2$ in $\mathcal{P} = \mathcal{P}_4$ by a dummy activity, say $a_6$, and in $\mathcal{P}' = \mathcal{P}_5$ by a dummy activity, say $a_7$. Moreover, we add the set of immediate followers $\mathcal{F}'' := \{a_6, a_7\}$ where $\mathcal{P}''$ and $\mathcal{F}''$ belong together. Fig. 5 illustrates this construction.

In *case c*, for a set of immediate precursors $\mathcal{P}$ and a set of immediate followers $\mathcal{F}'$ it holds that $| \mathcal{P} \cap \mathcal{F}' | > 1$, say $\mathcal{P} = \mathcal{P}_4 = \{a_1, a_2\}$ and $\mathcal{F}' = \mathcal{F}_3 = \{a_1, a_2\}$. Then we replace one activity from $\mathcal{P} \cap \mathcal{F}'$, say activity $a_1$, in $\mathcal{P} = \mathcal{P}_4$ by a dummy activity, say $a_5$, and add the sets of immediate precursors and followers $\mathcal{P}'' = \{a_1\}$ and $\mathcal{F}'' = \{a_5\}$, respectively, which belong together. This construction is depicted in Fig. 6.

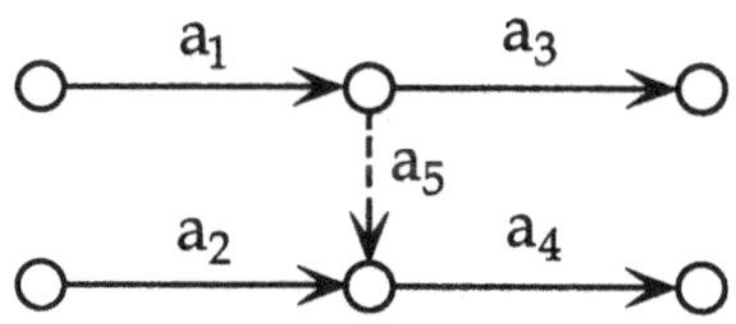


Figure 4: Case a of introducing a dummy activity

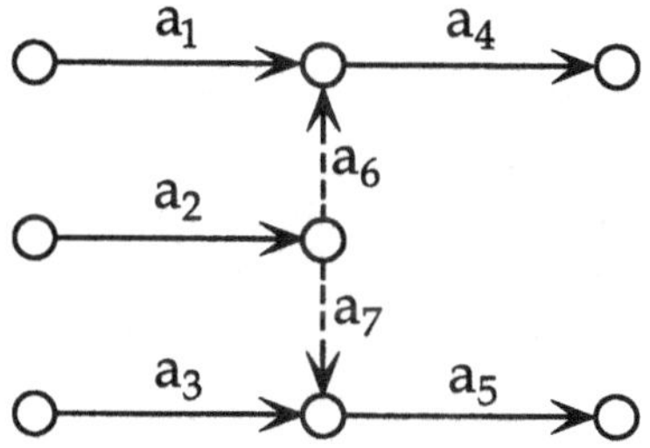


Figure 5: Case b of introducing dummy activities

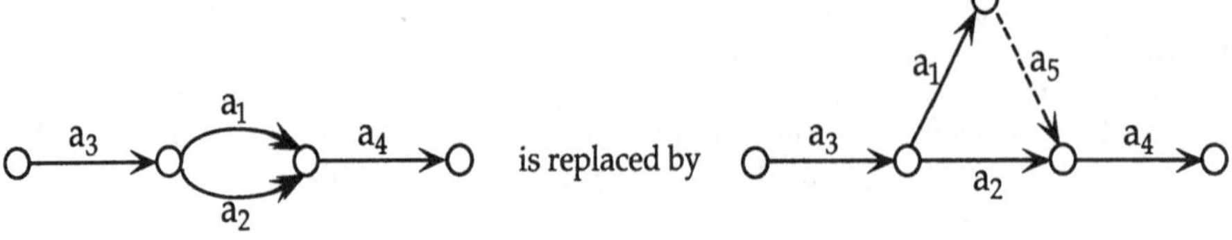


Figure 6: Case c of introducing dummy activities

Notice that in cases a and b, dummy activities are inserted only between real activities $a_i$ and $a_j$ where $a_i \in \mathcal{P}_j$. In case c, a dummy activity can also be inserted before a real initial activity or after a real terminal activity. The algorithm for generating an AoA network is then as follows:

**Algorithm for constructing an AoA network**

*Input*: $m$ activities $a$ of a project and distinct sets of immediate precursors and followers $\mathcal{P}$ and $\mathcal{F}$, respectively, which belong together
*Output*: Nodes with ingoing and outgoing arcs of an AoA network

*Step 1*
Set $i := m + 1$

*Step 2*
If there are two sets of immediate precursors $\mathcal{P}$ and $\mathcal{P}'$ with $\emptyset \neq \mathcal{P} \subset \mathcal{P}'$, then go to Step 3
If there are two sets of immediate precursors $\mathcal{P}$ and $\mathcal{P}'$ with $\mathcal{P} \neq \mathcal{P}', \mathcal{P} \cap \mathcal{P}' \neq \emptyset$, then go to Step 4
If for a set of immediate precursors $\mathcal{P}$ and a set of immediate followers $\mathcal{F}'$ it holds that $| \mathcal{P} \cap \mathcal{F}' | > 1$, then go to Step 5
Go to Step 6

*Step 3*
Let $\emptyset \neq \mathcal{P} \subset \mathcal{P}'$ where $| \mathcal{P} |$ is maximum
Replace all $a \in \mathcal{P}$ by the dummy activity $a_i$ in $\mathcal{P}'$ and add $a_i$ to the set of immediate followers $\mathcal{F}$ which belongs to $\mathcal{P}$
Set $i := i + 1$ and go to Step 2

*Step 4*
Let $\mathcal{P} \cap \mathcal{P}' \neq \emptyset$ where $| \mathcal{P} \cap \mathcal{P}' |$ is maximum
Add the new set of immediate precursors $\mathcal{P}'' := \mathcal{P} \cap \mathcal{P}'$
Replace all $a \in \mathcal{P}''$ by the dummy activity $a_i$ in $\mathcal{P}$ and by the dummy activity $a_{i+1}$ in $\mathcal{P}'$
Add the set of immediate followers $\mathcal{F}'' := \{a_i, a_{i+1}\}$ which belongs to $\mathcal{P}''$

Set $i := i + 2$ and go to Step 2

*Step 5*
Let $r :=| \mathcal{P} \cap \mathcal{F}' |> 1$
Replace $r-1$ activities from $\mathcal{P} \cap \mathcal{F}'$, say $a_j, ..., a_{j+r-2}$, by the dummy activities $a_i, ..., a_{i+r-2}$ in $\mathcal{P}$
Add the $r-1$ pairs of sets of immediate precursors and followers $\mathcal{P}_\rho := \{a_{j+\rho}\}$ and $\mathcal{F}_\rho = \{a_{i+\rho}\}$, respectively, which belong together $(\rho = 0, 1, ..., r-2)$
Set $i := i + r - 1$ and go to Step 2

*Step 6*
For each pair of sets of immediate precursors and followers $\mathcal{P}_k$ and $\mathcal{F}_k$, respectively, which belong together, add a node $k$ with the ingoing arcs $a \in \mathcal{P}_k$ and outgoing arcs $a \in \mathcal{F}_k$

□

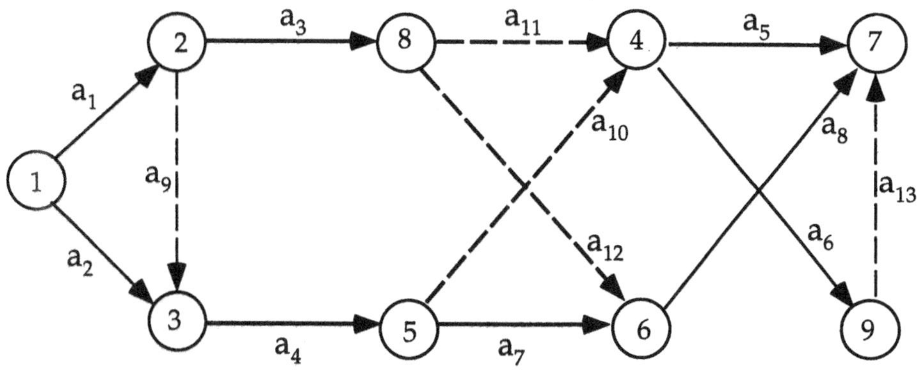


Figure 7: AoA network assigned to the project given by precedence graph $G$ of Fig. 2

The worst-case time complexity of this algorithm is very large. The time complexity of Steps 3, 4, and 5 is $O(m^3), O(m^3)$, and $O(m)$, respectively. Steps 3, 4, and 5 are performed $O(m^3), O(m^2)$, and $O(m^3)$, respectively, times in the worst case. Thus, the worst-case time complexity of the algorithm is $O(m^6)$. The average computing time, however, is much smaller and the algorithm runs very well in practice. Notice that in general, the algorithm does not construct an AoA network with minimum number of dummy activities.

When we apply the algorithm to the example of Section 2, Step 2 is performed twice where dummy activities $a_9$ and $a_{10}$ are introduced, Step 4 is performed once where dummy activities $a_{11}$ and $a_{12}$ are added, and Step 5 is performed once where dummy activity $a_{13}$ is introduced. The resulting AoA network is shown in Fig. 7.

## References


AHUJA, R.K., MAGNANTI, T.L., ORLIN, J.B. (1993): Network Flows. Prentice Hall, Englewood Cliffs.

BRUCKER, P. (1973): Die Erstellung von CPM-Netzplänen. *Proceedings in Operations Research 3*, Physica, *122-130.*

ELMAGHRABY, S.E. (1977): Activity Networks. John Wiley, New York.

GAREY, M.R., Johnson, D.S. (1979): Computers and Intractability. W.H. Freeman, San Francisco.

MODER, J.J., Phillips, C.R. Davis, E.W. (1983): Project Management with CPM, PERT, and Precedence Diagramming. Van Nostrand Reinhold, New York.

MÖHRING, R., SCHUMACHER, W. (1976): Ein Algorithmus zur automatischen Darstellung von Vorgangspfeilnetzen. *Operations Research Verfahren, XII, 105-115.*

NEUMANN, K., MORLOCK, M. (1993): Operations Research. Carl Hanser, München.

NEUMANN, K., SCHWINDT, C. (1997): Activity-on-node networks with minimal and maximal time lags and their application to make-to-order production. *OR Spectrum, 19, 205-217.*

# Mechanisms in the Core of a Fee Game

J. Rosenmüller

Institut für Mathematische Wirtschaftsforschung,
Universität Bielefeld, D-33615 Bielefeld, Germany

**Abstract:** A ***Fee Game*** is a cooperative game with incomplete information the *ex post* realizations of which show side payment character. The game appears in coalitional function form depending on the 'types' of the players which are randomly chosen and about which the players have private information. We specify incentive compatible mechanisms and show that with a natural condition the core of the game is not empty: it contains constant mechanisms.

# 1 Introduction

This paper deals with cooperative games and mechanism design. Incomplete information (or imperfect information) is a quite common subject within the framework of non-cooperative game theory. With cooperative game theory (the coalitional function) incomplete information was first introduced by Harsanyi-Selten (1972), however, they did not discuss incentive compatible mechanisms. Hence, in their framework, which is essentially the one of Nash bargaining, players would have an incentive to misrepresent their type. Myerson (1984) introduced Bayesian incentive compatible mechanisms within this framework; he also discussed a version of the Nash Bargaining solution and a version of the Shapley value in the context of a general coalitional form with incomplete information.

In Myerson's context players have finitely many decisions to agree upon but are permitted to randomize. As a consequence the coalitional function which is obtained by considering for each coalition the utilities available by joint (correlated) randomization is of NTU-type such that the values are polyhedral sets. Mechanisms, therefore, are mappings from types into joint distributions over the decisions. Again, if one considers the utilities available to a coalition by the application of such mechanisms, one obtains polyhedral sets.

By contrast the model we prefer admits for continuum of utility vectors to be available to each coalition, this is the familiar framework of NTU-games. However, the information available to players about the NTU-game at hand may be of private nature and governed by an *a priori* probability which is common knowledge to all the players.

Thus, the coalitional function depends on certain states of nature and the players observe different aspects of this state of nature. Following the tradition established by Harsanyi, we model the states of nature as a product of observations available to the different players. The relevant part of a state of nature which can be observed of a player is traditionally called his *type*.

In order to introduce an example, let us think of a game with three players, two of which would like to cooperate in an economic enterprise in a foreign country. They would have to register a contract concerning this venture with a court. It is not uncommon that the court will require a fee for the registration which may depend on the total worth of the contract. Also, each player may have expenses with respect to consulting experts on legal procedures and taxes in the foreign country; the actual amounts of these expenses are possibly not verifiable, hence part of this is private information of the players.However, they will specifically announce these expenses in the contract and the court will have to regard all these data, public and private information as well. We could introduce a third player representing a bank which has good connections to the foreign country or actually sustains a branch in that country. This player may have additional information which he may disclose to all parties involved including the court.

Obviously, the two players mentioned first will have to consider the benefits of cooperating with the banker, in view of the fact that everyone has private information which he may have an incentive to misrepresent. In addition the court which may be called upon to enforce the contract, should be aware of possible misrepresentation; most specifically the court should have a strong interest in registering incentive compatible mechanisms only such that players are induced to report the true type within the contract.

Methodically, this problem is basically one of cooperative game theory, but the introduction of mechanisms calls for incentive compatibility. Eventually the players will have to agree upon some contract; in cooperative game theory one should ask for a suitable definition of the *core*.

We will provide a definition of the core of a game with incomplete information and show that it is not empty given certain conditions, e.g. on every *ex post* cooperative game.

We would like to add a short hint concerning general equilibrium theory. In this context incomplete information is e.g. discussed by Vohra (1997)(see also Allen (1991)). As is frequently observed, it turns out that the core might be empty even if we have nice standard conditions concerning the exchange economy in question. It would be nice to somehow connect the two models since with complete information the core of the market game to be derived from the exchange economy is a close relative of the core of the economy.

We start out by specifying the model.

**Definition 1.1** *An n-person* ***cooperative game*** *with incomplete information (a* ***C.I.I.game****) is a set of data*

$$\Gamma = (I, T; p; \mathbf{X}; U) \tag{1}$$

*including the following ingredients (that are interpreted accordingly).*

1. $I = \{1, ..., n\}$ *is the set of* ***players****;*
2. $T = T^1 \times ... \times T^n$ *is the cartesian product of finite sets* $T_i$ $(i \in I)$, $T_i$ *is the set of* ***types*** *of player* $i$.

*3. $p > 0$ is a **probability** on $T$.*

*4. Next*

$$\mathbf{X} = \{x \in \mathbb{R}^n_+ \mid \sum_{i=1}^{n} x_i \leq 1\} \tag{2}$$

*is the set of possible **contracts**, $x_i$ is the share of player $i$ at a contract $x = (x_1, ..., x_n)$ (they could distribute less than the full value available). In particular, if a coalition*

$$S \in \underline{\underline{\mathbf{P}}} := \{T \subseteq \Omega\}$$

*agrees to cooperate by contract, then they register some $x \in \mathbf{X}_S$ with*

$$\mathbf{X}_S = \{x \in \mathbb{R}^n_{S+} \mid \sum_{i \in S} x_i \leq 1\}.$$

*We assume that, technically, $\mathbb{R}^n_S$ is imbedded in $\mathbb{R}^n$ by projection (though the zero coordinate assigned to players not in $S$ are not interpreted). Moreover, $T_S$ denotes the cartesian product $\prod_{i \in S} T_i$.*

*5. Finally, $U$ represents the family of **utility functions**. In general, the utility of player $i$ may depend on the coalition he is joining, thus, the family $U$ may be written as*

$$(U_i^{S,t})_{i \in I, S \in \underline{\underline{\mathbf{P}}}, t \in T_S} \tag{3}$$

*where for some $t \in T_S := \prod_{i \in S} T_i$, the utility function*

$$U_i^{S,t} : \mathbf{X}_S \longrightarrow \mathbb{R}$$

*of player $i$ is defined on contracts of $S$, i.e., contracts $x \in \mathbf{X}_S$ that distribute a share of what can be achieved by the members of $S$.*

This way we have finished the description of the general (N.T.U.) game with incomplete information.
In case of complete information or "ex post", i.e., if some $t \in T$ is known to the players, a C.I.I.-game $\Gamma$ results in a traditional NTU game which is specified by (ex post) feasible sets of utilities for each coalition, i.e. for every realisation $t \in T$ of the types we have an *ex post* game given by

$$V^t(S) = \{(U_i^{S,t|_S}(x))_{i \in S} \mid x \in \mathbf{X}_S\} \quad (S \in \underline{\underline{\mathbf{P}}}) \tag{4}$$

However, some geometric properties of the feasible sets (convexity, comprehensiveness) should be ensured by proper assumptions concerning the functions $U_i^{S,t}$.

We would like to consider a class of functions which generates "side payment games", but also includes the definite influence of private information. The resulting game will be called a ***fee game.***

To this end, we start out with the traditional side payment or T.U. concept of game theory, the characteristic or ***coalitional function***. That is, we specify a mapping,

$$v : \underline{\underline{\mathbf{P}}} \longrightarrow I\!R, \quad v(\emptyset) = 0 \tag{5}$$

to be interpreted as a 'side payment game'. Assuming a universally accepted utility scale *in the presence of full information*, $v(S)$ is to be seen as a monetary value coalition $S$ can in principle obtain by cooperation. However, since players cannot observe all random influence, the establishment and enforcement of contracts is a difficult procedure which is to be supervised by some powerful agency, the referee or rather the ***court***.

Therefore, we assume that there is a system of fees or a taxation rule (a ***fee schedule***) represented by a set of vectors

$$b = (b^{S,t})_{S \in \underline{\underline{\mathbf{P}}}, t \in T_S}, \quad b^{S,t} \in I\!R^n_S. \tag{6}$$

The meaning is that, if a contract $x \in \mathbf{X}$ of coalition $S$ is registered with the court, then player $i \in S$ is (legally) required to pay a certain fee or an amount of taxes proportional to the total of this contract.

To be more precise, if we write $e = (1, ..., 1) \in I\!R^n_+$ and

$$e_S = (0, \ldots, 1, \ldots, 1, \ldots, 0, \ldots, 0) \in I\!R^n_S$$

then the total of the contract $x \in \mathbf{X}_S$ is

$$ex = e_S x = \sum_{i \in S} x_i \tag{7}$$

and the proportionality factor is $b_i^{S,t}$ for player $i$ if the types of the players are given by $t \in T$ and cooperation takes place in $S \in \underline{\underline{\mathbf{P}}}$.

The (preliminary, naive) rules of the game are described as follows: a coalition $S \in \underline{\underline{\mathbf{P}}}$ may register a contract $x \in \mathbf{X}_S$. Then by cooperation (which can be enforced by the registering agency, the court), they may aquire a monetary value $v(S)$. However, player $i$ is required to pay a fee towards the court, thus his utility resulting from $x$ is

$$U_i^{S,t}(x) = v(S)(x_i - (e_S x) b_i^{S,t}). \tag{8}$$

Concentrating our above remarks we come up with

**Definition 1.2** *A C.I.I. game* $\Gamma$ *is said to be a **fee game** if there is a coalitional function* $v$ *and a fee schedule* $b$ *(see (5) and (6)) such that the utility functions collected in* $U$ *are given by (8).*

In this context, $x \in \mathbf{X}_S$ achieves a certain monetarian character, thus normalization may become questionable. But as the fee schedule is assumed to be linear, we may accept this concession for the moment. Note that the term 'fee' implicitly suggests that the players indeed have to pay something (hence $b^{\bullet}_{\bullet}$ is nonnegative) and that, for some fixed contract, the utility of a player is nonnegative (hence $b^{\bullet}_{\bullet}$ does not exceed 1.) That is, we will assume that

$$0 \leq b^{\bullet}_{\bullet} \leq 1 \tag{9}$$

holds true.

Let us again shortly consider the "ex post" situation, i.e., the state of the world in which some $t \in T$ is commonly known.

In this case, the N.T.U. game (ex post) suggested by (4) has obviously side payment character (each feasible set is bounded by a hyperplane), hence we may as well introduce the "ex post T.U. game" given for fixed $t \in T$ by

$$v^t : \underline{\underline{\mathbf{P}}} \longrightarrow I\!R, \quad v^t(S) = v(S)(1 - b^{S,t|_S}(S)) \quad (S \in \underline{\underline{\mathbf{P}}}). \tag{10}$$

Clearly, $v^t(S) = e_S U^{S,t}(x)$ whenever $x$ is Pareto efficient in $v^t(S)$.

# 2 Incentive Compatible Mechanisms

Let us now change the story so as to incorporate incomplete information. In this scenario, the types are chosen at random, the distribution is given by $p$. Player $i$ observes the realisation of his own type $t_i$ only. However, $p$ and all other data are common knowledge; thus it makes sense that player $i$ computes conditional expectations of his data given he observes his type. As a consequence, we have to enhance the set-up by the introducing an abstract probability space, say $(\Omega, \underline{\underline{\mathbf{F}}}, P)$ together with a random variable $\tau : \Omega \longrightarrow T$ which selects types at random. The distribution of $\tau$ is given by $p$, i.e., we have

$$p(\cdot) = \tau P(\cdot) = P \circ \tau^{-1}(\cdot), \quad \text{i.e.,} \quad P(\tau = t) = p(\{t\}) =: p_t \quad (t \in T). \tag{11}$$

As in most probabilistic models in Statistics or Economics it is easily seen that all data depending on chance can be computed by means of $p$. That is, it suffices to have knowledge of the distribution of $\tau$ in order to compute (conditional) expectations or to decide (later on) whether a mechanism is incentive compatible (Definition 2.2).

In view of this set up, coalition $S$ may bargain about some contract $x \in \mathbf{X}_S$, we assume that this is done "ex ante", i.e., before the types are being observed. The general agreement the coalition finally wants to register will include the disclosure of types, thus it will be contingent with types $t \in T_S =$

$\prod_{i \in S} T_i$. Such kind of agreement causes the players to behave strategically. Generally, the contingent set of contracts is called a ***mechanism***.

**Definition 2.1** *A **mechanism** for coalition $S$ is a mapping $\mu^S : T_S \longrightarrow \mathbf{X}_S$.*

The interpretation is clearly that player $i \in S$, having observed his "type" $t_i \in T_i$, announces his observation, upon which $\mu^S(t_S) = \mu^{S,t_S}$ with $t_S = (t_i)_{i \in S}$ is executed by the court.
In view of this, the players may compute their expected utility conditioned on their observation, this quantity for $i \in S$ is computed by

$$\hat{U}_i^S(\mu, t_i) = E\left(U_i^{S,\tau|_S} \circ \mu^{S,\tau|_S} \;\middle|\; \tau_i = t_i\right) \tag{12}$$

If $\Gamma$ is a fee game, then (12) may be specified to

$$\hat{U}_i^S(\mu, t_i) = v(S)E\left(\mu_i^{S,\tau|_S} - (e_S\mu^{S,\tau|_S})b_i^{S,\tau|_S} \;\middle|\; \tau_i = t_i\right) \tag{13}$$

Now, in view of an enforcable mechanism $\mu$ or $\mu^S$, player $i$ develops strategic behavior, he may have an incentive to misrepresent his type. If he observes $t_i \in T_i$ but announces $s_i \in T_i$, then his utility is given by

$$\hat{U}_i^S(\mu, t_i; s_i) = E\left(U^{S,(\tau^{-i}|_S, t_i)} \circ \mu^{S,(\tau^{-i}|_S, s_i)} \;\middle|\; \tau_i = t_i\right). \tag{14}$$

The notation $t = (t^{-i}, t_i)$ for splitting up a vector for all players in $i$'s coordinate and the coordinates of all other players will be used throughout. This way we are let to introduce

**Definition 2.2** *Let $\mu^S$ be a mechanism for coalition $S \in \underline{\mathbf{P}}$. $\mu^S$ is **incentive compatible** (for short **IC** ) if, for all $i \in I$ and all $s_i, t_i \in T_i$, it follows that*

$$\hat{U}_i^S(\mu, t_i) \geq \hat{U}_i^S(\mu, t_i; s_i) \tag{15}$$

holds true. That is, given that all other players represent their types truthfully, player $i$ cannot improve his payoff by misrepresenting his type.
At this instant a familiar remark is in order. Given a mechanism $\mu^S : T_S \longrightarrow \mathbf{X}_S$, players will behave strategically and ponder about the announcement of their type once they observe its true value. That is, there arises a noncooperative game, say $\Gamma^{\mu,S}$. Within this game, the strategies for player $i$ are 'observation dependent announcements', i.e., mappings $\sigma_i : T_i \longrightarrow T_i$, $(i \in S)$ resulting in $S$–tupels $\sigma_S : T_S \longrightarrow T_S$ and in payoffs given by

$$EU_i^{S,\tau|_S} \circ \mu^{S,\sigma_S \circ \tau_S}$$

For $\mu^S$ to be incentive compatible means that the strategy 'telling the truth' (i.e., the identity in $T_i$) for each player $i \in I$ constitutes a Nash eauilibrium in $\Gamma^{\mu,S}$.

Now let

$$\mathcal{M}_S = \left\{\mu^S \mid \mu^S : T_S \longrightarrow \mathbf{X}_S, \mu \; isIC\right\} \tag{16}$$

the set of IC mechanisms feasible for coalition $S$. When $S$ commences bargaining *ex ante* , then the utily vectors available from the formation of agreement concerning IC mechanisms are given by

$$V^{\mathcal{M}}(S) = \left(\left(E\left(U_i^{S,\tau|s} \circ \mu^{S,\tau|s}\right)\right)_{i \in S} \mid \mu \in \mathcal{M}_S\right). \tag{17}$$

This way we have constructed a mapping

$$V^{\mathcal{M}} : \underline{\underline{\mathbf{P}}} \longrightarrow I\!R_S^n \tag{18}$$

which apparently has the character of a cooperative game. However, should we assume that $\Gamma$ is a fee game and hence represents side-payment character, then nevertheless in general $V^{\mathcal{M}}$ will be an *NTU game.* This is an important observation: in view of incomplete information and the necessary passage to IC mechanism the TU property of a cooperative game is subdued.
The geometric shape of the utility sets involved in $V^{\mathcal{M}}$ is cleared by the following theorem, which is traditional in other contexts (see Myersom (1984) and also Rosenmüller (1992)) :

**Theorem 2.3** *Let $\Gamma$ be a fee game. Then $\mathcal{M}_S$ and $V^{\mathcal{M}}$ are nonempty, closed polyhedra. If one restricts the definitions to nonnegative mechanisms ($\mathcal{M}_{S+}$), then the corresponding quantities are nonempty, compact polyhedra.*

**Proof:** Since constant mechanisms are IC, the quantities involved are nonempty sets. The natural linear structure of the set $\{\mu \mid \mu : T_S \longrightarrow \mathbf{X}\} = \mathbf{X}_S^{T_S}$ is the one of $I\!R^{T_S}$. With regards to this structure, the inequalities listed in equations (15) are linear ones as the coordinates of $\mu$ appear only linearly. This is a consequence of the fact that within ( 15) we just form conditional expectations. Therefore, $\mathcal{M}_S$ is the set of solutions of a System of linear inequalities, hence convex and closed.
Next, if we write $U^{S,t}(x) = (U_i^{S,t}(x))_{i \in S} = (v(S)(x - (e_S x)b_i^{S,t}))_{i \in S}$, then the linear nature of $U$ ensures that, for $\mu, \nu \in \mathcal{M}_S$, we have

$$\frac{1}{2}E\left(U^{S,\tau} \circ \mu^{S,\tau}\right) + \frac{1}{2}E\left(U^{S,\tau} \circ \nu^{S,\tau}\right) = E\left(U^{S,\tau} \circ \frac{\nu^{S,\tau} + \mu^{S,\tau}}{2}\right), \tag{19}$$

and $\frac{\nu^{S,\bullet} + \mu^{S,\bullet}}{2}$ is an element of $\mathcal{M}_S$ in view of the first step of our proof. Similarly, the fact that $V^{\mathcal{M}}$ is closed followes from the continuity of the mappings involved. **qed.**

# 3 The Core of a Fee-Game

Within this section we speak about fee games only, nevertheless some definitions apply for a more general class as well.
Since $V^{\mathcal{M}}$ has the character of an NTU game the ***core*** of the game, written $\mathcal{C}(V^{\mathcal{M}})$ is well defined. We may, however, discuss matters in terms of mechanisms instead of utilities, for this case we present a formal definition:

**Definition 3.1** *1. We shall say that a mechanism $\mu \in \mathcal{M} = \mathcal{M}_I$ is **dominated** by a mechanism $\mu^S \in \mathcal{M}_S$ and write $\mu^S$ doms $\mu$, if*

$$E\left(U_i^{S,\tau|_S} \circ \mu^{S,\tau|_S}\right) \geq E\left(U_i^{S,\tau} \circ \mu^{\tau}\right) \tag{20}$$

*holds true for all $i \in S$ with a strict inequality for at least one $i \in S$.*

*2. The **core** of a game $\Gamma$ is given by*

$$\mathcal{C}(\Gamma) := \left\{\mu \in \mathcal{M} \mid \nexists S \in \underline{\mathbf{P}}, \mu^S \in \mathcal{M}_S \;:\; \mu^S \text{ doms } \mu.\right\} \tag{21}$$

A well known condition for the core (of $V^{\mathcal{M}}$) to be nonempty is that the game is balanced (cf. Shapley (1973)). But this is an *ad hoc* condition as far as our present context is concerned, since we do not have the slightest idea concerning such properties of $V^{\mathcal{M}}$.
The general discussion of the core might be a formidable task, presently we shall restrict ourselves to the question as to whether there exist *constant* mechanisms in the core. Since there is so much linearity in the model it may then be useful to consider the 'expected' games (TU and NTU) which the players are facing *ex ante* when restricted to constant mechanisms. The TU version is given by

$$\begin{aligned} \bar{v} : &= Ev^{\tau} : \underline{\mathbf{P}} \longrightarrow I\!R \\ \bar{v}(S) &= v(S)(1 - Eb^{S,\tau|_S}(S)) \quad (S \in \underline{\mathbf{P}}). \end{aligned} \tag{22}$$

This game may or may not have a nonempty core according to whether it is balanced or not. Naturally, we call this the ***ex ante core*** (of $\Gamma$ or of $\bar{v}$,) the definition is given by

$$\mathcal{C}(\bar{v}) \;:=\; \{u \in I\!R^n \mid u(S) \geq \bar{v}(S) \;\; (S \in \underline{\mathbf{P}}.)\} \tag{23}$$

In any case the existence of a nonempty core for $\bar{v}$ is established by familiar conditions. As a first and most simple step we should, therefore, discuss the question as to whether from this we can derive some first clue concerning the existence of a nonempty core of $\Gamma$.
Now, those utility vectors $\bar{u} \in I\!R^n$ which are feasible distributions of utility for the grand coalition with respect to $\bar{v}(I)$ my be generated by *constant* mechanisms $\bar{x} \in \mathbf{X} = \mathbf{X}_I$ via

$$\bar{u} = v(I)(\bar{x} - Eb_{\bullet}^{I,\tau}) \tag{24}$$

On the other hand, if we are given a utility distribution $\bar{u}$ we may *construct* a candidate for a contract by putting

$$\bar{x} := \frac{\bar{u}}{v(I)} + Eb_{\bullet}^{I,\tau}. \tag{25}$$

Now we have

**Theorem 3.2** *Let $\bar{u} \in \mathcal{C}(\bar{v})$ be an element of the ex ante core and let $\bar{x}$ be generated by equation (25). Then $\bar{x}$ constitutes an IC–contract for the grand coalition and*

$$\bar{x} \in \mathcal{C}(\Gamma) \tag{26}$$

*holds true.*

**Proof:** First of all, $\bar{x}$ is immediately seen to be a contract for the grand coalition by summing over the cordinates, using (24), and observing that $\bar{u}(I) = \bar{v}(I)$ follows from $\bar{u} \in \mathcal{C}(\bar{v})$. Incentive compatibility is clear since we are dealing with a constant mechanism. It remains to be shown that the mechanism is located within the core of $\Gamma$.
Define the utility for player i *in mediis* , when $\bar{x}$ is applied, to be

$$\begin{aligned} \bar{u}_i^{t_i} : &= v(I)E(\bar{x}_i - b_i^{I,\tau} \mid \tau_i = t_i) \\ &= v(I)(\bar{x}_i - Eb_i^{I,\tau} \mid \tau_i = t_i). \end{aligned} \tag{27}$$

Assume now *per absurdum* that $\bar{x} \in \mathcal{C}(v)$ does *not* hold true. Then there is a coalition $S$ and a mechanism $\mu$ suitable for $S$ such that

$$\bar{u}_i^{t_i} \leq \tilde{u}_i^{t_i} := v(S)E\left(\mu_i^{S,\tau|s} - (e_S\mu_i^{S,\tau|s})b_i^{S,\tau|s} \mid \tau_i = t_i\right) \quad (i \in S) \tag{28}$$

holds true with the additional understanding, that for at least one $i \in S$, there is a strict inequality in ( 28). Define now $(\tilde{x}^s)_{s \in T_S}$ to be a set of contracts feasible for $S$ such that the following two conditions are satisfied:

$$\tilde{x}^s \text{ is Pareto efficient for } S \text{ for every} s \in T_S, \tag{29}$$

$$\mu^{S,s} - (e_S\mu^{S,s})b^{S,s} \leq \tilde{x}^s - b^{S,s} \quad (s \in T_S), \tag{30}$$

this is possible for every $s \in T_S$ in view of our assumption ensuring that $b^{S,s} \leq e_S$ holds true (see (9)) Of course, the set $(\tilde{x}^s)_{s \in T_S}$ does not necessarily constitute an IC–mechanism, however it could be called a mechanism. Consider now the expected utility *in mediis* for player $i \in S$ with respect to this mechanism, given that he observes some $t_i \in T_i$, this is given by

$$\bar{\tilde{u}}_i^{t_i} := v(S)E\left(\tilde{x}_i^{\tau|s} - (e_S\tilde{x}^{\tau|s})b_i^{S,\tau|s} \mid \tau_i = t_i\right) \geq \tilde{u}_i^{t_i} \geq \bar{u}_i^{t_i}, \tag{31}$$

where again at least one inequality is strict. We may, therefore, derive the following chain of equations and inequalities:

$$\begin{array}{rcl}
\bar{u}(S) & = & \sum_{i\in S}\bar{u}_i \\
& = & \sum_{i\in S}\sum_{t_i\in T_i}\bar{u}_i^{t_i}P(\tau_i = t_i) \\
& < & \sum_{i\in S}\sum_{t_i\in T_i}\bar{\bar{u}}_i^{t_i}P(\tau_i = t_i) \\
& = & v(S)\sum_{i\in S}\sum_{t_i\in T_i}E\left(\tilde{x}_i^{\tau|s} - (e_S\tilde{x}^{\tau|s})b_i^{S,\tau|s} \mid \tau_i = t_i\right)P(\tau_i = t_i) \\
& = & v(S)\sum_{i\in S}E\left(\tilde{x}_i^{\tau|s} - (e_S\tilde{x}^{\tau|s})b_i^{S,\tau|s}\right) \\
& = & v(S)\sum_{i\in S}\left(E\left(\tilde{x}_i^{\tau|s}\right) - 1\;E\left(b_i^{S,\tau|s}\right)\right) \\
& = & v(S)\left(1 - E\left(b^{S,\tau|s}(S)\right)\right) \\
& = & \bar{v}(S).
\end{array} \tag{32}$$

This however is a contradiction to our assumption according to which $\bar{u}$ is an element of the core of $\bar{v}$, **qed.**

**Corollary 3.3** *Let $\Gamma$ be a fee game. Suppose that every ex post game $v^t$ (cf. (10)) has a nonempty core. Then the core of $\Gamma$ is nonempty.*

The **Proof** is easy since, with a slight abuse of notation one can verify at once that

$$\mathcal{C}(\bar{v}) = \mathcal{C}(E(v^\tau)) = E(\mathcal{C}(v^\tau)) \neq \emptyset \tag{33}$$

holds true.

The condition of Corollary 3.3 is not an unnatural one and cannot be called *ad hoc.* The *ex post* game $v^t$ as defined in (10) reflects the impact of the taxation enforcement induced by the court, as compared to the situation with full information and no fee being required which is represented by the coalitional function (5). Since taxation decreases the payoff to the players, the existence of a nonempty core may be destroyed, this is exactly seen by inspecting the two games in question.

Nevertheless, the more difficult question (and the more rewarding one) will arise from studying nonconstant mechanisms in the core, computing their extreme points and relating these results to exchange economies.

## Literature


ALLEN, B. (1991): Market games with asymmetric information and nontransferable utility: Representation results and the core. Dep. of Economics, University of Pennsylvania, *CARESS Working paper 91-09, 38 pp.*

D'ASPREMONT, C. and GERARD-VARET, L.-A. (1979): Incentives and incomplete information. *Journal of Public Economics 11, pp. 25 - 45.*

HARSANYI, J.C. and SELTEN, R. (1972): A generalized Nash solution for two-person bargaining games with incomplete information. *Management Science 18, pp. 80 - 106.*

HOLMSTRÖM, B. and MYERSON, R.B. (1983): Efficient and durable decision rules with incomplete information. *Econometrica 51 , pp. 1799 - 1819.*

HURWICZ, L. (1973): On informationally decentralized systems. *Decision and Organisation.*(R. Radner and B. McGuire eds.) North Holland,*pp. 297 - 336.*

MYERSON, R. B. (1984): Two-person bargaining problems with incomplete information. *Econometrica 52, pp 461 - 487.*

MYERSON, R. B. and SATTERTHWAITE, M. A. (1983): Efficient mechanisms for bilateral trading. *Journal of Economic Theory 29, pp. 265 - 281.*

ROSENMÜLLER, J. (1992): Fee Games: (N)TU-games with incomplete information. *Rational Interaction, Essays in Honor of John C. Harsanyi.* (R. Selten, Ed.), Springer Verlag, Berlin, New York, Tokyo, *pp.53 - 81.*

ROSENMÜLLER, J. (1997): Bargaining with incomplete information - An axiomatic approach. Theory and Decision, Vol.42, pp.105-146.

SHAPLEY, L. S. (1967): On balanced sets and cores. *Naval Research Logistics Quarterly 14, pp. 453 - 460.*

SHAPLEY, L. S. (1973): On balanced games without side payments. *Mathematical Programming.* (T. C. Hu and S. M. Robinson Eds.), Academic Press, New York, N.Y., *pp. 261 - 290.*

VOHRA, R. (1997): Incomplete information, incentive compatibility and the core. Department of Economics, Brown University, Providence, RI. *Working Paper No. 97 - 11 (May / August)*

WEIDNER, F. (1992): The generalized Nash bargaining solution and incentive compatible mechanisms. *International Journal of Game Theory, Vol. 21, pp. 109 - 121.*

# The Implementation of a Design Decision as a Hierarchical Planning Problem

Ch. Schneeweiß

Lehrstuhl für Unternehmensplanung, insb. Operations Research,
Universität Mannheim, 68131 Mannheim, Germany

**Abstract:** Planning and implementation are considered as two levels of a hierarchical system. Their coordination is achieved in anticipating the implementation stage at the planning level. The main idea is to describe the effect of the implementation as an additional uncertainty for the planning procedure. This uncertainty is shown to be influenced by leadership activities. An example of designing a working time contract illustrates the approach.

# 1 Introduction

Designing a system involves two major activities: the planning phase and the implementation phase. The planning phase results in the selection of a particular design whereas the implementation phase puts this decision into real terms. In view of this two stage process, the planning phase should anticipate the subsequent implementation phase. Hence planning and implementation form a two stage hierarchy. This hierarchy, however, is not that distinct as it might appear. In fact, as Fig. 1 shows, the implementation activities often overlap the planning process. On many occasions, the implementation level is participating in the planning procedure. Furthermore, the design is often not a clear cut decision, it can be changed during the implementation, and short term control mechanisms often promote the implementation.

In contrast to ordinary day to day planning activities a design may be considered as an important tactical or strategic type of decision. Hence an implementation usually consists of two stages:

- first, the (tactical) design decision has to be transformed into an operational procedure and
- second, this operational procedure has to be executed.

Thus, the design has to anticipate both, the operationalization and its final execution. Hence the design problem can be considered as the interrelationship between three levels, the design level, the operational level, and the execution level. In describing this hierarchy, let us first, in Section 2, briefly discuss the two stage hierarchy between ordinary planning and implementation. In Section 3 we then investigate the three stage design problem focussing on implementation activities *after* the design decision has been made, i.e. participation activities will not be considered. A formal discussion of the design problem within the framework of the theory of hierarchical planning is given in Section 4. Finally, Section 5 provides an illustrative example for the special design of a working time contract. Section 6 concludes the investigation with some general remarks.

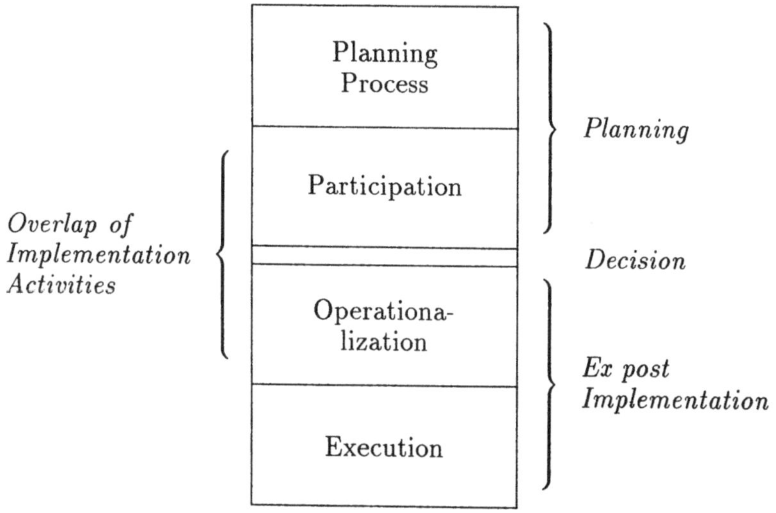


Figure 1: The Overlap of the Planning and Implementation Phases

# 2 Planning and implementation as a two stage hierarchy

Identifying the planning activity as the top-level and the subsequent implementation as the base-level of a hierarchy, one has the situation depicted in Fig. 2. The task of the implementation level is to 'reproduce' the implementation decision $IM$ as exactly as possible. In many settings, however, this reproduction will not be exact. In fact, some implementation disturbance, $\tilde{\delta}_{IN}$, might occur which has to be taken into account by the planning phase and will be described as a random variable in the top-level. In order to keep the disturbance small, leadership activities $LA$ are applied by the top-level. Hence, the influence of the top-level exerted on the base-level not only consists of the implementation decision $IM$, but also on the leadership activities $LA$ resulting in the instruction $IN = \{IM, LA\}$ (s. Fig. 2).

According to Fig. 2, Fig. 3 shows the general idea of how to take into account the implementation activities in the planning procedure: The top- level anticipates (all features of) the base-level and calculates an optimal instruction

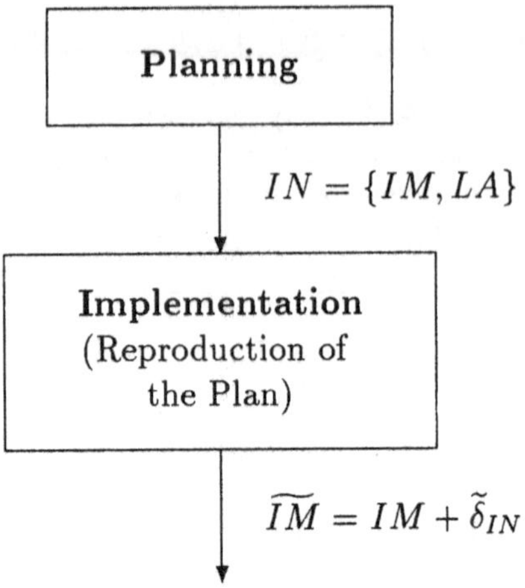


Figure 2: Planning and Implementation Hierarchy

$IN^* = \{IM^*, LA^*\}$ which results in an execution $IM^{**} = IM^* + \delta_{IN^*}$, where $\delta_{IN^*}$ denotes a realization of the random variable $\tilde{\delta}_{IN^*}$.
Of course, anticipating the base-level usually turns out to be an extremely tedious task. As a first step three properties can be identified to mainly determine the characteristics of an implementation level:

- perceptivity: the ability to correctly communicate with the top-level,
- capability: the (physical) ability to execute the implementation decision, and
- action willingness: the willingness to go into action.

Obviously, estimating and anticipating these properties is not easy. In what follows, we will not investigate this tedious problem any further, instead we will simply aggregate the properties of the implementation level in some general statements about the resulting implementation disturbance.

# 3 Implementation of a design decision as a three-stage hierarchy

## 3.1 A general model

In view of the foregoing discussion, the three-stage implementation process may now readily be depicted as in Fig. 4. Fig. 4 shows the (1) genuine design process at the tactical level, (2) the operationalization together with the control potential at the medium term operational level, and (3) the

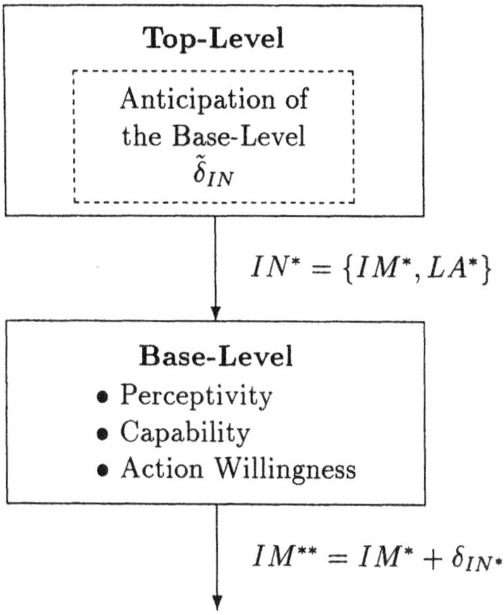


Figure 3: Anticipating the Implementation in the Planning Process

short term execution on the short term operational level. Accordingly, one has the design decision ($IM_D$), which has to operationalized, and the short term executional implementation decision ($IM_E$) .

The top-level instruction consists of three quantities: the design decision $IM_D^*$, the leadership decision $CP^*$ concerning the establishment of a control potential, and the so-called feedforward leadership decision $FF^*$. This last activity describes the possibility of the design level to directly influence the executional level. All three quantities, $IM_D^*$, $CP^*$, $FF^*$ have to be optimized simultaneously. The control potential promotes the operationalization of the design decision $IM_D$, and the medium term model implements its execution decision $IM_E$ through the short term execution level.

## 3.2 An illustrative example

The general procedure depicted in Fig. 4 may readily be illustrated by the implementation of a working time contract. The tactical level consists of the choice of a particular contract $W^*$ (s. Fig. 5). The medium term operationalization level transforms the regulations of the contract into the optimal sequence of monthly working hours $\{h_t^*\}$. The control potential can be identified with the allowance of a certain amount of overtime $OT$ during a certain period. This potential helps to smooth medium term capacity fluctuations and hence helps the (medium term operational) implementation of the contract. The instruction for the short term (executional) implementation level

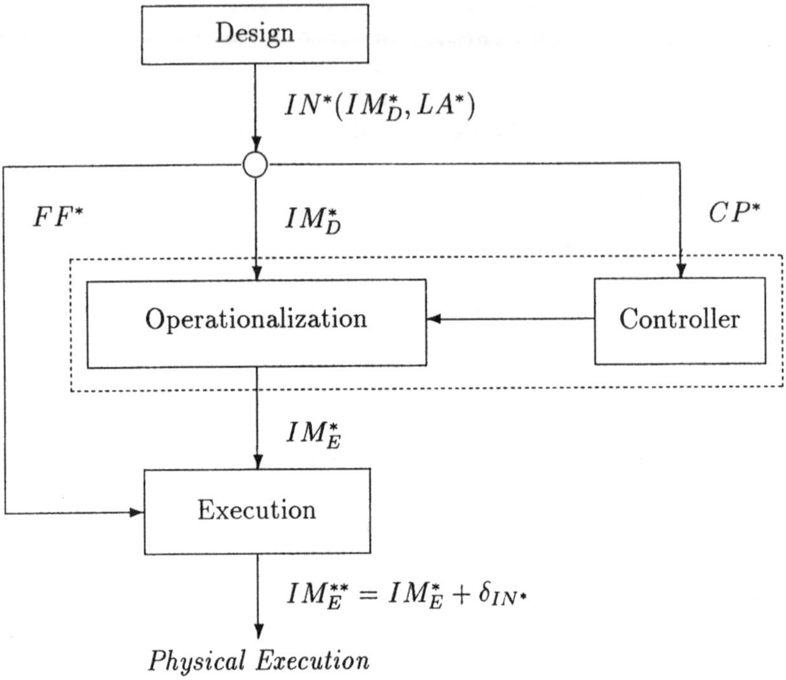


Figure 4: The Three Stage Design Problem

is the optimal number $h_t^* = h_t^{r*} + o_t^*$ of regular ($h_t^{r*}$) and overtime ($o_t^*$) hours an employee has to work.

Particularly for overtime, however, a working time contract can foresee a certain freedom for the employee not to accept the demanded amount of overtime. Hence one has an implementation disturbance $\tilde{\delta}_W(IR)$ which does not only depend on the contract but also on the industrial relations $IR$. This latter quantity, however, is influenced by the tactical design level and shows how the tactical level can communicate directly with the short term executional level.

We will return to the working contract example in Section 5. First, however, let us investigate the hierarchical structure of the proposed general design problem as defined in Fig. 4.

### 3.3 The solution hierarchy

In simultaneously solving the design and implementation problem of Fig. 4, one has to anticipate the respective lower level by the upper one. Fig. 6 shows the general structure. To be somewhat more specific, let us assume the following general relationship between the levels.

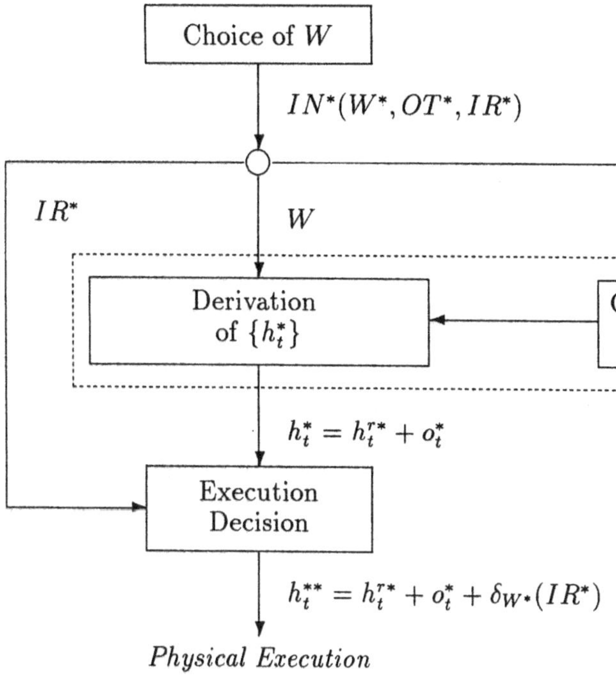


Figure 5: Design and Implementation of a Working Time Contract ($W$)

1. Between the top-and medial-level , for most design situations in companies, it seems to be reasonable to assume a tactical-operational hierarchy (Schneeweiß (1999), Schneeweiß, Wild (1993), s. also next section). This particularly says that both levels build a team and hence optimize their criteria in a cooperative way.

2. Between medial- and base-level one might have an (antagonistic) principal-agent relationship.

3. Between top- and base-level let us assume a non-reactive anticipation. This means that the base-level is not anticipated through its criteria and decision field, but simply by taking into account, in a general way, some of its more important features (s. next section). In addition, the base-level is exclusively influenced by motivational leadership activities.

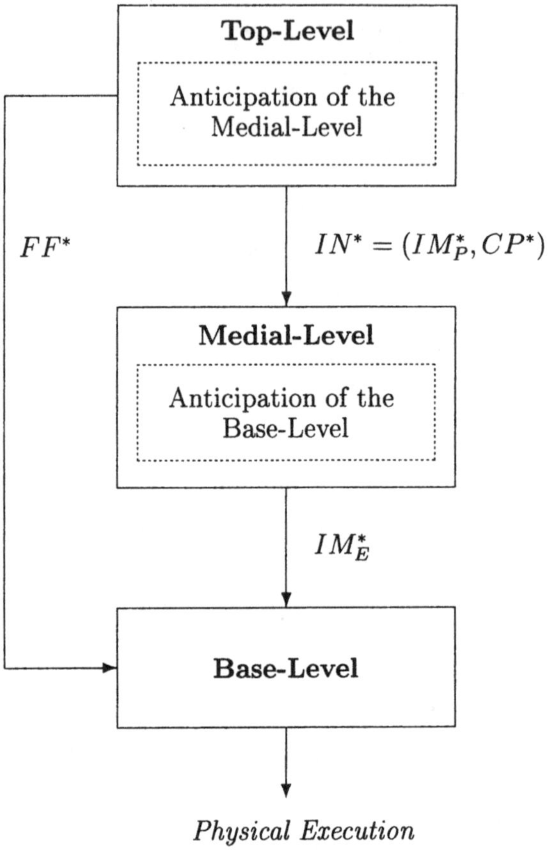


Figure 6: The Three Stage Design-Implementation Hierarchy

# 4 Formal description of the design and implementation problem

## 4.1 The coupling equations of hierarchical planning

A formal description of the design and implementation problem can be achieved by means of using the analytical framework provided by the theory of hierarchical planning (Schneeweiß (1999)). Let us therefore briefly review an essential part of this theory. Considering a two stage hierarchy, the top- and base-decisions can be determined by the following set of equations:

$$a^{T^*} = \arg \underset{a^T \in A^T}{\text{opt}} E\left\{C^T[C^{TT}(a^T), C^{TB}(AF(IN))] \mid I^T_{t_0}\right\} \tag{1a}$$

$$IN = IN(a^T)$$

$$AF(IN) = \hat{a}^{B^0}(IN) = arg \underset{\hat{a}^B \in \hat{A}^B_{IN}}{\widehat{\text{opt}}_{\text{IN}}} E\left\{\hat{C}^B_{IN} | \hat{I}^B_{IN}\right\} \tag{1b}$$

$$a^{B^*} = \arg \underset{a^B \in A^B_{IN^*}}{\text{opt}_{\text{IN}^*}} E\left\{C^B_{IN^*} | I^B_{IN^*,t_1}\right\} \tag{1c}$$

Eq. (1$a$) is called the top-equation describing the relationship between the following quantities:

| | |
|---|---|
| $a^T$ : | Top-decision |
| $A^T$ : | Top-decision space |
| $C^T$ : | Top-criterion |
| $C^{TT}$ : | Private top-criterion |
| $C^{TB}$ : | Top-down criterion |
| $AF(IN)$ : | Anticipation function |
| $I^T_{t_0}$ : | Total (stochastic) information of the top-level at time $t_0$ when the top-decision is made |
| $E$ : | Expectation operator |

The anticipation function is defined as the optimal decision $\hat{a}^{B^0}(IN)$ of the anticipated base-level as a function of the instruction $IN$. Since the instruction depends on $a^T : IN = IN(a^T)$, the anticipation function describes a possible (rational) reaction of the base-level with respect to a top-decision. It is the top-down criterion $C^{TB}$ that pro-actively takes into account the assumed reaction of the base-level. Note that all quantities in the anticipation relation (1$b$) possess a hat indicating their estimation status. In particular, $\widehat{\text{opt}}_{IN}$ describes an assumed optimization behavior of the base-level influenced through the instruction $IN$ by the top-level. Similarly, $\hat{I}^B_{IN}$ denotes the top-level's estimate of the influenced base-level information status.

Eq. (1$c$) is called the base-equation which describes the base-decision after the optimal instruction $IN = IN^*$ has been exerted. The occurring quantities are defined as follows:

| | |
|---|---|
| $a^B$ : | Base-decision |
| $A^B_{IN^*}$ : | Base-decision space depending on the optimal instruction $IN^*$ |
| $C^B_{IN^*}$ : | Base-criterion depending on the optimal instruction $IN^*$ |
| $I^B_{IN^*,t_1}$ : | Information status of the base-level at time $t_1$ when the base-decision is made |

Summarizing, Eqs. (1$a$) to (1$c$) describe the following relationship between the two levels of a hierarchy: The top-level anticipates through the anticipation function $AF(IN)$ (of Eq. (1$b$)) the base-level's behavior and, after an optimization (c.o. Eq. (1$a$)), communicates an instruction $IN^* = IN(a^{T^*})$

to the base-level. The base-level then makes its decision (Eq. (1$c$)) in taking into account the instruction of the top-level.

One of the key properties of the coupling Eqs. (1$a$) to (1$c$) of hierarchical planning is the top-down criterion $C^{TB}$ (Schneeweiß (1999), Chapter 2). This criterion is re-evaluating the anticipated base-reaction. Taking $C^{TB}$ complementary to $\hat{C}^B$, one has a team-like hierarchical planning situation. If, on the other hand, $C^{TB}$ is conflicting with $\hat{C}^B$, one has an antagonistic situation, and, in particular, the Eqs. (1$a$) to (1$c$) may describe a principal-agent relationship (c.o. Schneeweiß (1999), Chapter 5 or Spremann (1987)).

## 4.2 The design and implementation problem

Using Eq. (1) the formal presentation of the optimization problem structured in Fig. 6 is now straightforward.

Let us first define the following quantities:

| | |
|---|---|
| $C_{IN}^{TT}$ : | Design and leadership costs |
| $\hat{C}_{IN}^{M}$ : | Optional costs and/or revenues of design and leadership activities in view of the top-level |
| $IN$ : | Instruction, $IN = \{IM_D, LA\}$ |
| $IM_D$ : | Design decision |
| $LA$ : | Leadership activity |
| $A^{IM_D}$ : | Space of design decisions |
| $A^{LA}$ : | Space of leadership decisions |
| $A^T :=$ | $A^{IM_D} \times A^{LA}$ : Top-decision space |
| $\hat{A}_{IN}^{M}$ : | Anticipated medium term operational decision pace depending on $IN$ |
| $\widehat{IM}_E$ : | Anticipated short term execution decision |
| $I^T$ : | Information status of the top-level |
| $\hat{I}_{r,\delta}^{M}$ : | Anticipated medium term operational information status depending on $r$ and $\delta$ |
| $r$ : | Exogeneous disturbance in view of the top-level |
| $\delta$ : | Endogeneous disturbance caused by the implementation activities of the top- and medial-level in view of the top-level |

With these definitions the hierarchy depicted in Fig. 6 results in the following specification of the general Eq. (1$a$):

$$IN^* = \arg \underset{IN \in A^T}{\text{opt}} E\Big\{C^{TT}(IN) + \underset{\widehat{IM}_E \in \hat{A}_{IN}^M}{\text{opt}} E\{\hat{C}_{IN}^M(\widehat{IM}_E) | \hat{I}_{r,\delta}^M\} \mid I^T\Big\} \quad (2)$$

In fact, Eq. (2) describes the top-equation of a three-stage hierarchy. According to Section 3.3 , we reasonably assume a cooperative (team-like) regime between the design and medium term operational level. Hence an additive aggregation of the private criterion $C^{TT}$ and the medium term criterion seems to be natural. Furthermore, there is no re-evaluation, i.e., Eq. (1$b$) is incorporated without any change in the top-equation. The third level, i.e., the execution level, is only described through the execution disturbance $\tilde{\delta}$. In fact, $\tilde{\delta}$ can be considered as a base-anticipation function which is estimated by the top-level: $\tilde{\delta} = \hat{AF}^B(IM_E, FF)$. This estimation is simply taken to be a subjective probability, i.e., no attempt is made to derive it from a fully anticipated base-level as it is done with the medial level.
Eq. (2) exhibits the structure of a dynamic program. Solving this program, one readily obtains as a component of the optimal instruction $IN^*$ the optimal design $IM_D^*$.

# 5 An illustrative example

Let us illustrate Eq. (2) by a simplified version of the working time example of Section 3. 2, in which overtime is not allowed. The aim consists in finding an optimal working time contract $W^*$ of a set $A^T$ of feasible contracts. The design criterion mainly has two components: the costs $C^{TT} = C^{TT}(W_i)$ attributed to a particular contract $W_i$ and the penalty (e.g., stockout) cost for a deficit in capacity. Hence, in view of Eq. (2) one readily has

$$W^* = arg \underset{W_i \in A^T}{\text{opt}} E\Big\{C^{TT}(W_i) + \underset{h \in \hat{A}^M_{W_i}}{\text{opt}} E\{\hat{V}(h) | \hat{I}^M_{r,\delta^B_{W_i}}\} | I^T\Big\}. \tag{3}$$

Here $\hat{V}(h)$ is a top-level estimate of a penalty function

$$V(h) = \sum_{t=1}^{T} c_t v_t(h) \tag{4}$$

with $c_t$ being penalty unit cost of period $t$ and $h = \{h_1, ..., h_T\}$ is the vector of weekly working time for weeks 1 to $T$. The function

$$v_t(h_t) := \begin{cases} r_t - g(h_t) - INV_t & \text{if } r_t - g(h_t) - INV_t \geq 0 \\ 0 & \text{else} \end{cases} \tag{5}$$

represents a deficit in capacity with $r_t$ and $INV_t$ being demand and inventory in week $t$, respectively, and $r_t - g(h_t)$ denoting implemented working hours. The vector $\{h_1, ..., h_T\}$ gives the distribution of the working time over a horizon of $T$ weeks. Its medium term optimization can be interpreted as the result of an operationalization of a working time contract, i.e., of a design decision. The particular contract $i$ is partly determining the medial-level decision space $A^M_{W_i} := \{(a),(b),(c)\}$. Particularly, the properties $(a)$ and $(b)$ represent the working time contract:

(a) Flexibility corridor:

$$h^l_{ti} \leq h_t \leq h^u_{ti} \qquad \forall \quad i$$

$h^L_i$ and $h^u_i$ being lower and upper bounds respectively.

(b) Balance of total working time $H_i$ after $T_i$ periods:

$$\sum_{t=1}^{T_i} h_t = H_i \qquad \forall \quad i$$

(c) Inventory Balance Equation:

$$INV_{t+1} = \max\{INV_t + g(h_t) - r_t; 0\}$$

This property represents the operational production part of the medium term decision space. Its most interesting quantity certainly is

$$g(h_t) = h_t + \tilde{\delta}^B_{W_i}(IR)$$

which describes the disturbance of the short term execution.

Working time orders have not always to be strictly obeyed. Many working time contracts have a certain degree of freedom not to accept an order (instruction) $h_t$. Hence in deciding a working contract, management has to obtain subjective probabilities whether an order might be accepted or not. We assume that this probability only depends on the particular working agreement $W_i$ and on the industrial relations. Obviously, the better the industrial relations , the smaller is the variance of $\tilde{\delta}^B_{W_i}(IR)$. The industrial relations can be improved by motivational leadership activities which, through Eq. (3), principally allows to measure the effect of these activities. Specifying all quantities numerically and solving Eq. (3) finally results in an optimal contract, i.e., in an optimal design decision. Of course, this example is extremely simple but it proves to be sufficient to illustrate the main features of the hierarchical planning approach to solve a design-implementation problem. (For a more realistic and comprehensive example see Schneeweiß, Wild (1993) and Wild (1995)).

# 6 Summary and concluding remarks

The paper describes the two-stage implementation process of a design decision. The first stage, which operationalizes the design, can be regarded as an interpretation stage which primarily describes the perceptivity property (mentioned in Fig. 3). The second attribute of an implementation system, i.e., its capability, is mainly given by the overall resources which are at least structured by the design decision. In many situations, however, the design is completely providing the system with resources. Furthermore, the control potential is contributing additional means. The third property, i.e., the action willingness, can be located at the second, the socalled executional stage which is characterized by the probability that the operational execution is actually performed. According to our assumption of a team-like relationship between the design and the medium term operational level, it seems to be reasonable to assume full action willingness at that stage. It therefore appears to be natural to discuss action willingness for the stage for which cooperation is not automatically assumed. For this stage, the design level tries to ensure an increased action willingness by improving the motivational climate, or, in more abstract terms, action willingness is improved through the application of transformational incentives (see Schneeweiß (1999), Section 9.5).

In describing the implementation of a design decision, important features have been identified. Obviously, however, the preceding discussion could only treat a comparatively small part of the huge variety of possible implementation aspects. What is needed is a comprehensive and structured approach which allows a systematic analysis of the implementation problem. Integrating the implementation procedure in the planning process proves to be a most challenging problem. It opens up an opportunity to further combine quantitative planning procedures with more qualitative leadership activities.

# References

SCHNEEWEISS, CH. (1999): Hierarchies in Distributed Decision Making. *Springer, Berlin, Heidelberg, New York.*

SCHNEEWEISS, CH., WILD, B. (1993): Manpower Capacity Planning - A Hierarchical Approach. *International Journal of Production Economics (IJPE), Vol. 30–31, pp 95–106.*

SPREMANN, K. (1987): Agent and Principal. In: Bamberg, D. and Spremann, K. (eds.), Agency Theory, Information, and Incentives, pp 3–37, *Springer, Berlin, Heidelberg, New York.*

WILD, B. (1995): Die Flexibilität von Betriebsvereinbarungen zur Arbeitszeit. *Physica-Verlag, Heidelberg.*

Teil 7

# Volkswirtschaftslehre

# Cobb–Douglas and Other CES Functions, Homogeneity and Generalizations

János Aczél[1], Wolfgang Eichhorn[2]

[1] Faculty of Mathematics,
University of Waterloo, ON, Canada N2L 3G1
and
Institute for Mathematical Behavioral Sciences,
University of California, Irvine, CA 92697, USA

[2] Institut für Wirtschaftstheorie und Operations Research,
Universität Karlsruhe, D-76128 Karlsruhe, Germany

**Abstract:** In these notes we revisit with modifications and generalizations several problems and solutions from Aczél (1969), Aczél, Eichhorn (2000), Eichhorn (1978, 1986). The major part of these problems arose in the context of homogeneous production functions, in particular, Cobb–Douglas and CES functions. Their solutions use Euler's theorem for homogeneous functions and the Bernoulli–L'Hospital rule. Finally we discuss several generalizations - some new - of homogeneous functions with aid of functional equations.

# 1 Introduction

We begin with a short and simple proof of Euler's theorem for homogeneous functions. We will sketch the role of linearly homogeneous production functions in economic distribution theory by means of Euler's theorem. Then we consider as particular cases of linearly homogeneous functions the CES (= Constant Elasticity of Substitution) production functions. We note that, even though also the Cobb–Douglas (CD) production functions have constant elasticity of substitution, they are usually distinguished from the CES functions. We also clarify whether the CD functions are limits of CES functions. We conclude with some generalizations of homogeneous functions. In this context we solve several functional equations.

# 2 Economic distribution theory and Euler's theorem on homogeneous functions

We start with well known facts on homogeneous functions, maybe formulated somewhat more exactly than usual. We then apply them to production functions.

Let $\mathbb{R}, \mathbb{R}_+, \mathbb{R}_{++}$ denote the set of all real numbers, the set of all nonnegative, and that of all positive real numbers, respectively. A function $F : \mathbb{R}_+^n \to \mathbb{R}$ is *(positively) homogeneous of degree* $r$ if

$$F(\lambda \mathbf{x}) = \lambda^r F(\mathbf{x}) \quad \text{for all } \mathbf{x} = (x_1, \ldots, x_n) \in \mathbb{R}_+^n, \ \lambda \in \mathbb{R}_{++}. \tag{1}$$

We apply, as usual, the chain rule to get *necessary conditions* for a differentiable function to be homogeneous of degree $r$, then show how the chain rule yields also the *sufficiency* of these conditions.

We interchange the two sides of (1) and differentiate equation (1) with respect to $\lambda$, applying the chain rule:

$$\begin{aligned} r\lambda^{r-1}F(\mathbf{x}) &= \frac{dF(\lambda\mathbf{x})}{d\lambda} \\ &= \frac{\partial F(\lambda\mathbf{x})}{\partial(\lambda x_1)}\frac{d(\lambda x_1)}{d\lambda} + \ldots + \frac{\partial F(\lambda\mathbf{x})}{\partial(\lambda x_n)}\frac{d(\lambda x_n)}{d\lambda} \\ &= \frac{\partial F(\lambda\mathbf{x})}{\partial(\lambda x_1)}x_1 + \ldots + \frac{\partial F(\lambda\mathbf{x})}{\partial(\lambda x_1)}x_n. \end{aligned}$$

We put now $\lambda = 1$ in order to get

$$rF(\mathbf{x}) = \frac{\partial F(\mathbf{x})}{\partial x_1}x_1 + \ldots + \frac{\partial F(\mathbf{x})}{\partial x_n}x_n \tag{2}$$

which is *Euler's partial differential equation for (positively) homogeneous functions of degree r.*

We have just proved that *all positively homogeneous differentiable functions of degree r satisfy Euler's equation* (2), that is, (2) is *necessary* for (1). Conversely, let (2) be satisfied and $F$ differentiable. We prove that (1) follows, so (2) is also *sufficient* for (1). For this we *suppose that* (2) *holds* and define

$$g(\mathbf{x}, \lambda) = \lambda^{-r}F(\lambda\mathbf{x}) - F(\mathbf{x}).$$

We want to show that $g(\mathbf{x}, \lambda) \equiv 0$ (then we have indeed $F(\lambda\mathbf{x}) = \lambda^r F(\mathbf{x})$, that is (1)). We get from the chain rule

$$\begin{aligned} \frac{\partial g(\mathbf{x},\lambda)}{\partial\lambda} &= -r\lambda^{-r-1}F(\lambda\mathbf{x}) + \lambda^{-r}\frac{\partial F(\lambda\mathbf{x})}{\partial\lambda} - 0 \\ &= \lambda^{-r-1}\Big[-rF(\lambda x_1, \ldots, \lambda x_n) + \lambda\frac{\partial F(\lambda\mathbf{x})}{\partial(\lambda x_1)}x_1 + \ldots + \lambda\frac{\partial F(\lambda\mathbf{x})}{\partial(\lambda x_n)}x_n\Big]. \end{aligned}$$

The expression in square brackets on the right hand side is exactly the difference of the two sides of (2) with $\lambda x_j$ in place of $x_j$ ($j = 1, 2, \ldots, n$). Since (2) is now supposed to hold for all $\mathbf{x}$, the expression in square brackets has to be identically 0. So $\partial g(\mathbf{x}, \lambda)/\partial\lambda \equiv 0$ and therefore $g(\mathbf{x}, \lambda)$ is constant in $\lambda$ (independent of $\lambda$), thus it is some function $c$ of $\mathbf{x}$ alone:

$$\lambda^{-r} F(\lambda\mathbf{x}) - F(\mathbf{x}) = g(\mathbf{x}, \lambda) = c(\mathbf{x}).$$

Putting here $\lambda = 1$ we get $c(\mathbf{x}) = 0$ and so indeed

$$\begin{aligned} g(\mathbf{x}, \lambda) &= \lambda^{-r} F(\lambda\mathbf{x}) - F(\mathbf{x}) = 0, \\ F(\lambda\mathbf{x}) &= \lambda^r F(\mathbf{x}), \end{aligned}$$

that is, (1) follows from (2), the *Euler equation* (2) *is necessary and sufficient for the differentiable function $F$ to be positively homogeneous of degree $r$.*

We now apply these results and their proof to the class of production functions which has homogeneity as essential property. That class plays an important role in several parts of the economic literature. Homogeneity expresses that multiplying each input variable ("production factor") by $\lambda$ results in multiplying the output (or, if several products are produced, their *value*) by $\lambda^r$.

If $F : \mathbb{R}_+^n \to \mathbb{R}_+$ is a "microeconomic" production function, then the function value $F(\mathbf{x})$ is the *maximal* output (or output value) which can be produced (or established, respectively) in an *enterprise* during a given time period by the production factor quantities $x_1, \ldots, x_n$. If $F$ is *homogeneous* and $r = 1$ (that is, $F$ is *linearly homogeneous*) then we speak of *constant returns to scale* while, if $0 < r < 1$ or $r > 1$ then *the returns to scale are decreasing* or *increasing*, respectively. Clearly, $r \leq 0$ would make no economic sense.

The supposition that $F$ is *differentiable* contains an assumption which clearly can hold only approximately, namely that the inputs and outputs *can be divided into arbitrarily small quantities.* The partial derivatives

$$\frac{\partial F(\mathbf{x})}{\partial x_1}, \ldots, \frac{\partial F(\mathbf{x})}{\partial x_n}$$

are the *marginal products* of the production factor quantities $x_1, \ldots, x_n$.

In the *marginal theory of distribution* it is assumed that the production factors, including labour, are rewarded according to their marginal product. (For instance, somewhat simplistically, new workers are employed if it is expected that they will produce more (value of) additional goods than would pay their wages, and workers are laid off after a while if they would have to be paid more than their additional contributions to production). We can consider

$$\frac{\partial F(\mathbf{x})}{\partial x_1} x_1, \ldots, \frac{\partial F(\mathbf{x})}{\partial x_n} x_n$$

as the compensations (measured in quantities of the output or output value) given to the individual production factors. But these are the terms on the right hand side of Euler's differential equation (2). So, if $r = 1$ then, by (2), the sum of compensations uses up the whole production. If $r < 1$ then after all compensations a surplus is left, namely $(1-r)F(x_1, \ldots, x_n)$. Finally, if $r > 1$ then the output (or output value) $F(x_1, \ldots, x_n)$ is insufficient to pay for the compensations.

These three cases are interesting from the point of view of *production and distribution theory.* In the first case "the distribution problem is solved": the Euler equation describes how to distribute the output (or output value) to compensate the production factors. In the other two cases the employer has surplus or deficit (in this model taxation of enterprises is ignored). In the *dynamical theory of competition* these two situations can persist, at least theoretically, only for a short time, if at all, because, in the first case, additional production is worth while, whereas in the second the enterprise goes bankrupt. There exists also a stronger opinion: absence of linear homogeneity is possible for the duration only if not all production factors have been taken into consideration. If all are considered, then the production function would have to be *linearly* homogeneous.

On the other hand, $F$ is a "macroeconomic" production function if it yields the (gross or net) *national product* (or at least the whole product of a sector of industry) produced during a given time period, say a year, as function of the input values or quantities. For simplicity, one often aggregates the inputs into labour $L$, capital $K$, and possibly also energy $E$ (measured, say, in hours of work, money and energy units). Again the case where $F$ is *linearly* homogeneous is of practical importance. Some special linearly homogeneous functions, such as the Cobb–Douglas production functions, are particularly useful. An example of such a production function and its Euler equation is

$$F(L,K) = cL^{0.7}K^{0.3} \quad (c \in \mathbb{R}_{++}, \text{ constant})$$

$$\begin{aligned}\frac{\partial F(L,K)}{\partial L}L + \frac{\partial F(L,K)}{\partial K}K &= 0.7cL^{0.7}K^{0.3} + 0.3\,cL^{0.7}K^{0.3} \\ &= 0.7F(L,K) + 0.3F(L,K) = F(L,K),\end{aligned}$$

that is, 70% of the (this time net) national product goes to labour, 30% to capital. This is approximately true in Germany. The *converse question*, whether such a distribution implies $F(L,K) = cL^{0.7}K^{0.3}$ at least approximately, is also of interest. The answer is positive if one assumes, as we do here, that the marginal theory of distribution is right. We show that

$$\frac{\partial F(L,K)}{\partial L}L = 0.7F(L,K) \quad \textit{and} \quad \frac{\partial F(L,K)}{\partial K}K = 0.3F(L,K)$$

*imply* $F(L,K) = cL^{0.7}K^{0.3}$. Indeed, the first equation can be written as

$$\frac{\partial F(L,K)}{\partial L} \Big/ F(L,K) = \frac{0.7}{L}$$

or, by integration, $\ln F(L,K) = 0.7 \ln L + C(K)$ (the "constant of integration", $C$, depends only upon $K$). Derivation and the second equation give

$$\frac{dC(K)}{dK} = \frac{\partial[\ln F(L,K)]}{\partial K} = \frac{\partial F(L,K)}{\partial K} \Big/ F(L,K) = \frac{0.3}{K}.$$

By integration, $C(K) = 0.3 \ln K + \ln c$ (the last term is the constant of integration). Thus $\ln F(L,K) = 0.7 \ln L + 0.3 \ln K + \ln c$, that is, $F(L,K) = cL^{0.7}K^{0.3}$, as asserted.

# 3 Linearly homogeneous production functions with constant elasticity of substitution

The general form of the linearly homogeneous Cobb–Douglas (CD) production functions $F_{\mathrm{CD}} : \mathbb{R}^n_{++} \to \mathbb{R}_+$ is given by

$$F_{\mathrm{CD}}(x_1, \ldots, x_n) = c x_1^{a_1} x_2^{a_2} \ldots x_n^{a_n} \tag{3}$$

with $c \in \mathbb{R}_{++}$, $a_k \in \mathbb{R}_{++}$, $x_k \in \mathbb{R}_{++}$ for $k = 1, 2, \ldots, n$ and $a_1 + \ldots + a_n = 1$.

The function at the end of the previous section is an example of a Cobb–Douglas function.

It is well known (see Chiang (1984)) that for Cobb–Douglas functions the *elasticity of substitution* between any two of the production factor quantities $x_j$ and $x_k$ $(j \neq k)$, that is the limit of the ratio of relative changes

- in the proportion $x_j/x_k$ and
- the marginal rate of substitution $\frac{\partial F(\mathbf{x})}{\partial x_k} \Big/ \frac{\partial F(\mathbf{x})}{\partial x_j}$,

equals 1 at each point $\mathbf{x} \in \mathbb{R}^n_{++}$.

Since the functions $F_{\mathrm{CD}}$ given by (3) have constant elasticity of substitution, the usual name *CES* (Constant Elasticity of Substitution) *functions* for the functions $F_{\mathrm{CES};\varrho} : \mathbb{R}_{++} \to \mathbb{R}_+$ given by

$$\begin{aligned} F_{\mathrm{CES};\varrho}(x_1, \ldots, x_n) &= c\,(b_1 x_1^{\varrho} + \ldots + b_n x_n^{\varrho})^{1/\varrho} \\ (\varrho \neq 0;\ \varrho < 1;\ c \in \mathbb{R}_{++};\ b_k \in \mathbb{R}_{++};&\ x_k \in \mathbb{R}_{++};\ k = 1, \ldots, n) \end{aligned} \tag{4}$$

is not quite accurate. Obviously, they are linearly homogeneous, and for them the elasticity of substitution between any pair $x_j, x_k$ $(j \neq k)$ equals $1/(1-\varrho) = \text{const}$ for $c = 1$, $b_j + b_k = 1$, $x_s = 0$ $(s \neq j, k)$ (see Chiang (1984)).

As a way out it is often stated that $F_{\text{CD}}$ is the *limit* of $F_{\text{CES};\varrho}$ as $\varrho \to 0$. This is *true only if* $b_1 + \ldots + b_n = 1$. Indeed, the often used argument

$$\begin{aligned}
\lim_{\varrho \to 0} \left[ \ln \frac{F_{\text{CES};\varrho}(\mathbf{x})}{c} \right] &= \lim_{\varrho \to 0} \frac{\ln(b_1 x_1^\varrho + \ldots + b_n x_n^\varrho)}{\varrho} \\
&\stackrel{*}{=} \lim_{\varrho \to 0} \left[ \frac{b_1 x_1^\varrho \ln x_1 + \ldots + b_n x_n^\varrho \ln x_n}{b_1 x_1^\varrho + \ldots + b_n x_n^\varrho} \Big/ 1 \right] \\
&= \frac{b_1 \ln x_1 + \ldots + b_n \ln x_n}{b_1 + \ldots + b_n} \\
&= a_1 \ln x_1 + \ldots + a_n \ln x_n = \ln \frac{F_{\text{CD}}(\mathbf{x})}{c},
\end{aligned}$$

where $a_k = b_k/(b_1 + \ldots + b_n)$ $(k = 1, \ldots, n)$, contains, at the step marked by $\stackrel{*}{=}$, a correct application of the Bernoulli–L'Hospital rule *only if both the numerator and the denominator tend to 0.* The numerator of the fraction in front of $\stackrel{*}{=}$ tends, however, to 0 *only if* $b_1 + \ldots + b_n = 1$.

If $b_1 + \ldots + b_n \neq 1$ then

$$\lim_{\varrho \to 0} \ln(b_1 x_1^\varrho + \ldots + b_n x_n^\varrho) = \ln(b_1 + \ldots + b_n) \neq 0$$

and

$$\lim_{\varrho \searrow 0} \left[ \ln \frac{F_{\text{CES};\varrho}(\mathbf{x})}{c} \right] = \begin{cases} \infty & \text{if } b_1 + \ldots + b_n > 1 \\ -\infty & \text{if } b_1 + \ldots + b_n < 1. \end{cases}$$

So in these cases

$$\lim_{\varrho \searrow 0} F_{\text{CES};\varrho}(\mathbf{x}) = \infty \text{ or } 0,$$

respectively, and not $F_{\text{CD}}(\mathbf{x})$ ($\varrho \searrow 0$ means that $\varrho$ tends to 0 decreasingly; if $\varrho$ tends to 0 increasingly then these two cases are interchanged).

If $b_1 + \ldots + b_n = 1$ then indeed

$$\lim_{\varrho \to 0} \left[ \ln \frac{F_{\text{CES};\varrho}(\mathbf{x})}{c} \right] = \ln \frac{F_{\text{CD}}(\mathbf{x})}{c},$$

that is,

$$\lim_{\varrho \to 0} F_{\text{CES};\varrho}(\mathbf{x}) = F_{\text{CD}}(\mathbf{x}).$$

Some try to remedy this situation by writing (4) as

$$\begin{aligned} F_{\mathrm{CES};\varrho}(x_1,\ldots,x_n) \\ &= c\,(b_1+\ldots+b_n)^{1/\varrho}\left(\frac{b_1}{b_1+\ldots+b_n}x_1^\varrho+\ldots+\frac{b_n}{b_1+\ldots+b_n}x_1^\varrho\right)^{1/\varrho} \\ &= A(a_1x_1^\varrho+\ldots+a_nx_n^\varrho)^{1/\varrho}. \end{aligned}$$

Here indeed

$$a_1+\ldots+a_n=\frac{b_1}{b_1+\ldots+b_n}+\ldots+\frac{b_n}{b_1+\ldots+b_n}=1$$

and the factor $(a_1x_1^\varrho+\ldots+a_nx_n^\varrho)^{1/\varrho}$ tends to $x_1^{a_1}x_2^{a_2}\ldots x_n^{a_n}$ (Cobb–Douglas). But *the factor*

$$A=c(b_1+\ldots+b_n)^{1/\varrho}$$

*depends upon* $\varrho$ and its limit as $\varrho\searrow 0$ is 0 if $b_1+\ldots+b_n>1$ and is $\infty$ if $b_1+\ldots+b_n>1$ (again permuted if $\varrho\nearrow 0$), which leads to the same result as before.

**Note.** If, on the other hand, we lifted the restriction $a_1+\ldots a_n=1$ in (3) and allowed $a_1+\ldots+a_n\neq 1$ then $F_{\mathrm{CD}}$ would be *homogeneous of degree* $a_1+\ldots+a_n\neq 1$ and so again it would *not* be a limit of any $F_{\mathrm{CES};\varrho}$ of the form (4), since these are all homogeneous of degree 1.

# 4 Generalizations of homogeneous functions

Speaking about homogeneity, several generalizations of the equation (1) of homogeneity of degree $r$ have been considered.

In what follows, the functions $F$ map $\mathbb{R}^n$ into $\mathbb{R}\setminus\{0\}$ and $\lambda$ is always positive. The definition

$$F(\lambda\mathbf{x})=\varphi(\lambda)F(\mathbf{x})\quad(\varphi:\mathbb{R}_{++}\to\mathbb{R}\setminus\{0\})\tag{5}$$

does not go much further than

$$F(\lambda\mathbf{x})=\lambda^rF(\mathbf{x})\quad(\mathbf{x}=(x_1,\ldots,x_n)\in\mathbb{R}^n\setminus\{\mathbf{0}\},\lambda\in\mathbb{R}_{++}),\tag{1*}$$

if $\varphi$ is, say, bounded from above on an interval of arbitrarily small but positive length. It is easy to show (see e.g. Aczél (1969)) that one gets either $\varphi(\lambda)\equiv 0$ or $\varphi(\lambda)=\lambda^s$ for some constant $s$. The first permits only $F(\mathbf{x})\equiv 0$ as solution of (5), the second reduces (5) to (1*) (but with arbitrary $r$). On the other hand,

$$F(\lambda\mathbf{x})=\psi(\lambda,\mathbf{x})F(\mathbf{x})\quad(\psi:\mathbb{R}_{++}\times\mathbb{R}^n\to\mathbb{R})$$

hardly restricts $F$ at all: to every nowhere zero $F$ there exists a $\psi$ with which it satisfies this equation, namely

$$\psi(\lambda, \mathbf{x}) = \frac{F(\lambda\mathbf{x})}{F(\mathbf{x})}.$$

As intermediate equation between (1*) and (5)

$$F(\lambda\mathbf{x}) = \lambda^{\hat{k}(\mathbf{x}/\|\mathbf{x}\|)} F(\mathbf{x}) \quad (\lambda \in \mathbb{R}_{++}, \mathbf{x} \in \mathbb{R}^n \setminus \{\mathbf{0}\}) \tag{6}$$

has been suggested. Notice that, different from (1*), here the exponent of $\lambda$ *is a function* $\hat{k}$ of $\mathbf{x}/\|\mathbf{x}\|$ where

$$\|\mathbf{x}\| = \|(x_1, \ldots, x_n)\| = (x_1^2 + \cdots + x_n^2)^{1/2}.$$

So $\mathbf{x}/\|\mathbf{x}\|$ is a unit vector and $\hat{k}$ *is defined on the unit sphere* $S = \{\mathbf{z} \mid \|\mathbf{z}\| = 1\}$.

We solve here the apparently more general equation

$$F(\lambda\mathbf{x}) = \lambda^{k(\mathbf{x})} F(\mathbf{x}) \quad (\lambda \in \mathbb{R}_{++}, \mathbf{x} \in \mathbb{R}^n \setminus \{\mathbf{0}\}) \tag{7}$$

again for $F : \mathbb{R}^n \setminus \{\mathbf{0}\} \to \mathbb{R} \setminus \{0\}$ but here also $k$ *is defined on* $\mathbb{R}^n \setminus \{\mathbf{0}\}$. To solve this equation, we put first $\mathbf{x} = \mathbf{z}/\|\mathbf{z}\|$, $\lambda = \|\mathbf{z}\|$ into (7) and get

$$F(\mathbf{z}) = \|\mathbf{z}\|^{k(\mathbf{z}/\|\mathbf{z}\|)} F(\mathbf{z}/\|\mathbf{z}\|). \tag{8}$$

Substituting now (8) into (7) and cancelling $\lambda$ where appropriate, we get

$$\lambda^{k(\mathbf{x}/\|\mathbf{x}\|)} \|\mathbf{x}\|^{k(\mathbf{x}/\|\mathbf{x}\|)} F(\frac{\mathbf{x}}{\|\mathbf{x}\|}) = \lambda^{k(\mathbf{x})} \|\mathbf{x}\|^{k(\mathbf{x}/\|\mathbf{x}\|)} F(\frac{\mathbf{x}}{\|\mathbf{x}\|}).$$

Comparing the two sides of this equation, we see that they differ only in the exponents of $\lambda$. So

$$k(\mathbf{x}) = k(\mathbf{x}/\|\mathbf{x}\|). \tag{9}$$

While $k$ was supposed to be defined on $\mathbb{R}^n \setminus \{\mathbf{0}\}$ *only its values on* $S = \{\mathbf{z} \mid \|\mathbf{z}\| = 1\}$ *count.*

We can draw the following conclusions:

1. By (9) *the value of* $k(\mathbf{x})$ *depends only upon the unit vector* $\mathbf{x}/\|\mathbf{x}\|$ *of* $\mathbf{x}$ (that is, only upon the direction of $\mathbf{x}$). Thus *equation* (7) *reduces to* (6) where $\hat{k}$ *is the reduction of* $k : \mathbb{R}^n \setminus \{\mathbf{0}\} \to \mathbb{R} \setminus \{0\}$ *to* $S$. *If (7) is to be satisfied,* $k$ *can depend only upon its values on* $S$.

2. Equations (8) and (9) show that all functions satisfying (7) or (6) are of the form

$$F(\mathbf{z}) = \|\mathbf{z}\|^{\hat{k}(\mathbf{z}/\|\mathbf{z}\|)}\, G(\frac{\mathbf{z}}{\|\mathbf{z}\|}). \tag{10}$$

Substitution shows that (10) satisfies (6) and thus (7) with arbitrary functions $G : S \to \mathbb{R} \setminus \{0\}$.

Thus we have proved the following.

**Theorem.** *The functional equation* (7) *has a solution* $F : \mathbb{R}^n \setminus \{\mathbf{0}\} \to \mathbb{R} \setminus \{0\}$ *if, and only if* (9) *holds for all* $\mathbf{x} \in R^n \setminus \{\mathbf{0}\}$, *that is,* (7) *is of the form* (6) *and* $k(\mathbf{x}) = \hat{k}(\mathbf{x}/\|\mathbf{x}\|)$ *depends only upon its values on* $S$. *Then the general solution both of* (6) *and of* (7) *is given by* (10), *where the function* $G : S \to \mathbb{R} \setminus \{0\}$ *is arbitrary.*

**Notes.**

1. *If also* $k$ *is unknown in* (7), *then it has to be of the form* (9) but *otherwise arbitrary* ($\hat{k}$ in (6) can be completely arbitrary) and the general solution for $F$ will be given by (10) with *that* $k$ and with arbitrary $G : S \to \mathbb{R} \setminus \{0\}$.

2. If $\mathbf{0}$ *is in the domain of* $F$ *and* $k$, *and of the equation* (7) *then either* $F(\mathbf{0}) = 0$ *or* $k(\mathbf{0}) = 0$. If 0 is not excluded from the range of $F$ then *whenever* $F(\mathbf{x}_0) = 0$, *also* $F(\lambda \mathbf{x}_0) = 0$ *for all* $\lambda \in \mathbb{R}_{++}$, that is, *on the ray* $\{\mathbf{x} \mid \mathbf{x} = \lambda \mathbf{x}_0\}$.

## References


ACZEL, J. (1969): On Applications and Theory of Functional Equations. Birkhäuser Verlag, Basel. Academic Press, New York.

ACZEL, J., EICHHORN, W. (2000): Mathematics and Methodology for Economists. Springer Verlag, Berlin.

CHIANG, A. C. (1984): Fundamental Methods of Mathematical Economics. McGraw–Hill, Auckland.

EICHHORN, W.(1978): Functional Equations in Economics. Addison–Wesley, Reading.

EICHHORN, W. (1986): Das Eulersche Theorem. Wirtschaftswissenschaftliches Studium 1, 29–32.

# Die Zitronen-Kette

Hans Ulrich Buhl

Lehrstuhl für Betriebswirtschaftslehre mit Schwerpunkt
Wirtschaftsinformatik der Universität Augsburg, 86135 Augsburg, Germany

## 1 Einleitung

Mit seiner berühmten Arbeit „The Market for Lemons" hat Akerlof [1970] gezeigt, daß die Existenz von „Zitronen" (Produkten minderer Qualität) auf Märkten mit qualitativer Unsicherheit zum völligen Marktzusammenbruch führen kann. Auf dieser Basis diskutiert er institutionelle Möglichkeiten, welche über eine Verringerung der qualitativen Unsicherheiten wohlfahrtsteigernd Handel auf solchen Märkten zulassen.

In dieser Arbeit wollen wir die Akerlof'sche Terminologie aufgreifen und auf ein am Markt für langfristige Arbeitsverhältnisse empirisch beobachtbares Phänomen anwenden, nämlich auf die Tatsache, daß in unserem Lande ein beträchtlicher Teil der Arbeitsplätze mit offenbar ungeeigneten Stelleninhabern besetzt ist. Insbesondere in den wachstumsstarken Jahren von 1950 bis 1973 wurden hierzulande von Unternehmungen und Staat in so großem Umfang solche langfristigen Arbeitsverhältnisse angeboten und nachgefragt, daß sich in der Terminologie der Soziologen bis heute hierfür die Bezeichnung der „Normalarbeitsverhältnisse" gehalten hat (im Gegensatz zu den von den Soziologen „prekäre Arbeitsverhältnisse" genannten kurzfristigeren Beschäftigungsformen). Durch die Anfang der 70er Jahre eingeführten Kündigungsschutzregelungen und die darauf aufbauenden Entwicklungen im Arbeitsrecht wurden die „Normalarbeitsverhältnisse" in weiten Bereichen nach Ablauf der Probezeit (zumindest beim Staat und größeren Unternehmungen, denen es wirtschaftlich nicht hinreichend schlecht geht) i.d.R. de facto unkündbar.

Daß in solchen Beschäftigungsverhältnissen durch fehlende Leistungsanreize „moral hazard"-Probleme entstehen können, überrascht den Ökonomen nicht. Eher überraschend ist, daß sich diese „Normalarbeitsverhältnisse" in den letzten 25 Jahren trotz eines Anstieges der Arbeitslosigkeit von nahe Null auf über 4 Mio. Menschen, trotz der Finanzierungsprobleme unseres sozialen Netzes (welches auf diese Normalarbeitsverhältnisse aufbaut und weitgehend aus diesen - ohne eine entsprechende Beteiligung der Beamten - finanziert wird) etc. nicht wesentlich gewandelt haben. Der Markt bestraft aber offenbar fehlenden Wandel: Neben den o.g. Beschäftigungsproblemen hat in den Unternehmungen der Druck des Marktes dazu geführt, daß für einen beträchtlichen und stark zunehmenden Teil der dort arbeitenden Menschen „Normalarbeitsverhältnisse" eben nicht mehr normal sind, sondern „prekäre Arbeitsverhältnisse" mehr und mehr die Regel werden. Es ist absehbar, daß die Globalisierung des Arbeitsmarktes - u.a. mit Beschäftigungsverhältnissen, die durch Märkte auf Netzen wie dem Internet ermöglicht werden, - die o.g. Probleme verschärft.

Ungeeignete Stellenbesetzungen können daher nicht nur betriebswirtschaftliche, sondern auch volkswirtschaftlich sehr negative Folgewirkungen haben. Voraussetzung für Abhilfe und die Initiierung des erforderlichen Wandels ist natürlich auch hier das Verständnis der Ursachen. Wir suchen deshalb nach wissenschaftlichen Erklärungen für dieses empirische Phänomen, indem wir mithilfe eines einfachen stochastischen Modells die Häufigkeit des Auftretens der o.g. Fehlbesetzungen untersuchen wollen.

Nach einer Darstellung der das Modell konstituierenden Annahmen in Kapitel 2 analysieren wir dieses im dritten Kapitel, leiten einige allgemeine Ergebnisse ab und illustrieren diese anhand von Beispielen. Schlußfolgerungen sowie eine Diskussion der Grenzen unserer Modellierung beinhaltet Kapitel 4. Abschließend wagen wir im fünften Kapitel einen Ausblick auf Implikationen für die Praxis im allgemeinen und die aktuelle Hochschulreformdiskussion im besonderen.

# 2 Das stochastische Modell

Die folgenden Annahmen beschreiben das stochastische Modell zur Erklärung der Fehlbesetzungshäufigkeit bzw. der Fehlbesetzungswahrscheinlichkeit einer typischen Arbeitsstelle in einer beliebigen Periode (Monat, Quartal, ... ):

(A1) Betrachtet wird eine typische Arbeitsstelle mit drei Besetzungszuständen $B \in \{-1, 0, 1\}$.

| | |
|---|---|
| $B = -1$ | bedeutet, daß die Stelle unbesetzt, |
| $B = 0$, | daß sie ungeeignet besetzt und |
| $B = 1$, | daß sie adäquat gut besetzt ist. |

(A2) Die Übergangswahrscheinlichkeit vom Zustand $B = 1$ (gut besetzt) in den Zustand $B = -1$ (offen) bezeichnen wir mit $p_g \in (0,1)$ für jede Periode. Die Übergangswahrscheinlichkeit, daß eine offene Stelle in der nächsten Periode immer noch offen ist ($B = -1$) sei $p_o \in [0, 1)$; diejenige, daß sie ungeeignet ($B = 0$) besetzt wird (Besetzungsrisiko), sei $p_b \in (0,1)$[1]. Die Wahrscheinlichkeit, daß eine ungeeignet besetzte Stelle ($B = 0$) in der nächsten Periode frei wird ($B = -1$) sei $p_s \in (0,1)$.

(A3) Die obengenannten Übergangswahrscheinlichkeiten hängen lediglich vom unmittelbaren Vorzustand und nicht von dessen Vorgängern ab.

[1]Für die Summe dieser Wahrscheinlichkeiten verlangen wir $p_o + p_b < 1$

# 3 Die Zitronen-Markov-Kette

Die graphische Veranschaulichung des stochastischen Modells führt uns zu folgender Kette:

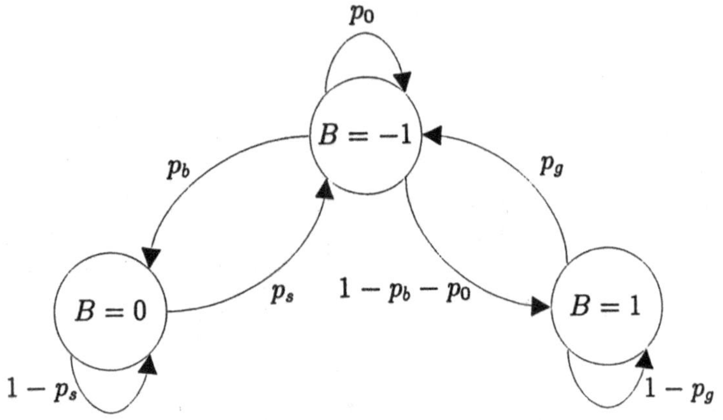


Offensichtlich handelt es sich hierbei um eine typische Markov-Kette mit der nachfolgenden Übergangswahrscheinlichkeits-Matrix:

$$P = \begin{pmatrix} p_o & p_b & 1-p_b-p_o \\ p_s & 1-p_s & 0 \\ p_g & 0 & 1-p_g \end{pmatrix}$$

Man kann sich leicht klar machen, daß dieser Markov-Prozeß irreduzibel, aperiodisch und positiv rekurrent ist - unabhängig von der konkreten Wahl der Übergangswahrscheinlichkeitsparameter. Folglich können wir das zentrale Grenzwahrscheinlichkeits-Theorem der Markov-Ketten anwenden. Hier sei $p_{ij}^n$ die Wahrscheinlichkeit, in $n$ Schritten vom Zustand $i$ in den Zustand $j$ zu kommen und $\pi_j$ die Grenzwahrscheinlichkeit, daß sich der Markov-Prozeß zum Zeitpunkt $n$ im Zustand $j$ befindet. Diese Grenzwahrscheinlichkeit entspricht dem langfristigen Zeitanteil, in welchem sich der Prozeß im Zustand $j$ befindet.

**Theorem** (s. z.B. Ross [1972, S.95] und Hauke/Opitz [1996, S.188ff.]):

*Für eine irreduzible, positiv rekurrente und aperiodische Markov-Kette existieren die Grenzwahrscheinlichkeiten*

$$\lim_{n\to\infty} p_{ij}^n =: \pi_j \qquad \textit{für alle Zustände } j$$

*und sind* unabhängig *vom Ausgangszustand $i$. Diese Grenzwahrscheinlichkeiten $\pi_j$ erhält man als eindeutige nichtnegative Lösungen des Gleichungssystems*

$$\pi_j = \sum_i \pi_i p_{ij} \qquad \textit{für alle } j$$
$$1 = \sum_j \pi_j \tag{1}$$

Anwendung dieses Theorems auf unsere Problemstellung ergibt die folgenden langfristigen relativen Zustandsanteile

$$\pi_{-1} = \frac{1}{S}, \quad \pi_o = \frac{p_b}{p_s \cdot S}, \quad \pi_1 = \frac{1 - p_b - p_o}{p_g \cdot S} \tag{2}$$

wobei

$$S = 1 + \frac{p_b}{p_s} + \frac{1 - p_b - p_o}{p_g}. \tag{3}$$

Folglich ergeben sich die langfristigen Besetzungszustandsanteil-Verhältnisse

$$\pi_{-1} : \pi_0 : \pi_1 = 1 : \frac{p_b}{p_s} : \frac{1 - p_b - p_o}{p_g}, \tag{4}$$

woraus sich unmittelbar die folgenden Beobachtungen ergeben:

(B1) Je größer das Besetzungsrisiko $p_b$ ist, desto geringer ist der langfristige Zeitanteil geeigneter und desto höher ist der langfristige Zeitanteil ungeeigneter Stellenbesetzung.

(B2) Je kleiner die Wahrscheinlichkeit $p_g$ ist, daß eine gut besetzte Stelle frei (gemacht) wird, desto größer ist der langfristige Zeitanteil geeigneter Stellenbesetzung.

(B3) Je kleiner die Wahrscheinlichkeit $p_s$ ist, daß eine ungeeignet besetzte Stelle frei (gemacht) wird, desto größer ist der langfristige Zeitanteil ungeeigneter Stellenbesetzung.

(B4) Je kleiner die Wahrscheinlichkeit $p_o$ ist, daß eine unbesetzte Stelle offen bleibt, desto größer ist der Zeitanteil guter Besetzung.

(B5) Das Besetzungsrisiko $p_b$ hat einen unvorteilhafteren Effekt auf den langfristigen Zeitanteil guter Besetzung als die Nicht-Besetzbarkeitswahrscheinlichkeit $p_o$ (da $p_b$ auch direkt den Zeitanteil ungeeigneter Besetzung beeinflußt).

Die Beobachtung (B5) legt nahe, daß es im Zweifel besser ist, eine Stelle unbesetzt zu lassen anstatt ein hohes Besetzungsrisiko ungeeigneter Besetzung in Kauf zu nehmen.
Man beachte, daß - Unabhängigkeit vorausgesetzt - langfristig die o.g. Zustandsanteile auch als Besetzungsanteile in hinreichend großen Organisationen interpretiert werden können; das heißt, wir erhalten die langfristigen Anteile offener, ungeeignet oder gut besetzter Arbeitsstellen. In diesem Zusammenhang sei auf die Arbeit von Heilmann [1987] hingewiesen, der über eine Modellierung des Peter-Prinzips zu ähnlichen Aussagen gelangt. Anhand der folgenden Beispiele wollen wir uns die langfristig zu erwartende Verteilung vor Augen führen.

**Beispiel 1:**

Sei $p_s = p_b = p_o = 0,25$ und $p_g = 0,5$, so erhalten wir die Verteilung

$$\pi_{-1} : \pi_0 : \pi_1 = 1 : 1 : 1,$$

d.h. zu je einem Drittel ist die Position gut besetzt, offen - oder - ungeeignet besetzt.

Häufig sind für gute Besetzungen starke Anreize zum Wechsel gegeben, während sie bei ungeeigneten Besetzungen fehlen. In

**Beispiel 2**

reduzieren wird deshalb die die W'kt $p_s$ auf $0,05$ und erhalten die Verteilung

$$\pi_{-1} : \pi_0 : \pi_1 = 1 : 5 : 1;$$

Dann ist nur eine von 7 Positionen geeignet besetzt.
Man könnte annehmen, daß diese schlimmen Ergebnisse von unserer Annahme des hohen Besetzungs- und Offenrisikos von je $0,25$ herrühren. Eine drastische Reduzierung desselben hat auch tatsächlich wesentlichen Einfluß:

**Beispiel 3:**

Wir reduzieren gegenüber Beispiel 2 daher $p_b$ und $p_o$ auf $0,10$ und erhalten die Verteilung

$$\pi_{-1} : \pi_0 : \pi_1 = 5 : 10 : 8.$$

Wir sehen, daß auch dann nur gut ein Drittel (34,8%) der Positionen langfristig geeignet besetzt sind.
Wir vermindern nun - etwa durch gute Bezahlungsentwicklung - die W'kt, daß eine gut besetzte Position frei wird.

**Beispiel 4:**

Für $p_g = 0,25$ statt $0,5$ in Beispiel 3 erhalten wir die Verteilung

$$\pi_{-1} : \pi_0 : \pi_1 = 5 : 10 : 16.$$

Der Anteil gut besetzter Positionen beträgt dann langfristig gut die Hälfte (51,6%).

All die o.g. Variationen führen demzufolge zu keinem befriedigenden Ergebnis. Wir erhöhen deshalb die „Abgangswahrscheinlichkeit" einer ungeeigneten Besetzung auf 50% im nächsten

**Beispiel 5:**

Für $p_s = 0,50$, $p_b = p_o = 0,10$, $p_g = 0,25$ erhalten wir die Verteilung

$$\pi_{-1} : \pi_0 : \pi_1 = 5 : 1 : 16,$$

d.h. dann sind (wenigstens) 73% der Positionen geeignet, unter 5% ungeeignet besetzt, jedoch 23% der Positionen offen. Reduzieren wir nun noch $p_g$ auf 0,10, so erhalten wir einen 87% Anteil geeignet besetzter Positionen.

# 4 Schlußfolgerungen aus dem Modell

Um Mißverständnissen vorzubeugen, sei zunächst betont, daß eine geeignete oder ungeeignete Besetzung einer Arbeitsstelle keineswegs zwangsläufig mit „guten" oder „schlechten" Stelleninhabern zusammenfallen muß. Zwar gibt es sicherlich Personen, die für (fast) alle denkbaren Arbeitsstellen als ungeeignet qualifizieren. Wesentlich häufiger dürfte jedoch der Fall sein, daß z.B. aufgrund von

- anderen Qualifikationsschwerpunkten/ Interessen,
- mangelnder Verwirklichung der eigenen Vorstellungen,
- fehlender Anreize zu eigenständigem Denken/ Handeln,
- unzureichender Identifikation mit dem Tätigkeitsziel,
- schwacher Motivation wegen fehlender Anreize zu Höchstleistungen,
- dem Gefühl der Ohnmacht insbesondere in komplexen Oragnisationen,
- nicht ausreichender Fort- und Weiterbildungsmöglichkeiten

ein Beschäftigter seine komparativen Vorteile - wenn überhaupt - nur völlig unzureichend ausspielen kann.

Insofern begrenzt - volkswirtschaftlich betrachtet - nicht das fehlende „Humankapital“ die wirtschaftliche Leistungsfähigkeit, sondern der - vermeidbare - falsche Einsatz desselben. Wer mit dem Autor diese Auffassung teilt, muß über das Zitronen-Kette-Ergebnis des überraschend kleinen Anteils geeignet besetzter Positionen besonders betroffen sein.

Wie vermeidet man nun aber das Entstehen solch langfristig fataler Zitronen-Ketten-Besetzungen? Aus der Analyse unseres stochastischen Markov-Prozesses lernen wir dazu folgende Schlußfolgerungen:

(S1) Sicher kann man versuchen, das Fehlbesetzungsrisiko sowie das des Offenbleibens von Stellen zu verringern. Da es aber - zumindest für die Summe dieser Risiken - natürliche i.a. unüberwindbare Grenzen gibt und der Effekt dieser Verminderung (wie im obigen Kapitel 3 gezeigt) nicht besonders stark ist, sind dieser Strategie nur begrenzte Erfolgschancen einzuräumen.

(S2) Wie die Ergebnisse (2) - (4) explizit und die Beispiele 1-4 exemplarisch zeigen, sind befriedigende Ergebnisse nicht erzielbar, falls $p_s < p_g$ gilt. Dies bedeutet, daß Organisationen, welche geeigneten Stelleninhabern größere Anreize zum Stellenwechsel bieten als sie imstande sind, Fehlbesetzungen - wie auch immer - zu korrigieren, langfristig mit fatalen Folgen rechnen müssen. Die Feststellung des Gültigkeitsbereiches dieser Aussage sei dem Leser überlassen.

(S3) Notwendig ist eine möglichst weitgehende Verringerung der Abgangswahrscheinlichkeit eines geeigneten Stelleninhabers z.B. durch hinreichende Anerkennung, positive Verstärkung, eigene Verantwortung und Gestaltungsfreiheit sowie finanzielle Anreize ohne Wechsel. Grenzen sind der Verringerung dieser Abgangswahrscheinlichkeit natürlich dort gesetzt, wo ein Wechsel deshalb sinnvoll und erforderlich ist, um höherwertige Positionen gut zu besetzen - ohne daß hierbei das Peter-Prinzip greifen darf.

(S4) Unverzichtbar ist, wie die Beispiele exemplarisch und Ergebnis (4) allgemein theoretisch zeigt, die regelmäßige Möglichkeit, Fehlbesetzungen rasch zu korrigieren. Eine Verbleibgarantie auf einer einmal erreichten Position hat zu fatale Folgen als daß sie akzeptabel wäre. Nur für große Werte der Korrigierbarkeits-Wahrscheinlichkeit von Fehlbesetzungen $p_s > p_g$ sind akzeptable Ergebnisse erreichbar!

Abschließend sollen noch kurz die wesentlichen Grenzen unseres Ansatzes aufgezeigt werden und auf Verallgemeinerungsmöglichkeiten hingewiesen werden.

1. Eine wesentliche Einschränkung unseres Ansatzes besteht zweifelsohne darin, daß wir nur die Besetzungsextreme „ungeeignet“, „offen“ und

„gut geeignet“ betrachtet haben, während es in der Realität dazwischen offensichtlich eine Reihe von Abstufungen gibt. Diese lassen sich jedoch leicht in unser Modell aufnehmen, ohne daß sich dadurch wesentlich Anderes ergibt.

2. In der Realität laufen zweifelsohne eine Vielzahl solcher einzelner stochastischer Prozesse ab. Diese können - streng genommen - nur dann als einzelne Markov-Prozesse dargestellt werden, wenn sie voneinander stochastisch unabhängig sind. Die Aufgabe dieser Unabhängigkeitsannahme verkompliziert die Analyse natürlich beträchtlich. Würde man beispielsweise eine Abhängigkeit dergestalt modellieren, daß

   - Organisationen mit überwiegend gut besetzten Positionen gute Beschäftigte überproportional anziehen,
   - Organisationen mit überwiegend ungeeigneten Besetzungen gute Beschäftigte eher abschrecken,

   ist zu erwarten, daß das Ergebnis für die ersteren etwas freundlicher aussieht, während es für die letzteren noch fataler wird. Auch hier sind alle Abstufungen denkbar.
   Um solche Verallgemeinerungen zu untersuchen, sind dem mathematischen Spieltrieb keine Grenzen gesetzt. Ob das Ergebnis den Aufwand lohnt, bleibt jedoch abzuwarten.

3. Die Unabhängigkeits-Annahme (A3) - die Gedächtnislosigkeit der Markov-Prozesse - wird natürlich auch nicht für alle Organisationen erfüllt sein. Für deren Aufgabe/ Verallgemeinerung gilt ähnliches, wie oben für 2. bereits niedergeschrieben wurde.

Aus diesen wenigen Bemerkungen dürfte deutlich geworden sein, daß es eine Vielzahl von Verallgemeinerungs- und Erweiterungsmöglichkeiten des einfachen stochastischen Modells gibt, um differenzierte Aussagen zu differenzierten Fragen zu erhalten.

# 5 Ausblick

Wie einleitend bereits angekündigt, wollen wir in diesem Kapitel einen Ausblick auf Implikationen unserer Modellergebnisse für die Praxis im allgemeinen und die aktuelle Hochschulreformdiskussion im besonderen wagen.

Betrachten wir zunächst einige bisherige und aktuell beobachtbare Entwicklungen in deutschen Unternehmungen, für die die oben abgeleiteten Ergebnisse eine wissenschaftliche Erklärungsmöglichkeit darstellen. Vergleicht man die Situation Anfang der siebziger Jahre mit der heutigen Ende der neunziger Jahre, so fällt zum einen auf, daß der Anteil der langfristigen „Normalarbeitsverhältnisse“ heute weitaus geringer ist als damals und sich die verschiedensten Formen „prekärer Arbeitsverhältnisse“ wie z.B. 620 DM- Beschäftigung, freie Mitarbeiter, Einzelunternehmer etc. einen festen Platz in der Arbeitswelt geschaffen haben. Die Unternehmungen sind aber im Vergleich zu früher nicht nur durch solche Beschäftigungsformen flexibler geworden, sondern auch durch die verschiedensten Formen des Outsourcing, mit der sie ihre Leistungstiefe und ihren Personalstand reduziert haben: Beispielsweise bei der unternehmensinternen Softwareentwicklung werden heute in weit größerem Maße als früher für kleinere Aufgaben freie Mitarbeiter und Einzelunternehmer sowie für größere Aufgabenpakete große Beratungsunternehmungen mit einschlägigem Entwicklungs-Know-how beauftragt. Während ersteres noch teilweise mit der Vermeidung der Lohnnebenkosten erklärt werden kann, zeigen die fakturierten Personentagessätze der letztgenannten Beratungsunternehmungen im Vergleich zu den Kosten eigener Mitarbeiter, daß es den Auftraggebern hierbei nicht darum geht, Kosten einzusparen, sondern daß sie bereit sind, beträchtliche Flexibilitätsprämien zu entrichten. Ähnliches ist bspw. bei den ebenfalls florierenden Zeitarbeitsunternehmungen zu beobachten. Insgesamt zeigt diese Diskussion, welcher Wandel in den deutschen Unternehmungen stattgefunden hat, um langfristig ungeeignete Stellenbesetzungen unter den gegebenen Inflexibilitätbedingungen zu vermeiden.

Aber auch der Charakter der verbliebenen Normalarbeitsverhältnisse hat sich in vielen Unternehmungen beträchtlich gewandelt: Während früher Fixgehälter die Regel und variable Entlohnungsformen allenfalls bei Geschäftsführern üblich waren, erhalten die festen Mitarbeiter heute bei vielen großen Unternehmungen erfolgsabhängige Bezüge (bspw. Aktienoptionen bei Daimler-Chrysler, „Phantomaktien" bei SAP), die sowohl von hard facts wie Gewinn und Aktienkurs abhängen als auch von soft facts wie der individuellen (oder auch kollektiven Team-) Leistungsbeurteilung.

Gerade bei sehr erfolgreichen und schnell wachsenden Unternehmungen wie den o.g. Beratungshäusern ist für die Mitarbeiter weniger das Grundgehalt besonders attraktiv; vielmehr sind die Höhe der erfolgsabhängigen Zahlungen oft entscheidend für die Wahl des Arbeitgebers. M.a.W. bedeutet dies aus Sicht der Arbeitgeber, daß sie durch Reduzierung und im Extrem Wegfall der variablen Zahlungen ungeeigneten Mitarbeitern subtile Wechselanreize setzen können, ohne die mit einer Kündigung verbundenen Risiken auf sich nehmen zu müssen.

Vergleicht man mit diesem Wandel in der Wirtschaft die heutige Situation bei den Staatsbediensteten, so erkennt man, wie wenig sich trotz aller Worthülsen über eine Dienstrechtsreform tatsächlich bisher geändert hat. Bereits die Einstufung zu Beginn der Tätigkeit knüpft - mit wenigen Ausnahmen - i.d.R. an Formalkriterien (und weder an individueller Qualifikation noch an deren Arbeitsmarktwert) an. Für Gehaltszuwächse ist neben Tariferhöhungen im wesentlichen das (Dienst-)Alter entscheidend, selbst bei (Regel-)Beförderungen spielt dieses eine weit größere Rolle als die individuelle Leistung. Selbst beim Verbleib in einer Besoldungs-/Vergütungsgruppe steigt allein aufgrund der Altersentwicklung die Grundentlohnung zwischen ca. 30 und 70% zzgl. Tariferhöhungen - ohne jegliche Leistungs-/Erfolgsabhängigkeit. Im Vergleich hierzu spielen für den Barwert des Lebensarbeitseinkommens Reförmchen wie Funktionszulagen, „leistungsabhängige“ Variation der Dienstalterstufen etc. nur eine vernachlässigbar geringe Rolle. Dieser minimale Wandel gilt aber nicht nur für die Bezahlung: Bspw. andere Organisationsformen wie z.B. die hierarchieunabhängige Projektorganisation in der Wirtschaft sind beim Arbeitgeber Staat im Bereich der Festangestellten ebenfalls nicht entwickelt worden. Outsourcing staatlicher Leistungen (bspw. bei Müllabfuhr, Reinigungsdiensten etc.) und „prekäre Beschäftigungsverhältnisse“ wie befristete Tätigkeiten haben dagegen weit mehr - wenn auch nicht in dem Umfang wie bei Unternehmungen - zugenommen.

Zusammenfassend kann man m.E. als Tendenzaussage festhalten, daß der Wandel in (insbesondere den marktnahen Bereichen der) Unternehmungen weit größer als (insbesondere in den marktfernen Bereichen) beim Arbeitgeber Staat war. Dies kann sicherlich zumindest teilweise erklären, warum wir dort in einigen Bereichen die o.g. „Zitronen-Probleme“ beobachten können und welch großer Nachholbedarf an „Change-Management“ besteht.

Was kann man aus diesen Beobachtungen und aus den Modellüberlegungen dieser Arbeit für die aktuelle Hochschulreformdiskussion lernen?

1. Der geringste Reformbedarf besteht m.E. bei den befristeten („prekären“) Arbeitsverhältnissen der wissenschaftlichen Mitarbeiter unserer Hochschulen. Dort wäre m.E. allenfalls über eine stärker arbeitsmarktorientierte Anfangseinstufung zur Vermeidung von „adverse selection“-Problemen (da nicht einzusehen ist, warum ein Mitarbeiter mit Opportunität Arbeitslosigkeit beim Staat genausoviel verdienen soll wie ein anderer mit hohen Opportunitätskosten aufgrund hervorragender alternativer Arbeitsmarktchancen) sowie leistungsbezogene Zulagen anstelle der (Dienst-) Altersabhängigkeit nachzudenken. Bei relativ kurzen Beschäftigungsdauern und der Dominanz der Ziele Lernen und Promotion über kurzfristige pekuniäre Ziele sind diese Probleme jedoch überschaubar. Ein besonderes Augenmerk sollte dagegen der Frage der weiteren Qualifizierung des wissenschaftlichen Nachwuchses nach der Promotion gewidmet werden - hier gibt es nach meiner Beobachtung an vielen - aber nicht an allen - Hochschulen Reformbedarf.

2. Ein großer Reformbedarf ist dagegen bei den wissenschaftlichen und nicht-wissenschaftlichen Tätigkeiten gegeben, bei denen die Mitarbeiter in jungen Jahren und nach relativ kurzer Tätigkeit in Dauerbeschäftigungsverhältnisse übernommen werden und dann, wie oben ausgeführt, zumindest finanziell (und oft auch organisatorisch) keine hinreichenden Leistungsanreize haben. Zunächst gibt es zu Tätigkeitsbeginn die o.g. „adverse selection“-Probleme. Danach entstehen auf dieser unerfreulichen Basis die diskutierten „Zitronen“-Probleme. Hier müßte m.E. zuerst angesetzt werden, indem solche Tätigkeiten entweder flexibilisiert bzw. mit stärker anreizkompatiblen Elementen versehen werden oder aber - wie bei den Unternehmungen - zurückgefahren und durch andere Beschäftigungsformen ersetzt werden.

3. Im Gegensatz zur öffentlichen Meinung sehe ich nicht den Schwerpunkt des Reformbedarfes, sondern nur einen mittleren, bei den beamteten Hochschullehrern und zwar aus zwei Gründen: Erstens werden diese i.d.R. erst nach 10 - 15 Berufsjahren, nach denen ihre Leistungsfähigkeit beurteilbar sein sollte, auf Dauer in das Beamtenverhältnis berufen - dies ist mit der Situation in der Wirtschaft vergleichbar. Zweitens sind sie i.d.R. so „sozialisiert" und für ihre Tätigkeit auch nach vielen Jahren (hierfür ist unser lieber Jubilar, dem diese Festschrift gewidmet ist, ein beredtes Beispiel) noch so motiviert, daß „Zitronen"-Probleme auch ohne finanzielle Anreize oder Kündigungsbefürchtungen eher die Ausnahme als die Regel sind. Dennoch gilt die in unserem Modell diskutierte „Zitronen"-Problematik natürlich grundsätzlich auch für die beamteten Hochschullehrer. Und natürlich gibt es die die öffentliche Diskussion beherrschenden krassen Ausnahmefälle ebenso wie - in Abstufungen - ökonomisches Verhalten aufgrund der fehlenden nicht- intrinsischen Leistungsanreize. Deshalb ist es nach meiner Überzeugung falsch, für die Beibehaltung des status quo zu argumentieren und damit Kollegen zu schützen, die diesen status quo nicht verdienen. Vielmehr erschiene mir - nach Erledigung der Hausaufgaben, nämlich der Definition geeigneter fehlsteuerungsvermeidender Leistungskriterien, die dann natürlich auch für die „Leitungsinstanzen" (im status quo auch die Wissenschaftsministerien) gelten müssen, ein mehr am Markt orientiertes, flexibleres, mit mehr Leistungsanreizen und erfolgsabhängiger Vergütung versehenes Beschäftigungsmodell für Hochschullehrer sehr viel zeitgemäßer als der status quo. Nur müßte klar sein, daß dies nicht umsonst zu haben sein wird:

   Jeder Ökonom weiß, daß beim Beschäftigungseinkommen zu unterstellender Risikoaversion und Rationalität des Hochschullehrers ein unsicherer Zahlungsstrom stets einen höheren Erwartungswert aufweisen muß als ein sicherer, ohne Wettbewerbsnachteile am Arbeitsmarkt und damit Qualitätminderungen auszulösen. Durch eine stärkere Orientierung am Arbeitsmarkt ergibt sich darüber hinaus mehr Ungleichheit bei den Hochschullehrern und dadurch ausgelöste Ineffizienzen, wie sie den Unternehmungen im personalwirtschaftlichen Bereich bekannt sind. Nimmt man diese Nachteile in Kauf - und in der Abwägung bin ich davon überzeugt, daß die Vorteile überwiegen - so liegt hierin und in den o.g. Punkten m.E. eine große Chance für die überfällige Hochschulreform.

4. Der teilweise vertretene Ansatz, mit mehr Hierarchie und stärkeren Weisungsbeziehungen die Probleme der Hochschulen zu lösen, ist dagegen einerseits m.E. solange zum Scheitern verurteilt wie die entsprechenden Anreizwirkungen positiver und negativer Art für die Beschäftigten und die Leitungsinstanzen fehlen. Andererseits stellt es in einer Zeit, in der insbesondere die größeren Unternehmungen gelernt haben, daß mehr Markt und weniger Hierarchie für erfolgreiches Agieren an dynamischen Märkten erfolgversprechender ist, m.E. eine bemer-

kenswerte Fehlleistung dar, nun staatlicherseits zu versuchen, zuwenig Markt an den Hochschulen mit mehr Hierarchie kurieren zu wollen.

# Literatur


AKERLOF, G. (1970): The Market for „Lemons“: Qualitative Uncertainty and the Market Mechanism, *Quaterly Journal of Economics 84, 488-500.*

HAUKE, W. und OPITZ, O. (1996): Mathematische Unternehmensplanung, *Verlag Moderne Industrie, Landsberg.*

HEILMANN, W.R. (1987): Mathematische Modelle ökonomischer Prozesse als Grundlage optimaler Steuerungen, *in Henn, R. (Hrsg.), Technologie, Wachstum und Beschäftigung, Springer.*

ROSS, S.M. (1970): Applied Probability Models with Optimization Applications, *Holden-Day, San Francisco.*

ROSS, S.M. (1972): Introduction to Probability Models, *Academic Press, New York.*


# Anhang

$$\pi_{-1} = p_o\pi_{-1} + p_s\pi_0 + p_g\pi_1 \tag{5}$$

$$\pi_0 = p_b\pi_{-1} + (1-p_s)\pi_0 \quad \Rightarrow \quad \pi_{-1} = \frac{p_s}{p_b}\pi_0 \tag{6}$$

$$\pi_1 = (1-p_b-p_o)\pi_{-1} + (1-p_s)\pi_1 \quad \Rightarrow \quad \pi_1 = \frac{1-p_b-p_o}{p_g}\pi_{-1} \tag{7}$$

$$1 = \pi_{-1} + \pi_0 + \pi_1 \tag{8}$$

(6), (7) *in* (8) $\Longrightarrow$

$$1 = \pi_{-1} + \frac{p_b}{p_s}\pi_{-1} + \frac{1-p_b-p_o}{p_g}\pi_1$$

$$\pi_{-1} = \frac{1}{1+\frac{p_b}{p_s}+\frac{1-p_b-p_o}{p_g}}$$

$$\pi_0 = \frac{\frac{p_b}{p_s}}{1+\frac{p_b}{p_s}+\frac{1-p_b-p_o}{p_g}}$$

$$\pi_1 = \frac{\frac{1-p_b-p_o}{p_g}}{1+\frac{p_b}{p_s}+\frac{1-p_b-p_o}{p_g}}$$

$$\pi_{-1} : \pi_0 : \pi_1 \mathrel{\hat{=}} 1 : \frac{p_b}{p_s} : \frac{1-p_b-p_o}{p_g}$$

Für die Beispiele ergibt sich daher:

| | | | |
|---|---|---|---|
| 1 | $1:1:1$ | 4 | $1:2:3{,}2$ |
| 2 | $1:5:1$ | 5 | $1:\frac{1}{5}:3{,}2$ |
| 3 | $1:2:1{,}6$ | 5b | $1:\frac{1}{5}:8$ |

# Exchange Rate Dynamics under Announcement versus Discretion: a Turnpike Approach

Th. Kähler, A. Karmann

Department of Economics,
Dresden University of Technology, 01062 Dresden, Germany

**Abstract:** This paper investigates real income and exchange rate dynamics based on the Mundell-Fleming model. Assuming anticipated versus unanticipated monetary expansions we consider the corresponding adjustment processes of the economy (for different lags in the implementation of the policy). We show that there is a trade-off between the speed of adjustment intendet by the policy maker and the jump in the exchange rate the policy maker is faced when choosing among different implementation lags.

# 1 Introduction

This work deals with two different long-run equilibria determined by two saddle-path stable systems of differential equations. Each system describes the movements of two variables, a predetermined variable and a jump variable. The predetermined variable is assumed to adjust slowly with respect to the dynamics of the system. The capital stock and the commodity prices are examples for such a variable whose value cannot be changed immediately by any action of the economic agents. In addition, the jump variable is able to make jumps in response to anticipated or unanticipated events such as shocks changing the conditions of the initial system. In a free market economy, asset prices or exchange rates are examples for jump variables whose value is determinated by market participants.

A question that arises in this dynamic model is how the economy will move from the initial long-run equilibrium at time $t = 0$ to the new long-run equilibrium at $t = \infty$ while it is faced with an unanticipated monetary shock at $t = 0$ (discretionary policy) or an anticipated shock at $t = T$ (credible policy announcement) where $0 < T < \infty$. The first case is known to be the overshooting phenomenon.

In the following, we analyse the impact of a monetary policy change within the Mundell-Fleming model where real income is the predetermined variable, the exchange rate is the jump variable, and the price level is fixed. Based on this model we consider the speed of the adjustment process for different lags between the announcement of a policy regime and its implementation at time $T$. Doing so, we study the trade-off between the adjustment speed of real income and the maximal exchange rate deviation of the adjustment

process. This is comparable with a turnpike: in our model, for a faster adjustment path we have to 'pay' a higher deviation of the exchange rate.
In section 2, we present the solution of a $2 \times 2$ system of linear differential equations with two different real eigenvalues. In section 3, we develop the dynamic Mundell-Fleming model in terms of explicit functional forms. Finally in section 4, we study the adjustment process with regard to different preannounced policy changes.

# 2 The Dynamic System

In this paper, we consider a $2 \times 2$ system of linear first-order ordinary inhomogeneous differential equations with constant coefficients. In matrix notation, the system is given as

$$\dot{x}(t) = A\,x(t) + q \tag{1}$$

where $x(t) := \begin{pmatrix} x_1(t) \\ x_2(t) \end{pmatrix}$, $\dot{x}(t) := \begin{pmatrix} \dot{x}_1(t) \\ \dot{x}_2(t) \end{pmatrix}$, $A := \begin{pmatrix} a & b \\ c & d \end{pmatrix}$, and $q := \begin{pmatrix} q_1 \\ q_2 \end{pmatrix}$.
$\dot{x}_1(t)$, respectively $\dot{x}_2(t)$, denotes the derivative of $x_1$, respectively $x_2$, with respect to $t$. Depending on the eigenvalues of $A$,

$$\lambda_{1,2} := \underbrace{\frac{a+d}{2}}_{1.\ \text{part}} \ \substack{+ \\ -} \ \sqrt{\underbrace{bc + \left(\frac{a-d}{2}\right)^2}_{2.\ \text{part}}}\ , \tag{2}$$

there are three cases for the solution method to be distinguished: two real eigenvalues different from each other, exactly one real eigenvalue, and two different complex eigenvalues. First, we have to transform the matrix $A$:

$$A = W\,B\,W^{-1} \tag{3}$$

where $W$, and especially $B$, have to be choosen suitably with respect to the above three cases. From equation (1) and (3), we get a new system of differential equations:

$$\underbrace{W^{-1}\dot{x}(t)}_{=:\ \dot{z}(t)} = B\,\underbrace{W^{-1}x(t)}_{=:\ z(t)} + \underbrace{W^{-1}q}_{=:\ r} \tag{4}$$

where $\dot{z}(t) := \begin{pmatrix} \dot{z}_1(t) \\ \dot{z}_2(t) \end{pmatrix}$, $z(t) := \begin{pmatrix} z_1(t) \\ z_2(t) \end{pmatrix}$, $r := \begin{pmatrix} r_1 \\ r_2 \end{pmatrix}$.
The system (4) provides a convenient form to get the solution for $z(t)$. Then the following relation represents the solution of the original system

$$x(t) = W\,z(t). \tag{5}$$

The economic application considered in the following section refers to the first case 1 of two different real eigenvalues, so we only derive the solution of this case. The solutions of the other cases are given in KARMANN (1998) and KÄHLER (1998).

As there are two different eigenvalues, $B$ is a diagonal matrix with the eigenvalues of $A$, and $W$ is a matrix whose columns are the eigenvectors of $A$:

$$B = \begin{pmatrix} \lambda_1 & 0 \\ 0 & \lambda_2 \end{pmatrix}, \; W = \begin{pmatrix} 1 & 1 \\ \dfrac{\lambda_1 - a}{b} & \dfrac{\lambda_2 - a}{b} \end{pmatrix}, \; W^{-1} = \frac{b}{\lambda_2 - \lambda_1} \begin{pmatrix} \dfrac{\lambda_2 - a}{b} & -1 \\ -\dfrac{\lambda_1 - a}{b} & 1 \end{pmatrix}.$$

Substituting for $W^{-1}$ in $r = W^{-1}q$ (see equation (4)) it follows that:

$$r = \begin{pmatrix} r_1 \\ r_2 \end{pmatrix} = \begin{pmatrix} \dfrac{q_1(\lambda_2 - a) - q_2 b}{\lambda_2 - \lambda_1} \\ \dfrac{-q_1(\lambda_1 - a) + q_2 b}{\lambda_2 - \lambda_1} \end{pmatrix}. \tag{6}$$

In $\dot{z}(t) = B\,z(t) + r$ the variables $z_1$ and $z_2$ are independent from each other, thus it is possible to solve both differential equations separately:

$$z(t) = \begin{pmatrix} z_1(t) \\ z_2(t) \end{pmatrix} = \begin{pmatrix} \left(z_1(t_0) + \dfrac{r_1}{\lambda_1}\right) e^{\lambda_1 (t - t_0)} - \dfrac{r_1}{\lambda_1} \\ \left(z_2(t_0) + \dfrac{r_2}{\lambda_2}\right) e^{\lambda_2 (t - t_0)} - \dfrac{r_2}{\lambda_2} \end{pmatrix}. \tag{7}$$

Substituting for $z$ and $W$ in (5), the solution of the original dynamic system follows. Depending on an arbitrary initial point $x(t_0)$ the phase diagram exhibits an uniquely determined path $\{x(t) \mid t_0 \le t \le \infty\}$ (see figure 1).

# 3 The Mundell-Fleming Model

The structure of our model adapts elements of a macroeconomic model developed by DORNBUSCH (1976) to study the dynamic behaviour of the domestic price level and the spot exchange rate in response to unanticipated shocks or policy changes. Furthermore, we follow WILSON (1979) who extends Dornbusch's analysis to consider how the variables respond to announcements made today by a policy maker that a policy change will take place at some future point in time.

According to DORNBUSCH (1976), we consider a small open economy under flexible exchange rates with perfect capital mobility.

Based on the Mundell-Fleming model (see FLEMING (1962), MUNDELL (1963), and MUNDELL (1968)), the open economy extension of the IS-LM model, we design a model to investigate the dynamic relationship between domestic income and the spot exchange rate. Hence, in contrast to DORNBUSCH (1976), our model assumes a fixed domestic price level. Thus, there is no inflation but adjustments of domestic income are admitted.

**Uncovert Interest Rate Parity.** Assuming perfect capital mobility coupled with perfect asset substitutability and observing the arbitrage condition, domestic and foreign bonds pay the same expected rate of return. The domestic, $i$, and foreign, $i^*$, nominal interest rates are related by uncovert interest rate parity, namely

$$i = i^* + \dot{e}^{\,expected} \tag{8}$$

where $\dot{e}^{\,expected}$ is the expected rate of changes in the exchange rate and $e$ is the logarithm of the nominal spot exchanges rate, $E$, that is the price of one unit of foreign currency in terms of domestic currency. Assuming perfect foresight the expected rate, $\dot{e}^{\,expected}$, and the actual rate, $\dot{e}$, coincide. Further, since we are in a small open economy, the foreign interest rate is fixed.

**The Money Market.** The money market equilibrium is expressed by a semi-logarithm form of the LM relation

$$m - p = \phi y - \eta i \tag{9}$$

where $m$ is the logarithm of the nominal money supply, $M$, $p$ the logarithm of the price level, $P$, $\eta$ the elasticity of the money demand with respect to $\exp(i)$, $y$ the logarithm of the real income, $Y$, and $\phi$ the elasticity of money demand with respect to $Y$. Rearranging (9) we get the inverse form

$$i = \frac{\phi y - m + p}{\eta}. \tag{10}$$

Substituting (8) for $i$ in (10) and assuming perfect foresight we obtain

$$\dot{e} = \frac{\phi y - m + p}{\eta} - i^*. \tag{11}$$

This differential equation expresses the dynamics of the current spot exchange rate depending on real income, constant domestic price level, nominal money supply, and foreign nominal interest rate.

**The Goods Market.** According to DORNBUSCH (1976), the foreign price of imports is given. Domestic goods and imports are imperfect substitutes, thus aggregate demand for domestic goods has an influence on their relative price. Especially, the demand function for domestic goods is assumed to have a semi-logarithm form

$$\ln D = u + \delta(e - p + p^*) + \gamma y - \sigma i \tag{12}$$

where $D$ is the demand of domestic output, $u$ a shift parameter taking into account changes in tastes or the index of fiscal policy, $(e - p + p^*)$ the logarithm of the relative price of domestic goods, $EP^*/P$, $\delta$ the elasticity of demand for domestic goods with respect to $EP^*/P$, $\gamma$ the elasticity of demand for domestic goods with respect to $Y$, and $\sigma$ the elasticity of demand for domestic goods with respect to $\exp(i)$.

In contrast to Dornbusch's specification of a slow price adjustment, we assume a relation between the rate of increase in domestic income, $\dot{y}$, and excess demand, measured by $\ln D - y$. This means that the adjustment of output to changes in demand is slowly (see, e.g., BLANCHARD, FISCHER (1993), p. 540). Substituting (12) for $i$ in (10) we obtain

$$\dot{y} = \theta(\ln D - y) = \theta(u + \delta(e - p + p^*) + (\gamma - 1)y - \frac{\sigma}{\eta}(\phi y - m + p)). \quad (13)$$

This differential equation expresses the dynamics of the real income depending on current spot exchange rate, real income, constant domestic and foreign price levels, and domestic nominal interest rate.

**Characterization of the Equilibrium.** Equations (11) and (13), together, characterize the transition paths of an economic system in loglinear form, described by

$$\begin{pmatrix} \dot{e} \\ \\ \dot{y} \end{pmatrix} = \begin{pmatrix} 0 & \dfrac{\phi}{\eta} \\ \\ \theta\delta & \theta\left(\gamma - 1 - \dfrac{\phi\sigma}{\eta}\right) \end{pmatrix} \begin{pmatrix} e \\ \\ y \end{pmatrix} + \begin{pmatrix} \dfrac{-m + p}{\eta} - i^* \\ \\ \theta\left(u - \left(\delta + \dfrac{\sigma}{\eta}\right)p + \delta p^* + \dfrac{\sigma}{\eta}m\right) \end{pmatrix}. \quad (14)$$

Setting $\dot{e} = 0$ in (11) and $\dot{y} = 0$ in (13) and rearranging terms, we obtain the steady-state

$$\begin{pmatrix} \bar{e} \\ \\ \bar{y} \end{pmatrix} = \begin{pmatrix} \left(1 + \dfrac{1}{\phi\delta}(\gamma - 1)\right)p - p^* + \dfrac{1}{\delta}\left(\left(\sigma - \dfrac{\eta}{\phi}(\gamma - 1)\right)i^* - u - \dfrac{1}{\phi}(\gamma - 1)m\right) \\ \\ \dfrac{1}{\phi}(m - p + \eta i^*) \end{pmatrix}. \quad (15)$$

Here, fiscal policy, $u$, doesn't affect real income, but is negatively related to the exchange rate if $\delta > 0$. Further, an increase in $m$ will raise $\bar{y}$ if $\phi > 0$ and it will raise $\bar{e}$ if $\phi > 0$, $\delta > 0$, and $\gamma < 1$.

The stability of the system is determined by the eigenvalues (see (2))

$$\lambda_{1,2} := \frac{\theta(\gamma - 1 - \frac{\phi\sigma}{\eta})}{2} \pm \sqrt{\frac{\phi\theta\delta}{\eta} + \left(\frac{-\theta(\gamma - 1 - \frac{\phi\sigma}{\eta})}{2}\right)^2}. \quad (16)$$

Positive parameters $\phi$, $\eta$, $\theta$, and $\delta$ provide two real roots, one to be positive and the other one to be negative. The fact that the absolut value of the first part of the eigenvalues is lower than the positive second part (i.e. the positiv square root) involves one positive und one negative eigenvalue. Thus, the equilibrium is saddle point stable (see figure 1).

To get the explizit form of the solution to the system (14), in (1) we identify $a = 0$, $b = \frac{\phi}{\eta}$, $c = \theta\delta$, $d = \theta\left(\gamma - 1 - \frac{\phi\sigma}{\eta}\right)$, $q_1 = \frac{-m+p}{\eta} - i^*$, and $q_2 = \theta\left(u - \left(\delta + \frac{\sigma}{\eta}\right)p + \delta p^* + \frac{\sigma}{\eta}m\right)$. Further, we assume $b > 0, c > 0, d < 0$ $q_1 < 0$, and $q_2 > 0$.

Using (5), (7), and the right-hand side of (4), the general solution to the system (14) has the form

$$\begin{pmatrix} e(t) \\ \\ y(t) \end{pmatrix} = \begin{pmatrix} \mu_1 \exp(\lambda_1 t) + \quad \mu_2 \exp(\lambda_2 t) - \dfrac{-d\,q_1 + b\,q_2}{bc} \\ \\ \dfrac{\lambda_1}{b}\mu_1 \exp(\lambda_1 t) + \dfrac{\lambda_2}{b}\mu_2 \exp(\lambda_2 t) - \dfrac{q_1}{b} \end{pmatrix} \tag{17}$$

where

$$\begin{aligned} \mu_1 &= \frac{1}{\lambda_1 - \lambda_2}\left(-\lambda_2 e(0) + b\,y(0) - \frac{\lambda_2 q_1 - b\,q_2}{\lambda_1}\right), \\ \mu_2 &= \frac{1}{\lambda_1 - \lambda_2}\left(\lambda_1 e(0) - b\,y(0) + \frac{\lambda_1 q_1 - b\,q_2}{\lambda_2}\right). \end{aligned} \tag{18}$$

The arbitrary constants $e(0)$ and $y(0)$ denote the initial exchange rate and the yield at time $t_0 = 0$. From (15) we note, $\bar{e} = \frac{d\,q_1 - b\,q_2}{bc}$ and $\bar{y} = -\frac{q_1}{b}$ (see the last terms in 17).

**The Stable and the Unstable Arm.** Special paths of system (14) are the stable and unstable arm, linear paths which pass the steady-state. Consider first the stable arm. Assuming that $e(t)$ and $y(t)$ converge to $\bar{e}$ and $\bar{y}$ we have to eliminate the exploding effect of $\exp(\lambda_1 t)$ in (17) where $\lambda_1 > 0$. Hence, setting $\mu_1 = 0$, from (18) we get the stable arm

$$y = \frac{\lambda_2}{b}e + \frac{\lambda_2 q_1 - b\,q_2}{b\,\lambda_1} \tag{19}$$

showing the relationship of $e$ and $y$ to be linear on the stable arm. Analogously, we obtain the unstable arm

$$y = \frac{\lambda_1}{b}e + \frac{\lambda_1 q_1 - b\,q_2}{b\,\lambda_2} \tag{20}$$

From $\lambda_2 < 0$ follows that the stable arm is downwards sloped, and a positive $\lambda_1$ implies that the unstable arm is upwards sloped (see figure 1).

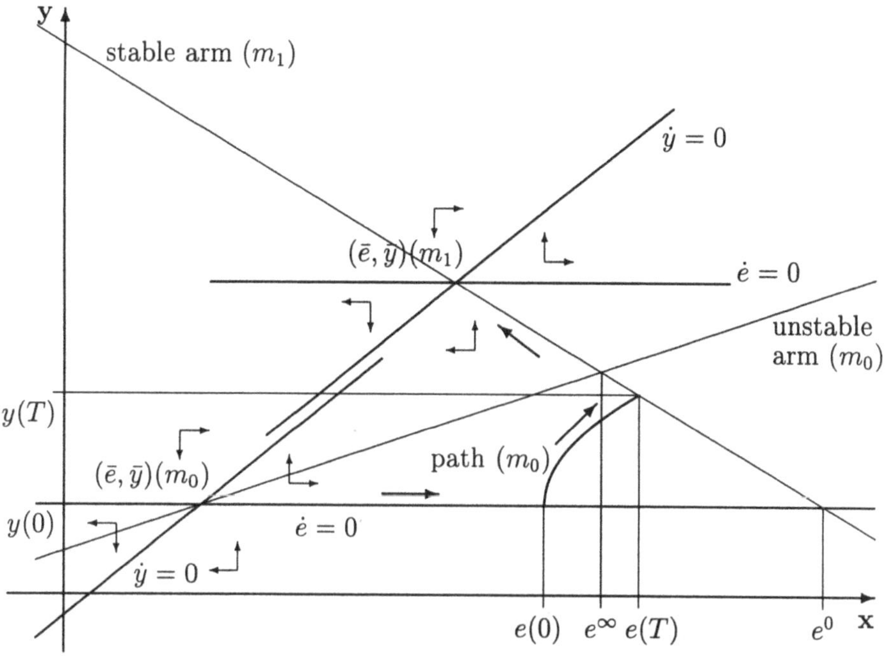


Figure 1: Two systems and the adjustment process of an economy.

# 4 The Adjustment Process of the Economy

In this part, we analyse the adjustment process of an economy starting in the initial long-run equilibrium $(\bar{e}(m_0), \bar{y}(m_0))$ at time $t = 0$ and moving to the new long-run equilibrium $(\bar{e}(m_1), \bar{y}(m_1))$ while the economy is faced with an increasing stock of money from $m_0$ to $m_1$. In the short run, a monetary expansion will lower interest rates to clear the money market. Then, for any given real income, the predetermined variable, the exchange rate, the jump variable, adjusts instantaneously to clear the asset market. First, we consider an anticipated shock where the announcement at $t = 0$ states that the money supply will be increased at $t = T$. Especially, if $T = 0$ we get an unanticipated monetary shock caused by discretionary policy. This is Dornbusch's overshooting phenomenon where announcement and implementation of the policy coincide.

According to WILSON (1979) we suppose that since the potential for arbitrage profits rules out the possibility of anticipated discrete jumps in the exchange rate, any discrete change in the exchange rate must occur at the instant the increase in money supply is first announced. I.e. at $t = T$, no discrete jumps in the exchange rate will be expected.

Hence, we suppose that the economy is initially in a long-run equilibrium, $(\bar{e}(m_0), \bar{y}(m_0))$, associated with the money supply $m = m_0$. At $t = 0$ the exchange rate jumps to a point $(e(0), y(0)) = (e(0), \bar{y}(m_0))$, the initial point of an unstable transition path of the sytem associated with $m = m_0$. By an appropriate choice of this point the transition path passes the stable arm of the new system associated with $m = m_1$ just at $t = T$ when the monetary expansion is implemented. This avoids a further discrete change in the exchange rate. Then, the economy adjusts to the new long-run equilibrium, $(\bar{e}(m_1), \bar{y}(m_1))$, in which real income increases and the exchange rate decreases.

Figure 1 suggests that greater lags, $T$, in the implementation of monetary expansion result in a smaller change, $(e(0) - \bar{e}(m_0))$, of the exchange rate.

**Boundaries of the Exchange Rate.** For $T = 0$, it is easy to find the value of the exchange rate $e^0 = e(0)$. Setting $\dot{e}(t) = 0$ and $\dot{y}(t) = 0$ separately we get two lines

$$y(t) = -\frac{q_1}{b} \quad \text{and} \quad y(t) = \frac{-ce(t) - q_2}{d} \tag{21}$$

marking two boundaries where either $\dot{e}(t)$ or $\dot{y}(t)$ changes its sign. The boundaries divide the plane in four regions which are roughly characterized by vertical and horizontal directions of motion (see figure 1). $(\bar{e}, \bar{y})$ is the intersection of the lines in (21). The intersection of the stable arm of the new system and the left equation in (21) gives

$$e^0 = -\frac{1}{\lambda_2} q_1(m_0) - \frac{1}{\lambda_1} q_1(m_1) - \frac{1}{c} q_2(m_1). \tag{22}$$

For a given monetary expansion, $m_0 \to m_1$, this value represents a maximum change of $e$, i.e. no exchange rate jump exceeds $e^0$ for any $T > 0$.

On the other hand, given any policy change announcement in $t = 0$ made for $T > 0$, the resulting exchange rate, $e(T)$, is the maximal exchange rate of the corresponding adjustment process. Figure 1 suggests that for a given policy, $m_0 \to m_1$, among these $T$-values there is a greatest lower bound, $e^\infty$, for any possible choice of policy. To find out this value we note that for $T \to \infty$ the unstable transition path converges to the unstable arm of the initial system. Furthermore, the intersection of the stable arm of the new system and the unstable arm of the initial system gives

$$e^\infty = \frac{\lambda_2 q_1(m_1) - b\, q_2(m_1)}{\lambda_1(\lambda_1 - \lambda_2)} - \frac{\lambda_1 q_1(m_0) - b\, q_2(m_0)}{\lambda_2(\lambda_1 - \lambda_2)}. \tag{23}$$

This means that although $\bar{e}(m_0)$ and $\bar{e}(m_1)$ are smaller than $e^\infty$, the exchange rate will temporarily exceed $e^\infty$.

**The Speed of the Adjustment Process.** Now, we investigate the speed of the adjustment process with regard to real income and the corresponding motion of the exchange rate.

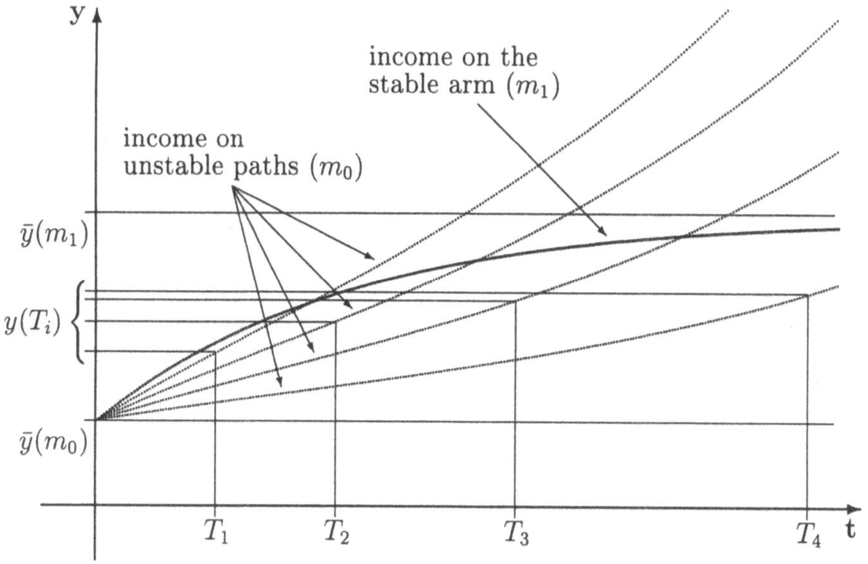


Figure 2: Real income for different lags in the implementation of the policy.

Using (17) we compute the level of real income with EXCEL (see KÄHLER (1998)) after the announcement of the policy. Figure 2 suggests that the shorter the implementation lag is the faster real income increases on the unstable paths of the sytem associated with $m = m_0$. On the other hand, considering only the period between announcement and implementation of the policy the speed of motion would be faster on the stable arm of the sytem associated with $m = m_1$. This means that the shorter the implementation lag, the shorter the time a policy maker has to take into account to attain the new long-run equilibrium, but the higher is the maximal exchange rate (see figure 1).

For instance, we assume at $t = 0$ that the policy maker's planning horizon is the parliamentary term, $t^P$. He wants to achieve a fixed level of real income, but at the same time he wants to avoid high exchange rate deviations because they would be associated with a loss of reputation. Furthermore, for a given monetary expansion, $m_0 \rightarrow m_1$, the only instrument of policy is the choice of the implementation lag, $T$.

First of all, to avoid planning periods to be infinite we assume that the policy maker desires only to achieve a level of income, $Y^\epsilon(m_1)$, which is in the $\epsilon$-neighborhood of $\bar{y}(m_1)$. Furthermore, we assume that for $T = 0$, $Y^\epsilon(m_1)$ is attainably at time $t < t^P$. There are two alternative candidates for 'optimal' ajustment paths. The first candidate guarantees an achievement of the desired level of income, $Y^\epsilon(m_1)$, at time, $t^P$, such that the maximal exchange rate deviation occuring on the path is minimal. The second candidate doesn't exceed an upper bound of exchange rate deviation such that the time lengh of the adjustment process is minimal. A policy maker now has to choose between the exchange rate deviation and the speed of adjustment of real income. This is why the optimal path is related to a turnpike (see HENN (1977), p. 99): the policy maker has to 'pay' a loss of reputation for a faster adjustment path.

## Remark

This paper is inspired by PIKOULAKIS (1997) who develops a dynamic model where policy is anticipated, too. Pikoulakis presents a model which explains the behaviour of the real exchange and the real yield differential between the US and major European economies for the 1980's. The paper takes into account the anticipated effects of the fiscal policy, voted in 1981 to be implemented over the following three years (BLANCHARD, FISCHER (1993), p. 535).

## References


BLANCHARD, O.J., FISCHER, St. (1993): Lectures on Macroeconomics. 7th Edition, MIT Press, Cambridge.

DORNBUSCH, R. (1976): Expectations and Exchange Rate Dynamics. *Journal of Political Economy, 84, 1161-1176.*

FLEMING, J.M. (1962): Domestic Financial Policies Under Fixed and Under Floating Exchange Rates. *IMF Staff Papers, 9, 369-379.*

HENN, R. (1977): Elementare Wachstumstheorie. A. Hain, Meisenheim am Glan.

KÄHLER, Th. (1998): Systems of Inhomogeneous Differential Equations, the Use of EXCEL and an Application. KISCHKA, P. et al. (Eds.): Symposium on Operations Research 1997 in Jena, Springer, Berlin, 247-252.

KARMANN, A. (1998): Mathematik für Wirtschaftswissenschaftler: problemorientierte Einführung, unter Mitarbeit von Thomas Kähler. 3rd Edition, Oldenbourg, München.

MUNDELL, R. (1963): Capital Mobility and Stabilisation Policy Under Fixed and Flexible Exchange Rates. *Canadian Journal of Economics and Political Science, 29, 475-485.*

MUNDELL, R. (1968): International Economics. Macmillan, New York.

PIKOULAKIS, E.V. (1997): A "Market Clearing" Model of the International Business Cycle That Explains the 1980s. Dartmouth College, Hanover, NH, Working Paper 96-14, July 1996; Revised: Dunedin, NZ, June 1997 (mimeo).

WILSON, Ch. A. (1979): Anticipated Shocks and Exchange Rate Dynamics. *Journal of Political Economy, 87, 639-647.*

# On Sectoral Production and Income Multipliers

Hartmut Kogelschatz

Institut für international vergleichende Wirtschafts- und Sozialstatistik, Universität Heidelberg, 69117 Heidelberg, Germany

**Summary** In the open static input output-model, $L(A) := (I - A)^{-1}$, the so-called Leontief inverse of the $n \times n$ input matrix $A \geq 0$, is a gross production or output (matrix) multiplier. This model can be extended by partly endogenizing consumption with linear sectoral consumption functions depending on national income (cf., e.g., Schumann(1975), Holub/Schnabl(1994)). For both models, relations between production and income multipliers are examined. For some results given by the literature short and elementary proofs are presented. Furthermore, some additional bounds and remarks are stated and applied to an example.

# 1 Sectoral and Total Production Multipliers

It is well-known that the Leontief inverse $L(A) := (I - A)^{-1}$ exists if and only if $A$ has a dominant eigenvalue $\lambda_1(A) < 1$. The set of $n \times n$ matrices $A \geq 0$ (in value terms)with $\lambda_1(A) < 1$ will be denoted by $\mathcal{L}$. If $A \in \mathcal{L}$, then $L(A) = \sum_{n=0}^{\infty} A^n$.
In the extended model, $A$ is replaced by an augmented input matrix $Z := A + cv$, where $c \geq 0$ and $v \geq 0$, respectively, denote a column vector of sectoral propensities to consume and a row vector of net value added coefficients. For a closed economy without government $v_j := 1 - \sum_i a_{ij}$, if depreciation is captured in the input matrix. This case is assumed here.
The following proposition (cf. Kogelschatz (1977, pp. 105)) shows the relation between production multipliers in both models. The proof making use of a theorem on the inversion of a special sum of matrices is substitued here by a simpler and shorter one.

**Proposition 1** *Let $A \in \mathcal{L}$. If and only if $\dot{c} := \sum c_i < 1$, then $Z \in \mathcal{L}$ and $L(Z) = L(A)L(ce) = L(A)(I + \frac{1}{\dot{s}}ce)$,where $\dot{s} := 1 - \dot{c}, e := (1, \ldots, 1)$.*

**Proof** *Since in this model net value added coefficients $v_j = 1 - \sum_i a_{ij} \quad \forall j$ or $v = e(I - A)$ it follows that*

$$(I - Z) := (I - A - cv) = (I - A - ce(I - A)) = (I - ce)(I - A).$$

*The matrix $ce$ has identical column vectors adding up to $\dot{c}$ which therefore is the dominant eigenvalue of $ce$. If and only if $\dot{c} < 1$, $(I - ce)^{-1}$ and $(I - Z)^{-1}$ exist, since $A \in \mathcal{L}$ by assumption.*
*Hence*

$$L(Z) := (I - Z)^{-1} = (I - A)^{-1}(I - ce)^{-1}$$

$$= L(A)(\sum_{n=0}^{\infty}(ce)^n) = L(A)(I + ce + \dot{c}ce + \dot{c}^2ce + \ldots)$$

$$= L(A)(I + \frac{1}{1-\dot{c}}ce) \qquad \square$$

The term $L(C) := L(ce) = I + \frac{1}{\dot{s}}ce = \frac{1}{\dot{s}}(\dot{s}I + ce)$ coincides with the Keynesian income multiplier $\frac{1}{\dot{s}}$ for an aggregated economy with only one commodity and $L(C)$ therefore is a Keynesian matrix multiplier. Its elements $l_{ij}^c$ represent the increase in demand (final and consumption) in sector $i$ induced per (additional) unit of final demand (e.g. investment) for commodities of sector $j$. Demand in any sector $i$ generates income of the same amount. The total income effect in the whole economy is always $\frac{1}{\dot{s}}$ since all column sums of the matrix $(\dot{s}I + ce)$ are equal to one so that its transpose is a stochastic matrix.

Premultiplying the Keynesian matrix multiplier $L(C)$ with the ordinary Leontief multiplier $L(A)$ yields the gross production multiplier $L(Z)$ whose elements $l_{ij}^Z$ give the output increase in sector $i$ per unit of final demand in sector $j$ (including production for consumption by induced income).

$L(Z)$ may be called a separable multiplier because it can be separated into two factors depending either on $A$ or on $C$ but not on both. This is not the case in an extended model with taxes, imports and/or explicit depreciation.

Proposition 1 yields $L(Z) \geq L(A)$ (with strict inequality if $Z$ is irreducible) and

$$l_{ij}^Z = \frac{1}{\dot{s}}(\dot{s}l_{ij} + \sum_k c_k l_{ik}) \quad \forall i, j,$$

which means that for every $i$ $l_{ij}^Z$ is a weighted mean of the elements of the i-th row of $L := L(A)$ multiplied by $\frac{1}{\dot{s}}$, the Keynesian income multiplier. The weights $c_k$ add up to $\dot{c}$, the sum of $\dot{c}$ and the weight $\dot{s}$ equals one. Hence, the following bounds for $l_{ij}^Z$ hold[1]

$$\frac{1}{\dot{s}} \min_j l_{ij} \leq l_{ij}^Z \leq \frac{1}{\dot{s}} \max_j l_{ij} \qquad \forall i, j$$

where according to Metzler's theorem[2] $\max_j l_{ij} = l_{ii}$, if all column sums of $A$ do not exceed one or, equivalently, if all sectors have a non-negative value added which is the normal case assumed in this paper.

A further consequence of proposition 1 is

$$l_{ij}^Z = l_{ij} + \gamma_i \quad \text{with} \quad \gamma_i := \frac{1}{\dot{s}} \sum_k c_k l_{ik} \quad \forall i$$

which means that every row $i$ of $L$ is augmented by (a vector of constants) $\gamma_i$ where $\gamma_i$ is a linear combination of the elements $l_{ij}$ in row $i$(cf. Kogelschatz(1977, p.107)). Hence, $L^Z$ can be computed from $L$ without matrix operations. The economic reason is that total income induced per unit of final demand in any sector $j$ is $\frac{1}{\dot{s}}$, hence induced sectoral consumption is $\frac{1}{\dot{s}}c$ and thereby generated production in

[1] Equality holds, if there is only one sector producing for consumption, and then only for the corresponding row.

[2] Metzler's assertion holds for $A \geq 0$ though he proved it only for irreducible $A$.

sector $i$ is given by $\gamma_i$ independent of $j$. This stepwise interpretation follows due to separability of the multiplier. Bounds for $\gamma_i$ are given by

$$\frac{\dot{c}}{\dot{s}} \min_j l_{ij} \leq \gamma_i \leq \frac{\dot{c}}{\dot{s}} \max_j l_{ij} = \frac{\dot{c}}{\dot{s}} l_{ii} \qquad \forall i$$

since $\gamma_i$ is a weighted mean of the $i-$th row of $L$ multiplied by $\frac{\dot{c}}{\dot{s}}$. If the propensities to consume $c_i$ are similar with mean $\bar{c}$, then a simple approximation $\tilde{\gamma}_i$ of $\gamma_i$ would be

$$\tilde{\gamma}_i = \frac{\bar{c}}{\dot{s}} \sum_k l_{ik} =: \frac{\bar{c}}{\dot{s}} L_{i\cdot} \qquad \forall i.$$

Clearly, $\max_j l_{ij} = l_{ii}$ implies $\max_j l_{ij}^Z = l_{ii}^Z$, which means that in both models the greatest production effect in any sector $i$ occurs if final demand is increased in this sector, i.e., direct effects are dominating indirect ones. Column sums $L_{.j}$ and $L_{.j}^Z$ of $L$ and $L^Z$, respectively, are of particular interest, since they capture the total output effect induced per unit of final demand for sector $j$. They are also called key sector indices. Column sums of both models are linked by

$$L_{.j}^Z = \frac{1}{\dot{s}} \sum_k c_k \sum_i (\dot{s} l_{ij} + l_{ik}) = \frac{1}{\dot{s}} (\dot{s} L_{.j} + \sum_k c_k L_{.k}) = L_{.j} + \gamma \quad \forall j,$$

where

$$\gamma = \frac{1}{\dot{s}} \sum c_k L_{.k} = \frac{1}{\dot{s}} \sum_i \sum_k c_k l_{ik} = \sum \gamma_i \quad .$$

According to the interpretation of $\gamma_i$ now $\gamma$ stands for total output for consumption induced per unit of final demand. Obviously, $L_{.j}^Z$ is a weighted mean of the column sums $L_{.k}$ multiplied by $\frac{1}{\dot{s}}$. Hence

$$\frac{1}{\dot{s}}(1 + A_{.j}) \leq \frac{1}{\dot{s}} \min_k L_{.k} \leq L_{.j}^Z \leq \frac{1}{\dot{s}} \max_k L_{.k} \qquad \forall j$$

and

$$\frac{\dot{c}}{\dot{s}}(1 + \min_k A_{.k}) \leq \frac{\dot{c}}{\dot{s}} \min_k L_{.k} \leq \gamma \leq \frac{\dot{c}}{\dot{s}} \max_k L_{.k},$$

where the left hand inequalities result from $L \geq I + A$, an approximation which can be improved easily.
An approximation of $\gamma$ is

$$\tilde{\gamma} = \frac{\bar{c}}{\dot{s}} L_{.k} \geq \frac{\bar{c}}{\dot{s}} \sum_k (1 + \bar{A}_{.k})$$

or

$$\tilde{\gamma}' = \frac{1}{\dot{s}} \sum_k c_k (1 + A_{.k})$$

where the overbar again denotes the mean. It is worth mentioning that all the inequalities above derived from weighted means depend on total propensity to consume $\dot{c}$ which can be obtained from national accounts. However, sectoral propensities to consume $c_i$ which would have to be estimated are not needed since they do not enter the bounds. Estimating sectoral propensities to consume by time series and applying it to an input matrix of a single year would give rise to methodological problems.

## 2 Sectoral Income Multipliers

Up to now income effects have only been related to changes in final demand. Now total income induced per unit of final demand in sector $j$ is related to its net value added coefficient $v_j$, i.e. income per unit of output $j$ which is called direct income effect. In the literature, there are (at least) two types of sectoral income multipliers with respect to the two models without and with consumption functions (cf. Miller/Blair (1985, pp. 105, 143), Holub/Schnabl (1994, pp. 465)).

**Definition 1** *Type I income multiplier is defined by* $m_j^I := \sum_i v_i l_{ij}/v_j$ *and Type II income multiplier by* $m_j^{II} := \sum_i v_i l_{ij}^Z/v_j$.

Relations between these multipliers are usually deduced in a rather complicated way by partitioning of matrices (cf. Holub/Schnabl (1994, pp. 467) and the papers quoted there). Here, the main assertions on these multipliers will be proved shortly in an elementary way.

**Proposition 2** *The following statements hold for the income multipliers*

$$a) \quad m_j^I = \frac{1}{v_j} \quad \forall j$$

$$b) \quad \frac{m_j^{II}}{m_j^I} = \frac{1}{\dot{s}} \quad \forall j.$$

**Proof**

*a)* $\sum_i v_i l_{ij} = \sum_i (1 - \sum_k a_{ki}) l_{ij} = L_{\cdot j} - \sum_k \sum_i a_{ki} l_{ij} = L_{\cdot j} - \sum_k (l_{kj} - \delta_{kj}) = 1$ *because of* $(I - A) \cdot L = I$ *or* $A \cdot L = L - I$.

*b) From a)* $\frac{m_j^{II}}{m_j^I} = \sum_i v_i l_{ij}^Z = \sum_i v_i (l_{ij} + \frac{1}{\dot{s}} \sum_k l_{ik} c_k) = \sum_i v_i l_{ij} + \frac{1}{\dot{s}} (\sum_k c_k \sum_i v_i l_{ij}) = 1 + \frac{1}{\dot{s}} \dot{c} = \frac{1}{\dot{s}}$ *because of a) and* $\dot{c} + \dot{s} = 1$. □

The proof also directly follows from premultiplying $L$ and $L^Z$, respectively, with $v = e(I - A)$, or without mathematics: In the extended model, the total income effect is always given by $\frac{1}{\dot{s}}$ per unit of final demand in any sector (cf. section 1). For the ordinary model $\dot{s} = 1$ holds which implies a total income impact of 1. Multiplier $m_j^I = \frac{1}{v_j}$ merely reflects sectoral productivity of primary input (labour and/or capital) and $m_j^{II}$ results from $m_j^I$ by multiplication with the Keynesian income multiplier. For an aggregated economy $m^I$ and $m^{II}$, respectively, coincide with the output multiplier from the ordinary and extended static input output-model. The same is true for an disaggregated economy with identical value added coefficients. This is evident from the definition and proposition 1.

## 3 Application

Finally, some of the results are applied to a textbook example given by Holub/Schnabl (1994, pp. 439) which is treated intensively there.

$$c^T = (\frac{2}{5}, \frac{1}{5}, \frac{1}{5})$$

$$A = \begin{pmatrix} 1/5 & 1/4 & 1/4 \\ 1/5 & 0 & 1/2 \\ 1/5 & 1/2 & 0 \end{pmatrix}$$

$\Longrightarrow$

$$v = (\frac{2}{5}, \frac{1}{4}, \frac{1}{4})$$

$\Longrightarrow$

$$L(A) = \begin{pmatrix} 5/3 & 5/6 & 5/6 \\ 2/3 & 5/3 & 1 \\ 2/3 & 1 & 5/3 \end{pmatrix} \qquad L(Z) = \begin{pmatrix} 20/3 & 35/6 & 35/6 \\ 14/3 & 17/3 & 5 \\ 14/3 & 5 & 17/3 \end{pmatrix}$$

$\Longrightarrow$

$$\gamma_1 = 5, \quad \gamma_2 = \gamma_3 = 4 \qquad \text{and} \quad \gamma = 13$$

The approximations from section 1 yield $\tilde{\gamma}_i = 4,\bar{4} \quad \forall i$ and $\tilde{\gamma} = 13,\bar{3}$. Neglecting the given $c_i$ bounds from above are computed with $\dot{c} = .8$ as follows:

a) for $\gamma_i$ and $\gamma$

$$\begin{aligned} 3,\bar{3} &< \gamma_1 = 5 < 6,\bar{6} \\ 2,\bar{6} &< \gamma_2 = 4 < 6,\bar{6} \\ 2,\bar{6} &< \gamma_3 = 4 < 6,\bar{6} \end{aligned}$$

and $12 < \gamma = 13 < 14$

b) for the elements of $L^Z$

| lower bound | | $\min_j l_{ij}^Z$ | | $l_{ij}^Z$ | | $\max_j l_{ij}^Z$ | | upper bound |
|---|---|---|---|---|---|---|---|---|
| 25/6 | $\leq$ | 35/6 | $\leq$ | $l_{1j}^Z$ | $\leq$ | 20/3 | $\leq$ | 25/3 |
| 10/3 | $\leq$ | 14/3 | $\leq$ | $l_{2j}^Z$ | $\leq$ | 17/3 | $\leq$ | 25/3 |
| 10/3 | $\leq$ | 14/3 | $\leq$ | $l_{3j}^Z$ | $\leq$ | 17/3 | $\leq$ | 25/3 |

c) for the column sums of $L^Z$

$$15 < L_{\cdot 1}^Z = 16, L_{\cdot 2}^Z = L_{\cdot 3}^Z = 16,5 < 17,5.$$

Since the bounds depend on $\dot{c}$ but not on the $c_i$, i.e., are valid for any consumption pattern with $\dot{c} = .8$ the results are not bad, in particular, for the sums $\gamma$ and $L_{\cdot j}^Z$. The income multipliers of type I and II are calculated according to proposition 2 as:

$$m_1^I = 2,5, m_2^I = m_3^I = 4 \qquad \text{and hence} \quad m_1^{II} = 12,5, m_2^{II} = m_3^{II} = 20.$$

# References

HOLUB, W., SCHNABL, H. (1994): Input-Output-Rechnung: Input-Output-Analyse. Oldenbourg, München.

KOGELSCHATZ, H. (1977): Strukturänderungen und Wachstumsgleichgewichte. Input-Output-Theoretische Untersuchungen. Mathematical Systems in Economics 38, Hain, Meisenheim.

MILLER, R.E., BLAIR, P.D. (1985): Input-output analysis. Foundations and extensions. Prentice-Hall, Englewood Cliffs, N.Y.

SCHUMANN, J. (1975): Möglichkeiten und Bedeutung einer teilweise endogenen Erklärung des privaten Konsums und der privaten Investition im statischen offenen Input-Output-Modell. *Jahrbücher für Nationalökonomie und Statistik 189, 378-409.*

Teil 8

# Informatik

# Similarity and Utility in Non-Numerical Domains

Klaus-Dieter Althoff[1] Michael M. Richter[2]

[1]Fraunhofer Institute for Experimental Software Engineering (IESE), Sauerwiesen 6, D-67661 Kaiserslautern, Germany
[2] University of Kaiserslautern, Department of Computer Science, Erwin-Schroedinger-Str. 57, D-67653 Kaiserslautern, Germany

**Abstract:** In complex situations that arise in the context of the design of large processes, the fault diagnosis of airplanes, or the organization of companies, one has to find good or best solutions although the problems are not mathematically clearly defined. Case-based reasoning (CBR) supports the use of recorded experience for such problem types. A central notion in CBR is similarity. We will discuss this notion by relating it to the concept of utility. At the same time we outline the building of CBR systems from this point of view. An example from software engineering will illustrate the approach. This is a part of a much more complex enterprise in which both authors are involved from different point of views.

## 1 Introduction

Case-Based Reasoning (CBR) is a technique to solve a large variety of problems of increasing importance, in particular for complex tasks with incomplete and partially unreliable information, which is in addition due to changes during the time of problem solving. An example of such tasks is the design of complex processes as the development of large software products. Each device that supports such activities intends to improve the desired product and is, therefore, evaluated by its utility. Utility functions are, however, usually not available and even preference relations are often defined in a vague way. It is typical for such domains that optimal solutions cannot be achieved and all what one can hope for is an improvement of a solution until a sufficient level of quality is achieved. Nevertheless, the idea of an approximation of an ideal optimal solution is a helpful guideline also in such non- numerical situations as the examples shown in this article. In CBR the notion of similarity plays a central role. Roughly speaking, it is used to select some useful experience from an experience base in order to solve an actual problem or at least to support its solution. The technique to transfer properties of solutions to properties of problems is in some sense the heart of CBR. It is in fact very close to a paradox: We would like to call two problems similar if they have similar solutions without knowing the solutions.

Similarity is not an absolute notion (as e.g. equality) but is always relative to some aspects. This is reflected in the fact that there are many possible similarity measures and the definition of such a measure is an important part of the problem solving task. Once the measure is established, its actual use is the search for the best experience (according to the measure). In technical terms this leads to the nearest neighbor search that can be regarded as the approximation of the best available support from the experience. In order that this leads really to some improvement in the sense of the user one has to relate the two notions of similarity and utility in a proper way. This is the subject of this article and will be detailed in section 3. In section 4 we will illustrate our approach using an example from software engineering. In the next section we introduce basic elements of CBR that are necessary within the context of this article.

## 2 Basic elements of case-based reasoning

We will assume some familiarity with CBR but recall the major notions. As a general reference of recent developments we refer to Lenz et al. (1998). In many situations it suffices to define cases as ordered pairs (P.S) where P is the description of a problem and S describes its solution. A case base CB (an experience base) is a set of cases. Here "problem" and "solution" are of very general character. We consider two sets, the problem space IP and the solution space IS. The elements of IS are called possible solutions. Problems P are taken from IP and solutions S are taken from IS. The structure of elements from IS can be of any kind for our purposes, e.g. numbers, functions, ordinary strings, etc. This is due to the fact that we are neither constructing nor modifying solutions but only retrieving them. In contrast to this, we assume IP to be structured. For this purpose we assume for simplicity the attribute-value representation. This means, we have a certain number of attributes $A_i, 1 \leq i \leq n$, with associated value sets dom($A_i$) such that

$$\text{IP} = dom(A_1) \times dom(A_2) \times \ldots \times dom(A_n).$$

The attribute value $A_i$ of some P for is denoted by $A_i$(P).
We illustrate this by two examples:
1) Travel agency: A customer wants to book a travel in order to have some holidays. The problem description has to use aspects which are relevant to the customer which leads to attributes like duration, price, number of persons, time of the year, area, sports and cultural facilities, etc. A solution is the description of a specific travel offer by the agency. Usually it will not be possible to meet all requirements of the customer exactly. This means one has to look for an offer which is "as good as possible". In terms of utility theory this can be regarded as a problem where the customer does not have a clearly defined utility function (the customer has to be "satisfied") but there are preferences available which are defined on the domains of the attributes. These preferences are of different importance. It is part of the problem to find these attributes and to determine their relevance.
2) Software development: A customer wants a certain (large) software product. The problem description needs besides the functional requirements

(e.g., "print a table of contents") non-functional elements (e.g., development time, possibility to change requirements, maximal number of errors). The solution is a systematic way to develop the product. We will deal with this example in more detail in section 4.

Both examples have in common that they deal with optimization in non-numerical domains with a usually unclearly defined utility function. In both areas also successful applications of CBR have been started. A central role is played by the similarity measure that we introduce next.

A similarity measure is real-valued function

$$sim : \mathrm{IP} \times \mathrm{IP} \rightarrow [0,1]$$

A nearest neighbor Po of P ∈ IP with respect to sim and CB is defined by

$$\mathrm{NN}(\mathrm{P}, \mathrm{P_0}) \Leftrightarrow (\mathrm{P_0}, \mathrm{S}) \in \mathrm{CB} \text{ for some S and}$$
$$\mathrm{sim}(\mathrm{P}, \mathrm{P_0}) \geq \mathrm{sim}(\mathrm{P}, \mathrm{P'}) \text{ for all } (\mathrm{P'},\mathrm{S'}) \in \mathrm{CB}$$

Very common similarity measures for attribute-value representations are the weighted Hamming measures based on local measures. A local measure is of the form

$$w_i : dom(A_i) \rightarrow [0,1]$$

and weight vectors have the form $g = (g_1, \ldots., g_n)$ with $0 \leq g_i \leq 1$. The global measure then is

$$sim = sim(w,g) := (w.g)$$

where $w = (w_1, \ldots, w_n)$ and $(w.g)$ is the scalar product of $w$ and g. Such measures are monotonic in the sense that an increase of a local similarity cannot lead to a decrease of the global similarity.

Standard problem solving in CBR uses the solution S provided by the nearest neighbor to solve the actual problem. If this is unsatisfactory then some transformation T may be applied to S in order to improve S. This transformation T may be formally defined or informally carried out by the user itself.

The weights are intended to reflect the relevance of the attributes. Small changes of values of relevant attributes result in large changes of the problems. In the CBR context this means also a possibly large change in the solutions provided by the case base. If the nearest-neighbor method provides a satisfactory solution then it is clear that the similarity measure has to "contain some knowledge" about the problem and the solution space. Other parts of a CBR system do, however, carry such knowledge as well. In order to describe this properly we introduced in Richter (1995a) the concept of knowledge containers. Knowledge containers are very different from modules. Modules solve certain tasks while knowledge containers do only carry knowledge. In CBR we distinguished four such containers:

1) The vocabulary
2) The case base

3) The similarity measure
4) The solution transformation.

As mentioned, we neglect the solution transformation and restrict ourselves to retrieve-only systems. In our consideration we concentrate on the similarity measure but the vocabulary and the case base will also play a role. The following questions immediately arise:

(i) In which way can we bring knowledge into a container, in particular into the similarity measures?
(ii) How can we improve the similarity measure?
(iii) How can we ensure that the nearest neighbor provides the best available or at least a satisfactory solution?
(iv) Do the values of the similarity measure have meaning with respect to correctness, preferences, or optimality?

In (iii) an ordinal aspect is addressed while (iv) is connected with cardinal aspects. All points have to do with the question to assign a (formal) semantics to the similarity measures. All four questions have to be answered when one wants to build CBR systems for certain applications. In the next section we will provide some answers.

In case of classification the question (iv) has been dealt with several times, e.g. Richter(1995), Faltings (1997). In this paper we are concerned with the interrelation between similarity measures, optimality, and preference relations. In Bergmann, Wilke (1996) similarity relations have been connected with utility aspects in the context of cost-sensitive classification.

# 3 From utilities to similarities

In order to relate similarity and utility we will state a number of conditions. Their purpose is twofold:

a) To serve as a basis that the application of CBR systems leads to satisfactory results with respect to an intended utility.
b) To support the design of similarity measures for such systems.

The design of CBR systems has become an engineering task. This includes in particular the development of a methodology for building CBR systems in new application areas. This is a major problem and is undertaken in the Esprit IV project "Information and Knowledge Reengineering for Reasoning from Cases" (INRECA II). The approach suggested here is in the spirit of INRECA II but restricted to foundational aspects connected with utilities. A starting point for our considerations is the observation that similarity measures and utility functions are both real valued functions. They are, however, defined on different domains. Similarity measures have pairs of problems as arguments while utility functions operate on solutions. In the presence of a case base we can bridge this gap in the following way:

Def. 1: Suppose an actual problem Q is given. We define a function $f_{sim,Q}$ for the solutions provided by the case base by

$$f_{sim,Q}(S) = sim(P,Q) \text{where (P,S)} \in \text{CB}.$$

This allows to compare similarity measures and utilities. The next definition goes back to Hardy et al. (1934).

Def. 2: Two functions f: X $\rightarrow$ IR and g: Y $\rightarrow$ IR are called similarly ordered if

$$0 \leq (f(x) - f(y))(g(x) - g(y)) \text{ for every x,y} \in \text{X}.$$

Now we can state our first basic requirement. Utility functions are indexed with problems in order to emphasize that one is interested in the utility of a possible solution to some problem.

Condition 1: If for each problem P some utility function uP is defined on the solution space IS then $u_P$ and $f_{sim,P}$ are similarly ordered.

Condition 1 can be regarded as a certain uniformity condition because the occurrence of P is shifted from an index of u to an argument of sim. Because uP is the primarily given function (the *global utility*) it is a condition on the similarity measure. Condition 1 justifies the nearest neighbor principle. In fact, the nearest neighbor provides the best solution available from the case base and gives, therefore, a justification for the use of CBR systems. The remaining conditions are intended to indicate the way to construct systems satisfying condition 1. The whole CBR approach would be meaningless if the case base contains arbitrarily useless solutions. Therefore, we state

Condition 2. The case base contains only pareto-optimal solutions to problems.

In order to be precise: If (P,S) is in CB, then S is optimal for P. If we use S for other problems P' (as the CBR approach suggests), then optimality may be lost. The condition will in reality rarely be satisfied. But in order to make the approach meaningful, this is not really necessary; it suffices that the solutions in the case base cannot be improved by some amount of work that one is willing to invest.

There are two major questions that arise:

a) From the application point of view: Condition 1 considers only ordinal aspects. The cardinal aspect, that is the absolute values of the similarities, are not touched. This restricts certain applications if, e.g., the introduction of thresholds is not supported.

b) From the design point of view: How to build systems satisfying condition 1?

We will mainly deal with the second question and have a closer look at utility functions. A utility function is often not directly available. Instead one has to deal with preference relations and the establishment of a utility function is usually an important problem. In order to relate preference relations to concepts in CBR we will state some conditions that affect the representation language. In the first place, preference relations are indexed with problems

Q. Again we transform properties of solutions into properties of problems and assume that (P',S'), (P",S") $\in$ CB and Q is a problem.
Condition 3: For each preference relation $p_Q$ on the solution space there is an attribute $A_p, Q$ in the representation language of IP and a partial ordering $\leq$ on dom($A_p, Q$) such that

$$p_Q(S', S'') \leftrightarrow A_{p,Q}(P') \leq A_{p,Q}(P'').$$

Again, we have a shift of the problems from indices to arguments and this is also a shift from the solution space (on which preferences are defined) to the problem space (to which the attributes refer). In principle, this shift is of the same type as the one required in condition 1: preference relations are initially (i.e., by the customer) defined in terms of solution attributes and not in terms of problem attributes. The justification is that condition 3 is often easier to meet than condition 1 because the individual preferences should be of a simpler kind than the global utility function. In practice, this may lead to the problem of decomposing the preference relations into simpler ones.
Condition 3 is primarily a condition on the representation language that needs some discussion. It is a requirement to the vocabulary and is in the initial design stages of some CBR system usually not satisfied. The attributes split into two kinds:
a) Primary attributes
b) Secondary attributes
Primary attributes correspond to the available information sources and can be considered as given. In an informal sense, these attributes are sometimes less important than certain combinations of them. For instance, for a customer of a bank, the difference between income and spending is of more importance than the individual figures. This means, preferences are often defined for certain combinations of primary attributes, which we call secondary attributes; another way to view this is that the values of primary attributes are not independent. It is a general task of knowledge acquisition to identify such complex attributes, which can turn out to be quite difficult.
Condition 3 indicates that the first step to establish a measure that meets condition 1 is the search for appropriate secondary attributes. The next observation is that the relation between the preference relations and attributes is not uniform enough. The following two conditions can again be regarded as some uniformity conditions.
Condition 4: The partial order on each of the sets dom($A_{p,Q}$) is realized by some utility function $u_{p,Q}$.
This condition has two aspects. On the one hand, it is mathematically clear that there is a real- valued function that defines the partial order on dom($A_{p,Q}$). On the other hand, it is a problem of knowledge acquisition to obtain the exact values of the user-intended utility function. Very often, this function remains to be partially unknown. We recall that n is the number of attributes in the representation language.

Condition 5: There are utility functions ui on dom($A_i$) for $1 \leq i \leq n$ and there is a mapping

$$h : u_{p,Q} \rightarrow u_i \text{ for some i}$$

which is independent of Q, i.e., $h(u_{p,Q}) = h(u'_{p,Q})$ for all Q, Q'. $u_i$ is called the local utility function belonging to p. The functions $f_{sim}$ have been introduced above; the functions $f_{wi}$ are defined in the same way for local measures $w_i$.
Condition 6: The local utility $u_i$ and the $f_{wi}$ of the local measures $w_i$ are similarly ordered.

Condition 7: If there is a weight vector g with nonnegative entries that applied to the local utilities gives the global utility u, then the global measure obtained from the local measures with the same weight vector satisfies condition 1.

This condition is trivially satisfied if we choose the $w_i$ such that $u_i = f_{wi}$. As mentioned, the user-intended utilities may be partially unknown. Therefore, we have only estimates in form of the $f_{wi}$ for these utilities available. Qualitative arguments may lead to the validation of condition 6. However, condition 6 cannot always be extended from local measures to global measures even for weighted Hamming measures with positive coefficients. If the estimates of the local utilities for conflicting preferences are too bad then condition 7 may fail. It is part of the practical work to avoid this.
An immediate consequence is:
Proposition 1: The conditions 2 - 6 indicate in principle a way to construct a measure satisfying condition 1 as sketched above. The measure obtained in this way will in fact be a weighted Hamming measure.

The actual nearest-neighbor search for a given problem Q then is in fact the approximation of the best solution available from the case base. We remark that we do need to discuss problems of constructing a pareto-optimal solution. The solutions are provided by the case base and we are only searching for the best solution in the base.

# 4 An example: Development of software products

We now describe in more detail the example 2 of section 2. It has much in common with other complex processes in industry and is a good example for using past experience. The utility aspect is expressed in terms of quality requirements. Because the quality of software products is often not very satisfactory there is a need for continuous improvement of software quality and software development productivity. For this purpose the capturing and reuse of explicit software development know-how is essential. This includes expertise and lessons learned on software engineering technologies, software project data, quality models, deliverables, or process models. The system CBR-PEB introduced below takes care of the reuse aspect. Another problem is that the preferences have to be defined in a clear way. For large development projects this is a major task, which has not yet been finally solved. It includes that the know-how must be based on empirical evidence and project experiences derived by organization-specific measurement programs taking into account the particular environment, and focusing on the company-specific business goals. Thus, corporate memories for the systematic acquisition and the organization-wide communication of these experiences have to be built, operationalizing "learning from experiences" in industrial environments.

As a logical and physical structure for the continuous build-up of software know-how in an organization, the Experience Factory (EF) approach (Basili et al (1994)) has been proven to be a successful solution. The experience factory approach introduces an infrastructure for analyzing and synthesizing all kinds of experiences, acting as a repository (called experience base) for those, and supplying these experiences to projects on demand. Progress concerning the development of an integrated support platform for experience-based support of software projects has to be achieved by operationalizing the experience factory approach in practice. The main problems are to identify relevant software knowledge, to represent and store various types of artifacts in a reusable form, and reuse effectively and efficiently this knowledge in future software projects.

One major goal of (re-)using experience is to improve quality. As indicated, quality aspects correspond to preferences and utility aspects, local as well as global ones. In this context we use quality function as another term for utility function. The transformation of a preference relation to a local utility function means to introduce a measurement for this preference.

The so-called Goal/Question/Metric approach (GQM) (Basili, Weiss (84), Briand et al.(1996)) is a software engineering technology for goal-oriented measurement in software projects. The GQM approach supports the definition and implementation of operational and measurable software improvement goals. The main target is to make utility in a quantitative way precise. Based on a specified measurement goal, relevant measures are derived in a top-down fashion via a set of questions and associated quality models. This refinement is precisely documented in a GQM plan, providing a rationale for the selection of the underlying measures. Data is collected with respect to the measures and interpreted in a bottom-up fashion in the context of the GQM goal, questions, and models, considering the limitations and assumptions underlying each measure.

In the following we will roughly describe a system CBR-PEB developed for this purpose and relate it to the concepts in section 3.

CBR-PEB is an experience base on CBR applications and tools that has been developed for supporting state-of-the-art or feasibility studies as well as CBR system development, see Althoff et al. (1998). Emphasis is placed on providing decision support for reusing existing CBR systems know-how for the development of new systems. This methodological approach is very much in the spirit of INRECA II; it also necessitates the understanding of the general role of utility. To make the system easily accessible by CBR developers all around the world, the system has been made publicly available via the WWW, see Nick et al. (1998a).

CBR-PEB contains besides cases about CBR applications (which shall meet condition 2 of section 2 as far as possible) also a number of tools, which will, however, not be discussed here. A major goal is utility in an economical sense:

Analyze the retrieved information for the purpose of characterization with respect to economic utility from the viewpoint of the CBR system developers in the context of decision support for CBR system developers.

Using the GQM technique quantitative aspects of preferences have been worked out and formulated in terms of measurable magnitudes. This corresponds to the steps described in conditions 3, 4, and 5 of section 3. First steps in the validation of the results have been made in sessions with experts, see Nick et al. (1998). In order to satisfy condition 3 it was necessary to introduce new attributes for which utility functions could be established (as discussed in section 3). Also new aggregated attributes have been introduced in order to describe certain averages concerning similarities per retrieval, distribution of retrieval attempts, etc. First results of the evaluation of CBR-PEB (Nick et al. (1998)) led to a change of its similarity measures, for instance, changing the weights and some attribute domains. CBR-PEB collects user feedback while being used (i.e., the user has to answer some questions, and additional data like similarity and attribute values are collected automatically). Thus, differences between the concrete utility for the user and the similarity measure applied by the system can be discovered very soon and CBR-PEB can be adapted accordingly.

The background of this approach is based on a number of research efforts: Althoff (1997) developed the classification criteria for CBR systems. Bartsch-Spörl et al. (1997) conducted a survey about CBR systems and made these experiences reusable by means of CBR technology and an evaluation program, based on the GQM technique, was developed in order to show the usefulness of the system from the viewpoint of its users (Nick et al. (1998)).

# 5 Summary and conclusion

Systems used in industry are ultimately evaluated by their economical success: This applies also to CBR systems. A rigorous approach has to deal with two aspects, a formal foundation and empirical experience. In this article we have described these two views by relating the notions of utility and similarity, on the one hand, and by showing an empirical system, on the other hand. These two aspects are both of very comprehensive character. Therefore the foundational as well as the practical side are both parts of ongoing and intensive current research.

# 6 Acknowledgement

Funding for this work has been partly provided by the Commission of the European Union (INRECA-II: Information and Knowledge Reengineering for Reasoning from Cases; Esprit Contract no. 22196). The partners of INRECA-II are AcknoSoft (prime contractor, France), Daimler-Benz (Germany), tecInno (Germany), Irish Multimedia Systems (Ireland), and the University of Kaiserslautern (Germany). The authors would like to thank the members of their research groups, who contributed to this work through their scientific work in general and comments to this article in particular, especially Ralph Bergmann, Markus Nick, and Carsten Tautz.

## References

ALTHOFF, K.-D. (1997): Evaluating case-based reasoning systems: The Inreca case study. Postdoctoral thesis (Habilitationsschrift), University of Kaiserslautern.

ALTHOFF, K.-D., NICK, M., TAUTZ, C. (1998): Concepts for reuse in the experience factory and their implementation for CBR system development. Proc. of the Eleventh German Workshop on Machine Learning (FGML-98). http://demolab.iese.fhg.de:8080/Publications/fgml98/.

BARTSCH-SPÖRL, B., ALTHOFF, K.-D., MEISSONNIER, A. (1997): Learning from and reasoning about case-based reasoning systems. Proc. of the Fourth German Conference on Knowledge-Based Systems (XPS97).

BASILI, V.R., CALDIERA, G., ROMBACH, H.D.(1994): Experience Factory. *In MARCINIAK, J.J. (Ed.): Encyclopedia of Software Engineering, vol. 1. John Wiley and Sons.*

BASILI, V.R., WEISS, D.M. (1984): A Methodology for Collecting Valid Software Engineering Data. *IEEE Transactions on Software Engineering, SE-10(6):728-738.*

BERGMANN, R., WILKE, W. (1996): Considering Decision Cost During Learning of Feature Weights. Proc. EWCBR-96, Lecture Notes in Artificial Intelligence 1168, Springer Verlag.

BRIAND, L.C., DIFFERDING, C.M., ROMBACH, H.D. (1996): Practical Guidelines for Measurement- Based Process Improvement. Software Process Improvement and Practice, Vol. 2, 253-280.

FALTINGS, B. (1997): Probabilistic Indexing for Case-Based Prediction. Proc. ICCBR-97, Lecture Notes in Artificial Intelligence 1266, Springer Verlag.

HARDY, G.H., LITTLEWOOD, J.E., POLYA, G. (1934): Inequalities. Cambridge Univ. Press.

LENZ, M., BARTSCH-SPÖRL, B., BURKHARD, H.-D., WESS, S. (Eds.) (1998): Case-Based Reasoning Technology. *Lecture Notes in Artificial Intelligence 1400, Springer Verlag.*

NICK, M., TAUTZ, C. (1998): Practical Evaluation of an Organizational Memory using the Goal- Question Metric Technique. To appear in Proceedings of the 5th German Conference on Knowledge-Based Systems (XPS99), Springer Verlag.

NICK, M., TAUTZ, C., ALTHOFF, K.-D. (1998a): Cased-Based Reasoning Product Experience Base CBR-PEB.
http://demolab.iese.fhg.de:8080/.

RICHTER, M. M. (1995): On the Notion of Similarity in Case-Based Reasoning. *In DELLA RICCIA, G. et al. (Eds.): Mathematical and Statistical Methods in Artificial Intelligence, Springer Verlag.*

RICHTER, M. M. (1995a): The knowledge contained in similarity measures. Invited talk ICCBR-95. See also: Introduction to Case-Based Reasoning Technology. Eds. LENZ, M. et al. (Eds.), Lecture Notes in Artificial Intelligence 1400, Springer Verlag 1998.

# Ein Spieltheoretisches Modell der Berater/Kunden-Interaktion in IT-Projekten

W. Janko, J. Mitlöhner

Abteilung für Angewandte Informatik insb. Betriebsinformatik
Wirtschaftsuniversität Wien, A-1090 Wien, Augasse 2-6, Austria
Email: janko@wu-wien.ac.at, mitloehn@wu-wien.ac.at

**Zusammenfassung:** Eine unterstützende Haltung der Kunden ist von größter Bedeutung für erfolgreiche IT-Projekte. Die hier vorgestellte Modellierung der Interaktionen von Beratern und Kunden mit dem aus der Spieltheorie bekannten Gefangenendilemma erlaubt eine Untersuchung des Einflusses von Haltungen von Mitgliedern einer Gruppe gegenüber Mitgliedern einer anderen Gruppe. Die Modellierung von Mißverständnissen bei der Kommunikation und Interpretation von Handlungen erlaubt die Untersuchung ihres Einflusses auf den Verlauf von IT-Projekten.

## 1 Motivation

Kundenakzeptanz und Kundenmitarbeit wurden schon sehr früh als wesentliche Punkte bei der Systementwicklung im Rahmen von Informationssystemen erkannt (vgl. Blokdijk (1987)). Weniger wurde darüber berichtet, wie Kundenakzeptanz und Kundenmitarbeit tatsächlich erreicht werden kann. Abgesehen von dem rein technisch-organisatorischen Aspekt ist vor allem das Ausmaß an Identifikation und Motivation der Kunden in den neuen IT-Projekten ein wesentliches Erfolgskriterium. Bei existierender Technologiefeindlichkeit kann die verstärkte Einbindung von Kunden in IT-Projekten zu erheblichen Verzögerungen oder sogar zum Scheitern des Projektes führen.

Im Rahmen der praktischen Beratungstätigkeit der Autoren wurde genauso wie in der Literatur immer wieder mangelnder Projekterfolg infolge aufgebauter Informationstechnologiefeindlichkeit bei den Kundengruppen festgestellt. Da Kundenidentifikation, -motivation und -beteiligung daher einen kritischen Faktor für die erfolgreiche Durchführung von IT-Projekten darstellen, erscheint es von besonderem Interesse, das Entstehen von Informationstechnologiefeindlichkeit erklären zu können, um systematisch Maßnahmen zur Beseitigung eines derartigen Verhaltens vorschlagen und untersuchen zu können.

Betrachten wir die Interaktionen von Berater und Kunde in einem IT-Projekt als wiederholtes 'Spiel', in dem jede Seite jeweils zwischen zwei Aktionen wählen kann: (a) konstruktive Mitarbeit zu leisten und die andere Seite nach besten Kräften zu unterstützen, oder aber (b) den eigenen Aufwand zu minimieren und den anderen 'im Regen stehen lassen'. Je nach Aktionswahl können nun verschiedene Situationen auftreten:

(1) Beide Seiten kooperieren und investieren $t_K$ bzw. $t_B$ Zeiteinheiten in konstruktive Zusammenarbeit, sodaß eine gute Lösung $L^+$ erreicht wird.

(2) Beide Seiten minimieren ihren Aufwand und setzen im Extremfall $t_K = 0$ und $t_B = 0$, sodaß eine vergleichsweise schlechte Lösung $L^-$ erreicht wird.

(3) Eine Seite will nach besten Kräften eine gute Lösung $L^+$ erreichen, wird aber von der anderen Seite nicht unterstützt. Versuchen z. B. die Berater ohne Mithilfe des Kunden eine gute Lösung zu erreichen, so ist für sie der Aufwand ungleich größer, da sie neben der eigenen Arbeitszeit $t_B$ auch noch die Arbeit $t_K$ des Kunden übernehmen müssen. Nun werden die Berater aber meist diesen Teil nicht in der gleichen Zeit erledigen können wie die Kunden, da sie entsprechende Kenntnisse, die die Situation beim Kunden betreffen, erst mühsam erwerben müssen, sodaß zu ihrem Aufwand noch ein $\delta_B$ hinzukommt. Entsprechendes gilt für einen 'Alleingang' des Kunden, zu dessen Aufwand für die eigene Arbeitszeit $t_K$ und der übernommenen Arbeit der Berater $t_B$ auch noch ein $\delta_K$ hinzukommt.

Um die Ergebnisse vergleichbar zu machen, formulieren wir sie als gewonnenen und entgangenen Nutzen: im ersten Fall erhalten beide Seiten den Nutzen $u(L^+)$ aus der vergleichweise guten Lösung $L^+$; die Berater müssen dafür $t_B$ Zeiteinheiten aufwenden und haben daraus einen entsprechenden Nutzenentgang ($l = -u$), sodaß für die Berater insgesamt ein Nutzen von $u(L^+) - u(t_B)$ resultiert. Ähnlich resultiert für die Kunden ein Nutzen von $u(L^+) - u(t_K)$. Formulieren wir auch die anderen Resultate der übrigen Situationen in dieser Art, so erhalten wir die folgende Matrix, wobei wir in den Zeilen die Aktionen (a) (Unterstützung nach besten Kräften) und (b) (Aufwandsminimierung) der Berater und in den Spalten die entsprechenden Aktionen (a) und (b) des Kunden angeben. In den Zellen stehen dann die Nutzen der Berater vor dem Komma und die Nutzen des Kunden nach dem Komma.

| | $a_K$ | $b_K$ |
|---|---|---|
| $a_B$ | $u(L^+) - u(t_B), u(L^+) - u(t_K)$ | $u(L^+) - u(t_B) - u(t_K) - \delta_B, u(L^+)$ |
| $b_B$ | $u(L^+), u(L^+) - u(t_B) - u(t_K) - \delta_K$ | $u(L^-), u(L^-)$ |

# 2 Ein spieltheoretisches Modell zur Beschreibung des Verhaltens in IT-Projekten

Bei geeigneten in Geld bewerteten Nutzen kann die obige Matrix als Auszahlungsmatrix des aus der Spieltheorie bekannten Gefangenendilemmas aufgefaßt werden. Die Matrix beschreibt die Auszahlungen für zwei Spieler *Row* und *Column*, die zwischen den Aktionen C (Cooperate) und D (Defect) wählen können. Die beiden Spieler wählen ihre Aktionen gleichzeitig und können dabei nicht miteinander kommunizieren. In Abhängigkeit von den gewählten Aktionen erhalten sie die Auszahlungen T (Temptation), R (Reward), P (Punishment) oder S (Sucker), wobei für eine dem Gefangenendilemma entsprechende Situation gelten muß: $T > R > P > S$. In der folgenden Matrix sind die Auszahlungen an die beiden Spieler Row und Column jeweils durch Beistriche getrennt. Die Aktionen des Spielers Row sind $C$ und $D$, die Aktionen des Spielers Column sind $C'$ und $D'$:

| | $C'$ | $D'$ |
|---|---|---|
| $C$ | $R, R$ | $S, T$ |
| $D$ | $T, S$ | $P, P$ |

Zusammen mit den obigen Überlegungen für den in Geld bewerteten Nutzen von Beratern und Kunden in IT-Projekten ergeben sich folgende Entsprechungen, wobei wir der Einfachheit halber $t_B = t_K = t$ annehmen: $T = u(L^+), P = u(L^-), R = u(L^+) - u(t), S = u(L^+) - 2u(t) - \delta$.

Für den Ablauf des Spiels sind drei Varianten möglich:

(1) Wenn das Spiel nur einmal gespielt wird und dies den Spielern auch bekannt ist, so ist D die rationale (max-min) Alternative: sie maximiert die minimale Auszahlung. Wählt Spieler Row C, so erreicht er in Abhängigkeit von der Wahl von Spieler Column entweder eine Auszahlung von $R$ oder von $S$; wählt Spieler Row hingegen $D$, so erreicht er entweder $T$ oder $P$ als Auszahlung. Das minimale Ergebnis ist bei der Wahl von $D$ größer als bei $C$. Ein rationaler Spieler, dem bekannt ist, daß das Spiel nur einmal gespielt wird, wird daher $D$ wählen. Beide Spieler erreichen hier nur eine Auszahlung von $P$, obwohl bei gegenseitiger Kooperation beide eine Auszahlung von $R$ erhalten könnten.

(2) Wird das Spiel wiederholt gespielt, und ist die Anzahl der Wiederholungen bekannt, dann werden rationale Spieler weiterhin immer $D$ wählen, denn für jede beliebige Zahl $n$ von Wiederholungen ist das Ergebnis der letzten Wiederholung bekannt, da hier beide Spieler wie im Fall von $n = 1$ die Aktion $D$ wählen werden. Da nun aber die Wahl des Spiels $n$ bekannt ist, werden die Spieler auch im Spiel $n - 1$ ebenfalls $D$ wählen usw.

(3) Wissen die Spieler hingegen nicht, wie oft gespielt wird, so kann ein kooperatives Ergebnis mit dauernder Wahl von $C$ entstehen (vgl. Axelrod (1990)).

Um zu untersuchen, ob das Gefangenendilemma ein mögliches Verhaltensszenario in IT-Projekten darstellt, müssen folgende Fragen beantwortet werden: Kann ein IT-Projekt als wiederholtes 2-Personen-Spiel im Sinne der Spieltheorie dargestellt werden? Wie sind die Aktionen $C$ und $D$ in einem Spiel mit der Auszahlungssituation des Gefangenendilemmas als Verhalten in IT-Projekten zu interpretieren? Entsprechen die 'Auszahlungen' in 2-Personen IT-Projektspielen unter plausiblen Annahmen mitunter der Struktur des Gefangenendilemmas, sodaß dort bekannte Aussagen unter den gegebenen Voraussetzungen hier anwendbar sind?

Wir betrachten die Realisation von IT-Projekten als Problem der Zusammenarbeit von zwei Gruppen: die Gruppe der Informatikspezialisten, welche die Systemanalyse und die Realisation von Automationsvorhaben bei IT-Projekten durchführt, und die Gruppe der Kunden, welche die betroffenen

Arbeiten bisher erledigt hat und deren Mitarbeit aufgrund ihrer inhaltlichen Kenntnisse betreffend die zu automatisierenden Aufgaben unentbehrlich ist. Im einfachsten Fall besteht die Gruppe der Kunden und die Gruppe der Informatikspezialisten aus je einem Mitglied. Im Rahmen eines IT-Projektes kommt es zu mehrfachen Kontakten dieser beiden Spieler. Die genaue Anzahl dieser Kontakte ist (trotz aller Projektplanungsbemühungen) im allgemeinen im voraus nicht bekannt.

Bei einem derartigen Kontakt können die Informatikspezialisten kooperativ vorgehen; das Eingehen auf die Kunden wird von diesen als positives Verhalten empfunden; sie werden den Beratern im weiteren durch aufgeschlossene Haltung und sachliche wie personelle Unterstützung entgegengekommen (entspricht $C/C'$). Im Gegensatz kann eine Zwangsbeglückung der Kunden mit einer von den IT-Beratern als brauchbar empfundenen Lösung, die aus der Sicht der Kunden auf die von ihnen geäußerten besonderen Bedürfnisse nicht genügend angepaßt und verständlich erscheint, von den Kunden durch entsprechendes Engagement und Investitionen im weiteren Verlauf des Projekts erst verwendungsfähig gemacht werden (z. B. durch Ausarbeitung organisatorischer Anpassungen etc.; entspricht $D/C'$). Andererseits kann auch ein kooperatives Entgegenkommen und Eingehen auf die Kunden von Seiten der Berater scheitern, wenn die Kunden sich ablehnend verhalten und unzureichende oder irreleitende Auskünfte geben (z. B. mangels Kenntnis der IT-Möglichkeiten; entspricht $C/D'$). Schließlich können auch beide Gruppen unwilling oder unfähig sein, die Standpunkte der jeweils anderen Seite zu verstehen und aufeinander einzugehen (entspricht $D/D'$).

Mit unterschiedlichen Strategiewahlen der Spieler sind verschiedene Auszahlungen verbunden, da der Projektfortschritt wesentlich von der Interaktion der Berater und Kunden abhängig ist; Verzögerungen, Projektabbruch, personelle und sachliche zusätzliche Hilfestellungen bedeuten zusätzliche Kosten. Aus der Sicht der Kunden sind der Aufwand für die Mitarbeit bei der Systementwicklung sowie eventuelle sachliche Unterstützung und der Nutzen aus dem fertigen System bewertbar (vgl. z. B. Janko et al. (1989)), wodurch sich auch hier in Summe die möglichen Auszahlungen zumindest der Höhe nach reihen lassen. Für die Berater-Kunden-Interaktion sind die vier Situationen $(C, C')$, $(D, D')$, $(D, C')$ und $(C, D')$ möglich.

$(C, C')$: In dieser Situation wird eine hohe Qualität der Problemlösung erreicht. Der Aufwand ist für beide Seiten hoch; trotzdem ist der Gewinn für die Kunden durch den hohen Nutzen aus einer guten Lösung und für die Berater neben den unmittelbaren Einnahmen aus dem Projekt aus ihrer Chance auf Folgeaufträge und der Untermauerung ihres guten Rufes sehr hoch, was mit den Auszahlungen $(R, R')$ abgebildet wird.

$(D, D')$: Demgegenüber präsentieren die Berater in der Situation $(D, D')$ mit relativ wenig Aufwand eine 'Standard'-Variante, die nur Teile der Kundenprobleme wirklich löst, und die Kunden unterstützen die Berater nicht oder nur ungenügend und haben daher auch nur geringen Aufwand für die Mitarbeit bei der Entwicklung. Beide Seiten investieren nicht viel und erreichen auch nur ein schlechtes Ergebnis, was mit den geringen Auszahlungen $(P, P')$

ausgedrückt wird, sodaß $P' < R'$.

$(D, C')$: In dieser Situation haben die Kunden nach besten Kräften kooperiert und viel Aufwand in die Mitarbeit bei der Entwicklung gesteckt, um einen an sich schlechten Lösungsvorschlag zu verbessern. Die Auszahlung $S'$ für die Kunden ist damit noch geringer als in der Situation $D/D'$, wo sie zwar auch eine mittelmäßige Lösung erhalten, aber auch nur geringen Aufwand in die Mitarbeit investierten. Daher ist in der Situation $(D, C')$ für die Kunden $S' < P'$. Die Auszahlung $T$ für die Berater als D-Spieler resultiert daraus, daß die Berater 'es sich leicht machen' und eine 'Standard'-Lösung präsentieren, die nur offensichtliche Kunden-Probleme unterstützt, die Berater selbst aber möglichst noch in gutem Licht erscheinen läßt gegenüber Dritten, z. B. dem Vorstand als Auftraggeber oder der Presse. Eine solche Lösung ist möglich, weil die Kunden ja $C'$ gespielt haben, d. h. die Entwicklung unterstützt haben, daher konnte bei gleich geringen Aufwand für die Berater eine bessere Qualität der Lösung als bei $(D, D')$ erreicht werden, sodaß $T > P$. Gegenüber der Situation $(C, C')$ konnten die Berater einen Teil der Aufgaben auf die Kunden abwälzen und damit mit geringeren Kosten immer noch eine besser erscheinende Lösung erreichen, die dem Ruf der Berater nicht schadet, sodaß ihr Gewinn größer als in $(C, C')$ ist, also gilt: $T > R$. Im einfachsten Fall tragen die Kunden den Aufwand, den die Berater hätten tragen sollen, was sowohl die Qualität des Systems schmälert als auch den Aufwand erhöht.

$(C, D')$: Diese Situation ist dadurch charakterisiert, daß die Kunden ihren Aufwand bei der Zusammenarbeit mit den Beratern gering halten, die Berater aber trotzdem im Hinblick auf Folgeaufträge und ihren Ruf eine gute Lösung anstreben und letztlich trotz hoher Kosten und Mehraufwand auch zustande bringen. Das Prozeßrisiko, die finanziellen und sozialen Aufwendungen, die im Falle einer gerichtlichen Auseinandersetzung auf die Berater zukommen, begründen eine solche Haltung. Die Kunden erhalten damit eine Auszahlung $T' > R'$, da sie im Vergleich mit $C/C'$ geringeren Aufwand bei der Mitarbeit haben und dennoch eine gute Lösung bekommen. Die Berater erhalten eine Auszahlung $S < R$, da sie im Vergleich mit $C/C'$ wesentlich mehr Aufwand durch die fehlende Unterstützung der Kunden leisten müssen. Die Auszahlung $S$ der Berater ist auch kleiner als $P$ im Fall von $D/D$, weil der Gewinn für die Erstellung einer guten Lösung ohne oder mit wenig Kundenunterstützung durch den großen eigenen Aufwand geringer ist als der Gewinn bei Präsentation einer nicht vollständig optimierten Lösung ohne Kundenunterstützung.

Die Auszahlungen $T$ und $T'$, $P$ und $P'$ etc. müssen nicht gleich sein, sollen aber hier als gleich angenommen werden. In den beschriebenen Situationen erscheint das wiederholte Gefangenendilemma als ein plausibles Modell für die Berater/Kunden-Interaktion in IT-Projekten. Im folgenden stellen wir dieses Grundmodell dar, um dann darauf aufbauend Erweiterungen für die Untersuchung von verschiedenen Haltungen innnerhalb der Gruppen und die Rolle von Mißverständnissen in der Interaktion einzuführen. Wir wählen in unserem Experiment vereinfacht $T = 5, R = 3, P = 1, S = 0$, da dies dem klassischen Beispiel aus Axelrod (1990) entspricht und strukturell äquivalent zu unserer Auszahlungsmatrix ist.

# 3 Grundmodell

In der Folge werden wir nicht über einzelne Spieler sprechen, die hier einzelne Berater oder Kunden sind, sondern über Strategien. Die Strategien werden von Personen gespielt; die Personen werden aber im Modell nicht explizit dargestellt. Statt dessen interessiert uns nur die relative Bedeutung von Strategien in der Spielermenge. Im folgenden werden wir daher beschreiben, wie Strategien dargestellt werden können und wie die Auszahlung von Spielen berechnet wird, in denen Strategien gegeneinander antreten.

In der bekannten Tit-for-Tat-Stragegie kooperiert der Kunde mit dem Berater, wenn der Berater in der vorigen Spielrunde auch kooperiert hat. Eine solche Kooperation wird jedoch abgelehnt, wenn der Berater im vorangehenden Spiel ablehnende, nichtkooperative Haltung gezeigt hat. Tit-for-Tat ist eine reine Strategie, d. h. sie gibt in jeder Situation des wiederholten Spiels eine eindeutige Handlungsanweisung. Demgegenüber gibt eine gemischte Strategie für mehrere Handlungen Wahrscheinlichkeiten an. Generous Tit-for-Tat ist z.B. eine solche gemischte Strategie: falls der Partner im vorigen Spiel C gespielt hat, so spiele immer C; falls der Partner D gespielt hat, so spiele in zwei von drei Fällen D, sonst trotzdem C.

Bezeichnen wir mit $p$ die Wahrscheinlichkeit, ein 'Cooperate' des Partners mit 'Cooperate' zu beantworten, und mit $q$ die Wahrscheinlichkeit, auf ein 'Defect' des Partners mit 'Cooperate' zu antworten, so können wir eine Strategie $S$ in der Form $S = (p, q)$ darstellen. Die Strategie Generous-Tit-for-Tat können wir damit z. B. durch $(1, 0.\dot{3})$ ausdrücken, Tit-for-Tat hingegen durch $(1, 0)$.

Im folgenden werden wir Populationen von $N$ Strategien untersuchen und führen daher einen Index zur Bezeichnung einer bestimmten Strategie ein: $S_i = (p_i, q_i)$. Wir ordnen jeder Strategie $S_i$ eine Frequenz $x_i$ zu, die angibt, wie häufig diese Strategie unter den Spielern vertreten ist. Anfangs sei diese Frequenz jeweils für alle Strategien gleich $1/N$.

Da wir die Entwicklung von Strategiepopulationen im Zeitverlauf untersuchen wollen, führen wir eine Replikatordynamik entsprechend Hofbauer, Sigmund (1988) mit aufeinanderfolgenden Generationen ein: in jedem Zeitschritt $t$ berechnen wir aus der alten Strategiepopulation eine neue Population für den nächsten Schritt $t + 1$. Dazu definieren wir für jede Strategie $S_i$ eine Fitness $f_i$, die ein Maß dafür sein soll, wie gut sich diese Strategie in der Population bewährt hat. Dann können wir verlangen, daß sich Strategien mit höherer Fitness in der nächsten Generation entsprechend stärker durchsetzen d. h. ein höheres $x_i$ haben sollen als Strategien mit geringerer Fitness. Als Fitnessmaß bietet sich die durchschnittliche Auszahlung an, die eine Strategie im Spiel mit allen anderen Strategien der Population erreicht.

Für Spiele der betrachteten Art ohne Beschränkung der Wiederholungen kann die Auszahlung $A$ einer Strategie $S_i$ beim Spiel gegen eine andere Strategie $S_j$ folgendermaßen berechnet werden (vgl. Nowak, Sigmund (1989) und Nowak, Sigmund (1990)): $A(S_i, S_j) = [(R-T)+(P-S)]cc' + (S-P)c + (T-P)c' + P$ mit $c = [q_i + (p_i - q_i)q_j] \,/[1-(p_i-q_i)(p_j-q_j)]$ und $c' = [q_j + (p_j - q_j)q_i] \,/[1-(p_j-q_j)(p_i-q_i)]$.

Lassen wir nun jede Strategie gegen jede andere aus der Population spielen und addieren die jeweils erreichten Auszahlungen, so erhalten wir für jede Strategie ein Maß $f_i$ für ihre Fitness: $f_i = \sum_{j=1}^{N} x_j A(S_i, S_j)$. Bei der Summenbildung gewichten wir mit den Frequenzen der Strategien, da diese ja ein Maß für die Verbreitung unter den Spielern sind. Nun können wir die durchschnittliche Fitness $\bar{f}$ aller Strategien mit $\bar{f} = \sum_{i=1}^{N} x_i f_i$ berechnen und diesen Wert zum Vergleich als Basis heranziehen. In der nächsten Generation $t+1$ sollen Strategien mit überdurchschnittlicher Fitness auch entsprechend höhere Frequenz haben; dies kann durch die Replikatordynamik $x_i(t+1) = x_i(t) f_i / \bar{f}$ abgebildet werden. Werden in Simulationen mit $N = 100$ Strategien die $p$- und $q$-Werte anfangs gleichverteilt aus dem Intervall $[0,1)$ unkorreliert zufällig initialisiert und in der Folge mehrere hundert Zeitschritte berechnet, so dominieren zunächst die nicht-kooperativen Strategien in der Nähe von $(0,0)$ die Population; später weichen sie aber den fast-TFT-Strategien in der Nähe von $(1,0)$. Schließlich setzen sich die Generous-Tit-for-Tat-Varianten in der Nähe von $(1, 0.3)$ durch. Voraussetzung für dieses Resultat ist die Existenz zumindest einer TFT-nahen Strategie in der Population, z.B. $(1, 0.001)$.

# 4 Zweigruppenmodell

Zur Untersuchung von intergroup-Verhalten unterscheiden wir wie Eckert, Mitlöhner (1996) in der Spielermenge zwei Haltungen: in Anlehnung an die in der Literatur gespaltene Persönlichkeit von Dr. Jekyll and Mr. Hyde steht die Jekyll-Haltung für die immer kooperationsbereiten Spieler und Hyde-Haltung für die nur innerhalb ihrer eigenen Gruppe kooperationsbereiten Spieler. Die Frequenzen $\mathbf{x}$ der Strategien zerlegen wir in $\mathbf{x}^J$ für die Jekyll-Strategien und $\mathbf{x}^H$ für die Hyde-Strategien. Ist eine Strategie $S_i$ eine Jekyll-Strategie, so gilt $x_i^J > 0$ und $x_i^H = 0$. Für eine Hyde-Strategie gilt $x_i^J = 0$ und $x_i^H > 0$. Der Vektor $\mathbf{x}$ der Frequenzen setzt sich daher aus den Vektoren $\mathbf{x}^J$ und $\mathbf{x}^H$ zusammen: $\mathbf{x} = \mathbf{x}^J + \mathbf{x}^H$ und $\sum x_i^J + \sum x_i^H = 1$.

Eine Jekyll-Strategie $S_i^J$ besteht nun aus einem Doppelpaar: $S_i^J = ((p_i, q_i), (p_i, q_i))$, wobei das erste Paar für das Verhalten innerhalb der eigenen Gruppe und das zweite Paar für das Verhalten gegenüber Mitgliedern der anderen Gruppe verwendet wird; die $p_i$ und $q_i$ Werte in den beiden Paaren sind gleich, d.h. man unterscheidet Gruppenzugehörigkeit im Verhalten nicht. Eine Hyde-Strategie $S_i^H$ besteht aus dem Doppelpaar

$$S_i^H = ((p_i, q_i), (0.001, 0.001))$$

wobei das erste Paar das Verhalten innerhalb der eigenen Gruppe repräsentiert, und das zweite Paar zum Ausdruck bringt, daß in der Hyde-Haltung die Aktion unabhängig davon, wie der Spielpartner sich im vorigen Spiel verhalten hat, mit sehr geringer Wahrscheinlichkeit kooperativ ist (wir wählen 0.001 um Division durch Null zu vermeiden).

In den Simulationsexperimenten wurde eine Populationsgröße von $N = 200$ gewählt. Anfangs wurden 100 Jekyll-Strategien gebildet, deren $p_i$ und $q_i$ Werte jeweils aus dem Intervall $[0, 1]$ gleichverteilt zufällig gezogen wurden. Zu diesen 100 Jekyll-Strategien wurden 100 Hyde-Strategien gebildet, die jeweils das erste Paar der Jekyll-Strategie übernahmen und im zweiten Paar $(0.001, 0.001)$ aufwiesen. In $t = 0$ wird jede der Strategien gleich häufig verwendet: $x_i(0) = 1/N$ für alle $i = 1, ..., N$. Für $t = 1, ..., T$ werden die Frequenzen basierend auf den Auszahlungswerten der Spiele aller Strategien gegeneinander jeweils neu berechnet.

Als weitere Unterscheidung zum Grundmodell führen pro Strategie einen Anteil $r^B$ an Beratern und einen Anteil $r^K$ an Kunden ein, die diese Strategie verwenden; $r^B + r^K = 1$. Über jede einzelne Strategie legen wir die Gruppe $K$ der Kunden und die Gruppe $B$ der Berater fest. Für jede Strategie $S_i$ können wir nun eine Fitness $f_i^K$ der Kunden und eine Fitness $f_i^B$ der Berater berechnen.

Mit den Gruppenanteilen $r^K$ und $r^B$ sind die Anteile der Interaktionen einer Strategie $S_i$ mit einer Strategie $S_j$ berechenbar. Der Kundenanteil der Strategie $S_i$ spielt zu einem Anteil $r^B$ mit Beratern in der Strategie $S_j$. Dabei führen wir die vereinfachende Annahme ein, daß es sich bei Interaktionen innerhalb der Gruppen ebenfalls um ein Gefangenendilemma mit der gleichen Auszahlungsmatrix handelt; diese Annahme wird durch die Überlegung unterstützt, daß Berater und Kunden auch innerhalb der Gruppe tendenziell in Einzelkontakten Aufwandsminimierer ($D$) sind. D. h. auch hier können als Aktionen konstruktive, kooperative Mitarbeit sowie aufwandsminimierende nicht-kooperative Mitarbeit unterschieden werden. Bei Einzelkontakten würde die Aufwandsminimierung angestrebt, d. h. es wäre die gewählte Strategie $(D, D)$.

In der Interaktion $K$ mit $B$ unterscheiden wir, ob es sich bei $S_j$ um eine Jekyll- oder Hyde-Strategie handelt: im ersten Fall gibt $x_j^J$ die Frequenz der Strategie $S_j$, und $x_j^H$ ist Null; im zweiten Fall gibt $x_j^H$ die Frequenz der Strategie $S_j$, und $x_j^J$ ist Null; entprechendes gilt für die Unterscheidung von $x_i$ in Jekyll- und Hyde-Strategie:

$$f_i^K = x_i^J\{r^K \sum_{j=1}^N x_j A(S_i, S_j) + r^B \sum_{j=1}^N [x_j^J A(S_i, (p_j, q_j)) + x_j^H A(S_i, (\theta, \theta))]\}$$
$$+x_i^H\{r^K \sum_{j=1}^N x_j A(S_i, S_j) + r^B \sum_{j=1}^N [x_j^J A((\theta, \theta), (p_j, q_j)) + x_j^H A((\theta, \theta), (\theta, \theta))]\}$$

mit $\theta = 0.001$. Mit derselben Überlegung berechnen wir die gruppenspezifische Fitness $f_i^B$ der Berater in der Strategie $S_i$:

$$f_i^B = x_i^J\{r^B \sum_{j=1}^N x_j A(S_i, S_j) + r^K \sum_{j=1}^N [x_j^J A(S_i, (p_j, q_j)) + x_j^H A(S_i, (\theta, \theta))]\}$$
$$+x_i^H\{r^B \sum_{j=1}^N x_j A(S_i, S_j) + r^K \sum_{j=1}^N [x_j^J A((\theta, \theta), (p_j, q_j)) + x_j^H A((\theta, \theta), (\theta, \theta))]\}$$

Die Gesamtfitness der Strategie $S_i$ setzt sich aus den Werten für die beiden Gruppen zusammen, gewichtet mit ihren Anteilen an der Spielermenge: $f_i =$

$r^K f_i^K + r^B f_i^B$. Für die gruppenspezifische Replikatordynamik, und auch um die gruppenspezifische Fitness im Zeitverlauf verfolgen zu können, berechnen wir für jede Gruppe den Durchschnitt der gruppenspezifischen Fitness $\bar{f}^K = \sum_{i=1}^N x_i^K f_i^K$ und $\bar{f}^B = \sum_{i=1}^N x_i^B f_i^B$. Diese Fitness geht in bekannter Weise in die Replikatordynamik ein, nun nach Gruppen getrennt: $x_i^K(t+1) = x_i^K(t)\frac{f_i^K}{\bar{f}^K}$ und $x_i^B(t+1) = x_i^B(t)\frac{f_i^B}{\bar{f}^B}$. Die Gesamtfrequenzen der Strategien setzen sich aus den Anteilen der Gruppen zusammen: $x_i(t+1) = r^K x_i^K(t+1) + r^B x_i^B(t+1)$.

# 5 Mißverständnisse in der Interaktion

Bisher unterstellten wir vollständige Information in der Kommunikation, d. h. keiner der beiden Spieler mißversteht die Aktion des anderen. Ein derartiges Mißverständnis kann sowohl durch semantische Verständnismängel als auch durch inhaltlich-fachliche Verständnismängel bei verschiedenen sozialen Gruppen hervorgerufen werden. Im ersten Fall wird die Aktion (Äußerung, Vorschlag für weiteres Vorgehen u. ä.) des Partners wegen mangelndem Verständnis der verwendeten Worte fehlinterpretiert, im zweiten Fall werden die Worte zwar richtig verstanden, ihre Konsequenzen aber falsch abgeschätzt. Nunmehr soll der Einfluß solcher Störungen auf die mögliche Entwicklung des Spiels bei einer dem Gefangenendilemma strukturell entsprechenden Auszahlungsmatrix untersucht werden.

Da den beteiligten Partnern an IT-Projekten nicht von vornherein mangelnde Kooperationsabsicht unterstellt werden kann ('Always Defect' scheidet als plausible Strategie aus), werden nicht-kooperative Strategiewahlen als Folge von Mißverständnissen interpretiert. Wir führen die Möglichkeit von Mißverständnissen in unser Modell ein, indem wir die Wahrscheinlichkeiten der Aktionen mit einer Störgröße $\varepsilon$ als Maß für die Häufigkeit von Mißverständnissen zwischen den Partnern 'verrauschen'; $p_i' = (1-\varepsilon)p_i + \varepsilon q_i$ und $q_i' = (1-\varepsilon)q_i + \varepsilon p_i$. Ein Mißverständnis könnte z. B. entstehen, wenn ein Mitglied der Kundengruppe trotz Kooperationsversuchs eines Mitglieds der Beratergruppe das Verhalten als ablehnend versteht. Mißverständnisse dieser Art können bei IT-Projekten, gewollt und ungewollt, durchaus vorkommen. Zunächst wird den Beratern die Fähigkeit oder die Ehrlichkeit ihres Bemühens, die Arbeitsabläufe der Kunden einfacher und produktiver zu gestalten, von den Kunden nicht immer abgenommen. Zum andern fürchten die Kunden direkt – bewußt oder unterbewußt – sehr häufig um ihre Arbeitsplätze oder die Beibehaltung ihres Aufgabenspektrums, und einer Beteuerung von Informatikspezialisten oder dem Management, daß diese in ihrer Existenz oder ihrer Belastungsintensität von dem Automationsvorhaben nicht berührt seien, wird wenig Glauben geschenkt. Dies klassifiziert Informatikspezialisten mitunter von vornherein als nichtkooperativ, häufig im Gegensatz zu ihrem ehrlichen Bemühen. Einer der hauptsächlichsten Gründe scheint uns allerdings das mangelnde organisatorische und technische Verständnis der Kunden bzw. das mangelnde Verständnis der Berater über die Aufgabeninhalte der Kunden und ihre wirklichen Probleme zu sein. Das führt zu einem Mangel an Bereitschaft von Kunden sich an neue organisatorische Verhältnisse anzupassen bzw. eine Lernphase zu durchlaufen, um mit dem System erfolgreich umzugehen und für die IT-Berater zu dem Versuch, Lösungen und organisatorische Abläufe zu realisieren, die zwar kostengünstig, aber letztlich nicht genügend getestet und durchdacht sind, um die Aufgaben auch tatsächlich effizient und benutzerfreundlich zu unterstützen.

# 6 Simulationsergebnisse

Auf der Basis des dargestellten Modells wurden Simulationen mit zufälling intialisierten Strategiepopulationen durchgeführt. Als Zufallsgenerator diente drand48() mit Ausgangswerten aus Stellen der Zahl $\pi$. Die Auszahlungen des Gefangenendilemmas waren für beide Partner gleich $T = 5, R = 3, P = 1, S = 0$. Die Werte von $p$ und $q$ wurden gleichverteilt im Einheitsintervall gebildet. Alle 200 Strategien hatten in $t = 0$ dieselbe Häufigkeit von $x_i(0) = 0.005$. Alle Simulationsläufe hatten folgende weitere Parameter: Hyde- und Jekyll-Strategien waren in gleicher Anzahl vorhanden. Das Mißverständnis-Rauschen $\varepsilon$ wurde im Bereich $0 \leq \varepsilon \leq 0.1$ variiert. Der Anteil der IT-Berater betrug 10% der Gesamtspielermenge, d.h. $r^B = 0.1$ und $r^K = 0.9$. Für jeden Wert von $\varepsilon$ wurden 20 Stichproben von je 200 Strategien gebildet. Der Berater- und Kundenanteil blieb hierbei unverändert. Für jede dieser Stichproben wurden 1000 Zeitschritte gerechnet.

Solange $\varepsilon = 0$ galt, ergab sich ein Verhalten, in dem trotz des hohen Prozentsatzes der Hyde-Haltungen in der Spielermenge ein Ergebnis, welches als wenig technologiefeindlich und eher kooperativ von Seiten der Kunden und der IT-Berater eingestuft werden muß (vgl. Abb. 1). Die Änderung in Richtung Kooperation fand nach ca. 150 Zeitschritten statt. Der Anteil der Jekyll-Haltungen $\bar{x}^J$ nimmt zu und bleibt dann bei Eins.

Zu demselben Zeitpunkt nimmt sowohl die Fitness der IT-Berater $\bar{f}^B$ als auch jene der Kunden $\bar{f}^K$ wesentlich zu. Nach 300 Zeitschritten entwickelt sich die Strategie Generous-Tit-for-Tat: der $\bar{q}$ Wert, der anfänglich nahe bei 0 war, steigt bis auf ca. 0.25, während $\bar{p}$ nahe bei 1 bleibt. In der Strategiemenge sind zu diesem Zeitpunkt fast nur mehr Jekyll-Strategien in Verwendung. Hieraus kann unserer Meinung nach ersehen werden, daß aus der Existenz einer Informatikfeindlichkeit in einer Anfangspopulation nicht gefolgert werden kann, daß eine solche Informatikfeindlichkeit in einer Population mit mehreren Erfahrungen in zwei Gruppen – nämlich jene der IT-Berater und jene der Kunden – beibehalten wird. Vielmehr würde ohne Störung der Kommunikation bei perfektem Verständnis der signalisierten Strategien das oben geschilderte Verhalten erfolgen müssen. Wir müssen daher nach anderen Erklärungsmöglichkeiten für informatikfeindliche Haltungen bei Kunden suchen: wir modellieren Mißverständnisse wie bereits oben beschrieben mit der

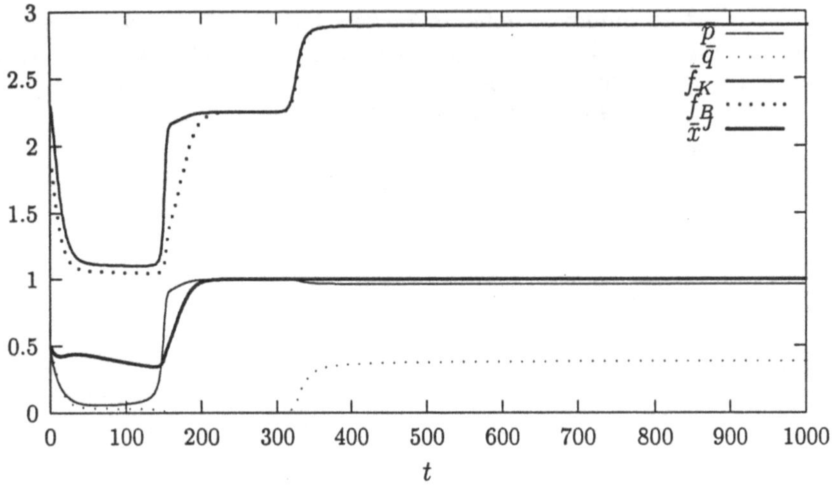


Abbildung 1: Entwicklung einer Population von 200 zufällig initialisierten Strategien mit einem Anteil von 50% Hyde-Strategien und ohne Mißverständnis ($\varepsilon = 0$) für $1 \leq t \leq 1000$.

Größe $\varepsilon$. Beobachten wir die Entwicklung von $(p, q)$, der relativen Fitness der beiden Gruppen und der Häufigkeit der Jekyll-Strategie über die Zeit bei einem Wert von $\varepsilon = 0.05$ für das Mißverständnis, so erhalten wir Abb. 2 als Ergebnis.

Bei ca. $t = 150$ steigt der $\bar{p}$-Wert, und es kommt zu einer dramatischen Steigerung der Fitness der Kunden $\bar{f}^K$. Die Häufigkeit der Jekyll-Strategien $\bar{x}^J$ fällt und ist nach einem zwischenzeitlichen Aufschwung nach $t = 700$ fast gleich Null. Bei ca. $t = 400$ steigt der $\bar{q}$-Wert und die Fitness der Kunden $\bar{f}^K$. Die Fitness der IT-Berater $\bar{f}^B$ folgt dem Auf- und Abschwung der Jekyll-Strategien und bleibt schließlich bei einem Wert knapp über Eins. Die IT-Berater sind nicht in der Lage, viel mehr als den Payoff bei nichtkooperativem Verhalten und einmaliger Durchführung des Spiels zu lukrieren.

Um nun den Einfluß von Mißverständnissen besser zu verstehen, wurde für verschiedene Werte von $\varepsilon$ das geschilderte Simulationsexperiment durchgeführt. Das Ergebnis ist in Abb. 3 dargestellt, wobei auf der Ordinate der Payoff bzw. die Fitness und auf der Abszisse der dazugehörige Wert von $\varepsilon$ aufgetragen wurde. Die Anzahl der Zeitschritte betrug in jedem Fall 1000. Gezeigt wird nur mehr der Endzustand. Je Mißverständniswert wurde eine Stichprobe von 20 verschiedenen Strategienmengen gezogen und für 1000 Schritte iterativ durchgeführt. Wir sehen aus Abb. 3, daß die Durchschnittswerte für den Anteil der Jekyll-Strategien $\bar{x}^J$ mit steigenden $\varepsilon$ fallen und bei einem Mißverständniswert von $\varepsilon = 0.1$ Null erreichen. Die Fitness der IT-

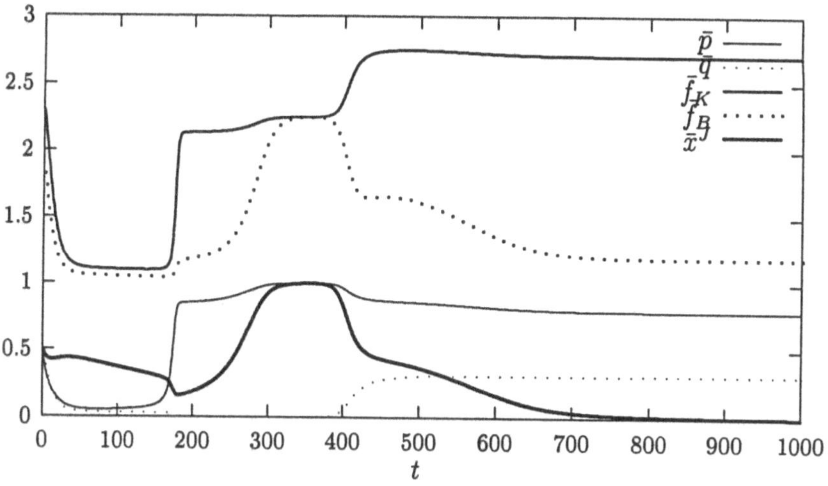


Abbildung 2: Entwicklung einer zufälling initialisierten Population von 200 Strategien mit einem Anteil von 50% Hyde-Strategien und einem Rausch-Level von $\varepsilon = 0.05$ für $1 \leq t \leq 1000$.

Berater $\bar{f}^B$ geht nach knapp über 1, d. h. nach dem nichtkooperativen Payoff, und die Fitness der Kunden $\bar{f}^K$ bleibt der Nähe von 2.5.

# 7 Schlußfolgerungen

Aus dem vorgestellten Experiment liegt es nach Ansicht der Autoren nahe zu folgern, daß eine wesentliche Verbesserung in der Akzeptanz von IT-Projekten mit einem besseren Verständnis zwischen Systemanalytikern, Systementwicklern und Kundenvertretern einhergehen muß. Dies kann u.a. durch eine Schulung der Kunden im Bereich der verwendeten IT-Konzepte und ein genaueres Studium des Aufgabenbereichs der Kunden durch die IT-Berater erreicht werden. Da letzteres meist Aufgabe einer Systemanalyse ist, bleibt im Vorbereich insbesondere noch zu vermuten, daß diese Schulung in solchen Fällen, in dem sich die Feindlichkeit aufbaut, nicht rechtzeitig oder nicht ausreichend vorgenommen wurde. Des weiteren ist es natürlich eine Frage des Verständnisses und der Glaubhaftmachung der Wirkung neuer Technologien, insbesondere der Informationstechnologie, im Aufgabenbereich der Kunden. Eine negative Konditionierung durch die Medien oder Vorprojekte kann eine ablehnende Ausgangshaltung bewirken. Diese Glaubhaftmachung kann durch ein verbessertes Verständnis der IT-Werkzeuge sowie durch Kommunikation mit anderen Anwendern in Kundenvereinigungen und Vortragsveranstaltungen erfolgen, in denen sich Kunden selbst ein Bild

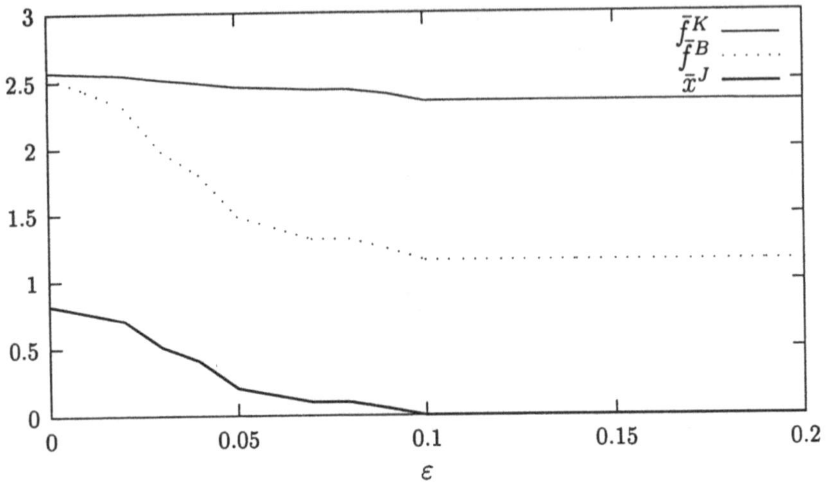


Abbildung 3: Endkonfigurationen von Populationen mit 200 zufällig initialisierten Strategien, 50% Hyde-Anteil, nach 1000 Zeitschritten, bei einem Mißverständnisniveau von $0 \leq \varepsilon \leq 0.1$.

über die potentiellen Auswirkungen solcher Technologien in ihrem eigenen Bereich machen können.

Glaubhaftmachung wird aber auch bedeuten, daß IT-Berater selbst keine überzogenen Erwartungen an die Auswirkungen ihrer Tätigkeit stellen und in Übereinstimmung mit dem bisherigen Erfahrungsbereich mit den Kunden an Lösungen arbeiten. Es erscheint uns notwendig, die Faktoren, die zu einer Reduktion des Mißverständnisses zwischen Betroffenen und Automationsspezialisten (sei es nun im IT-Bereich oder in anderen Bereichen) führen können, empirisch zu erforschen, um aufbauend auf den Ergebnissen eine Reduktion der Automatisierungsfeindlichkeit bei derartigen Vorhaben zu erreichen und den Erfolg von IT-Projekten zu steigern.

## Literatur


AXELROD, R. (1990): *The Evolution of Cooperation*, Penguin Books, London.

BLOKDIJK, A., BLOKDIJK, P. (1987): *Planning and Design of Information Systems*, Academic Press, London.

ECKERT, D., MITLÖHNER, J. (1996): 'Xenophobia and Intergroup Discrimination in the Evolution of Cooperation', 1996 Conference of the SASE Society for the Advancement of Socio-Economics on *Complex Modeling for Socio-Economic Systems*, Vienna.

HOFBAUER, J., SIGMUND, K. (1988): *The Theory of Evolution and Dynamical Systems*, Cambridge University Press, Cambridge.

JANKO, W., PÖNIGHAUS, R., TAUDES, A. (1989): 'Der Nutzen der Büroautomation', *Angewandte Informatik*, 1989/10, S. 436–445.

NOWAK, M., SIGMUND, K. (1989): 'Game dynamical aspects of the prisoner's dilemma', *J. Appl. Math. Comp.*, 30(1989), S. 191–213.

NOWAK, M., SIGMUND, K. (1990): 'The Evolution of Stochastic Strategies in the Prisoner's Dilemma', Acta Applicandae Mathematicae **20**: 247-265, 1990.

# Preferences: Situated Models for Technical Systems

T. Kämpke, F.J. Radermacher

Forschungsinstitut für anwendungsorientierte Wissensverarbeitung, FAW, Helmholtzstr. 16, 89081 Ulm, Germany

**Abstract:** Preferences in terms of binary, weak order relations and preference functions which represent such relations are considered. The set of arguments of preference functions is enlarged by so-called situational variables. These account for different assessments of the same set of alternatives under different external conditions. This has applications both inside and outside economical models. The latter includes consistent decision behaviour of technical, senso-motory systems ("autonomous robots"), as an interesting new application field of preferences and decision theory.

# 1 Introduction

Preference relations have received considerable interest from the theoretical point of view. However, much of the material remains on background as too few attempts have led to real-life cases of decision analysis. Here, we discuss the issue of situatedness related to applications of the preference calculus. The issue is treated in a deterministic setting. Its formalization for so-called sure alternatives already contains all essential ideas and the generalization to a probabilistic setting is straightforward.

For the issue of situatedness a set of alternatives is supposed to undergo a preferential assessment by a decision maker in a particular situation. How does the assessment vary with the situation? Different situations may be induced by the different budget constraints in micro economical models, by different outcomes of other players in game theory, or by different spatial configurations in which a technical agent finds itself.

The point to be made is that selection of alternatives should account for the situation or context. Concerning this topic we think not only of humans but also of senso-motory systems. The reason to also consider senso-motory systems (robots) is that experimental in-house devices have reached by now a quite elaborate level allowing them to perform a variety of tasks. Typical tasks are exploration of the robot's work space, guiding or tracking a person in motion, conducting a simple dialogue with the person, and executing pick and place operations. For example, the execution time of a pick and place operation is a reasonable attribute of the alternative "pick and place". The decision for a robot is e.g. on whether to execute a particular operation now, later, or even never. If the path from the current location of the mobile system to the pick up position is long compared to that of another pick and place task, then a "situational" variable such as time to task commencement or path length to task commencement obviously should also be part of the selection mechanism.

This allows to implement various types of decision behaviours of sensomotory systems. Behaviours range from static or nonreactive to dynamic or reactive. This distinction has been known from path planning in time varying environments and it is shown here to carry over to higher decision levels. Consequently, decision making for autonomous robots becomes an interesting topic and might on the long run constitute a challanging field for applying concepts and methods from decision theory – as might intelligent agents in an internet-like setting, or as animated beings in games or movies.

Parametrization of preference function has been done in some other investigations. This work differs from those others in being more explicit about the types of functions and giving axiomatic reasons to decompose the structural from the situational variables. Time in an "absolute" sense is not considered to be a situational variable here though this is feasible. All preference relations are assumed to be constant over time. Discounted utility as well as other concepts of nonstationary decision making are not included.

This paper is organized as follows. Section 2 contains the notation of weak orders and preference functions. Section 3 deals with situative versions of preference relations. Section 4 concludes this work.

The following notation is used. $:=$ and $:\Longleftrightarrow$ denote a definition, $x^T$ denotes the transpose of column vector $x$, $1_A$ denotes the indicator function of $A$ with $1_A(x) = 1$ if $x \in A$ and $1_A(x) = 0$ if $x \notin A$, and $\diamond$ will denote the end of an argument. The domain and range of a function $f$ are abbreviated $dom(f)$ and $ran(f)$ respectively.

# 2 Weak orders and preference functions

Alternatives are supposed to be completely described by a set of $n$ attributes. Values of attribute $i$ stem from the interval $X_i = [x_{i,*}, x_i^*]$ of real numbers. We assume that $x_{i,*}$ is the worst and $x_i^*$ is the best instance of attribute $i$. Alternative $A$ is identified with its attribute vector $x^A$ and the set of all alternatives under consideration is $\mathcal{A}$. A preference relation $\preceq$ over $X = X_1 \times \ldots \times X_n$ is supposed to be representable by some value function $v$: $(x_1, \ldots, x_n) \preceq (y_1, \ldots, y_n) \Longleftrightarrow v(x_1, \ldots, x_n) \leq v(y_1, \ldots, y_n)$. The induced strict preference relation $\prec$ and the indifference relation $\sim$ are represented by $(x_1, \ldots, x_n) \prec (y_1, \ldots, y_n) \Longleftrightarrow v(x_1, \ldots, x_n) < v(y_1, \ldots, y_n)$ and $(x_1, \ldots, x_n) \sim (y_1, \ldots, y_n) \Longleftrightarrow v(x_1, \ldots, x_n) = v(y_1, \ldots, y_n)$. The strict preference relation or weak order is asymmetric and negatively transitive. Asymmetry means $A \prec B \Longrightarrow \neg(B \prec A) \quad \forall A, B \in X$ and negative transitivity means $\neg(A \prec B)$ and $\neg(B \prec C) \Longrightarrow \neg(A \prec C) \quad \forall A, B, C \in X$. From an intuitive point of view it is to be noted that the indifference relation $\sim$ does not distinguish between incomparability and a deliberate verdict of equal preference between two alternatives. Value functions are normalized without loss of generality: $v(x_{1,*}, \ldots, x_{n,*}) = 0$ and $v(x_1^*, \ldots, x_n^*) = 1$.

Here, value functions often are additive(ly decomposable) meaning that $v(x_1, \ldots, x_n) = v_1(x_1) + \ldots + v_n(x_n)$. If one-dimensional value functions are normalized to $v_i(x_{i,*}) = 0$ and $v_i(x_i^*) = 1$, the additive decomposition is spelled out with non-negative weights $k_i$: $v(x_1, \ldots, x_n) = k_1 v_1(x_1) + \ldots + k_n v_n(x_n)$, where $k_1 + \ldots + k_n = 1$.
A multiattribute value function of $n \geq 3$ attributes is known to be additive if the underlying relation $\preceq$ is mutually preferentially independent, see for example Debreu (1959). In case of only $n = 2$ attributes this condition alone is not sufficient for additivity but in combination with a particular exchange property (Debreu (1959)) it is. The exchange property can be replaced by the so-called corresponding trade-off condition, see Keeney and Raiffa (1976).
Weak orders over uncertain alternatives are represented by so-called utility functions according to the Bernoulli principle. Value functions and utility functions are summarized as preference functions.

# 3 Situative models

## 3.1 Formal motivation

Preference relations are now permitted to depend on situations as in the following game theoretic example. Let $n \geq 2$ players take part in a deterministic fee-game, where the preferences of all players do not only depend on their individual outcomes but also on the outcomes of all others. This can be specified by a vector-valued preference function such as $V(x) = x - e^T x \cdot b$ for $x, b, e \in I\!R^n$ and $e^T = (1, \ldots, 1)$. The individual value for player $i$ is given by $v_i(x) = v_i(x_1, \ldots, x_n) = x_i - (x_1 + \ldots + x_n)\, b_i$, see Rosenmüller (1997), formula (16). The rationale behind this function is that in order to be entitled to receiving a payment, individual $i$ must pay a fee proportional to the overall revenue. All proportional constants $b_1, \ldots, b_n$ are supposed to be known to all players.
This approach can be reformulated and re-interpreted according to the identity $v_i(x_i; x_1, \ldots, x_{i-1}, x_{i+1}, \ldots, x_n) = x_i(1-b_i) - (\sum_{j=1, j\neq i}^{n} x_j)\, b_i$. The prime outcome $x_i$ for individual $i$ is influenced also by the situation $(x_1, \ldots, x_{i-1}, x_{i+1}, \ldots, x_n)$ which is not part of the alternative $x_i$ faced by individual $i$. A similar effect – though less functionally clear – can be observed in coalition games if side payments are permitted.
In contrast to fee-games, we here only assume a single player but the specifications of alternatives tend to require more than a single variable.

## 3.2 Approach

All tasks or alternatives $A$ will now be assessed by (proper) attribute or structural variables $x_1, \ldots, x_\nu$ and by situational variables or situational attributes $s_1, \ldots, s_\mu$, $\nu + \mu = n$. The sets of proper attribute values are also denoted $X_i = Z_i$ for $i = 1, \ldots, \nu$ and the sets of situational attribute values are also denoted $S_i = Z_{\nu+i}$ for $i = 1, \ldots, \mu$. The domains are abbreviated $X = X_1 \times \ldots \times X_\nu$ and $S = S_1 \times \ldots \times S_\mu$ with $Z = X \times S$. The maximum utility principle thus amounts to choosing $A_0 = argmax_{A \in \mathcal{A}} f(x^A, s^A)$.

### 3.3 Function decomposition

In a weak form, the additive decomposition applies only to the vectors of proper attributes $x$ and situational attributes $s$ rather than to their coordinates. An alternative $A$ is then assigned the value $f(x^A, s^A) = v(x^A) + w(s^A)$, where $v : X \to I\!R$ and $w : S \to I\!R$. An axiomatic analysis for this case can be found in Kämpke (1998). In a weaker case, function $f$ is decomposed into $f(x, s) = \varphi(v(x), w(s))$, where function $\varphi : D \to I\!R$ with $ran(v) \times ran(w) \subseteq D \subseteq I\!R^2$ is allowed to be more general than summation. Another general case of decomposition is the bilateral form, see Farquhar (1977), given by

$$\begin{aligned} f(z_1, \ldots, z_n) &= \sum_{i=1}^{n} k_i \cdot f_i(z_i) + \sum_{i,j=1}^{n} \sum_{j>i} k_{i,j} \cdot g_i(z_i) g_j(z_j) \\ &\quad + \ldots + k_{1,\ldots,n} \cdot g_1(z_1) \cdot \ldots \cdot g_n(z_n), \end{aligned}$$

where

$$g_i(z_i) = \frac{f(z_i, z^*_{i,C}) - f(z_i, z_{i,C,*}) - f(z_{i,*}, z^*_{i,C})}{1 - f(z^*_i, z_{i,C,*}) - f(z_{i,*}, z^*_{i,C})};$$

the vector $z_{i,C}$ consists of all coordinates of $z$ except $z_i$ with sub- and superscripts denoting worst and best values of all coordinates present.

**Example 1** *Let $n = 2$ attributes be given over $X = X_1 = S = S_1 = [0, 20] = [x_*, x^*] = [s_*, s^*]$, where the attribute variable $x$ is execution time of a task and the situational variable $s$ is time to task commencement. The preference function resulting from $\varphi(a, b) = a + b + a^2 b^2$ is $f(x, s) = x + s + x^2 s^2$ which is bilateral with $f_1(x) = x$, $f_2(s) = s$, $k_1 = k_2 = 1$, $k_{12} = 39^2/400^2$, and*

$$g_1(x) = \frac{f(x, 20) - f(x, 0) - f(0, 20)}{1 - f(20, 0) - f(0, 20)} = \frac{400x^2}{-39} \text{ and } g_2(s) = \frac{400s^2}{-39}. \quad \diamond$$

An important class of decomposable situational preference functions is the compound form. Several preference functions can be combined by a partition function $p : Z \to I\!R$ and a finite partition $\mathcal{I} = \{I_1, \ldots, I_q\}$ of $ran(p)$ or a superset thereof meaning that $ran(p) \subseteq \bigcup_{i=1}^{q} I_i$ and $I_i \cap I_j = \emptyset$ for $i \neq j$. The combined preference function takes the form

$$f(z) = \sum_{i=1}^{q} g_i(z) \cdot 1_{I_i}(p(z)) = \begin{cases} g_1(z), & \text{if } p(z) \in I_1 \\ \vdots \\ g_q(z), & \text{if } p(z) \in I_q. \end{cases}$$

The functions $g_i : Z \to I\!R$ may be of the forms introduced above and can be chosen independently from $p$ and from each other. The partition function itself may be a preference function representing a meaningful preference relation. A preference function with partition decomposition and additive functions $g_i$ is additively decompsable only in special cases such as all $I_i$ being singletons. The partition decomposition generalizes Kirkwood's (see Farquhar (1977)) parametric utility function $u(x, y^j) = \alpha(y^j) + \beta(y^j)u(x|\vartheta(y^j))$ for finitely many parameters $y^1, \ldots, y^K$. The embedding can be seen by setting $I_i := \{y^i\}$, $g_i(z) := g_i(x, y^i) := \alpha(y^i) + \beta(y^i)u(x|\vartheta(y^i))$, and $p(z) := p(x, y^i) := y^i$.

The maximum utility principle according to the partition decomposition blends the preference relations specified by the $g_i$. The sets $J_i = \{g_i(z) | \, z \in Z$ with $p(z) \in I_i\}$ are assumed to form a partition of $ran(f)$. This means that different functions $g_i$ do not have equal values. It also supposed that all $I_i$ and $J_i$ are finite intervals. The $J_i$ being intervals does not follow from the $I_i$ being intervals even if $p$ and $g_i$ are continuous. The maximum utility principle over a set of alternatives $\mathcal{A}$ then amounts to the maximum utility principle according to that function $g_{i_0}$ whose interval $J_{i_0}$ is the one with largest values which actually occur for alternatives from $\mathcal{A}$.

The partition decomposition allows permutations and partial reversals of preferences. The preference permutation is induced by a permutation $\pi$ of the indices $1, \ldots, q$ resulting for $f$ in

$$f_\pi(z) := \begin{cases} g_{\pi(1)}(z), & \text{if } p(z) \in I_1 \\ \vdots & \\ g_{\pi(q)}(z), & \text{if } p(z) \in I_q. \end{cases}$$

The permuted preference can equivalently be represented by an additive distortion $c$ of $f$ since all $J_i$ are finite intervals.

$$f_c(z) := f_{(c_1, \ldots, c_q)}(z) := \begin{cases} g_1(z) + c_1, & \text{if } p(z) \in I_1 \\ \vdots & \\ g_q(z) + c_q, & \text{if } p(z) \in I_q. \end{cases}$$

For each permutation $\pi$ there is a suitable vector $c$ such that $f_\pi(z) < f_\pi(z') \iff f_c(z) < f_c(z')$ for all $z, z' \in Z$.

Partial reversals of the preference relation specified by a preference function $f$ with partition decomposition are given by monotone functions $\varphi_i : J_i \to J_i$, $i = 1, \ldots, q$. The reversal function $f_\varphi$ is given by

$$f_\varphi(z) := f_{(\varphi_1, \ldots, \varphi_q)}(z) := \begin{cases} \varphi_1 \circ g_1(z), & \text{if } p(z) \in I_1 \\ \vdots & \\ \varphi_q \circ g_q(z), & \text{if } p(z) \in I_q. \end{cases}$$

The preference relation between two alternatives $A, B$ is preserved under $f_\varphi$ if the values $f(z^A), f(z^B)$ lie in different sets $J_i$, since these are disjoint intervals. The preference is reversed, if $f(z^A)$ and $f(z^B)$ lie in the same set $J_i$ and $\varphi_i$ is decreasing.

**Example 2** *The preference function $f$ is taken as partition function so that $J_i = I_i$ and $ran(f)$ is partitioned with $q = 2$ and $I_2 = [a, b]$. The function*

$$f_\varphi(z) = \begin{cases} f(z), & \text{if } f(z) \in I_1 \\ a + b - f(z), & \text{if } f(z) \in I_2 \end{cases}$$

*preserves the relation induced by $f$ as long as at least one value lies in $I_1$. The preference is reversed if both values lie in $I_2$.* ◇

An appealing preference function with partition decomposition is one with partition function depending on the situational variables alone.

$$f_{sit}(z) = f(x, s) = \begin{cases} g_1(x), & \text{if } w(s) \in I_1 \\ \vdots \\ g_q(x), & \text{if } w(s) \in I_q \end{cases}$$

### 3.4 Scenarios

Situational preference functions allow modifications which appeal to the needs of senso-motory systems. The problem of task selection is also called arbitration in this context. It has been investigated for low level decision like command arbitration, see Saffiotti (1993), and for goal oriented behaviour, see Maes (1990). For example, tasks may be typed indicating priority classes. This means that tasks of the same priority class are assessed according to a preference relation which does not depend on the type but on structural attributes. Tasks of different types are ranked only according to their type ignoring all other attributes. This generalizes alarm tasks which should receive a higher priority than ordinary tasks irrespective of all other attributes. More precisely, each task is of one out of $K$ types with task attribute $z_{n+1} \in \{1, \ldots, K\}$. Tasks within the same type are assessed according to a preference function $f(z_1, \ldots, z_n)$. ¿From the stated influence of task types follows (Kämpke (1998)) that the preference function can be additively decomposed

$$F(z_1, \ldots, z_{n+1}) := \frac{f(z_1, \ldots, z_n)}{K} + \frac{z_{n+1} - 1}{K},$$

where $f(z_1, \ldots, z_n)$ is normalized to attain values in $[0, 1]$. Values of tasks of type $z_{n+1}$ under function $F$ then lie in the interval $[(z_{n+1} - 1)/K, z_{n+1}/K]$. In a refined approach, the assessment within each priority type may depend on that type according to

$$F(z_1, \ldots, z_{n+1}) := \frac{f_{z_{n+1}}(z_1, \ldots, z_n)}{K} + \frac{z_{n+1} - 1}{K},$$

where each of the functions $f_{z_{n+1}}(z_1, \ldots, z_n)$ is normalized to $[0, 1]$.

**Example 3** *Let $K = 3$ types of tasks* basic, systeminherent, *and* instructed *be given in increasing priority. A task such as floor cleaning is denoted* basic. *Localizing a source of sound is a* systeminherent *task. Tracking a person belongs to the set of* instructed *tasks. The preference is based on $n = 2$ variables $x$ and $s$ denoting execution time and time to task commencement respectively, where $f(x,s) = (x+s)/40$ is normalized to $[0,1]$ for $X = S = [0,20]$. The function $F(x,s,k) = (x+s)/120 + (k-1)/3$ ranks alternatives according to types and within types according to overall execution time.* ◇

Typing can have the effect that a requested task is never executed even if waiting time is an attribute of the preference relation and the waiting time eventually grows unlimited or reaches some cut-off level. This occurs if higher priority tasks keep arriving before the last of them is completed. A typed preference function is a special case of the partition decomposition. Choosing $p(z) := z_{n+1}$, $q := K$, $I_i := \{i\}$, $J_i := [(i-1)/K, i/K)$, and $g_i(z) := (f_i(z_1, \ldots, z_n) + i - 1)/K$ leads to

$$F(z_1, \ldots, z_{n+1}) = \begin{cases} (f_1(z_1, \ldots, z_n) + 0)/K, & \text{if } p(z) = 1 \\ \vdots & \\ (f_K(z_1, \ldots, z_n) + K - 1)/K, & \text{if } p(z) = K. \end{cases}$$

## 3.5 Nonpreemptive task execution

In the nonpreemptive case, arbitration takes place only at task completions and at task requests in case of no task currently being worked on. Arbitration is trivial in the latter situation if only a single task is requested. Action selection follows the maximum utility principle. A task of the agenda, which is not chosen for execution may obviously undergo changes in its situational attributes. Also, it may undergo changes in its proper attributes while waiting. Changes in situational attributes result from one task's performance effecting say time to commencement of a waiting task. Also, the execution of one task may extend the proper variable execution time of a waiting task by blocking the waiting task's shortest trajectory.

### 3.5.1 Scheduling type behaviours

Different arbitration behaviour can be expressed over the following set of proper and situational attributes which need not all be incorporated for particular behaviours.

$x_1$: execution time
$x_2$: priority type
$x_3$: due date

$s_1$: time to task commencement
$s_2$: availability of sensors
$s_3$: availability of energy
$s_4$: availability of manipulation capability
$s_5$: waiting time (= time from task request until current moment)
$s_6$: current time.

The variables $s_2, s_3, s_4$ are binary with the obvious meanings. Some behaviours from queing and scheduling are given by particular additive preference functions in table 1. The EDD policy selects the task with minimum due date – even if the due date is already passed. EDD minimizes objectives such as maximum lateness in a single processor situation, see Pinedo (1995). SPT minimizes flowtime i.e. the sum of all completion times if $s_1^A = 0$ for all $A \in \mathcal{A}$. The policy labeled MS here is close to but still different from the minimum slack procedure for nonpreemptive scheduling.

| Function | Maximum utility choice or policy |
|---|---|
| $f(x_1, \ldots, s_6) = s_5$ | $\max_{A \in \mathcal{A}} f(x^A, s^A) = \max_{A \in \mathcal{A}} s_5^A$<br>longest waiting time or<br>FCFS First come first served |
| $f(x_1, \ldots, s_6) = x_1 + s_1$ | $\max_{A \in \mathcal{A}} f(x^A, s^A) = \max_{A \in \mathcal{A}} x_1^A + s_1^A$<br>maximum to next completion or<br>LPT longest processing time first |
| $f(x_1, \ldots, s_6) = -x_1 - s_1$ | $\max_{A \in \mathcal{A}} f(x^A, s^A) \equiv \min_{A \in \mathcal{A}} x_1^A + s_1^A$<br>minimum to next completion or<br>SPT shortest processing time first |
| $f(x_1, \ldots, s_6) = -x_3$ | $\max_{A \in \mathcal{A}} f(x^A, s^A) \equiv \min_{A \in \mathcal{A}} x_3^A$<br>minimum due date or<br>EDD earliest due date |
| $f(x_1, \ldots, s_6) = s_6 - x_3$ | $\max_{A \in \mathcal{A}} f(x^A, s^A) \equiv \min_{A \in \mathcal{A}} x_3^A - s_6^A$<br>minimum remaining time to due date or<br>"MS" "minimum slack first" |

Table 1: Additive preference functions

A nonadditive normalized preference function for $K$ priority types is

$$f(x_1, \ldots, s_6) = \left[\frac{x_1/M_1 + s_1/M_2 + s_5/M_3}{3K} + \frac{x_2 - 1}{K}\right] \cdot s_2 s_3 s_4,$$

where $x_1 \in [0, M_1]$, $s_1 \in [0, M_2]$, $s_5 \in [0, M_3]$, and $x_2 \in \{1, \ldots, K\}$. Values of this function lie in $[0, 1]$. A task is only assigned a positive value, if the necessary energy, sensors, and manipulator capability currently are available.

Another nonadditive function which is of the partition type and blends earlier behaviours is

$$f(x_1, \dots, s_6) = (c - (x_1 + s_1)) \cdot 1_{[0,c]}(x_1 + s_1) + (s_5 - M) \cdot 1_{(c,\infty)}(x_1 + s_1),$$

where $s_5 \in [0, M]$ and $c > 0$. Maximizing utility leads to task selection according to $\min_{A \in \mathcal{A}} x_1^A + s_1^A$ or SPT, if there is at least one task $A$ with $x_1^A + s_1^A \leq c$. If there is no such task, then selection is according to $\max_{A \in \mathcal{A}} s_5^A$ or FCFS. The selection behaviour implied by this preference function is that of being "reactive", if there is a small task which can be completed in time less than $c$, otherwise the behaviour is "nonreactive" according to FCFS. The time bound $c$ can be made dependent on the task by introducing the proper variable $x_4 = c$ and choosing an alternative with $\max_{A \in \mathcal{A}} f(x_1^A, \dots, s_6^A) = \max_{A \in \mathcal{A}}(x_4^A - (x_1^A + s_1^A)) \cdot 1_{[0,x_4^A]}(x_1^A + s_1^A) + (s_5^A - M) \cdot 1_{(x_4^A,\infty)}(x_1^A + s_1^A)$.
The preferences order over unexecuted tasks of the agenda may change due to the execution of some task. These changes of preferences can be analyzed by dependencies in situational variables. The relation of a situational variable $s$ to a task $A$ is assumed to be given as a function $s : \Sigma \times \mathcal{A} \rightarrow S$ with $s^A = s(\sigma, A)$, where $\Sigma$ is some set of situational variables which may be completely unrelated to tasks.
Each alternative $A_0 \in \mathcal{A}$ is assigned its optimal state set $\Sigma_{A_0} := \{\sigma \in \Sigma | \max_{A \in \mathcal{A}} f(x^A, s(\sigma, A)) = f(x^{A_0}, s(\sigma, A_0))\}$. These sets form a cover of $\Sigma$ for any nonempty agenda $\mathcal{A}$. Overlaps between sets $\Sigma_A$ can be got rid of so that each state belongs to exactly one set making $\mathit{\Sigma} := \{\Sigma_A | A \in \mathcal{A}\}$ a partition of $\Sigma$. This partition is called generalized Voronoi partition of $\Sigma$ as it comprises the ordinary Voronoi diagram as a special case.

**Example 4** *("Generalized Voronoi partitions comprise Voronoi diagrams") Let $s_7$ denote the distance from the current position $I$ of the senso-motory system to the initial position of a task where all such positions are supposed to lie in a planar work space. The preference function is chosen to be $f(x, s) = -s_7$ and the agenda is chosen to consist of three tasks $\mathcal{A} = \{A_1, A_2, A_3\}$ with initial positions $a_i$ and terminal positions $b_i$ as given in figure 1. With $\Sigma$ denoting the rectangle of all feasible positions $I$, the situational variable is related to the tasks by $s_7^{A_i} = s_7(\sigma, A_i) = ||I - a_i||$ with $|| \cdot ||$ denoting the Euclidean distance.*
*The maximum utility principle $\max_{A \in \mathcal{A}} f(x^A, s^A) \equiv \min_{A \in \mathcal{A}} s_7^A$ amounts to minimizing distance to the initial task position. All initial positions $I$ of the senso-motory system leading to task $A_i$ being performed first correspond to the Voronoi region $V_i$ of $a_i$ as given in figure 2 where $V_i = \Sigma_{A_i}$; note that the $a_i$ are pairwise distinct. While the agenda is arranged in order $A_1 \succ A_3 \succ A_2$ from position $I$, the preference between $A_2$ and $A_3$ is reversed to $A_2 \succ A_3$ in position $b_1 \in V_2$.* ◇

An immediate consequence from the definition of generalized Voronoi partitions is that a preference reversal between unexecuted tasks from the agenda can happen if and only if the partition $\mathit{\Sigma}$ has at least two classes. This is

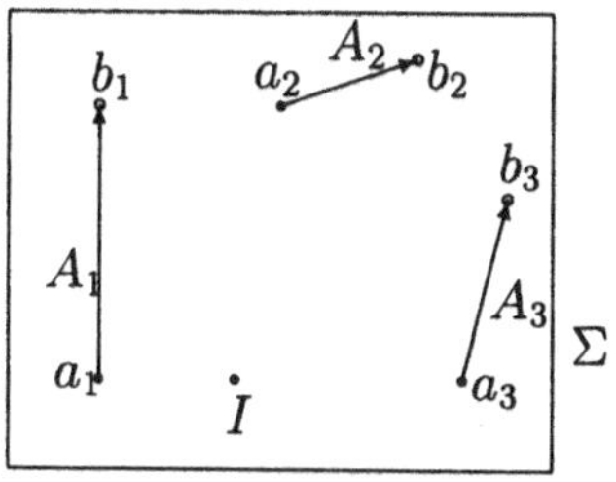


Figure 1: Tasks with initial and terminal positions

not the case for the first and fourth preference functions from table 1 where all partitions degenerate to a single class except in trivial ties. Classes of the generalized Voronoi partition are refined if the agenda is coarsened and vice versa meaning that $\Sigma_{A,\mathcal{A}} \subseteq \Sigma_{A,\mathcal{A}'}$ for $\mathcal{A}' \subseteq \mathcal{A}$ and $\Sigma_{A,\mathcal{A}} \supseteq \Sigma_{A,\mathcal{A}'}$ for $\mathcal{A}' \supseteq \mathcal{A}$.

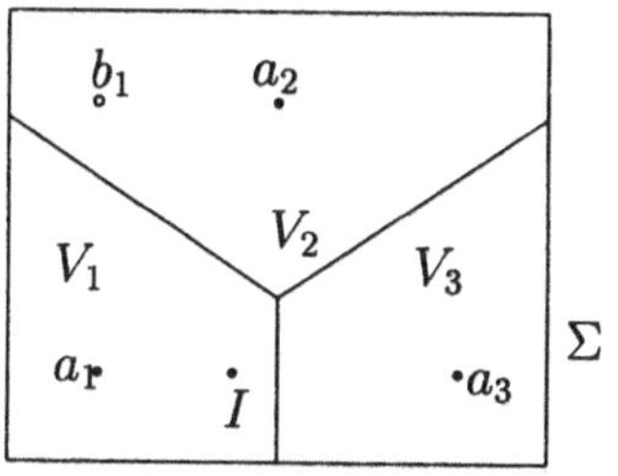


Figure 2: Voronoi regions of initial task positions

The classes $\Sigma_A$ of a generalized Voronoi partition need not be convex even if $f$ and $s(\cdot, A)$ are convex. A class $\Sigma_A$ however is ensured to be convex in the special case of $f(x,s) = \alpha x + s$ with $\alpha \in \mathbb{R}$, $s^A = s(\sigma, A) = ||\sigma - p(A)||^2$, $p : \mathcal{A} \to \mathbb{R}^N$, and $\sigma \in \Sigma \subseteq \mathbb{R}^N$. The value $p(A)$ denotes the initial configuration of task $A$ with respect to space $\Sigma$.
Moreover, if each task has a final configuration given by a function $q : \mathcal{A} \to \mathbb{R}^N$ and $\alpha = 0$, then working on the agenda corresponds to an open tour of the traveling salesman problem, where a tour is called open if the arc from the final to the first visited state is missing. The transition cost from task $A$ to task $B$ is given by $||q(A) - p(B)||$. The maximum utility principle is then equivalent to the farthest insert heuristic and for the preference $f(x,s) = -s$ the maximum utility principle is equivalent to the minimum insert heuristic, see Lawler et al. (1985).

## 3.6 Preemptive task execution

Admitting task preemption requires among others to trade off the completion of the task in progress vs. the execution of tasks on the agenda which have received partial or no processing so far. The set of attributes must be chosen to account for that.

There is no a-priori restriction to moments or events which are allowed to trigger an arbitration step. Therefore, arbitration may intentionally be restricted to finitely many preemption points or it may be performed without restriction at a continuum of points. In addition to the first case, updates of the agenda by arrivals of task requirements should trigger arbitration. Arbitration done too often can result in a deadlock of permanent shifts of task selection with the consequence of no task execution at all. Similar effects are known from preemptive scheduling with dynamic priority policies such as the Gittins index, comp. Pinedo (1995).

**Example 5** *Let the agenda consist of two transportation tasks $A_1$ with origin $p(A_1)$ and destination $q(A_1)$ and $A_2$ with origin $p(A_2)$ and destination $q(A_2)$. Both have attributes $z^{A_1} = z^{A_2} = (10, 5)$, where the first coordinate $x$ is transportation distance and the second coordinate $s$ is distance to task origin from the robot's position which initially is $I$ as in figure 3.*

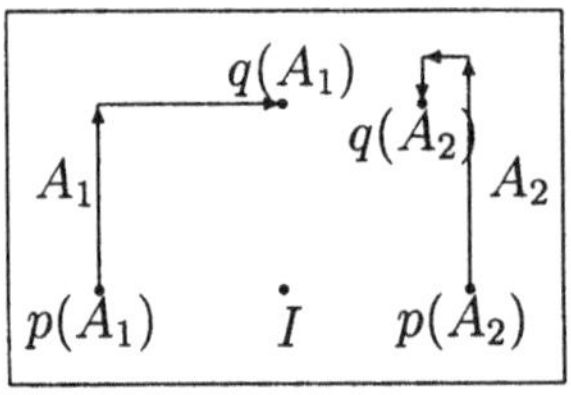


Figure 3: Deadlock situation

*Arbitration in position $I$ with $f(x, s) = x+s$ leads to a tie which is arbitrarily broken in favor of task $A_1$. If the next arbitration step is performed when the system finds itself in a position between $I$ and $p(A_1)$, task $A_2$ is selected by the maximum utility principle. This leads to a deadlock when arbitration happens continuously or when the system is closer to $p(A_2)$ than to $p(A_1)$ and vice versa.* ◇

In contrast to the previous example, permitted preemption may be completely suppressed under certain conditions. The reason here is that maximizing utility immediately prior to task selection can turn out to be agreeable with further arbitration operations as long as the agenda receives no new entries. For an illustration of this effect, let $r(A)$ denote the remainder of task $A$ which has received some processing by the senso-motory system.

**Theorem 1** *(Kämpke (1998)) Let the preference function be* $f(x, s) = -s$ *where* $s(\sigma, r(A)) = ||\sigma - p(r(A))||$. *The situation* $\sigma$ *is the position of the senso-motory system in some set* $\Sigma \subseteq \mathbb{R}^N$ *and* $p(r(A)) \in \mathbb{R}^N$ *is the initial position of the remainder of task* $A$. *Continuous arbitration then suppresses preemption.*

# 4 Conclusion

Decision making by technical systems is, under suitable conditions, shown to be reducible to preference theory. A senso-motory system can be designed to operate consistently by using this calculus. This favours the application of a preference based mechanism by a machine. The same should hold for agents on the internet and animated characters in movies. Consequently, such fields may turn out as interesting application areas for concepts from decision theory.

# References


DEBREU, G. (1959): Topological methods in cardinal utility theory. In: Arrow, K.J. et al. (eds.), "Mathematical methods in the social sciences". Stanford University Press, Stanford, p. 16-26.

FARQUHAR, P.H. (1977): A survey of multiattribute utility theory and applications. *TIMS Studies in Management Science 6, p. 59-89.*

KÄMPKE, T. (1998): Functional arbitration for multi purpose senso-motory systems. *Journal of Robotic and Autonomous Systems, to appear.*

KÄMPKE, T., RADERMACHER, F.J. (1993): Robust assessment of preference functions. In: Diewert, W.E. et al. (eds.), "Mathematical Modeling in Economics". Springer, Berlin, p. 232-242.

KEENEY, R.L., RAIFFA, H. (1976): Decisions with multiple objectives. Wiley, New York.

LAWLER, E.L., LENSTRA, J.K., RINNOOY KAN, A.H.G., SHMOYS, D.B. (1985): The traveling salesman problem. Wiley, New York.

MAES, P. (1990): Situated agents can have goals. *Robotics and Autonomous Systems 6, p. 49-70.*

PINEDO, M. (1995): Scheduling. Prentice Hall, Englewood Cliffs.

ROSENMÜLLER, J. (1997): Bargaining with incomplete information – an axiomatic approach. *Theory and Decision 42, p. 105-146.*

SAFFIOTI, A. (1993): Some notes on the integration of planning and reactivity in autonomous mobile robots. *Proceedings of the AAAI Spring Symposium on Foundations of Automatic Planning, Stanford, p. 122-126.*

# Unterstützung der Fehlersuche in Prolog-Programmen durch das Einfügen von Zusicherungen

R. Kiel

Lehrstuhl für Wirtschaftsinformatik III, Universität Mannheim, Schloß, D-68131 Mannheim, Germany

**Zusammenfassung:** Ein Vorteil der Verwendung der Programmiersprache Prolog besteht in den weitreichenden Möglichkeiten, die diese Programmiersprache zur Formulierung von Verfahren zur Lösung von Problemstellungen bereitstellt. Andererseits erhöhen die Freiheiten, die Prolog seinen Nutzern gewährt, die Gefahr, formal nicht korrekte Programme zu formulieren. Trotzdem bieten die verfügbaren Prolog-Interpreter ihren Benutzern in der Regel nur eine geringe Unterstützung beim Aufspüren von (formalen) Programmfehlern an. Standardmäßig unterstützen sie lediglich das Tracen oder das schrittweise Ausführen von Programmen. Deshalb ist es erstrebenswert, ein für diese Aufgabenstellung geeignetes Werkzeug zu entwickeln. Gegenüber den bereits realisierten und in der Literatur beschriebenen Werkzeugen weist das hier vorgestellte System eine erweiterte Konzeption auf. Zur Unterstützung der von ihm durchzuführenden Analysen verwendet es Hinweise, die in Form von (formalen) Zusicherungen in den zu analysierenden Programmtext integriert werden.

## 1 Einführung

Für die formale Überprüfung von C-Programmen steht dem Programmierer standardmäßig das `lint`-Programm zur Verfügung (siehe hierzu Darwin (1988)). Obwohl auch für Prolog mehrere solche Werkzeuge entwickelt worden sind (siehe hierzu beispielsweise Lane (1989)), gibt es dennoch für diese Programmiersprache kein vergleichbares standardisiertes Analysewerkzeug.

Brna et al. (1987) unterscheiden zwischen Werkzeugen zur *dynamischen* und *statischen* Analyse von Prolog-Programmen. Bei der *dynamischen* Analyse wird ein laufendes Programm untersucht. Hieraus resultieren zwei Nachteile dieser Analysemethode. Zum einen werden nur die beim aktuellen Programmlauf tatsächlich aktivierten Teile des Programmcodes untersucht. Darüberhinaus wird hierbei aber auch die Performance des zu analysierenden Programms verschlechtert.

Im Gegensatz hierzu beeinflussen Werkzeuge zur *statischen* Programmanalyse die Performance des zu untersuchenden Programms in keiner Weise, da sie sich auf eine Analyse des Programmcodes beschränken. Diese Arbeitsweise hat den Vorteil, daß eine einmalige Anwendung eines solchen Analysewerkzeugs sämtliche in dem zu untersuchenden Programmtext befindlichen

Programmierfehler aufzudecken vermag, zu deren Erkennung es konstruiert worden ist.

Da sämtliche Prolog-Systeme ihren Nutzern mit der Möglichkeit zum Tracen von Programmläufen ein einfaches dynamisches Analysewerkzeug zur Verfügung stellen, scheint es angebracht, sich der Entwicklung eines statischen Analysewerkzeugs zuzuwenden. In Kiel und Schader (1990) wurde bereits die erste Version dieses Prolog-Programmanalysewerkzeugs vorgestellt, bei dem es sich der Terminologie von Brna et al. (1987) folgend um einen Analysator zur Überprüfung *syntaktischer* Kriterien handelt. Auf Grund solcher Kriterien wird entschieden, ob der vorliegende Programmcode als korrekt oder fehlerhaft angesehen werden soll. Dies geschieht ohne dabei Hypothesen über den Zweck einzelner Programmanweisungen zu entwickeln.

Im Gegensatz hierzu wird bei der *technischen* Programmanalyse versucht, einen Zusammenhang zwischen einzelnen Programmanweisungen herzustellen, um hieraus Hypothesen über die durch eine solche Gruppe von Anweisungen bezweckte Anwendung einer Programmiertechnik abzuleiten. Diese Programmiertechnik wird dann auf ihre korrekte Anwendung überprüft. Die Simulation von Schleifen durch Backtracking ist ein Beispiel für eine vielfach angewandte Programmiertechnik. Da sich die einzelnen Programmiertechniken nicht durch einfache syntaktische Muster charakterisieren lassen, ist ihre Erkennung eine äußerst komplexe Aufgabe. Erschwerend kommt noch hinzu, daß auch aus nicht korrekt angewendeten Techniken, jene Technik erschlossen werden muß, deren Anwendung ursprünglich beabsichtigt worden ist. Auf Grund dieser Schwierigkeiten scheint noch ein großer Forschungsaufwand notwendig zu sein bis technische Analysemethoden in ein System zur Aufdeckung von Fehlern in Prolog-Programmen integriert werden können.

Zum Thema der statischen Analyse von Prolog-Programmen und Regelmengen sind eine Reihe von Veröffentlichungen erschienen. Da einige wichtige Arbeiten bereits in Kiel und Schader (1990) vorgestellt worden sind, soll sich hier nur auf die Erwähnung von Nguyen (1987) beschränkt werden. Dort wird ein Programmsystem beschrieben, das eine Menge von einfach strukturierten Regeln untersucht. Ziel dieser Untersuchung ist es, herauszufinden, ob sich einzelne Regeln dieser Mengen gegenseitig subsumieren oder zirkuläre Ketten von Regelanwendungen bilden. Ferner wird untersucht, ob einzelne Regeln unnötige oder nicht erfüllbare Bedingungen erhalten.

# 2 Fehler in Prolog-Programmen

Ebenso wie die Vorgängerversion (vgl. Kiel und Schader (1990)) durchsucht die aktuelle Version des Programmanalysators das zu überprüfende Programm nach nichfeuerbaren Regeln, nichtverwendeten Klauseln und nach subsumierten Regeln. Desweiteren werden einige formalen Eigenschaften von rekursiven Prädikaten und Schleifensimulationen mittels Backtracking untersucht. Zur Unterstützung dieser Untersuchungen werden Zusicherungen in den zu analysierenden Programmcode eingefügt.

## 2.1 Nichtverwendete Klauseln, Zielklauseln und dynamische Anfragen

Ein Faktum $p_0$ bzw. eine Regel $p_0$:-$p_1$,...,$p_n$, werden als *nichtverwendet* bezeichnet, falls es keine Regel $q_0$:-$q_1$,...,$q_m$ gibt, deren Prämisse ein Literal $q_j$ enthält, das sich mit $p_0$ oder not($p_0$) unifizieren läßt. (Hier werden nur elementare Klauseln berücksichtigt, die weder geschachtelte Negationen noch Oder-Operatoren enthalten. Jede Klauselmenge läßt sich in offensichtlicher Weise in eine solche Form transformieren.) Unbenutzte Fakten und Regeln tragen niemals zu der Erfüllung irgendeiner Bedingung der Regeln der betrachteten Klauselmenge bei.

Als Beispiel werde das Programmfragment

```
goal :- p(a,X).              % clause 1
p(X,Y) :- q(f(X),Y).         % clause 2
p(b,X) :- q(g(X),b).         % clause 3
q(g(a),b).                   % clause 4
r(X).                        % clause 5
```

betrachtet. Die erste und dritte Klausel dieses Programmfragments stellen nichtverwendete Regeln dar, während es sich bei der fünften Klausel um ein nichtverwendetes Faktum handelt. Die zweite und die vierte Klausel werden von der ersten bzw. der dritten Klausel verwendet. Eigentlich werden diese Klausel aber dennoch nicht benutzt, da die sie verwendenden Regeln selbst wieder nicht verwendet werden. In diesem Fall kann man davon sprechen, daß es sich bei den beiden fraglichen Klauseln um *indirekt* nicht verwendete Klauseln handelt.

Nicht jede unbenutzte Klausel muß tatsächlich nutzlos sein. Beispielsweise kann ein Prolog-Programm eine spezielle, als *Zielklausel* bezeichnete Klausel enthalten, die zum Starten des betreffenden Programms verwendet wird. So könnte es sich bei der ersten Klausel des obigen Programmfragments um eine solche Zielklausel handeln. In diesem Fall handelt es sich auch bei der zweiten Klausel nicht mehr um eine indirekt nichtverwendete Klausel.

Da ein Programmanalysator aber nicht selbständig diese beabsichtigte Nutzung einer Klausel erkennen kann, muß ihm diese Information explizit übermittelt werden. Dies läßt sich durch das Einfügen von Zusicherungen der Form

%# goal_pred(+*predicate*, +*arity*). (1)

oder

%# goal_pattern(+*pattern*). (2)

in den zu analysierenden Programmtext bewerkstelligen. Eine Zusicherung der ersten Form informiert den Analysator darüber, daß eine Anfrage, die mittels eines Prädikates mit dem Namen *pedicate* und der Arität *arity* gebildet wird, zum Starten des Programms verwendet werden soll. Eine Zusicherung der zweiten Form zeigt dem Analysator an, daß eine Anfrage der

Form *pattern* zum Starten des zu analysierenden Programms Verwendung finden soll. Durch das Einfügen einer Zusicherung der folgenden Form kann dem Analysator mitgeteilt werden, daß die dieser Zusicherung unmittelbar folgende Regel zum Starten des Programms dienen soll:

`%# goal_clause.` (3)

Wenn das zu analysierende Programm dynamisch Anfragen formuliert, die mittels des `call`-Prädikats aufgerufen werden, können sich scheinbar nutzlose Klauseln ebenfalls als nützlich herausstellen. Solche dynamisch generierten Anfragen lassen sich mit Hilfe von Zusicherungen der Form

`%# dynamic_call_predicate(`*+predicate*`, `*+arity*`).` (4)

oder

`%# dynamic_call_pattern(`*+pattern*`).` (5)

deklarieren. Eine Zusicherung der ersten Form informiert den Analysator, daß das zu untersuchende Programm während seiner Ausführung dynamisch Anfragen mit Hilfe eines Prädikates mit dem Namen *predicate* und der Stelligkeit *arity* formuliert. Durch eine Zusicherung der zweiten Form wird der Analysator ebenfalls über die dynamische Formulierung von Anfragen informiert, wobei die Struktur der Anfragen durch das Muster *pattern* beschrieben wird.

## 2.2 Unfeuerbare Regeln und dynamische Klauseln

Eine Regel $p_0$ `:-` $p_1, \ldots, p_n$ ist *nicht feuerbar*, wenn ihre Prämisse ein Literal enthält, das entweder gleich der atomaren Formel[1] $\tilde{p}_i$ oder der Negation `not` $\tilde{p}_i$ dieser Formel ist, und die beiden folgenden Bedingungen erfüllt sind:

1. Bei dem Funktor von $\tilde{p}_i$ handelt es sich nicht um ein Systemprädikat des verwendeten Prolog-Systems.

2. Es gibt weder eine Regel $q_0$ `:-` $q_1, \ldots, q_n$ noch ein Faktum $q_0$, so daß sich $q_0$ und $\tilde{p}_i$ unifizieren lassen.

Auch hier wird wieder angenommen, daß die Klauseln des zu untersuchenden Programms weder geschachtelte Negationen noch Disjunktionen enthalten. Nichfeuerbare Regeln scheitern immer, da mindestens ein Literal ihrer Prämisse nicht erfüllt werden kann.

Wegen der zweiten und vierten Klausel kann die erste Klausel des Beispielprogramms

[1] Eine *atomare Formel* besteht ausschließlich aus einem Funktor und den dazugehörenden Argumenten.

```
goal :- p(X).                              % clause 1
p(X) :- t(g(X)),t(X).                      % clause 2
t(g(a)).                                   % clause 3
p(X) :- assert(r(g(a))),s(X)).             % clause 4
s(X) :- r(X).                              % clause 5
s(X) :- r(a).                              % clause 6
```

feuern. Die zweite Klausel wird als feuerbar angesehen, weil jedes Literal ihrer Prämisse einzeln mit dem als `clause 3` bezeichneten Faktum `t(g(a))` unifiziert werden kann. Tatsächlich kann diese Klausel aber niemals feuern, da es unmöglich ist, beide Bedingungen ihrer Prämisse gemeinsam mit dem Faktum `t(g(a))` zu unifizieren. Auf Grund des immensen Aufwands, der notwendig wäre, solch eine gegenseitige Beeinflussung der Unifikation der einzelnen Literale der Prämisse einer Regel zu untersuchen, verzichtet der Programmanalysator auf derartige Untersuchungen.

Die vierte Klausel kann feuern, da das erste Literal ihrer Prämisse mittels eines Standard-Prädikats gebildet worden ist, und das zweite Literal mit den Konklusionen der fünften und sechsten Klausel unifiziert werden kann.

Die fünfte Klausel kann feuern, da durch das Feuern der vierten Klausel dynamisch Fakten in die Prolog-Datenbasis eingefügt werden, die mit dem einzigen Literal ihrer Prämisse unifiziert werden können. Die sechste Klausel kann nicht feuern, da das einzige Literal ihrer Prämisse nicht mit dem Faktum, das durch die Anwendung der vierten Klausel in Prolog-Datenbasis eingefügt wird, unifiziert werden kann.

Es ist aber im allgemeinen nicht möglich automatisch zu ermitteln, welche Art von Klauseln dynamisch während eines Programmlaufs in die Prolog-Datenbasis eingefügt werden. (Für derart einfache Fälle, wie in der vierten Klausel des Beispiels, ist dies aber natürlich möglich.) Um den Programmanalysator davon abzuhalten, eine Regel, die zum Feuern dynamisch erzeugte Klauseln verwendet, als nicht feuerbar zu klassifizieren, ist es notwendig dem Analysator über die dynamisch erzeugten Klauseln zu informieren. Hierzu lassen sich Zusicherungen der Form

`%# dynamic_assert_predicate(`*+predicate*`,`*+arity*`).` (6)

oder

`%# dynamic_assert_pattern(`*+pattern*`).` (7)

verwenden. Eine Zusicherung der ersten Form informiert den Programmanalysator darüber, daß während der Ausführung des zu untersuchenden Programms Fakten oder Regeln in die Datenbasis eingefügt werden, deren einziges Literal bzw. deren Prämisse mittels des die Arität *arity* aufweisenden Prädikats *predicate* formuliert werden. Eine Zusicherung der zweiten Form informiert den Programmanalysator ebenfalls über dynamisch erzeugte Klauseln. Hier wird aber die Struktur des Faktums bzw. der Konklusion der Regel genauer durch das Muster *pattern* beschrieben.

## 2.3 Subsumierte Regeln und Schleifensimulation

Mit Hilfe des Begriffs der *Instanz* einer Klausel läßt sich beschreiben, unter welchen Umständen eine Klausel eine andere Klausel subsumiert. Durch die Ersetzung sämtlicher in einer Klausel $C$ vorkommenden Variablen durch (Prolog-)Terme erhält man eine Instanz von $C$. Hiermit läßt sich der Begriff der *Subsumierung* folgendermaßen definieren:

- Ein Faktum $\mathtt{q}_0$ *subsumiert* ein weiteres Faktum $\mathtt{p}_0$, wenn $\mathtt{p}_0$ eine Instanz von $\mathtt{q}_0$ ist.
- Ein Faktum $\mathtt{q}_0$ *subsumiert* eine Regel $\mathtt{p}_0\mathtt{:-p}_1\mathtt{,\ldots,p}_n$, wenn $\mathtt{p}_0$ eine Instanz von $\mathtt{q}_0$ ist.
- Eine Regel $\mathtt{p}_0\mathtt{:-p}_1\mathtt{,\ldots,p}_n$ wird von einer anderen (mit $Q$ bezeichneten) Regel $\mathtt{q}_0\mathtt{:-q}_1\mathtt{,\ldots,q}_m$ subsumiert, wenn es eine Folge von Indizes $i_1,\ldots,i_m \in \{1,\ldots,n\}$ gibt, so daß $\mathtt{p}_0\mathtt{:-p}_{i_1}\mathtt{,\ldots,p}_{i_m}$ eine Instanz von $Q$ ist.

Weil es sich bei Prolog nicht um einen reinen Prädikatenkalkül, sondern um eine Programmiersprache handelt, in der beispielsweise der Aufruf eines Prädikats einen Seiteneffekt hervorrufen kann, könnte es ratsam erscheinen, die obige Bedingung für das Vorliegen einer Subsumierung schärfer zu fassen. So könnte man beispielsweise, wie in Kiel und Schader (1990), verlangen, daß für die Subsumierung von Regeln zusätzlich die Bedingung $i_1 < \ldots < i_m$ erfüllt sein muß. Wenn aber die zu untersuchenden Regel gar keine Seiteneffekte hervorrufen, ist diese zusätzliche Bedingung sinnlos. Aber auch, wenn die betreffenden Regeln Seiteneffekte hervorrufen, ist diese zusätzliche Bedingung problematisch.

Wenn wir die vier Klausel

```
p(X,Y,Z) :- q(X,Z),r(X,Y).        % clause 1
p(X,Y,Z) :- r(X,Y).               % clause 2
p(X,Y,Z) :- q(a,Z),r(X,b).        % clause 3
p(X,b,Z) :- q(X,Z),r(X,b).        % clause 4
```

betrachten, stellen wir fest, daß die erste Klausel spezieller als die zweite Klausel ist, da ihre Prämisse gegenüber der Prämisse der ersten Regel eine zusätzliche Bedingung aufweist. Aus diesem Grunde wird die erste Klausel von der zweiten Klausel subsumiert. Im Gegensatz zu einem Aufruf der ersten Klausel kann ein Aufruf der zweiten Klausel niemals eine Instantiierung der Variablen `Z` herbeiführen, weil diese Variable nicht in ihrer Prämisse vorkommt. Von diesem Blickwinkel aus betrachtet, kann man die subsumierte Regel als nützlicher als die subsumierende Regel ansehen.

Die dritte Klausel subsumiert weder eine andere Klausel noch wird diese Klausel von einer anderen Klausel subsumiert. Die dritte Klausel ist keine Instanz der ersten Klausel, weil nicht sämtlichen Vorkommen der Variablen `X` und `Y` durch Konstanten ersetzt worden sind. In analoger Weise läßt sich argumentieren, daß die dritte Klausel weder die vierte Klausel subsumiert noch von dieser Klausel subsumiert wird. Die zweite Klausel subsumiert die dritte Klausel nicht, weil nicht alle Vorkommen ihrer Variablen `X` ersetzt worden sind. Sowohl Klausel eins als auch Klausel zwei subsumieren Klausel drei.

Nicht jede Subsumierung von Klauseln in einem Prolog-Programm darf als Programmierfehler angesehen werden. Das folgende Programm verwendet eine durch Backtracking simulierte Schleife zur Ausgabe der durch die drei `data`-Fakten repräsentierten Daten:

```
data(1);                                    % clause 1.1
data(2);                                    % clause 1.2
data(3);                                    % clause 1.3

write_data :- data(X),write(X),fail.        % clause 2.1
write_data.                                 % clause 2.2
```

Obwohl die Klausel 2.1 offensichtlich von der Klausel 2.2 subsumiert wird, liegt hier kein Programmierfehler vor. Tatsächlich handelt es sich hier um die korrekte Umsetzung der Technik der Schleifensimulation durch Backtracking.

ie bereits in der Einleitung angedeutet, handelt es sich bei der Erkennung der beabsichtigten Verwendung einer Programmiertechnik auf Grundlage ihrer inkorrekten Anwendung um eine praktisch nicht lösbare Aufgabenstellung. Aus diesem Grunde ist es notwendig, einen Programmanalysator über die beabsichtigte Nutzung einer Programmiertechnik zu unterrichten. Für das obige Schleifenbeispiel läßt sich die Zusicherung

```
%# loop_termination.                                    (8)
```

zur Markierung der Klausel 2.2 als Abschluß einer Schleife verwenden

# 3 Zur Arbeitsweise des Analysators

Der Programmanalysator arbeitet in zwei Phasen. Zuerst werden die Zusicherungen, bei denen es sich ursprünglich um spezielle Kommentare handelt, in Prolog-Fakten überführt. Um zwischen diesen neuen Fakten und den ursprünglichen Programmbestandteilen unterscheiden zu können, werden die umgeformten Zusicherungen zwischen den speziellen Fakten

```
assertion_mode_1_2_3_4_5_6_7_8(begin).
```

und

```
assertion_mode_1_2_3_4_5_6_7_8(end).
```

eingeklammert. Aus offensichtlichen Gründen darf das zu untersuchende Programm ursprünglich keine Fakten dieser Form enthalten.

## 3.1 Aufbau der internen Datenstrukturen

Das Ergebnis der oben beschriebenen Vorverarbeitung wird in einer temporären Datei abgelegt, die im nächsten Schritt zum Aufbau der internen Datenstrukturen eingelesen wird. Hierbei wird die Klauselmenge in die konjunktive Normalform überführt, wobei zur Darstellung der einzelnen Klauseln eine Listennotation verwendet wird. Beispielsweise wird die Klausel

```
p(X,Y) :- not(q(X,Z);not r(X,Z),s(Y,f(Y,g(Z))))).
```

zuerst in die beiden Klauseln

```
p(X,Y) :- not q(X,Y),r(X,Z).
p(X,Y) :- not q(X,Z), not s(Y,f(Y,g(Z))).
```

aufgespalten und letztlich in die Listennotation transformiert und mittels eines Faktums der Form

cls(*clause_no*, *clause_sub_no*, *head*, *body*).

in die Prolog-Datenbasis abgelegt. Die beiden Nummern *clause_no* und *clause_sub_no* identifizieren die einzelnen Klauseln in eindeutiger Art und Weise. Während es sich bei *clause_no* um die eindeutige Nummer einer Klausel des ursprünglichen Programms handelt, dient *clause_sub_no* zur Unterscheidung von Klauseln, die im Zuge der Konstruktion der konjunktiven Normalform aus einer Klausel konstruiert worden sind. Bei den Termen *head* und *body* handelt es sich um den Kopf bzw. den Körper der Klausel in Listennotation. Bei einem Faktum wird der (nichtvorhandene) Klauselkörper durch eine leere Liste dargestellt. Unter der Annahme, daß es sich bei der Beispielklausel um die fünfte Klausel des darzustellenden Programms handelt, wird diese Klausel durch die beiden Fakten

```
cls(5,1,[p,X,Y],[[not,[g,X,Z]],[r,X,Z]]).
cls(5,2,[p,X,Y],[[not,[g,X,Z]],[s,Y,[f,Y,[g,Z]]]]).
```

repräsentiert. Nicht nur Programmklauseln werden durch cls-Fakten dargestellt. Sie dienen auch zur Darstellung von Zusicherungen zur Deklaration von Zielklauseln, dynamisch formulierten Aufrufen von Prädikaten und dynamisch erzeugten Klauseln. Eine Zielklauseldeklaration der Form (1) wird durch ein Faktum der Form

cls(-1, 1, goal,[[*predicate name*, $\underbrace{\_,\ldots,\_}_{arity}$]]).

dargestellt. Als erster und dritter Parameter werden in diesem Fall die speziellen Werte -1 und goal verwendet, um anzuzeigen, daß das betreffende Faktum hier keine Programmklausel darstellt. Eine Zielklauseldeklaration der Form (2), die die Struktur des Programmaufrufs durch Angabe eines Musters beschreibt, wird durch ein Faktum der Form

cls(-1, 1, goal,[*pattern in list notation*]).

repräsentiert. Die Zusicherungen der Form (4) und (5), die dem Analysator über dynamisch erzeugte Aufrufe von Prädikaten informieren, werden durch analoge Fakten dargestellt. Von den obigen Fakten unterscheiden sich diese Fakten nur durch die Werte ihrer ersten und dritten Parameter, die hier gleich `-2` bzw. `dynamic_call` sind.

Zusicherungen der Form (6) und (7), die den Analysator über dynamisch zu erzeugende Klauseln informieren, werden durch Fakten der Form

$$\texttt{cls(-3, 1, [}\textit{predicate name}\texttt{,}\underbrace{\texttt{\_,...,\_}}_{\textit{arity}}\texttt{],dyn\_assert).}$$

bzw.

`cls(-3, 1,` *pattern in list notation*`, dyn_assert).`

repräsentiert.

## 3.2 Ermittlung der Cross-Reference-Informationen und der niemals feuernden Regeln

Im nächsten Schritt untersucht der Analysator in welcher Art und Weise sich die einzelnen Klauseln gegenseitig aufrufen. Das Ergebnis dieser Untersuchungen wird mittels `uses`-Fakten der Form

`uses(`*call_cl_no*`,` *call_cl_sub_no*`,` *call_lit_no*`,` *called_cl_no*`).`

in der Prolog-Datenbasis abgelegt. Die ersten drei Parameter beschreiben hierbei ein Literal, das die durch *called_cl_no* charakterisierte Gruppe von Klauseln aufruft. Diese Gruppe von Klauseln zeichnet sich dadurch aus, daß sämtliche dieser Gruppe angehörenden Klauseln durch `cls`-Fakten dargestellt werden, deren jeweils erste Parameter gleich *called_cl_no* sind. Ursprünglich stammen sämtliche Klauseln einer solchen Klauselgruppe von einer einzigen Programmklausel ab, die während der Konstruktion der konjunktiven Normalform in mehrere Klauseln aufgespalten worden ist.

Bei der Bestimmung der durch die `uses`-Fakten dargestellten Cross-Reference-Informationen wird natürlich auch festgestellt, zu welchen Literalen der einzelnen Regelrümpfe es keine Fakten oder Regelköpfe gibt, die mit diesen Literalen unifiziert werden können bzw. deren Negation mit diesem Literal unifiziert werden können. Wenn es sich bei dem Funktor eines solchen Literals auch nicht um ein Systemprädikat des betreffenden Prolog-Systems handelt, dann kann dieses Literal niemals feuern. Somit wird auch die Regel, zu deren Rumpf dieses Literal gehört, immer scheitern. Ein solcher Sachverhalt wird mittels eines Faktums der Form

`not_fire(`*cl_no*`,` *cl_sub_no*`,` *lit_no*`).`

in der Prolog-Datenbasis abgelegt. Während *cl_no* und *cl_sub_no* wieder die betreffende Regel in bekannter Weise bezeichnen, gibt *lit_no* an, welches

Literal dieser Regel niemals gelingen kann. Für jedes solches niemals gelingendes Literal einer Regel wird ein entsprechendes not_fire-Faktum in die Prolog-Datenbasis eingefügt.

## 3.3 Bestimmung nicht verwendeter Klauseln

Die niemals verwendeten Regeln lassen sich durch den wiederholten Aufruf des folgendermaßen definierten Prädikats not_used_rule ermitteln:

```
not_used_rule(Cl_no)
    :- cls(Cl_no,1,_,[_|_]),
       Cl_no > 0,
       not uses(_,_,_,Cl_no).
```

Durch den vierten Parameter des Aufrufs des cls-Prädikats wird sichergestellt, daß dieser Aufruf nur dann gelingt, wenn die durch ein cls-Faktum dargestellte Klausel tatsächlich über eine Prämisse verfügt. Dies ist genau dann der Fall, wenn es sich um eine Regel oder die Darstellung einer Zusicherung handelt, die eine Zielklausel, eine dynamische oder externe Nutzung eines Prädikats deklariert. Die zweite Bedingung stellt sicher, daß obige Regel nur gelingt, wenn durch *cl_no* eine reguläre Programmklausel gekennzeichnet wird. Bei dem letzten Literal der Prämisse der obigen Regel handelt es sich um das eigentliche Kriterium für die Nichtverwendung der durch *cl_no* bezeichneten Klausel.
Sämtliche niemals verwendete Fakten erhält man durch den wiederholten Aufruf des Prädikats not_used_fact:

```
not_used_fact(Cl_no)
    :- cls(Cl_no,1,_,[]),
       Cl_no > 0,
       not uses(_,_,_,Cl_no).
```

Zur Bestimmung der indirekt nicht verwendeten Klauseln werden in einem ersten Schritt sämtliche verwendeten Programmklauseln durch das Einfügen von Fakten der Form

can_reach_from_goal(*cl_no*).

in die Prolog-Datenbasis markiert. Dies geschieht durch das Verfolgen der durch die uses-Fakten repräsentierten Informationen über den gegenseitigen Aufruf der Programmklauseln. Sämtliche Klauseln, die von einer Zielanfrage oder einer dynamisch während eines Programmlaufs zu erzeugenden Aufruf ausgehend erreicht werden können, werden markiert. Dann liefert der wiederholte Aufruf des durch die Regel

```
indirect_not_used(Cl_no)
    :- uses(_,_,_,Cl_no),
       not can_reached_from_goal(Cl_no).
```

definierten Prädikats indirect_not_used die Menge aller indirekt nicht verwendeten Klauseln.

## 3.4 Subsumierte Regeln und fehlerhafte Schleifen

Die Aufdeckung von subsumierten Regeln erfolgt durch eine direkte Anwendung des durch die Definition gegebenen Verfahrens. Für jedes Prädikat des zu untersuchenden Programms müssen sämtliche Paare von Klauseln, die dieses Prädikat definieren, untersucht werden. Wenn hierbei eine Subsumierung entdeckt worden ist, dann wird dieses Resultat mittels eines Faktums der Form

subsumed(*cl_no1*, *cl_sub_no1*, *cl_no*, *cl_sub_no2*).

in der Prolog-Datenbasis abgelegt. Die letzten beiden Parameter *cl_no2* und *cl_sub_no2* eines solchen Faktums bezeichnen die Klausel, die die durch die ersten beiden Parameter *cl_no1* und *cl_sub_no1* charakterisierten Klausel subsumiert.

Wenn eine Klausel mittels einer Zusicherung der Form (8) als Abschlußklausel einer Schleifensimulation deklariert worden ist, dann muß der Programmanalysator untersuchen, ob alle anderen zu der betreffenden Schleifensimulation gehörenden Klauseln von dieser Abschlußklausel subsumiert werden. Darüberhinaus ist zu untersuchen, ob die Abschlußklausel tatsächlich die letzte Klausel der die Schleife realisierenden Prozedur ist.

# 4 Ausblick

Hier konnte nur ein kleiner Ausschnitt aus Fülle der Möglichkeiten des Programmanalysator vorgestellt werden. (Eine ausführliche Beschreibung des Analysators findet sich in Kiel (1999).) Erwähnt werden soll hier noch, daß der Programmanalysator auch in der Lage ist, einzelne Teile eines Programms, das in verschiedenen Dateien abgelegt ist, zu analysieren. Zu diesem Zweck werden weitere Typen von Zusicherungen verwendet.

Desweiteren kann der Analysator untersuchen, ob ein cut-Operator (!) vollständig die Verwendung einer bestimmten Regel blockiert. In der folgenden Prozedur wird die erfolgreiche Anwendung der zweiten Regel immer durch den Cut-Operator innerhalb der ersten Regel unterbunden:

```
p :- q,!,r.
p :- q,!,s.
```

Ebenfalls wird untersucht, ob die erfolgreiche Termination eines (direkt oder indirekt) rekursiv definierten Prädikats, prinzipiell möglich ist.

Zur Erweiterung der aktuellen Programmanalysatorversion gibt es eine Vielzahl von denkbaren und möglichen Ansätzen. Bei der Suche nach Subsumierungen sollten, wie bereits erwähnt, auch die von den in den beteiligten Klauseln vorkommenden Prädikaten bewirkten Seiteneffekte berücksichtigt werden. Die derzeit verfügbaren Lösungsansätze bedürfen aber noch einer eingehenden Fortentwicklung.

Auch wäre es erstrebenswert die Analyseergebnisse etwas aussagekräftiger auszugestalten. So könnte beispielsweise in dem Falle, daß sich zwei mit identischen Prädikaten formulierte Literale nicht unifizieren lassen, als Begründung angegeben werden, daß sich bestimmte Argumente dieser Parameter nicht miteinander unifizieren lassen. Ggf. können auch die hierfür verantwortlichen Bestandteile der beteiligten Terme benannt werden.

Eine weitere Fragestellung, die noch einer eingehenden Bearbeitung bedarf, befaßt sich mit der Untersuchung, ob ein Prolog-Programm bzw. ein einzelnes Prädikat terminiert oder nicht. Obwohl es für diese Fragestellung keine allgemeine Lösung geben kann (vgl. hierzu Hermes (1978)), sollte es dennoch möglich sein, Hilfsmittel zu entwickeln, die einfache notwendige Merkmale für die Terminationsfähigkeit von Prolog-Prädikaten und Programmen überprüfen. Bei der Entwicklung solcher Kriterien ist zwischen zwei Fällen zu unterscheiden. So benötigt man Bedingungen, die erfüllt sein müssen, falls eine mittels Backtracking realisierte Schleife terminieren kann. Ebenso benötigt man Kriterien zur Untersuchung, ob ein rekursiv definiertes Prädikat terminieren kann. Zur letztgenannten Fragestellung sind bereits mehrere erfolgversprechende Lösungsansätze entwickelt worden (vgl. hierzu beispielsweise Ullman und van Geldern (1988), Plümer (1988) und de Schreye et al. (1989)). Es könnte sich aber auch als erfolgversprechend erweisen, Methoden, die für den Nachweis der Korrektheit und der Termination konventioneller Programme entwickelt worden sind (siehe hierzu beispielsweise Gries (1981)), für die Untersuchung von Prolog-Programmen zu adaptieren.

Ebenso erscheint es sinnvoll, den Analysator um Verfahren zu ergänzen, die untersuchen, ob der vorliegende Programmcode optimiert werden kann. Erste Ansätze zur Bearbeitung dieser Fragestellung wurden in Debray und Warren (1986), Nakamura (1986) und Kiel (1992) vorgestellt.

## Literatur

BRNA, P., BUNDY, A., PAIN, H., LYNCH, L. (1987): Programming Tools for Prolog Environment. in: HALLAM, J., MELLISH, C. (Hrsg.) (1987): Advances in Artificial Intelligence. Proc. 1987 AISB Conference, Edinburgh, 251-264.

DARWIN,I. F. (1988): Checking C Programs with lint. O'Reilly & Associates, Sebastopol.

DEBRAY, S. K., WARREN, D. S. (1986): Detection and Optimization of Functional Computations in Prolog. in: Third International Conference on Logic Programming, 490–504.

GRIES, D. (1981): The Science of Programming. Springer-Verlag, New York Heidelberg Berlin.

HERMES, H. (1978): Aufzählbarkeit Entscheidbarkeit Berechenbarkeit. *Heidelberger Taschenbücher, Sammlung Informatik.* Springer-Verlag, Berlin, Heidelberg New York.

KIEL; R. (1992): An Efficient Application of a Rule-Based System. in: OPITZ, O.,

LAUSEN, B., KLAR, R. (Hrsg.) (1992): Information and Classification. Springer-Verlag, Heidelberg, 346-355.

KIEL, R. (1999): LOGLINT — Ein Werkzeug für die Fehlersuche in Prolog-Programmen. *Diskussionspapier 1-99, Lehrstuhl für Wirtschaftsinformatik III, Universität Mannheim.*

KIEL, R., SCHADER, M. (1991): A Tool for Validating Prolog Programs. in: IHM, P., BOCK, H. (Hrsg.) (1991): Classification, Data Analysis, and Knowledge Organization. Springer-Verlag, Heidelberg, 183-188.

LANE, A. (1989): An End to Dueling Rules. *BYTE 6*, 303–308.

NAKAMURA, K. (1986): Control of Logic Program Execution Based on the Funktional Relation. in: SHAPIRO, E. (Hrsg.) (1986): Third International Conference on Logic Programming. 504–512.

NGUYEN, T. A. (1987): Verifying Consistency of Production Systems. in: IEEE Third Conference on Artificial Intelligence New York, 1987, All IEEE Conferences, 4-8.

PLÜMER, L. (1988): Predicate Inequalities as a Basis for Automated Termination Proofs for Prolog Programs. in: BÖRGER, E., KLEINE BÜNING, H., RICHTER, M. M. (Hrsg.) (1988): CSL'88. 2nd Workshop on Computer Science Logic. Springer-Verlag, Heidelberg, 254-271.

de SCHREYE, D., BRUYNOOGHE, M., VERSCHAETSE, K. (1989): On the Existence of Nonterminating Queries for a Restricted Class of PROLOG–Clauses. *Artificial Intelligence*, 41, 237–248.

ULLMAN, J. D., van Geldern, A. (1988): Efficient Tests for Top-Down Termination of Logical Rules. *ACM*, 35, 345–373.

Teil 9

# Methodeneinsatz in der Lehre

# Die Vermittlung quantitativer Inhalte im betriebswirtschaftlichen Unterricht

U. Wagner, H. Reisinger

Institut für Betriebswirtschaftslehre, Lehrstuhl für Marketing,
Universität Wien, A-1210 Wien, Austria

**Zusammenfassung:** In diesem Aufsatz wird ein Lehrveranstaltungskonzept vorgestellt, das die Vermittlung quantitativer Inhalte im betriebswirtschaftlichen Unterricht zum Ziel hat. Das Hauptaugenmerk liegt dabei auf der Überlegung, dass nicht die Methode, sondern potentielle Anwendungen in den Mittelpunkt der Ausführungen gestellt werden. Die behandelten Verfahren sollen von den Studierenden selbständig eingesetzt werden. Weiters erfolgt eine Empfehlung von Lehrbüchern, die die Verwirklichung dieses Konzepts unterstützen.

# 1 Einführung

Der Stellenwert, der der Vermittlung quantitativer Inhalte bei der Ausbildung von Studenten wirtschaftswissenschaftlicher Studienrichtungen zugewiesen werden soll, ist vielfach Gegenstand kritischer Diskussionen. Einerseits gibt es Vertreter einer methodisch ausgerichteten Vorgehensweise, andererseits Verfechter einer konzeptiv orientierten Ausbildung. Diese Gegensätze gehen manchmal so weit, dass sowohl Universitäten im Ruf stehen, theorielastig orientiert zu sein, als auch innerhalb derselben Hochschule gewissen Lehrstühlen das Attribut quantitativ bzw. nicht quantitativ zugeordnet wird. Diese Diskrepanz ist rational betrachtet eigentlich unverständlich, geht doch die wirtschaftswissenschaftliche Forschung und Lehre einhellig vom ökonomischen Prinzip aus. Dieses besagt, dass entweder ein vorgegebenes Ziel mit einem minimalen Mitteleinsatz oder ein optimales Ergebnis mit gegebenen Mitteln anzustreben ist. Da somit kein Behelf grundsätzlich ausgeschlossen ist, liegt die vielversprechendste Vorgangsweise wohl in einer ausgewogenen Kombination dieser beiden Ansätze (vgl. Müller-Merbach (1973); Wagner, Pichler (1987)).

Der mit der vorliegenden Festschrift zu ehrende Jubilar, Herr Professor Opitz, hat schon sehr früh im Rahmen seines akademischen Wirkens die oben angesprochene Problematik erkannt und sich für gangbare Kompromisse eingesetzt. Dies belegt einerseits sein vielfältiges wissenschaftliches Oeuvre, in dem mathematisch-statistische Verfahren für wirtschaftswissenschaftliche Applikationen adaptiert beziehungsweise neu konzipiert werden, andererseits sein mannigfaltiges Bemühen, abstrakte Inhalte didaktisch aufzubereiten und unter Verwendung moderner Hilfsmittel der elektronischen Datenverarbeitung einem breiten Anwenderkreis zugänglich zu machen. Als Beispiel sei sein Buch über 'Numerische Taxonomie' (Opitz (1980)) angeführt (vergleiche die im Vorwort und im ersten Kapitel zum Ausdruck gebrachte Zielsetzung, ihre anschließende Umsetzung, aber auch Kapitel sechs, in welchem er über Software berichtet, die zur Umsetzung der vorgestellten Inhalte herangezogen werden kann; dies geschah zu einem Zeitpunkt, 1980, wo eine derartige Vorgangsweise außerordentlich ungewöhnlich war).

Der vorliegende Beitrag beschäftigt sich mit der konsequenten Weiterentwicklung dieser Ideen im Rahmen der Ausbildung von Studierenden der Betriebswirtschaft. Wir werden daher im nächsten Abschnitt das inhaltliche und didaktische Konzept der Lehrveranstaltungsreihe 'Modellgestützte Unternehmensführung' vorstellen, welche sich die Vermittlung quantitativer Sachverhalte im Betriebswirtschaftsstudium zum Ziel setzt. Weiters berichten wir über Erfahrungen bei der Umsetzung dieses Konzepts an der Universität Wien. Der dritte Teil des Aufsatzes gibt eine Übersicht über gängige Lehrmaterialien, die einen derartigen Unterricht unterstützen. Schließlich geben wir einen Ausblick über unsere Pläne zur weiteren Verbesserung der aktuellen Ausbildungssituation.

## 2 Modellgestützte Unternehmensführung – Konzeptive Überlegungen

Ausgangspunkt unserer Überlegungen war die Überzeugung, dass Absolventen über die vielfältigen Einsatzmöglichkeiten von quantitativen Ansätzen bei der unternehmerischen Entscheidungsfindung Bescheid wissen und im Rahmen ihres Studiums Erfahrung bei ihrer Anwendung gesammelt haben sollten. Im Vergleich zur klassischen Ausbildung etwa im Bereich des Operations Research oder der Statistik, wo häufig methodische Aspekte in den Vordergrund gerückt werden, geht es uns um die betriebswirtschaftliche Seite. Nicht die Methode selbst steht im Mittelpunkt der Ausführungen, sondern ihre sinnvollen, nichttrivialen Anwendungen.

Der Terminus 'Modellgestützte Unternehmensführung' soll ein deutschsprachiges Äquivalent zum Begriff Management Science darstellen und zudem möglichst selbsterklärend sein. In Österreich steht man nämlich englischen Fachtermini in der betrieblichen Praxis im allgemeinen und Operations Research im besonderen mit großer Skepsis gegenüber (vgl. Kralicek (1996)); außerdem ist die Akzeptanz quantitativer, insbesondere statistischer, Ansätze relativ gering (Wagner, Reisinger (1997)).

Auch in den USA werden in jüngster Zeit verstärkt Anstrengungen in der oben angesprochenen Richtung unternommen. Stellvertretend für viele Aktivitäten sei an dieser Stelle der Beitrag von Erkut (1998) genannt oder die Tatsache erwähnt, dass im Rahmen der jüngsten Jahrestagungen der INFORMS (Institute for Operations Research and the Management Sciences), der wichtigsten einschlägigen wissenschaftlichen Gesellschaft, Workshops zu diesem Thema angeboten werden (INFORMS (1998)).

Konkret zogen wir bei der Konzeption unserer Lehrveranstaltungsreihe einige, für die unternehmerische Praxis typische, Probleme für die Auswahl

der Inhalte heran. Die Teilnehmer sollen (er-)lernen, im Rahmen eines Abstraktionsprozesses ein Modell so zu formulieren, dass es einer analytischen Betrachtung zugänglich ist und – zumeist unter Zurhilfenahme von einschlägiger Software – 'gelöst' werden kann. Durch die Notation " ' ... ' " wollen wir die Problematik des verwendeten Wortes andeuten: es gibt fast immer nicht nur eine einzige Lösung des Problems, sondern häufig existieren eine Vielzahl von Alternativen, die – jeweils unter verschiedenen Blickwinkeln betrachtet – spezifische Vor- und Nachteile besitzen. Daher kommt der Urteilskraft des Nutzers eine entscheidende Bedeutung zu. Folglich geht es bei der Ausbildung primär um die Vermittlung einer Denkweise, allenfalls noch um das Erlernen des Umgangs mit methodischen und softwaretechnischen Werkzeugen, aber nicht um das Erlernen algorithmischer Details.
Die Lehrveranstaltungsreihe ist daher studienplanmäßig im Fach Allgemeine Betriebswirtschaftslehre als Wahlmodul positioniert und deckt Lehrinhalte ab, die traditionellerweise im Gebiet Operations Research behandelt werden. Ihr Zielpublikum sind Dritt- und Viertsemestrige und sie besteht aus insgesamt sechs Semesterwochenstunden, aufgeteilt auf Vorlesung, Übung und Proseminar, alles jeweils zweistündige Lehrveranstaltungen:

- Vorlesung und Übung finden im gleichen Semester statt und sind didaktisch miteinander verzahnt. In der Vorlesung werden die Lehrinhalte vorgestellt und an Hand von Beispielen erläutert. Zeitlich unmittelbar daran anschließend erfolgt im ersten Teil der Übungen eine Wiederholung durch einen anderen Vortragenden sowie die Demonstration einer entsprechenden softwaremäßigen Realisierung am Personal Computer. Im zweiten Teil der Übung, nachdem die Studierenden die Möglichkeit hatten, sich im Selbststudium nochmals mit dem Lehrstoff zu beschäftigen, müssen im PC-Labor Beispiele weitgehend eigenständig gelöst werden. Dadurch wird sichergestellt, dass die Lehrinhalte innerhalb von kurzer Zeit zumindest zweimal auf verschiedene Weise wiederholt werden. Pädagogisches Ziel ist es, die Hörer in die Lage zu versetzen, ein betriebswirtschaftliches Entscheidungsproblem in eine mathematische Form zu bringen und zu wissen, mit welcher Methode dieses Problem zu lösen ist. Danach ist eine geeignete Software zu verwenden und eine umfangreiche Interpretation der Ergebnisse vorzunehmen. Mathematische Grundkenntnisse sollten dafür ausreichen. Wie die Erfahrung zeigt, gelingt es so, relativ komplexe Problemstellungen einem Hörerkreis zu vermitteln, der in der Regel a priori eigentlich keine ausgeprägte Präferenz für quantitative Sachverhalte besitzt; Studentenbefragungen haben nämlich ergeben, dass Erstsemestrige wirtschaftswissenschaftlicher Studienrichtungen ihre eigenen Begabungen nicht primär im Bereich der Mathematik ansiedeln (siehe etwa Reisinger et al. (1997)).
  Beispielhaft sei hier die Behandlung des Gebietes 'Ganzzahlige Programmierung' herausgegriffen. In der Vorlesung werden die Grundideen von Schnittebenenverfahren und der Branch-and-Bound-Methode erläutert sowie die vielfältigen Einsatzmöglichkeiten von ganzzahli-

gen Variablen diskutiert. In der Übung wird zunächst ein komplexeres Beispiel modelliert und seine Lösung mit Hilfe der verwendeten Software demonstriert. Sodann müssen die Studierenden am PC weitere Fragestellungen dazu bearbeiten und Sensitivitätsanalysen (im Sinne von 'wenn - dann Fragestellungen', nicht im Sinne der Linearen Programmierung) durchführen.
Die Leistungsbeurteilung für die Übung erfolgt durch die Bewertung von wochenweise auszuarbeitenden Beispielen, der schriftlichen Aufbereitung zweier umfangreicherer Fallstudien und einer Abschlussklausur, jene für die Vorlesung im Rahmen einer schriftlichen und mündlichen Diplomprüfung.

- Das Proseminar wird im darauffolgenden Semester von jenem Teil der Studierenden belegt, der eine weitere Vertiefung in diesem Fach anstrebt. Das Lehrziel liegt in der Stärkung der Fähigkeit, reale betriebswirtschaftliche Problemstellungen, die einer quantitativen Bearbeitung zugänglich sind, nahezu selbständig zu lösen. Das Proseminar ist projektartig aufgebaut. Den Studierenden werden zunächst Aufgaben aus der Unternehmenspraxis zugewiesen beziehungsweise sie können auch selbst ein konkretes Problem vorschlagen. Sodann müssen nach einem vorab vereinbarten Arbeits- und Zeitplan die notwendigen Recherchen durchgeführt und Lösungmöglichkeiten erarbeitet werden. Schließlich sind die Arbeiten schriftlich zu dokumentieren und am Semesterende zu präsentieren.
  Diese Lehrveranstaltung findet häufig in Kooperation mit einem Unternehmen statt. Ein solches Projekt fand z.B. gemeinsam mit der Österreichischen Lotterien Gesellschaft m.b.H. statt, dessen Zielsetzung darin bestand, die Organisation von Servicearbeiten an mechanischen Registriergeräten in Ungarn effizienter zu gestalten (siehe Reisinger, Wagner (1996)).

Sowohl Evaluationen von Lehrveranstaltungen als auch Absolventenbefragungen belegen die Sinnhaftigkeit dieses didaktischen Konzeptes (Waldner (1999)). Verhältnismäßig viele Studierende (durchschnittlich ca. 15-20 Prozent des jeweiligen Jahrgangs) werden dazu motiviert, sich mit quantitativen Fragestellungen auseinanderzusetzen. Im Vergleich zur traditionellen Vorgangsweise, bei der zumeist kleinere fiktive Beispiele häufig ohne Zuhilfenahme von EDV-Unterstützung 'händisch' berechnet werden, dürfte es gelingen zu vermitteln, welches Entscheidungsproblem aus der Betriebswirtschaft mit welcher Methode bearbeitet werden kann und dass eine mathematische Lösung gegenüber einer rein intuitiven häufig zu deutlich besseren Ergebnissen führt. Erfreulicherweise können einige unserer Alumni die erworbenen Fähigkeiten in ihrem Tätigkeitsbereich unmittelbar einsetzen und pflegen auch verstärkt den Kontakt mit ihren akademischen Lehrern.

Es darf allerdings nicht verschwiegen werden, dass eine derartige Lehrveranstaltung eine erhebliche Anforderung an die Vortragenden und zumeist auch an die Studierenden stellt. Zum einen ist ein hohes Qualifikationsprofil, eine entsprechende Kompetenz in Theorie und einschlägigen Anwendungsmöglichkeiten sowie Motivationsvermögen gefordert, wenn mit den dargebotenen Inhalten das Auditorium überzeugt werden soll. Zum anderen dürften die Belastungen an die Hörer auch überdurchschnittliche sein. Eine durchgängige Beobachtung ist nämlich, dass insbesondere die Durchführung eines Anwendungsprojektes meist sowohl für die Teilnehmer als auch den Leiter sehr zeitaufwendig ist und bisweilen droht, den Umfang der Lehrveranstaltung zu sprengen. Es ist daher ständig nach Möglichkeiten zu suchen, größere Aufgabenkomplexe sinnvoll in mehrere Teilaufgaben zu zerlegen, und der Gefahr zu begegnen, dass der einzelne Studierende den Bezug zum Gesamtprojekt verliert.

# 3 Ausgewählte Hilfsmittel zur Umsetzung dieses Konzepts

Das im vorigen Kapitel dargestellte Lehrveranstaltungskonzept lässt sich nur verwirklichen, wenn geeignete Lehrbücher zur Verfügung stehen, die folgenden Anforderungen genügen:

- Hauptaugenmerk auf der Darstellung der betriebswirtschaftlichen Entscheidungsprobleme
- Anwendungsbezogene und lösungsorientierte Ausführungen
- Umfassende Interpretation der Ergebnisse
- Einfache und leicht nachvollziehbare Darstellung der Methodik
- Illustration der Verfahren anhand von Beispieldatensätzen mittels begleitender Software oder Standardsoftware.

Der letzte Punkt bringt es mit sich, dass dem Lehrbuch ein Datenträger mit Beispieldatensätzen und/oder der verwendeten Software beiliegen sollte. Tabelle 1 gibt eine Übersicht über ausgewählte Lehrbücher, die auf Basis der obigen Anforderungen empfohlen werden können. Entsprechend der fachlichen Ausrichtung der beiden Autoren sind dies vor allem Lehrbücher im Bereich des Management Science/Operations Research bzw. Marketing. Neben der Nennung des(r) Autors(en), des Erscheinungsjahrs und des Buchtitels erfolgt eine Zuordnung zum jeweiligen Fachgebiet, die Anführung der behandelten Themenbereiche sowie die Bezeichnung der Inhalte der begleitenden Datenträger. Diese beinhalten dabei entweder Programme (wie z.B. das Programm MSTAT von Bausch, Opitz (1993)), die zur Lösung besprochener Beispiele herangezogen werden können, LOTUS 123- bzw. EXCEL-Spreadsheets (tw. mit vorprogrammierten Macros) und/oder Beispieldatensätze, die zur Bearbeitung mittels Standardsoftware (z.B. SPSS für Windows) im jeweiligen Fachbereich vorgesehen sind.

Tabelle 1: Auswahl empfehlenswerter Lehrbücher

| Autor(en) und Erscheinungsdatum | Titel des Lehrbuches | Fachgebiet | Themenbereiche | Inhalte des begleitenden Datenträgers |
|---|---|---|---|---|
| Anderson, Sweeney, Williams (1994)[a] | An Introduction to Management Science | MS/OR | Lineare Programmierung, Transportprobleme, Netzwerke, Projektplanung, Lagerhaltung, Warteschlangen, Simulation, Entscheidungsanalyse, Prognose, Markovprozesse, Dynamische Programmierung, Nichtlineare Optimierung | Programm 'The Management Scientist' |
| Backhaus, Erichson, Plinke, Weiber (1996) | Multivariate Analysemethoden | Marketing | Regressionsanalyse, Varianzanalyse, Diskriminanzanalyse, Kreuztabellierung u. Kontingenzanalyse, Faktorenanalyse, Clusteranalyse, LISREL-Ansatz, Multidimensionale Skalierung, Conjoint-Measurement | Beispieldatensätze |
| Bausch, Opitz (1993) | PC-gestützte Datenanalyse mit Fallstudien aus der Marktforschung | Marketing | Deskriptive Statistik, Aggregation von Distanzen, Clusteranalyse, Multidimensionale Skalierung, Faktorenanalyse, Regressionsanalyse, Diskriminanzanalyse | Programm MSTAT |
| Camm, Evans (1996) | Management Science | MS/OR | Lineare Programmierung, Netzwerke, Heuristiken, Probabilistische Modelle, Entscheidungsanalyse, Simulation, Warteschlangen | LOTUS 123- und EXCEL-Spreadsheets |
| Carter, Williamson (1996) | Quantitative Modelling for Management and Business | Statistik | Datenreduktion, Mittelwerte und Variabilität, Wahrscheinlichkeitskonzepte, Stichprobendesign, Regression, Prognose, Performance-Indikatoren, Lagerhaltung, Simulation | LOTUS 123- und EXCEL-Spreadsheets |
| Churchill (1995) | Marketing Research | Marketing | Marktforschungsprozess, Forschungsdesign, Datenerhebungsmethoden, Einstellungsmessung, Stichprobendesign, Datenanalyse, Forschungsbericht | Beispieldatensätze |
| Clarke (1995) | Marketing Analysis and Decision Making | Marketing | Analytische Entscheidungsfindung, Neuproduktentwicklung, Pre-Test-Marketing, Testmarketing, Marketing-Mix-Management | LOTUS 123- und EXCEL-Spreadsheets |
| Gaul, Baier (1994) | Marktforschung und Marketing Management | Marketing | Positionierung, Segmentierung, Präferenz, Auswahl, Marketing-Mix, Testmarkt, Pre-Testmarkt, Portfolio | Programm MARK2-MAN |
| Levin, Rubin, Stinson, Gardner (1992) | Quantitative Approaches to Management | MS/OR | Wahrscheinlichkeitskonzepte, Prognose, Entscheidungsanalyse, Lagerhaltung, Lineare Programmierung, Transportprobleme, Netzwerke, Warteschlangen, Simulation, Markovprozesse | LOTUS 123-Spreadsheets |
| Lilien, Rangaswamy (1998) | Marketing Engineering | Marketing | Marktreaktionsmodelle, Segmentierung, Positionierung, Strategische Marktanalyse, Modelle für strategische Entscheidungen, Neuproduktentwicklung, Werbung u. Kommunikation, Außendienst u. Distribution, Preispolitik | EXCEL-Spreadsheets und 'Marketing Engineering' Software |

a ... Ein ähnliches didaktisches Konzept im MS/OR-Bereich mit begleitender Software verfolgen z.B. Groebner, Shannon (1992), Render, Stair (1997) und Stevenson (1992).

Beim Studium der angloamerikanischen Literatur zeigt sich, dass der Einsatz von Spreadsheets in der Lehre stark gefördert wird. Die Autoren (vgl. etwa Erkut (1998)) belegen eindrucksvoll ihre vielfältigen Einsatzmöglichkeiten und einige wollen sogar im Bereich der Linearen Programmierung die traditionelle Diskussion der Sensitivitätsanalyse zur Gänze durch die Beantwortung von 'what - if' Fragen mittels Spreadsheets ersetzen. Sie argumentieren auch mit Hinweis auf die leichte Einsetzbarkeit dieser Hilfsmittel im Rahmen von Fernstudien, ein Aspekt, dem auch im deutschsprachigen Bereich in jüngster Zeit verstärkte Aufmerksamkeit geschenkt wurde (vergleiche etwa die diesbezügliche Diskussion in der wissenschaftlichen Kommission Operations Research im Verband der Hochschullehrer für Betriebswirtschaft e.V.).

Die Entwicklung eines eigenen Programms hat aus didaktischer Sicht offenbar den Vorteil, dass Lehrbuch und Software komplett aufeinander abgestimmt werden können. Die Arbeit mit Standardsoftware wie EXCEL oder SPSS für Windows ist hingegen aus praxisorientierter Sicht vorzuziehen, da Studierende mit Programmen arbeiten, die sie möglicherweise später im Berufsleben einsetzen werden. Das zu dem von uns verwendeten Lehrbuch (Anderson et al. (1994)) zugehörige Programm 'The Management Scientist' (vgl. Tabelle 1) ist besonders einfach und anhand der Bildschirmtexte selbsterklärend zu bedienen. Seitens des Verlags ist das Kopieren des Programmes gestattet, was die Motivation der Studierenden, sich mit der Thematik auch außerhalb des Hörsaals bzw. EDV-Labors zu befassen, deutlich erhöht.

# 4 Ausblick

Das in diesem Aufsatz dargestellte Konzept wird an unserem Lehrstuhl im Rahmen der Lehrveranstaltungen aus Modellgestützer Unternehmensführung praktiziert. Darüber hinaus haben wir es auch – in leicht veränderter Form – an der Wirtschaftsuniversität Wien, der Universität Bielefeld und am Fachhochschul-Studiengang für Internationale Wirtschaftsbeziehungen in Eisenstadt eingesetzt. Zudem haben wir die Grundidee bei der Planung des Lehrangebots aus Marktforschung, Verfahren der Marktforschung und Marketing-Modelle verwendet. Auch in diesen Fächern werden im Rahmen der Übungen die in den zugehörigen Vorlesungen behandelten Methoden im Verlauf eines Anwendungsprojektes exemplarisch erprobt (über ausgewählte Ergebnisse eines dieser Projekte berichten beispielsweise Baldauf et al. (1997)).

Freilich kann auch Potential für weitere Verbesserungen identifiziert werden. Einerseits muss der Katalog der behandelten Probleme stets im Hinblick auf seine Relevanz kritisch überprüft und modifiziert werden. Andererseits wird über eine grundsätzliche Erweiterung in Richtung verstärkter Nutzung der in Datenbanken enthaltenen Informationen nachgedacht. Beispielhaft sei hier der Themenbereich Lagerhaltung genannt. Während die klassischen OR-Methoden typischerweise die Betrachtung auf die Ebene eines einzigen

Produktes konzentrieren, stösst man in der Praxis vielfach auf Läger mit einer grossen Zahl von Artikeln, bestenfalls unterstützt durch Informationssysteme, die ausgewählte Kennzahlen bereitstellen. Hier ist zunächst die Theorie gefordert, implementierbare Ansätze zu entwickeln, die in weiterer Folge pädagogisch aufbereitet werden müssen; unmittelbar in der Lehre einsetzbare einschlägige Hilfsmittel gibt es dafür nämlich unseres Wissens leider nicht.

Zusammenfassend ist festzuhalten, dass unsere Studierenden am praktischen Einsatz der diskutierten Verfahren in der Regel sehr interessiert sind, die Absolventen gute Stellenangebote am Arbeitsmarkt vorfinden und wir gute Erfahrungen mit diesem Lehrkonzept machen. Wir sind daher überzeugt, einen richtigen Weg bei der Vermittlung quantitativer Ansätze im betriebswirtschaftlichen Unterricht eingeschlagen zu haben.

## Literatur

ANDERSON, D.R., SWEENEY, D.J., WILLIAMS, T.A. (1994): An Introduction to Management Science (7th ed.). West Publishing Company, St. Paul.

BACKHAUS, K., ERICHSON, B., PLINKE, W., WEIBER, R. (1996): Multivariate Analysemethoden (8. Aufl.). Springer, Berlin.

BALDAUF, A., SRNKA, K.J., WAGNER, U. (1997): Untersuchung eines neuartigen Shop-Konzeptes mittels Kundenlaufstudie. *der markt, 36, 103-111.*

BAUSCH, T., OPITZ, O. (1993): PC-gestützte Datenanalyse mit Fallstudien aus der Marktforschung. Vahlen, München.

CAMM, J.D., EVANS, J.R. (1996): Management Science. South-Western, Cincinnati.

CARTER, M., WILLIAMSON, D. (1996): Quantitative Modelling for Management and Business. Pitman, London.

CHURCHILL, G.A.Jr. (1995): Marketing Research (6th ed.). Dryden Press, Fort Worth.

CLARKE, D.G. (1995): Marketing Analysis and Decision Making (2nd ed.). Scientific Press, Redwood City.

ERKUT, E. (1998): How to "Excel" in teaching Management Science. *OR/MS Today, 25, 5, 40-43.*

GAUL, W., BAIER, D. (1994): Marktforschung und Marketing Management (2. Aufl.). Oldenbourg, München.

GROEBNER, D.F., SHANNON, P.W. (1992): Introduction to Management Science. Macmillan, New York.

INFORMS (1998): Partnering for Global Technology Management. *INFORMS Seattle Meeting – Fall 1998, F18-F19.*

KRALICEK, P. (1996): Modellgestützte Unternehmensführung in der Praxis. Vortrag an der Universität Wien am 17.12.1996 im Rahmen der Vorlesung aus Modellgestützte Unternehmensführung.

LEVIN, R.I., RUBIN, D.S., STINSON, J.P., GARDNER, E.S.Jr. (1992): Quantitative Approaches to Management (8th ed.). McGraw-Hill, New York.

MÜLLER-MERBACH, H. (1973): Operations Research (3. Aufl.). Vahlen, München.

OPITZ, O. (1980): Numerische Taxonomie. UTB, Stuttgart.

RENDER, B., STAIR, R.M.Jr. (1997): Quantitative Analysis for Management (6th ed.). Prentice Hall, London.

REISINGER, H., WAGNER, U. (1996): Erfolgreicher Einsatz von Operations Research in Österreich: Ein heuristischer Algorithmus zur Organisation von Servicearbeiten. *ÖGOR-NEWS, 2/96, 10-11.*

REISINGER, H., WAGNER, U., ENDLICH, E. (1997): Wirtschaftsuniversität Wien und Betriebswirtschaftszentrum der Universität Wien im Vergleich: Die Wahrnehmung alternativer Bildungseinrichtungen aus der Sicht von Studienanfängern. *Forschungsberichte des Instituts für Betriebswirtschaftslehre der Universität Wien, Nr. 9.*

STEVENSON, W.J. (1992): Introduction to Management Science (2nd ed.). Irwin, Homewood.

WAGNER, U., PICHLER, M. (1987): Mathematische Grundausbildung für Studenten der Wirtschaftswissenschaften. In: Dörfler, W., Fischer, R., Peschek, W. (Eds.): Wirtschaftsmathematik in Beruf und Ausbildung. Hölder-Pichler-Tempsky, Wien, 275-306.

WAGNER, U., REISINGER, H. (1997): Die Anwendung statistischer Methoden in der Markt- und Meinungsforschung in Österreich. *Österreichische Zeitschrift für Statistik, 26, 1, 59-70.*

WALDNER, I. (1999): Berufsaussichten und Profile von BWZ-Absolventen. Unveröffentlichte Diplomarbeit am Institut für Betriebswirtschaftslehre der Universität Wien.

# Ausgewählte Publikationen von Otto Opitz

## Artikel

Konkurrenzsituationen bei endlichen Zweipersonenspielen, Operations Research Verfahren, VI, 1969

Geometrische Kriterien für endliche Zweipersonenspiele, Operations Research Verfahren, VII, 1969

Spieltheoretische Aussagen im Oligopolproblem, Zeitschrift für Nationalökonomie, XXX, 1970

Zum technischen Optimierungsproblem des Unternehmens, Schweizerische Zeitschrift für Volkswirtschaft und Statistik, 106, 1970

Numerische Funktionen in der Präferenzen- und Entscheidungstheorie, Zeitschrift für Nationalökonomie, XXXI, 1971

Zum Problem der Aktivitätsanalyse, Zeitschrift für die gesamte Staatswissenschaft, 127, 1971

Dynamische Aspekte der Aktivitätsanalyse (mit R. Henn), in: Proceedings in Operations Research, 1, Physica, Würzburg, 1972

Quantitative Ansätze in der Theorie der Werbung, Operations Research Verfahren, XIV, 1972

On the Problem of Product Life Cycle, in: Production Theory, Proceedings of an International Seminar held at the University of Karlsruhe, Lecture Notes in Economics and Mathematical Systems, Springer, Berlin-Heidelberg-New York, 1974

Produktlebenszyklen und stochastische Prozesse (mit K. Egle), in: Proceedings in Operations Research, 3, Physica, Würzburg, 1974

Einführung in die kurzfristige univariable Prognose (mit Th. Burdelski, W. Dub), in: Information und Prognose, Hain, Meisenheim, 1975

Multivariate Klassifikationsverfahren – Ein Strukturierungsversuch, in: Information und Prognose, Hain, Meisenheim, 1975

Aktivitätsanalyse (mit G. Bol), Handwörterbuch der Wirtschaftswissenschaften, Vandenhoeck & Ruprecht, 1977

Optimale Steuerung von Kaufverhaltensprozessen (mit K. Spremann), in: Marketing: Neue Ergebnisse aus Forschung und Praxis (hrsg. von E. Topritzhofer), Gabler, Wiesbaden, 1978

Neuere Entwicklungen in der numerischen Taxonomie, in: Proceedings des 1. Symposiums über Operations Research, Hain, Meisenheim, 1978

On the Relationship between Numerical Taxonomy and the Theory of Economic Indices, in: Theory and Applications of Economic Indices, Physica, Würzburg, 1978

Neuere Entwicklungen zur Taxonomie mit qualitativen Daten, in: Proceedings zur 3. Fachtagung der Gesellschaft für Klassifikation, 1979

Zur Berücksichtigung informeller Beziehungen in der Aufbauorganisation mit Hilfe von Klassifikationsmethoden (mit M. Schader), in: Entscheidungen in kleinen Gruppen (hrsg. von W. Albers, G. Bamberg, R. Selten), Mathematical Systems in Economics, 45, Hain, Meisenheim, 1979

Neuere Methoden der Marktforschung, in: Quantitative Wirtschafts- und Unternehmensforschung (hrsg. von R. Henn, B. Schips, P. Stähly), Springer, 1980

Identifikation mit qualitativen Daten (mit J. Hansohm), Marketing ZFP, 1980

Statistische Tests in der Marktforschung (mit K. Ambrosi), in: Mathematische Systeme in der Ökonomie (hrsg. von M.J. Beckmann, W. Eichhorn, W. Krelle), Athenäum, Königstein/Ts., 1983

Heterogenitätsindizes in der Clusteranalyse (mit K. Ambrosi, W. Lauwerth), in: Methods of Operations Research 48, Athenäum/Hain/ Hanstein, Königstein/Ts., 1984

Contraction and Dilatation in Hierarchical Clustering, in: Methods of Operations Research 52, Athenäum/Hain/Hanstein, Königstein/Ts., 1984

Analyse qualitativer Daten: Einführung und Übersicht, Teil 1 (mit M. Schader), OR Spektrum 6, Heft 2, 1984

Analyse qualitativer Daten: Einführung und Übersicht, Teil 2 (mit M. Schader), OR Spektrum 6, Heft 3, 1984

Methoden der Klassifikation von Daten, Allgemeines Statistisches Archiv, 1, 1984

Zur Beschreibung mehrdimensionaler Daten durch Gesichter. Dargestellt am Beispiel einiger Bilanzkennzahlen deutscher Aktiengesellschaften (mit K. Ambrosi, N. Turulski), in: Aktuelle Probleme der Marktwirtschaft in gesamt- und einzelwirtschaftlicher Sicht (hrsg. von R. Blum, M. Steiner), Duncker & Humblot, Berlin, 1984

Modelle und Verfahren der Prognose, DBW Die Betriebswirtschaft, 45, 1, 1985

Nichtdisjunkte Klassifikation mit qualitativen Daten (mit Th. Bausch), Studien zur Klassifikation, 17, Indeks, Frankfurt, 1986

Möglichkeiten und Grenzen multivariater Datenanalysen (mit J. Hansohm), Thexis 3/1987

Optimale Skalierung qualitativer Daten, in: Ökonomie und Mathematik (hrsg. von O. Opitz, B. Rauhut), Springer, Heidelberg, 1987

An Agglomerative Algorithm of Overlapping Clustering (mit R. Wiedemann), in: Conceptual and Numerical Analysis of Data, Springer, Berlin-Heidelberg, 1989

Identification of Multiple Criteria Decision Making (mit M. Mißler-Behr), in: Conceptual and Numerical Analysis of Data, Springer, Berlin-Heidelberg, 1989

Explorative Data Analysis and Macroeconomics (mit R. Pauly, W. Hauke), in: Conceptual and Numerical Analysis of Data, Springer, Berlin-Heidelberg, 1989

Aggregation and Graphical Representation of Input-Output Tables (mit W. Hauke), in: Mathematical Modelling in Economics (hrsg. von W.E. Diewert, K. Spremann, F. Stehling), Springer, Berlin, 1993

Klassifikationsverfahren in der Szenarioanalyse (mit M. Mißler-Behr), in: Wirtschaftsinformatik (hrsg. von J. Niedereichholz, W. Schumann), Campus, Frankfurt/Main, 1993

Strukturanalyse im Markt für Lebensversicherungen (mit M. Schwaiger), Jahrbuch der Absatz- und Verbrauchsforschung, 1996/4

Zur Interpretation Mehrdimensionaler Skalierungsergebnisse (mit M. Schwaiger), in: Computer Based Marketing (hrsg. von H. Hippner, M. Meyer, K.D. Wilde), Vieweg, Braunschweig, Wiesbaden, 1998

Analyse der Werbewirkung mit Hilfe bimodaler Clusteranalysen (mit M. Schwaiger), in: Computer Based Marketing (hrsg. von H. Hippner, M. Meyer, K.D. Wilde), Vieweg, Braunschweig, Wiesbaden, 1998

## Herausgeberschaften

Production Theory, Proceedings of an International Seminar, Karlsruhe, May - July 1973 (hrsg. von W. Eichhorn, R. Henn, O. Opitz, R.W. Shephard), Springer, Berlin, Heidelberg 1974

Information und Prognose (hrsg. von G. Bamberg und O. Opitz), Hain, Meisenheim, 1975

Theory and Applications of Economic Indices, Proceedings of an International Symposium, Karlsruhe, April - June 1976 (hrsg. von W. Eichhorn, R. Henn, O. Opitz, R.W. Shephard), Physica, Würzburg, 1978

Die Klassifikation und ihr Umfeld (Classification and its Environment), Proceedings zur 10. Jahrestagung der Gesellschaft für Klassifikation e.V., Münster/W., 18.-21. Juni 1986 (hrsg. von P.O. Degens, H.-J. Hermes, O. Opitz), Studien zur Klassifikation, Bd. 17, Indeks Verlag, Frankfurt/Main, 1986

Ökonomie und Mathematik - Rudolf Henn zum 65. Geburtstag (hrsg. von O. Opitz, B. Rauhut), Springer, Berlin, Heidelberg, 1987

Conceptual and Numerical Analysis of Data, Proceedings of the 13th Conference of the Gesellschaft für Klassifikation e.V., University of Augsburg, April 10-12, 1989 (hrsg. von O. Opitz), Springer, Heidelberg, 1989

Information and Classification - Concepts, Methods and Applications, Proceedings of the 16th Annual Conference of the Gesellschaft für Klassifikation e.V., University of Dortmund, April 1-3, 1992 (hrsg. von O. Opitz, B. Lausen, R. Klar), Springer, Heidelberg, 1993

Ordinal and Symbolic Data, Proceedings of the International Conference on Ordinal and Symbolic Data Analysis - OSDA 95, Paris, June 20-23, 1995 (hrsg. von E. Diday, Y. Lechevallier, O. Opitz), Springer, Heidelberg, 1996

Classification and Knowledge Organization, Proceedings of the 20th Annual Conference of the Gesellschaft für Klassifikation e.V., University of Freiburg, March 6-8, 1996 (hrsg. von R. Klar und O. Opitz), Springer, Heidelberg, 1997

Classification and Data Analysis, Theory and Application, Proceedings of the Classification Group of Societa Italiana di Statistica, Pescara, Italy, July 3-4, 1997 (hrsg. von O. Opitz und M. Vichi), Springer, Heidelberg, 1999

## Bücher

Über endliche Konkurrenzspiele, Dissertation, Saarbrücken, 1968

Konsum- und Produktionstheorie I (mit R. Henn), Lecture Notes in Operations Research and Mathematical Economics, 25, Springer, Berlin-Heidelberg-New York, 1970

Konsum- und Produktionstheorie II (mit R. Henn), Lecture Notes in Operations Research and Mathematical Economics, 71, Springer, Berlin-Heidelberg-New York, 1971

Operations Research Verfahren und Marketingprobleme (mit M. Schader), Mathematical Systems in Economics, 19, Hain, Meisenheim, 1975

Numerische Taxonomie in der Marktforschung (mit M. Schader, W. Lauwerth, K. Ambrosi, Th. Burdelski, W. Dub), Vahlen, München, 1978

Numerische Taxonomie, Lehrbuchreihe Grundwissen der Ökonomik, UTB, Stuttgart, 1980

Mathematik - Lehrbuch für Ökonomen, Oldenbourg, München-Wien, 1. Auflage, 1989, 7. Auflage, 1999

Mathematik - Übungsbuch für Ökonomen, Oldenbourg, München, 1. Auflage, 1990, 5. Auflage, 1999

Neue Methoden der Wirtschaftsstatistik, Reihe Wirtschaftswissenschaften der TU Magdeburg, 1991

Methoden der Bankmarktforschung, Reihe Wirtschaftswissenschaften der Humboldt-Universität Berlin, 1992

PC-gestützte Datenanalyse mit Fallstudien aus der Marktforschung (mit Th. Bausch), Vahlen, München, 1993

Mathematische Unternehmensplanung (mit W. Hauke), Moderne Industrie, Landsberg, 1996

SPRINGER NATURE

# GPSR Compliance

*The European Union's (EU) General Product Safety Regulation (GPSR) is a set of rules that requires consumer products to be safe and our obligations to ensure this.*

*If you have any concerns about our products, you can contact us on ProductSafety@springernature.com*

In case Publisher is established outside the EU, the EU authorized representative is:

Springer Nature Customer Service Center GmbH
Europaplatz 3
69115 Heidelberg, Germany

Kolibri 360 GmbH
Ferdinand-Jühlke-Straße 7
99095 Erfurt, Deutschland
produktsicherheit@kolibri360.de